Management-Reihe Corporate Social Responsibility

Herausgegeben von
René Schmidpeter
Dr. Jürgen Meyer Stiftungsprofessur für
Internationale Wirtschaftsethik und CSR
Cologne Business School (CBS)
Köln, Deutschland

Das Thema der gesellschaftlichen Verantwortung gewinnt in der Wirtschaft und Wissenschaft gleichermaßen an Bedeutung. Die Management-Reihe Corporate Social Responsibiltiy geht davon aus, dass die Wettbewerbsfähigkeit eines jeden Unternehmens davon abhängen wird, wie es den gegenwärtigen ökonomischen, sozialen und ökologischen Herausforderungen in allen Geschäftsfeldern begegnet. Unternehmer und Manager sind im eigenen Interesse dazu aufgerufen, ihre Produkte und Märkte weiter zu entwickeln, die Wertschöpfung ihres Unternehmens den neuen Herausforderungen anzupassen sowie ihr Unternehmen strategisch in den neuen Themenfeldern CSR und Nachhaltigkeit zu positionieren. Dazu ist es notwendig, generelles Managementwissen zum Thema CSR mit einzelnen betriebswirtschaftlichen Spezialdisziplinen (z.B. Finanz, HR, PR, Marketing etc.) zu verknüpfen. Die CSR-Reihe möchte genau hier ansetzen und Unternehmenslenker, Manager der verschiedenen Bereiche sowie zukünftige Fach- und Führungskräfte dabei unterstützen, ihr Wissen und ihre Kompetenz im immer wichtiger werdenden Themenfeld CSR zu erweitern. Denn nur, wenn Unternehmen in ihrem gesamten Handeln und allen Bereichen gesellschaftlichen Mehrwert generieren, können sie auch in Zukunft erfolgreich Geschäfte machen. Die Verknüpfung dieser aktuellen Managementdiskussion mit dem breiten Managementwissen der Betriebswirtschaftslehre ist Ziel dieser Reihe. Die Reihe hat somit den Anspruch, die bestehenden Managementansätze durch neue Ideen und Konzepte zu ergänzen, um so durch das Paradigma eines nachhaltigen Managements einen neuen Standard in der Managementliteratur zu setzen.

Weitere Bände in dieser Reihe
http://www.springer.com/series/11764

Brigitte Spieß · Nicole Fabisch
(Hrsg.)

CSR und neue Arbeitswelten

Perspektivwechsel in Zeiten von
Nachhaltigkeit, Digitalisierung und
Industrie 4.0

Herausgeber
Brigitte Spieß
Marketing & Event Management,
EBC Hochschule
Berlin, Deutschland

Nicole Fabisch
Marketing & Internationales Management,
EBC Hochschule
Hamburg, Deutschland

ISSN 2197-4322 ISSN 2197-4330 (electronic)
Management-Reihe Corporate Social Responsibility
ISBN 978-3-662-50530-4 ISBN 978-3-662-50531-1 (eBook)
DOI 10.1007/978-3-662-50531-1

Die Deutsche Nationalbibliothek verzeichnet diese Publikation in der Deutschen Nationalbibliografie; detaillierte bibliografische Daten sind im Internet über http://dnb.d-nb.de abrufbar.

Springer Gabler
© Springer-Verlag Berlin Heidelberg 2017
Das Werk einschließlich aller seiner Teile ist urheberrechtlich geschützt. Jede Verwertung, die nicht ausdrücklich vom Urheberrechtsgesetz zugelassen ist, bedarf der vorherigen Zustimmung des Verlags. Das gilt insbesondere für Vervielfältigungen, Bearbeitungen, Übersetzungen, Mikroverfilmungen und die Einspeicherung und Verarbeitung in elektronischen Systemen.
Die Wiedergabe von Gebrauchsnamen, Handelsnamen, Warenbezeichnungen usw. in diesem Werk berechtigt auch ohne besondere Kennzeichnung nicht zu der Annahme, dass solche Namen im Sinne der Warenzeichen- und Markenschutz-Gesetzgebung als frei zu betrachten wären und daher von jedermann benutzt werden dürften.
Der Verlag, die Autoren und die Herausgeber gehen davon aus, dass die Angaben und Informationen in diesem Werk zum Zeitpunkt der Veröffentlichung vollständig und korrekt sind. Weder der Verlag noch die Autoren oder die Herausgeber übernehmen, ausdrücklich oder implizit, Gewähr für den Inhalt des Werkes, etwaige Fehler oder Äußerungen.

Einbandabbildung: Michael Bursik
Lektorat: Michael Bursik

Gedruckt auf säurefreiem und chlorfrei gebleichtem Papier.

Springer Gabler ist Teil von Springer Nature
Die eingetragene Gesellschaft ist Springer-Verlag GmbH Berlin Heidelberg

Vorwort des Reihenherausgebers: Die Entwicklung neuer Arbeitswelten als Katalysator für unternehmerischen Erfolg und gesellschaftlicher Verantwortung?

Das Thema des nachhaltigen Managements hat in den letzten Jahren deutlich an Dynamik gewonnen. Dasselbe gilt für die vielen neuen Fragen rund um die Digitalisierung unserer Wirtschaft. Daher liegt der Verdacht nahe, dass diese beiden Themen im engen wechselseitigen Bezug stehen werden. Denn durch die Digitalisierung der Wirtschaft verändert sich die Art und Weise, wie wir arbeiten, fundamental. Es entsteht eine neue Arbeitskultur – die stark geprägt ist durch ökonomische Kategorien der Effizienz und Effektivität.

Es gewinnen dabei innovative Methoden des Wissenstransfers und der innovativen Informationsgewinnung und -verarbeitung immer weiter an Bedeutung. Dabei liegen folgende Fragen nahe: Welche Chancen und Risiken liegen in diesen Entwicklungen? Wie können die Bedürfnisse der Menschen wieder in den Mittelpunkt von Führungsfragen rücken? Wie kann es gelingen, die neuen Impulse der Digitalisierung auch für das Thema „Nachhaltiges Management" zu nutzen? Welche Rolle spielt dabei die Verantwortungskultur von Unternehmen? Und welche Modelle gibt es schon, die die Arbeitswelten von morgen zum Wohle der ArbeitnehmerInnen, aber auch der Gesellschaft als Ganzes, prägen?

Corporate Social Responsibility (CSR) entwickelt sich gegenwärtig daher auch im Bezug zur Gestaltung der zukünftigen Arbeitswelten zum einschlägigen Managementansatz, der immer mehr Zuspruch in den Unternehmen findet. Denn aus der CSR-Perspektive betrachtet, spielen die MitarbeiterInnen eine herausragende Rolle für den Unternehmenserfolg. Zum einen sind sie Träger der Verantwortung in den täglichen unternehmerischen Prozessen, zum anderen sind sie Mitgestalter der Unternehmenskultur und -strategie, und damit sind ihr Wissen und ihre Fähigkeiten die Basis einer nachhaltigen Unternehmensführung.

Dabei bedarf es auch einer generationenübergreifenden Zusammenarbeit und gelebten Vielfalt in der Belegschaft, beides eine wichtige Basis für die erfolgreiche Entwicklung und Umsetzung neuer Geschäftsmodelle mit positivem gesellschaftlichem Impact. In einer globalen Arbeitswelt, die sich durch internationale Zusammenarbeit auszeichnet, ist es zudem hilfreich, die Vielfalt von Herkunft, Meinungen und Lebensformen in interkulturellen Teams nicht nur zu verstehen, sondern als neue Perspektive zu erleben. Daraus ergeben sich neue bzw. veränderte Anforderungen an die Kompetenz von Fach- und Führungskräften und insbesondere an die Qualität des Leaderships in einem Unternehmen.

Gesundes Führungsverhalten und eine wertorientierte Führungskultur werden in Zukunft unverzichtbar, um in einer immer stärker vernetzen Welt sowohl unternehmerischen als auch gesellschaftlichen Mehrwert zu generieren.

Immer mehr Entscheidungsträger und MitarbeiterInnen erkennen daher, dass mit CSR nicht nur der defensive compliance-orientierte Ansatz, sondern immer öfter auch ein proaktiver, an den menschlichen Bedürfnissen orientierter Managementansatz gemeint ist. CSR bedeutet nicht nur „füge keinen Schaden zu", sondern „generiere Mehrwert für dein Umfeld", das heißt auch „gestalte die Arbeitswelt so, dass alle davon profitieren!"

All diese Perspektiven wurden in der Diskussion um Digitalisierung zu lange vernachlässigt. So fehlt oftmals ein systematischer Diskurs zwischen der aktuellen CSR-Diskussion und den zugegebenermaßen spannenden Fragen rund um Industrie 4.0 und Digitalisierung. Die vorliegende Publikation zielt deshalb darauf ab, das integrative Wechselspiel zwischen einem unternehmerischen CSR-Ansatz und der zukunftsorientierten Entwicklung unserer Arbeitswelten unter dem Zeichen der Digitalisierung aufzuzeigen.

In der Management Reihe Corporate Social Responsibility schließt die vorliegende Publikation mit dem Titel „CSR und neue Arbeitswelten" damit die Lücke zwischen der Frage nach unternehmerischer Verantwortung und der bewussten Gestaltung von nachhaltigen Arbeitswelten. Es wird dabei deutlich, dass die Frage nach zukunftsorientierten Arbeitswelten sehr differenziert zu beantworten ist und diese auch entscheidend zum generellen Erfolg von CSR-Strategien beiträgt.

Alle LeserInnen sind damit herzlich eingeladen, die in der Reihe dargelegten Gedanken aufzugreifen und für die eigenen beruflichen Herausforderungen zu nutzen sowie mit den Herausgebern, Autoren und Unterstützern dieser Reihe intensiv zu diskutieren. Ich möchte mich last but not least sehr herzlich bei den Herausgeberinnen Brigitte Spieß und Nicole Fabisch für ihr großes Engagement, bei Michael Bursik und Frau Janina Tschech vom Springer Gabler Verlag für die gute Zusammenarbeit sowie bei allen Unterstützern der Reihe aufrichtig bedanken und wünsche Ihnen, werte Leserinnen und werter Leser, nun eine interessante Lektüre.

Prof. Dr. René Schmidpeter

Vorwort der Herausgeberinnen

Prof. Dr. Brigitte Spieß und Prof. Dr. Nicole Fabisch
Führungskräfte, Konsumenten und Politiker haben längst verstanden, dass das „Prinzip Verantwortung" mitten in der globalen und digital vernetzten Gesellschaft angekommen ist. Wirtschaftsskandale, unmoralisches Handeln und Unglaubwürdigkeit gegenüber den Stakeholdern haben in den jeweils betroffenen Unternehmen spürbare Konsequenzen und führen nicht selten zu teuren Folgekosten im Wertschöpfungsprozess. Das zunehmend ökologische und ethische Bewusstsein in der Gesellschaft spiegelt den Wunsch der Menschen wider, mit den Ressourcen der Umwelt verantwortlich umzugehen und auch den nachfolgenden Generationen ein gutes Leben und Lebensqualität zu ermöglichen. Eine Führungs- und Unternehmenskultur, die angeleitet wird von einer Wertebasis und ethischen Haltung, ist in Zeiten von Nachhaltigkeit, Digitalisierung und Industrie 4.0 ein entscheidender Erfolgsfaktor und Treiber im Wettbewerb um die Kunden wie auch im Wettbewerb um die besten Mitarbeiter.

Eine Vielzahl von Unternehmen, Organisationen oder individuellen Ansätzen haben diesen Wettbewerbsfaktor für die Existenzsicherung bereits erkannt und befreien sich von eingefahrenen ökonomischen Denk- und Verhaltensmuster aus dem Industriezeitalter. Sie sind anpassungs- und lernfähig, kommen aus unterschiedlichen Disziplinen und beginnen ihre Visionen von neuen ökonomischen Lösungsansätzen kollektiv zu teilen und gemeinsam umzusetzen. An ihnen lässt sich beobachten, dass in Unternehmen zunehmend eine Verbindung zwischen ökonomischen Sachverstand, erfolgreichem unternehmerischen Handeln und gesellschaftlichen Zielsetzungen angestrebt wird.

Unser Anliegen als Herausgeberinnen dieses Buches ist es, neue und bewährte Lösungsansätze darzustellen, die sich mit den aktuellen Herausforderungen der digitalen Arbeits-, Organisations- und Führungskultur auseinandersetzen. Wir wollen den Gedanken eines verantwortungsvollen Umgangs mit den Menschen in einer globalisierten Welt (wieder) in den Mittelpunkt des Wirtschaftens stellen und anhand von konkreten Praxisbeispielen zeigen, wie ein schrittweises Vortasten im Denken und Handeln von Menschen etwas Neues und Mutiges bewirken kann.

Unsere Autorinnen und Autoren gehen u. a. folgenden Fragen nach:

- Welchen Einfluss hat die Digitalisierung auf das tägliche Leben und die Arbeitsbedingungen der Zukunft? Ist sie vielleicht ein Wendepunkt unserer Kulturgeschichte, weil sie dem Menschen nicht mehr dient? (*cf. Kai Zimmermann und Yvonne Hofstetter*)
- Wie lässt sich Arbeit unter den veränderten Anforderungen der Nachwuchsgeneration neu organisieren? Wie funktioniert generationenübergreifende Zusammenarbeit oder ein intergenerativer Wissenstransfer im Unternehmen? Wie kann man den Folgen der Alterung von Belegschaften entgegenwirken? (*cf. Markus Rimser, Sascha Lord*)
- Wie sehen neue Arbeitsmodelle und Berufsfelder aus, die eine erfolgreiche Verbindung zwischen ökonomischen Sachverstand, unternehmerischem Handeln und gesellschaftlichen Zielsetzungen anstreben?
  - Inwieweit ist die Vielfalt von Teams oder die Arbeit mit einem inspirierenden Netzwerk von Menschen unterschiedlichster Hintergründe, Generationen und Kulturen eine Quelle für Innovation und Inspiration in der Arbeitskultur des 21. Jahrhunderts? (*cf. Yukiko Elisabeth Kobayashi*)
  - Welche Rolle spielt die CSR bei der nachhaltigen Geldanlage? Welche Nachhaltigkeitskriterien finden bei der Unternehmensanalyse hier Anwendung? (*cf. Antoinette Hunziker-Ebneter*)
  - Inwiefern sind IT-Unternehmen, wie z. B. Google, heute Vorreiter einer neuen Arbeitskultur? Wie setzen sie ihre innovative Ansätze einer „mitarbeiterzentrierten Unternehmenskultur" konkret um? (*Frank Kohl-Boas*)
  - Wie sieht eine erfolgreiche internationale Personalführung aus? Und welche persönlichen Leitlinien fördern die Zusammenarbeit mit fremden Kulturen? (*Thomas Perlitz*)
  - Wie setzt sich ein traditioneller Konzern wie die Deutsche Bahn mit den Arbeitswelten 4.0 auseinander? Welche Zukunftsszenarien hat sie mit Hilfe eines Expertennetzwerks aufgestellt, die einen Einfluss auf die Art des Arbeitens im digitalen Zeitalter ausüben? (*Ulrich Weber, Per Wiek*)
  - Wie lässt sich das Kreativitäts- und Innovationsdefizit vieler Unternehmen wieder stärken? Wie können Führungskräfte Veränderungsprozesse und Innovationen proaktiv vorantreiben und welche neuen Kompetenzen, Funktionen und Verhaltensweisen fördern innovative Prozesse in nachhaltig ausgerichteten Organisationen? (*Markus F. Peschl, Thomas Fundneider*)
- Welche neuen Wege zeichnen sich in der Berufswelt ab, um die verschiedenen Rollenanforderungen zwischen Arbeit und Leben in ein gesundes Gleichgewicht zu bringen (Work-Life in Balance)? Vor welchen Herausforderungen stehen nachhaltig ausgerichtete Familienunternehmen, wie z. B. das Drogeriemarktunternehmen Budnikowsky, wenn die vierte Generation die Nachfolge in der Geschäftsführung antritt? (*cf. Daniela Wilken, Julia Wöhlke*)

- Wie entwickelt sich die Personalpolitik unter den Bedingungen des demografischen Wandels, der digitalen Vernetzung und den veränderten Anforderungen der jungen Generation?
  - Welchen Stellenwert haben reflexive Frei-Räume im Unternehmensalltag? Wie und warum fördern sie den konstruktiven Umgang mit komplexe Problem- und Entscheidungssituationen? (*Andreas Selck*)
  - Warum spielen mentale Trainings, wie z. B. Achtsamkeits- und Meditationskurse, im Unternehmenskontext für die Stressbewältigung, Wahrnehmungsschulung, Kommunikation und Fähigkeit der Selbstreflexion eine zunehmend wichtige Rolle? (*Tanja Queckenstedt*)
  - Inwiefern kann der Einsatz von Kreativitätstechniken, z. B. inspirierende Bildmetaphern, dazu beitragen, eingefahrene Denk- und Verhaltensmuster in Unternehmen aufzubrechen und überraschende Sichtweisen auf altbekannte Themen zu ermöglichen? (*Marion und Klaus Elle*)
  - Welche interdisziplinären und intersektoralen Lern- und Erfahrungswelten bietet das Corporate Volunteering für Führungskräfte? Lassen sich aus der Zusammenarbeit von staatlichen, privatwirtschaftlichen und zivilgesellschaftlichen Organisationen neue Kompetenzen und Ressourcen für die Arbeitswelt von morgen ableiten? (*Anja Herde*)
  - Was tun Unternehmen bzw. was müssen sie in Zukunft anbieten, um sich bei den Nachwuchskräften als attraktiver Arbeitgeber zu positionieren (*Ina Ferber*)
- Welche Vorteile bietet eine glaubwürdig vorgelebte und praktizierte Unternehmens- und Führungskultur für die langfristige Überlebensfähigkeit eines Unternehmens?
  - Was sind die Charakteristika von Unternehmenskultur und Führung, die den Erfolg von Unternehmen ermöglichen? (*Sonja Sackmann*)
  - Wie können Unternehmen in einer vernetzten Welt das notwendige Maß an Stabilität generieren? Warum ist eine starke Unternehmenskultur mit überdauernden Werten als elementares Handlungsfeld für Führung heute so wichtig? Was kann Führung leisten und welche Rolle sollte sie in Zukunft spielen? (*Andreas Greve, Peter Kruse*)
  - Warum scheitern komplexe Veränderungsprozesse durch Führungskräfte mit emotionalen und sozialen Defiziten so häufig? Wie lassen sich die Führungsdefizite emotionaler Analphabeten beheben? Welche tragende Rolle spielt der Personalbereich für die Existenzsicherung und Wettbewerbsfähigkeit von Unternehmen? (*Louis Lewitan*)
  - Wie fördern Unternehmen nachhaltig die Leistungsfähigkeit und Gesundheit ihrer Mitarbeiter(innen)? Wie sieht eine intensive Auseinandersetzung mit Gesundheit als Führungsaufgabe am Beispiel eines Großkonzerns wie RWE aus? (*Christian Feldhaus*)

Diese und viel andere spannende Themen sollen Sie anregen, inspirieren und zum eigenen Handeln animieren.

Die Herausgeberinnen

Prof. Dr. (phil.) Brigitte Spieß hat Wirtschaftswissenschaften und Sprach- und Literaturwissenschaften studiert und war als Beraterin und strategische Planerin von Marketing- und Kommunikationskampagnen in verschiedenen Arbeitsumfeldern tätig. Sie hat für große wie für mittelständische Verlags- und Medienunternehmen (z. B. Verlagsgruppe Handelsblatt, Nachrichtensender n-tv) sowie für internationale Agenturen (z. B. Michael Conrad & Leo Burnett) gearbeitet. Durch ihre umfangreiche Projektarbeit in den Bereichen Unternehmenskultur, Wertemanagement und Kommunikation hat sie sowohl eine Reihe renommierter Wirtschaftsunternehmen als auch Kultur-, Bildungs- und Wissenschaftseinrichtungen intensiv kennen und verstehen gelernt. Sie hat zu den Themen Unternehmens- und Führungskultur mehrere Kongresse in Berlin konzipiert und berät Unternehmen in Fragen der ethischen Unternehmensführung. Seit 2010 lehrt sie als Professorin für Marketing und Eventmanagement an der EBC Hochschule Berlin u. a. die Fächer CSR & Business Ethics, Team- und Konfliktmanagement, Kreativitätstechniken. Im Bereich der Forschung leitet sie das Cluster „Neue Arbeits- und Führungswelten".

Prof. Dr. Nicole Fabisch gehört zu den GründungsprofessorInnen der EBC Hochschule Hamburg. Sie lehrt dort seit 2008 als Professorin für Marketing und Internationales Management u. a. die Fächer rund um das Marketing, Konsumentenverhalten sowie Business Ethics and Corporate Social Responsibility. Darüber hinaus engagiert sie sich für den fairen Handel, ist Leiterin der Steuerungsgruppe „Fairtrade University" und des Forschungs-Clusters „Corporate Social Responsibility".

Nach Abschluss ihres Studiums der Kommunikationswissenschaft und Germanistik (M. A.) an der FU Berlin war Nicole Fabisch in verschiedenen beruflichen Positionen in den Bereichen Medien (ARD, SAT.1, Rowohlt Verlag), Messen (IMM Singapur), Marketing (MCA/Universal Music) und Beratung in Deutschland und im asiatischen Raum (China, Thailand, Singapur) tätig. Sie absolvierte ein postgraduiertes Aufbaustudium Marketing/Vertrieb und promovierte berufsbegleitend zum Thema „Soziales Engagement von Banken" in Betriebswirtschaftslehre zur Dr. rer. pol. Parallel übernahm sie Lehraufträge zu den Themen „Ethik und Management" an der FH Amberg-Weiden sowie „Marketingethik" an der Universität Hamburg (Department für Wirtschaft und Politik, HWP). Sie ist verheiratet und Mutter einer Tochter.

Inhaltsverzeichnis

Teil I Einführung

CSR 4.0 und neue Arbeitswelten – (auch) eine Frage der Haltung 3
    Nicole Fabisch

Perspektivwechsel in der Arbeitskultur des 21. Jahrhunderts –
    angeleitet von einer neuen ökonomischen Vernunft 27
    Brigitte Spieß

Teil II Digitalisierung der Wirtschaft, Industrie 4.0 und ihr Einfluss auf die vernetzten und humanen Arbeitswelten

Digitalisierung der Produktion durch Industrie 4.0 und ihr Einfluss
    auf das Arbeiten von morgen 53
    Kai Zimmermann

EMANZIPIERT EUCH! Menschwerdung im digitalen Zeitalter 73
    Yvonne Hofstetter

Teil III Generation Resource Management

Innovative Methoden und Instrumente des intergenerativen Wissenstransfers . 93
    Markus Rimser

Generationsübergreifende Zusammenarbeit – Ansätze zur Umgehung
    von Konfliktfeldern am Arbeitsplatz 115
    Sascha Lord

Teil IV Neue Arbeitsmodelle und Berufsfelder

„Die Vielfalt ist unser Motor" – Vielfalt als Quelle für Innovation, Inspiration und Bereicherung 131
    Interview mit Yukiko Elisabeth Kobayashi, Impact DOCK Hamburg –
    Inhaberin und Geschäftsführerin (Interview: Brigitte Spieß)
    Yukiko Elisabeth Kobayashi

CSR (im Sinne der Nachhaltigkeit) und Ansätze für eine ökonomische Neuorientierung 153
    Antoinette Hunziker-Ebneter

Eine mitarbeiterzentrierte Unternehmenskultur – Geheimnis des Erfolges von Google? 173
    Interview mit Frank Kohl-Boas, Google – Head of HR, Northwest,
    Central & Eastern Europe (Interview: Brigitte Spieß)
    Frank Kohl-Boas

„Gelassenheit, Selbsterkenntnis und hohe Sensibilität für fremde Kulturen – Leitlinien für eine erfolgreiche Personalentwicklung im interkulturellen Kontext" 189
    Interview mit Thomas Perlitz, Gerresheimer AG, Global Senior Vice
    President Human Resources (Interview: Brigitte Spieß)
    Thomas Perlitz

„Arbeitswelten 4.0" – wie die Deutsche Bahn heute schon „im Morgen" denkt und handelt 213
    Ulrich Weber und Per Wiek

Organizations shaping a thriving future – On future-oriented innovations and personal transformation 233
    M. F. Peschl und Thomas Fundneider

Teil V Neue Lebensmodelle und Work-Life in Balance

Vereinbarkeit von Familie und Beruf – Eine ehrliche Bestandsaufnahme aus Sicht einer Agenturchefin 253
    Daniela Wilken

Nachhaltigkeit in vierter Generation 269
    Interview mit Julia Wöhlke, kaufmännische Geschäftsführerin bei Budnikowsky (Interview: Nicole Fabisch)
    Julia Wöhlke

Teil VI Personalentwicklung – Veränderte Anforderungen an Kompetenz- und Potenzialförderung der Arbeitnehmer(innen)

Carpe facultas – Nutze die Möglichkeiten! Vom Stellenwert reflexiver Frei-Räume im Unternehmensalltag 287
Andreas Selck

Achtsamkeit im Unternehmenskontext 303
Tanja Queckenstedt

Kreativität als Erkenntnisbeschleuniger in Zeiten stetiger Veränderungen unserer Arbeitswelten 319
Marion Elle und Klaus Elle

Perspektivwechsel für Führungskräfte – interdisziplinäre und intersektorale Lern- und Erfahrungswelten 341
Anja Herde

Employer Branding in Zeiten von Nachhaltigkeit und Digitalisierung 357
Ina Ferber

Teil VII Erfolgsfaktor – Werteorientierte Unternehmens- und Führungskultur

Erfolgsfaktoren für neue Arbeitswelten – Unternehmenskultur und Führung . 375
S. A. Sackmann

Gute Führung in Deutschland – Neue Muster für eine vernetzte Welt 387
Andreas Greve und Peter Kruse

Emotionales Analphabetentum im digitalen Zeitalter – Reich an Wissen, arm an Emotionen 399
Louis Lewitan

Gesundheit als Führungsaufgabe – Gesundes Führen am Beispiel eines Großkonzerns 415
Christian Feldhaus

Sachverzeichnis 431

Verzeichnis der Autorinnen und Autoren

Klaus Elle Künstler
Metaphorisches Management
Rosengarten/bei Hamburg, Deutschland

Marion Elle Künstlerin
Metaphorisches Management
Rosengarten/bei Hamburg, Deutschland

Prof. Dr. Nicole Fabisch Marketing & Internationales Management
EBC Hochschule
Hamburg, Deutschland

Prof. Dr. med. Christian Feldhaus Leitender Werksarzt, Vice President Arbeitsmedizin
RWE AG/RWE Generation SE
Essen, Deutschland

Ina Ferber Personalberaterin, Employer Branding-Expertin
Ferber Personalberatung
Frankfurt, Deutschland

Thomas Fundneider Managing Director
TheLivingCore GmbH
Wien, Österreich

Andreas Greve Geschäftsführer
Nextpractice GmbH
Bremen, Deutschland

Anja Herde Trainerin für Führungs- und Sozialkompetenz, Projektmitarbeiterin
UPJ Berlin
Berlin, Deutschland

Yvonne Hofstetter Managing Director
Teramark Technologies GmbH
Zolling/Freising, Deutschland

Antoinette Hunziker-Ebneter CEO Founding Partner
Forma Futura Invest AG
Zürich, Schweiz

Yukiko Elisabeth Kobayashi Inhaberin und Geschäftsführerin, Business und Produktentwicklung
Impact DOCK Hamburg
Hamburg, Deutschland

Frank Kohl-Boas Head of HR Northwest, Central & Eastern Europe
Google Germany GmbH
Hamburg, Deutschland

Prof. Dr. Peter Kruse Bremen, Deutschland

Louis Lewitan Psychologe, Therapeut, Philosoph, ZEIT-Redakteur
Lewitan Coaching & Consulting
München, Deutschland

Prof. Dr. Sascha Lord Leitung FHM Köln
Fachhochschule des Mittelstandes (FHM) GmbH
Köln, Deutschland

Thomas Perlitz Global Senior Vice President Human Rocources
Gerresheimer AG
Düsseldorf, Deutschland

Prof. Dr. Markus F. Peschl Fakultät für Philosophie und Bildungswissenschaft, Institut für Philosophie
Universität Wien
Wien, Österreich

Tanja Queckenstedt Marketing Managerin International
Sony Music Entertainment Devision: Classical International Berlin
Berlin, Deutschland

Dr. Markus Rimser CEO, Head of Human Resources
Corporate Consult Unternehmensberatung
St. Pölten, Österreich

Prof. Dr. Sonja A. Sackmann Institut für Entwicklung zukunftsfähiger Institutionen, Forschungszentrum für Strategie, Führung, Unternehmenskultur und Personalmanagement, Fakultät für Wirtschafts- und Organisationswissenschaften
Universität der Bundeswehr München
Neubiberg, Deutschland

Dr. Andreas Selck Psychologische Unternehmensberatung, Personalentwicklung, Geschäftsführender Partner
PE-Solution
Braunschweig, Deutschland

Prof. Dr. Brigitte Spieß Marketing & Event Management
EBC Hochschule
Berlin, Deutschland

Ulrich Weber Personalvorstand der Deutschen Bahn AG
Deutsche Bahn AG
Berlin, Deutschland

Per Wiek Leiter Personalstrategie und Personalprozesse HZ, Personal Human Resources
Deutsche Bahn AG
Berlin, Deutschland

Daniela Wilken Managing Director
Wilkenwerk GmbH
Hamburg, Deutschland

Julia Wöhlke Geschäftsführerin
Iwan Budnikowsky GmbH & Co.KG
Hamburg, Deutschland

Prof. Dr. Kai Zimmermann Allgemeine BWL, Wirtschaftsmathematik, Logistic & Supply Chain Management, Produktionsmanagement
EBC Hochschule Hamburg
Hamburg, Deutschland

Teil I
Einführung

CSR 4.0 und neue Arbeitswelten – (auch) eine Frage der Haltung

Nicole Fabisch

1 CSR – Begriffsklärung und Abgrenzungen

1.1 Einführung in die Thematik

Corporate Social Responsibility (CSR) ist mittlerweile Mainstream und wird es wohl auch bleiben. Schien das Thema noch um die Jahrtausendwende eher als angelsächsisches Phänomen wahrgenommen zu werden (vgl. Loew et al. 2004, S. 7), das in deutschen Chefetagen teilweise kritisch beäugt wurde (vgl. Gebauer und Ziegler 2013, S. 35), so spricht die Vielzahl von Kongressen und Tagungen, die in Deutschland zum Thema stattfinden, eine deutliche Sprache. Auch die Anzahl von Publikationen zu diesem Thema ist weltweit seit 2005 geradezu explodiert (vgl. Glavas und Kelley 2014, S. 165). Corporate Social Responsibility ist sowohl auf europäischer wie deutscher Ebene in Politik und Wirtschaft angekommen. Dies wird auch durch die bereits 2014 verabschiedete Richtlinie zur „Offenlegung nichtfinanzieller Informationen" für Unternehmen bekräftigt, die 2017 in Kraft tritt. Sie verpflichtet „große, im Blickpunkt der Öffentlichkeit stehende Unternehmen (börsennotierte Unternehmen, Banken, Versicherungsunternehmen und andere von den EU-Ländern als wichtig eingestufte Unternehmen) mit mehr als 500 Beschäftigten [...] nichtfinanzielle und die Diversität betreffende Informationen in ihren Geschäftsberichten offenzulegen" (EU Kommission 2016). Die Themen, die seitens der EU aufgelistet werden, umfassen die Umwelt, soziale und Arbeitnehmerbelange, Menschenrechte, die Bekämpfung von Korruption und Bestechung und Diversität in den Leitungs- und Kontrollorganen (EU Kommission 2016).

N. Fabisch (✉)
Marketing & Internationales Management, EBC Hochschule
Hamburg, Deutschland
E-Mail: fabisch.nicole@ebc-hochschule.de

Während einige kritische Stimmen auch 2016 noch vom „Ablasshandel der modernen Wirtschaft" (PR-Club Hamburg 2016) schreiben, sprechen andere Verbände, wie das UPJ-Netzwerk[1], von einer Chance, „neue Verbindungen" zwischen Wirtschaft, Politik und Zivilgesellschaft zu knüpfen und gemeinsam konstruktiv und proaktiv an die Lösung gesellschaftlicher Probleme heranzugehen (UPJ 2016).

CSR hat sich vom Aushängeschild einiger Unternehmen zur strategischen Herausforderung für die gesamte Wirtschaft gewandelt. So gab es zwar immer schon ehrbare Kaufleute, sozial verantwortliche Unternehmen und großzügige Mäzene, doch „echte" CSR modernen Zuschnitts geht tiefer. Sie adressiert nicht nur die Verantwortung gegenüber Mensch und Umwelt, sondern hinterfragt das Kerngeschäft des Unternehmens, indem sie dessen Licence to operate einfordert (Scheidewind 2016). Bestimmten Formen der Geschäftstätigkeit, z. B. in der fossilen oder atomaren Energiegewinnung oder in der konventionellen Mobilität, wird zukünftig nach Meinung von Umweltexperten unter Umständen diese Legitimation abgesprochen (Scheidewind 2016). Vor allem aber beschäftigt sich CSR mit dem Verbrauch von Ressourcen und dem Umgang mit Mitarbeitern, innerhalb der Supply Chain und im eigenen Unternehmen.

Arbeit 4.0 ist das neue Schlagwort, das Wirtschaft, Politik und Forschung umtreibt. Effizienter, intelligenter, flexibler sollen Produktion und Dienstleistungen werden (BMAS 2015). Die Maschinen der Zukunft werden sich von selbst steuern. Doch was bedeuten diese neuen Arbeitswelten für Mitarbeiter/innen und Führungskräfte? Welche Themenfelder entstehen neu und sollten im Rahmen einer CSR-Strategie betrachtet werden? Wo sind Licht und Schatten dieser neuen vierten industriellen Revolution (BMAS 2015, S. 32)? Der verantwortungsvolle Umgang mit den Menschen in einer globalisierten Wirtschaft, gesteuert von Maschinen und künstlichen Intelligenzen soll im Folgenden näher betrachtet werden.

1.2 Begriffsklärung und Abgrenzungen

Der Begriff der Corporate Social Responsibility (CSR) ist zwar längst in Deutschland angekommen, wird aber noch keineswegs von allen Akteuren gleich verstanden. Dies liegt unter anderem daran, dass im angloamerikanischen Sprachraum unter CSR lange Zeit eher Aktivitäten verstanden wurden, die man „hierzulande als bürgerschaftliches Engagement" bezeichnen würde (Loew und Rohde 2013, S. 5). Zum anderen wurde das Englische *social* oftmals verkürzt als *sozial* wiedergegeben, anstatt es mit *gesellschaftlich* zu übersetzen und somit auch die umweltpolitische Komponente einzubeziehen (vgl. Fabisch 2004, S. 30). Andererseits hatte sich in Deutschland das Leitbild der nachhaltigen Entwicklung

---

[1] „UPJ ist das Netzwerk engagierter Unternehmen und gemeinnütziger Mittlerorganisationen in Deutschland. Im Mittelpunkt stehen Projekte, die zur Lösung gesellschaftlicher Probleme beitragen, indem sie neue Verbindungen zwischen Unternehmen, gemeinnützigen Organisationen und öffentlichen Verwaltungen schaffen" (UPJ 2016).

vor allem aus dem Umweltschutzgedanken heraus entwickelt, was dazu führte dazu, dass CSR teilweise eher als *soziales Engagement* und *Nachhaltigkeit* eher als Umweltthema verstanden wurde.

Mittlerweile setzt sich jedoch länderübergreifend zunehmend das Verständnis durch, dass CSR und Nachhaltigkeit weitgehend die gleichen Inhalte umfassen (vgl. Abb. 1).[2]

Diese Auffassung wird durch zwei zentrale Initiativen und deren Publikationen bestärkt: Die DIN ISO Norm 26000 von 2010 und die neue „EU-Strategie (2011–14) für die soziale Verantwortung von Unternehmen" (EU-Kommission 2011). Der Publikation des DIN ISO 26000 gingen mehrjährige Konsultationen verschiedenster Stakeholdergruppen voraus, zu denen Repräsentanten aus fast 100 Ländern und über 40 Organisationen aus Politik, Wirtschaft und Zivilgesellschaft gehörten. Da sich diese nicht zertifizierbare ISO-Norm nicht nur an Unternehmen richtet, wurde das „Corporate" getilgt und durch „gesellschaftliche Verantwortung" ersetzt. Die DIN ISO 26000 definiert folgendermaßen: „Zentrales Merkmal gesellschaftlicher Verantwortung ist der Wille einer Organisation, soziale und umweltbezogene Überlegungen in ihre Entscheidungsfindung einzubeziehen

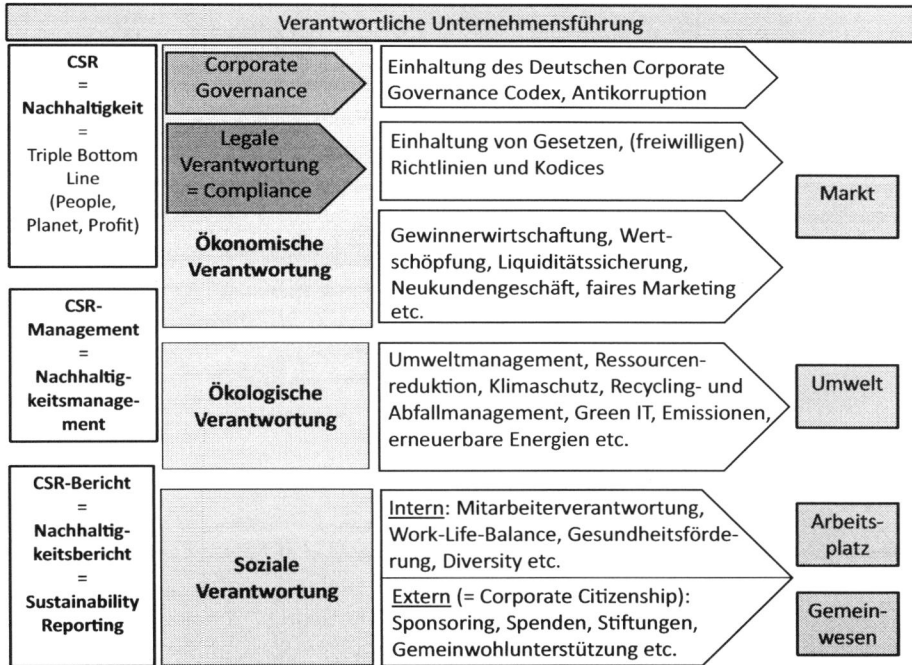

Abb. 1 CSR und Nachhaltigkeit. (Eigene Darstellung)

---

[2] Einen guten Überblick über CSR-Handlungsfelder und deren Passung zu politischen Initiativen, GRI sowie ISO 26000 bieten Loew und Braun (2009).

und Rechenschaft über die Auswirkungen ihrer Entscheidungen und Aktivitäten auf Gesellschaft und Umwelt abzulegen" (DIN ISO 26000 2011, S. 20).

Auch die EU Kommission legte nach dem Grünbuch von 2001, in dem die internen Themenfelder *Humanressourcenmanagement, Arbeitsschutz, Anpassung an den Wandel, Umweltauswirkungen* und *Bewirtschaftung der natürlichen Ressourcen* sowie die externen Bereiche *lokale Gemeinschaften, Geschäftspartner, Zulieferer und Verbraucher, Menschenrechte und globaler Umweltschutz* adressiert und die Freiwilligkeit aller Maßnahmen betont wurden, im Jahr 2011 eine neue Definition vor. Hiernach versteht die EU unter CSR „die Verantwortung von Unternehmen für ihre Auswirkungen auf die Gesellschaft". „Nur wenn die geltenden Rechtsvorschriften und die zwischen Sozialpartnern bestehenden Tarifverträge eingehalten werden, kann diese Verantwortung wahrgenommen werden" (EU Kommission, 2011, S. 7). „Damit die Unternehmen ihrer [...] [gesellschaftlichen] Verantwortung in vollem Umfang gerecht werden, sollten sie auf ein Verfahren zurückgreifen können, mit dem soziale, ökologische, ethische, Menschenrechts- und Verbraucherbelange in enger Zusammenarbeit mit den Stakeholdern in die Betriebsführung und in ihre Kernstrategie integriert werden" (EU Kommission, 2011, S. 7).

Beide Definitionen zur CSR kommen einem aktuellen Verständnis von Nachhaltigkeit (Sustainability) sehr nahe. Während in Deutschland das Thema Nachhaltigkeit lange Zeit vom Umweltmanagement dominiert wurde (Große Entrup 2015, S. 9), greifen auch hierzulande seit einigen Jahren umfassendere Konzepte. So definiert das Bundesministerium für Arbeit und Soziales (BMAS) CSR als „die gesellschaftliche Verantwortung von Unternehmen im Sinne eines nachhaltigen Wirtschaftens" (BMAS 2016) und der, von der deutschen Bundesregierung berufene Rat für nachhaltige Entwicklung formuliert:

> Nachhaltige Entwicklung heißt, Umweltgesichtspunkte gleichberechtigt mit sozialen und wirtschaftlichen Gesichtspunkten zu berücksichtigen. Zukunftsfähig wirtschaften bedeutet also: Wir müssen unseren Kindern und Enkelkindern ein intaktes ökologisches, soziales und ökonomisches Gefüge hinterlassen (Nachhaltigkeitsrat 2016).

Dieser Dreiklang wird in der angloamerikanischen Literatur auch als *„Triple P"*, als der Verantwortung gegenüber *people, planet* und *profit*, beziehungsweise als *Triple Bottom Line* bezeichnet (Elkington 1997).

Auf nationaler Ebene lässt sich der Dreiklang in die verschiedenen unternehmensrelevanten Handlungsfelder *Markt, Umwelt, Arbeitsplatz* und *Gemeinwesen* aufteilen (vgl. Nelius und Dresewski 2014, S. 11). Letzteres macht dahingehend Sinn, da die soziale Säule, *People*, interne und externe Stakeholder und Themenfelder umfasst (vgl. Abb. 1). Hierbei kann es sich beispielsweise um Mitarbeiter/innen im In- und Ausland, Anwohner/innen neben den Produktionsstätten oder auch Bedürftige im Umfeld des Unternehmens handeln. Im globalen Kontext lassen sich diese Aktionsfelder um die Verantwortung innerhalb der Lieferkette oder gegenüber globalen Ressourcen ausdifferenzieren. So gehören menschenwürdige Arbeitsbedingungen und faire Löhne entlang der Lieferketten auch außerhalb der EU in den Sektor „Arbeitsplatz". Weitere global relevante Themen lassen sich aus den Ende 2015 verabschiedeten 17 *Sustainable Development Goals* der Vereinten Nationen ableiten (UNSDG 2015).

Es wird also deutlich, dass zwischen *Sustainability Reporting*, „CSR- und Nachhaltigkeitsberichten oder CSR-Management und Nachhaltigkeitsmanagement in der Praxis kein Unterschied besteht." (Loew und Rohde 2013, S. 10).

2 Der Dreiklang der CSR im Sinne der Nachhaltigkeit

2.1 Ökonomische Verantwortung

Das CSR-Themenfeld, das der klassischen Managementlehre am nächsten kommt, ist der Bereich der ökonomischen Verantwortung. Unternehmen, die ihrer wirtschaftlichen Verantwortung und Sorgfaltspflicht nicht nachkommen, setzen ihr Geschäftsmodell und ihre Zukunftsfähigkeit aufs Spiel. Die Global Reporting Initiative (GRI), eine internationale unabhängige Organisation, hat seit ihrer Gründung im Jahr 1997 eine Vielzahl möglicher Indikatoren zusammengestellt, die es Unternehmen erleichtern sollen, ihre Verantwortung im Rahmen des Reportings auch nach außen hin zu dokumentieren (GRI 2016).

> Neben den Finanzkennzahlen als geradezu klassische *Key Performance Indikatoren* (KPI) sind im Profit-Bereich auch Erhebungen zur Mitarbeiter-, Kunden- oder Lieferantenzufriedenheit denkbar, um zusammen mit Medienresonanzanalysen oder Reputationsmessungen eine erfolgreiche Performance im Bereich der ökonomischen Verantwortung zu dokumentieren (Fabisch et al. 2015, S. 20).

Zusätzlich bietet GRI Indikatoren an, um erhaltene Subventionszahlungen, die Qualität des Managementansatzes oder die Diversität in dieser Kategorie zu erfassen (GRI 2015, S. 45). Letztere beinhalten unter anderem transparente Vergütungssysteme, die Frauen und Männern gleiche Gehälter zahlen, sowie eine generell nachvollziehbare Höhe der Managementgehälter.

Die DIN ISO 26000 listet als typisch ökonomische Kernthemen „Organisationsführung sowie faire Betriebs- und Geschäftspraktiken" auf. Zu einer verantwortungsvollen Unternehmensführung gehört es nach DIN ISO 26000, die Grundsätze der Rechenschaftspflicht, ethischen Verhaltens, der Achtung der Interessen der Anspruchsgruppen sowie der Rechtsstaatlichkeit, internationaler Verhaltensstandards und der Menschenrechte in die Entscheidungsfindung einzubeziehen. (DIN ISO 26000 2011, S. 39) Insofern erscheint es folgerichtig, das Management nicht nur auf kurzfristige Renditeziele, sondern auf langfristige Wertschöpfung hin auszurichten und neben den Eigentümerinteressen die legitimen Belange weiterer Stakeholder-Gruppen, wie Mitarbeiter oder Kunden, einzubeziehen. Hierbei können Initiativen wie der *Deutsche Corporate Governance Kodex* oder auch der *UN Global Compact* Impulse liefern (Fabisch et al. 2015, S. 20). Auch eine Beschäftigung mit den Kernprodukten oder Serviceleistungen gehört in diesen Bereich und kann beispielsweise entlang des Marketingmix ausdifferenziert werden (vgl. Abb. 2).

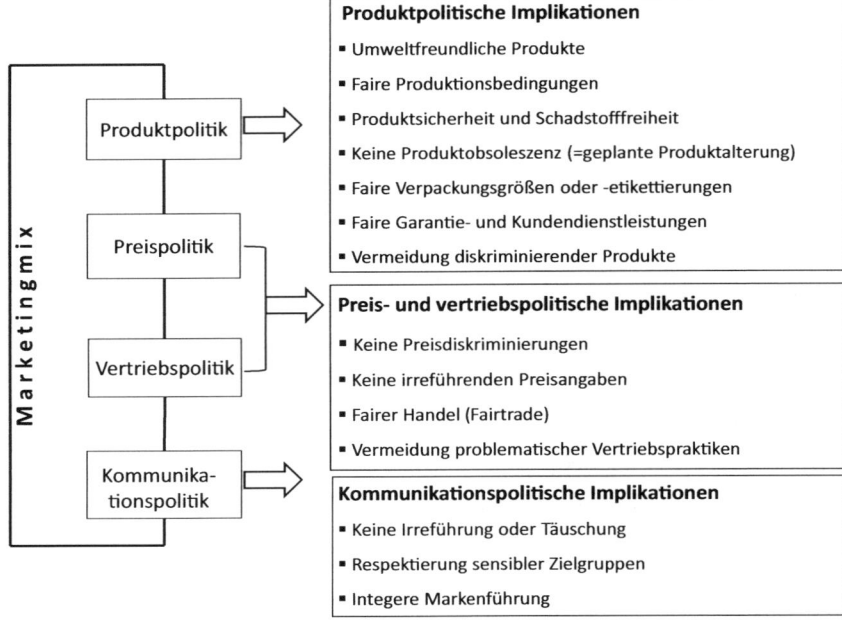

Abb. 2 Themenfelder nachhaltigen, ethischen Marketings im Marketingmix. (Eigene Darstellung)

Rund um das eigentliche Produkt gibt es eine Reihe brauchbarer Kennziffern, die zu einer nachhaltigen, ethisch korrekten Ware gehören. Darunter fallen die Produktionsbedingungen entlang der sogenannten *Supply Chain* mit Themen wie Arbeitssicherheit, menschenwürdiger Entlohnung (*Living wage*)[3] (vgl. AFW 2016), Kinder- oder Zwangsarbeit und einer Berücksichtigung der internationalen Arbeits- und Sozialstandards, wie sie die Internationale Arbeitsorganisation (ILO) festgeschrieben hat (vgl. ILO 2016). Diese können je nach Unternehmensstruktur durchaus auch die Marketingabteilungen und den Einkauf betreffen. Hierzu gehören beispielsweise Entscheidungen rund um die Produktherstellung mit Themen wie Umweltfreundlichkeit (von der Herstellung bis zur Recyclingfähigkeit), Sicherheit und Schadstofffreiheit der Produkte. Die Vermeidung von Produkten, die bestimmte Anspruchsgruppen (z. B. Frauen) diskriminieren oder Verbraucher durch eingebaute Sollbruchstellen (*Produktobsoleszenz*)[4], unvollständige oder unklare Etiketten bzw. überdimensionierte Verpackungen vorsätzlich benachteiligen, gehört ebenfalls zu ei-

---

[3] Unter *Living wage* wird ein menschenwürdiger Lohn verstanden, der es Arbeiter/innen ermöglicht, ausreichend Nahrung, Miete, Kleidung, Gesundheits- und Erziehungskosten für den/die Hauptverdiener/in plus bis zu zwei Kindern sowie Lebenspartner/in zu finanzieren und einen kleinen Teil für „schlechte Zeiten" zu sparen.

[4] Unter *geplanter Obsoleszenz* wird die gezielte Verkürzung der Nutzungsdauer eines Produktes (z. B. Einbau von Sollbruchstellen) verstanden. Ausführlich hierzu die Website von Stefan Schridde unter: http://www.murks-nein-danke.de/blog/information/geplante-obsoleszenz/ffs-tabbed-22.

ner aktiven Verantwortungsübernahme im Produktkontext. Eine faire Preisgestaltung, die Unterlassung unfairer Vertriebspraktiken (z. B. Drückerkolonnen), eine aktive Förderung des fairen Handels oder eine sensible Gestaltung von Werbebotschaften, insbesondere gegenüber schützenswerten Zielgruppen, wie Kindern oder alten Menschen, sind ebenfalls Themenfelder, die im Kontext ethischen bzw. nachhaltigen Marketing diskutiert werden. Eine besondere Chance liegt hier beispielsweise darin, gezielt solche Produkte zu gestalten oder Serviceangebote zu kreieren, die benachteiligten oder sozial schwachen Bevölkerungsgruppen zugutekommen.

Darüber hinaus gehört ein aktives Eintreten für die Bekämpfung der Korruption zum verantwortungsbewussten Wirtschaften und schlägt den Bogen zur sogenannten Compliance[5] (vgl. auch Fabisch 2013, S. 348). Während einige der freiwilligen CSR-Maßnahmen, *Nice-to-have* sein mögen, fallen die Gesetze eindeutig in die *Must-have*-Kategorie. Einige Banken oder Automobilhersteller waren in der jüngeren Vergangenheit unrühmliche Beispiele dafür, wie eine „kreative" Auslegung oder die aktive Umgehung der Gesetze die positive Wirkung aller gut gemeinten CSR-Maßnahmen zunichtemachen und den Ruf des Unternehmens nachhaltig ruinieren können.

2.2 Ökologische Verantwortung

Bei der *ökologischen Dimension* der CSR stehen vor allem Fragen des Umwelt- und Klimaschutzes im Mittelpunkt. Die GRI benennt die Kategorien Materialien, Energie, Wasser, Biodiversität, Emissionen, Abwasser und Abfall, Produkte und Dienstleistungen, Transport sowie die Einhaltung entsprechender Gesetze oder die Bewertung durch Lieferanten (GRI 2015, S. 9).

Innerhalb der ökologischen Verantwortungsdimension ergeben sich die augenscheinlichsten Vorteile, indem sowohl interne Einsparungspotenziale genutzt werden können wie externe Chancen für die Imageverbesserung. So lassen sich durch Sparmaßnahmen in den Bereichen Papier, Wasser, Abfall oder Strom der gesamte Ressourcenverbrauch reduzieren und damit aktiv Kosten senken. Darüber hinaus kann sich ein Unternehmen durch die Nutzung oder gar Erzeugung regenerativer Energien, Etablierung von Car-Sharing-Angeboten für Mitarbeiter oder den Verzicht auf unnötige Dienstreisen als „grünes" Unternehmen positionieren.

Das umweltpolitische Engagement wird hierbei umso glaubwürdiger, wenn die Produktion umweltschädlicher Güter, sofern möglich, ganz vermieden oder zumindest reduziert wird. Darüber hinaus lassen sich durch Schulungen das Umweltbewusstsein der eigenen Mitarbeiter/innen verbessern und die Thematik ganzheitlich in die Unternehmenskultur integrieren.

---

[5] Unter *Compliance* als juristischem Terminus wird gemeinhin die Pflicht der Unternehmen verstanden, geltende Gesetze sowie unternehmensinterne Regelungen einzuhalten und etwaige Verstöße proaktiv durch geeignete und zumutbare Schutzvorkehrungen zu unterbinden.

Auch hier bieten sich auf internationaler Ebene eine Reihe von drängenden Handlungsfeldern an. Denn während die Umweltthemen in Deutschland bereits in den 70er-Jahren adressiert und beispielsweise Luft- und Wasserqualität mit Gesetzen und strengen Auflagen deutlich verbessert wurden, sieht die Situation weltweit weitaus weniger günstig aus (vgl. UNSDG 2015).

Zur Erfolgsmessung einer guten ökologischen Performance bietet sich die Nutzung etablierter Umweltmanagementsysteme wie EMAS, ISO 14001 oder der *Sustainable Balanced Scorecard* an. GRI bietet auch hier eine Vielzahl an möglichen Kennzahlen (vgl. GRI 2015).

2.3 Soziale Verantwortung

Wenngleich die soziale Säule in der Vergangenheit manchmal fälschlicherweise mit dem Begriff CSR gleich gesetzt wurde, hatte es dieser Verantwortungsbereich im Unternehmen seit jeher am schwersten. Der Management-Guru Peter Drucker wird oft mit den Worten zitiert: „Was man nicht messen kann, kann man nicht lenken". Dieses Zitat wurde im Zusammenhang mit den sogenannten *soften* Faktoren der sozialen Verantwortung gebraucht. Vertrauensaufbau, Beziehungspflege, Kreativität oder Mitarbeiterzufriedenheit galten lange als schwer messbar und viele Maßnahmen, die bei der Förderung dieser „weichen" Ziele ansetzten, waren ständig von Streichung bedroht. Dabei hat Peter Drucker gerade hier ganz anders argumentiert und das oft zitierte Statement hat er, laut Zachary First, Direktor des Drucker Instituts, so nie gesagt (vgl. First 2013). Im Gegenteil, Drucker argumentierte Führungskräften gegenüber viel differenzierter:

> It is the relationship with people, the development of mutual confidence, the identification of people, the creation of a community. This is something only you can do. [...] It cannot be measured or easily defined. But it is not only a key function. It is one only you can perform (Drucker, zitiert nach First 2013).

Darüber hinaus wurde CSR oft fälschlich mit der Spitze der Verantwortungspyramide des Amerikaners Archie B. Caroll, der freiwilligen *Philanthropic Responsibility* (Caroll 1991), gleichgesetzt und von vielen Unternehmen als Spendenwesen, Mäzenatentum oder *Charity* missverstanden.

Mittlerweile ist man sich jedoch weitgehend einig, dass die Übernahme sozialer Verantwortung nicht nur moralisch geboten ist, sondern sich nach Meinung vieler betriebswirtschaftlicher Betrachter lohnt, zumal sich die meisten Effekte sogar messen lassen. So finden sich Begriffe wie „Vertrauen", „guter" Arbeitgeber oder „fairer" Partner bereits seit längerem in der modernen Reputationsmessung (vgl. Fombrun 2001, S. 24) und dienen als Bewertungsbasis internationaler Imagestudien wie dem jährlich erhobenen globalen „RepTrak" des Reputation Instituts (vgl. Reputation Institute 2015).

Die Global Reporting Initiative hat ihrerseits eine ganze Reihe von zentralen Messkennzahlen, entwickelt und unterteilt den sozialen Handlungsbereich in die vier Unterkategorien „Arbeitsbedingungen und menschwürdige Arbeit", „Menschenrechte", „Gesellschaft" und „Produktverantwortung" (GRI 2015, S. 9). Hierbei kann man in einen internen Verantwortungsbereich als Arbeitgeber und eine externe Dimension gegenüber Kunden und Gesellschaft unterscheiden.

Viele der seitens GRI gelisteten Reporting- und Messoptionen für Arbeitnehmer sind in Deutschland durch den Gesetzgeber in staatlichen Verordnungen reguliert und sozial ausgestaltet. Themen, wie die Arbeits- und Ruhezeiten, Ausbildungspflichten, Entgeltregelungen, Mutterschutz, Erziehungsgeld sowie der Umgang mit speziellen Mitarbeitergruppen (Jugendlichen, Behinderten und ausländischen Mitbürgern) sind beispielsweise im Sozialgesetzbuch (SGB), dem Arbeitsschutz- bzw. Arbeitssicherheitsgesetz (ArbSchG und ASiG) oder dem Allgemeines Gleichbehandlungsgesetz (AGG) juristisch geregelt. Auch für Sozialversicherungsfragen, den Schutz der Persönlichkeit (z. B. vor Diskriminierungen oder Datenmissbrauch), betriebliche Mitbestimmung oder den Umgang mit altersbedingtem Ausscheiden gibt es Gesetzestexte, wie das Bundesdatenschutzgesetz (BDSG) oder das Betriebsverfassungsgesetz (BetrVG).

Darüber hinaus existiert allerdings noch eine Reihe von kreativen Handlungsmöglichkeiten, die noch nicht juristisch geregelt sind und über gesetzliche Fürsorgepflichten hinausgehen. Diese können im Rahmen einer Positionierung als guter Arbeitgeber, dem *Employer Branding*[6] genutzt werden. Zu diesen freiwilligen CSR-Maßnahmen, die Mitarbeiter/innen zugutekommen, zählen unter anderem innovative Angebote zur Gesundheitsförderung und -erhaltung, die aktive Förderung von Fort- und Weiterbildungsmaßnahmen, Gleichstellungsprogramme zur Erhöhung des Anteils weiblicher Führungskräfte (z. B. *Top- oder Job-Sharing*), familienfreundliche Arbeitszeitmodelle, Programme zum Wiedereinstieg nach dem Erziehungsurlaub oder die Möglichkeit, ein „Sabbatjahr" (unbezahlte Freistellung) zu nehmen.

Eine aktive Betätigung in diesem Kontext macht sich nicht nur durch eine höhere Motivation der Mitarbeiter/innen bezahlt (vgl. Loew und Clausen 2010, S. 20), sondern unterstützt auch die Suche und Bindung von Talenten der jungen Generationen Y, Z oder demnächst Alpha. „Typisch für die Generation X[7] ist die Frage nach den Verdienstmöglichkeiten, die Ypsiloner betonen die Ausgewogenheit von Privat- und Berufsleben" (vgl. Porth 2015; Bedürftig 2016; McCrindle 2016). „Die Z-ler wollen geregelte Arbeitszeiten, unbefristete Verträge und klar definierte Strukturen im Job haben" (Christian Scholz, zitiert nach Bedürftig 2016). Die Herausforderung der Personaler wird es also sein, diese unterschiedlichen Erwartungshaltungen der Generationen am gleichen Arbeitsplatz in Einklang zu bringen.

---

[6] Siehe hierzu auch den Artikel von Ina Ferber im Kapitel „Employer Branding in Zeiten von Nachhaltigkeit und Digitalisierung" in diesem Band.

[7] Zur Generation X zählen gemeinhin die zwischen 1960 und 1980 Geborenen, unter Generation Y, auch Millenials oder Nexters genannt, werden die Jahrgänge 1980 bis 2000 verstanden, als Generation Z werden die nach 1995 bzw. nach 2000 geborenen, zumeist also zukünftigen Arbeitnehmer verstanden. Als Generation Alpha schließen die nach 2010 Geborenen an das Generationen-Alphabet an.

Die externe Dimension des sozialen Engagements umfasst auf nationaler Ebene die charity-nahen Betätigungsfelder im Gemeinwesen. Kreative soziale Aktivitäten gehen dabei allerdings deutlich über die Weihnachtsspende an den örtlichen Kinderchor oder die Einrichtung einer steuerlich attraktiven Stiftung hinaus. Es kann sich hierbei beispielsweise um die aktive Beteiligung an der Integration von Flüchtlingen oder auch sozial schwächeren Mitbürgern in den Arbeitsmarkt handeln. Die Schaffung eines stabilen und lebenswerten Arbeits- und Wohnumfelds, einer attraktiven Infrastruktur, einer intakten Umwelt sowie weiterer Angebote im Bildungs- und Freizeitsektor sind durchaus im wirtschaftlichen Eigeninteresse eines Unternehmens. Indem es aktiv dazu beiträgt, dass sich sein Umfeld positiv entwickelt, gewährleistet es, dass sich genügend qualifizierte Mitarbeiter finden lassen, die bereit und fähig sind als Arbeitnehmer tätig zu werden. Auch unterstützt die Qualifizierung bislang randständiger Arbeitnehmergruppen, dass sich zukünftig genügend Kundinnen und Kunden finden, die bereit und in der Lage sind, Waren und Dienstleistungen abnehmen zu können.

Darüber hinaus lassen sich weitere innovative Instrumente, wie die gezielte Auftragsvergabe an soziale Organisationen, Maßnahmen zur regionalen Wirtschaftsförderung (z. B. durch die Vergabe von Risikokapital an vielversprechende nachhaltige Neugründungen), Joint Ventures mit Sozialpartnern, die politische Unterstützung dieser Partner durch soziales Lobbying oder soziale Kooperationen zur aktiven Lösung gesellschaftlicher Probleme im eigenen Umfeld, einsetzen (weitere Informationen hierzu finden sich bei UPJ (2016)).

Wesentliche Aspekte der GRI-Unterkategorie „Produktverantwortung" wurden bereits im Kapitel der ökonomischen Verantwortung im Marketing- und Produktkontext behandelt.

Arbeitsbedingungen, menschenwürdige Arbeit und Menschenrechte wiederum sind Themenfelder, die international unverändert bedeutsam sind und zukünftig über die neuen nachhaltigen Entwicklungsziele der Vereinten Nationen im Fokus bleiben werden. Hier ergeben sich für viele Unternehmen Handlungsfelder entlang ihrer Lieferketten, mit denen sie sich über nationale Projekte hinaus als international verantwortungsbewusste Akteure positionieren können. Denn es sei nicht opportun, wie es die Staatssekretärin des Bundesarbeitsministerium, Yasmin Fahimi, auf dem CSR-Kongress des UPJ-Netzwerks in Berlin formulierte, dass es hieße „Heimat hui, Supply Chain pfui".

3 Wettbewerbsvorteile (Business Case) der CSR

Zusammenfassend lässt sich festhalten, dass CSR deutlich mehr ist als eine Frage des guten Gewissens oder eines zähneknirschend durchgeführten „Ablasshandels". Moderne CSR ist nicht nur eine Frage der Haltung als Unternehmer/in, sondern kann auch eine Reihe von Wettbewerbsvorteilen bieten. Sofern es sich bei den CSR-Maßnahmen um ernst gemeinte Aktivitäten handelt, die strategisch, also längerfristig, angelegt sind und keine *Greenwashing*-Aktionen der PR-Abteilung, lassen sich für verschiedene Unternehmensziele deutliche Unterstützungspotenziale von CSR-Aktivitäten nachweisen (vgl. Abb. 3).

Die meisten der Vorteile wurden in den vorangegangenen Kapiteln zu den jeweiligen Handlungsfeldern bereits erwähnt. Eine aktive Berücksichtigung ökologischer und sozialer Belange bei Projektvorhaben, der Produktion oder der Kreditvergabe reduziert nachvollziehbar das *Risiko*, einen Imageschaden zu erleiden. Die jährliche Vertrauensstudie der Communications Marketing Agentur Edelman erfasst unter anderem inwieweit Unternehmen seitens der Bevölkerung vertraut wird (vgl. Edelman 2016). Hierbei spielt deren aktive Bereitschaft zur Lösung gesellschaftlicher Probleme ebenso eine Rolle, wie Skandale, die einseitige Fokussierung auf kurzfristige Kapitalgewinne oder ein unzureichend empfundener Einsatz der Führungskräfte bei der Lösung gesellschaftlicher Probleme (Edelman 2016). Auf die Bedeutung einer moralisch korrekten Haltung als fairer

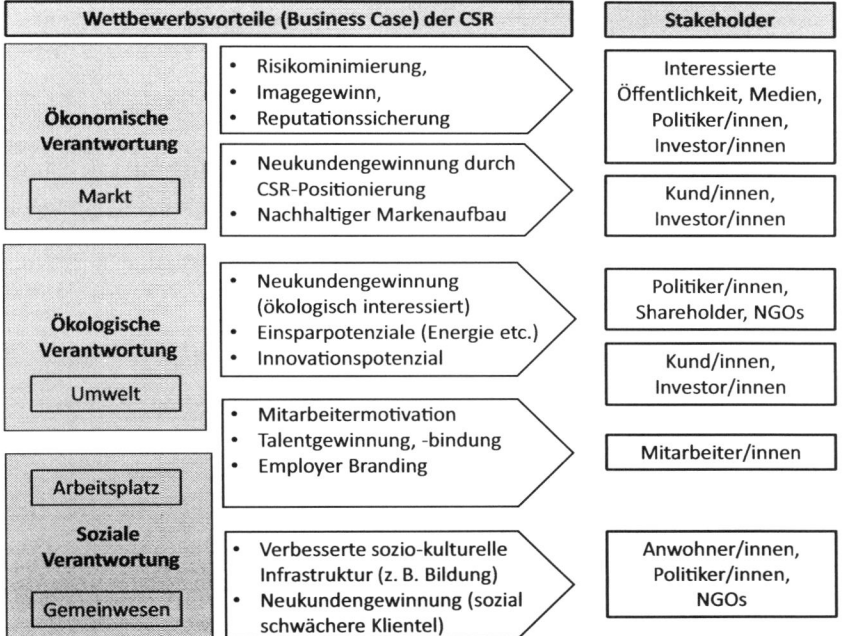

Abb. 3 Business Case für CSR. (Eigene Darstellung)

Arbeitgeber, Geschäftspartner und Unternehmenslenker wurde im Kontext der modernen Reputationsmessung hingewiesen (vgl. Reputation Institute 2015).

Wenn es um Kundenumfragen zu einer erhöhten Zahlungsbereitschaft für nachhaltige, ethische Produkte geht, wird schnell der Ruf „soziale Erwünschtheit"[8] laut. Insofern sind Zahlen der Global CSR Study, dass über 80 % der Kunden beim Einkauf auf CSR-Kriterien achten, zu Recht mit Vorsicht zu genießen (vgl. Cone Communications 2015). Dennoch sprechen die deutlichen Zuwachsraten beim Kauf ethischer Produkte, im Bio-Segment oder bei Fairtrade-Produkten dafür, dass eine stetig größer werdende Anzahl von Verbrauchern darauf achtet, was in ihren Warenkorb landet (vgl. u. a. die Otto Trendstudien zum ethischen Konsum aus den Jahren 2007, 2009, 2011 und 2013).

Die positive Wirkung von CSR-Maßnahmen auf den Mitarbeiterbereich erscheint ebenfalls augenscheinlich. So suchen die Menschen zunehmend Sinn sowohl in der Arbeitswelt wie in der Freizeit. Die Einnahme verschiedener Rollen mit unterschiedlichen Wertesystemen, bei denen man die Moral am Firmeneingang abgeben muss, ist nicht mehr zeitgemäß. „Ihnen [den jungen Arbeitnehmer/innen, Anm. d. Autorin] ist es sehr wichtig, mit ihrer Arbeit und ihrem Team etwas zu bewegen und einen wirklichen Impact zu schaffen", sagt Carsten Baumgärtner, Partner bei BCG und verantwortlich für das Recruiting (Ilg 2013). So gibt es seit einiger Zeit sogar öko-soziale Stellenbörsen wie „goodjobs.eu", „thechanger.org" oder „nachhaltigejobs.de"[9], die genau diesem Bedürfnis nach sinnstiftender Arbeit entsprechen. Folglich sind Unternehmen gut beraten, Mitarbeiter/innen auch in traditionellen Arbeitsumfeldern das Gefühl zu geben, wertvolle Teampartner/innen zu sein, für die sich das Unternehmen einsetzt und möglichst individuelle Lösungen findet. Ein *Great Place to work* (vgl. GPTW 2016) mit einer wertschätzenden Unternehmenskultur zu sein, sollte als Ziel jedes zukunftsfähigen Unternehmens festgeschrieben werden. Die Verantwortung für Mitarbeiter/innen zu übernehmen, die die wichtigste Ressource des Unternehmens sind und sich mit Einfühlungsvermögen, um deren Probleme oder individuellen Lebensphasen zu kümmern, sollte unter CSR-Gesichtspunkten nahe liegen. Dennoch gibt es immer wieder Schlagzeilen, nach denen eine wenig einfühlsame Psychostruktur und Rücksichtslosigkeit den Aufstieg im Unternehmen erleichtert. Robert D. Hare, ein kanadischer Wissenschaftler nennt einen bestimmten Personentyp „Sozialstraftäter" (vgl. Thorborg 2015). „Attraktive, intelligente, gebildete Psychopathen, die in einer wohlhabenden Familie groß geworden sind, rauben keine Bank aus, sie werden Bankenvorstand" (Hare, zitiert nach Thorborg 2015). „Wer sich rücksichtslos durchsetzt, Ressourcen an sich reißen und andere ohne Skrupel feuern oder ausmanövrieren kann, hat im Konzern gewisse Vorteile" (Hare, zitiert nach Thorborg 2015). Diese Persönlichkeitstypen können nicht nur persönliche Dramen verursachen, sondern auch Konzerne an den Rand des Ruins führen. Bei VW herrschte laut eines Artikels der Süddeutschen Zeitung

---

[8] Unter *sozialer Erwünschtheit* wird in der Sozial- und Marktforschung ein psychologisches Phänomen verstanden, nach dem die Probanden eine ihrer Meinung nach sozial erwünschte Antwort geben, die nicht unbedingt ihrer tatsächlichen Einstellung entspricht.

[9] Einen Überblick über die „besten Jobbörsen für nachhaltige Jobs" findet sich unter: https://utopia.de/ratgeber/gruene-jobs/.

"ein knallharter Ton". "Wer nicht funktionierte, wurde niedergebrüllt, und viele berichten, dass dies ein Klima der Angst war" (vgl. Fromm et al. 2015).

Es muss nicht erst zum Skandal kommen, um nachvollziehen zu können, dass Vorstände und Führungskräfte generell eine Vorbildfunktion haben. Sie haben nicht nur die moralische Verantwortung, menschlich und einfühlsam im Umgang mit Menschen zu sein, sondern dienen Mitarbeitern auch als Vorbilder (vgl. Abb. 4).

Das sogenannte *CEO-Commitment*, also die Bekenntnis zur Nachhaltigkeit durch die Führungskräfte ist essenziell (vgl. Edelman 2016). Hierbei müssen Taten und Worte im Sinne eines *Walk the Talk* im Einklang stehen und dürfen sich nicht als leere Moralpredigten herausstellen. Darüber hinaus gilt es, die Mitarbeiter/innen abzuholen und für die geplanten Themen und Projekte zu sensibilisieren, damit kein Widerstand durch ein *Not-invented-here-Syndrom*[10] entsteht (vgl. Specht 2016). Nachfolgend bedarf es eines Soll-Ist-Abgleiches der bereits bestehenden Aktivitäten und einer kritischen Analyse, ob und inwieweit die Maßnahmen (noch) adäquat sind. Parallel gilt es die eventuell notwendigen Strukturanpassungen vorzunehmen, die von der Modifikation des bestehenden Leitbildes über die Integration der als relevant ermittelten Indikatoren in bestehende Managementsysteme bis hin zur Zusammenstellung funktionenübergreifender Planungsteams reichen können. Zu den Aufgaben der verantwortlichen Mitarbeiter gehört es hierbei, neben der

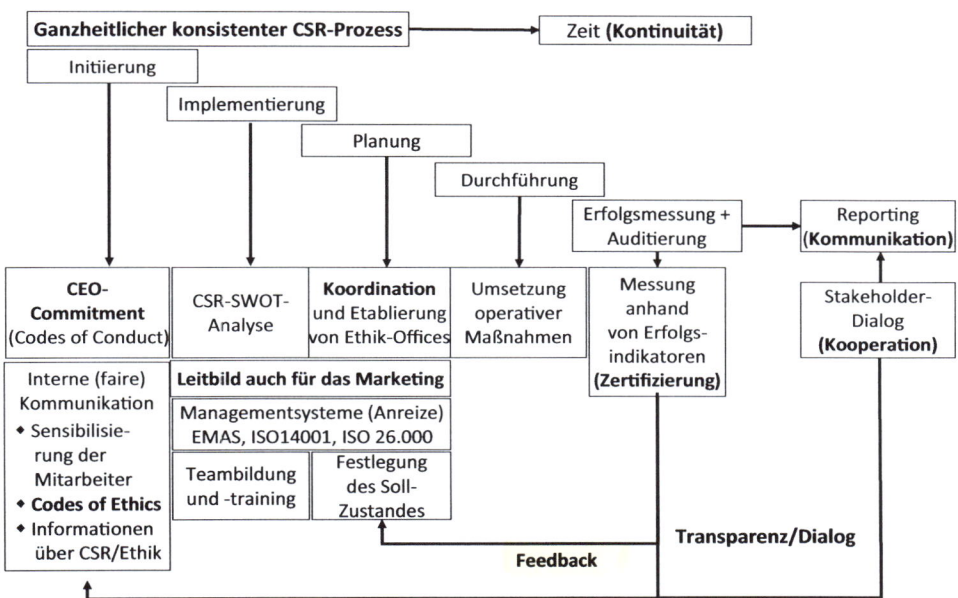

Abb. 4 Ganzheitlicher CSR-Prozess. (Eigene Darstellung)

---

[10] Das „Not-invented-here-Syndrom" bezeichnet ein Phänomen der Ablehnung von externen Entwicklungen durch Mitarbeiter eines Unternehmens.

Umsetzung der operativen Maßnahmen, vor allem auch die Messung des Erfolges des CSR-Managements sicher zu stellen. „Nur so ist es möglich, die Erreichung von Meilensteinen als Erfolge ausweisen oder nicht erfolgreiche Zielvereinbarungen anpassen zu können. Die Publikation der jeweiligen Zwischenziele im Rahmen von CSR-Reports schließt diesen idealtypischen Prozessverlauf ab" (vgl. Fabisch 2013, S. 364).

CSR-Engagement ist folglich immer auch ein Führungsthema, das in der Unternehmensleitung glaubhaft gelebt werden muss. Wie sich dies in Zeiten völlig neuer Mensch-Maschine-Interaktionen, virtueller Welten und Big Data human gestalten lässt, wird die Zukunft weisen. Einige Handlungs- und Aktionsfelder, die sich zwischen Arbeit 4.0 und CSR 4.0 ergeben können, sollen im Folgenden skizziert werden.

4 CSR 4.0: Neue Themen und Herausforderungen

In Anbetracht der zu erwartenden vierten Revolution der Arbeit, die mit Hilfe intelligent vernetzter technischer Systeme einen grundlegenden Wandel einleiten soll (vgl. BMAS 2015, S. 33) scheint es überfällig, die CSR-Diskussion aus der Strategie-Debatte zum optimalen Business Case zu befreien und als *CSR 4.0* auf eine neu transformierte, wahrhaft nachhaltige und sinnvolle Ebene anzuheben.

Die neuen Arbeitswelten bieten eine Reihe von Chancen, lösen aber auch Ängste aus und verunsichern. „Die Digitalisierung ist kein laues Lüftchen, sie ist ein veritabler Sturm. Alles, was digitalisiert werden kann, wird digitalisiert", erklärte Christian Illek, Personalvorstand der Deutschen Telekom AG, 2016 in der Eröffnungsrede auf der Zukunft Personal (Illek 2016). Nach einer Studie der beiden Oxford-Wissenschaftler Frey und Osborne für die USA, die von Wissenschaftlern des Zentrums für europäische Wirtschaftsforschung (ZEW) um Holger Bonin an den deutschen Markt angepasst wurde, sind in Deutschland etwa 42 % der Tätigkeiten vom Aussterben bedroht. In beiden Ländern betrifft die Automatisierungswahrscheinlichkeit vor allem Geringqualifizierte und Geringverdiener (ZEW 2015, S. 3). Zwar wird nicht alles, was technisch möglich ist, auch rechtlich vertretbar sein. Dennoch werden 3D-Drucker, smarte Fabriken und künstliche Intelligenzen die Arbeitswelt wie wir sie kennen, von Grund auf verändern.

Da die neuen Arbeitswelten Themenschwerpunkt des vorliegenden Buches sind, sollen die Herausforderungen und Handlungsfelder nur kurz skizziert und auf ihr CSR-Potenzial hin abgeklopft werden.

4.1 Digitalisierung der Wirtschaft und Globalisierung

Handlungsfelder Arbeit 4.0 „Wir sind auf dem Weg in eine digitale Ökonomie" (BMAS 2015, S. 14). Aber wird diese digitale Ökonomie auch eine sozial verträgliche sein?

Einige Branchen wie das Verlagswesen, die Medien oder auch Finanzdienstleister werden besonders stark von der Digitalisierung betroffen sein. Berufe im Verkauf, an der

Kasse oder in Redaktionen sind „vom Aussterben" bedroht (vgl. Astheimer 2015). Diese Jobs sind nicht die ersten Dinosaurier, vor ihnen sind bereits andere Berufe wie Schriftsetzer, Stellmacher (Hersteller von hölzernen Wagenrändern) oder Küfer (Fassmacher) ausgestorben. Hauptaufgabe wird hierbei sein, dafür zu sorgen, dass es nicht zu einer Beschäftigungspolarisierung oder -dualisierung kommt. Unter Polarisierung versteht man einen relativen Rückgang der Beschäftigung im Bereich mittlerer Qualifikationen, bei gleichzeitiger Zunahme von Beschäftigungsmöglichkeiten in gering und hoch qualifizierten Berufen (Bertelsmann Stiftung 2015a, S. 4). Hiervon sind laut OECD vor allem sogenannte atypische Berufsgruppen wie geringfügig Beschäftigte, Zeitarbeiter/innen oder sogenannte Solo-Selbstständige ohne eigene Angestellte betroffen (Bertelsmann Stiftung 2015a, S. 4).

Digitalisierung bedeutet nicht nur den Wegfall alter Berufe und die Entstehung neuer Jobs, sondern auch die Datenerfassung in allen möglichen, auch persönlichen Bereichen. Die Vorreiter der digitalen Wirtschaft wie Facebook, Amazon oder Google „entwickeln eine Macht, dagegen waren die Krupp-Barone Kleinunternehmer" (Dilk und Littger 2016, S. 28).[11] Erste Unternehmen experimentieren mit Emotions-Detektoren, die Telefonate und Stimmungen der Mitarbeiter überprüfen oder stellen Überlegungen an, mit smarten Bändern, sogenannten Wearables, die Gesundheitsdaten ihrer Angestellten zu erfassen oder deren Gamma-Wellen zu messen, die mit Konzentration in Verbindung gebracht werden (Dilk und Littger 2016, S. 28). Die Privatsphäre scheint vielen jüngeren Menschen nicht mehr so wichtig zu sein. Andere wiederum warnen vor der „Totalinklusion" und der völligen Vereinnahmung von Mitarbeitern durch die neuen IKT-Unternehmen[12] (Dilk und Littger 2016, S. 28).

Aktionsfelder CSR 4.0 Eine zentrale Aufgabe der betroffenen Akteure aus Wirtschaft und Politik wird es sein, die soziale Teilhabe zu sichern. Eine Arbeit zu haben, bedeutet nicht nur eine zentrale Einkommenssicherung, sondern wirkt auch identitätsstiftend. Hier sind kreative Maßnahmen zur Sicherung dieser Teilhabe gefragt. Dies können zum Beispiel Qualifizierungsprojekte hin zu mehr *Digital Literacy* (vgl. BMAS 2015, S. 60 f.) sein oder andere sinnvolle Projekte, in denen Geringqualifizierte nachgeschult werden. Eine wichtige Aufgabe wird es auch sein, dafür zu sorgen, dass unzureichend ausgebildete Flüchtlinge sinnvolle Tätigkeiten bekommen, um zu verhindert, dass aus der Gemengelage eines zeitgleichen Verlusts der Heimat und der Träume von einem besseren Leben nicht nur Frustration, sondern vielleicht sogar eine radikale Gesinnung oder Hass entstehen. Eine Frage wird auch sein, ob beispielsweise sogenanntes *Tittytainment*[13] ausreicht,

---

[11] Die Risiken der Überwachung und Datensicherheit behandelt ausführlich der Artikel von Yvonne Hofstetter im Kapitel „EMANZIPIERT EUCH! Menschwerdung im digitalen Zeitalter" in diesem Band.
[12] IKT steht für Informations- und Kommunikationstechnologie.
[13] Der Begriff „Tittytainment" geht auf eine Aussage von Abigniew Brzezinski des ehemaligen Sicherheitsberaters von US-Präsident Jimmy Carter im Rahmen des berühmten Globalisierungs-Round-Table im Jahr 1995 zurück, der im *Fairmont Hotel in San Francisco* stattfand. Anwesend

um eine „entarbeitete" Bevölkerung glücklich zu machen oder ob die Diskussion um ein bedingungsloses Grundeinkommen neu belebt werden muss, um soziale Verwerfungen abzupuffern (vgl. Martin und Schumann 1998, S. 13).

Neben der Arbeitsplatzproblematik stellt sich die Frage nach aktivem Datenschutz oder Respekt vor der Privatsphäre. Dies beinhaltet auch das Recht auf ein selbstbestimmtes Leben außerhalb eines Firmen-Campus. Beides sind vielleicht keine typischen CSR-Themen, gehören aber ebenfalls zu einer verantwortungsbewussten Unternehmenskultur.

4.2 Gesellschaftlicher, demografischer und kultureller Wertewandel

Handlungsfelder Arbeit 4.0 Die Bedürfnisse der Generation Y sind in vielfältigen Publikationen dokumentiert. Der Tenor ist ähnlich, dass nämlich Glück oder die Möglichkeit, das eigene (Arbeits-)Leben flexibel zu gestalten, wichtiger sind als Einkommenszuwächse und Karriere. Dazu kommt ein großes Bedürfnis nach Entwicklungsangeboten innerhalb des Unternehmens (Fellinger 2015). Dennoch gilt die Loyalität dieser jungen Generation nicht zwingend dem Arbeitgeber, sondern eher den eigenen relevanten sozialen Netzwerken (Fellinger 2015). Neben den Ansprüchen an ein befriedigendes Arbeitsumfeld gilt es, die unterschiedlichen Lebensentwürfe der verschiedenen Generationen zu berücksichtigen, die im Unternehmen aufeinandertreffen. Diese reichen von Erziehungszeiten, dem Bedürfnis nach Sabbaticals oder Voluteering-Programmen[14] bis hin zu Pflegeaufgaben gegenüber den eigenen Eltern.

Aktionsfelder CSR 4.0 Die Beachtung einer ausgewogenen Work-Life-Balance ist kein neues Thema der CSR-Diskussion. Schon Mütter (und Väter) der Babyboomer oder der Generation X haben flexible Arbeitszeiten gefordert und die Stechuhr hat in vielen Branchen ausgedient. Gesundheitsförderung, kreative Arbeitsumfelder und Chancengleichheit von Frauen und Männern sind ebenfalls *CSR-Klassiker*, die zeitlos Gültigkeit haben und vielerorts noch nicht optimal ausgestaltet sind. Auch Burn-out-Prophylaxe und die Vermeidung von Manager-Herzinfarkten sind leider immer noch wichtige Themen. Weitere CSR-Themenfelder sind hier die kreative und wertschätzende Gestaltung einer generationenübergreifenden Zusammenarbeit, die Erleichterung eines Übergangs vom Erwerbs- ins Rentenleben oder die Einbindung von „Wirtschaftssenioren" als Berater oder Mentoren.

---

waren Politgrößen der Zeit wie Mikhail Gorbachev, George Bush, Margaret Thatcher und George Schultz. Mit einer Mischung aus betäubender Unterhaltung („Entertainment") und ausreichender Ernährung („Tits") könne die frustrierte Bevölkerung der Welt bei Laune gehalten werden. Hintergrund war die Vorstellung der Staatenlenker einer zukünftigen 20:80 Gesellschaft. Aufgrund der Verwerfungen auf dem Arbeitsmarkt würden zukünftig nur noch 20 % der Bevölkerung arbeiten. Die anderen 80 % seien im Arbeitsmarkt überflüssig.

[14] Hiermit ist die Möglichkeit zu ehrenamtlichem Engagement gemeint, sei es als „Corporate Volunteering" oder als selbstorganisierte Freiwilligenarbeit.

Ein Trendthema jüngeren Datums ist das Bedürfnis nach Partizipation oder einem Aufbrechen klassischer Entscheidungsstrukturen im Unternehmen. So titel das Hamburger Wirtschaftsmagazin „enorm" in seiner Frühjahrsausgabe 2016: „Wir sind Chef. Demokratische Unternehmen: Wie sie funktionieren – und warum sie erfolgreicher sind" (enorm 2016). Dass sogenannte *Alphachefs,* die alles im Alleingang entscheiden, Frustrationen oder die (innere) Kündigung auslösen können, wissen Personaler, Psychologen und VW-Mitarbeiter schon länger (Dilk und Littger 2016, S. 18). Hier kann die ernsthafte Beschäftigung mit einem Wandel der Unternehmens- und Führungskultur durchaus CSR-Potenzial entfalten.

4.3 Flexibilisierung der Arbeitswelten

Handlungsfelder Arbeit 4.0 Während im vorangegangenen Punkt vor allem die Erwartungshaltung der Arbeitnehmer betrachtet wurde, soll es an dieser Stelle um eine Beleuchtung der Flexibilisierungserwartungen der Arbeitgeber geben. *Cloudworker*[15] und digitale Nomanden als neue *liquid workforce* erscheinen in den meisten Medienberichten jung und glücklich (Scholz und Müller 2014). Die Option als junger Mensch durch die Welt reisen und mit dem Tablet am Strand Geld verdienen zu können, ist für viele spannend. Doch auch diese Traveller werden irgendwann älter, wollen vielleicht Familien gründen und finden ein Leben mit Laptop am Strand oder um Mitternacht im coolen *Business Garden* nicht mehr so attraktiv. Ein Blick auf die Altersrücklagen mag noch ernüchternder wirken.

Die Möglichkeit, im Homeoffice arbeiten zu können ist für viele Eltern ein Geschenk. Man sitzt zu Hause, im Hintergrund läuft die Waschmaschine, die Kinder können theoretisch mal früher frei haben oder krank werden, ohne dass Betreuungschaos ausbricht. Mobile Arbeitsoptionen bieten neue Freiheiten, aber auch neue Herausforderungen. Die neuen Modelle dürfen nicht zu überbordendem Zeitstress, ungewollter Schichtarbeit oder unkalkulierbarer Arbeitsverdichtung führen. Auch muss die Bezahlung ausreichen, um auch in einer Großstadt in Deutschland ein menschenwürdiges Leben zu führen. In diesem Zusammenhang macht die neue sogenannte *Solo-Selbstständigkeit* die Runde. Diese Selbstständigen haben keine eigenen Angestellten und laufen Gefahr, dass sie nach Abzug von Steuern und Sozialversicherungsbeträgen deutlich unter den Mindestlohn rutschen.

Aktionsfelder CSR 4.0 Aufgabe der Unternehmen wird es sein, hier in Abstimmung mit der Politik sozial verträgliche Lösungen zu finden. Es kann nicht sein, dass Men-

---

[15] Unter *Cloudworkern* versteht man Computer-Dienstleister, die nur bei Bedarf und auf Abruf, also *on demand*, tätig werden. Dies wird durch den zeit- und standortunabhängigen Zugriff auf die benötigten digitalen Daten in der „Datenwolke", der sogenannten „cloud" ermöglicht. Theoretisch spielt die Identität der Mitarbeiter keine Rolle mehr. Entscheidend ist nur noch, dass „irgendwer" die Arbeit erledigt und das Unternehmen möglichst wenig mit diesen virtuellen Mitarbeitern zu tun hat.

schen Vollzeit arbeiten und ihr unzureichendes Gehalt mit Hartz IV aufstocken müssen oder als Rentner auf Suppenküchen angewiesen sind. In den USA wird erwartet, dass im Jahr 2020 rund 32 % der Amerikaner im Alter zwischen 65 und 74 arbeiten werden. Es gibt mittlerweile Jobbörsen, die sich ganz auf das sogenannte *Recareering*, also der zweiten Karriere nach 65, spezialisiert haben (vgl. Miller 2016). Solange dies aus freien Stücken geschieht, ist nichts dagegen einzuwenden, wenn es jedoch sein muss, weil die Rente nicht ausreicht, um menschenwürdig leben zu können, ist dies keine erstrebenswerte Perspektive. In Deutschland trifft das Thema Altersarmut bereits jetzt viele Rentnerinnen. So bekommen Frauen aufgrund von Teilzeit, Berufswahl in Niedriglohnbranchen und Erziehungszeiten bis zu 60 % weniger Rente als Männer (vgl. WSI Report 2016, S. 3). Soziale Sicherung, Gleichstellung, faire Lohnstrukturen und Überlegungen zu lebensphasenorientierten Arbeitszeitmodellen sind brennende Themen im Kontext sozialer Verantwortungsübernahme, die sich aus einer zunehmenden Flexibilisierung und neuer Arbeitsmodelle ergeben.

5 CSR 4.0 – Eine Frage der Haltung

Viele Unternehmen sehen CSR mittlerweile nicht mehr nur als lästige Pflichtübung an, sondern begreifen es als Chance, neue nachhaltige Produkte oder Dienstleistungen zu entwickeln, Mitarbeiter zu motivieren oder Ressourcen zu sparen. Auch viele Managementtheorien gehen inzwischen davon aus, dass Unternehmen, die nachhaltig wirtschaften, langfristig erfolgreicher sind, da sie beispielsweise Risiken minimieren und Mitarbeiter nachhaltiger binden können (vgl. BMAS 2016). Dass CSR, wenn sie auch unternehmerisch einen Mehrwert bringen soll, strategisch verankert sein sollte, ist eigentlich eine betriebswirtschaftliche Binsenweisheit und wird in Umfragen unter *Corporate Responsibility Champions* bestätigt (vgl. Bertelsmann Stiftung 2015b, S. 31).

Mit Blick auf die Zukunft des Wirtschaftens und der sich ankündigenden neuen (digitalen) Arbeitswelten, kann es jedoch im CSR-Kontext nicht mehr nur um die Erkenntnis eines sinnvollen strategischen Planens gehen. Die Gesellschaft und mit ihr die Unternehmen befindet sich in einem Transformationsprozess. Parallel zur vielbeschworenen „vierten industriellen Revolution" auf Basis cyberphysischer Systeme[16] ist auch die Gesellschaft im Umbruch. Immer mehr, nicht nur junge Menschen, fragen sich, wofür sie eigentlich arbeiten. Sie suchen Sinn in ihrem Tun und dies nicht zwingend nur als Eigensinn. Natürlich möchten junge Mütter und Väter Zeit für sich und ihre Lieben haben und nicht wie die Väter der Wirtschaftswunderjahre abendliche „Spätheimkehrer" sein. Es geht vielmehr auch darum, etwas nachhaltig Sinnvolles zu tun, das über das eigene Wohlbefinden hinausgeht.

---

[16] Siehe hierzu ausführlich Kai Zimmermann im Kapitel „Digitalisierung der Produktion durch Industrie 4.0 und ihr Einfluss auf das Arbeiten von morgen" in diesem Band.

Im Zusammenhang mit einer Bestandsaufnahme bestehender oder geplanter CSR-Maßnahmen, kann es hilfreich sein, einen Perspektivwechsel vorzunehmen. Dyllick und Muff (2015) beschreiben diese veränderte Sichtweise in ihrer Typologie der *Business Sustainability* (BS) unter *BS 3.0* als einen Blick, der sich von außen nach innen richtet. Dies bedeutet, Unternehmen streben nicht mehr nur danach, eigene negative Auswirkungen des Wirtschaftens reaktiv zu verringern, sondern beteiligen sich proaktiv an der Lösungen drängender sozialer oder ökologischer Fragen (Dyllick und Muff 2015, S. 10). Diese Sichtweise kommt bei Mitarbeitern und Bevölkerung gut an. Studien haben gezeigt, dass die Bewertung einer sinnvollen Tätigkeit (*meaningfulness*) mehr davon geprägt wird, wie ein Unternehmen andere behandeln als davon, wie es mit den eigenen Mitarbeitern umgeht (Glavas und Kelley 2014, S. 185).

So sollte es eigentlich selbstverständlich sein, eine Unterwanderung sozialer und ökologischer Standards in außereuropäischen Produktionsstandorten zu vermeiden. Eine vollständige Erfassung sämtlicher Faktoren entlang ausdifferenzierter Lieferketten ist – selbst für gutwillige Unternehmen – oft nicht ganz einfach. Subunternehmer mit undurchsichtigen Strukturen, Besichtigungsverbote oder Korruption vor Ort erschweren teilweise eine Bestandsaufnahme. Dennoch sollten sich Unternehmen dieser Herausforderung stellen. Es ist eines verantwortungsvollen Unternehmenslenkers unwürdig, bestimmte problematische Fakten nicht zur Kenntnis nehmen zu wollen oder billigend in Kauf zu nehmen, weil die geringen Arbeitslöhne oder Rohstoffpreise allzu verführerisch sind.

Seit Jahren wird nicht nur in alternativen oder kirchlichen Milieus die Frage diskutiert, ob eine andere Welt oder ein anderes, faireres Wirtschaften möglich ist. Im Umfeld der Gemeinwohlökonomie,[17] als Konzept ethischen Wirtschaftens, wird seit rund 15 Jahren diskutiert und praktiziert, wie ein gutes Leben für alle Menschen möglich werden kann. Die Münchner Sparda Bank veröffentlicht unter Vorstandschef Helmut Lind seit 2010 als einzige deutsche Bank eine Gemeinwohlbilanz, die u. a. der Frage nachgeht, in welcher Gesellschaft wir leben wollen (vgl. Sparda Bank München 2016).

Die Generation Y steht als Äquivalent für die Suche nach sinnvoller Arbeit. „Familie, Freunde, Selbstverwirklichung, persönliche Freiheit, Work-Life-Balance und eine feste Partnerschaft sind mit großem Abstand die wichtigsten Dinge im Leben der Generation Y" (Ilg 2013). Diese Werte und Arbeitsideale sind nicht nur jungen Hochschulabsolvent/innen wichtig, sondern auch Facharbeiter/innen und Ingenieur/innen. Hierbei reicht es nicht aus, soziale Medien am Arbeitsplatz frei zu geben, Computer-Spiele oder Sportmöglichkeiten einzurichten.

Letztlich ist CSR auch eine Frage der Ehre, des Respekts oder der Haltung. Familienunternehmer/innen machen es oftmals vor. Sie gehen aktiv auf Mitarbeiter/innen zu und kennen deren Belange. Sie nehmen sich drängender Probleme im regionalen Umfeld an

---

[17] Das Konzept der Gemeinwohlökonomie fußt auf gemeinwohlfördernden Werten wie Kooperation und Solidarität statt auf Konkurrenz und Gewinnmaximierung. Vertrauen, Verantwortung, Mitgefühl, Teilen und Solidarität sollen gefördert werden (vgl. https://www.ecogood.org/de/).

und sammeln beispielsweise spontan für Flüchtlinge.[18] Sie sind oft moralisch integer und versuchen individuelle, menschliche Lösungen zu finden. Dies mag im Konzernumfeld schwieriger sein, aber auch dort muss kein Klima der Angst oder Kälte herrschen, auch nicht in neuen digitalen Welten. Die Devise lautet also: digitalaffin ja, wertfrei sein, nein.

Literatur

AFW (2016): Asia Floor Wage, unter http://asia.floorwage.org/ (Zugriff am 07.04.2016)

Astheimer, S. (2015): Niemand ist unersetzlich, in: FAZ, Nr. 180, 6.August 2015, S. 17

Bedürftig, D. (2016): Was Generation Z vom Berufsleben erwartet. Artikel in: Die Welt vom 06.03.2016, unter: http://www.welt.de/wirtschaft/karriere/bildung/article152993066/Was-Generation-Z-vom-Berufsleben-erwartet.html (Zugriff am 07.04.2016)

Bertelsmann Stiftung (Hrsg.) (2015a): Policy Brief #2015/07: Technologischer Wandel und Beschäftigungspolarisierung in Deutschland. 1. Aufl. unter: https://www.bertelsmann-stiftung.de/fileadmin/files/BSt/Publikationen/GrauePublikationen/Policy-Brief-Polarisierung-de_NW_07_2015.pdf

Bertelsmann Stiftung (2015b): CRI Corporate Responsibility Index 2015. Corporate Responsibility-Management in Deutschland: Status quo und acht Maximen zum Corporate Responsibility-Erfolg, unter: www.bertelsmann-stiftung.de, Zugriff am 01.02.2016.

BMAS (2016): Was ist CSR?, unter: http://www.csr-in-deutschland.de/DE/Was-ist-CSR/Grundlagen/grundlagen.html;jsessionid=2EC9AA6F3FC907D8200F521F91147E8F (Zugriff am 30.03.2016)

BMAS (Hrsg.) (2015): Arbeit weiter denken. Grünbuch Arbeiten 4.0, Berlin.

Caroll, A., B. (1991): The pyramid of corporate social responsibility: Toward the moral management of organizational stakeholders, in: Business Horizons, Volume 34, Issue 4, July–August 1991, Pages 39-48.

Cone Communications (2015): 2015 Cone Communications/Ebiquity Global CSR Study, unter: www.conecomm.com, Zugriff am 01.02.2016.

Dilk, A.; Littger, H. (2016): Wir sind Chef, in: enorm, Nr. 01, März/April 2016, S. 17 – 29.

DIN ISO 26000 (2011): Leitfaden zur gesellschaftlichen Verantwortung (ISO 26000:2010), Berlin.

Dyllick, T.; Muff, K. (2015): Clarifying the meaning of sustainable business. Introducing a typology from business-as-usual to true business sustainability, in: Organization & Environment, 12/2015., S. 1–19

Edelman (2016): Trust Barometer 2016, unter: www.edelman.de, Zugriff am 01.02.2016.

Elkington, J. (1997): "Cannibals with Forks: the Triple Bottom Line of 21st Century Business", Capstone.

EU Kommission (2016): Richtlinie 2014/95/EU des europäischen Parlaments und des Rates zur Offenlegung nichtfinanzieller Informationen unter: http://ec.europa.eu/finance/company-reporting/non-financial_reporting/index_de.htm (Zugriff am 07.04.2016)

---

[18] Siehe Interview mit Julia Wöhlke im Kapitel „Nachhaltigkeit in vierter Generation" in diesem Band.

EU Kommission (2011): Mitteilung „Eine neue EU-Strategie (2011-14) für die soziale Verantwortung der Unternehmen (CSR)", KOM(2011) 681 endgültig, unter: http://eur-lex.europa.eu/LexUriServ/LexUriServ.do?uri=COM:2011:0681:FIN:DE:PDF, abgerufen am 12.01.2015.

EY (2015): Ernst & Young: EY Jobstudie 2015. Motivation, Gehalt und Arbeitszufriedenheit, unter: http://www.ey.com/Publication/vwLUAssets/EY-jobstudie-2015-motivation-infografik/$FILE/EY-jobstudie-2015-motivation-infografik.pdf

Fabisch, N.; Brunner, M.; Dieckmann, N.; Tiemann, V. (2015): Handlungsfelder der CSR, in Bank & Markt, 44. Jg., Heft 4, April 2015, S. 19-24.

Fabisch, N. (2013): Compliance und Corporate Social Responsibility. In: Behringer, S. (Hrsg.): Compliance kompakt. Best Practice im Compliance-Management, 3. durchgesehene und wesentlich erweiterte Aufl. , Berlin: Erich Schmidt Verlag, S. 347 – 365.

Fabisch, N. (2004): Soziales Engagement von Banken. Entwicklung eines adaptiven und innovativen Konzeptansatzes im Sinne des Corporate Citizenship von Banken in Deutschland. Diss. München, Mering.**Fellinger, C. (2015):** How Generation Y will influence the Future of Organizations, unter: http://recruitinggenerationy.com/ (Zugriff am 01.04.2016)

Fellinger, C. (2015): How Generation Y will influence the Future of Organizations, unter: http://recruitinggenerationy.com/ (Zugriff am 01.04.2016)

First, Z. (2013): Measurement Myopia, unter: http://www.druckerinstitute.com/2013/07/measurement-myopia/ (Zugriff am 08.04.2016)

Fombrun, C. (2001): Corporate Reputation – Its Measurement and Management, in Thexis, Nr. 4, S. 23-26

Fromm, T. et al. (2015): Der überforderte Konzern. Artikel vom 30. Oktober 2015, unter: http://www.sueddeutsche.de/wirtschaft/volkswagen-der-ueberforderte-konzern-1.2715739 (Zugriff am 07.04.2016)

Gebauer, J.; Schirmer, H. (Hrsg.) (2013) : Unternehmerisch und verantwortlich wirken? Forschung an der Schnittstelle von Corporate Social Responsibility und Social Entrepreneur-ship, Schriftenreihe des IÖW 204/13, Berlin.

Gebauer, J.; Ziegler, R. (2013): Corporate Social Responsibility und Social Entrepreneurship, in: Gebauer, J.; Schirmer, H. (Hrsg.): S. 15-67.

Gemeinwohl-Ökonomie (2016): Eckpunkte der Gemeinwohl-Ökonomie, unter: https://www.ecogood.org/de/ (Zugriff am 30.03.2016)

Glavas, A.; Kelley, K. (2014): The Effects of Perceived Corporate Social Responsibility on Employee Attitudes, in: Business Ethics Quarterly, April, S. 165 – 202.

GPTW (2016): Great Place to Work. Deutschlands Beste Arbeitgeber, unter: http://www.greatplacetowork.de/deutschlands-beste-arbeitgeber-landing-page

GRI (2016): Global Reporting Initiative, unter: https://www.globalreporting.org (Zugriff am 30.03.2016)

GRI (2015): G4. Leitlinien zur Nachhaltigkeitsberichterstattung, unter: https://www.globalreporting.org/resourcelibrary/German-G4-Part-One.pdf (Zugriff am 29.03.2016)

Große Entrup, W. (2015): Nachhaltigkeit als Wettbewerbsfaktor. „Im Kerngeschäft spielt die Musik", Interview von Gabriele Kalt mit Econsense-Vorstand Wolfgang Große Entrup, in: Verantwortung, Ausgabe 01/2015, S. 8 - 11.

Ilg, P. (2013): Generation Y – Sinnvolle Arbeit gesucht, in: VDI Nachrichten, Ausgabe 39, vom 27. September 2013, unter: http://www.vdi-nachrichten.com/Management-Karriere/Generation-Y-Sinnvolle-Arbeit-gesucht

Illek, C. (2016): Motto „arbeiten 4.0" trifft den Nerv der Personaler: „Die Digitalisierung ist ein veritabler Sturm", in: Redaktioneller Nachbericht zur Zukunft Personal 2015, unter: http://zukunft-personal.de/content/e8/e51/e122/e123/e11835/e11853/ZP15_Nachbericht-redaktionell_ger.pdf (Zugriff am 01.04.2016)

ILO 2016: ILO-Arbeits- und Sozialstandards, unter: http://www.ilo.org/berlin/arbeits-und-standards/lang--de/index.htm

Loew, T.; Braun, S. (2009): CSR - Handlungsfelder – Die Vielfalt verstehen. Ein Vergleich aus der Perspektive von Unternehmen, Politik, GRI und ISO 26000. Berlin, München.

Loew T.; Clausen, J. (2010): Wettbewerbsvorteile durch CSR Eine Metastudie zu den Wettbewerbsvorteilen von CSR und Empfehlungen zur Kommunikation an Unternehmen, Berlin, Hannover.

Loew T.; Rohde F. (2013): CSR und Nachhaltigkeitsmanagement. Definitionen, Ansätze und organisatorische Umsetzung im Unternehmen, Berlin.

Loew, T.; Ankele, K.; Braun, S.; Clausen, J. (2004): Bedeutung der internationalen CSR-Diskussion für Nachhaltigkeit und die sich daraus ergebenden Anforderungen an Unternehmen mit Fokus Berichterstattung, Endbericht Münster und Berlin.

Manpower (2015): Bevölkerungsbefragung Arbeitsmotivation 2015, unter https://www.manpower.de/fileadmin/user_upload/MPG_150512_Quick_Survey_Arbeitsmotivation_2015.pdf

Martin, H.-P.; Schumann, H., (1998): Die Globalisierungsfalle: Der Angriff auf Demokratie und Wohlstand, 3. Aufl., Rowohlt: Hamburg.

McCrindle (2016): Generation Z at school, unter: http://mccrindle.com.au/the-mccrindle-blog/generation-z-at-school (Zugriff am 21.08.2016)

Miller, M. (2016): Take This Job and Love It! More than ever, Americans are working into their 70s, in AAPR The Magazin, Febr./March 2016, unter: http://www.aarp.org/work/working-after-retirement/info-2015/work-over-retirement-happiness.html (Zugriff am 12.04.2016)

Nachhaltigkeitsrat (2016): Was ist Nachhaltigkeit? http://www.nachhaltigkeitsrat.de/nachhaltigkeit/ (Zugriff am 29.03.2016)

Nelius, C.; Dresewski, F. (2014): Verantwortliche Unternehmensführung. Corporate Social Responsibility (CSR) im Mittelstand, Berlin.

Nielsen (2014): Doing well by doing good, unter: www.nielsen.com, Zugriff am 01.02.2016.

Otto Group Trendstudie (2013): 4. Studie zum ethischen Konsum, Hamburg.

Otto Group Trendstudie (2011): 3. Studie zum ethischen Konsum, Hamburg.

Otto Group Trendstudie (2009): Die Zukunft des ethischen Konsums, Hamburg.

Otto Trendstudie Konsum-Ethik 2007, unter: http://www.ottogroup.com/media/docs/de/trendstudie/4_Otto-Group-Trendstudie-2007-Konsum-Ethik-2007-LV.pdf.

Porth (2015): Junge Kollegen bei Daimler. Interview von Matthias Kaufmann mit Daimler Personalvorstand Wilfried Porth vom 18.06.2015 unter: http://www.spiegel.de/karriere/berufsstart/generation-z-wie-daimler-sich-auf-junge-mitarbeiter-vorbereitet-a-1039136.html (Zugriff am 30.03.2016)

PR-Club Hamburg (2016): Corporate Social Responsibility. Der Ablasshandel der modernen Wirtschaft gegenüber der Gesellschaft? Pressemitteilung vom 25.03.2016, unter: http://www.onejournal.de/item/wirtschaft/6/corporate-social-responsibility-pr87458.html (Zugriff am 25.03.2016)

Reputation Institute (2015): 2015 Global RepTrak® unter: www.reputationinstitute.com, Zugriff am 01.02.2016

Santhosh, M.; Baral, R. (2015): The Moderating Role of Top Management Support in the Link between CSR and Employee Engagement – A Conceptual Framework, in: The Journal - Contemporary Management Research, 2015, Vol.9, Issue No. 2, p. 1 - 15.

Scheidewind, U. (2016): Die Welt im Umbruch. CSR und soziale Kooperationen neu denken? Vortrag auf der UPJ-Jahrestagung am 3.3.2016 in Berlin.

Scholz, C.; Müller, S. (2014): Cloudworker - ein Modell mit Risiken und Nebenwirkungen, in: Computerwoche, 16.07.2014, unter: http://www.computerwoche.de/a/cloudworker-ein-modell-mit-risiken-und-nebenwirkungen,3063439 (Zugriff am 12.04.2016)

Schridde, S. (2016): http://www.murks-nein-danke.de/blog/studie/ (Zugriff am 20.08.2016)

Sparda Bank München (2016): Wirtschaft zum Wohle aller, unter: http://www.zum-wohl-aller.de (Zugriff am 12.04.2016)

Specht, D.: Not-Invented-Here-Syndrom, unter: http://wirtschaftslexikon.gabler.de/Definition/not-invented-here-syndrom.html (Zugriff am 19.04.2016)

Thorborg, H. (2015): Zeitbomben mit Schlips. Ein Gastbeitrag von Personalberater Heiner Thorborg, unter: http://www.spiegel.de/karriere/berufsleben/fuehrungskraefte-heiner-thorborg-ueber-psychopathen-chefs-a-1001377.html (Zugriff am 07.034.2016)

UNSDG (2015): Sustainable Development Goals. 17 goals to transform our world, unter: http://www.un.org/sustainabledevelopment/sustainable-development-goals

UPJ 2016: Über UPJ, unter: http://www.upj.de (Zugriff am 07.04.2016)

Utopia (2016): Grüne Jobs: die besten Jobbörsen für nachhaltige Berufe, unter: https://utopia.de/ratgeber/gruene-jobs/

WSI Report (2016): Große Rentenlücken zwischen Männern und Frauen. Ergebnisse aus dem WSI GenderDatenPortal, WSI-Report Nr. 29, 2/2016, unter: http://www.boeckler.de/pdf/p_wsi_report_29_2016.pdf

ZEW (2015): ENDBERICHT Kurzexpertise Nr. 57 für das BMAS, Übertragung der Studie von Frey/Osborne (2013) auf Deutschland, 14.4. 2015, Mannheim.

Prof. Dr. Nicole Fabisch gehört zu den GründungsprofessorInnen der EBC Hochschule Hamburg. Sie lehrt dort seit 2008 als Professorin für Marketing und Internationales Management u. a. die Fächer rund um das Marketing, Konsumentenverhalten sowie Business Ethics and Corporate Social Responsibility. Darüber hinaus engagiert sie sich für den fairen Handel, ist Leiterin der Steuerungsgruppe „Fairtrade University" und des Forschungs-Clusters „Corporate Social Responsibility".

Nach Abschluss ihres Studiums der Kommunikationswissenschaft und Germanistik (M. A.) an der FU Berlin war Nicole Fabisch in verschiedenen beruflichen Positionen in den Bereichen Medien (ARD, SAT.1, Rowohlt Verlag), Messen (IMM Singapur), Marketing (MCA/Universal Music) und Beratung in Deutschland und im asiatischen Raum (China, Thailand, Singapur) tätig. Sie absolvierte ein postgraduiertes Aufbaustudium Marketing/Vertrieb und promovierte berufsbegleitend zum Thema „Soziales Engagement von Banken" in Betriebswirtschaftslehre zur Dr. rer. pol. Parallel übernahm sie Lehraufträge zu den Themen „Ethik und Management" an der FH Amberg-Weiden sowie „Marketingethik" an der Universität Hamburg (Department für Wirtschaft und Politik, HWP). Sie ist verheiratet und Mutter einer Tochter.

Perspektivwechsel in der Arbeitskultur des 21. Jahrhunderts – angeleitet von einer neuen ökonomischen Vernunft

Brigitte Spieß

> *Eine stabile Außenwelt mit verlässlichen ökonomischen und gesellschaftlichen Koordinaten existiert nicht mehr. Umso wichtiger werden die inneren Kompetenzen der Führungspersönlichkeiten und die Ausrichtung auf die aus der äußeren Instabilität notwendig folgenden inneren Veränderungen in Systemen. Gefordert ist heute eine integrale Führung, die sich den Entwicklungspotenzialen der Mitarbeiter zuwendet und die dabei der eigenen Persönlichkeitsentwicklung eine herausragende Bedeutung zuweist (Eurich 2015, S. 10).*

1 Ökonomische Neuorientierung anstoßen – *nachhaltig, kooperativ, vielfältig*

Unsere globale Wirtschaftswelt ist aus den Fugen geraten. Glaubwürdigkeits- und Vertrauenskrisen infolge von Umweltskandalen, Menschenrechtsverletzungen, Korruption, etc., haben mittlerweile massive Auswirkungen auf Finanzinvestitionen, Wachstum, Wettbewerb und Attraktivität von Unternehmen für Mitarbeiter und „Best Talents" (vgl. Künzel 2014; Hunziker-Ebneter 2015).

Dennoch bewegen sich die meisten Führungskräfte schlafwandlerisch von einer Krise zur nächsten und glauben, in altbewährten Lösungsansätzen – im Sinne von „immer mehr vom Gleichen" – das Bestehende zu stabilisieren. Dabei haben sie vermutlich kognitiv längst verstanden, was menschlich und organisatorisch in Unternehmen des 21. Jahrhunderts zu ändern ist. Verstehen und Handeln sind jedoch inkongruent. Die Gründe, die Führungskräfte für das Dilemma anführen, erweisen sich als komplex und vielsei-

---

B. Spieß (✉)
Marketing & Event Management, EBC Hochschule
Berlin, Deutschland
E-Mail: spiess.brigitte@ebc-hochschule.de

tig (vgl. Initiative Neue Qualität der Arbeit 2015; Rump und Breitschop 2014–2015; George 2015). Zum einen scheitert es an behäbigen Organisationsstrukturen, die sie in den gegenwärtigen Unternehmen noch vorfinden. Auch tiefere Erkenntnisse über ethisches und ökologisches Verhalten, die sie beispielsweise aus eigenen Erfahrungen, Kongressen, Workshops, Trainings sowie persönlichen Coaching-Prozessen gewonnen haben, geraten durch das operationale Tagesgeschäft schnell wieder in Vergessenheit. Leistungsverdichtung, zunehmende Beschleunigung und Stress führen nicht selten in eine Spirale des Autopiloten-Modus, der unbewusst eingeschliffenen Verhaltens- und Denkmustern folgt. Dass das ritualisierte Handlungsrepertoire mit ergebnissicheren Managementwerkzeugen in einer beschleunigten, weltweit vernetzten und digitalisierten Arbeitswelt nicht mehr ausreichend greift, wird an den Innovations- und Kreativitätsdefiziten vieler Konzerne und mittelständischer Unternehmen deutlich (vgl. Brandes et al. 2014; Weinberg 2015).[1]

Eine andere, entscheidende Ursache für das Dilemma liegt im Bewusstsein der Führungskräfte selbst. Es mangelt ihnen an Freiräumen für Selbstreflexion, z. B. im Umgang mit komplexen Problem- und Entscheidungssituationen (vgl. Döring-Seipel und Lantermann 2015; Vieweg 2014).[2] Ohne Rückzugsräume, Ruhe und innere Sammlung ist eine ganzheitlichere Sicht auf die jeweiligen Veränderungsprozesse nicht zu leisten. Ohne eine Wertebasis, ohne Einsichtsfähigkeit und Verantwortungsgefühl gegenüber der Umwelt, den Stakeholdern und nachfolgenden Generationen sind Vertrauensbildung und Transparenz nur Schlagwörter in Werbebroschüren und Nachhaltigkeitsberichten der Unternehmen.

Neben dem oftmals fehlenden Weitblick werden den Führungskräften soziale und emotionale Defizite in der Eigen- und Fremdwahrnehmung attestiert, die nicht selten den Nährboden für stressbedingte psychische und physische Krankheiten fördern (vgl. z. B. Galuska 2011; Gesundheitsreport des BKK Dachverbands 2014, 2015).[3] Gerade auf der menschlichen Seite der Wirtschaft kumulieren die Schwierigkeiten, auf die sich im Rahmen der altbewährten Führungsinstrumente keine befriedigenden Antworten finden lassen: Zunahme an Arbeitsunfähigkeitstagen, innere Kündigung, Demotivation, Burnout (vgl. Bertelsmann Stiftung 2014; Röverkamp 2015; Statistika DAK; Horx 2014). Die Folgen der ungelösten Dilemmata sind mittlerweile überall präsent. Volkswagen, ADAC, DFB oder Deutsche Bank – wem können wir überhaupt noch vertrauen?

---

[1] Allein die Intensität, mit der die klassischen Automobilhersteller die Pläne, Arbeitskulturen und Methoden der IT-Unternehmen verfolgen, zeigt, wie nah der Umdenkungsprozess bereits eingeleitet ist. Erwähnt seien hier auch die aus dem Silicon Valley entlehnten und mittlerweile von vielen etablierten Unternehmen nachgefragten Innovationsprojekte, Methodenworkshops (z. B. Scrum, Design Thinking & Co.) oder Change Programme, die verlorengegangene Kreativitäts- und Innovationskraft wieder stärken sollen.
[2] Zur Integration reflexiver Frei-Räume in den Unternehmensalltag vgl. Andreas Selck und seinen Artikel „Carpe falcutas – Nutze die Möglichkeiten!" In diesem Band.
[3] Zum emotionalen Analphabetentum in den Führungsetagen siehe auch den Artikel von Louis Lewitan „Emotionales Analphabetentum im digitalen Zeitalter: Reich an Wissen, arm an Emotionen". Christian Feldhaus widmet sich in seinem Artikel „Gesundheit als Führungsaufgabe" dem Einfluss des Führungsverhaltens auf die relative und absolute Gesundheit der Mitarbeiter.

Nicht nur die aktuellen Irritationen auf der Führungsebene bilden die Konturen eines neuen ökonomischen Paradigmas ab. Auch die Märkte, Produkt- und Arbeitsprozesse sowie die betrieblichen Abläufe und Strukturen ändern sich unter den Bedingungen der Digitalisierung und des technologischen Wandels.

Was sind nun die **wesentlichen Treiber**, die eine **ökonomische Neuorientierung** erforderlich machen und Unternehmen dazu auffordern, festgefahrene Mindsets zu ändern, gedankliche Muster zu durchbrechen und den notwendigen Wandel bewusst zu gestalten? Eine Auswahl an Faktoren sollen im Folgenden stichwortartig aufgeführt werden:

- Weltweite ökologische, soziale und ökonomische Krisen haben ein verändertes ethisches und ökologisches Bewusstsein in der Gesellschaft bewirkt. Es ist daher von einer hohen Sensibilisierung und breiten Akzeptanz von Nachhaltigkeitsthemen in allen Bevölkerungsgruppen auszugehen. Konsumentenentscheidungen sind heute aufgrund digitaler Technik auch politische Entscheidungen. Der informierte und kritische Verbraucher nutzt im Internet Bewertungsportale und vernetzt sich zum Meinungs- oder Solidaritätsaustausch mit anderen Konsumenten (vgl. Balderjahn 2013).
- Altbewährte Denkschemata in Wirtschaft und Gesellschaft, die ihren Fokus auf Abgrenzung durch Fachdisziplinen, Abteilungen, Spezialistentum und Expertenkultur legen, werden der heutigen Lebens- und Arbeitswelt nicht mehr gerecht. Das lineare Denken, Ordnen, Klassifizieren und Katalogisieren passt nur noch bedingt zu einer global vernetzten, sich immer schneller verändernden Welt (vgl. Weinberg 2015; Brandes et al. 2014). Das hat auch Auswirkungen auf die zukünftige Lernkultur und Handhabung von Innovationsprozessen in Unternehmen, deren Wandel längst eingeleitet ist. In Städten wie Paris, Istanbul, Tokio und Sydney sind z. B. crossdisziplinäre Studienangebote im Aufbau, die vernetztes Denken und Arbeiten erlernbar und erlebbar machen. Methodenworkshops (z. B. Scrum, Design Thinking & Co.) oder Change Programme, die verstärkt von Start-ups aus dem Umfeld oder direkt vom Hasso Plattner Institut in Potsdam angeboten werden, sollen die verlorengegangene Kreativitäts- und Innovationskraft vieler Unternehmen wieder stärken (vgl. Nygaard 2016; Weinberg, 2015).[4]
- Junge, digitale Unternehmen stellen mit wenigen hochspezialisierten Experten die Geschäftsmodelle alter Branchen und bewährter Konzerne infrage. „Wo früher sehr wenige Investmentbanker sehr reich wurden, werden heute noch weniger Gründer von Finanztechnikfirmen noch reicher. Wo früher nur Arbeiter in Fabriken durch Maschinen ersetzt wurden, trifft es heute auch Sachbearbeiter in den Büros der Verwaltungen" (Pletter 2015a, S. 21).
- Erfolgreiche IT-Unternehmen wie Google, Apple, Facebook, SAP tragen den Unternehmergeist des Silicon Valley in die Wirtschaftswelt des 21. Jahrhunderts. Die Prinzipien der digitalen Welt – die utopischen Ziele, das Primat der Schnelligkeit, die systematische Risikobereitschaft – haben auch die Arbeitsprinzipien der IT-Konzerne

---

[4] Vgl. den Artikel von Markus Peschl „Organizations shaping a thriving future. On future-oriented innovations and personal transformation" in diesem Band.

geprägt. Die Art und Weise, wie sie Produkte entwickeln, Projekte erfolgreich umsetzen oder moderne Arbeitskulturen etablieren, wird einen entscheidenden Einfluss auf die Veränderungen der Strukturen und das Handwerkszeug der zukünftigen Arbeitswelt ausüben (vgl. Brandes et al. 2014; Schulz 2015).

- Alte Kategorien des Wettbewerbs, der Einzelleistung, der starren Hierarchien, die noch aus dem Industriezeitalter stammen, erweisen sich heute als Bremsklötze in einer komplexen, instabilen Wirtschaft. Statt auf Macht, Egoismus, Konfrontation (Hero-Modus), setzen IT-Unternehmen und mutige, unkonventionelle Unternehmensgründer mehr auf Kooperation, Vielfalt und Dialog (Network-Thinking). Je unterschiedlicher die Menschen und Blickwinkel in einem Arbeitsteam sind, desto innovativer und wirkungsvoller sind die Lösungen für komplexe Herausforderungen. (vgl. Sennett 2014; Schulz 2015).[5]
- Ein Menschenbild in der Wirtschaft, das immer noch den „Homo oeconomicus" im Blick hat, ignoriert interdisziplinäre Erkenntnisse aus biologischer, neurowissenschaftlicher, psychologischer und soziologischer Sicht (vgl. Singer et al. 2015; Sennett 2014; Goleman 2013; Hüther 2016). Ganzheitliche Modelle vermitteln eine neue Sichtweise auf den Menschen, die geistige und körperliche Entfaltungspotenziale berücksichtigen, die Bedeutung von Zusammenarbeit im Umgang mit Menschen hervorheben und den Nutzen von Emotionen, Intuition und kollektiver Intelligenz für die moderne Arbeitswelt verdeutlichen. Wie weit diese Erkenntnisse mittlerweile Einzug in die Personalentwicklung und Weiterbildungsinitiativen der Wirtschaft gehalten haben, zeigen Unternehmen wie Walt Disney, Ford, Google, SAP und Apple.[6] Komplexe globale Herausforderungen lassen sich nicht mehr ohne emotionale, soziale und kollektive Intelligenz bewältigen. Das Kompetenzprofil im digitalen Zeitalter muss daher neu überdacht werden. Insbesondere die interkulturelle Zusammenarbeit und die Integration von Flüchtlingen und Migranten in den Arbeitsprozess erfordert einen anderen, neugierigen Blick auf den Menschen und seinen jeweiligen kulturellen Hintergrund.

Neben den bisher erwähnten Treibern spielen ausgewählte Mega-Trends für den ökonomischen Wandel und die Veränderung der Arbeitswelt eine zentrale Rolle.

---

[5] Vgl. dazu die Ausführungen und Praxisbeispiele von Antoinette Hunziker-Ebneter und Yukiko Elisabeth Kobayashi in diesem Band, die u. a. auf die Effizienz gut durchmischter Teams in Unternehmen und Institutionen hinweisen, wenn es um komplexe Lösungsansätze im Rahmen von globalen Herausforderungen geht.
[6] Tanja Queckenstedt beschreibt in ihrem Artikel „Achtsamkeit im Unternehmenskontext" verschiedene mentale Trainings in ausgewählten Unternehmen. Das von Google gegründete Institut „Search inside yourself" ist ein weiteres Beispiel für eine andere Sicht auf Mitarbeiter; siehe auch das Interview mit Frank Kohl-Boas, der sich dazu im Rahmen der Personalführung von Google äußert.

2 Mega-Trends begegnen – *interaktiv, kollaborativ und lösungsorientiert*

Unternehmensführung in einem globalen und vernetzten Kontext ist anspruchsvoll, denn es geht heute um das rechtzeitige Erkennen und Unterstützen von notwendigen Veränderungen. Übergeordnete Entwicklungen beeinflussen dabei den Umgang mit Problem- und Entscheidungssituationen im Unternehmensalltag. Im Folgenden sollen vier Mega-Trends und ihre Auswirkungen auf die zukünftige Arbeitswelt in Ansätzen skizziert werden: 1. Globalisierung, 2. Demografischer Wandel, 3. Digitalisierung, 4. Nachhaltigkeit und gesellschaftlicher Wertewandel.

Globalisierung
Den Einfluss der Globalisierung auf die Lebens- und Arbeitswelt spüren wir täglich, was nicht zuletzt die Flüchtlingsbewegungen, Terroranschläge, Naturkatastrophen, Europakrisen oder die langfristigen Nachwirkungen des Finanz-Crashs von 2008 eindrücklich zeigen. Internationale Unternehmensfusionen und Kooperationen sowie die Verlagerung von Arbeitsplätzen und Produktionsstandorten in lohngünstige und entwicklungsträchtige Regionen machen offensichtlich, dass sich kein Land und kein Unternehmen mehr von dem globalen Markt und seinen Stakeholdern abgrenzen kann. Moderne, digitale Komplexität lässt sich mit alten Denk- und Handlungskonzepten nicht mehr bewältigen. Die Suche nach Alternativen beginnt deshalb in einer anderen Denkhaltung, einer bewusst offenen und suchenden, nicht auf gesicherte Erkenntnisse pochenden Herangehensweise.

Eine bedeutende und wichtige Rolle spielt dabei die interkulturelle und vernetzte Zusammenarbeit in Teams. Diese Herausforderung haben Unternehmen – auch nach jahrzehntelanger Erprobungsphase – noch nicht befriedigend gelöst.[7] Hier zeichnet sich ein Kompetenzproblem ab, das durch Weiterbildung und digitale Techniken zwar unterstützt, aber nicht überwunden werden kann. Um die internationalen Kooperationsanforderungen zu optimieren und die Führungskräfte gezielt auf die interkulturellen Konfliktpotenziale vorzubereiten, muss ein grundsätzlicher Wandel in der Führungskultur stattfinden. Dieser Wandel sollte sowohl neue Kompetenzfelder und Lernkulturen im Unternehmen berücksichtigen, als auch einen anderen Blick auf die Zusammenarbeit in dynamisch vernetzten Arbeitswelten richten. Gelassenheit, Selbsterkenntnis und eine hohe Sensibilität für fremde Kulturen sind dabei die Leitprinzipien, die eine erfolgreiche Personalarbeit im interkulturellen Kontext auszeichnen (vgl. das Interview mit T. Perlitz). Das einjährige Cross-Mentoring Programm, das aktuell von Impact DOCK Hamburg mit Zuwanderern/Flüchtlingen und Hamburger Unternehmen durchgeführt wird, bietet ein eindrückliches Beispiel, wie Mentor und Mentee gegenseitig voneinander lernen und profitieren können (vgl. www.impactdock.de und das Interview mit Y. E. Kobayashi in diesem Band).

---

[7] Vgl. die Interviews mit Thomas Perlitz (Gerresheimer AG) und Frank Kohl-Boas (Google), die auf die Zusammenarbeit in interkulturellen Teams eingehen.

In den Abschnitten Führung und Personal wird auf diesen Aspekt noch detaillierter eingegangen.

Demografischer Wandel
Der demografische Wandel wird in den kommenden Jahrzehnten einen entscheidenden Einfluss auf die Politik, Gesellschaft und Arbeitswelt des 21. Jahrhunderts ausüben. Das betrifft in Unternehmen – insbesondere in den westlichen Industriestaaten – Themen wie etwa die Alterung von Belegschaften, das Management der Generationen oder den intergenerativen Wissensaustausch. Zudem treibt die Demografie wesentliche Veränderungen im Umgang mit lebenslangem Lernen, präventiver Gesundheitsvorsorge und Lebensarbeitszeitgestaltung an. Moderne Arbeitsmodelle, die aktuelle Lebenssituationen und darauf abgestimmte Wünsche und Bedürfnisse ihrer Mitarbeiter im Blick haben, werden in einigen Pilotprojekten bereits erprobt und umgesetzt (vgl. das Interview mit T. Perlitz). Hintergrund ist der akute Fachkräftemangel in bestimmten Wirtschaftsbereichen (z. B. den sog. „MINT"-Berufen: Mathematik, Informatik, Natur- und Ingenieurwissenschaften, Technik) und die Notwendigkeit, vakante Stellen mit Nachwuchskräften zu besetzen. Die Gewinnung und Bindung von z. B. qualifizierten und unternehmenskulturell passenden Mitarbeitern ist eine zentrale Herausforderung des demografischen Wandels. Sie wird insbesondere durch den sinkenden Anteil von jungen Arbeitnehmern geprägt.

Infolge der Digitalisierung und des technologischen Wandels ist in den nächsten Jahren davon auszugehen, dass sich die Arbeitswelt, z. B. in den Bereichen Human Ressource Management und Personalentwicklung, grundlegend ändern wird. Manche Stellenprofile verschwinden vom Arbeitsmarkt. Qualifizierte Mitarbeiter mit hoher Selbstverantwortung und Flexibilität entwickeln sich zum „Arbeitskraftunternehmer" weiter. Eine der entscheidenden Fragen bei der Rekrutierung von „High Potentials" wird zukünftig sein: Wie kann das Unternehmen helfen, den Marktwert des Mitarbeiters zu erhöhen? (vgl. Janszky und Abicht 2013).

Das Institut für Beschäftigung und Employability (Rump 2015, S. 3; Rump und Breitschopp 2014–2015) fasst die Folgen des demografischen Wandels am Standort in Deutschland folgendermaßen zusammen:

- Alterung von Gesellschaft und Belegschaften,
- sinkender Anteil von Nachwuchskräften,
- Fachkräfteengpässe in bestimmten Berufen und Branchen,
- Verlängerung der Lebensarbeitszeit,
- Unterschiedlichkeit in der Sozialisation der Generationen,
- zunehmende Abweichung vom Postulat des Normalarbeitsverhältnisses,
- Zunahme von Vielfalt (Diversity) in den Arbeitsverhältnissen.

Zwei Ausprägungen des demografischen Wandels sollen im Folgenden in ihrer Bedeutung für die zukünftige Arbeitswelt kurz skizziert werden: das **Generation Ressource**

Management[8] und die **Bedürfnisse einer global vernetzten, gut qualifizierten und technisch visierten Nachwuchsgeneration an die Arbeitswelt des 21. Jahrhunderts**.

In den nächsten Jahren werden fünf bis sechs Generationen auf dem Arbeitsmarkt ihre Arbeitskraft anbieten (vgl. Bund 2014; Quenzel et al. 2015):

- Nachkriegsgeneration oder Veteranen (geb. vor 1946),
- Babyboomer (geb. zwischen 1946 bis 1964),
- Generation X (geb. zwischen 1965 und 1979),
- Generation Millennials (geb. zwischen 1980 und 1994),
- Generation Z (geb. zwischen 1995 und 2010).

Dabei ist zu berücksichtigen, dass sich die Generationen in Werten, Einstellungen, Technikverständnis, Mediennutzung sowie grundlegenden Wünschen und Bedürfnissen an die Arbeits- und Lebenswelt deutlich voneinander unterscheiden. Das erschwert die Zusammenarbeit und führt oft zu Missverständnissen in Unternehmen. Während die gut ausgebildeten Nachwuchskräfte z. B. mehr Flexibilität, Freiräume, Selbstbestimmung, ein regelmäßiges Feedback und sinnvolle Arbeit einfordern, beharren die älteren Generationen in der Regel auf erprobte und gelernte Führungs-, Organisations- und Arbeitsablaufstrukturen. Die Konflikte sind vorprogrammiert und führen bei den Nachwuchskräften spätestens nach den ersten Berufserfahrungen zu innerer Unzufriedenheit und Fluktuation (vgl. Bund 2014).[9]

Das Generation Ressource Management beschäftigt sich u. a. mit der Frage, wie man der Alterung von Belegschaften entgegenwirken kann. Ein weiteres Thema ist die Zusammenarbeit in altersheterogenen Teams. Wie lässt sie sich so auszurichten, dass sich die Fähigkeiten und Fertigkeiten junger und älterer Mitarbeiter synergetisch ergänzen können?

Auf einige dieser Fragen soll hier beispielhaft kurz eingegangen werden (vgl. Schweer 2015; Geithner 2015; Horx 2014; Rimser 2006).

- Wie lassen sich die Vorstellungen vom Alter in den Unternehmen wandeln?
  Alter wird in der Regel mit abnehmender körperlicher Leistungsfähigkeit sowie verringerter Anpassungsfähigkeit assoziiert. In den Hintergrund gerät dabei, dass der Einzelne im Laufe seines Berufslebens Expertenwissen aufbaut und effektive Handlungs- und Arbeitsstrategien entwickelt. Im Alter werden (idealerweise) Kräfte, Horizonte und Optionen neu ausgelotet und zum Einsatz kommt eine kristalline Intelligenz, die Innen- und Außenwelt neu synchronisiert. Nicht zu unterschätzen ist bei älteren Arbeitnehmern auch eine größere Verarbeitungstiefe und der sog. Helikopterblick, der

---

[8] Vgl. Markus Rimser, der in seinem Artikel „Intergenerativer Wissenstransfer" die fachliche Diskussion der letzten Jahrzehnte zum Generation Ressource Management darstellt und mit Praxisbeispielen ergänzt.
[9] Vgl. auch den Artikel von Sascha Lord „Generationenübergreifende Zusammenarbeit" in diesem Band.

verschiedene Arbeitsgebiete und Zusammenhänge synchronisiert. Das Wissen erfahrener Mitarbeiter geht dem Unternehmen nach Abgang aus dem Arbeitsleben verloren. Um das zu verhindern, ist es wichtig, dass älteren Mitarbeitern im Unternehmen die Möglichkeit geboten wird, ihre Leistungsfähigkeit, Produktivität und Kreativität unter Beweis zu stellen. Die Ressource „Best Ager" kann zudem durch neue Arbeitsmodelle und intergenerative Ansätze in Zukunft noch besser genutzt werden, wie z. B. befristete Vermittlung von erfahrenen Experten, Auslandseinsatz, Projektverantwortung, Mehr-Generationen-Tandems oder Mentoring für Nachwuchskräfte. Die Attraktivität von verlängerter Erwerbsarbeit lässt sich z. B. durch ein neues Verhältnis von Arbeit, Lernen und Freizeit erhöhen.

- Wie funktioniert der intergenerative Wissenstransfer? Wie können sich die Generationen in altersgemischten Teams optimal ergänzen? Welche Rolle spielt dabei das generationenübergreifende Lernen?

  In diesem Verständnis von Lernen sind weder Jüngere noch Ältere nur Lernende oder Lehrende. Im Gegenteil: Jeder ist beides wenn es optimal läuft. Die heute immer noch offenen Fragen und wenigen Lösungsansätze zum Wissenstransfer im Unternehmen weisen auf die Notwendigkeit von neuen Lernkulturen hin, die den Fokus auf selbstgesteuerte Lernformen und eine altersgerechte Didaktik legen (vgl. Schweer 2015).

- Wie sieht in Zukunft die Lebensarbeitszeitgestaltung, angelehnt an modernen Lebensmodellen oder an Produktionsprozessen, aus?

  Bei der Lebensarbeitszeitgestaltung geht es vorrangig darum, die Rahmenbedingungen von Arbeit an die Lebensphasen von Mitarbeitern (u. a. Geburt der Kinder, Pflege der Eltern, Sabbatical, Weiterbildung) anzupassen und „maßgeschneidert" mit den jeweiligen Betroffenen auszuhandeln. Das betrifft in erster Linie das Management. Bei den Mitarbeitern, die im Produktionsprozess beschäftigt sind, wird in neuen unternehmerischen Ansätzen z. B. der Produktionsprozess analysiert und zerlegt. Kriterien der Analyse sind die geistige und körperliche Belastung sowie die Ausbildung von Mitarbeitern. Thomas Perlitz formuliert den Weg des neuen Ansatzes im Interview folgendermaßen: „Wir zerlegen den Prozess (...) und entwickeln ein Modell, um Aussagen wie die folgenden zu treffen: z. B. die körperlich anstrengenden Jobs werden am Anfang gemacht, wenn man jung ist. Das ganze wird begleitet von einem Arzt, der uns darauf hinweist, dass ein Mitarbeiter das nur x Jahre machen darf, damit keine körperlichen Schäden entstehen. Dann kommt der nächste Job, der nicht so anstrengend ist, sodass man entlang des Produktionsprozesses – körperlich, geistig – einen optimalen Lebensweg für den Mitarbeiter findet. Das muss dann verbunden werden mit konkreten Fragen, z. B. welche Ausbildung der Mitarbeiter am Anfang benötigt, wie er sich weiterbildet und lernt, wie er umlernen muss."[10]

---

[10] Thomas Perlitz, Interview in diesem Band.

Im engen Zusammenhang mit dem demografischen Wandel ist die Digitalisierung zu sehen. Dieser Mega-Trend wird die Beschäftigungssituation und die Arbeitskultur in den nächsten Jahren von Grund auf verändern.

Digitalisierung
Der Aufbruch in die digitale Zukunft ist nicht mehr aufzuhalten. Künstliche Intelligenz und mobile Roboter bedrohen viele Arbeitsplätze, was nicht nur die geringqualifizierten Beschäftigungsgruppen betrifft. Die rasanten technologischen Entwicklungen setzen ein völlig neues Verständnis über die Zusammenhänge zwischen Automatisierung, Veränderung von Berufsbildern, Arbeitsplatzverlusten und Arbeitsplatzentstehung voraus.[11] Automatisierungstechnologien werden auf dem Arbeitsmarkt in Tätigkeitsbereiche vordringen, die bislang dem Menschen vorbehalten waren. Eine hohe mediale Aufmerksamkeit erfuhr in dem Zusammenhang die Studie von Frey und Osborne (2013). Sie untersuchten in den USA anhand von Experteneinschätzungen und beruflichen Tätigkeitsstrukturen die Automatisierbarkeit von mehr als 700 Berufen. Das Ergebnis: innerhalb der nächsten 10 bis 20 Jahre sind 47 % der Beschäftigten der USA (fast jeder zweite Beschäftigte) einem hohen Risiko ausgesetzt, den Arbeitsplatz zu verlieren. Eine weitere Gruppe von Forschern aus dem Zentrum für europäische Wirtschaftsforschung in Mannheim hat die Automatisierungswahrscheinlichkeit der Berufe in den USA direkt auf die betreffenden Berufe in Deutschland übertragen (vgl. Bonin et al. 2015, S. 18 ff.). Sie kommen zu dem Schluss, dass auch in Deutschland 42 % der Beschäftigten in Berufen arbeiten, die sich innerhalb von zwei Jahrzehnten automatisieren lassen. Für eine eindeutige Prognose ist es allerdings noch zu früh. Laut Bonin et al. (2015) sind noch viele Hürden zu überwinden. Dem fahrerlosen Autofahren stehen rechtliche Bedenken gegenüber. Wenn es um Pflegeroboter geht, spielen ethische Fragen eine Rolle. Und letztendlich entscheidet der Kunde, was sich am Markt durchsetzt.

Um sich den Herausforderungen des technologischen Wandels zu stellen, braucht es weitere Forschung und genauere Daten aus den jeweils betroffenen Unternehmen. Von Interesse ist hier der Zusammenhang zwischen dem Einsatz von Technologien und dessen Folgen für die Beschäftigung. Beschäftigte müssen wiederum in die Lage versetzt werden, den Wandel am Arbeitsmarkt zu bewältigen. Sie benötigen vor allem Qualifizierung, um komplexere, schwer automatisierbare Aufgaben neu zu übernehmen (vgl. Bonin et al. 2015).

Je höher die Qualifikation, desto weniger Bedrohung durch die Digitalisierung und desto anpassungsfähiger die Beschäftigten, so lautet die Prognose vieler Experten (vgl. z. B. Morgan 2014). Morgan (2014) spricht bei den neuen Jobs im digitalen System sogar von der „digitalen Elite", die mit wenig Kapital und Mitarbeitern kreative Geschäftsmodelle entwickelt. Mit der Digitalisierung geht ein Bedeutungszuwachs von Wissen einher. Für das künftige Arbeiten spielen Kompetenzprofile eine Rolle, die Fähigkeiten zum Ver-

---

[11] Vgl. dazu die Artikel von Kai Zimmermann und Yvonne Hofstetter in diesem Band.

netzen und systemischen Denken, selbstbestimmten Arbeiten und kreativen Umgang mit ergebnisoffenen Prozessen beinhalten (vgl. Initiative Neue Qualität der Arbeit 2015).

Zusammenfassend lässt sich festhalten, dass die Digitalisierung nicht nur die zukünftigen Berufsbilder entscheidend verändert, sondern auch die Organisation und Struktur von Arbeit, die Formen der Zusammenarbeit sowie die Entlohnungsstrukturen. Die Auswertung großer Datenmengen (Big Data) zu (potenziellen) Mitarbeitern in Unternehmen wird zudem die Personalabteilungen verändern. Nicht mehr der Mensch, sondern Algorithmen könnten zukünftig über Einstieg, Aufstieg und Ausstieg von Mitarbeitern bestimmen (vgl. Brower-Rabinowitsch und Hergert 2015). Ein besonderes Augenmerk gilt auch denjenigen Beschäftigten, die dem Arbeitsmarkt – nach dem Verschwinden vieler Berufe – noch zur Verfügung stehen. Ihr Einsatz sollte flexibel überprüft und durch vielseitige Weiterbildungsmaßen optimiert werden. Wir werden es darüber hinaus mit neuen Arbeitnehmergruppen zu tun haben (z. B. 60–80-jährige, Flüchtlinge und Migranten).

Neben der Digitalisierung prägen zwei weitere Mega-Trends die Arbeitskulturen der Unternehmen: Die Nachhaltigkeit und der gesellschaftliche Wertewandel.

Nachhaltigkeit und gesellschaftlicher Wertewandel
Mehr Wachstum, mehr Geld, mehr Ressourcen, mehr Konsumgüter? Muss unsere Wirtschaft kontinuierlich weiter wachsen? Oder ist es an der Zeit, damit aufzuhören? Sind die Ziele und Strukturen aus der Zeit der Industrialisierung noch zielführend und effektiv? In Griechenland müssen beispielsweise die Menschen in der Gegenwart für die in der Vergangenheit aufgenommene Kredite zahlen. Oder in Amerika: „Privatleute hatten Kredite für übertuerte Häuser und Konsum aufgenommen. (…) Am Ende konnten sie ihre Kredite nicht tilgen, Banken gingen pleite, sodass die Steuerzahler die Institute retten. Menschen bezahlten für die Ausgaben in der Vergangenheit mit einer schlimmen Krise" (Pletter 2015b, S. 4). Die Beispiele lassen sich fortführen.

Auch hier gilt, was bereits in den Ausführungen zur ökonomischen Neuorientierung angesprochen wird: Führungskräfte, Konsumenten und Politiker haben längst verstanden, dass das „Prinzip Verantwortung" mitten in der globalen Gesellschaft angekommen ist. Doch an der Realisierung dieses Anspruchs hapert es oft. Unbestritten ist, dass durch die modernen Kommunikationstechnologien die Menschen eng miteinander vernetzt und gut informiert sind. Wirtschaftsskandale, unmoralisches Handeln, Unglaubwürdigkeit gegenüber den Stakeholdern, haben in den betroffenen Unternehmen spürbare Konsequenzen und führen nicht selten zu teuren Folgekosten im Wertschöpfungsprozess. Das zunehmende ökologische und ethische Bewusstsein in der Gesellschaft hat Einfluss auf die Wirtschaft. In Zukunft werden daher „verstärkt solche Unternehmen attraktiv sein, deren ökologischer Fußabdruck wie auch ihr ethisches Verhalten (potenziellen) Kunden als akzeptabel, gesellschaftspolitisch verantwortlich oder gar vorbildlich erscheinen. Damit kann eine in der Unternehmenskultur verankerte CSR zu einem Wettbewerbsfaktor werden, den sich manche Unternehmen schon heute zunutze machen."[12]

Des Weiteren lässt sich beobachten, dass in Unternehmen zunehmend eine Verbindung zwischen ökonomischen Sachverstand, unternehmerischem Handeln und gesellschaftlichen Zielsetzungen angestrebt wird.[13] Beispiele hierfür finden sich in Unternehmen wie Impact DOCK, Hamburg oder bei der Schweizer Forma Futura Invest AG. Zu den Zielsetzungen äußern sich die Inhaber der Unternehmen wie folgt:

> Impact DOCK Hamburg ist ein Incubator für Business-Ideen: Ziel ist es, Geschäftsideen zu entwickeln, die an den Megatrends der Gegenwart ansetzen und Hamburgs Unternehmen sowie die Stadt zukunftsfähiger und erfolgreicher machen (www.impactdock.de).
>
> Immer mehr Anlegern genügt es nicht, dass ihr Geld im Rahmen einer definierten Strategie, die gewisse Risikoparameter berücksichtigt, verwaltet wird. Sie wollen wissen, zur Herstellung welcher Produkte ihr Geld beiträgt (...) sie wollen, dass ihr Vermögen nachhaltig investiert wird, (...) dass es Positives bewirken soll, etwa einen Beitrag zur Entwicklungsfinanzierung in armen Ländern oder zur Erforschung eines neuen Wirkstoffs in der Medizin (Schäfer 2015, S. 1).

Auch Silicon-Valley Firmen verfolgen heute größere Ziele als nur Profitmaximierung. Google will z. B. das Wissen der Menschheit an alle Orte der Welt bringen; Tochterfirmen forschen bereits an Möglichkeiten, das Leben zu verlängern oder den Krebs zu besiegen. Auch Apple will in der Forschung eine Rolle spielen und hat im letzten Jahr eine Entwicklungssoftware für das iPhone vorgestellt (ResearchKit), um die Durchführung medizinischer Studien zu erleichtern.

Der gesellschaftliche Wertewandel wird nicht zuletzt durch die Generation Y vorangetrieben, der es in erster Linie heute darauf ankommt, die Trennlinien zwischen Arbeit und Leben aufzuheben. *Work-Life-Blend*, also die Verschmelzung der beiden Bereiche, löst die Work-Life-Balance ab. Die junge Generation, die allmählich in die Führungsetagen der Wirtschaft aufsteigt, zeichnet sich durch folgende Wünsche und Bedürfnisse aus (vgl. Bund 2015; Quenzel et al. 2015):

- mehr Freiräume bei der Arbeit erhalten,
- selbstbestimmtes Arbeiten ermöglichen,
- Arbeit suchen, die Sinn stiftet, die etwas bewegt (Sinn zählt mehr als Status),
- Beitrag zu größeren gesellschaftlichen Zielen leisten („Wir lieben Unternehmen, die Gutes tun"),
- Arbeit als Mittel der Selbstverwirklichung begreifen („Job, der unserer Persönlichkeit Ausdruck verleiht"),

---

[12] Das Zitat stammt von Sonja Sackmann, zitiert aus ihren Artikel „Erfolgsfaktoren für neue Arbeitswelten: Unternehmenskultur und Führung" in diesem Band.
[13] Vgl. den Artikel von Antoinette Hunziker-Ebneter und das Interview mit Yukiko Elisabeth Kobayashi. Zwei mutige und nachahmenswerte Frauen, die mit ihren Geschäftsideen dem Gemeinwohl dienen und zugleich wirtschaftlich erfolgreich sind.

- Nutzen, Teilen statt Besitzen (Sharing Economy, Collaborative Consumption),
- viele Entwicklungsmöglichkeiten anbieten.

Die junge Generation ist geprägt von instabilen Lebensumständen und einer Unsicherheit, die als Dauerzustand erlebt wird. Gleichwohl wurde keine Generation je so gelobt, gefördert und verwöhnt. Mit vielen Freiheiten aufgewachsen, ist die Generation Y die anspruchsvollste und „verwöhnteste Generation aller Zeiten" (vgl. Bund 2015).

Zum Abschluss soll noch auf einen weiteren Wertewandel hingewiesen werden, der in Verbindung mit dem Nachhaltigkeitspostulat die Wirtschafts- und Arbeitswelt zunehmend beeinflusst: die Sensibilisierung der Menschen für Gesundheit, Wohlbefinden und Lebensqualität.

Die gegenwärtigen Begleiter unseres Arbeitsalltags sind Zeitdruck, ständige Erreichbarkeit, Ablenkung und Stressempfinden. „Die antrainierte Aufmerksamkeitsstörung treibt uns kurzfristig an die Grenzen unserer geistigen Belastbarkeit und langfristig weit darüber hinaus. Sie behindert damit aber nicht nur unsere Produktivität, sondern zerstört unser gesamtes Lebensglück" (Markowetz 2015, Umschlagstext). Stress hat spürbar negative Auswirkungen auf unsere Gesundheit, Motivation und Leistungsfähigkeit. Der Kollaps des 50-jährigen BMW Chefs, Harald Krüger, zum Auftakt der Internationalen Automobilausstellung am 15. September 2015, zeigt exemplarisch die Stressgrenzen der Topmanager auf.

Als Gegenbewegung zu der digitalen Verdichtung und Beschleunigung ist der Trend zu mehr Achtsamkeit mit sich selbst zu beobachten. Dabei geht es nicht nur um das Wohl des Körpers, sondern auch um die Wachheit des Geistes. Klar und konzentriert soll er sein, denn ein wacher Geist ist das Kapital von heute, so Goleman (2013). Gesundheit ist allgegenwärtig und der Nutzen von Angeboten wie Yoga, Meditation und Fasten wird immer mehr Menschen bewusst.

Auch im Arbeitsleben spielen Ernährung, Bewegung und Energie sowie präventive Gesundheitsvorsorge eine zukunftsweisende Rolle. Die neuen Arbeitskulturen der IT-Firmen oder Start-ups haben sich die Erkenntnisse bereits zunutze gemacht (vgl. Bund 2015; Horx 2014).

Wie reagieren nun die Unternehmen auf die dargestellten Trends? Wo lassen sich mutige und bewährte Lösungsansätze in den Bereichen Unternehmenskultur, Führung und Personal nachweisen, die auf einen individuellen und unternehmerischen Perspektivwechsel einstimmen? Die folgenden Kapitel sollen darauf erste Antworten finden.

3 Kultur gestalten – visionär geerdet, werteorientiert, transparent und verantwortungsbewusst

Heutzutage kommt es darauf an, den Menschen den Sinn ihrer Arbeit klarzumachen und sie auf gemeinsame Ziele einzustimmen. Besonders in global agierenden Unternehmen ist es nicht leicht, eine übergreifende Orientierung bei den Mitarbeitern zu erreichen, sodass sie an die Werte ihres Unternehmens glauben und sich tatkräftig dafür einsetzen (George 2015, S. 200).

Als zusammenfassendes Fazit aus den bisherigen Mega-Trends und Tendenzen einer ökonomischen Neuorientierung zeichnen sich folgende **Engpässe** und **Aufgabenfelder** ab, die Unternehmen darauf vorbereiten, was in Zukunft nicht mehr oder nur noch bedingt funktioniert:

- Statt an quantitativem Wachstum mit dem Fokus auf Shareholder Value festzuhalten, der letztlich zu Gier, Macht und Egozentrismus führt, sollten Unternehmen sich hin zu nachhaltigem Wachstum wenden, angeleitet durch eine ökonomische Vernunft, um eine Balance herzustellen zwischen finanziellem Erfolg und gesellschaftlich verantwortlichem Handeln.
- Statt starrer Arbeits- und Führungsstrukturen, Hierarchien in Verbindung mit engem Kontrollverhalten sollten Unternehmen auf die Eigensteuerungs- und Kooperationsfähigkeit ihrer Mitarbeiter und Teams vertrauen und gerade diese Kompetenzen in neuen Lernkulturen fördern.
- Statt der Ausrichtung auf Abgrenzung, Konkurrenz, Silo-Denken und Individualismus sollten Unternehmen sich auf die dynamisch vernetzte Arbeitswelt vorbereiten. Sie setzt auf eine grenzüberschreitende Zusammenarbeit, auf das Zulassen von Sowohl-als-auch-Lösungen sowie auf Vielfalt und Diversity als Quelle der Inspiration und Innovation.

Eine von Unsicherheiten, Glaubwürdigkeitsverlusten und dynamischen Veränderungsprozessen geprägte Wirtschaftswelt tut gut daran, in Unternehmen und Organisationen eine klare Identität aufzubauen mit grundlegenden Orientierungen, Sinngebungen und Visionen. Eine werteorientierte Führungs- und Unternehmenskultur ist heute mehr denn je ein entscheidender Erfolgsfaktor und Treiber im Wettbewerb um die Kunden wie auch im Wettbewerb um die besten Mitarbeiter. Insbesondere die eng vernetzte und global visierte Nachwuchsgeneration fordert von den Unternehmen mehr Selbstbestimmung, Flexibilität und Freiräume sowie ein regelmäßiges Feedback. Und eine Arbeit, die Sinn stiftet. „Wir lieben Unternehmen, die Gutes tun (...) soziales Engagement steht bei uns hoch im Kurs", so eine Vertreterin der Generation Y, die ausspricht, was viele internationale Studien mittlerweile bestätigen (vgl. Bund 2014, S. 67 f.).

Die Unternehmenskultur spiegelt im Idealfall das wider, wofür ein Unternehmen steht, wie es sich im Markt positioniert und welche Rolle die Mitarbeiter spielen. Sie zeigt darüber hinaus, welches Menschenbild und welche ethischen Grundlagen das wirtschaftliche und gesellschaftliche Handeln antreiben.

Wie erschaffen und etablieren erfolgreiche Unternehmen solch eine Identität, ausgedrückt durch die Unternehmenskultur? Wie setzen sie Strukturen, Regeln und Prinzipien um, die Unternehmenskultur erst glaubwürdig zum Leben erwecken? Was sind die Erfolgsfaktoren und kulturellen Kraftfelder, die Unternehmen mit einer vorbildlichen Unternehmenskultur von anderen Wettbewerbern unterscheiden? Praxisbeispiele, wie etwa die Hilti AG, Bosch, Otto Group und Vaude, zeigen eindrucksvoll, wie der Spagat zwischen finanziellem Erfolg und glaubwürdigen kulturellen Ansätzen gelingen kann. Das erfordert allerding Zeit, Investitionen und die Ausrichtung auf ein nachhaltiges Wachstum.

Identitätsaufbau

Die Kultur eines Unternehmens wird in einem Leitbild (bewusst) festgehalten, das eine Vision, eine Mission, Werte bzw. Leitprinzipien enthält. Visionen orientieren auf ein Ziel hin, zeigen den Weg, wie das Unternehmen in Zukunft aussehen soll. Vision und Mission müssen sich messen lassen an einem ethischen Fundament, das die Verbundenheit mit den Menschen im Unternehmen, mit den Stakeholdern sowie der Um- und Mitwelt ausdrückt. Vision und Mission basieren auf Werten, die mit den Vorstellungen der Führung und Mitarbeiter idealerweise kompatibel sind. Visionär geerdete Unternehmen und Führungskräfte gestalten eine Unternehmenskultur, die Menschen dazu befähigt, gemeinsam die ökonomischen Ziele und zugleich die gesellschaftliche Verantwortung des Unternehmens nachhaltig voranzutreiben (vgl. Abbate 2014; Schönborn 2014).

Der bewusste Aufbau und die Etablierung von Unternehmenskultur erfolgt glaubwürdig nur durch die Führung. Die Mitarbeiter wiederum müssen die Vision und die Werte des Unternehmens leben und transportieren. Dazu sollten sie auf die Unternehmenslinie nicht nur eingestimmt, sondern auch geschult werden. Alles beginnt bereits bei der Einstellung. Die Rekrutierung von kulturkonformen Mitarbeitern ist bei einigen Unternehmen, wie etwa Google, mittlerweile aufwendiger gestaltet als die Mitarbeiterbindung. Sind die Mitarbeiter dann Teil des Unternehmens, geht es nicht mehr vorrangig um Motivation, sondern um die Frage: Was muss ich tun, damit die Mitarbeiter nicht demotiviert sind?[14]

Etablierung und Umsetzung

Was sind laut Studien und Best Practice-Beispielen weitere Charakteristika einer erfolgreichen Unternehmenskultur (vgl. Schönborn 2014; Sackmann 2004)?[15] Auf drei zentrale Erfolgskriterien wird im Folgenden kurz eingegangen.

1. *Verantwortung gegenüber der Gesellschaft und den Stakeholdern*
   Dieses kulturelle Kraftfeld zeigt sich z. B. in den CSR-Aktivitäten eines Unternehmens nach innen wie außen. Dabei soll herausgestellt werden, dass Glaubwürdigkeit und Vertrauen bei den Stakeholdern nicht allein durch Nachhaltigkeitsberichte, aufwendig gestaltete Broschüren oder Mitarbeiterevents aufgebaut wird. Glaubhaft ist eine integre Unternehmensführung, die den gesamten Wertschöpfungsprozess im Blick hat. Idealerweise engagiert sich das Unternehmen darüber hinaus mit altruistischen Projekten.
2. *Haltungen, Überzeugungen und Werte von Führungskräften und Mitarbeitern*
   Hier spielen die Strukturen und Umsetzungskriterien eine zentrale Rolle. Unternehmenskultur braucht Regeln und Prinzipien, von denen sich die Mitarbeiter leiten lassen. Und sie braucht eine Reihe von Sanktionen und Würdigungen für unangemessenes und besonders gutes Verhalten (z. B. Verhaltenskodex).

---

[14] Vgl. das Interview mit Frank Kohl-Boas „Eine mitarbeiterzentrierte Unternehmenskultur – Geheimnisse des Erfolgs?" in diesem Band.
[15] Vgl. auch den Artikel von Sonja Sackmann „Erfolgskultur für neue Arbeitswelten: Unternehmenskultur und Führung" in diesem Band.

Eine kulturkonforme Umsetzung und regelmäßige Überprüfung der gelebten Unternehmenskultur erfolgt in der Praxis beispielsweise durch Umweltscanning und kritische Selbstreflexion. Sie ist die Basis einer lernenden Organisation. Des Weiteren spielen Instrumente wie neue Bonus- und Anreizsysteme, Feedback-Kultur, spezielle Entwicklungs- und Förderprogramme für Mitarbeiter, Freiräume für Kontemplation, innere Sammlung und ein solidarisches Stakeholder-Handeln eine bedeutende Rolle.

3. *Innovations-, Lern- und Entwicklungsorientierung*
Dieser Aspekt ist in der modernen Arbeitskultur, die sich von starren Strukturen, überholten Modellen und Hierarchien langsam zu lösen beginnt, ein zentraler kultureller Erfolgsfaktor. Er beinhaltet das Bekenntnis eines Unternehmens zur Gewährung von Freiräumen für selbstbestimmtes Arbeiten bei wahrgenommener Verantwortung und Selbstführung. Es schafft Rahmenbedingungen für unkonventionelle, kreative Ideen, für selbstorganisiertes Netzwerken und ergebnisoffene Prozesse. Und es bildet zudem ein Fundament für einen offenen, konstruktiven Umgang mit Fehlern und Scheitern.

Unternehmen mit einer über Jahre gewachsenen und aus Fehlern gelernten Unternehmenskultur bilden für unsere beschleunigte, komplexe und global vernetzte Arbeitswelt eine gute Basis für Anpassungsfähigkeit, Identität und Kontinuität.

Stakeholder-Orientierung sowie gesellschaftliches Verantwortungsbewusstsein sind wiederum die Basis für eine neue ökonomische Vernunft, die Mitarbeiter aus verschiedenen Ländern, Generationen und Fachdisziplinen auf gemeinsame Ziele ausrichtet und sie dafür begeistert.

4 Dienend Führen – ethisch fundiert, (selbst-)reflexiv, wertschätzend, lern- und entwicklungsfähig

> Warum kommen, bleiben und gehen Mitarbeiter? Sie kommen wegen der Reputation, sie bleiben wegen der Aufgabe und sie gehen wegen der Führung (Rump 2015, S. 30).

Wie die Unternehmenskultur so ist auch die Führung ein zentraler stabilisierender Faktor in der dynamisch vernetzten Arbeitswelt. Sie sind untrennbar miteinander verbunden. Führungskräfte der Zukunft müssen Vorbild sein, ihren Mitarbeitern ein Beispiel geben, sie inspirieren, aktiv beteiligen und wertschätzen. Altbewährte Führungsstile, die sich immer noch vorrangig auf Eigeninteresse, Macht, Ruhm und Ehre berufen, erweisen sich als ein entscheidender Nachteil im Kampf um die besten Talente. Die Stakeholder-Perspektive verlangt einen Ausgleich der Ansprüche und Interessen von verschiedenen gesellschaftlichen Gruppen. Rigide Steuerung und Regelung, verbunden mit enger Kontrollfunktion, lassen sich angesichts der Komplexität und Dynamik der Märkte kaum noch durchsetzen. Die Tauglichkeit ergebnissicherer Managementwerkzeuge, wie z. B. Zeitmanagement und Controlling, werden zunehmend in Frage gestellt (vgl. Initiative Neue Qualität der Arbeit 2015; Rump und Breischopp 2015; Brandes et al. 2014).

Was kennzeichnet eine gute Führung? Über welche ethische Haltung, Wertebasis und Kompetenzen sollte sie in einer nachhaltig ausgerichteten Gesellschaft verfügen? Warum ist es wichtig, der Persönlichkeitsentwicklung in der globalisierten Umwelt eine herausragende Bedeutung beizumessen?

Dazu sollen einige, in Literatur und Studien diskutierte Erfolgsfaktoren aufgegriffen und kommentiert werden (vgl. Morgan 2014; George 2015; Eurich 2015; Initiative Neue Qualität der Arbeit 2015):

- Für eine ethische Fundierung von Visionen und eine qualitativ gute Entscheidungsfindung benötigen die Führungskräfte Zeit, Ruhe und Freiräume zum Reflektieren. Diese Freiräume müssen jedoch kontinuierlich in das Zeitmanagement und den Terminkalender von Führungskräften integriert werden. Ansonsten dominieren das operationale Tagesgeschäft und die Routine eingeschliffener Denk- und Verhaltensweisen.
- Eine ganzheitliche Sicht der globalen Interdependenzen und Zusammenhänge, die einen Ausgleich zwischen ökonomischen, gesellschaftlichen, ökologischen und sozialen Zielen im Blick hat, ist aus vielen Gründen erfolgsversprechender als eine schnelle Profitmaximierung (vgl. u. a. Mega-Trends, Wettbewerb, Reputation, Employer Branding).
- Die Innovations-, Lern- und Entwicklungsorientierung in einer dynamisch vernetzten Arbeitswelt ist essenziell. Für Führungskräfte lässt sich daraus folgern, dass sie Veränderungen frühzeitig erkennen und unterstützen. Entscheidend sind hierbei offene Prozesse (ergebnisoffen, erfahrungsoffen) und Experimentierfreude. Die Fähigkeit zur professionellen Gestaltung ergebnisoffener Prozesse gilt als Schlüsselkompetenz zukünftiger Führungskräfte (vgl. Initiative Neue Qualität der Arbeit 2015).[16] Die Förderung von Innovation setzt wiederum das Verstehen und Identifizieren neuer Lernwelten und Methoden voraus, die Wissensgestaltung und Innovation mehr und anders als bisher unterstützen.
- Das Aufgaben- und Kompetenzprofil von Führungskräften muss angesichts der komplexen Herausforderungen in der Arbeitswelt neu überdacht werden. Um die Potenziale der vorhandenen Arbeitskräfte sinnvoll zu entfalten und internationale Nachwuchstalente für ein Unternehmen zu gewinnen, bedarf es heute weit mehr als nur fachlicher und methodischer Kompetenzen. Das zukünftige Arbeiten in beweglichen Führungsstrukturen und wechselnden Teamkonstellationen erfordert ein Profil von Führung, das auch der (lebenslangen) Persönlichkeitsentwicklung eine herausragende Bedeutung beimisst. Ein besonderes Augenmerk ist dabei auf folgende Kompetenzen zu richten: Selbstführung, mentales Training (Meditation, Achtsamkeit), Einfühlungsvermögen, emotionale Intelligenz, Innovations- und Kreativitätstechniken (vgl. z. B. Vogel 2016; Brandes et al. 2014).

---

[16] Vgl. Dazu auch den Artikel von Andreas Greve und Prof. Dr. Peter Kruse „Gute Führung in Deutschland. Neue Muster für eine vernetzte Welt" in diesem Band.

5 Entfaltung ermöglichen – *zutrauen und zumuten, inspirieren und konfrontieren, wagen und scheitern*

> Experten, die sich mit der Zukunft der Arbeit beschäftigen, sind sich einig: Der Erfolg eines Unternehmens wird davon abhängig sein, wie engagiert, kreativ und motiviert die Mitarbeiter sind. Aktive Beteiligung lautet das Schlüsselwort (Huffington Post 2015, S. 3).

Das Managen von Veränderung und der Umgang mit steigender Komplexität bewirkt auch ein Umdenken in der Personalpolitik. Die nicht mehr aufzuhaltende Veränderung bzw. Evolution der Arbeit durch die digitale Dynamik und globale Vernetzung führt zu neuen Arbeitsstrukturen, die gekennzeichnet sind durch flexible Arbeitszeit, mobile Arbeitsplätze, neue Technologien der Zusammenarbeit, Organisation in Netzwerkstrukturen, Konnektivität und Kooperation (Morgan 2014).

Wie Zukunfts- und Arbeitsforscher berichten, haben diese Entwicklungen entscheidende Auswirkungen auf die Personalentwicklung, Steuerung und Bindung von Mitarbeitern sowie den Rekrutierungsprozess (Janszky und Abicht 2013; Morgan 2014; Rump 2015). Dabei ist darauf zu achten, dass die Digitalisierung Auswirkungen auf unterschiedliche Arbeitswelten hat, die sich grob in Kategorien wie Management und Produktionsprozess einteilen lassen. Es wird hoch individualisierte Arbeitswelten geben (z. B. Cloud Worker, virtuelle Netzwerke, digitale Nomaden) und starre Arbeitswelten, die infolge von Automatisierung bis ins Detail arbeitsteilig, fremdbestimmt, stark überwacht und sehr hierarchisch organisiert sind. Die folgenden Ausführungen beziehen sich vorrangig auf Berufsbilder im Management von Unternehmen.

In welchen Bereichen zeichnen sich bereits bewährte oder innovative Ansätze für den Umgang mit den Menschen im Unternehmen ab? Wo lassen sich entscheidende Veränderungen nachweisen, die sich von einer Ressourcennutzungskultur hin zu einer Potenzialentfaltungskultur wegbewegen? (vgl. Hüther und Spannbauer 2012). Und wie findet man neue Zugangswege zu qualifizierten Fachkräften und der Nachwuchsgeneration, die selbstbestimmtes Arbeiten, eine wertschätzend Unternehmenskultur, abwechslungsreiche und sinnvolle Aufgaben sowie neue Entwicklungsmöglichkeiten und Lernformen favorisieren, die zudem die Vereinbarkeit von Beruf- und Lebenssituation heute voraussetzen (Bund 2014; Rump und Breitschop 2014–2015)?

Befriedigende Antworten auf diese Fragen können zurzeit nicht gegeben werden. Dazu sind die Entwicklungen zu komplex. Die Defizite zwischen Anspruch und Wirklichkeit sind offensichtlich. Gleichwohl lässt sich an vielen Stellen in der Wirtschaft und Gesellschaft bereits ein Umdenken und Querdenken beobachten, was nicht zuletzt in den vielen Artikeln dieses Bandes deutlich wird.

Wesentliche Aufgaben für die Führung in den neuen Arbeitswelten sehen Zukunftsforscher und Praktiker beispielsweise in folgenden Bereichen (vgl. Brandes et al. 2014; George 2015; Janszky und Abicht 2013):

- aktive Beteiligung der Mitarbeiter (Mitspracherecht, Entscheidungsfreiräume, Eigenverantwortung für die Gestaltung der Arbeit, Transparenz, z. B. bei der Wahl der Vorgesetzen, bei Gehältern, Bilanzen usw.),
- Angebot von neuen Entlohnungssystemen und Anreizstrukturen (Zeitkonten, Sabbaticals, variable Vergütung, z. B. über Konzernziele oder Gemeinschaftsprojekte),
- Berücksichtigung von veränderten Kompetenzprofilen in Lern- und Entwicklungsangeboten (z. B. Förderung von selbstgesteuerten Lernformen, adaptives Lernen, Entwicklung und Stärkung von Teamgeist und Kooperation, Unterstützung von Kompetenzen wie Kreativität, Intuition, Umgang mit Emotionen, interkulturelle Fähigkeiten usw.),
- Förderung und Freisetzung von Potenzialen, die nicht nur die fachliche Expertise, sondern die Nutzung sämtlicher Begabungen und Fähigkeiten von Mitarbeitern im Blick haben,
- Unterstützung von Vielfalt in der Zusammenarbeit (altersgemischte Teams, interkulturelle Teams, interdisziplinäre Teams, Mentoren und Patensysteme),
- Begeisterung der Mitarbeiter durch eine Wertschätzungs- und Anerkennungskultur, durch Stimmigkeit zwischen Vision und gelebter Kultur,
- Pflege einer regelmäßigen Feedback-Kultur, die Fehler und Scheitern einschließt und Entwicklungsmöglichkeiten aufzeigt.

In Unternehmen mit einer werteorientierten Unternehmenskultur, z. B. Hilti, Bosch, DM, Weleda, Gore, sind diese Aufgabenfelder in vielen Bereichen bereits erprobt und umgesetzt worden. Auch IT- und Software-Unternehmen wie Google, Apple und SAP experimentieren zunehmend mit der Entfaltung der Potenziale ihrer Mitarbeiter. Sie haben (zumindest kognitiv) erkannt, dass schöpferisches, innovatives Denken und Handeln nur auf Vertrauen, Inspiration und Freiräumen aufgebaut werden kann. Das zukünftige Rollenprofil der Führungskräfte wird sich sowohl im Hinblick auf die Mitarbeiter (z. B. Mentor-Funktion, Steuerung selbstorganisierter Netzwerke, Managen von Vielfalt) als auch auf die Stakeholder (Ausgleich der Ansprüche und Interessen) entscheidend verändern müssen.

6   Schlussbetrachtung und Ausblick

Worin besteht der Perspektivwechsel in der Arbeitskultur des 21. Jahrhunderts und was bedeutet „ökonomische Vernunft" für den konkreten Arbeitsalltag?

Rückblickend lässt sich festhalten, dass die Mega-Trends „Globalisierung", „Nachhaltigkeit", „Digitalisierung", „Demografie" und „gesellschaftlicher Wertewandel" die Wirtschaft und das Arbeitsleben von Grund auf verändern werden. Die Anfänge sind bereits deutlich wahrnehmbar. Um es mit den Worten von Martin Buber auszudrücken: „Es gibt für uns keine Rettung und es gibt für uns kein Zurück. Es gibt für uns vor allen Dingen keine Rettung im Zurück. Es gibt immer nur ein Hindurch. Hindurch aber werden wir nur kommen, wenn wir wissen, wohin wir wollen" (Buber 1950, o. S.).

In der Wirtschaft lassen sich aktuell, so die Einschätzung der Autorin, drei Ansatzpunkte in Unternehmen für den Umgang mit den wirtschaftlichen Umbrüchen beobachten. Zum einen betrifft es die klassischen Unternehmensorganisationen, die an altbewährten Strukturen und Managementwerkzeugen festhalten und routinierte Denk- und Verhaltensweisen mit immer größerer Geschwindigkeit und Druck auf die Belegschaft durchzusetzen versuchen. Ihnen geht es vorrangig um die „alten" Ziele (schnelles Wachstum, schneller Profit). Sie geraten immer mehr in Bedrängnis, und zwar aus Mangel an glaubwürdiger gesellschaftlicher Verantwortung, an Vertrauen von Seiten ihrer Stakeholder und an innovativer Kraft gegenüber dem Wettbewerb. Auf der anderen Seite lässt sich beobachten, dass einige klassische Konzerne und Unternehmen längst verstanden haben, dass sie schnell etwas ändern müssen. Mit Blick auf die Herausforderungen des digitalen Zeitalters findet hier allmählich ein Umdenken statt, das sich z. B. darin äußert, dass sie sich Unterstützung aus dem Umfeld des Silicon Valley holen, um die verlorengegangene Kreativitäts- und Innovationskraft wieder zu stärken. Die Einbettung, etwa der Design Thinking-Philosophie, in bestehende Unternehmensabläufe und Strukturen erweist sich allerdings als schwieriges Unterfangen. Ohne eine neue, glaubwürdige Vision, konsequent umgesetzt in der Führungs- und Unternehmenskultur, kann der Wandel in den Unternehmen nur bedingt oder gar nicht funktionieren.

Eine andere Art des Umgangs mit den digitalen Veränderungen praktizieren einzelne, sehr erfolgreiche IT-Unternehmen und Start-ups, die den technologischen Wandel längst mitgeprägt haben. Sie sind die Vorreiter der neuen, Arbeitsstrukturen und -kulturen. Sie haben im Blick, welche Wünsche und Bedürfnisse die Nachwuchsgeneration antreibt. Ihre unkonventionellen, lösungsorientierten Projektinfrastrukturen, ihre Arbeitsumgebungen und selbstorganisierenden Netzwerke entsprechen heute weit mehr den Anforderungen einer digitalisierten, globalen Wirtschaftswelt. Ob sie die Folgen der ungelösten Dilemmata von Führung in Bezug auf Druck, Stress, psychische und physische Krankheiten, Anspruch und Wirklichkeit, besser in den Griff bekommen, bleibt abzuwarten. Im Moment spricht noch einiges dagegen.

Viel lernen kann man derzeit von denjenigen, meist inhabergeführten mittelständischen Unternehmen, die seit Jahren und Jahrzehnten eine werteorientierte Unternehmens- und Führungskultur glaubwürdig praktizieren. Ihr Bestreben, eine gute Unternehmensführung mit sozialem und ökologischem Verantwortungsbewusstsein zu vereinen, erweist sich zunehmend als Erfolgsfaktor und Treiber im Wettbewerb um die Kunden wie auch im Wettbewerb um die besten Mitarbeiter. Denn ohne die Gewährleistung von finanziellem Erfolg oder einer marktgerechten Rendite lässt sich auf Dauer die Überlebensfähigkeit eines Unternehmens nicht sichern.

Die unterschiedlichen Ansätze von Unternehmensstrukturen, die heute parallel nebeneinander bestehen und unterschiedliche Vor- und Nachteile integrieren, stehen für einen allmählichen Perspektivwechsel in Richtung Organisation, Arbeitsstrukturen und Arbeitsprozesse der Wirtschaft.

Eine schrittweise Synthese, Evolution oder Revolution der bisherigen Ansätze kann m. E. jedoch nur gelingen, wenn wir über eine neue ökonomische Vernunft nachdenken. Die Wirtschafts- und Arbeitskultur bedarf eines ethischen Fundaments, das ein verantwortungsbewusstes Handeln anleitet. Ohne eine umfassendere Perspektive auf unsere Umwelt, die nachfolgenden Generationen und die veränderten Werte bzw. die daraus abgeleiteten Bedürfnisse und Wünsche der Menschen, sind die komplexen Herausforderungen, die in diesem Artikel thematisiert wurden, nicht befriedigend zu lösen.

Ein ethisches Fundament sollte in den Unternehmen an einer Wertebasis und übergeordneten Zielsetzung ansetzen, die z. B. im Leitbild und in der Unternehmenskultur ihren Ausdruck finden. Die notwendige Verbindung von ökonomischer Rationalität und Gemeinwohl, die sich auch in dem ökologischen und ethischen Bewusstsein der Stakeholder zunehmend widerspiegelt, ist hier handlungsleitend.

Für die Arbeitskultur der Zukunft benötigen wir auch weiterhin analytisches Denken, Effizienz und Zielgerichtetheit. Daneben ist es jedoch sinnvoll und klug, sich ebenso der sinnlichen Erfahrung zu öffnen, die Emotionen, Intuition und Weisheit zum Erkennen von Problemen und Lösungen nutzt. Insbesondere in einer globalen Arbeitswelt, die sich durch internationale Zusammenarbeit auszeichnet, müssen wir lernen, in größtmöglicher Offenheit unserer Wahrnehmungs- und Erkenntnisweisen die unterschiedlichen Hintergründe und Vielfalt von Herkunft, Meinungen und Lebensformen zu verstehen. Wir müssen lernen, Andersartigkeit und Gegenargumente nicht als Angriff, sondern als hilfreiche neue Perspektive zu erleben. Dazu braucht es in den Unternehmen u. a. eine „Führung, die sich den Entwicklungspotenzialen der Mitarbeiter zuwendet und die dabei der eigenen Persönlichkeitsentwicklung eine herausragende Bedeutung zuweist" (Eurich 2015, S. 10).

Vor dem Hintergrund einer dynamisch sich wandelnden Arbeitswelt ist die Befreiung von eingefahrenen Denk- und Verhaltensmustern sowie die interne Anpassungs- und Lernfähigkeit essenziell. In vielen Unternehmen, Organisationen oder individuellen Ansätzen ist bereits ein Aufbrechen spürbar. Selbstorganisierende Diskussionszirkel, Foren, Netzwerke und Partnerschaftsprojekte von Menschen aus unterschiedlichen Disziplinen beginnen tastend, experimentell, immer wieder von Rückschlägen in neue Lernschleifen geworfen, ihre Visionen von neuen ökonomischen Lösungsansätzen kollektiv zu teilen und gemeinsam umzusetzen. Neuanfänge, die Mut machen, weil sie Sowohl-als-auch-Lösungen suchen und bislang Getrenntes zusammendenken.

Literatur

Abbate, S. (2014): Unternehmenskultur fördern. Sieben Schritte zu einer dynamischen und motivierenden Wertevermittlung. Wiesbaden: Springer Gabler.

Balderjahn, I. (2013): Nachhaltiges Management und Konsumentenverhalten. Konstanz, München: UVK Verlag.

Bertersmann Stiftung (2014): Alle Achtung vor dem Stress! Eine 360-Grad-Betrachtung.www.bertelsmann-stiftung.de, www.enterprise-for-health.org.

BKK Dachverband (2014 /2015): Gesundheitsreport 2014 und 2015. www.bkk-dachverband.de/Gesundheitsreport.

Bonin, H., Gregory, T., Zierahn, U. (2015): Endbericht. Kurzexpertise Nr. 57. Übertragung der Studie von Frey/Osborne 2013 auf Deutschland. www.http.//ftp.zew-docs/gutachten/kurzexpertise_BMAS_ZEW2015pdf.

Brandes, U., Gemmer, P., Koschek, H. & Schültken, L. (2014): Management Y. Agile, Scrum, Design Thinking & Co.: So gelingt der Wandel zur attraktiven und zukunftsfähigen Organisation. Frankfurt/New York: Campus Verlag.

Brower-Rabinowitsch, G., Hergert, St. (2015): Die Gläsernen Mitarbeiter. In: Der Tagesspiegel, People Analytics, 24.5.2015.

Martin Buber (1950): Pfade in Utopia. Heidelberg: Verlag Lambert, Schneider.

Bund, K. (2014): Glück schlägt Geld. Generation Y: Was wir wirklich wollen. Hamburg: Maurmann.

Döring-Seipel, E. & Lantermann, E.-D. (2015): Komplexitätsmanagement. Psychologische Erkenntnisse zu einer zentralen Führungsaufgabe. Wiesbaden: Springer Gabler.

Eurich, C. (2015): Führungskunst. München vianova Verlag.

Frey, C. & Orsborne, M.A. (2013): The Future of Employment: How Susceptible are Jobs to Computerization? University of Oxfort.

Galuska, J. (2011): Wirtschaft und Gesundheit. Kranke Wirtschaft – gesunde Arbeit – Burn-out-Alarm? Positionspapier der Heiligenfelder Kliniken.www.psychosoziale-lage.de.

Geithner, S. et al (2015): Von der „demografischen Chance" zur „demografischen Katastrophe"? In: Jeschke, S. et al (Hrsg.): Exploring Demographics, Wiesbaden, S. 185-197.

George, W. (2015): Mitgefühl bei Führungskräften. In: Singer, T., Ricard, M. Mitgefühl in der Wirtschaft, München: Knaus Verlag.

Goleman, D. (2013): Konzentriert Euch! Eine Anleitung zum modernen Leben. München, Zürich:Piper.

Horx, M. (2014): Das Megatrend Prinzip. Wie die Welt von morgen entsteht. München: Random House.

Horx, M. (2012): Studie Healthness. www.zukunftsinstitut.de/healthness.

Huffington Post (2015): 8 Dinge, die sich an Ihrem Job für immer verändert haben. In Huffington Post – The Future of Work, o.A., 8.6.2015, S.1-4.

Hüther, G. (2016): Mit Freude lernen ein Leben lang. Weshalb wir ein neues Verständnis von lernen brauchen. Göttingen:Vandenhoeck & Ruprecht

Hüther, G., Spannbauer, C. (Hrsg.) (2012): Connectedness. Warum wir ein neues Weltbild brauchen. Bern: Hans Huber Verlag.

Hunziker-Ebneter, A. (2015): Sinnvoller Profit. In: Singer, T., Ricard, M. Mitgefühl in der Wirtschaft, München: Knaus Verlag.

Initiative Neue Qualität der Arbeit (Hrsg.)(2015): Führungskultur im Wandel. Kulturstudie mit 400 Tiefeninterviews. www.forum-gute-führung.de.

Janszky, S. G. & Abicht, L. (2013): So arbeiten wir in Zukunft: Berlin: Goldegg Verlag

Künzel, H. (Hrsg.) (2014): Erfolgsfaktor Employer Branding.Mitarbeiter binden und die Generation Y gewinnen. Berlin, Heidelberg: Springer Gabler.

Markowetz, A. (2015): Digitaler Burnout. Warum unsere permanente Smartphone-Nutzung gefährlich ist. München: Knaur Verlag.

Morgan, J. (2014): The future of work . New Jersey: Wiley.

Nygaard, C. (2016): Learning Space Design and Student Culure. Vortragsmanuskript, Kongress Wandelbarer Campus der Zukunft. Lernen. Arbeiten. Morgen. 18.-19.11.2016, Berlin.

Pletter, R. (2015a): Teilen tut weh. Das Jahr 2016 wird von Konflikten und das Abgeben handeln. Wer wird verlieren und wer gewinnen? In: Die ZEIT, 30.12.2015, S. 19-20.

Pletter, R. (2015b): Mehr ist nicht. In: ZEIT-Online, 25.8.2015, S. 4–11.

Röverkamp, M. (2015): Hab Acht. In: Der Tagesspiegel, 10.5.2015, S. 35.

Quenzel, G., Hurrelmann, K., Albert, M.: Jugend (2015): Eine pragmatische Generation im Aufbruch. In: Jugend 2015. 17. Shell Jugendstudie. Frankfurt a.M.: Fischer 2015, S. 375-387.

Rimser, M. (2006): Generation Resource Management. Innovative HR-Konzepte im demografischen Wandel, Leonberg: Rosenberger Fachverlag.

Rump. J. (2015): Trends in der Arbeitswelt: was Unternehmen heute für morgen wissen sollten. Vortragsmanuskript, Sommercamp PE-Solution, 28.8.2015.

Rump, J., Breitschop (2014/15): HR-Report 2014-15. Schwerpunkt Führung. Eine empirische Studie für Beschäftigung und Employability IBE im Auftrag von Hays für Deutschland, Österreich und die Schweiz. Mannheim, Zürich, Wien: Hays.

Sackmann, S., Bertelsmann Stiftung, 2004: Erfolgsfaktor Unternehmenskultur. Mit kulturbewusstem Management Unternehmensziele erreichen und Identifikation schaffen. Wiesbaden: Gabler.

Schäfer, M. (2015): Vermögensverwalter buhlen um nachhaltig orientierte Kunden. In: Neue Züricher Zeitung, 14.7.2015, S. 1-4.

Schönborn, G. (2014): Unternehmenskultur als Erfolgsfaktor der Corporate Identity. Die Bedeutung der Unternehmenskultur für den ökonomischen Erfolg von Unternehmen. Wiesbaden: Springer Verlag

Schulz, T. (2015): Was Google wirklich will. Hamburg: Deutsche Verlagsanstalt.

Schweer, M. et al (2015): Generationenübergreifende Zusammenarbeit als Basis innovativen unternehmerischen Handelns. In: Jeschke, S. et al (Hrsg.): Exploring Demographics, Wiesbaden, S. 165-174

Sennett, Richard (2015): Zusammenarbeit. Was unsere Gesellschaft zusammenhält. 2. Aufl. München: Deutscher Taschenbuch Verlag

Singer, T., Ricard, M. (2015): Mitgefühl in der Wirtschaft. München: Knaus Verlag.

Statistica BAK **(2014, 2015)**

Statistica DAK **(2014/2014)**

Vieweg, W. (2014): Management in Komplexität und Unsicherheit. Für agile Manager. Wiesbaden: Springer Gabler.

Vogel, M. (2016): Futability – Wie Sie Veränderungen und Transformation bewältigen und selbstbestimmt gestalten. Innolead Academy.

Weinberg, U. (2015): Network Thinking. Was kommt nach dem Brockhaus-Denken? Hamburg: Murmann Publishers.

Prof. Dr. Brigitte Spieß hat Wirtschaftswissenschaften und Sprach- und Literaturwissenschaften studiert und war als Beraterin und strategische Planerin von Marketing- und Kommunikationskampagnen in verschiedenen Arbeitsumfeldern tätig. Sie hat für große wie für mittelständische Verlags- und Medienunternehmen (z. B. Verlagsgruppe Handelsblatt, Nachrichtensender n-tv) sowie für internationale Agenturen (z. B. Michael Conrad & Leo Burnett) gearbeitet. Durch ihre umfangreiche Projektarbeit in den Bereichen Unternehmenskultur, Wertemanagement und Kommunikation hat sie sowohl eine Reihe renommierter Wirtschaftsunternehmen als auch Kultur-, Bildungs- und Wissenschaftseinrichtungen intensiv kennen und verstehen gelernt. Sie hat zu den Themen Unternehmens- und Führungskultur mehrere Kongresse in Berlin konzipiert und berät Unternehmen in Fragen der ethischen Unternehmensführung. Seit 2010 lehrt sie als Professorin für Marketing und Eventmanagement an der EBC Hochschule Berlin u. a. die Fächer CSR & Business Ethics, Team- und Konfliktmanagement, Kreativitätstechniken. Im Bereich der Forschung leitet sie das Cluster „Neue Arbeits- und Führungswelten".

Teil II
Digitalisierung der Wirtschaft, Industrie 4.0 und ihr Einfluss auf die vernetzten und humanen Arbeitswelten

Digitalisierung der Produktion durch Industrie 4.0 und ihr Einfluss auf das Arbeiten von morgen

Kai Zimmermann

1 Einleitung

Das Kapitel „CSR 4.0 und neue Arbeitswelten – (auch) eine Frage der Haltung" von Nicole Fabisch in diesem Band hat gezeigt, dass sich die Arbeitswelten der Zukunft durch eine Vielzahl von Megatrends innerhalb kurzer Zeit stark verändern werden, die gleichzeitig nahezu alle Bereiche des täglichen Lebens betreffen. Dieser Beitrag greift den Megatrend der Digitalisierung auf und zeigt anhand der Digitalisierung in der Produktion durch die sogenannte Industrie 4.0 beispielhaft, welche konkreten Auswirkungen dadurch auf die Arbeitswelt von morgen zu erwarten sind.

Die Industrie 4.0 verändert die Produktion der Zukunft maßgeblich. Angestrebt wird dabei ein hoher Automatisierungsgrad, der die Rolle des Menschen beeinflussen wird. Neben primär technischen Fragen stehen daher auch die personellen Veränderungen in der Produktion im Fokus der praktischen und wissenschaftlichen Diskussion. Um die Auswirkungen auf den Menschen zu analysieren, werden in diesem Beitrag zunächst die Industrie 4.0 definiert und die damit vermuteten Potenziale aufgezeigt. Im Anschluss werden die mit der Industrie 4.0 erwarteten Änderungen der Arbeitsbedingungen aufgezeigt. Betrachtet werden dabei die Chancen und Risiken für die interne soziale Dimension des CSR-Managements[1], sowohl auf operativer als auch auf leitender Ebene. Dabei wird auch ansatzweise auf mögliche CSR-Maßnahmen hingewiesen, die durch die dargestellten Risiken auf beiden Ebenen notwendig werden und die in den nachfolgenden Kapiteln dieses Buches losgelöst von der Produktion ausführlich dargestellt sind. Den Abschluss dieses

---

[1] Vgl. zu den Dimensionen des CSR-Managements Kapitel „CSR 4.0 und neue Arbeitswelten – (auch) eine Frage der Haltung" von Nicole Fabisch in diesem Band.

K. Zimmermann (✉)
Professor für BWL, EBC Hochschule Hamburg
Hamburg, Deutschland
E-Mail: zimmermann.kai@ebc-hochschule.de

Beitrags bildet ein kurzes Fazit, in dem u. a. auf den weiteren Forschungsbedarf in Bezug auf die Arbeitsbedingungen in der Produktion eingegangen wird.

2   Grundlagen der Industrie 4.0

Im Mittelpunkt einer Produktion der Industrie 4.0 stehen sogenannte Cyber-Physical-Systems (CPS). Bei diesen Systemen besteht eine funkbasierte Internetverbindung (Cyber) zwischen dem herzustellenden Produkt sowie weiteren für die Produktion relevanten Objekten, wie z. B. den Maschinen, Behältern, Materialien sowie Gebäuden oder Verkehrsmitteln und dem Menschen (Physical) (Bauernhansl 2014, S. 15 f.; Spath et al. 2013, S. 22 ff.). Dabei werden verschiedene Internetze miteinander verbunden: Social Networks, in denen die Menschen miteinander kommunizieren, das Internet der Dinge, in denen sich z. B. Maschinen untereinander austauschen können, und das Internet der Dienste, bei dem in der höchstmöglichen Ausbaustufe z. B. durch die CPS selbstständig Internetservicedienste zur Problemlösung angeboten werden (Bauernhansl 2014, S. 16 f.; Gronau 2014, S. 281; Kagermann 2015, S. 25).

Jedes herzustellende Produkt bzw. jeder Produktionsauftrag verfügt über einen RFID-Chip[2], auf dem z. B. die notwendigen Bearbeitungsschritte und Materialien sowie der Kunde und dessen Wünsche gespeichert sind (Gronau 2014, S. 281 f.; Kagermann 2015, S. 26 ff.; Niesing 2013, S. 9 ff.). Das Produkt oder der Produktionsauftrag sucht sich mit Hilfe des RFID-Chips in der Industrie 4.0 individuell, also dezentral, und flexibel den Weg von Maschine zu Maschine durch die Fertigung (Promotorengruppe Kommunikation der Forschungsunion Wirtschaft – Wissenschaft und acatech Deutsche Akademie der Technikwissenschaften 2013, S. 25). Der Produktionsauftrag reserviert in der Industrie 4.0 selbstständig die benötigten Materialien, Behälter, Maschinen usw., was vorher durch eine zentrale Produktionssteuerung übernommen wurde. Die Ausführung des Produktionsauftrages wird automatisch überwacht und bei Verzögerungen wird selbstständig eingegriffen. Es werden dann bspw. flexibel benötigte Maschinenkapazitäten gebucht und dem Kunden die Verzögerung automatisch mitgeteilt. Werden die Maschinen mit Hilfe von Sensoren überwacht, können diese einen Wartungsbedarf feststellen und automatisch die Wartung auslösen (Bauernhansl 2014, S. 16; Niesing 2013, S. 9; Spath et al. 2013, S. 24). Die Vernetzung kann auch so weit gehen, dass der Kunde in Echtzeit den Status der Produktion seines Produktes abrufen kann oder dass z. B. die mit dem RFID-Chip ausgerüsteten Ersatzteile automatisch nachbestellt werden, wenn diese selbstständig einen Defekt feststellen (Spath et al. 2013, S. 56).

---

[2] Die Abkürzung RFID steht für Radio Frequency Identification. Es handelt sich um einen kleinen Chip (auch als Transponder oder Tag bezeichnet), der mit Hilfe elektromagnetischer Wellen beschrieben und ausgelesen werden kann. Auf diesem Chip lässt sich eine Vielzahl von Daten speichern und abrufen. Diese Technologie wird in der Logistik schon seit längerem eingesetzt.

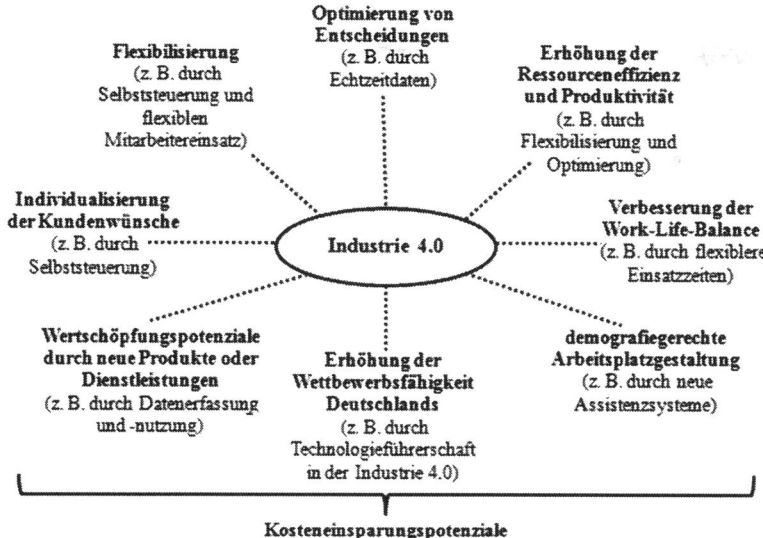

Abb. 1 Erwartete Potenziale der Industrie 4.0. (Eigene Abbildung)

Durch die Cyber-Physical-Systems entsteht eine Smart Factory, die sich in Echtzeit dezentral selbst organisiert (Bauernhansl 2014, S. 16). Bei Änderungen im Produktionssystem passen sich die einzelnen Objekte der Smart Factory selbstständig an diese Änderungen an. In der Smart Factory kommunizieren alle Objekte miteinander ähnlich wie in einem sozialen Netzwerk (Lewis 2014, S. 48). Mit diesen Eigenschaften soll die Produktion in der Industrie 4.0 vor allem den zunehmend steigenden Anforderungen an eine erhöhte Flexibilität, z. B. aufgrund immer häufiger ändernder Markt- bzw. Kundenwünsche sowie zunehmender Schwankungen der Absatzmengen in Folge einer steigenden internationalen Vernetzung der Wirtschaft, gerecht werden (Spath et al. 2013, S. 68 f.). Insgesamt werden durch die Industrie 4.0 zahlreiche positive Effekte erwartet (vgl. Abb. 1 in Anlehnung an Ausführungen aus Bauernhansl (2014), Blau und Gobble (2014), Gronau (2014), Kagermann (2014), Kroemer und Kasparick (2014), Mittermair (2015), Niesing (2013), o. V. (2015), Promotorengruppe Kommunikation der Forschungsunion Wirtschaft – Wissenschaft und acatech Deutsche Akademie der Technikwissenschaften (2013), Spath et al. (2013), Wegner (2014) und Zimmermann (2011)). Dabei ist zu beachten, dass diese Potenziale als erste Abschätzungen der zukünftigen Effekte zu verstehen sind, die sich zum Teil erst in der Praxis beweisen müssen.[3]

Bei allen positiven Erwartungen sind auch Risiken nicht zu vernachlässigen. Diese betreffen vor allem die Datensicherheit bei der vollständigen Vernetzung aller Objekte in der Produktion der Industrie 4.0. Hierdurch besteht eine erhöhte Anfälligkeit, die

---

[3] Auf einige dieser Potenziale wird später bei den Chancen und Risiken Bezug genommen.

im Extremfall, z. B. durch Hackerangriffe, zu einem Stillstand in der Produktion führen kann. Notwendig ist daher die Entwicklung von umfassenden Sicherheitsstandards. Die Datensicherheit wird daher als eine der zentralen Herausforderungen für die Industrie 4.0 angesehen (BITKOM et al. 2015, S. 71 ff.; Mittermair 2015, S. 60 ff.; Widmann 2015, S. 18 f.).[4]

Aufgrund der vielfältigen, zum Teil noch gar nicht absehbaren Chancen und Risiken wird bei der Industrie 4.0 auch von einer beginnenden 4. industriellen Revolution gesprochen. Die erste industrielle Revolution begann Ende des 18. Jahrhunderts durch die Einführung der Wasser- und Dampfkraft. Die zweite Revolution startete zu Beginn des 20. Jahrhunderts durch die arbeitsteilige Massenfertigung mit Hilfe elektrischer Energie. Zu Beginn der 1970er-Jahre begann schließlich die dritte industrielle Revolution durch den Einsatz von Elektronik und IT zur weiteren Automatisierung der Produktion (Dombrowski et al. 2014, S. 130 ff.; Kagermann 2015, S. 32 ff.; Spath et al. 2013, S. 22 f.). Dabei ist anzumerken, dass aus der Sicht einiger Autoren bei der Industrie 4.0 nicht von einer revolutionären, sondern eher von einer evolutionären Entwicklung gesprochen werden kann, da es sich statt um einen kompletten Umbruch eher um einen sukzessiven Anpassungsprozess der Produktion zur Industrie 4.0 handelt (Ahrens 2014, S. 1 ff.; Spath et al. 2013, S. 119).

Derzeit ist Industrie 4.0 noch nicht bei vielen Unternehmen angekommen, wie mehrere Studien zeigen (Schäfer 2015, S. 24 ff.; Spath et al. 2013, S. 114 ff.). Heute finden sich aber bereits Teillösungen einer Industrie 4.0 bei einigen Unternehmen (Bauernhansl 2014, S. 22 ff.; Schlick et al. 2014, S. 51 ff.; Spath et al. 2013, S. 119 ff.). Über den genauen Zeithorizont der Umsetzung der Industrie 4.0 herrscht noch Uneinigkeit bei den Experten. Unbestritten ist jedoch, dass die Entwicklung zu einer Industrie 4.0 unaufhaltsam erfolgt und die Umsetzung schrittweise einem mehrere Jahre andauernden Prozess unterliegt (Blau und Gobble 2014, S. 3; Spath et al. 2013, S. 120 ff.). Erste Anwendungen und deren Umsetzung werden bspw. durch das „Innovationsnetzwerk Produktionsarbeit 4.0" erarbeitet, in dem neben dem Fraunhofer-Institut für Arbeitswirtschaft und Organisation (IAO) auch Unternehmen und weitere Forschungspartner zusammenarbeiten (Spath et al. 2013, S. 6 f.). Auch in der im Jahr 2015 neu zusammengesetzten Plattform „Industrie 4.0", in der verschiedene Industrieverbände, die Gewerkschaft IG-Metall sowie die Fraunhofer Gesellschaft zusammenarbeiten, wird die Etablierung der Industrie 4.0 vorangetrieben (BMWi 2015). Deutschland nimmt im europäischen Vergleich eine Vorreiterrolle ein (Gronau und Theuer 2015).

Eine besondere Herausforderung bei der Umsetzung der Industrie 4.0 besteht in den sich ändernden Arbeitsbedingungen und den damit einhergehenden Qualifikationsanforderungen der Mitarbeiter. Mit den sich daraus ergebenden Chancen und Risiken für die interne soziale Dimension des CSR-Managements beschäftigen sich die nächsten Kapitel.

---

[4] Mit Aspekten der Datensicherheit befasst sich auch der Abschnitt 3.2 dieses Beitrages.

3 Auswirkungen der Industrie 4.0 auf CSR-relevante Arbeitsbedingungen

3.1 Positive Auswirkungen auf den Menschen und seine Arbeitsbedingungen

Derzeit sind ca. 7,7 Mio. Menschen im Produktionssektor beschäftigt, die auch in der Industrie 4.0 nicht vollständig verschwinden werden. Angestrebt wird bei der Industrie 4.0 die Gleichberechtigung der beiden Partner Mensch und Maschine (Spath et al. 2013, S. 46, 129). Dennoch ist durch die Industrie 4.0 ein grundlegender Wandel der Arbeitsbedingungen zu erwarten. Kernaufgabe für die Personalplanung in der Industrie 4.0 wird die Positionierung des Menschen entsprechend seiner natürlichen Kompetenzen wie Intelligenz, Kreativität, Einfühlungsvermögen und Motorik (Schließmann 2014, S. 451) sein. Dabei wird neben der Vorgabe einer Produktionsstrategie vor allem die Überwachung der selbstorganisierenden Produktionsprozesse zu seinen Aufgaben zählen (Gorecky und Loskyll 2014, S. 526 ff.).

Die Änderungen der Arbeitsbedingungen betreffen sowohl bei den Tätigkeiten als auch bei den erforderlichen Qualifikationen die operative Ebene der Produktion (Facharbeiterebene) und die Leitungsebene. Hinsichtlich der Struktur und Elemente von Arbeitsbedingungen sind in der Wissenschaft verschiedene Differenzierungsmöglichkeiten zu finden (z. B. Dombrowski et al. 2014, S. 133 ff.; Gronau 2014, S. 280 ff.; Hirsch-Kreinsen 2014, S. 12 ff.). Die nachfolgende Analyse soll jedoch losgelöst von eventuell vorhandenen Einteilungen nur die Arbeitsbedingungen darstellen, die mit hoher Wahrscheinlichkeit direkt von der Industrie 4.0 betroffen sein werden (vgl. Abb. 2).

Im Folgenden sind diese Änderungen sowie die positiven Auswirkungen dieser Änderungen auf die Arbeitsbedingungen und damit auf die interne soziale Dimension des CSR-Managements beschrieben:

- **Automatisierung der Tätigkeiten**
  Die Automatisierung betrifft in erster Linie die operative Ebene der Produktion. Dort wird die körperliche Arbeit und auch ein Teil der Denkarbeit zukünftig durch Maschi-

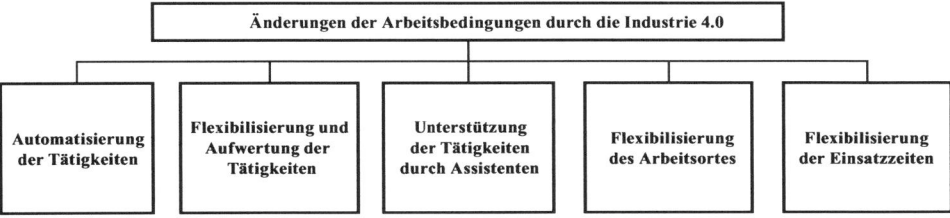

Abb. 2 Überblick über Änderungen der Arbeitsbedingungen durch die Industrie 4.0. (Eigene Abbildung)

nen übernommen (Dombrowski et al. 2014, S. 143; Spath et al. 2013, S. 48). Durch die Automatisierung kann der Mitarbeiter weitgehend von monotonen und belastenden Routinetätigkeiten entlastet werden (Becker 2015, S. 24; Spath et al. 2013, S. 54). Beispielsweise lassen sich Dokumentationspflichten durch den Mitarbeiter in der Industrie 4.0 durch die automatische Erfassung von relevanten Informationen deutlich erleichtern (Spath et al. 2013, S. 64). Aber auch Qualitäts- und Plagiatsprüfungen von Rohstoffen oder Prüfungen von gesundheitsgefährdenden Stoffen können durch die Ausrüstung aller Objekte und Ressourcen mit RFID-Chips automatisiert werden (Gronau 2014, S. 282; Zimmermann 2011, S. 32).

Die beschriebene Automatisierung führt demnach zu verbesserten Arbeitsbedingungen durch die Entlastung des Mitarbeiters, sodass die interne soziale Dimension des CSR-Managements durch die Industrie 4.0 gestärkt werden kann. Durch die Vermeidung von Fehlern, die durch monotone Tätigkeiten entstehen können, werden daneben auch die Effizienz des gesamten Produktionsprozesses und damit auch die ökonomische Dimension des CSR-Managements positiv beeinflusst.

- **Flexibilisierung und Aufwertung der Tätigkeiten**

In der Industrie 4.0 ist insbesondere auf der operativen Ebene eine erhöhte Flexibilität der Tätigkeiten bzw. eine Erweiterung des Aufgabenspektrums zu erwarten. Dadurch und durch die zunehmende Technologisierung und die damit verbundene Vielzahl an Informationen und Daten ist auch von einer zunehmenden Komplexität der Aufgaben auszugehen (Becker 2015, S. 26 f.; Dombrowski und Wagner 2014, S. 352; Kagermann 2015, S. 35). Das Know-how des Mitarbeiters wird durch die Reduzierung der Routineaufgaben z. B. mehr für eine Reflektion und kontinuierliche Verbesserung des Produktionsprozesses erforderlich sein (Spath et al. 2013, S. 54). Durch die Abbildung und Steuerung der Produktionsprozesse in Echtzeit werden dabei die bislang langfristig ausgerichteten Planungen durch kurzfristige bis hin zu spontanen Planungen ersetzt (Dombrowski et al. 2014, S. 138; Spath et al. 2013, S. 80). Die Mitarbeiter müssen demnach nicht nur bei Störungen flexibel reagieren und Entscheidungen innerhalb kürzester Zeit treffen können. Der Mensch erhält in der Industrie 4.0 somit wichtige Kontroll- und Entscheidungsfunktionen für die Produktion (Dombrowski et al. 2014, S. 138 ff.; Gorecky und Loskyll 2014, S. 527; Spath et al. 2013, S. 133.).

Die gestiegene Flexibilität und Komplexität der Aufgaben führt auf der operativen Ebene zu einer Erhöhung der Anforderungen an die Qualifikationen des Einzelnen. Um eigenständig planen und entscheiden zu können, sind bereits auf der operativen Facharbeiterebene Disziplinen übergreifende Kenntnisse, z. B. an den Schnittstellen zwischen Produktion und Logistik, erforderlich. Gleichzeitig wird der Produktionsmitarbeiter durch den zunehmenden Technikeinsatz in der Produktion einer Industrie 4.0 zukünftig auch ingenieursähnliche Tätigkeiten übernehmen müssen (Spath et al. 2013, S. 48). Teilweise wird daher schon vom „Facharbeiteringenieur" gesprochen (Hirsch-Kreinsen 2014, S. 19). Die operative Ebene wird aufgrund der höheren Qualifikation zunehmend Aufgaben des höheren Produktionsmanagements übernehmen können, wodurch auch ihre Verantwortung zunehmen wird.

Die Veränderungen der Aufgaben in der Industrie 4.0 betreffen jedoch nicht nur die operative Ebene, da insbesondere Entscheidungen unter Unsicherheit, die keinem eindeutigen Muster folgen, oder komplexe Entscheidungen, die nur durch die Erfahrung der Mitarbeiter getroffen werden können, auch in der Industrie 4.0 beim Menschen verbleiben werden (Spath et al. (2013), S. 100, 130). Es sind daher zunehmend situationsabhängige und flexible Entscheidungen gefragt, die bereits heute vornehmlich durch die Leitungsebene übernommen werden. Aufgrund der steigenden Komplexität der Produktionsprozesse entstehen erweiterte und neue Planungsaufgaben auf der Leitungsebene, sodass neben der Aufwertung der operativen Ebene in der Industrie 4.0 auch von einer Aufwertung der Leitungsebene auszugehen ist (Hirsch-Kreinsen 2014, S. 21 f.).

Auch auf der Leitungsebene beeinflussen die neuen Aufgaben die Qualifikationsanforderungen. Die Aufgabenerweiterung kann auf der Leitungsebene sowohl eine enge Abstimmung zwischen dem IT-Verantwortlichen und dem Produktionsverantwortlichen als auch Disziplinen übergreifendes Fachwissen notwendig machen. Denkbar ist in Bezug auf die Ausbildung eine neue Qualifikation hin zu einem „Produktions- oder Industrieinformatiker", der die beiden Disziplinen Produktionswirtschaft und Informatik vereint (Bochum 2015, S. 40; Spath et al. 2013, S. 126). Darüber hinaus wird auch die Bedeutung der MINT-Fächer – Mathematik, Informatik, Naturwissenschaften und Technik – durch die Industrie 4.0 zunehmen (Kagermann 2014, S. 611 f.).

Insgesamt kann die Flexibilisierung und fachliche Aufwertung der Tätigkeiten beider Ebenen zu einer Verbesserung der internen sozialen Dimension des CSR-Managements führen. Die Mitarbeiter erhalten unabhängig von der Ebene eine höhere Qualifikation und abwechslungsreichere sowie verantwortungsvollere Aufgaben.[5] Auch eine vollständig automatisierte Produktion wird daher auf den Menschen angewiesen sein. Die Gründe hierfür liegen primär darin, dass eine komplett selbstkonfigurierende und selbst reparierende Fabrik zumindest in den nächsten zehn Jahren als unrealistisch angesehen werden kann, und dass gerade qualifizierte Mitarbeiter benötigt werden, die technische Störungen erkennen und beseitigen können (Gronau 2014, S. 288; Spath et al. 2013, S. 124.). Die oben genannten geänderten Qualifikationsanforderungen betreffen jedoch nicht nur die operative und leitende Ebene in der Produktion, sondern auch die Vorstandsebene. Hier ist ebenso eine weiterreichende Qualifikation, z. B. mit Informatikhintergrund gefragt, um den Anforderungen der Industrie 4.0 gerecht zu werden (Spath et al. 2013, S. 127) und die Initiierung von entsprechenden CSR-Maßnahmen für die Industrie 4.0 fachgerecht begleiten zu können.

- **Unterstützung der Tätigkeiten durch Assistenten**

Aufgaben, die in der Industrie 4.0 nicht durch die Automatisierung übernommen werden, können durch sogenannte Assistenten unterstützt werden. Notwendig wird dies durch die oben beschriebene zunehmende Komplexität der Tätigkeiten sowie die mit der Vernetzung und Datenermittlung verbundene Datenflut in der Industrie 4.0. Die-

---

[5] Vgl. zu neuen Methoden der Personalentwicklung auch das Kapitel 6 in diesem Band.

ses führt im Extremfall dazu, dass insbesondere die Mitarbeiter der operativen Ebene schneller den Überblick verlieren und bei Störungen gar nicht oder nur noch fehlerhaft eingreifen können (Mayer 2014, S. 481).

Um das zu verhindern, wird insbesondere für die operativen Mitarbeiter in der Produktion bereits heute eine Vielzahl von Entwicklungen zur Assistenz und Entlastung des Menschen, z. B. durch Gesten- und Sprachsteuerung oder durch Datenbrillen, bei denen dem Mitarbeiter die erforderlichen Informationen oder Entscheidungsempfehlungen in eine Brille projiziert werden, vorangetrieben (Bauernhansl 2014, S. 24 ff.; Gorecky und Loskyll 2014, S. 535 ff.; Mayer 2014, S. 528 ff.). Daneben zählen auch Systeme der Augmented Reality dazu, bei denen dem Mitarbeiter virtuelle Objekte zur Unterstützung eingeblendet werden können, oder Anwendungen (Apps) für Smartphones oder Tablets. Auch vom Menschen lernende Assistenzsysteme, die beispielsweise Handhabungen zunächst beobachten und dann dem nächsten Mitarbeiter entsprechende Hinweise geben können, und Assistenzsysteme, die die einzelnen Arbeitsschritte des Mitarbeiters dokumentieren und ggf. bei Fehlern entsprechende Hinweise geben können, gehören dazu (BITKOM et al. 2015, S. 29 f.; Gorecky und Loskyll 2014, S. 528 ff.; Niesing 2013, S. 12 f.).

Neben der operativen Ebene kann auch die Leitungsebene durch Assistenten entlastet werden, die Entscheidungen analysieren und dem Mitarbeiter der operativen Ebene Empfehlungen geben. Während die Leitungsebene bislang insbesondere bei Störungen oder Änderungen direkt an Entscheidungen beteiligt war, können diese nun von der operativen Ebene getroffen und umgesetzt werden (Hirsch-Kreinsen 2014, S. 21; Spath et al. 2013, S. 95 ff.).

Beide Ebenen können auch durch vernetzte Assistenzsysteme unterstützt werden, bei denen z. B. auf einer weltweiten Plattform von den Maschinen selbstständig Statusmeldungen eingestellt werden, die die Fehlermeldung, den Typ, die Softwareversion usw. enthalten. Auf diese Weise steht nicht nur die Erfahrung einer Maschine bzw. aus einem Unternehmen, sondern eine weltweite Service-Community zur Entscheidungsunterstützung zur Verfügung. Die größere Menge an Informationen auf dieser Plattform ermöglichen eine genauere Diagnose und eine gezieltere Suche nach Handlungsempfehlungen zur Lösung des Fehlers (Mayer 2014, S. 488 ff.; Promotorengruppe Kommunikation der Forschungsunion Wirtschaft – Wissenschaft und acatech Deutsche Akademie der Technikwissenschaften 2013, S. 28 f.).

Mit Hilfe von Assistenzsystemen ist für beide Ebenen eine intuitive Bedienung von Produktionsanlagen anzustreben, durch die auch Mitarbeiter unterstützt werden können, die zuvor noch nie an dieser Anlage gearbeitet haben (Gorecky und Loskyll 2014, S. 529 ff.; Spath et al. 2013, S. 128.). Notwendig ist lediglich ein gewisses Grundverständnis. Die weitergehenden Informationen zur Durchführung der einzelnen Tätigkeiten in der Produktion werden dann, z. B. visuell, durch entsprechende Assistenzsysteme bereit gestellt.

Diese Systeme führen damit zu einer Entlastung der Mitarbeiter beider Ebenen. Unabhängig von der Mitarbeiterebene, sind die Mitarbeiter für den Umgang mit den Assistenzsystemen fachlich weiter zu qualifizieren. Die Entlastung und das höhere Qualifikationsniveau verbessern zusätzlich die Arbeitsbedingungen und damit auch die interne soziale Dimension des CSR-Managements. Die Unterstützung des Menschen durch Assistenzsysteme kann auch die Gesundheitsbedingungen fördern, da diese Systeme optimale ergonomische Bedingungen für den Mitarbeiter herstellen und eine adäquate Belastung des Mitarbeiters bei seinen Tätigkeiten steuern können. Assistenzsysteme sind daher aus CSR-Sicht insbesondere vor dem Hintergrund des demografischen Wandels sinnvoll, da mit ihrer Hilfe auch ältere Mitarbeiter – sowohl körperlich als auch bezogen auf die Qualifikation – neue Technologien und komplexe Maschinen bedienen können. Eine komplette Rationalisierung ist nicht zu befürchten, da auch zukünftig die Entscheidung über den Einsatz entsprechender Assistenzsysteme durch den Menschen getroffen werden muss.

- **Flexibilisierung des Arbeitsortes**
Neben der Flexibilisierung der Tätigkeiten wird aufgrund der vollständigen Vernetzung auch die klassische Ortsgebundenheit der Tätigkeiten mehr und mehr entfallen. Durch die mobile Verfügbarkeit der relevanten Daten in Echtzeit können prinzipiell von jedem beliebigen Ort bspw. eine Steuerung der Maschinen oder eine Fehlerdiagnose und dessen Behebung erfolgen. Der Mitarbeiter muss also nicht mehr zwingend vor Ort sein, um seine Aufgaben zu erfüllen (Dombrowski et al. 2014, S. 144; Gorecky und Loskyll 2014, S. 526).
Die Tätigkeiten erfahren durch die steigende Flexibilität des Arbeitsortes somit eine weitere, für das CSR-Management relevante Aufwertung. Mit einem flexiblen Einsatzort kann auf unterschiedliche Wünsche der Mitarbeiter besser eingegangen werden. Je nach momentaner Lebenssituation lässt sich so auch die Work-Life-Balance für jeden einzelnen Mitarbeiter verbessern, indem die Mitarbeiter gerade dort eingesetzt werden, wo es aktuell am besten passt.[6]

- **Flexibilisierung der Einsatzzeiten**
Eine Möglichkeit für einen flexiblen Personaleinsatz in der Industrie 4.0 ist die Selbststeuerung des Einsatzes durch die Mitarbeiter. Die Mitarbeiter können so mitentscheiden, wann sie wo eingesetzt werden. Dadurch wird nicht nur der Steuerungsaufwand für das Unternehmen deutlich reduziert. Auch für die Mitarbeiter erhöhen sich durch die selbstständige Entscheidung in positiver Weise die Verantwortung und Motivation (Niesing 2013, S. 12; Kagermann 2015, S. 35; Spath et al. 2013, S. 85). Demnach ist mit der Industrie 4.0 auch eine Erhöhung der Persönlichkeitskompetenz verbunden (Dombrowski et al. 2014, S. 145 ff.; Faller 2014, S. 22 f.).
Neben der Einsatzplanung des Mitarbeiters kann auch die eigentliche Tätigkeit in der Produktion der Industrie 4.0 zeitlich besser an die Bedürfnisse des Mitarbeiters an-

---

[6] Vgl. zu möglichen Maßnahmen zur Verbesserung der Work-Life-Balance auch die Kapitel „Generationenübergreifende Zusammenarbeit – Ansätze zur Umgehung von Konfliktfeldern am Arbeitsplatz" von Sascha Lord und „Die Vielfalt ist unser Motor – Vielfalt als Quelle für Innovation, Inspiration und Bereicherung" von Yukiko Elisabeth Kobayashi in diesem Band.

gepasst werden, in dem der bislang vorherrschende Taktzwang[7] durch die dezentrale Steuerung der Produktion vermindert werden kann. Das Produktionssystem kann sich selbstständig auf die Arbeitsgeschwindigkeit des Menschen einstellen, sodass dieser die einzelnen Arbeitsschritte in einem für ihn angenehmen Tempo ausführen kann (Dombrowski et al. 2014, S. 140, 148; Spath et al. 2013, S. 128).
Damit ist auch die Flexibilisierung der Arbeitszeiten durch neue Modelle der Arbeitsorganisation und des zeitlichen Arbeitsablaufs in der Lage, zu einer Verbesserung der internen sozialen Dimension des CSR-Managements beizutragen.[8]

Insgesamt wird die Industrie 4.0 insbesondere durch den Einsatz von Assistenzsystemen sowie durch die Flexibilisierung des Arbeitsortes und der Arbeitszeit auch dem demografischen Wandel gerecht, da diese Aspekte flexibel und damit auch altersgerecht entsprechend der aktuellen Lebenssituation gestaltet werden können und so auch das CSR-Management maßgeblich unterstützen können. Dabei ist zu beachten, dass eine zunehmende Flexibilisierung nicht nur den zukünftigen Marktbedingungen gerecht wird, sondern auch durch die Mitarbeiter selber gewünscht wird (Becker 2015, S. 26; Spath et al. 2013, S. 68). Insbesondere die demografiegerechte Gestaltung der Arbeitsbedingungen wird aufgrund des schon jetzt bestehenden Fachkräftemangels zukünftig – nicht nur für das CSR-Management – an Bedeutung gewinnen. Im Rahmen des internen sozialen CSR-Managements sollte dabei in Folge der Flexibilisierungen und Aufwertungen der Tätigkeiten, der Arbeitszeiten und des Arbeitsortes auch die Bezahlung entsprechend flexibel gestaltet werden. In diesem Zusammenhang wird auch von einem Generation Ressource Management gesprochen, das den jeweiligen Anforderungen der Mitarbeiter je nach Lebensalter und -situation gerecht wird.[9]

Die interne soziale Dimension des CSR-Managements wird aber nicht nur durch bessere Arbeitsbedingungen für die bestehenden Mitarbeiter gefördert. Auch für die Rekrutierung neuer Mitarbeiter entstehen positive Effekte. Durch die Aufwertung der operativen und leitenden Produktionstätigkeiten zu einer höher qualifizierten Arbeit ist es auch denkbar, dass diese für Zielgruppen attraktiv wird, die bislang nur wenig Interesse daran zeigten (Dombrowski et al. 2014, S. 144; Spath et al. 2013, S. 128). Dadurch lässt sich auch eine Reduzierung des Fachkräftemangels erreichen. Durch Assistenzsysteme in verschiedenen Sprachen kann der Fachkräftemangel weiter reduziert und soziale Verantwortung übernommen werden, indem auch Mitarbeiter ohne Deutschkenntnisse leichter in die Produktionsprozesse integriert werden können. Das Unternehmen kann durch Industrie 4.0 insgesamt interessantere Jobs und flexible Tätigkeiten anbieten, sodass es als Arbeitgeber

---

[7] Taktzwang bezeichnet die zeitliche Abstimmung der Arbeitsvorgänge, die nach einem bestimmten, festgelegten zeitlichen Muster folgt.
[8] Vgl. zu neuen Arbeitsmodellen auch das Kapitel „Die Vielfalt ist unser Motor – Vielfalt als Quelle für Innovation, Inspiration und Bereicherung" von Yukiko Elisabeth Kobayashi in diesem Band.
[9] Vgl. zu Maßnahmen eines Generation Ressource Managements auch das Kapitel „Generationenübergreifende Zusammenarbeit – Ansätze zur Umgehung von Konfliktfeldern am Arbeitsplatz" von Sascha Lord in diesem Band.

durch die Erfüllung von sozialen CSR-relevanten Aspekten bei den Arbeitsbedingungen attraktiver wird. Die aktuelle Bedeutung des CSR-Managements für die Bindung und Rekrutierung von Mitarbeitern wurde auch allgemein durch eine Studie bestätigt, an der u. a. die Universität Bamberg beteiligt war. Bei dieser Studie wurden 7000 Stellensuchende und Karriereinteressierte zwischen Mai und Juli 2014 befragt. Mehr als die Hälfte der Befragten gab dabei an, dass sie am liebsten bei einem Arbeitgeber arbeitet, der ein besonderes CSR-Management befolgt (Weitzel et al. 2015, S. 31 f.).

Abschließend ist darauf hinzuweisen, dass die soziale CSR-Dimension nicht nur durch die dargestellten Effekte auf die Arbeitsbedingungen, sondern auch durch weitere Eigenschaften der Industrie 4.0 unterstützt wird. In der Smart Factory werden bspw. Smart Products erzeugt, die über alle Informationen zu ihren Ressourcen und zum gesamten Herstellungsprozess verfügen (Promotorengruppe Kommunikation der Forschungsunion Wirtschaft – Wissenschaft und acatech Deutsche Akademie der Technikwissenschaften 2013, S. 25 f.). Damit einher geht eine Erhöhung der Transparenz für den Hersteller und für den Kunden sowie ein höherer Schutz vor Produktpiraterie, da diese leichter aufgedeckt werden kann. So wird der Produzent auch seiner gesellschaftlichen Verantwortung gerecht, da durch Produktpiraterie hohe gesamtwirtschaftliche Schäden entstehen können. Da eine erhöhte Transparenz der Produktion zunehmend auch durch die Kunden selber eingefordert wird (z. B. Faller 2014, S. 24; Zimmermann und Schichta 2014, S. 30 f.), wird in der Industrie 4.0 über die Smart Products der Produktionsprozess gegenüber der gesamten Gesellschaft transparenter, was die soziale Dimension des CSR-Managements weiter unterstützt.

Die Veränderungen der Arbeitsbedingungen durch die Industrie 4.0 bieten jedoch nicht nur Chancen für die interne soziale Dimension des CSR-Managements, sondern auch einige Risiken, die im Folgenden aufgezeigt werden.

3.2 Negative Auswirkungen auf den Menschen und seine Arbeitsbedingungen

Mit den Änderungen der Arbeitsbedingungen entsprechend Abb. 2 sind folgende potenzielle Risiken für das CSR-Management verbunden:

- **Automatisierung der Tätigkeiten/Unterstützung der Tätigkeiten durch Assistenten**
  Trotz der angestrebten Gleichberechtigung der beiden Partner Mensch und Maschine wird es durch die Industrie 4.0 immer mehr hochautomatisierte Bereiche geben, die vollkommen ohne Menschen auskommen werden (Spath et al. 2013, S. 130). Demnach wird es nur noch eine verringerte Anzahl einfacher Tätigkeiten mit geringem oder keinem Handlungsspielraum geben (Hirsch-Kreinsen 2014, S. 23) und auch der Einsatz von Assistenzsystemen ist nicht ohne Risiko für die Menschen. Es ist z. B. durch entsprechende Sensoren sicherzustellen, dass diese den Mitarbeiter nicht bei ei-

ner Annäherung an den Menschen verletzen (Kärcher 2015, S. 56; Niesing 2013, S. 12). Darüber hinaus kann die Unterstützung der beim Menschen verbleibenden Tätigkeiten durch Assistenzsysteme im Extremfall dazu führen, dass bspw. die Maschinen mit Hilfe der Assistenzsysteme bei Fehlern auch selbstständig die Suche nach Diagnosen und Handlungsempfehlungen übernehmen und diese Empfehlungen anschließend automatisch umsetzen (Mayer 2014, S. 488 ff.). Damit verbunden ist u. a. ein Verlust von Handlungsautonomie für den Mitarbeiter.

Mit den beiden genannten Aspekten steigt auch die Gefahr eines zunehmenden Arbeitsplatzabbaus. Denkbar sind in diesem Zusammenhang grundsätzlich zwei Pole der Arbeitsorganisation (Hirsch-Kreinsen 2014, S. 23 ff.):

– Polarisierte Organisation:
  Parallel sind Angelernte für einfache Tätigkeiten ohne große Handlungsspielräume und qualifizierte Experten mit hohen Handlungsspielräumen (Ingenieure, Facharbeiter mit Zusatzqualifikationen) vorhanden.
– Schwarm-Organisation:
  Einfache Tätigkeiten sind vollständig durch die Automatisierung substituiert worden. Es gibt nur noch hochqualifiziertes Personal mit hohen Handlungsspielräumen (Ingenieure, Facharbeiter mit/ohne Zusatzqualifikationen), die sich selbst organisieren und hoch flexibel die zu lösenden Aufgaben der Produktion bewältigen.

Die tatsächliche Entwicklung dürfte zu einer Lösung zwischen diesen Polen tendieren, wobei grundsätzlich davon ausgegangen wird, dass die Position des Facharbeiters weiterhin bedeutsam bleibt (Dombrowski et al. 2014, S. 137 f.; Hirsch-Kreinsen 2014, S. 26). Dennoch ist insbesondere bei einer Tendenz zur Schwarm-Organisation ein Arbeitsplatzabbau bei gering Qualifizierten mit den entsprechenden negativen Folgen für das CSR-Management unausweichlich. Die Boston Consulting Group rechnet nach einer szenario- und interviewbasierten Studie aus dem Jahr 2015 beispielsweise mit einem Jobabbau in Höhe von bis zu 610.000 bis 2025 infolge der Industrie 4.0 für Deutschland. Demgegenüber entstehen u. a. durch den Einsatz neuer Assistenzsysteme, die auch Geringqualifizierten eine neue Jobmöglichkeit eröffnen, ca. 960.000 neue Jobs (BCG 2015, S. 8 ff.). Innerhalb des CSR-Managements sollten die Unternehmen daher gezielt Weiterbildungsmöglichkeiten zur Höherqualifizierung anbieten.[10] Darüber hinaus ist in der Kommunikation zu betonen, dass durch den neuen Ansatz der Industrie 4.0 die langfristige Wettbewerbsfähigkeit des Unternehmens erhöht wird und so zu einem langfristigen Unternehmenserfolg und -fortbestand beiträgt, der eventuell ohne die Anwendung der Industrie 4.0 gefährdet wäre.

Dabei ist nicht nur unter CSR-Aspekten zu beachten, dass eine vollständige Automatisierung und der damit einhergehende Ersatz des Menschen zu vermeiden ist. Vielmehr sollten die jeweiligen Stärken und Schwächen des Menschen und der Maschinen genutzt werden, indem eine komplementäre Aufgabenteilung zwischen beiden angestrebt

---

[10] Vgl. zu neuen Methoden der Personalentwicklung auch das Kapitel „Innovative Methoden und Instrumente des intergenerativen Wissenstransfers" von Markus Rimser in diesem Band.

wird. Nur diese kann letztlich auch eine hinreichende Kontrollierbarkeit des gesamten Produktionssystems gewährleisten (Hirsch-Kreinsen 2014, S. 29).
- **Flexibilisierung und Aufwertung der Tätigkeiten**

Die Flexibilisierung und Aufwertung der Tätigkeiten kann für die Mitarbeiter zu einer zunehmenden Überforderung führen und damit zu einer Erhöhung der psychischen Belastungen beitragen. Grundsätzlich ist die Frage zu klären, inwieweit der Mensch überhaupt in der Lage ist, autonome Systeme zu kontrollieren und damit Verantwortung zu übernehmen. Dieses wird in einigen Studien der Arbeitswissenschaften und der Arbeitspsychologie als ein zentrales Problem der Arbeit in automatischen Systemen angesehen (Hirsch-Kreinsen 2014, S. 13 f.). Hierin besteht also eine Gefahr für das CSR-Management.

Mitarbeiter sowohl der operativen als auch der leitenden Ebene müssen gemäß den obigen Ausführungen für spontane und unvorhergesehene Aufgaben in der Produktion qualifiziert werden. Allerdings weisen einige Studien darauf hin, dass automatisierte Prozesse allgemein aufgrund ihres hohen Routinecharakters bei Störungen für den Mitarbeiter nur sehr schwer zu bewältigende Situationen erzeugen. Die dafür erforderlichen Kompetenzen können im normalen Routinebetrieb nicht aufgebaut werden. Inwieweit demnach also eine entsprechende Qualifizierung für die Industrie 4.0 überhaupt möglich ist, ist noch näher zu erforschen. Studien zufolge sind gerade bei Störungen in hochautomatisierten Produktionssystemen vor allem Intuition und Bauchgefühl erforderlich (Hirsch-Kreinsen 2014, S. 14 f.). Beide Eigenschaften lassen sich jedoch nur schwer trainieren. Andere Autoren hingegen stellen fest, dass bereits heute ein Großteil der Beschäftigten mit einem hohen Komplexitätsgrad umgehen muss und sie daher die für die Industrie 4.0 notwendigen Weiterqualifikationen problemlos bewältigen werden (z. B. Pfeiffer und Suphan 2015, S. 11 f.). Unbestritten ist jedoch, dass der Aufbau eines fundierten Wissens über Methoden zur Problemlösung im Mittelpunkt der Qualifizierungsmaßnahmen stehen sollte (Dombrowski et al. 2014, S. 146 f.). Erste Ansätze dazu speziell für die Industrie 4.0 existieren bereits (Binner 2015).

Es ist demnach für eine entsprechende Qualifikation auf allen Ebenen zu sorgen, um den Erfolg der Industrie 4.0 zu gewährleisten und damit auch die dargestellten Chancen für das CSR-Management nutzen zu können. Die Qualifizierung der Mitarbeiter für die Anforderungen der Industrie 4.0 hat insbesondere in Deutschland eine hohe Bedeutung, da bereits heute ein Mangel an Fachkräften herrscht und durch die Aufwertungen der Tätigkeiten in der Industrie 4.0 zukünftig noch mehr Fachkräfte benötigt werden. Demzufolge müssen sich auch die Berufsschulen, Hochschulen usw. bei ihren Ausbildungsgängen bzw. Studienangeboten auf die Anforderungen der Industrie 4.0 einstellen und ihr Angebot um entsprechende disziplinübergreifende Ausbildungen ergänzen. Davon ist auch der Umgang mit Assistenzsystemen zur Unterstützung der Tätigkeiten betroffen. Entsprechend geeignete Studiengänge, wie bspw. der bereits genannte „Produktionsinformatiker", werden aktuell jedoch nur von wenigen Hochschulen angeboten (Schindlbeck 2015, S. 3). Die zeitnahe Entwicklung entsprechender Angebote wird derzeit vor allem durch die Unsicherheit über die zukünftigen Entwicklungen und Standards sowie die Geschwindigkeit der Umsetzung der Industrie 4.0 erschwert. Nach der bereits genannten Studie der Boston Consulting Group werden allein in Deutschland daher bis 2025 rund 120.000 Hochschulabsolventen im IT- und Ingenieursbereich für die Industrie 4.0 fehlen (BCG 2015, S. 16).

Um die Gefahr von fehlenden Qualifikationsmöglichkeiten zu vermindern, sind daher zunächst kurzfristig andere Lösungen zu suchen. Befürwortet werden z. B. Zertifikatslehrgänge, in denen die entsprechenden interdisziplinären Qualifikationen erworben werden können (Spath et al. 2013, S. 126). Um den Ausfall in der Produktion während der Qualifizierungsmaßnahmen und damit eventuell negative Folgen für die ökonomische Dimension des CSR-Managements so gering wie möglich zu halten, sollte die Qualifizierung ferner flexibel in Leerlaufzeiten gelegt werden (Spath et al. 2013, S. 86 f.). Darüber hinaus sind auch neue Formen, wie z. B. Blended Learning[11], anzuwenden, um die Mitarbeiter während dieser Zeit nicht zu lange aus dem laufenden Betrieb nehmen zu müssen (BITKOM et al. 2015, S. 30; Spath et al. 2013, S. 126).

Durch entsprechend gestaltete Qualifikationsmaßnahmen lassen sich weitere potenzielle Probleme reduzieren. So können auch auf der operativen und auf der Leitungsebene entstehende Akzeptanzprobleme gemildert werden, die sich z. B. durch eine geringe Nachvollziehbarkeit der autonom ablaufenden Vorgänge in der Industrie 4.0 ergeben. Akzeptanzprobleme werden auch dann erwartet, wenn die Industrie 4.0 die Flexibilität sowie die Kreativität und Lernfähigkeit der Mitarbeiter behindert (BITKOM et al. 2015, S. 31). Da sich die Beschäftigten auf den unteren Ebenen durch die Selbststeuerung der Produktionsprozesse unter Umständen in ihren Aufgaben bevormundet fühlen könnten, sind diese durch die Leitungsebene besonders zu motivieren und zu unterstützen, um Ablehnungen und Akzeptanzprobleme seitens dieser Mitarbeiter gegen die Industrie 4.0 zu vermeiden (Dombrowski et al 2014, S. 143 f.).[12] Auch die Gefahr der Entfremdung von der eigenen Tätigkeit durch die Selbststeuerung der Produktion ist dabei zu beachten (Promotorengruppe Kommunikation der Forschungsunion Wirtschaft – Wissenschaft und acatech Deutsche Akademie der Technikwissenschaften 2013, S. 57). Hier besteht die Notwendigkeit zu speziellen Qualifikations- und Personalentwicklungsmaßnahmen.[13]

---

[11] Blended Learning verknüpft klassische Lernformen (z. B. Präsenzveranstaltungen) mit neuen Methoden des E-Learnings (z. B. Lehrgänge über das Internet oder das Smart-Phone).
[12] Vgl. zu neuen Ansätzen der Mitarbeiterführung auch das Kapitel „EMANZIPIERT EUCH! Menschwerdung im digitalen Zeitalter" von Yvonne Hofstetter in diesem Band.
[13] Vgl. zu neuen Methoden der Personalentwicklung auch das Kapitel „Generationenübergreifende Zusammenarbeit – Ansätze zur Umgehung von Konfliktfeldern am Arbeitsplatz" von Sascha Lord in diesem Band.

- **Flexibilisierung der Einsatzzeiten und des Arbeitsortes**
Mit der Flexibilisierung der Einsatzzeiten und -orte erweitert sich sowohl auf der operativen Facharbeiter- als auch auf Leitungsebene der Tätigkeits- und Verantwortungsbereich auf eine Vielzahl unterschiedlicher Bereiche bzw. Maschinen an verschiedenen Standorten. Die sich daraus ergebende Komplexität aufgrund der Vielfalt kann zu einer Überforderung des Mitarbeiters führen. Um diesen psychischen Belastungen entgegen zu treten, sind daher zielgerichtete Modelle im CSR-Management zu entwickeln.[14]
Durch unterschiedliche Arbeitszeiten und -orte entsteht auch die Gefahr einer sich verringernden direkten Kommunikation zwischen den Mitarbeitern. Die Flexibilisierung der Tätigkeiten bezogen auf die Zeit und den Ort kann für die Arbeitsbedingungen daher zur Gefahr werden, da die Bedeutung eines gewissen Zugehörigkeitsgefühls für die Zufriedenheit der Mitarbeiter nicht zu vernachlässigen ist. Ansonsten besteht die Gefahr einer erhöhten psychischen Belastung (Dombrowski et al 2014, S. 143 f.). Auch wenn die Mitarbeiter also zukünftig flexibel für verschiedene Aufgaben eingesetzt werden oder zwischen mehreren Produktionsstätten bzw. Unternehmen pendeln werden, sind dennoch das Teamgefühl und die damit verbundenen Anerkennungsmöglichkeiten von großer Bedeutung (Spath et al. 2013, S. 88). Diesen Gefahren ist durch entsprechende interne soziale CSR-Maßnahmen, wie z. B. verstärkte Angebote zur physischen und psychischen Regeneration, durch die Unternehmen (Faller 2014, S. 23) zu begegnen.

In diesem Zusammenhang sollte für das CSR-Management beachtet werden, dass die gesellschaftliche Stellung flexibler Produktionsarbeit derzeit noch optimierungsfähig ist. Vielfach verhindert vor allem die Unsicherheit eine weitergehende Flexibilisierung. Hier sind neue Modelle denkbar, die z. B. je nach Lebensphase einen flexiblen bzw. einen eher festen Einsatz vorsehen, da mit zunehmendem Alter der Wunsch nach Sicherheit steigt (Spath et al. 2013, S. 88). Auf diese Weise kann sowohl den Wünschen der Mitarbeiter Rechnung getragen werden als auch durch die damit zunehmende Zufriedenheit der Mitarbeiter nach außen im Sinne eines CSR-Managements das Signal gesendet werden, dass eine flexible Produktionsarbeit möglich ist und zur Zufriedenheit beitragen kann. Dieses wird das Ansehen in der Gesellschaft fördern, sodass die Industrie 4.0 zum Motor neuer gesellschaftlicher Entwicklungen der Arbeitswelt werden kann.

Die Datensicherheit ist ein weiteres gesellschaftliches Problem. Aufgrund der hohen Anzahl von Daten wird in der Industrie 4.0 zur Datenspeicherung eine Cloud-Lösung diskutiert, bei der keine lokale Speicherung von Daten erfolgt, sondern die Daten auf einem externen Server abgelegt werden und somit weltweit über das Internet abrufbar sind (Dombrowski et al. 2014, S. 135 f.; Kagermann 2015, S. 26). Cloud-Lösungen werden aufgrund der vielfältigen Zugriffsmöglichkeiten bezüglich der Datensicherheit jedoch kritisch gesehen. Aufgrund der umfassend möglichen Datenermittlung und -sammlung

---

[14] Vgl. zu neuen Arbeitsmodellen auch das Kapitel „Die Vielfalt ist unser Motor' – Vielfalt als Quelle für Innovation, Inspiration und Bereicherung" von Yukiko Elisabeth Kobayashi in diesem Band.

können die Cyber-Physical-Systeme selber zu gesellschaftlichen Problemen führen, die heute noch nicht absehbar sind und daher weiterer Forschungsaktivitäten bedürfen (Gorecky und Loskyll 2014, S. 528; Kagermann 2015, S. 37; Lüder 2014, S. 503 f.). Im Zusammenhang mit einem ganzheitlichen CSR-Management ist z. B. zu klären, welche Informationen über die Mitarbeiter gesammelt werden, wer auf diese Informationen Zugriff hat und wie die Daten geschützt sind. Ansonsten entsteht bei den Mitarbeitern schnell das Gefühl einer permanenten Überwachung durch die Cyber-Physical-Systeme bzw. die Assistenzsysteme, die die Arbeitsbedingungen und damit die interne soziale Dimension des CSR-Managements negativ beeinflussen werden. Insofern kann sich der Mensch durch die Technik bedroht fühlen und stellt daher ein erhebliches Sicherheitsrisiko dar (Gronau 2014, S. 289). Dem kann bspw. durch eine in das interne soziale CSR-Management implementierte Fehlerkultur im Unternehmen begegnet werden, die den Mitarbeiter nicht für jeden Fehler bestraft und ihm so die Angst vor der Überwachung und vor Fehlern nimmt (Faller 2014, S. 23).[15]

Bei der Umsetzung von Industrie 4.0-Projekten ist es daher insgesamt sehr wichtig, den Kontakt zu allen Stakeholdern sowie Arbeitnehmervertretern und Wirtschaftsorganisationen zu suchen und so gemeinsam die Entwicklung voranzutreiben (Kagermann 2014, S. 612; Spath et al. 2013, S. 123). Insbesondere die Partizipation der Mitarbeiter, unabhängig von der Ebene bei den Einführungsprojekten zur Industrie 4.0, wird als ein wichtiges Element für den Erfolg angesehen (BITKOM et al. 2015, S. 31; Dombrowski und Wagner 2014, S. 353 f.). Auch eine soziotechnische Gestaltungsperspektive, die die Arbeitsorganisation, Weiterqualifizierungsaktivitäten und die technischen Disziplinen vereint, wird für den Erfolg der Industrie 4.0 als wesentlich angesehen (Promotorengruppe Kommunikation der Forschungsunion Wirtschaft – Wissenschaft und acatech Deutsche Akademie der Technikwissenschaften 2013, S. 57). Diese Umsetzungserfordernisse sind daher auch entscheidende Erfolgsfaktoren für ein gelungenes CSR-Management in der Industrie 4.0.

Um die dargestellten Chancen für die Mitarbeiter zu erreichen, sind demnach noch einige Risiken abzumildern. Hier besteht eine Vielzahl von Aufgaben für das CSR-Management, die durch entsprechende Forschungen zu lösen sind. Aufgrund der hohen Bedeutung der Industrie 4.0 für Deutschland befassen sich auch aktuelle Forschungsprogramme mit den Auswirkungen der Industrie 4.0 auf die Arbeitsbedingungen, wie z. B. das Forschungsprogramm „Innovationen für die Produktion, Dienstleistung und Arbeit von morgen" des Bundesministeriums für Bildung und Forschung (BMBF 2015).

---

[15] Vgl. zu neuen Ansätzen zur Unternehmenskultur im Zusammenhang mit dem Datenschutz auch das Kapitel „Digitalisierung der Produktion durch Industrie 4.0 und ihr Einfluss auf das Arbeiten von morgen" von Kai Zimmermann in diesem Band.

4 Fazit

Trotz der genannten Gefahren, die sowohl für die Industrie 4.0 selber als auch für das interne soziale CSR-Management bestehen, ist von einer weiter zunehmenden Digitalisierung der Produktion und damit auch der Arbeitswelt auszugehen. Die zukünftigen Möglichkeiten und deren Folgen sind derzeit noch nicht bis ins letzte Detail absehbar. Unbestritten ist jedoch, dass diese Entwicklungen einen weitreichenden Wandel der Arbeitsbedingungen bedingen. Dieser Wandel betrifft somit auch das CSR-Management, insbesondere die interne soziale Dimension des CSR-Managements.

Dieser Beitrag kann daher als erster Ansatzpunkt dienen, welche Auswirkungen die Digitalisierung in Form der Industrie 4.0 auf die interne soziale Dimension des CSR-Managements haben wird. Weiterer Forschungsbedarf besteht in der Initiierung und Begleitung von Industrie 4.0-Projekten, in denen die erwarteten Potenziale der Industrie 4.0 sowie die Auswirkungen auf die Arbeitsbedingungen und damit auf die interne soziale Dimension des CSR-Managements evaluiert werden können.

Anhand der Industrie 4.0 konnte in diesem Beitrag jedoch beispielhaft gezeigt werden, dass die Bedingungen der Arbeitswelt sich in Folge der Digitalisierung, z. B. durch Änderungen der Tätigkeiten hinsichtlich der Aspekte Automatisierung, Flexibilisierung, Aufwertung, Unterstützung durch Assistenten sowie durch eine Flexibilisierung des Arbeitsortes und der Einsatzzeiten, verändern werden. Mit diesen Veränderungen sind eine Vielzahl von positiven Entwicklungen für die Arbeitsbedingungen und damit auch Chancen für die interne soziale Dimension des CSR-Managements möglich. Daneben bestehen jedoch auch viele potenzielle Risiken, denen durch entsprechende CSR-Maßnahmen frühzeitig begegnet werden muss. Einige Maßnahmen speziell im Zusammenhang mit der Industrie 4.0 wurden in diesem Beitrag bereits angerissen. Mögliche Ausgestaltungen dieser Maßnahmen – losgelöst von der Industrie 4.0 – sind detailliert Themen der nächsten Kapitel.

Literatur

Ahrens, V. (2014). Industrie 4.0: Ein humanzentrierter Ansatz als Gegenentwurf zu technikzentrierten Konzepten, Arbeitspapiere der Nordakademie, Nr. 2014-05. Resource document. https://www.nordakademie.de/de/die-nordakademie/forschung/publikationen/veroeffentlichungen-der-mitarbeiter/ahrens. Zugegriffen 23. Mai 2015.

Bauernhansl, T. (2014). Die Vierte Industrielle Revolution - Der Weg in ein wertschaffendes Produktionsparadigma. In: Bauernhansl, T., ten Hompel, M., Vogel-Heuser, B. (Hrsg.), Industrie 4.0 in Produktion, Automatisierung und Logistik, Anwendung, Technologien, Migration, S. 3-48. Wiesbaden, Springer Vieweg.

BCG (2015): Boston Consulting Group (2015): Man and Machine in Industry 4.0 - How Will Technology Transform the Industrial Workforce Through 2015? Resource document. http://www.bcgperspectives.com/Images/BCG_Man_and_Machine_in_Industry_4_0_Sep_2015_tcm80-197250.pdf. Zugegriffen 9. Oktober 2015.

Becker, K.-D. (2015). Arbeit in der Industrie 4.0 - Erwartungen des Instituts für angewandte Arbeitswissenschaft e.V. In: Botthof, A., Hartmann, A.E. (Hrsg.), Zukunft der Arbeit in der Industrie 4.0, S. 23-29. Berlin/Heidelberg, Springer Vieweg.

Binner, H. (2015): Mitarbeiterfreundliche Industrie 4.0, in: *ZFO - Zeitschrift für Führung und Organisation*, 84. Jg., Heft 3/2015, S. 177-183.

BITKOM et al. (2015): BITKOM, VDMA und ZVEI (2015). Umsetzungsstrategie Industrie 4.0, Ergebnisbericht der Plattform Industrie 4.0. Resource document. http://www.bmwi.de/DE/Themen/Industrie/industrie-4-0.html. Zugegriffen 16. Mai 2015.

Blau, J. und Gobble, M. M. (2014). News and Analysis of the Global Innovation Scene, in: *Research Technology Management*, 57. Jg., Heft 6/2014, S. 2-3.

BMBF (2015): Innovation für die Produktion, Dienstleistung und Arbeit von morgen. Resource document. http://www.bmbf.de/pub/Innovationen_Produktion_Dienstleistung_Arbeit_bf.pdf. Zugegriffen 9. Oktober 2015.

BMWi (2015): Bundesministerium für Wirtschaft und Energie (2015). Infografik Industrie 4.0 Plattform. Resource document. http://www.bmwi.de/BMWi/Redaktion/PDF/I/infografik-industrie-4-0-plattform,property=pdf,bereich=bmwi2012,sprache=de,rwb=true.pdf. Zugegriffen 31. Juli 2015.

Bochum, U. (2015). Gewerkschaftliche Position in Bezug auf „Industrie 4.0". In: Botthof, A., Hartmann, A.E. (Hrsg.), Zukunft der Arbeit in der Industrie 4.0, S. 31-44. Berlin [u.a], Springer Vieweg.

Dombrowski, U. und Wagner, T. (2014). Arbeitsbedingungen im Wandel der Industrie 4.0, Mitarbeiterpartizipation als Erfolgsfaktor zur Akzeptanzbildung und Kompetenzentwicklung. In: *ZWF Zeitschrift für wirtschaftlichen Fabrikbetrieb*, 109. Jg., Heft 5/2014, S. 351-355.

Dombrowski et al. (2014): Dombrowski, U., Riechel, C. und Evers, M. (2014). Industrie 4.0 - Die Rolle des Menschen in der vierten industriellen Revolution. In: Kersten, W., Koller, H., Lödding, H. (Hrsg.), Industrie 4.0 - Wie intelligente Vernetzung und kognitive Systeme unsere Arbeit verändern, S. 129-153. Berlin, Gito.

Faller, M. (2014). Industrie 4.0 gelingt nur mit aktivem Personalmanagement. In: *MM Maschinen-Markt*, 120. Jg., Heft 45/2014, S. 22-23.

Gorecky, D. und Loskyll, M. (2014). Mensch-Maschine-Interaktion im Industrie 4.0-Zeitalter. In: Bauernhansl, T., ten Hompel, M., Vogel-Heuser, B. (Hrsg.), Industrie 4.0 in Produktion, Automatisierung und Logistik, Anwendung, Technologien, Migration, S. 525-542. Wiesbaden, Springer Vieweg.

Gronau, N. (2014). Der Einfluss von Cyber-Pysical Systems auf die Gestaltung von Produktionssystemen. In: Kersten, W., Koller, H., Lödding, H. (Hrsg.), Industrie 4.0 - Wie intelligente Vernetzung und kognitive Systeme unsere Arbeit verändern, S. 279-295. Berlin, Gito.

Gronau, H. und Theuer, H. (2015): Industrie 4.0 in Europa - Ein Vergleich europäischer Industrie 4.0-Initiativen, in: *Industrie 4.0 Management*, 31. Jg., Heft 5/2015, S. 31-34.

Hirsch-Kreinsen, H. (2014). Wandel von Produktionsarbeit - „Industrie 4.0", Arbeitspapier Nr. 38, Lehrstuhl Wirtschafts- und Industriesoziologie. Resource document. http://www.wiso.tu-dortmund.de/wiso/is/de/forschung/soz_arbeitspapiere/index.html. Zugegriffen 16. Mai 2015.

Kagermann, H. (2014). Chancen von Industrie 4.0 nutzen. In: Bauernhansl, T., ten Hompel, M., Vogel-Heuser, B. (Hrsg.), Industrie 4.0 in Produktion, Automatisierung und Logistik, Anwendung, Technologien, Migration, S. 603-614. Wiesbaden, Springer Vieweg.

Kagermann, H. (2015). Change Through Digitalization - Value Creation in the Age of Industry 4.0. In: Albach, H., Meffert, H., Pinkwart, A., Reichwald, R. (Ed.), Management of Permanent Change, S. 23-45. Wiesbaden [u.a.], Springer Gabler.

Kärcher, B. (2015). Alternative Wege in die Industrie 4.0 - Möglichkeiten und Grenzen. In: Botthof, A., Hartmann, A.E. (Hrsg.), Zukunft der Arbeit in der Industrie 4.0, S. 47-58. Berlin [u.a], Springer Vieweg.

Kroemer, N. und Kasparick, H.-P. (2014). Industrie 4.0 - Ein Praxisbericht. In: *ZWF Zeitschrift für wirtschaftlichen Fabrikbetrieb*, 109. Jg., Heft 1-2/2014, S. 76-79.

Lewis, P. (2014). Harnessing the power of industry 4.0. In: *Works Management*, 76. Jg., Heft 10/2014, S. 48-49.

Lüder, A. (2014). Integration des Menschen in Szenarien der Industrie 4.0. In: Bauernhansl, T., ten Hompel, M., Vogel-Heuser, B. (Hrsg.), Industrie 4.0 in Produktion, Automatisierung und Logistik, Anwendung, Technologien, Migration, S. 493-507. Wiesbaden, Springer Vieweg.

Mayer, F. (2014). Unterstützung des Menschen in Cyber-Physical-Production-Systems. In: Bauernhansl, T., ten Hompel, M., Vogel-Heuser, B. (Hrsg.), Industrie 4.0 in Produktion, Automatisierung und Logistik, Anwendung, Technologien, Migration, S. 481-491. Wiesbaden, Springer Vieweg.

Mittermair, M. (2015). Industry 4.0 Initiatives. In: *SMT: Surface Mount Technology*, 30. Jg., Heft 3/2015, S. 58-63.

Niesing, B. (2013). Smart und flexibel fertigen. In: *weiter.vorn, Das Fraunhofer Magazin*, 10. Jg., Heft 2/2013, S. 8-13.

o.V. (2015). Industry 4.0: The next industrial revolution to take place in Germany. In: *VDMA Engineering & Mining Journal*, 216. Jg., Heft Feb/2015, S. 14-15.

Pfeiffer, S. und Suphan, A. (2015): Der Mensch kann Industrie 4.0, Kurzfassung. Resource document. http://www.sabine-pfeiffer.de/files/downloads/2015_Mensch_kann_Industrie40.pdf. Zugegriffen 7. Oktober 2015.

Promotorengruppe Kommunikation der Forschungsunion Wirtschaft - Wissenschaft und acatech Deutsche Akademie der Technikwissenschaften (Hrsg.) (2013). Umsetzungsempfehlungen für das Zukunftsprojekt Industrie 4.0, Abschlussbericht des Arbeitskreises Industrie 4.0. Resource document. http://www.forschungsunion.de/veroeffentlichungen/index.html. Zugegriffen 15. Mai 2015.

Schäfer, R. (2015). Industrie 4.0: Die Zeit drängt. In: *MM MaschinenMarkt*, 121. Jg., Heft 7/2015, S. 24-27.

Schindlbeck, C. (2015). Industrie 4.0: Veränderungen für Studium und Arbeitsmarkt. In: *K-Ing*, 4. Jg., Heft 2/2013, S. 3-4.

Schlick et al. (1014): Schlick, J., Stephan, P., Loskyll, M. und Lappe, D. (2014). Industrie 4.0 in der praktischen Anwendung. In: Bauernhansl, T., ten Hompel, M., Vogel-Heuser, B. (Hrsg.), Industrie 4.0 in Produktion, Automatisierung und Logistik, Anwendung, Technologien, Migration, S. 51-84. Wiesbaden, Springer Vieweg.

Schließmann, A. (2014). iProduction, die Mensch-Maschine-Kommunikation in der Smart Factory. In: Bauernhansl, T., ten Hompel, M., Vogel-Heuser, B. (Hrsg.), Industrie 4.0 in Produktion, Automatisierung und Logistik, Anwendung, Technologien, Migration, S. 451-480. Wiesbaden, Springer Vieweg.

Spath et al. (2013): Spath, D. (Hrsg.), Ganschar, O., Gerlach, S., Hämmerle, M., Krause, T. und Schlund, S. (2013). Produktionsarbeit der Zukunft - Industrie 4.0. Resource document. http://www.produktionsarbeit.de/. Zugegriffen 27. Juli 2015.

Wegner, D. (2014). Industrie 4.0 - Chancen und Herausforderungen für einen Global Player. In: Bauernhansl, T., ten Hompel, M., Vogel-Heuser, B. (Hrsg.), Industrie 4.0 in Produktion, Automatisierung und Logistik, Anwendung, Technologien, Migration, S. 343-358. Wiesbaden, Springer Vieweg.

Weitzel et al. (2015): Weitzel, T., Eckhardt, A., Laumer, S., Maier, C., von Stetten, A., Weinert, C. und Wirth, J. (2015). Bewerbungspraxis 2015, Eine empirische Studie mit 7.000 Stellensuchenden und Karriereinteressierten im Internet. Resource document. http://www.uni-bamberg.de/isdl/leistungen/transfer/e-recruiting/bewerbungspraxis/bewerbungspraxis-2015/. Zugegriffen 28. Juli 2015.

Widmann, B. (2015). Sicher produzieren in der Industrie 4.0. In: *weiter.vorn, Das Fraunhofer Magazin*, 12. Jg., Heft 2/2015, S. 18-19.

Zimmermann, K. (2011). Nachhaltigkeitseffekte in der Produktion durch RFID. In: *Productivity Management*, 16. Jg., Heft 4/2011, S. 30–33.

Zimmermann, K. und Schichta, J. (2014). Undurchsichtige Ketten. In: *Logistik Heute*, 36. Jg., Heft 7-8/2014, S. 30-31.

Prof. Dr. Kai Zimmermann war nach dem Studium der Betriebswirtschaftslehre mit dem Schwerpunkt Logistik an der Universität Hamburg u. a. mehrere Jahre für verschiedene Logistikprojekte bei der Ostfriesischen Tee Gesellschaft Laurens Spethmann GmbH & Co. zuständig sowie als ehrenamtlicher Assistent der Geschäftsführung der Forschungsgemeinschaft für Logistik e. V. tätig. Anschließend promovierter er als externer Doktorand an der Universität Hamburg und nahm seine Tätigkeit als Lehrbeauftragter an verschiedenen Hamburger Hochschulen sowie der Hochschule Bremen auf. Seit 2008 ist Prof. Zimmermann am Campus Hamburg der EBC Hochschule einer der Gründungsprofessoren und fachlich für Logistik & Supply Chain Management/Logistics & Supply Chain Management, Produktionsmanagement, Einführung in die Betriebswirtschaftslehre, Wirtschaftsmathematik sowie Linear Optimization zuständig. Zu seinen Forschungsschwerpunkten zählen u. a. verschiedene Aspekte an der Schnittstelle zwischen Produktion und Logistik, wie z. B. der Einsatz von Informations- und Kommunikationstechnologien (insbesondere RFID), sowie die Nachhaltigkeit und das CSR-Management.

EMANZIPIERT EUCH! Menschwerdung im digitalen Zeitalter

Yvonne Hofstetter

1 Die Digitalisierung als Herausforderung an humane Arbeitswelten

Seit Urzeiten ist die menschliche Arbeit existenziell für den Menschen. Die Vorstellung, dass sich der Mensch durch sein Schaffen „die Erde untertan" macht, indem er sie kultiviert und so sprichwörtlich *Kultur schafft*, schließt das Existenzielle der menschlichen Arbeit nicht aus: „Im Schweiße deines Angesichts sollst du dein Brot essen", gilt auch heute noch für die meisten von uns, die nur unter Einsatz ihrer Lebenszeit und Gebrauch ihres Wissens für ihren Lebensunterhalt aufkommen können. Weil die Mehrzahl der Menschen von der Arbeitserbringung abhängt und die aufgeklärte Gesellschaft erkannt hat, dass die menschliche Arbeit wegen ihrer existenzsichernden Eigenschaft nicht nur bloße Ware ist, die ungeschützt dem Spiel der Märkte überlassen werden darf, ist auch die Humanisierung der Arbeitsumstände im Laufe des 20. Jahrhunderts gelungen. Geregelte Arbeitszeiten, hygienische Arbeitsverhältnisse, die Schaffung von Sozialsystemen und eine gerechte Entlohnung menschlicher Arbeit waren die sozialen Errungenschaften der westlichen Industrienationen im 20. Jahrhundert. Die Vergangenheitsform ist bewusst gewählt. Denn im Niedergang und Werden der Menschheitsgeschichte stehen wir mit der digitalen Transformation vor neuen, ähnlich schwierigen Herausforderungen wie die Generationen vor uns.

Y. Hofstetter (✉)
Managing Director, Teramark Technologies GmbH
Zolling/Freising, Deutschland
E-Mail: yho@yvonnehofstetter.de

© Springer-Verlag Berlin Heidelberg 2017
B. Spieß und N. Fabisch (Hrsg.), *CSR und neue Arbeitswelten*,
Management-Reihe Corporate Social Responsibility, DOI 10.1007/978-3-662-50531-1_4

2 Die Digitalisierung macht das Leben zum Computer

Auf die Frage, was denn „Digitalisierung" oder „Industrie 4.0" sei, können im Jahr 2015 mehr als die Hälfte der bundesdeutschen Beschäftigten (56 %) keine Antwort geben. Ein Drittel hat noch nie von den beiden Begriffen gehört (svs und nab 2015). Auch das „Internet der Dinge", so gaben 88 % der Befragten an, sei ihnen kein Begriff (Statista 2015).[1]

Einfach gesagt: Mit der Digitalisierung verwandeln wir unser Leben, privat wie beruflich, in einen Riesencomputer. Alles wird gemessen, gespeichert, analysiert und prognostiziert, damit es gesteuert und optimiert werden kann, und zwar im geschlossenen Regelkreis von *Stimulus* und *Response*, von „Anreiz" und „Antwort". Die Digitalisierung ist die vollkommene Manifestation der *Kybernetik*, der „Wissenschaft von Information und Kontrolle"[2], wie sie in den 1950er-Jahren vom amerikanischen Wunderkind und Mathematiker Norbert Wiener begründet wurde. Er selbst hätte sich wohl kaum die Perfektion ausmalen können, mit der die Digitalisierung Zahlen, Daten und Informationen des menschlichen Lebens generiert, über das immer mehr Kontrolle ausgeübt werden kann. Mit der digitalen Transformation wird alles vogelfrei, auch der Mensch. Wieder wird er als Ware auf den Markt geworfen, jetzt nicht als Arbeitskraft, sondern als Zahl und Datum. Dort wird er zur Wirkursache riesiger Umsätze und Gewinne bei den Unternehmen, die seine persönlichen Daten zum gespiegelten Ganzen einer Person neu zusammensetzen und damit Handel treiben. Mit der digitalen Transformation des 21. Jahrhunderts hat sich auch der Menschenhandel modernisiert.

Weil die Information noch vor der Kontrolle kommt, bedeutet Digitalisierung, dass sowohl Objekte unseres Lebens und Wirtschaftens – Industrieanlagen, Roboter, Konsumgüter – als auch Personen, die Bürger und Konsumenten, mit Sensoren ausgestattet werden. Mit der Digitalisierung geht die Überwachung einher. Die Überwachung ist der Digitalisierung immanent; wir können das eine nicht ohne das andere haben. Im Jahr 2030 sollen 100 Mrd. Gegenstände, die mit Sensoren und Sendern ausgestattet und über die globale Kommunikationsinfrastruktur des Internets verbunden werden, das „Internet der Dinge" bilden. Ein T-Shirt wird melden, wie oft es aus dem Ladenregal bewegt, wie oft zurückgelegt wird, wann es den Laden verlässt, wohin es gebracht und wie häufig es gewaschen wird. An der enormen Anzahl vernetzter Objekte nimmt sich der Anteil der vernetzten Menschen, der dann vielleicht sechs Mrd. betragen wird, verschwindend gering aus. Die Digitalisierung schafft mit dem Internet der Dinge einen Kosmos der Gegenstände, die früher schwiegen, jetzt aber plötzlich nicht mehr still halten, sondern sich vielfach und aufdringlich äußern, wenn sie Daten von sich geben. Von diesem Kosmos bleibt auch der Mensch nicht verschont, er wird in ihn hineingezogen. Dass er Person,

---

[1] Auf die Frage: „Haben Sie schon mal den Begriff ‚Internet der Dinge' gehört oder hören Sie diesen Begriff gerade zum ersten Mal?", gaben 88 % von 1393 Befragten an, noch nie zuvor den Begriff „Internet der Dinge" gehört zu haben. Die Befragung fand vom 01.06.2015 bis 14.06.2015 statt.
[2] So beschrieb Norbert Wiener die Kybernetik anlässlich eines Vortrags in Göttingen im Jahr 1954. Wiener war Amerikaner und übersetzte den Begriff „Control" als „Kontrolle". Richtig ist „Steuerung" oder „Regelung".

in der Juristensprache „Subjekt", ist, dem Rechte verbürgt sind, macht für das Internet der *Dinge* keinen Unterschied. Dass der Verlust der Subjekteigenschaft des Menschen, also seine Objektivierung und die damit verbundene Entrechtung, rasch voran schreitet, wissen auch die Unternehmen aus Silicon Valley, Treiber und größte Nutznießer der Digitalisierung. Dass sie den Menschen als „ultimative Maschine" bezeichnen (Kneser und Dietsche 2015), zeigt die ganze zerstörerische Wucht der digitalen Transformation.

Wenn die Digitalisierung die Person entrechtet, ist damit zuvorderst die Missachtung der Selbstbestimmung gemeint, die sich als wirtschaftliche, politische oder soziale Souveränität des Menschen äußert. Dabei ist gerade die Idee vom selbstbestimmten Individuum die Wurzel aller Rechte, wie sie die Bürger in den westlichen Demokratien genießen und für die Menschen bis heute in kriegerischen Auseinandersetzungen weltweit kämpfen.[3] Wenn Europa durch alle Krisen hindurch immer wieder seine Werte anmahnt, sind es eben jene Freiheit, Gleichheit und Solidarität, die der digitalen Transformation bisher fast schutzlos ausgeliefert sind. Denn weil die Digitalisierung mit der mitgelieferten Überwachungs- und Optimierungsfunktion so häufig und willentlich in die Selbstbestimmung eingreift, kommt es zu zahllosen Grundrechtsverstößen. Das spüren wir auf diffuse Weise. Trotzdem lehnt sich niemand auf. Stattdessen nutzt die digitale Gesellschaft des 21. Jahrhunderts die Technologien der Freiheitszerstörung fast bedenkenlos.

Der bei Bürgern und Konsumenten beliebteste Spion und Vermittler ihrer Lebensweise ist das Smartphone; seine Sensoren sind Kameras, Mikrofone und Beschleunigungsmesser, Licht- und Geolokalisationssensoren, darunter GPS und neuerdings auch Software-Beacons, die den exakten Standort des Smartphone-Nutzers auch innerhalb geschlossener Räume kennen und weitermelden. Während Sensoren die Wirklichkeit messen und ihre Messdaten über das Internet an zahllose Dritte, von denen die Konsumenten häufig nichts wissen, übermitteln, setzt „hinter dem Glas" eine neue Generation von Maschinen, die Künstlichen Intelligenzen, die sehr unterschiedlichen Blickwinkel auf ein und dasselbe „Objekt" – formaljuristisch ist der Mensch nach wie vor Persönlichkeitssubjekt – in einen Kontext, um einen genauen Überblick über seine Lage zu erhalten. Wie geht es dem Nutzer gerade? Wo hält er sich auf? Was hat er gerade konsumiert, welche Termine stehen an, was schreibt er seinen Kontakten, was denkt und woran forscht er? Wie sieht sein soziales Netzwerk aus – nicht das virtuelle, sondern das der realen Welt? Ist er verheiratet, Hauseigentümer, wie viele Autos fährt er und wieviel verdient er? Ist er homophob oder passionierter Fremdgänger, schläft er lieber mit jüngeren oder mit älteren Frauen, ist er depressiv oder neurotisch oder sogar kriminell veranlagt? Wie sieht es generell mit seinen Gesundheitswerten aus, seinem Blutzucker, seiner Fitness, seiner Lebenserwartung, seiner genetischen Disposition? Lohnt es sich überhaupt, ihn noch zum Vorstellungsgespräch einzuladen?

---

[3] Der selbstbestimmte Mensch ist die Wurzel der europäischen Rechtsordnungen. Der theoretische Rahmen der Selbstbestimmung wird sowohl im Grundgesetz für die Bundesrepublik Deutschland (Art. 1 GG) als auch in der Charta der Vereinten Nationen (Präambel) unter den Begriff der „Menschenwürde" subsumiert.

Wer glaubt, das ginge niemanden als ihn selbst etwas an, mag einen Blick auf die Selektorenlisten der Internetgiganten werfen. Aus Hunderten von Kriterien können interessierte Käufer die oben genannten Daten und Informationen über die Nutzer der beliebtesten sozialen Netzwerke auswählen und von professionellen Datenhändlern käuflich erwerben – je nach Detailgenauigkeit eine Investition von Millionen Euro. Sehr wahrscheinlich haben die Nutzer sozialer Netzwerke solch konkrete Auskünfte über sich selbst nie erteilt. Doch der „Trick" hat einen Namen: *Big Data Analytics*. Intelligente Analyseprogramme können neue Information aus rohen Daten erzeugen: aus den *Likes* der Nutzer, ihrer Wortwahl, ihrem Telefonieverhalten oder den Daten ihrer *Wearables*, den digitalen Fitnessarmbändern. Künstliche Intelligenzen erkennen Beziehungen in großen, zusammenhanglos erhobenen Datenhaufen, ziehen ihre eigenen Schlüsse daraus und treffen, basierend auf ihren Erkenntnissen, automatisierte Entscheidungen. Digitalisierung ist deshalb auch immer synonym mit Automatisierung.

Die für uns sichtbarste und verständlichste Form der Automatisierung sind Roboter. In der Industrieproduktion, dem 2. Sektor nach der Agrarwirtschaft, haben wir uns an den Anblick von präzise bohrenden, schraubenden und lackierenden Industrierobotern längst gewöhnt. Neu an der Automatisierung der digitalen Ära ist jedoch die zunehmende Intelligenz und Autonomie von Maschinen. Sie arbeiten asynchron und warten nicht mehr länger auf unsere Eingaben. Und sie werden mobil so wie die selbstfahrenden Autos, auf die Autodeutschland gespannt wartet. Sie haben sich daran gemacht, aus ihren Industriekäfigen herauszutreten, hinein in unsere Häuser, Kleingeräte und Alltagsgegenstände. Als „intelligente Assistenten" treffen sie Entscheidungen anstelle des Nutzers oder beraten ihn wenigstens dabei: Siri, Google Now und ihre digitalen Kollegen verstehen unsere Sprache, helfen uns durch den Tag oder schlagen uns eine profitable Geldanlage vor. „Die Ära der intelligenten Maschinen wird die disruptivste in der Geschichte der IT sein", prophezeite die Gartner Group schon im Oktober 2014 (Gartner Group 2014). Dabei sieht zunächst einmal alles nach einer Verheißung aus.

3 Der ewige Menschheitstraum vom Schlaraffenland

Das Schlaraffenland gehört zu den uralten Träumen der Menschheit und wurzelt schon in den Schriften früher Religionen. Meist ging es um den Überfluss an Nahrung: „Das Land, wo Milch und Honig fließen" oder „wo die gebratenen Tauben in den Mund fliegen". Doch Überfluss in Zeiten der Digitalisierung – *Abundance* – ist viel mehr als der voll gedeckte Tisch, der sich bis zum Horizont erstreckt und unter der Last seiner Fülle fast zusammenbricht. Machen Sie einen Ausflug in den digitalen Freizeitpark der nahen Zukunft. Außer dem bequemen Onlinekauf Ihres Einkauftickets müssen Sie nichts weiter tun. Lehnen Sie sich entspannt zurück, denn an Ihrer Stelle wird Ihr digitaler automatischer Tourguide aktiv. Aus Ihrem Onlineverhalten leitet er Ihre Vorlieben ab. Sobald Ihre Eintrittskarten bezahlt sind, beginnt er selbstständig damit, Ihren Ausflug zu planen. Er reserviert einen Platz in Ihrer Lieblingsattraktion, macht einen Termin mit Ihrem Lieblingscharakter –

sagen wir, Peter Pan – bucht Ihren Restaurantbesuch und Ihren Lieblingslunch vor. Schlaraffenland heißt: Noch bevor Sie einen Wunsch denken können, ist er schon erfüllt. Auch das wird möglich in Zeiten der Digitalisierung.

Wer Themenparks liebt, freut sich auf den Besuchstag. Schon die Anreise ist entspannend. Ihr digitaler Tourguide dirigiert Ihr selbstfahrendes Auto bis zum Portal des Freizeitparks, wo Sie aussteigen, damit der fahrende Roboter, der mit den Kraftfahrzeugen des Jahres 2015 nur noch die Bezeichnung „Auto" – das aber sprichwörtlich – gemeinsam hat, selbstständig parkt. Auf diese Weise bleibt Ihnen mehr Zeit für Unterhaltung und Konsum. Sensoren im Park erfassen und erkennen Sie. Ihr digitaler Tourguide – er kleidet sich in eine App auf Ihrem Smartphone – leitet Sie durch den Themenpark und führt Sie zur rechten Zeit an den für Sie reservierten Mittagstisch. Auf magische Weise wird Ihr Lunch an Ihren Tisch gebracht, an den Sie niemand, jedenfalls kein Mensch, eingewiesen hat. Vertrauen Sie nur auf Ihren persönlichen digitalen Assistenten. Wie herrlich bequem! Kein Aufwand mehr mit manuellen Reservierungen und lästigen Entscheidungen zwischen der einen und der anderen Attraktion, keine Sorgen um langes Anstehen vor der Achterbahn, dem Aufzug ins Ungewisse oder der Tanzshow: Der digitale Tourguide und Begleiter durch den ganzen Tag kümmert sich um Sie. Eigene Anstrengung kommt nicht mehr vor im Freizeitpark der Zukunft. Nicht für den erwartungsvollen Besucher – aber eben auch nicht für Parkplatzeinweiser, Kassierer, Parkführer, Ticketkontrolleure, Rezeptionisten oder Kellner. Im digitalen Schlaraffenland ist der Mensch von der Last der Arbeit befreit. Was heute in amerikanischen und japanischen Themenparks schon teilimplementiert ist, könnte in nur fünf Jahren auch Standard der europäischen Freizeitindustrie sein. Was in prädigitaler Zeit dienstbare menschliche Geister mit gutem Service leisteten, wird bald von digitaler Zauberhand besorgt – besonders, und das ist neu an der Digitalisierung, im 3. Sektor, der Dienstleistungsindustrie.

Die Digitalisierung automatisiert auch die Arbeit der höhergebildeten Mittelschicht. Besonders leichtere administrative Arbeiten und jene Tätigkeiten, bei denen es darum geht, Entscheidungen zu treffen, sind Kandidaten für die modernste Art der Rationalisierung. Das Geld, das wir im Freizeitpark der nahen Zukunft konsumieren, kann also kaum mehr aus Löhnen und Gehältern stammen. Doch wenn nicht von dort, woher dann?

3.1 Nehmen uns Roboter die Arbeit weg?

„Mit 99 % Wahrscheinlichkeit wird die Arbeit von Näherinnen computerisiert werden."

„Mit 97 % Wahrscheinlichkeit fallen Servicekräfte im Hotel, im Restaurant und im Lounge- und Barbereich weg."

„Die Digitalisierung wird zu 96 % alle Versanddisponenten und Einkäufer automatisieren."

Die Liste standardisierter Berufsbezeichnungen, die Michael Osborne von der University of Oxford schon im September 2013 mit der Wahrscheinlichkeit ihres Verschwindens beauschlagte, umfasst 700 Berufe (Osborne und Frey 2013). Tatsächlich hat das Austerben der Berufe bereits eingesetzt. Beschleunigt wird es durch den Aufstieg digitaler Online-Plattformen. Sie sind die Vermittler zwischen Angebot und Nachfrage, die vorher nicht leicht oder schnell zusammenfinden konnten. Schon um die Jahrtausendwende setzte die digitale Substituierung der menschlichen Arbeit ein, als die Finanzindustrie, seinerzeit die Avantgarde der Informationstechnologie, ihre *Voice Broker* durch Onlinebroker-Plattformen ersetzte. Die menschlichen Investmentmakler waren jene Männer, die mit zwischen Schulter und Ohr geklemmten Telefonhörern hantierten und Kauf- und Verkaufspreise auf das Börsenparkett hinausschrien. In den Nullerjahren verschwand auch das Parkett und wurde von Computern übernommen. Zuletzt wurde am 2. Juli 2015 der *Open-Outcry*-Handel der Chicagoer Warenterminbörse geschlossen, weil er auf nicht mehr als ein 1 % des gesamten börslichen Handelsvolumens abgefallen war.

Doch selbst unsere aktualisierte Vorstellung vom Börsenhandel entspricht nicht mehr der Realität. Vor unserem inneren Auge stehen Händler, die Börsenkurse auf Bildschirmen verfolgen und nur einen Mausklick vom Kauf oder Verkauf ganzer Aktienpakete entfernt sind. Doch richtig ist: Aktienhandel findet in Rechenzentren statt, von Maschine zu Maschine ohne menschliches Zutun und in einer Geschwindigkeit, die den Bruchteil eines Wimpernschlags beträgt. „Eine perverse Parallelwelt aus Maschinen", nennen institutionelle Händler den maschinellen Börsenhandel der Nanosekunden. Tatsächlich ist auch das Berufsbild des Börsenhändlers ein Auslaufmodell. Ihre Entscheidungskraft, Marktkenntnis und „Intuition" wird längst von immer intelligenteren und schnelleren Maschinen ersetzt. Staatliche Behörden fördern die Substitution. Ende 2014 auferlegte die Eidgenössische Finanzmarktaufsicht (FINMA) der Großbank UBS Group AG, sie solle ihren Währungshandel künftig zu 95 % vollautomatisieren (uh und tp 2014). Menschliche Händler hatten Währungspreise zu Lasten der Bankkunden manipuliert. Der Mensch: kriminell, emotional, gierig und deshalb ein Anachronismus für Arbeitgeber, die ihn nur zur gerne computerisieren wollen?

Tatsächlich lösen die digitalen Helfer komplexe Aufgaben schon heute übermenschlich gut. Eine französische Plattform für die Logistikindustrie revolutioniert die städtische Lieferlogistik, um Leerfahrten von weißen Sprintern, die auf rechten Fahrstreifen parken und den Verkehrsfluss behindern, zu verringern und so CO_2-Ausstoss und Lärmemissionen zu reduzieren. Weil der Warenhandel global zunimmt, die Handelsware letztlich aber immer in physischer Form beim Kunden eintreffen muss, nimmt auch der Lieferverkehr zu. Doch die vordigitalen Konzepte der ausgelagerten Kontraktlogistik mit ihren rigiden Rahmenverträgen für den Transport ganzer Paletten einer Ware entsprechen den immer kleinteiliger werdenden Online-Bestellungen von Endkunden längst nicht mehr. Es gilt, Lieferfahrten zwischen Lieferanten aufzuteilen, neue Logistikkonzepte, wie innerstädtische *Point-to-Point* Lieferungen, bei denen die Ware aus einem städtischen Kaufhaus statt aus einem Zentrallager ausgeliefert wird, zu ermöglichen oder *Same-day-Delivery* zu unterstützen. Klassische Logistiksoftware ist dazu konzeptionell nicht in der Lage. Sie kann die rasch wachsende Zahl von Bestellungen und Lieferungen nicht optimieren; die Anzahl der mathematisch möglichen Kombinationen an Lkw-Reiserouten würde so stark zunehmen, dass der Lösungsraum explodierte und eine Lösung nicht mehr in Polynomialzeit berechenbar wäre. Einfach gesagt: Für die hohe Anzahl kombinatorischer Möglichkeiten von Nutzlast und Routen gibt es keine geschlossene mathematische Lösung. Ewas Neues muss her. Auch hier verspricht die Künstliche Intelligenz Abhilfe. Ähnlich wie beim Beispiel des Freizeitparks mutet die Vorgehensweise an wie Science Fiction mit dem Unterschied, dass sie nicht Science Fiction ist. Doch zuerst muss sich selbst ein Mathematiker eingestehen: Ein menschlicher Versanddisponent mit viel Berufserfahrung ist in der Lage, auch eine wachsende Anzahl von Lieferungen und Routen „irgendwie" lösbar, wenn auch suboptimal, zu planen. In digitalen Zeiten, überlegt sich der Mathematiker – noch ist er der Herrscher über Künstliche Intelligenzen –, kann man den menschlichen Disponenten doch einfach kopieren. Denn neben der Überwachung und der Automatisierung ist die Kopierfähigkeit eine weitere inhärente Eigenschaft der Digitalisierung.

Um die immer komplexere Lieferlogistik zu optimieren, wird dem menschlichen Versanddisponenten eine Künstliche Intelligenz zur Seite gestellt. Dort tut sie, was sie grundsätzlich tut: Mit ihren Sensoren beobachtet sie den Disponenten und zeichnet auf, wie er vorgeht, um seine Arbeit zu leisten. *Sie lernt von ihm.* In der digitalen Ära existiert kaum eine mächtigere Technologie als die lernender Maschinen. Wer selbst noch nie mit dem Jurassic Park lernfähiger Maschinen zu tun hatte, kann ihren wachsenden Einfluss wenigstens daran ablesen, dass die Internetgiganten Google, Facebook, Amazon & Co. Milliarden investieren, um lernende Maschinen in ihren Besitz zu bringen. Am 17. Juni 2015 akquirierte Twitter ein Unternehmen für maschinelle Lernverfahren; zuletzt, im August 2016, erwarb auch Intel ein Start-up, das Verfahren maschinellen Lernens kommodifiziert. Das Unternehmen Whetlab baut eine Software, die wiederum lernende Maschinen baut – besser, als es die menschlichen Erfinder von lernenden Maschinen tun könnten, so der Anspruch. Das ist eine kühne Behauptung. Aber sie zeigt die Richtung auf, in die sich das 21. Jahrhundert bewegt. Wie sich Maschinen selbstständig und ohne menschliches Zutun replizieren können, ist im wissenschaftlichen Umfeld schon länger Gegenstand der Forschung. Über den Zeitpunkt, an dem sich selbst replizierende Maschinen aus ihren Laboren heraustreten werden, können wir nur spekulieren. Hoffen wir, dass bis dahin die Frage des unendlichen Regresses, der unaufhaltsamen Vermehrung, gelöst sein wird.

Zurück zur Gegenwart. Durch Beobachtung und spätere Imitation schaut sich die Künstliche Intelligenz das Können und Wissen eines menschlichen Versanddisponenten ab. Tatsächlich nennt sich dieses Verfahren des Kopierens auch *Imitationslernen*. Um das beobachtete Verhalten zu verbessern, beginnt die Künstliche Intelligenz in der Folge, andere Lösungen als jene zu explorieren, die sie beim Menschen beobachtet hat. Das tut sie solange, bis sie schnellere Routen und bessere Ladesequenzen für Lkws gefunden hat. Ab einem bestimmten Punkt wird sie dem menschlichen Disponenten überlegen sein und autonom optimale Lieferwege approximieren. Das ist gut für die Städte, die CO_2-Bilanz und den Verkehrsfluss – aber schlecht für den menschlichen Disponenten, der jetzt überflüssig wird, weil Künstliche Intelligenzen ihr Wissen auf dem Weg des *Transferlernens* selbstständig an andere Künstliche Intelligenzen weitergeben können. Der Umweg, vom Menschen zu lernen, wird dann nicht mehr nötig sein. Noch einmal sei darauf hingewiesen: Die Verfahren existieren und gehen langsam in den operativen Einsatz, heute noch nicht auf breiter Basis, aber mit dem Zeitfortschritt ist damit zu rechnen, dass sie zum Mainstream werden.[4]

Deshalb rechnet Michael Osborne von der University of Oxford für die USA aus, dass in den kommenden Jahren 47 % der heute noch bestehenden Berufe durch die Digitalisierung wegfallen werden. Journalisten, Komponisten, Übersetzer sind schon 2015 starker algorithmischer Konkurrenz ausgesetzt, und ihr maschineller Mitbewerber wird täglich besser.[5] Auf der Oxford-Liste finden sich zahlreiche Verwaltungsberufe wie Buchhalter oder Händler, neben mehr handwerklichen Tätigkeiten wie Labortechniker und Köche. Wer an die schon 2015 weit verbreiteten Internet-Plattformen denkt – Uber, Airbnb, Helpling –, kann sich vorstellen, warum. Der Wert digitaler Plattformen, die Angebot und Nachfrage weltweit zusammenbringen, liegt unter anderem in der automatischen Abrechnung von Leistungen. Deshalb sind ebenso viele Sachbearbeiter in der Auftragsbearbeitung, im Einkauf oder in der Buchhaltung in Gefahr. Und dafür müssen digitale Plattformen noch nicht einmal sehr intelligent sein. Ihr Marktplatzdesign zielt darauf ab, das Entgelt für menschliche Leistungen zu senken. Je mehr Menschen eine digitale Vermittlungsplattform nutzen, desto größer wird das Angebot und desto stärker sinken die Preise.

Das Ranking auf Online-Plattformen macht Menschen und ihre Leistungen zudem global vergleichbar; die europäische Bildungsreform, die Bologna-Reform, mit der Bachelor- und Masterabschlüsse auch in Deutschland eingeführt wurden, schlägt in dieselbe Kerbe und verschärft das Problem nur weiter. Mit der internationalen Harmonisierung von Bildungsabschlüssen und der sich daran anschließenden globalen Vergleichbarkeit menschlichen Könnens nivellieren sich auch die Arbeitsentgelte. Das mag für indische, vietnamesische oder philippinische Arbeitskräfte vorteilhaft sein, für die teuren europäischen Sozialsysteme ist es das nicht. Deren Standards könnten sich künftig chinesischen und indischen Standards annähern, nicht umgekehrt. Je billiger die menschliche Leistung erbracht wird, desto weniger sind die Abnehmer der Leistung daran interessiert, europäische Normalarbeitsplätze zu selektieren. Sie weichen aus. Kapital als Substitut für menschliche Arbeitsleistung bewegt sich immer dorthin, wo die Leistung preiswert erbracht wird. Für Europa bedeutet das: Die Transparenz und globale Reichweite digitaler Plattformen setzt eine Preisspirale nach unten in Gang. Internetplattformen haben Potenzial für moderne Sklaverei. Das ist auch deshalb so, weil ihre Vermittlermechanismen denkbar simpel konzipiert sind: Der billigste Anbieter einer Leistung erhält den Zuschlag. Humaner wäre ein komplexeres Marktplatzdesign etwa nach der Regel, dass der billigste Anbieter zwar den Zuschlag erhielte, aber zum Preis des zweitbilligsten An-

---

[4] Ein Gedanke drängt sich auf: Werden Künstliche Intelligenzen den Menschen einst überflügeln, so dass er überflüssig wird? Die Idee von der Superintelligenz stammt aus dem Silicon Valley, ihr prominentester Vertreter ist der Mathematiker und Zukunftsforscher Ray Kurzweil, technischer Direktor bei Google.

[5] Am 24. September 2015 gab das Google Speech Team offiziell bekannt, dass seine lernenden Maschinen ihr Verständnis menschlicher Sprache um 49 % verbessert haben.

bieters entlohnt würde. Der Auktionsgewinner bekäme also mehr Geld, als er in seinem Angebot verlangt hätte. Bei diesem *Second Price Sealed Bid* Auktionsmechanismus, auch als *Vickrey Auction* bezeichnet, ist nachgewiesen, dass eine Preisspirale verhindert und die Wahrheit in dem Sinne gefördert wird, indem Anbieter nicht unter Kosten anbieten, nur um einen Auftrag zu erhalten. Doch die Entscheidung zugunsten einer komplexeren Auktionsregel erfordert moralisches Verhalten der Plattformbetreiber und das intellektuelle Verständnis der Nutzer. Für beide Seiten ist es einfacher, sich auf das freie Spiel der Marktkräfte zu berufen. Ethik und Moral seien etwas, worüber die Gesellschaft debattieren müsse, im freien Markt, auch in Forschung und Wissenschaft, seien Einschränkungen, welcher Art auch immer, unerwünscht – als ob Marktteilnehmer oder Forscher außerhalb der Zivilgesellschaft und ihrer Werte stünden.

Deutsche Bank Research hat sich die Mühe gemacht, die Zahlen der bereits erwähnten Oxford-Studie auf Deutschland umzulegen (Astheimer 2015). Danach werde die Digitalisierung in den nächsten Jahren rund 49 % der regulären sozialversicherungspflichtigen deutschen Arbeitsplätze eliminieren. Bei rund 38 Mio. sozialversicherungsversicherungspflichtig Beschäftigten wären das etwa 18 Mio. Arbeitsplätze.[6] Intelligente Maschinen würden Arbeitsplätze in ganz großem Stil vernichten und die Menschheit in eine trostlose Zukunft führen. Weil das absurd unwahrscheinlich klingt, sorgen sich nur wenige deutsche Arbeitnehmer um ihre berufliche Zukunft. Dem schließt sich auch die Politik an. Dass jeder weitere Industrialisierungsschritt zur Jobvernichtung führe, habe man in der Vergangenheit wiederholt befürchtet, doch bewahrheitet hätten sich die Bedenken nie. Im Gegenteil: Seit Mitte der Zehnerjahre proklamiert Deutschland die Vollbeschäftigung – trotz 2,7 Mio. Arbeitsloser (Bundesagentur für Arbeit 2015). Warum sollte sich daran etwas ändern? Panikmache, wenden die Optimisten deshalb ein. Schließlich schaffe die Digitalisierung neue Berufsbilder, von denen man heute noch nichts ahne. Die Zukunft brauche sogar mehr menschliche Arbeitskraft als heute, besonders mit Blick auf ihre Überalterung.

3.2 Digitalisierung ersetzt menschliche Produktivität

In den Industrienationen weltweit schrumpft die Bevölkerung. Den Industrienationen gehen die Arbeitskräfte aus, der Kindermangel gefährdet Wirtschaftsstandorte, die Armutsfalle scheint zu drohen. Deutschland macht da keine Ausnahme. Im Jahr 2040 werden hierzulande 3,9 Mio. Fachkräfte fehlen (Brossardt 2015), andere Schätzungen gehen sogar von einer Lücke von 5,8 bis 7,7 Mio. aus (Strack et al. 2015). Weniger Arbeitsleistung bedeutet weniger Produktivität, weniger Steuern und Sozialleistungen, weniger Konsum, weniger Wohlstand.

---

[6] Einschließlich irregulärer Beschäftigungen liegt die Anzahl der Erwerbstätigen am 30. September 2015 bei 43,09 Mio.

In der Vergangenheit wurde wirtschaftliches Wachstum stets durch den Einsatz von immer mehr Menschen erbracht. Seit 1700, kurz vor Beginn der Industrialisierung, und bis 2012 stieg die Zahl der Weltbevölkerung im jährlichen Schnitt um 0,8 % an. Im selben Umfang hatte sich auch das durchschnittliche jährliche Wirtschaftswachstum entwickelt (Piketty 2014). Was auf kurze Jahressicht und in deutschen Ohren nach einer Beinahe-Rezession klingt, bedeutet im Lichte von Generationen und über drei Jahrhunderte hinweg eine enorme Verbesserung des Lebensstandards und Vervielfachung der Durchschnittsgehälter. Die aufziehende Unterdeckungsgesellschaft mit ihrer schrumpfenden Zahl an Erwerbstätigen bedeutet so betrachtet eine direkte Gefahr für Wohlstand und Wirtschaftswachstum.

Doch den prognostizierten Folgen des Bevölkerungswandels steht neuer technologischer Fortschritt entgegen. Drohende Wohlstandsschrumpfung sei durch technologische Errungenschaften stets abgefedert worden. Technologie, scheint uns die Geschichte zu lehren, wirkt nicht nur wachstumserhaltend, sondern bringt Wachstum sogar voran. Auch die Digitalisierung hat das Potenzial, dem erwarteten Rückgang an Produktivität durch Bevölkerungsschrumpfung entgegenzuwirken. Können nicht die intelligenten Maschinen des digitalen Zeitalters den drohenden Mangel an menschlichen Arbeitskräften ausgleichen? Werden intelligente Maschinen jene Arbeiten erledigen, die wir Menschen nicht mehr leisten können, weil wir die künftige Mangelware sind? Können wir das lästige Arbeiten nicht generell an Maschinen übergeben und stattdessen unsere Hobbies zum Beruf machen? Wieder drängt sich die Idee von der *Abundance*, dem „Überfluss", auf. Maschinen arbeiten für uns, und wir selbst liegen faul und satt auf der Sommerwiese, umringt von dienstbaren digitalen Geistern. Dass wir nur noch wenige wären, störte dann niemanden mehr.

3.3 Die Digitalisierung entwertet menschliche Arbeitsleistung

Wahrscheinlicher als die beiden Extremszenarien *Abundance* und Jobvernichtung ist ein mittlerer Zustand: Der umfassende Austausch sozialversicherungspflichtiger „Normalarbeitsplätze" gegen maschinelle Arbeiter führt zur Zunahme atypischer Beschäftigungen. Werkverträge und Solo-Selbständige, die mit mehreren kleinen Jobs finanziell über die Runden kommen, werden zur neuen Normalität des Arbeitsmarkts. Schon 2015 stellte die Linke-Arbeitsmarktexpertin Jutta Krellmann nach einer Anfrage fest, dass zwischen 1993 und 2013 zunehmend mehr Berufstätige atypisch beschäftigt sind: als Leiharbeiter, befristet und geringfügig beschäftigt (nck 2015). Wegen des steigenden Angebots an billiger maschineller Arbeitskraft – auch im Dienstleistungssektor – würden die Durchschnittsgehälter zudem sinken. Die Kosten für eine Arbeitstätigkeit könnten bis zu dem Niveau fallen, für das eine arbeitende Maschine hergestellt werden kann.

Sinkende Durchschnittsgehälter, menschliche Arbeitsleistung aus entwickelten Industrienationen, die immer weniger Nachfrager bezahlen wollen, ist eine Entwicklung, die nicht spurlos an Menschen vorübergeht. Die Kostenlosmentalität des Internets und globale Billigpreise sind etwas, woran sich mindestens die Konsumenten schnell gewöhnt haben.

Eine App für 89 Eurocent, das will man sich leisten. Software, wird suggeriert, kostet nichts. Die intellektuelle Leistung der Softwaredesigner, solange sie Software noch selbst herstellen und Software sich nicht selbst repliziert, wird auf diese Weise entwertet. Nicht nur die Industrieproduktion ist billiger geworden, auch die intellektuelle Ingenieursleistung, die zur Herstellung eines Produkts führte, wird geringer entlohnt als vor fünfzehn Jahren. Umgekehrt bedeutet das: Auch die Konsumenten selbst werden für ihren eigenen Beitrag zur Produktivität ähnlich gering entlohnt. In den letzten fünfzehn Jahren sind selbst die Preise für Softwareingenieure um ein gefühltes Drittel gefallen. Berlin, die deutsche Hauptstadt der digitalen Start-ups, ist voll von digitalem Prekariat.[7] Künstliche Intelligenzen für die Analyse und Prognose menschlichen Handelns und die kybernetische Steuerung von Emotionen und Verhalten leisten sich nur noch Google, Apple, Facebook & Co., das Pentagon und die NSA. Diese Künstlichen Intelligenzen kosten Milliarden US-Dollar, aber die Budgets lassen sich rechtfertigen, weil Hochleistungssoftware hilft, die „militärische und technologische Überlegenheit der Vereinigten Staaten sicherstellen", so die USA wörtlich in ihren globalen Ausschreibungen für modernste Softwaresysteme, von denen der unbedarfte Bürger nichts weiter als Albträume bekommt.

Damit die Beschäftigen der Zukunft finanziell über die Runden kommen, lassen sie sich auf Konzepte wie Multi-Jobbing ein. Perfide oder wenigstens absurd ist, dass die Digitalisierung die scheinbare Lösung für eben jene Probleme bereithält, die sie selbst geschaffen hat: Multi-Jobbing wird durch Plattformen wie Uber oder Airbnb vereinfacht. „Wir verdienen nicht genug mit unserer Arbeit, wir *müssen* unsere Wohnung dreißigmal im Jahr vermieten", äußern sich junge Millenials schon heute. Damit sind wir bei der totalen Vermarktung des Persönlichkeitssubjekts angelangt – und müssen zugeben: Die Digitalisierung birgt auch ein Kapitalismusproblem. Die Personen, die sich als Multi-Jobber verdingen und sich selbst über Online-Plattformen vermarkten, sind die Wirkursache unvorstellbarer Umsätze und Gewinne – aber nicht bei sich selbst, sondern bei den Plattformbetreibern.

Die großen Gewinner der Digitalisierung sind die Mittelsmänner. Auch Google Search ist Mittelsmann. Die Suchmaschine produziert selbst keine Inhalte, bietet in ökonomischer Hinsicht null Produktionstiefe, aber vermittelt Inhalte Dritter als Information an die Suchgemeinde. Taxischreck Uber, der mit einem in vielen Ländern weltweit als illegal geltenden Geschäftsmodell aus Scheinselbständigkeit, Wettbewerbsverstößen und Steuerverlagerung angetreten ist, wird bei einem Umsatz von rund 200 Mio. US-Dollar weltweit mit einem Firmenwert von satten 50 Mrd. US-Dollar bewertet und verfügt über mehrere Milliarden US-Dollar bare Mittel. Liquidität alleine genügt, bestehende Märkte zu zerstören, um sich so Platz zu schaffen für das eigene Geschäftsmodell.

Weil Deutschland in digitaler Hinsicht nichts vorzuweisen hat, fehlen Verständnis, Kultur und Mittel, am digitalen Markt gestaltend mitzuwirken. Vielleicht rührt daher

---

[7] Berlin ist Start-up-Zentrum Nr. 1 in Deutschland, was wenig daran ändert, dass Start-ups unter Geldnot leiden. Die Aussage beruht auf empirischer Erfahrung und Rückmeldungen von Software-Ingenieuren aus der bundesdeutschen Hauptstadt, belastbare Zahlen liegen nicht vor.

die vermeintliche Sicherheit, in der sich viele deutsche Beschäftige wiegen. Die meisten haben keine Angst um ihren Arbeitsplatz. Wer vor Einsetzen der digitalen Transformation regulär angestellt war, ist tatsächlich ausreichend durch Gesetzgebung, Kündigungsschutzklauseln und Rentenvorschriften geschützt. Und dennoch müssen wir wahrnehmen: Die Gesellschaft der Beschäftigten beginnt auseinanderzufallen. Für Millenials ist es keine Selbstverständlichkeit mehr, einen „sicheren" und gut bezahlten Arbeitsplatz in der deutschen Wirtschaft zu ergattern. Nicht allen ist das klar. Nur ganz wenige unter ihnen wären deshalb bereit, ein eigenes (digitales) Start-up zu gründen. Die überwältigende Mehrzahl der Studierenden an deutschen Universitäten wünscht sich einen regulären Arbeitsplatz, will Einkünfte lieber konsumieren als investieren. Auch für sie gilt: Sie sind bereit, Geld für ihren Konsum auszugeben, statt Arbeitsplätze der Zukunft zu schaffen und für Arbeit zu bezahlen.[8]

4 Digitalisierung ist Kulturleistung, die eine neue Ordnung schafft

Die Erfahrungen, die wir mit der Digitalisierung bis jetzt gemacht haben, rufen eine gemischte Gefühlslage hervor. Sie reicht von Euphorie über eine pragmatische Haltung bis hin zum Pessimismus. Die empirischen Einsichten und das Kleinklein regulatorischer Versuche, die negativen Folgen der Digitalisierung einzudämmen – besonders und fast ausschließlich im Bereich des Datenschutzes, ohne die gute Absicht und Notwendigkeit regulierender Maßnahmen in Abrede zu stellen –, werden der digitalen Transformation in ihrer ganzen Bedeutung nicht gerecht. Auch die Digitalisierung steht in einem größeren menschheitsgeschichtlichen Zusammenhang. Sie hat einen grundlegenden Wandel der neuzeitlichen Idee vom selbstbestimmten Menschen in Gang gesetzt und löst die Strukturen der bürgerlichen Freiheiten auf, die die letzten 200 Jahre westliche Kulturgeschichte geprägt haben. Wenn die Digitalisierung aber den Untergang der aufgeklärten Epoche bedeutet, heißt das gleichzeitig, dass sie auch den Kern der zukünftigen neuen Gesellschaftsstruktur in sich trägt. Wenn es gelingt, diese neuen Strukturen so herauszuarbeiten, ohne die Mindeststandards, an denen wir als freiheitlich-demokratische Gesellschaft unwiderruflich festhalten müssen, aufzugeben, kann das Mensch-Maschine-Verhältnis ein positives werden und in einen Zustand münden, der dem Menschen dient. *Corporate Social Responsibility* kann helfen, neue gesellschaftliche Strukturen „von unten" zu etablieren, aber auch hier gilt zu reflektieren, wie die gesamtgesellschaftliche Strategie für

---

[8] Der Untergang der Musikindustrie war das Menetekel für jede dann folgende Abwertung intellektueller Arbeit. Digitalisierung bedeutet auch: Kopierbarkeit. Ein digitales Musikstück, das kopiert wird, ist vom Original qualitativ nicht zu unterscheiden. Die Digitalisierung hat so zum Untergang der Musikindustrie geführt.
Mit Büchern kann dasselbe geschehen. Google digitalisiert ganze Bibliotheken. In Deutschland hält noch die Buchpreisbindung, aus der intellektuelle Leistung von Autoren bezahlt wird. Fällt die Buchpreisbindung weg, ist zu erwarten, dass auch die geistige Leistung von Autoren schlechter bezahlt werden wird.

eine digitale Gesellschaft aussieht, in der der Mensch noch immer existieren kann, damit unternehmerische Maßnahmen „in die richtige Richtung" zielen.

Häufig liegt der Schlüssel zum Verständnis gegenwärtiger Geschehnisse in der Kulturgeschichte. Auch die Digitalisierung ist eine Kulturleistung des Menschen. „Macht euch die Erde untertan", erlaubt gewissermaßen den technologischen Fortschritt und rechtfertigt damit auch die digitale Transformation. Sich die Erde untertan machen, das heißt, Natur zu gestalten. Kultur ist also die Gestaltung der Natur durch den Menschen, indem er eine intellektuelle Leistung vollzieht. Kultur ist Menschenwerk. Sie erzeugt eine höhere Ordnung als die der Natur. Es ist die Ordnung der Menschen. Kultur „verwässert" die Natur, und jede menschliche Kulturleistung des Menschen entfernt ihn von der ursprünglichen Ordnung der Natur. Die industrielle Bodenbearbeitung und die Aussat genmanipulierter Maissorten sind von anderer Qualität als der Landbau mit Ochse und Pflug und die Besämung mit einer alten Weizensorte. Die Seefahrt mit dem größten Containerschiff der Welt, der MSC Oscar – es hat eine Ladekapazität von 19.100 Standardcontainern bei einer Länge von 400 m und wird von nicht mehr als einer Handvoll Besatzungsmitgliedern geführt – ist eine andere als die mit einem Segler. Dabei hatte Kultur geschichtlich immer eines zum Ziel: Dem Menschen mehr Sicherheit zu schenken. Kultur bedeutete das Zurückdrängen und Überwinden einer rauen Natur, die das Menschsein bedrohte. Kulturschaffung war Schaffung eines menschenfreundlichen Raums.

Sofern die sehr naturferne Kultur der Digitalisierung in eine Gesellschaftsform eingebettet wäre, die die Digitalisierung absorbieren könnte, wäre eine solche Gesellschaftsform eine „Weise des Seins, in der Menschsein gedeiht" (Guardini 1927). Doch viele Naturwissenschaftler der Disziplinen, die die Digitalisierung erst ermöglicht haben – Mathematiker, Physiker, Ingenieure oder Informationstheoretiker –, sind ins Grübeln geraten. Sie stellen sich die bange Frage, ob die Entfremdung von der Natur durch menschliches Kulturschaffen so weit gehen kann, dass ein Sättigungspunkt erreicht wird. Mathematiker sprechen von einem *Inflection Point*, dem „Wendepunkt" in einem Prozess, bei dem ein Prozess seine Stabilität verliert. Ist die digitale Transformation eben jener Wendepunkt in der Menschheitsgeschichte, ab dem Kultur nicht mehr weiter aufgebaut wird, sondern schwindet, weil sich die Ergebnisse der Digitalisierung so weit von den natürlichen Prozessen entfernen, dass menschliches Dasein nicht mehr möglich sein wird? Immerhin bezeichnen Silicon-Valley-Insider die Digitalisierung als „Debakel" (Keen 2015). Tausende Wissenschaftler und digitale Unternehmer, darunter der Physiker Stephen Hawking, der Philosoph und Physiker Nick Bostrom und der Vater der objektorientierten Programmierung, Grady Booch, rufen in einem offenen Brief für eine menschenfreundliche Weiterentwicklung Künstlicher Intelligenzen auf (Future of Life Institute 2015).

5 Eine neue Ordnung sucht den neuen Menschen

Wenn die Digitalisierung das Existenzielle des Menschen bedroht, indem sie die bisherigen Strukturen des menschlichen Zusammenlebens zerstört, spräche das für einen solchen Wendepunkt in der Menschheitsgeschichte. Die Digitalisierung und wiederum ihre autonomen Maschinen können globale Finanzmärkte zum Erliegen bringen, wenn Kriegswaffen in asymmetrische Kriegen eingesetzt werden und schaffen so eine Vielzahl neuer ethischer und rechtlicher Herausforderungen (Russell et al. 2013). Wo sie die menschliche Arbeit mehr denn je überflüssig macht oder wenigstens stark entwertet, wird es für den einzelnen Menschen besonders existenziell. Wo die Digitalisierung das Existenzielle des Menschen zerstört, macht sie die künftige Welt und Gesellschaft unmenschlich.

Auch die nie zuvor gesehene „Stellvertretung" der Wirklichkeit durch Abstraktionen, die mathematischen Modelle und Algorithmen (die besonders ausgiebig bei *Big Data Analytics* zum Einsatz kommen), ist ein Indiz für eine extreme Entfernung der digitalen Kulturleistung zur Realität. Weggehend vom Einzelnen, der individuellen Person, suchen *Data Scientists* nach dem Gesamtzusammenhang. Sie abstrahieren, wählen die Parameter der Wirklichkeit aus, die ihnen wichtig erscheinen, lassen andere unberücksichtigt und kürzen mit ihren mathematischen Modellen nicht nur die Natur, sondern auch das Denken ab. Sie suchen nach den Wahrheiten, die für viele zutreffen, um das Ganze zu beherrschen: „Kunden, die dieses Buch gekauft haben, haben sich auch für folgende Artikel interessiert."[9]

Mit der Digitalisierung bekommt die Abstraktion der Realität durch Modelle und Algorithmen ein so entscheidendes Übergewicht, dass der Begriff von der „Dämonie der Zahl" mehr denn je im Zeitalter der Aufklärung, der „wissenschaftlichen Vernunft", zuzutreffen scheint (Guardini 1927). Dabei kommt es zu einem Widerspruch. Zum Beispiel gehört zur Masse unserer persönlichen Daten, wie oft wir die Löschtaste, die Leertaste oder prozentual Sonderzeichen (Ziffern und Interpunktion) unserer Tastatur betätigen. Daraus lässt sich auf unseren Gemütszustand schließen. Mit *Big Data Analytics* können Zuversicht, Unschlüssigkeit, Nervosität, Entspannung, Trauer oder Müdigkeit mit einer Trefferrate von jeweils mehr als 80 % klassifiziert werden (Christl 2014). Insgesamt 12–23 % der Nutzer finden sich aber in der „falschen" Gruppe wieder. Trotz der verlautbarten digitalen Möglichkeiten zur Individualisierung macht sich dennoch niemand die Mühe, die einzelne Person zu betrachten. Was wie Individualisierung aussieht, ist doch nur Vermassung als Konsumentengruppe, Gemütszustand, politische Einstellung. Bedenkenlos und praktisch ohne Widerspruch geben sich die Menschen jener „Dämonie der Zahl" hin, global und unterschiedslos in Bezug auf Geografie oder finanzielle Möglichkeiten. Der Zugang zum Netz, zur Digitalisierung soll allen Menschen gleich möglich sein.

Menschen und Institutionen auf dem ganzen Globus stellen sich den zahlenmäßigen Kräften der Digitalisierung zur Verfügung, die sich nur mehr mit voller Wucht weiter ausbreiten. Das Unvermeidliche daran – die Überwachung, die Zerstörung der Privatsphäre, den Mangel an Kontrolle persönlicher Daten, die Schrumpfung der Meinungsvielfalt, den

---

[9] Tatsächlich steht überhaupt nicht fest, ob sich ein Kunde, den ein mathematisches Modell zu einer bestimmten Käufergruppe zugehörig klassifiziert hat, genauso verhält wie andere Kunden seiner Klasse. Doch Data Scientists sind genau an diesen Einzelfällen nicht interessiert, sondern geben sich damit zufrieden, dass sie die Fehlerquote eines Modells so weit wie möglich minimieren.

drohenden Arbeitsmangel – nehmen wir hin, weil wir die Digitalisierung zum wertvolleren Gut erklärt haben. Warum ist das so? Warum die Aufgabe der Selbstbestimmung, warum der ausschließliche Fokus auf die Nutzenmaximierung?

„Sollen sie doch alle meine Daten haben, wenn es mir nützt", sind oft gehörte Sätze aus den Reihen der Internetnutzer. Tun wir den Millenials und den nachfolgenden Generationen Unrecht, wenn wir quasi mit Nostalgie an der Idee der freien Person und damit mittelbar an Pluralismus und Demokratie festhalten? Hängen die Bewahrer „alter" Werte nur der romantischen Vorstellung bürgerlicher Freiheiten nach? Ist Selbstbestimmung in der digitalen Ära etwa ein Anachronismus? Oder braucht die Digitalisierung eine neue, andere Haltung? Menschenwürdig wäre eine Haltung, mit der wir Selbstbestimmung, Pluralismus und Demokratie in der digitalen Ära „umleben".

Was wird das gesellschaftlich Neue am digitalen Zeitalter sein? Wir können nur ahnen: Es ist in der Digitalisierung selbst verborgen. Die veränderte Gesellschaftsordnung für die neue Ära tritt noch nicht deutlich hervor. Wenn wir nachfolgenden Generationen nicht unrecht tun wollen, müssen wir uns überwinden und herausarbeiten, wer der Mensch, die Person, im digitalen Zeitalter ist, wie er lebt und arbeitet. Bei der Gestaltung der digitalen Zukunft *müssen* wir aber auf den europäischen Werten der Aufklärung, auf Demokratie und soziale Marktwirtschaft bestehen, damit auch die digitale Ordnung vollständig auf den Menschen bezogen bleibt. Das bedeutet: Wir haben die Selbstbestimmung und Menschenwürde als europäische Standards auch in die Zukunft zu tragen. Die Herausforderung ist, diese Werte neu zu denken. Wie emanzipieren wir uns von den (kommerziellen) Institutionen, die ganz neu Macht über uns gewonnen haben, weil sie über unsere Daten und die Technologien verfügen, die uns überwachen und manipulieren? Technologiewissen war schon immer Herrschaftswissen, das gilt auch für die Digitalisierung. Wie können wir die Selbstbestimmung als einzelne Person und als demokratische Gesellschaft neben der Digitalisierung nicht nur aufbauen, sondern mit ihrer Hilfe sogar ausweiten? Wie fördern wir Pluralismus, Partizipation von unten und die soziale Marktwirtschaft mit ihren fairen Arbeitsentgelten und Sicherungen, nicht trotz, sondern quasi als Folge der Digitalisierung? Das kann dann gelingen, wenn die Digitalisierung unmittelbare Voraussetzung der neuen Ordnung wird, als ein digitales „Ökosystem", in dem wir leben (Helbing 2015). Innerhalb eines solchen digitalen Ökosystems muss ausgerechnet die Digitalisierung selbst zu einer neuen Haltung der Freiheit führen. In der digitalen Transformation muss sich der Mensch neu befreien. Dafür braucht er eine Rückbindung, eine Heimat, eine Identität. Diese Identität muss die der Aufklärung sein, Europas Wurzel und Erbe. Die Probleme und Zerwürfnisse der Europäischen Union machen die Aufgabe nicht leichter. Der Relativismus der letzten Jahrzehnte, in dem alles „gleich gültig" nebeneinander stand, spielt den digitalen Assistenten, die uns nur zu gerne zu Entscheidungen raten, nur weiter in die Hände (Žižek 2015).

Kehren wir von unserem philosophischen Spaziergang zur Realität der Arbeit in der digitalen Ära zurück. Wie kann sich der Mensch von den Zwängen digitaler Arbeitswelten emanzipieren, wenn ihn die Digitalisierung in die existenzielle Unsicherheit hineinwirft, indem sie ihm die menschliche Arbeit nimmt, die ihn leben lässt? Hier hilft die regulierende Gesetzgebung. Sie ist die schwerste Waffe unserer demokratischen Gesellschaften.

Nehmen wir an, jeder Bürger erhielte ein bedingungsloses Grundeinkommen; alle anderen staatlichen Transferleistungen an die Bürger würden gestrichen. Ein angemessenes bedingungsloses Grundeinkommen würde dem Menschen erlauben, auch ohne die Arbeit, die ihm von intelligenten Maschinen künftig abgenommen wird, menschenwürdig zu leben. Wer sich weiterhin intellektuell und physisch ins Arbeitsleben einbringen kann, ist eingeladen, genau dies zu tun. Die Mittel für ein Basisaufkommen können durch eine Umkehr des aktuellen Besteuerungssystems herrühren. Schon heute lässt sich beobachten, wie die Schere zwischen Arbeit und Kapital desto mehr aufgeht, je weiter die Digitalisierung fortschreitet. Kapital wird künftig immer häufiger durch Maschinen substituiert und immer seltener als Gegenleistung für menschliche Arbeit gezahlt werden. Der Anteil der Löhne an der Wirtschaftsleistung wird mit fortschreitender Digitalisierung weiter fallen, während der Anteil des Kapitals steigen wird. Die digitale Supermacht USA ist Vorreiter, entsprechende Zahlen finden sich bei allen namhaften Ökonomen von Erik Brynjolfsson über Thomas Piketty bis Joseph Stiglitz. Geld wird mehr als je zuvor mit Geld verdient, nicht mit Arbeit. Wer arbeitet, ist der neue Arme. Doch es ist noch immer die menschliche Arbeit, die wir progressiv besteuern und stärker belasten als alle Kapitalgewinne digitaler Technologiegiganten (Deutschland besteuert Einkommen mit einem Spitzensteuersatz von rund 45 %; für Kapitalerträge beträgt er 15 %). Es ist diese Art Umdenken, zu der uns die digitale Ära herausfordert. Es sind radikale Gedanken für große Anpassungen. Nur große Änderungen werden dem Besucher des digitalen Freizeitparks auch in Zukunft erlauben, am Leben teilzunehmen, auch wenn er kein Arbeitseinkommen erzielen kann. Emanzipation von der Digitalisierung kann sich aber nicht nur auf die Aspekte Arbeit und Steuern beschränken. Die Zivilgesellschaft muss sich aus ihrer Lethargie erheben und auch die abstrakten Werte unserer freiheitlichen Gesellschaften verteidigen. Zu dieser Kraft müssen wir finden. Was nötig ist, ist eine Evolution der Freiheitswerte, damit sie mit der Digitalisierung wachsen. Wie bleiben wir trotz der Digitalisierung selbstbestimmte Persönlichkeitssubjekte? Wie sehen regulatorischen Änderungen aus, wie die Machtbeschränkungen der Herren der Digitalisierung? Es geht um eine neue moralisch-ethische Substanz in der digitalen Gesellschaft. Wenn sie einmal formuliert ist, wird digitales Kulturschaffen gelungen sein, mit Technik, die nicht weniger ist als vorher, sondern mehr, besser, geistiger und: humaner.

Literatur

Astheimer, Sven (2015): Digitalisierung bedroht massenhaft Arbeitsplätze [Online] // faz.net. - 24. Juni 2015. - http://www.faz.net/aktuell/beruf-chance/arbeitswelt/neue-technologien-digitalisierung-bedroht-massenhaft-arbeitsplaetze-13664186.html.

Brossardt, Bertram (2015): Arbeitslandschaft 2040 [Bericht]. - München : Prognos AG; vbw Bayern.

Bundesagentur für Arbeit (2015): Statistik/Arbeitsmarktberichterstattung: Der Arbeits- und Ausbildungsmarkt in Deutschland. Monatsbericht, September 2015 [Bericht]. - Nürnberg : Bundesagentur für Arbeit.

Christl, Wolfie (2014): Kommerzielle digitale Überwachung im Alltag [Bericht]. - Wien : Cracked Labs – Institut für Kritische Digitale Kultur.

Future of Life Institute (2015): Research Priorities for Robust and Beneficial Artificial Intelligence: an Open Letter [Online] // futureoflife.org. - 28. Juli 2015. - http://futureoflife.org/AI/open_letter.

Gartner Group (2014): Gartner [Online] // Gartner Identifies the Top 10 Strategic Technology Trends for 2015. - 8. Oktober 2014. - www.gartner.com/newsroom/id/2867917.

Guardini, Romano (1927) Briefe vom Comer See [Buchabschnitt]. - Mainz : Matthias-Grünewald-Verlag.

Helbing, Dirk (2015): Demokratie am Scheideweg: Programmierte Bürger und automatisierte Gesellschaft oder Entscheidungsfreiheit und Pluralität? [Bericht]. - Zürich : ETH Zürich.

Keen, Andrew (2015): The Internet Is Not The Answer [Buch]. - London : Atlantic Books Limited.

Kneser, Jakob und Dietsche, Pina (2015): Das Ende des Zufalls, unter: http://www.3sat.de/mediathek/?mode=play&obj=49613

nck/dpa (2015): Teilzeit, Befristungen, Minijobs: Reguläre Jobs werden seltener [Online] // spiegel.de. - 21. April 2015. - http://www.spiegel.de/wirtschaft/soziales/teilzeit-befristungen-minijobs-atypische-jobs-nehmen-zu-a-1029642.html.

Osborne, Michael A. und Frey, Carl Benedikt (2013): The Future of Employment: How Susceptible Are Jobs to Computerisation? [Bericht]. - Oxford : Oxford University.

Piketty, Thomas (2014): Das Kapital im 21. Jahrhundert [Buchabschnitt]. - München : C.H. Beck, Deutsche Ausgabe, 2. Aufl.

Russell, Stuart und al. (2013): Research priorities for robust and beneficial artificial intelligence [Bericht]. - Boston, MA : Future of Life Institute.

Statista (2015): Umfrage zur Bekanntheit des Begriffs »Internet der Dinge« in Deutschland 2015 [Online] // Statista - Das Statistik-Portal. - Juli 2015. - http://de.statista.com/statistik/daten/studie/448713/umfrage/verstaendnis-des-begriffs-internet-der-dinge-in-deutschland/.

Strack, Rainer et. al. (2015): Die halbierte Generation [Bericht]. - Boston, MA; Düsseldorf : Boston Consulting Group.

svs/nab (2015): Digitalisierung? Nicht mein Ding! [Online] // faz.net. - Frankfurter Allgemeine Zeitung, 15. Juli 2015. - 13. September 2015. - http://www.faz.net/aktuell/beruf-chance/arbeitswelt/digitalisierung-industrie-4-0-in-der-modernen-arbeitswelt-13694605.html.

uh/tp (2014): Finma ermittelt gegen UBS-Banker [Online] // finanzen.ch. - 12. November 2014. - http://www.finanzen.ch/nachrichten/aktien/Finma-ermittelt-gegen-UBS-Banker-1000371702.

Žižek, Slavoj (2015): Unsere Trägheit ist die größte Gefahr [Interview]. - 14. März 2015.

Yvonne Hofstetter, geboren 1966, Juristin und Essayistin, begann ihre Karriere der Informationstechnologie im Jahr 1999. Seit 2009 ist Hofstetter Geschäftsführerin der Teramark Technologies GmbH im Münchener Norden, ein global führendes Unternehmen für maschinelle Lernverfahren. Das Unternehmen entwickelt künstliche Intelligenz für das algorithmische Währungsrisiko-Management, für die Koordination urbaner Lieferlogistik und die militärische Aufklärung; sein Kernteam ist seit über 15 Jahren auf die Auswertung großer Datenmengen mit lernenden Maschinen spezialisiert.

Hofstetter hat ihre Gedanken zu Big Data und der Nutzung intelligenter Algorithmen zur Optimierung des Menschen mehrfach prominent in der F.A.Z., der ZEIT und in zahlreichen Interviews dargelegt. Ihr Buch „Sie wissen alles" ist beim C. Bertelsmann Verlag erschienen. Hofstetter lebt in Zolling bei Freising und in Wien.

Teil III
Generation Resource Management

Innovative Methoden und Instrumente des intergenerativen Wissenstransfers

Markus Rimser

1 Intergenerativer Wissenstransfer

Auf den englischen Philosophen Francis Bacon (1561–1626) soll der Ausspruch „Wissen ist Macht" zurückgehen. Wissen als Form von nützlichen Informationen stellt die Grundlage jeglichen betrieblichen (machtvollen) Handelns dar, Wissen prägt als Form des modernen Survival of the Fittest die neuen Unternehmenskulturen. Doch wer verfügt in Unternehmen über jene so wichtigen nützlichen Informationen? Dem Schweizer Organisationsberater Peter Holliger (2005, S. 32) zufolge befindet sich dieses „erfolgskritische Wissen" zu mehr als 40 % in den Köpfen der Mitarbeiter eines Unternehmens. Fällt es weg, so ist dies mit einem Verlust an Innovations- und damit an Wettbewerbfähigkeit gleichzusetzen (vgl. Jooß 2015, S. 11 ff.) oder gar mit einer „demografischen Katastrophe" (Geithner et al. 2015, S. 185).

Um Unternehmen auch nachhaltig wettbewerbsfähig zu halten, bedarf es also einer Sicherung dieses erfolgskritischen Wissens. Nach Klärung der Frage, *wer* im Unternehmen über das erfolgskritische Wissen verfügt, stellt sich nun die Frage, *wie* dieses beschrieben und erfasst werden kann, damit es letztlich auch übertragen und künftig nutzbar gemacht werden kann.

Die Dynamisierung des Arbeitsmarktes (Stichwort: Migration) als exogener Faktor, und der demografische Wandel von Belegschaften als endogener Faktor verstärken die Notwendigkeit eines nachhaltigen Konzepts zur Förderung des Wissenstransfers und der Implementierung des erfolgskritischen Wissens – weg vom individuellen, hin zum kollektiven Wissen – in die Organisationsstrukturen. So einfach die Theorie, wäre da nicht die Praxis: Jene ungeliebte, aber eben gelebte Kultur, ältere Mitarbeiter aufgrund der ho-

---

M. Rimser (✉)
CEO, Head of Human Resources, Corporate Consult Unternehmensberatung
St. Pölten, Österreich
E-Mail: markus.rimser@corporateconsult.net

© Springer-Verlag Berlin Heidelberg 2017
B. Spieß und N. Fabisch (Hrsg.), *CSR und neue Arbeitswelten*,
Management-Reihe Corporate Social Responsibility, DOI 10.1007/978-3-662-50531-1_5

hen (Lohn-/Neben-)Kostenbelastung in den Vorruhestand zu entsenden (vgl. Bullinger 2001) – oft nicht immer auf dem elegantesten Wege (golden handshake). Wäre da nicht die Beobachtung, dass für den Prozess des Wissenstransfers oft keine geeigneten Instrumente zur Teilung von erfolgskritischem Wissen zum Einsatz kommen – ein gefährliches Spiel mit der Zukunft eines Unternehmens, denn: ungeordnete Übergabeszenarien lassen das in Jahrzehnten gereifte Erfahrungswissen älterer Mitarbeiter schnell verloren gehen und unachtsam „entsorgte" Mitarbeiter haben mehr Frust als Lust an einem erfolgreichen Wissenstransfer (vgl. dazu Schweer et al. 2015, S. 165 ff.).

Köchling (2004) sieht darin eine Bestätigung für die Wichtigkeit einer Wertschätzungskultur, die sich in einem Unternehmen und zwischen den Generationen befinden muss (siehe auch Bullinger et al. 2003, S. 98 ff.). Ansonsten haben Modelle des intergenerativen Know-how-Transfers keine Chance, werden vielmehr als zusätzliche Belastung im täglichen Arbeitsablauf empfunden.

Wie die Berater-Perspektiven von Holliger (2006) und Köchling (2004) zeigen, gibt es aus betriebspragmatischer Sicht eine Vielzahl an grundlegenden Argumenten zur Implementierung eines strukturierten intergenerativen Wissenstransfers, doch: gibt es einen wissenschaftlichen Beleg für die Sinnhaftigkeit und Wirtschaftlichkeit intergenerativer Wissenstransfers? Die gibt es! Moderne Arbeitsformen aus Skandinavien (vgl. Ilmarinen und Tempel 2002) zeigen, dass die Zusammenarbeit von Jung und Alt in altersgemischten Teams, Tandems und Patenmodellen nicht nur möglich und fachlich/persönlich bereichernd, sondern vor allem auch aus organisationaler Perspektive effizient sein kann.

Bevor wir uns nun dem Überblick jener „moderner Arbeitsformen" sowie den Modellen und Instrumenten des intergenerativen Wissenstransfers widmen, bedarf es noch einer Präzisierung des Begriffs „erfolgskritisches Wissen", die nicht nur den Gegenstand, sondern auch die betriebliche Sinnhaftigkeit eines Wissenstransfers deutlich machen soll.

1.1 Erfolgskritisches Wissen

Nach Rump und Schmidt (2004, S. 70 ff.)

> wird Wissen als die Fähigkeit und Voraussetzung für bewusstes Handeln, die sich aus einem Handlungskontext vernetzter und bewerteter Informationen zusammensetzt, verstanden. (...) Der Wert des Wissens zeigt sich, wenn das Wissen in Können umgesetzt und zu bestimmten Handlungen führt. (...) Erfolgskritisch ist Wissen dann, wenn es einzigartig ist und/oder maßgeblich die Leistung beeinflusst.

In Anlehnung an Probst et al. (1998) lassen sich folgende drei Kategorien von erfolgskritischem Wissen identifizieren:

- *Hebelwissen* (schafft Wettbewerbsvorteile und hat einen großen Nutzen für den Leistungserstellungsprozess),

- *Basiswissen* (geht mit geringem Wettbewerbsvorsprung, aber mit hoher Leistungsbeeinflussung einher, stellt Geschäftsprozesse sicher und kann mit Verbesserung des Wissensniveaus zu Hebelwissen umgewandelt werden),
- *Engpasswissen* (ist bisher wenig nutzbringend, kann jedoch mit entsprechender Nutzung, Vertiefung und Erweiterung unter hohen Bildungsinvestitionen zu erfolgskritischem Wissen werden).

Um nun das erfolgskritische Wissen für ein Unternehmen nutzbar zu machen, muss es zunächst identifiziert (*Identifikation* von Wissen) (vgl. North et al. 2016, S. 15 f.) und generiert (*Generierung* von Wissen) werden (vgl. Armutat et al. 2002, S. 20). Im Anschluss daran folgt der *Transfer* des Wissens, gepaart mit der *Nutzung und Bewahrung* dieses Wissens. Die betriebliche Praxis (vgl. Holliger 2006, S. 13) hat gezeigt, dass aufgrund der „Jugendzentrierung und des Altersrassismus" (Holliger 2006, S. 13; Bruch et al. 2010, S. 204) ältere Mitarbeiter bereits frühzeitig verrentet werden ohne spezifisch auf die Sicherung deren kritischen Wissens einzugehen. Dadurch, so Holliger (2006, S. 15) „(...) gehen einem Unternehmen im Schnitt mehr als 40 % des kritischen Wissens verloren." In einer österreichischen Universität wurde nach Prüfung des Belegschaftsdurchschnittsalters festgestellt, dass im Jahr 2015 mehr als 70 %(!) der Universitätsprofessoren im Renteneintrittsalter sind – auch dort stellt man sich viel zu spät die Frage, wie deren kritisches Wissen erhalten und an jüngere Mitarbeiter weitergegeben werden kann.

Wie die Einführung neuer Technologien im Zeitalter des technischen Fortschritts gezeigt hat, wäre es fahrlässig, ausschließlich davon auszugehen, dass Wissenstransfer nur von Alt zu Jung stattfinden kann. Immer wieder kann beobachtet werden, dass auch junge Mitarbeiter über spezielles und nutzenbringendes Wissen (wie z. B. nicht betriebsblind, Wissen auf dem neusten Stand etc.) verfügen, welches älteren Beschäftigten bei deren Bewältigung von alltäglichen Arbeitsaufgaben behilflich sein kann. Damit ein wechselseitiger Wissensaustausch zwischen Jung und Alt im Betrieb aber auch tatsächlich zum beiderseitigen Nutzen stattfinden kann und nicht zufällig bleibt, müssen intergenerative Lernprozesse organisatorisch verankert, institutionalisiert und die sich daraus resultierenden, ergänzenden Wissensbestände auch zur betrieblichen Handlungspraxis werden (Bruch et al. 2010, S. 132). Durch institutionalisierte und anerkannte Formen des Wissensmanagements kann zudem auch für ältere Mitarbeiter die notwendige Vertrauensbasis geschaffen werden, sich dem Transfer des eigenen Erfahrungswissens, also „(...) einer hochentwickelten Form von Handlungswissen" (Rimser 2006, S. 185), zu öffnen und sich dem lebenslangen Lernen hinzugeben (vgl. Europäischer Rat 2000).

Als Grundvoraussetzung für derartige Lern- und Vermittlungsprozesse müssen in die Unternehmenskultur entsprechende Leitbilder und Werthaltungen integriert sein bzw. werden (vgl. Renkhoff-Mücke 2015, S. 206). Da es sich bei einem großen Teil des Basis- und Hebelwissens um implizites, also um Erfahrungswissen handelt, sind zur Vermittlung und Übertragung dieses Wissens kooperative und kommunikative Formen des Lernens (z. B. Lernstätten, Qualitätszirkel, KVP, Lerninseln oder Communities of Practice) gefragt. In erster Linie ist jedoch zu gewährleisten, dass die individuelle Bereitschaft zur Wissensweitergabe gefördert wird. (Buck et al. 2002, S. 58 ff.) sehen unter anderem folgende Voraussetzungen dabei als essenziell:

- *Ermöglichen*: die Arbeitsrolle der älteren Arbeitnehmer ist insofern auf eine Trainertätigkeit zu erweitern, dass die Lehrfunktion jüngerer Mitarbeiter ein definierter Teil ihres Aufgabenprofils ist.
- *Befähigen*: Des Weiteren ist es sinnvoll, diese Trainer in Methodik und Didaktik anzuleiten, wie sie das Lehren bewältigen und damit das Wissen auch transportieren können.
- *Unterstützen*: zusätzlich muss durch alltägliche Tätigkeiten (z. B. Lernen am Arbeitsplatz) die Möglichkeit des Lehrens gegeben sein als auch die zeitlichen Ressourcen bereitgestellt werden.
- *Motivieren*: schließlich sind materielle Anreize zu schaffen, die Lehrfunktion auszuführen, damit ältere Arbeitnehmer ihr, über die Jahre angesammeltes, wertvolles Erfahrungswissen an ihre jüngeren Kollegen weitergeben können und wollen (vgl. Buck 1996, 2002, 2004 und 2005).

Welche alltäglichen Arbeitsbedingungen bzw. jobnahen Gestaltungsmöglichkeiten eignen sich nun konkret für die Umsetzung eines intergenerativen Wissenstransfers?

1.2 Instrumente des intergenerativen Wissenstransfers

Wie oben bereits erwähnt, gelten mehrere Voraussetzungen für die Ausgestaltung von Wissensentwicklung bzw. eines intergenerativen Wissenstransfers. Nach Rump und Schmidt (2004, S. 98) „(...) gehören Veränderung der Arbeitsinhalte, explizite Lernorte, Team- bzw. Projektarbeit, Coaching sowie die Vermittlung von Best Practice" zu den wichtigsten Elementen von Wissensentwicklung und -weitergabe sowie als Basis dafür, den „Ergebnistransfer nachhaltig (zu) gestalten" (Cernavin et al. 2015, S. 41).

1.2.1 Veränderung der Arbeitsinhalte

Job Enlargement, Job Enrichment und Job Rotation sind geeignete Instrumente, um das Wissen der Beschäftigten systematisch aufzubauen und zu vernetzen. Insbesondere die Job Rotation erhält unter dem Fokus des intergenerativen Wissenstransfers besondere Bedeutung, wie nachfolgendes Beispiel eindrucksvoll bestätigt:

Praxisbeispiel

Das Montagesystem bei einem Kraftfahrzeughersteller besteht aus einem getaktetem Band und einer vom Band entkoppelten Vormontage (siehe Abb. 1) an Einzelarbeitsplätzen. Von den Tätigkeiten dieses Arbeitssystems fallen 70 % am Band und 30 % in der Vormontage an. Um einen physischen und psychischen Belastungswechsel zu ermöglichen ist es notwendig, dass regelmäßig über die Vormontageplätze und über die taktunabhängigen planerischen Tätigkeiten (z. B. Materialabruf) rotiert wird.

Innovative Methoden und Instrumente des intergenerativen Wissenstransfers

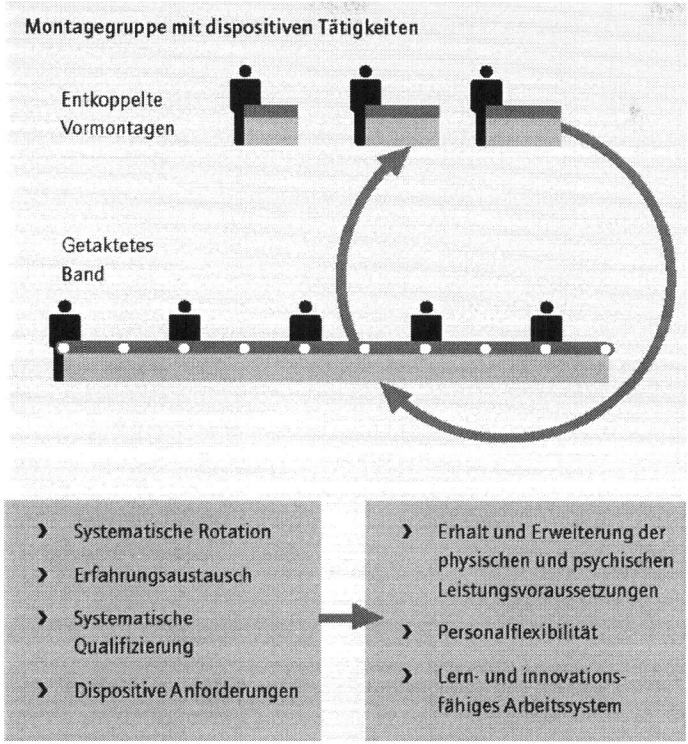

Abb. 1 Job Rotation und Wissenstransfer. (Pack et al. 2000, S. 39)

Bei der Einführung von Gruppenarbeit war es erklärtes Ziel des Managements, ein hochflexibles Arbeitssystem zu gestalten, das auch zukünftigen Anforderungen an steigende Komplexität und Variantenvielfalt der Baugruppen gewachsen sein soll. Die Einsatzflexibilität der Mitarbeiter sollte deshalb so groß sein, dass im Prinzip jeder Mitarbeiter jede Tätigkeit der Gruppenaufgabe beherrschen sollte. Deshalb wurde von der Gruppe von vornherein ein Budget für Grund- und Weiterqualifizierung zur Verfügung gestellt. Zusätzlich wurde ein Entlohnungssystem gemeinsam mit der Gruppe erarbeitet, welches einen Anreiz zur Rotation über alle Gruppentätigkeiten durch eine Prämie bei nachgewiesener regelmäßiger Rotation erhielt. Diese Prämie war stufenweise nach dem Prozentsatz der beherrschten Gruppentätigkeit gestaffelt 2000 (Pack et al. 2000, S. 38 f.).

Durch die regelmäßige Rotation über alle Gruppentätigkeiten und dem wechselseitig permanent stattfindenden Erfahrungsaustausch innerhalb des Arbeitsablaufs können einerseits alle physischen und psychischen Leistungsvoraussetzungen des Einzelnen erhalten bzw. gefördert werden, andererseits findet auch ein Erfahrungsaustausch mit integrierter Wissensweitergabe unter dem Motto:

- *Know-how* (Daten und Informationen so verknüpfen, dass Ziele besser erreicht werden),
- *Know-new* (neues Wissen und Aha-Effekte durch neue Perspektiven erzeugen),
- *Know-to-do* (Verringern von Know-how-Defiziten durch Problemlösung),
- *Know-what* (Fach- und Erfahrungswissen erhöhen),

statt (vgl. Radatz 2000, S. 97).

1.2.2 Explizite Lernorte

Nach Herbst (2000) sind sog. Thinktanks als explizite Lernorte unternehmensinterne Einheiten, die sich mit der Generierung und Vermittlung von betriebsinternem, erfolgskritischem Wissen auseinandersetzen. Auf bestimmte Themen spezialisierte Spezialeinheiten und Stabseinheiten wie z. B. Organisationsentwicklung und F&E zählen zu den bekanntesten Thinktanks. Lernzentren oder Lerninseln gelten dann als explizite Lernorte, wenn sich Mitarbeiter regelmäßig im Rahmen eines bestimmten Settings treffen, um an gemeinsamen Problemstellungen zu arbeiten, daraus Lösungsansätze zu entwickeln und dadurch Lernen und Handeln miteinander zu verknüpfen (vgl. Huber et al. 2009, S. 21). Typische Lernzentren sind unter anderem Qualitäts- oder Gesundheitszirkel (vgl. Rimser 2006, S. 173).

1.2.3 Altersgemischte Teamarbeit

Teamarbeit in der unternehmerischen Praxis bietet nach Pack et al. (2000, S. 39) eine effektive Plattform für die Generierung von neuem Wissen. Dabei tauschen die Teammitglieder ihr Wissen aus, kombinieren es neu und kreieren dadurch eine Fülle neuer Ideen und Lösungsansätze. Altersgemischte Teamstrukturen setzen auf ein wechselseitiges Lernen von Jüngeren und Älteren und unterstützen somit einen gegenseitigen Qualifizierungsprozess (vgl. Wegge et al. 2011, S. 433 ff.). Die, den jeweiligen Altersgruppen typisch zugeschriebenen Eigenschaften und Stärken sollen so konzentriert in die Gruppenleistung einfließen, dass ältere und jüngere Mitarbeiter so lange als möglich arbeits- und innovationsfähig bleiben und ihr erfolgskritisches Wissen pflegen und erhalten. Während Jüngere von den Erfahrungen der Älteren profitieren und ihre speziellen Kenntnisse einbringen, werden ältere Mitarbeiter durch die Erweiterung ihres Jobprofils (Lehrtätigkeit) zusätzlich motiviert und erhalten durch Inanspruchnahme neuer Tätigkeiten wieder neue Möglichkeiten, neue Erfahrungen zu sammeln und Fähigkeiten auszubauen. Dieses systematische Konzept des Wissenstransfers ist unter dem Begriff „Tandem" (Morschhäuser et al. 2005, S. 113) bekannt und dient der Sicherstellung des Wissenstransfers. Der Wissensaustausch in altersgemischten Teams basiert auf dem Prinzip einer regelmäßigen, direkten und wechselseitigen Zusammenarbeit. Wichtig ist der Abbau gegenseitiger Vorurteile, damit im Arbeitsprozess keine Blockaden entstehen. Damit der Transfer gezielt und systematisch erfolgen kann, müssen insbesondere ältere Arbeitskräfte aufgeklärt und ermutigt werden bzw. deren Befürchtungen, den Arbeitsplatz verlieren zu können, genommen werden. Dies kann unter anderem durch das Schaffen von monetären Anreizen, aber auch durch entsprechendes Entgegenkommen bzgl. Arbeitszeit, Karriereplanung und -entwicklung gewährleistet werden.

Das Praxisbeispiel der SICK AG (SICK AG 2010, S. 15) aus dem Jahr 2010 fasst die Vorteile altersgemischter Teamarbeit wie folgt zusammen:

- „differenziertes, erweitertes Leistungsspektrum,
- Vielfalt der Perspektiven,
- breiteres personelles Netzwerk,
- gegenseitige Kompetenzerweiterung,
- Know-how-Transfer an konkreten Arbeitsaufgaben,
- Dynamik,
- gesundheitsfördernde Wirkung."

1.2.4 Coaching

Beim Coaching zielt der Coach insbesondere darauf ab, das durch Erfahrung gewonnene Wissen (stilles Wissen) zu verbalisieren, kritisch zu reflektieren und hinsichtlich Relevanz und Kontextorientierung zu hinterfragen. Nach Felbert (1998, S. 138 f.) ist ein Coach ein externer, spezialisierter Berater bzw. ein interner, geschulter Personalentwickler, der den Beschäftigten dabei unterstützt, herausfordernde Arbeitssituationen zu analysieren und problematisch erlebte Verhaltensmuster kritisch zu hinterfragen. Dabei steht jedoch weniger die fachliche Beratung und Vermittlung von Wissen im Vordergrund, sondern vielmehr die „prozesshafte Begleitung" (vgl. Polt und Rimser 2006) beim Erlernen von Lernen bzw. in selbstreflexiven Prozessen.

1.2.5 Wechselseitiges Lernen im Tandem

„Erwachsene verfügen über ‚Wissensreservoire'. Sie haben Wissen erlebt und verkörpern Erfahrungen, Kompetenzen und Routinen. Vor allem verfügen sie auch über implizites Wissen" (Siebert 2010, S. 102). Die Zielsetzung einer Tandembildung ist das gegenseitige Vermitteln dieses impliziten Wissens, also Erreichen einer „Win-Win-Konstellation", einer Situation, von der die jeweiligen Akteure profitieren und sich weiter entfalten können. Nach Morschhäuser et al. geht es

> (...) bei dieser Form des Lernens (...) nicht alleine um das Weitergeben von Wissen, es geht viel grundsätzlicher um das Lernen und die Übernahme einer Arbeitsrolle mit all ihren funktionalen und sozialen Aspekten. Diese Form des Lernens ist Lernen aus der Begleitung, der Beobachtung und aus dem Mittun heraus. Dabei kommt es nicht nur darauf an, wie etwas getan wird, sondern auch, was von einem erwartet wird; wie man mit unterschiedlichen, vielleicht widersprüchlichen Anforderungen umgeht; was zu tun ist, wenn bestimmte Situationen, Störungen, Schwierigkeiten eintreten (Morschhäuser et al. 2005, S. 113).

Damit setzen Tandems weniger bei der Vermittlung von formellem, also *Know-what-Wissen*, sondern beim Transfer des *Know-to-do-Wissens* (Radatz 2000, S. 97) an. Eine besonders intensive Form der kollegialen Zusammenarbeit im Rahmen des Tandems besteht zwischen Erfahrungsträgern und Berufsanfängern, bei der ein kontinuierlicher Austausch von Praxiswissen aber auch Erfahrungswissen gezielt gefördert wird.

> **Praxisbeispiel**
>
> In der Software und EDV-Abteilung des österreichischen Stahlkonzerns Voestalpine wurde im Rahmen des LIFE-Programms das sog. *Kutschbock-Prinzip* (Morschhäuser et al. 2002, S. 113) als wechselseitiges Tandem installiert. Bei Technologie- und Programmierprojekten werden bereits seit mehreren Jahren die Projektmitarbeiter in Tandems, bestehend aus jeweils einem jungen und einem älteren Mitarbeiter zusammengestellt. Die Aufgabenstellung ist so geteilt, dass dem jüngeren Mitarbeiter die Programmierung zukommt, dem älteren Mitarbeiter hingegen die Kundenbeziehung und Gestaltung der sozialen Prozesse. Nach eigenen Angaben werden seit Projekteinführung Aufgabenstellungen erfolgreicher bewältigt, Messzahlen wie die Mitarbeiterzufriedenheit und gegenseitiges Lernen werden sehr hoch eingestuft, die Fluktuation ist seither gesunken.

Eine weitere praktisch erprobte Einsatzmöglichkeit des Tandems zeigt sich insbesondere vor dem betrieblichen Ausscheiden älterer Mitarbeiter. „Dabei kann über reale Teilzeit und überlappende Arbeitszeiten von Senior und Nachfolger ein organisatorischer und zeitlicher Spielraum geschaffen werden, um den Erfahrungstransfer zwischen Jung und Alt zu fördern" (Morschhäuser et al. 2002, S. 114). Als Voraussetzung für das Funktionieren der Tandembeziehung folgert Köchling (2002, S. 140), dass

der Jüngere (...) den älteren Erfahrungsträger als Persönlichkeit und als Fachexperten akzeptieren [soll]. Das gelingt eher bei älteren Beschäftigten, die Lebensklugheit, Gelassenheit und Altersweisheit nach außen demonstrieren, sich neugierig auch gegenüber dem neuen Wissen des Jüngeren verhalten und sich ernsthaft und glaubwürdig um eine Integration von Alt und Neu bemühen.

Holliger (2006, S. 21) spricht im obigen Fall von den *High Potentials der älteren Beschäftigten*,

denn nicht jeder der älteren Mitarbeiter kommt als Lehrender im Tandemmodell in Frage, vielmehr geht es darum, herauszufinden, wer von den älteren Beschäftigten, welches Wissen in sich trägt und wer vor allem die Fähigkeiten erworben hat oder erwerben kann, dieses auch weiterzugeben.

Für die wechselseitige Wirkung des Tandems steht für Köchling (2002, S. 140) außer Zweifel, dass sich der Erfahrungsträger nicht ausschließlich als Lehrer, sondern auch als Lernender sehen muss, um den gegenseitigen Austausch des Wissens zu fördern.

> **Praxisbeispiel**
> Nach Drewniak (2003) setzt die Deutsche Bank seit Ende 2001 das Tandemmodell unter dem Namen *Know-how-Tandem* ein und verfolgt damit folgende Zielstellungen:
>
> - Betreuungsqualität verbessern,
> - Beziehungsmanagement steigern,
> - Sicherung des Wissenstransfers,
> - Schaffen und Gestalten einer Unternehmenskultur, in der Age Diversity zum Vorteil genutzt wird.
>
> Die so geschaffene Win-win-Situation hat gleichzeitig dazu geführt, dass die Bereitschaft, Know-how vom Gegenüber aufzugreifen, die gegenseitige Unterstützung und die Wertschätzung der Erfahrungen des Partners verbessert wurden. Außerdem konnte aufgezeigt werden, dass Leistung und Motivation der Tandems nachhaltig gesteigert werden konnten – und damit letztendlich auch der Geschäftserfolg der Bank (Drewniak zitiert nach Regnet 2004, S. 112).

Neue Arbeitswelten und altersgemischte Tandems

Die oben angeführten Vorteile von – im Idealfall altersgemischten – Tandems (vgl. Brammer et al. 2001, S. 28ff.) lassen sich auch im Hinblick auf die Gestaltung prognostizierter neuer Arbeitswelten (vgl. Bartz und Schmutzer 2014, S. 9 f.) wissenschaftlich erfassen. So dokumentieren z. B. Adenauer et al. (2015), dass das Miteinander der Generationen in altersgemischten Tandems eine wichtige Voraussetzung zur Bewältigung der neuen Arbeitswelten darstellt, sofern dafür „wesentliche Erfolgsfaktoren" (Adenauer et al. 2015, S. 368) eingehalten werden (siehe Abb. 2):

Voraussetzungen für die Zusammenstellung eines Tandems

- zwischen den Tandempartnern besteht eine enge fachliche, aber nicht unbedingt disziplinarische Beziehung,
- der Altersunterschied soll max. zwischen 12 und 15 Jahren betragen,
- Dauer der Zusammenarbeit ist mindestens ein halbes Jahr, kann jedoch in Abhängigkeit von der Komplexität des Themas auch bis zu eineinhalb Jahren andauern,
- die Beteiligten gestalten und definieren die Themen und Aufgabenfelder ihrer Zusammenarbeit selbstständig,
- der Erfahrungsträger muss im Vorfeld mit methodisch, didaktischen Vermittlungsprinzipien vertraut gemacht worden sein,
- der jüngere Tandempartner muss im Vorfeld als Potenzialträger eingestuft worden sein,
- für den Prozess der Tandemzusammenarbeit muss eine Betreuung seitens der Personalentwicklung bereitgestellt sein (vgl. Adenauer et al. 2015, S. 368).

Wie wird der Prozess des Tandemlernens reflektiert?

Im Vorfeld der Tandemzusammenarbeit (vgl. Bittner et al. 2015) müssen im Rahmen eines Initiierungsgesprächs unter Führungskräften und Personalentwicklungsverantwortlichen

Leistungspotenziale	Jüngere	Ältere Erwerbstätige
	Nennungen der Betriebe*	
Erfahrungswissen	+	+++
Theoretisches Wissen	++	++
Kreativität	+++	+
Lernbereitschaft	+++	+
Lernfähigkeit	+++	+
Arbeitsmoral, Arbeitsdisziplin	+	+++
Einstellung zur Qualität	+	+++
Zuverlässigkeit	+	+++
Loyalität	+	+++
Teamfähigkeit	++	++
Führungsfähigkeit	+	+++
Flexibilität, Reaktionsfähigkeit	+++	+
Körperliche Belastbarkeit	+++	+
Psychische Belastbarkeit	++	++
Beruflicher Ehrgeiz	+++	+

+++ = sehr häufig genannt, ++ = häufig genannt, + = wenig genannt

Abb. 2 Stärken unterschiedlicher Altersgruppen. (Inifes und Söstra (2009) zitiert nach Bullinger (2002, S. 8))

Bedarf, Einsatzmöglichkeit und Akteure des Tandems erhoben werden. Im Anschluss daran werden die Erfahrungsträger mit der neuen Rolle vertraut gemacht und über Sinn, Ablauf, Prozessgestaltung und Vorteile informiert. Die Älteren werden am Auswahlprozess der jüngeren Tandemmitglieder beteiligt und entsprechend zugeteilt. Nach wechselseitiger Akzeptanz aller Beteiligter, findet ein Kick-off-Treffen aller Tandems statt, in dem für jedes Tandem ein Begleiter bestimmt wird bzw. über Ziele, Regeln der Zusammenarbeit und erste Schritte reflektiert wird. Die Reflexion mit dem Begleiter wird solange fortgesetzt, bis die Tandemarbeit eindeutig abgeschlossen ist und der gesamte Aufgaben- und Verantwortungsbereich dem jüngeren Mitarbeiter übergeben werden kann.

Nutzen eines Tandemmodells
Bullinger (2002, S. 8) beschreibt den Nutzen der Tandemimplementierung als komplementäre Verknüpfung der Stärken unterschiedlicher Altersgruppen (siehe Abb. 2): „unterschiedliche Qualifikationsprofile und Erfahrungen jüngerer und älterer Mitarbeiter können sich ausgesprochen gut ergänzen" (Bullinger 2002, S. 8).

Nach einer Befragung von Inifes und Söstra (2001) von 88 Betrieben in Deutschland wurden von den Befragten die, in Abb. 2 erwähnten Leistungspotenziale sowohl jüngerer als auch älterer Mitarbeiter genannt. Im Besonderen zeichnen sich ältere Mitarbeiter vor

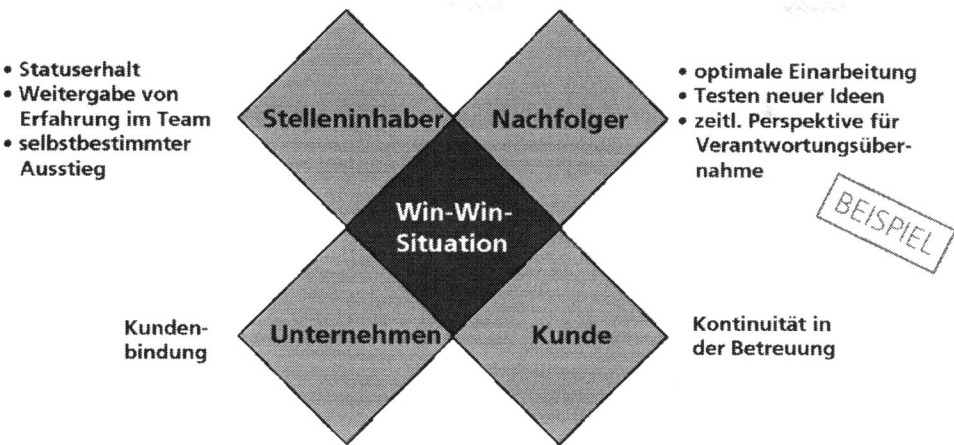

Abb. 3 Nutzen von Tandemmodellen. (Bullinger 2002, S. 9)

allem durch ihr Erfahrungswissen und ihre Arbeitsdisziplin sowie ihre Führungsfähigkeit aus: genügend Stärken, um ihnen die Rolle des Lehrenden im Tandemmodell zuzuschreiben. Auf Seiten der jungen Mitarbeiter zeigt sich vor allem die Haltung, Neues annehmen zu können (Fähigkeit), vor allem aber Neues lernen zu wollen (Bereitschaft), so gesehen kann im Tandemmodell von einer optimalen Ergänzung der Stärken beider Generationen ausgegangen werden (vgl. Bundesministerium für Wirtschaft und Arbeit 2005, S. 9).

Eine gleichartige Untersuchung mit bestätigenden Ergebnissen, jedoch neueren Datums, findet sich bei Armutat (2012, S. 26 f.) in der Publikation der deutschen Gesellschaft für Personalentwicklung (DGFP e. V.). Bullinger zeigt auch am Beispiel eines Unternehmens in der Finanzdienstleistung die „Win-Win-Situation" (Bullinger 2002, S. 9) für Unternehmen, Lehrenden, Lernenden und den, im Außen betroffenen Kunden (siehe Abb. 3).

Mit Hilfe des Tandemmodells können also nicht nur betriebliche Vorteile, was den Arbeitsablauf und die intergenerative Zusammenarbeit betrifft, erzielt werden, sondern zudem auch Vorteile in der Gestaltung der Kundenbindungs- und Betreuungsqualität generiert werden.

1.2.6 Paten- und Mentorensysteme

Während beim Tandemlernen die Zusammenarbeit auf eine bestimmte Zeit als stabil vereinbart gilt, dient die Durchführung eines Paten- bzw. Mentorensystems der gemeinsamen Durchführung einer Aufgabe, ist also aufgaben- und nicht prozessbezogen. (vgl. Morschhäuser 2005, S. 118; Regnet 2004, S. 114) Diese Organisationsform dient in erster Linie der qualifizierenden Betreuung eines neu eingestellten oder für neue Aufgabe eingesetzten Mitarbeiters durch einen ausreichend qualifizierten Kollegen. Im Allgemeinen wird unter *Mentoring* die Vermittlung des Erfahrungswissens eines älteren Mitarbeiters an einen Jüngeren (vgl. Polt und Rimser 2006) verstanden. Für den Mentor besteht die Aufgabe darin, sein Erfahrungswissen zu kommunizieren, vorzuzeigen und vorzuleben und damit verfügbar zu machen.

> **Praxisbeispiel**
>
> Um die Qualifikations- und Kompetenzentwicklung von ca. 700 Mitarbeitern des Kundenservice-Center der Firma Miele zu schulen, wurden insgesamt 70 Kundendienstmeister für die Durchführung der Ausbildung der eigenen Techniker mit Lehr- und Lernmethoden und didaktischen Grundinstrumenten vertraut gemacht. Im ersten Schritt wurden von den Kundendienstmeistern die Techniker bezüglich der entsprechenden Produkte und Produktgruppen ausgebildet und auf den Umgang mit dem Kunden vorbereitet und trainiert.
>
> Nach dieser Grundausbildung erfolgte die Ausbildung direkt beim Kunden, d. h.: jedem neu angelernten Techniker wurde von hier an ein *Pate* (Kundendienstmeister) zur Verfügung gestellt, mit dem er die Tätigkeiten beim Kunden vor Ort erlernen und reflektieren konnte. Für diese Zeit der Instruktion wurden sowohl die Anforderungen und Vorgaben an die zu erfüllenden Leistungen für den Paten, als auch für den Neuling herabgesetzt, um ein intensives Training und Eingehen auf die Bedürfnisse des Auszubildenden zu gewährleisten.

1.2.7 Das Reverse-Mentoring

Der Qualifizierungsprozess im Paten- oder Mentorenmodell kann aber auch umgekehrt, von Jung zu Alt verlaufen, insbesondere dann, wenn z. B. Ältere neu eingestellt wurden bzw. mit neuen Systemen, technischen Strukturen und Neuerungen konfrontiert werden. Regnet (2004, S. 114) spricht in diesem Fall vom „*Reverse-Mentoring*", welches z. B. bei der Lufthansa School of Business seit 2002 im Einsatz ist.

> **Praxisbeispiel**
>
> Zielgruppe des Reverse-Mentoring-Projektes bei Lufthansa war das obere Management, welches von den jüngeren Kollegen in der Thematik des Internets und dessen Nutzung geschult werden sollte. Da sich insgesamt 20 junge Mentoren freiwillig gemeldet hatten, dieses Projekt durchzuführen, wurden im Rahmen eines Curriculums die Durchführung, Ablauf (siehe Abb. 4) und Vorteile des Reverse-Mentorings bearbeitet.

Jüngere Mitarbeiterinnen und Mitarbeiter kommen an das Top-Management heran, eine direkte Kommunikation wird ermöglicht. Gleichzeitig erhöhen sich das gegenseitige Verständnis und folglich die Akzeptanz. Man kommt zu einem Ideen- und Meinungsaustausch zwischen älteren, erfahrenen Führungskräften und jüngeren Spezialisten, zwischen den Top-Managern und den Unterstellten (Regnet 2004, S. 115).

Selbstverständlich ist die oben erwähnte Durchführung keineswegs in jedem Unternehmen und bei jedem Thema einsetzbar, soll aber verdeutlichen, dass Lernen nicht nur top-down, sondern auch bottom-up gestaltet werden kann.

	Reverse-Mentoring der Lufthansa School of Business
Zielgruppe	Erfahrene Führungskräfte, oberstes Management, Mitglieder des Vorstandes als Mentees; junge Mitarbeiter als Mentoren
Gründe	Führungskräfte sollen sich mit den Themen des World-Wide-Web und dem Internet beschäftigen, Nachwuchskräfte sollen die Arbeitswelt des Managements kennen lernen, Kontakte knüpfen; Ideen austauschen
Vorgehen	Ein Curriculum wurde mit etwa 20 Mentoren ausgearbeitet; erstellen von Schulungsunterlagen; detaillierte Einweisung der Mentoren
Dauer des Programms	Sechs bis acht zirka einstündige Sitzungen; strukturiertes Feedbackgespräch am Ende; häufig Fortsetzung über die offiziellen Sitzungen hinaus; Programm lief insgesamt über eineinhalb Jahre
Anforderungen	An Mentoren: Fachwissen und hohe kommunikative Kompetenz; aus anderer Konzerngesellschaft als die zu schulende Führungskraft, damit keine direkte Abhängigkeit besteht
Erfolgsfaktoren	Aktive Beteiligung des Personalvorstandes; Werbung für das Projekt, getragen zunächst durch einen Bereich
Reichweite	60 junge Web-Mentoren nahmen teil; fünf Vorstände, 32 Führungskräfte der beiden oberen Ebenen und 44 Führungskräfte der unteren Ebene (das Programm warauf deren Wunsch ausgedehnt worden) wurden geschult

Abb. 4 Ablauf des Reverse-Mentorings bei der Lufthansa School of Business. (Eigene Darstellung, in Anlehnung an Regnet 2004, S. 114)

Nach Graf und Edelkraut (2013) können Mentorenprogramme „eine riesige Chance [sein], die Kommunikation hierarchieübergreifend offener zu gestalten und mehr auf Augenhöhe zu agieren" (Graf und Edelkraut 2013, S. 27). Wie auch das Beispiel der Deutschen Telekom zeigt, welche beginnend mit dem Jahr 2010 einen umfassenden Mentoring-Prozess zum Thema „Web 2.0" gestartet hat. Hier wurden als Lesson Learned vor allem

- die Aufmerksamkeit des Managements,
- ein stärkeres Marketing des Programms, vor allem in Richtung Mentees,
- ergänzende Bildungsinstrumente, wie z. B. Webinare,
- und vor allem Kommunikation im Vorfeld zur besseren Steuerung (vgl. Graf und Edelkraut 2013, S. 27)

erkannt und zur weiteren Vertiefung fokussiert.

1.2.8 Wissensstafette

Ein Wechsel bei Fach- und Führungskräften stellt für Unternehmen immer wieder eine Herausforderung dar. Ob aus Altersgründen oder um sich neuen Herausforderungen zu widmen: Wenn die Personen, die seit Jahren wertvolles Know-how über Kunden, Mitarbeiter und Prozesse erlangt haben, gehen, dann verlässt mit dem Wechsel wertvolles Wissen den Konzern – Wissen, das es nicht zu kaufen gibt, geht unwiderruflich verloren (Volkswagen Coaching GmbH 2005, S. 4).

Dieses „wertvolle Wissen" (Volkswagen Coaching GmbH 2005, S. 4) bezieht sich auf organisatorische Abläufe, betriebliche Prozesse, systemimmanente Ressourcen, individu-

Abb. 5 Ablauf Wissensstafette. (Volkswagen Coaching GmbH 2005, S. 7)

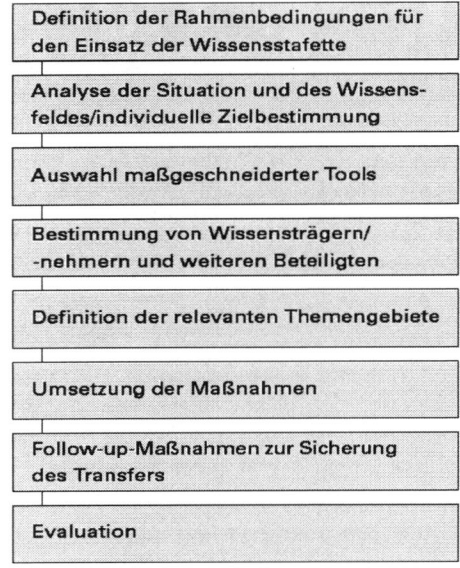

elle Erfahrungen, Kompetenzen und persönliche Netzwerke und trägt damit direkt und indirekt zur Wertschöpfung eines Unternehmens bei. Aus diesem Grund beschäftigt sich der VW-Konzern seit einigen Jahren mit Strategien der Erhaltung des erfolgskritischen Know-hows. Die Wissensstafette (siehe Abb. 5) stellt ein Werkzeug dar, das sich intensiv mit dem Erfahrungsträger und dessen Nachfolger auseinandersetzt und Möglichkeiten eines optimalen Transfers von Erfahrungs-, Fach-, Führungs- und Projektwissen diskutiert (vgl. North und Reinhardt 2012, S. 77 f.).

Die Basis der Wissensstafette bildet die wertschätzende und individuelle Betreuung des Erfahrungsträgers. Im Rahmen von professionell geführten Experteninterviews werden den Erfahrungsträgern „die richtigen Fragen" (North und Reinhardt 2012, S. 77 f.) gestellt und deren „Antworten in Wissen" (North und Reinhardt 2012, S. 77 f.) übersetzt. Im Sinne von Hooshmandi-Robia (2004, S. 67) kommt es zu einer „Verbalisierung des stillen Wissens."

Im Rahmen der Experteninterviews werden die Fragestellungen in moderierender Art und Weise auf die folgenden Aspekte des Expertenwissens erhoben (vgl. Abb. 6).

Die aus den Gesprächen resultierende Wissensbasis wird im weiteren Verlauf der Wissensstafette übersichtlich strukturiert, interaktiv dargestellt und bei Bedarf dem öffentlichen Zugriff zugänglich gemacht. Im Rahmen eines Übergabegesprächs zwischen dem Vorgänger (Experten) und seinem Nachfolger werden nun die auch zukünftig relevanten Erfahrungen, kritisches Wissen in den Bereichen Führung, Mitarbeiter, Projekte, innerbetriebliche Prozesse etc., unterstützt durch einen kompetenten Berater (Coach), kommuniziert und im Dialog weitergegeben.

Innovative Methoden und Instrumente des intergenerativen Wissenstransfers

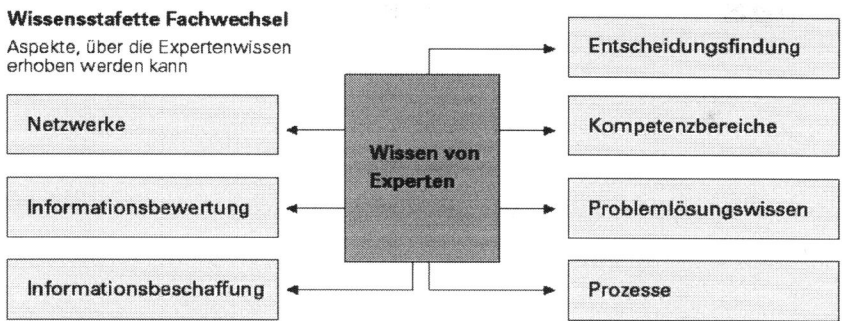

Abb. 6 Aspekte des Expertenwissens. (Volkswagen Coaching GmbH 2005, S. 8)

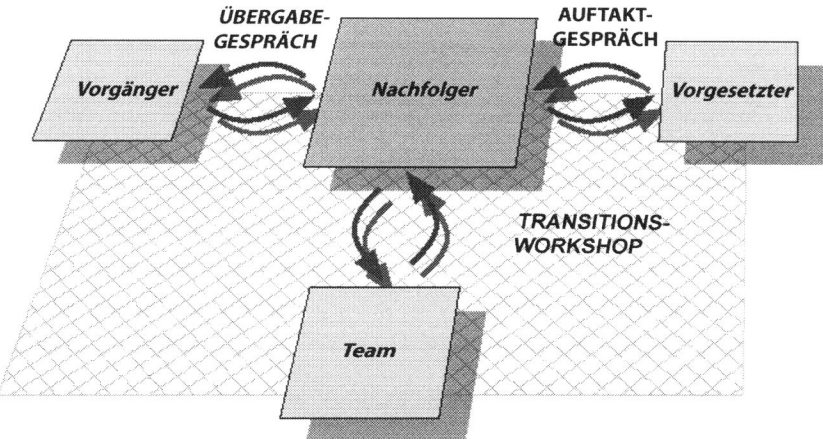

Abb. 7 Prozess der Wissensstafette. (Volkswagen Coaching GmbH 2005, S. 9)

Mit der Inanspruchnahme seiner neuen Funktion begibt sich der Nachfolger gemeinsam mit seinem Vorgesetzten in ein Auftaktgespräch, in dem seine zu erfüllenden Rollen, die kritischen Aufgaben und wichtigen Projekte ausreichend diskutiert und installiert werden. Nach offizieller Inbetriebnahme seiner Funktion folgt ein Transitionsworkshop (siehe Abb. 7) zwischen Nachfolger und seinem Team, um einen möglichst lückenlosen Übergang zu gewährleisten.

1.2.9 Weitere Formen des Wissens- und Erfahrungstransfers

Um den Transfer von erfolgskritischem Wissen zwischen den Generationen auch vor dem Ausscheiden älterer Beschäftigter erfolgreich gestalten zu können, eignen sich weitere, folgende Instrumente des Wissensmanagements für die betriebliche Anwendung (vgl. Rump und Schmidt 2004; Flüter-Hoffmann 2002; Morschhäuser 2005):

- Checklisten der erfolgreichsten Verhaltensweisen (wichtige Aktivitäten, bisherige Probleme und deren Lösungen etc.),
- Mitarbeiter schulen Mitarbeiter (Mitarbeiter werden für einen im Vorfeld festgelegten Zeitraum von anderen Mitarbeitern in bestimmten Bereichen geschult, z. B.: Ernährung, Bewegung, EDV, Selbstmanagement etc.),
- Storytelling (Sammeln von Anekdoten, Erfolgsgeschichten und Metaphern aus dem Geschäftsalltag),
- Anfertigung von Wissenslandkarten (grafische Darstellung bzw. Verzeichnis von Wissensquellen im Unternehmen, Mitarbeitern, deren Spezialgebiete, besondere Fähigkeiten etc.),
- Communities of Practice,
- informelle Treffen (Förderung von informellen Kontakten, Netzwerken und informellem Austausch unter den Mitarbeitern).

Humpl (2013, S. 51 f.) ergänzt die Methodik des intergenerativen Wissenstransfers noch um ein „… Ebenenmodell, [welches] als Analyserahmen zur Untersuchung und Beschreibung von systematischem Erfahrungstransfer dienen [soll]" (Humpl 2013, S. 51 f.). Demnach kann der Transfer von Erfahrung und Wissen auf individueller Ebene (z. B. direkter Kontakt zwischen dem Träger von Erfahrungswissen und dem Anwender) auf organisationaler Ebene (z. B. in Form von organisationalen Datenbanken, in denen Wissen zwischengespeichert wird und jederzeit abrufbar bleibt) oder auf kollektiver Ebene stattfinden, welche nach Humpl „zwischen der individuellen und organisationalen Ebene (…) als notwendiger Katalysator für den Transfer von Lernerfahrungen angesehen werden kann" (Humpl 2013, S. 153) (Bsp. Projektteams, Lessons Learned, Expertenrunden).

1.3 Intergenerativer Wissenstransfer und Neue Arbeitswelten

„Ist unsere Arbeitswelt eine schöne neue Welt?" In Anlehnung an Aldous Huxleys Buch „Schöne neue Welt" (vgl. Huxley und Strätling 2013) und in Bezug auf die prognostizierten Herausforderungen der Arbeitswelt des 21. Jahrhunderts (vgl. Papmehl und Tümmers 2013) kann diese Frage fokussierter, aber auch pragmatischer gestellt werden, nämlich: Wie kann unsere Arbeitswelt eine schöne Welt werden? Welche Handlungen müssen wir dazu setzen? Wie kann es uns gelingen, aus geplantem Handeln auch nachhaltiges Handeln zu gestalten?

Opaschowski (2013, S. 203) zweifelt hier zu Recht, wenn er schreibt: „Können wir uns überhaupt mit gutem Gewissen eine ‚schöne neue Arbeitswelt' vorstellen?" Seine Zukunftsszenarien machen deutlich warum:

- „Atypische Arbeitsverhältnisse breiten sich aus."
- „Die vielen Job- und Berufswechsel werden die Familien und Freunde zu spüren bekommen."

- „Die neue Arbeitswelt verändert die Unternehmenskultur grundlegend."
- „Die männlichen Helden der Arbeit verlieren zunehmend ihre Privilegien. Das höhere Qualifikationsniveau der Frauen führt langfristig zum Wegbrechen dominierter Berufszweige und Führungspositionen."
- „Dann [im demografischen Wandel] heißt es nicht mehr ‚mit 50 zum alten Eisen', sondern ‚Re-Start mit 50!'"
- „Die Zuwanderung als Zukunftspotenzial" (Opaschowski 2013, S. 203 ff.).

Für die Unternehmer gleichsam wie für Arbeitnehmer bedeuten die neuen Arbeitswelten eine Über-, vor allem aber eine Zunahme an mehr Flexibilität und mehr Verantwortung: Flexibilität was die Organisation und Ausgestaltung des Arbeitsprozesses betrifft, und Verantwortung für die Arbeitsfähigkeit, Kompetenzerwerb und Bildung. Die Feststellung von Wissen, dessen Erhaltung und vor allem der Transfer spielt dabei eine enorm wichtige Rolle, ähnlich wie die emotionale-soziale Fähigkeit, sich im zunehmend steigenden Umfeld an Diversitäten (Alter, Kultur, Geschlecht, Hierarchien) bewegen zu können.

Intergenerativer Wissenstransfer und seine o. a. Methoden sind also gleichsam Chance und Lösung zu Herausforderungen der neuen Arbeitswelten, aber auch Prüfsteine auf dem Weg dorthin, da sie Mängel an Bereitschaft, Haltung und Umsetzung deutlicher denn je zeigen, bzw. Feedback dafür liefern, wie gut Unternehmen und Arbeitnehmer, aber auch Sozialpartnerschaften für die Zukunft gerüstet sind.

1.4 „... und was hat es gebracht?"

Dem wissenschaftlich interessierten Leser wird aufgefallen sein, dass ich zur wissenschaftlichen Fundierung der Methodik des intergenerativen Wissenstransfers sehr häufig auf Quellen bis zum Jahr 2006 und davor zurückgegriffen habe. Nicht etwa, weil es in den Folgejahren dazu keine weiteren Belege dafür gegeben hätte (die gab es sogar sehr zahlreich), jedoch erschien mir nichts wesentlich (wissenschaftlich) Ergänzendes bzw. von originärem Ursprung dabei zu sein. Zudem war es für mich verlockend, jene – vor 10 Jahren als „innovative HR-Konzepte" (vgl. Rimser 2006) gefeierten Ansätze – einer Prüfung aus heutiger Sicht zu unterziehen: was wurde tatsächlich und vor allem auch nachhaltig umgesetzt? Wo wurde von der Ursprungsidee und -konzeption abgewichen? Welche Modelle zeigen sich als besonders wertvoll für die unternehmerische Praxis? Wie sieht denn die Praxis des intergenerativen Wissenstransfers heute aus?

Nun, 10 Jahre Betriebsperformance gelten aus heutigen Blickwinkeln durchaus schon als langfristiger Zeitraum, da kann sich etwas entwickeln, integrieren und auch die ersten Früchte tragen ... wenn es denn auch zur Umsetzung kommt. Das Jahr 2005 war, was den praxisnahen Aspekt des Generation Resource Managements (vgl. Rimser 2006) betrifft, mit Sicherheit die Blütezeit generationengerechten Personalmanagements. Der Bedarf nach längerfristigen und nachhaltigen Generationenprogrammen wurde von vielen Unternehmen auch öffentlich bekundet (schließlich geht es ja auch um Employer

Branding) und man war bereit, sich im Hinblick auf den demografischen Wandel und seinen Auswirkungen auf Belegschaften beraten zu lassen. Im Allgemeinen wurden besonders die Themen Recruiting, Gesundheit, Sicherheit am Arbeitsplatz, physische und psychische Belastungen am Arbeitsplatz bedingt durch rechtliche Rahmenbedingungen (vgl. Arbeitnehmerschutzgesetz 2013) in konkreten Handlungen umgesetzt.

Es erscheint durchaus der Eindruck, dass nur in genau jenen Handlungsfeldern des Generation Resource Managements (vgl. Rimser 2006, S. 32 ff.) produktiv gearbeitet wurde, in denen auch ein betrieblicher Leidensdruck zu spüren war (Fachkräftemangel, hohe Bruttolohnkosten, Arbeitnehmerschutz). Jene Bereiche des Generation Resource Managements, die sich eher von der philosophischen und soziologischen Perspektive ableiten lassen (wie z. B. altersgerechte Unternehmenswerte, lebensphasenorientierte Arbeitszeit- und Vergütungsmodelle, generationengerechtes Lernen), zeigen eine doch stiefmütterliche Behandlung auf und auch das eher sensible Thema „erfolgskritisches Wissen" scheint mehr auf interaktiver, organisationsstruktureller Ebene (EDV) gelöst werden zu wollen, also auf persönlich-kommunikativer Ebene.

Von den o. a. Instrumenten des intergenerativen Wissenstransfers konnten sich vor allem Coaching und Paten- und Mentorenmodelle in der betrieblichen Anwendung stark entwickeln. Jedoch – nicht wie ursprünglich gedacht – als intergeneratives Kommunikations- und Lernmodell, sondern als unterstützende Begleitmaßnahme für Problemstellungen zwischen Persönlichkeit – Rolle – und Organisation und zwar durch externe (!) Begleitung. Kurz: Wissenstransfer ja, intergenerativ nein! Der Druck auf Beschaffungs- und Absatzmärkten, latente Finanz- und Wirtschaftskrisen, hohe Belastungsgrade auf allen Produktionsfaktoren zwingen Unternehmen mehr und mehr, nur noch kurzfristige und halbwegs planbare Entscheidungen zu treffen, da bleibt eben wenig Raum für ethische, psychologische, soziale und sogar nachhaltige Überlegungen, von Handlungen ganz zu Schweigen.

Waren also die letzten 10 Jahre aus Sicht des intergenerativen Wissenstransfers völlig umsonst? Nein, mit Sicherheit nicht! Das Thema ist – zuletzt auch dankenswerter Weise durch unzählige Bachelor- und Masterarbeiten junger Studierender – in den Köpfen der Personalverantwortlichen, und zahlreiche Best-Practice-Beispiele belegen ja deutlich, dass die Instrumente des intergenerativen Wissenstransfers nicht nur immateriellen, sondern auch materiellen Wert entwickeln können – ein Fokus ist in jedem Fall vorhanden. Was jedoch für eine flächendeckende und auch nachhaltige Umsetzung fehlt, ist einfach (zwingende) Priorisierung und Notwendigkeit – und ich fürchte, dass sich diese auch im kommenden Jahrzehnt, gerade wegen politischen (EU), sozialen (Völkerwanderung) und wirtschaftlichen Krisen (Beschaffungs- und Finanzmärkte) nicht einstellen wird.

Literatur

Adenauer, S. et al. (2015): Handlungsfeld „Unternehmenskultur und Führung optimieren", in: Leistungsfähigkeit im Betrieb: Kompendium für den Betriebspraktiker zur Bewältigung des demografischen Wandels, Wiesbaden, S. 337-388

Arbeitnehmerschutzgesetz (2013) Online im WWW unter URL https://www.jusline.at/ArbeitnehmerInnenschutzgesetz_(ASchG).html [Stand 16.08.2016]

Armutat, S. et al. (2002) Wissensmanagement erfolgreich einführen, Düsseldorf

Armutat, S. (2012) Wer sind ältere Mitarbeiter? Ein Charakterisierungsversuch, in: DGFP eV. (Hrsg.) (2012) Personalentwicklung bei längerer Lebensarbeitszeit: Ältere Mitarbeiter von heute und morgen entwickeln, Bielefeld, S. 15-28

Bartz, M./Schmutzer, H. (2014) New World of Work: Warum kein Stein auf dem anderen bleibt. Trends – Erfahrungen – Lösungen, Wien

Bittner, A. et al. (2015) Das TANDEM-Konzept zur Unterstützung des Wissenstransfers in altersdiversen Arbeitsgruppen, in: Jeschke, S. et al (Hrsg.): Exploring Demographics, Wiesbaden, S. 371-382

Brammer, G./Seitz, C./Rump, J. (2001) Jung und Alt im Unternehmen. Generationenübergreifender Wissens- und Erfahrungsaustausch, in: Schemme, D. (2001) Qualifizierung, Personal- und Organisationsentwicklung mit älteren Mitarbeiterinnen und Mitarbeitern. Probleme und Lösungsansätze, Bielefeld, S. 28-47

Bruch, H. et al. (2010) Generationen erfolgreich führen. Konzepte und Erfahrungen zum demografischen Wandel, Wiesbaden

Buck, H. (1996) Qualifikations- und lernförderliche Gruppenarbeit in der Montage, in: Bullinger, H.J./Enderlein, H. (Hrsg.): Betriebliche Folgen veränderter Altersstrukturen in der Montage, Chemnitz-Zwickau

Buck, H. (2002) Altersgerechte und gesundheitsförderliche Arbeitsgestaltung – ausgewählte Handlungsempfehlungen, in: Morschhäuser, M. (Hrsg.) (2002) Gesund bis zur Rente. Konzepte gesundheitsfördernder und altersgerechter Arbeits- und Personalpolitik, Stuttgart, S. 73-85

Buck, H./Kistler, E./Mendius, H. (2002) Demografischer Wandel in der Arbeitswelt. Chancen für eine innovative Arbeitsgestaltung, Stuttgart

Buck, H. (2004) Lernende Unternehmen zur Bewältigung der Alterung der Belegschaft, Stuttgart

Buck, H. (2005) Age Management. Betriebliche Handlungsstrategien, in: Sozialpartnerschaft Österreich (Hrsg.) (2005) Arbeit und Alter. Erfahrungen und Beispiele aus Europa, Tagungsband, S. 88-102

Bullinger, H. (Hrsg.) (2001) Zukunft der Arbeit in einer alternden Gesellschaft, Stuttgart

Bullinger, H./Buck, H./Schmidt, S. (2003) Die Arbeitswelt von morgen. Alternde Belegschaften und Wissensintensivierung, in: DSWR, 04/2003, S. 98-100

Bullinger, H. (2002) Produktives Altern. Lösungen für die betriebliche Personalpolitik, Bonn

Bundesministerium für Wirtschaft und Arbeit, Nationale Koordinierungsstelle EQUAL (Hrsg.) (2005) Newsletter EQUAL Projekt, 12. März 2005, Bonn

Cernavin, O. et al (2015) Ergebnistransfer nachhaltig gestalten – eine strukturelle Übersicht, in: Jeschke, S. et al (Hrsg.): Exploring Demographics, Wiesbaden, S. 25-40

Drewniak, U. (2003) Managing Age Diversity, in: Schwuchow, K./Gutmann, J. (Hrsg.) (2003) Jahrbuch Personalentwicklung und Weiterbildung 2004, Neuwied

Europäischer Rat (2000) Memorandum Lebenslanges Lernen, Online im WWW unter URL http://www.europa.eu.int/comm/education/life/index_de.html [Stand 16.08.2016]

Felbert, D. (1998) Wissensmanagement in der unternehmerischen Praxis, in: Pawlowsky, P. (Hrsg.) (1998) Wissensmanagement, Erfahrungen und Perspektiven, Wiesbaden, S. 119-141

Flüter-Hoffmann, Ch. (2002) Wissensmanagement für KMU, unveröffentlichter Foliensatz für den Umsetzungsworkshop der Demographie Initiative, Dortmund, 20. November 2002

Graf, N./Edelkraut, F. (2013) Mentoring: Das Praxisbuch für Personalverantwortliche und Unternehmer, Wiesbaden

Geithner, S. et al (2015) Von der „demografischen Chance" zur „demografischen Katastrophe"?, in: Jeschke, S. et al (Hrsg.): Exploring Demographics, Wiesbaden, S. 185-197

Herbst, D. (2000) Erfolgsfaktor Wissensmanagement, Berlin

Holliger, P. (2006) Generation Resource Management, Online im WWW unter URL http://www.corporateconsult.net/grm-pp_26012006.pps [Stand 2.02.2006]

Holliger, P. (2005) Seniorität contra Jugendwahn. Quo vadis HR?, in: Magazin Training, Nr. 7, November 2005, S. 48-50

Hooshmandi-Robia, B. (2004) Age Management. Modelle zur Förderung der Arbeitsfähigkeit älterer MitarbeiterInnen, Graz

Huber, K. et al. (2009) Alter(n)sgerechte Personalpolitik aus Sicht der Arbeitnehmer: Methusalem still at Work, Wiesbaden

Humpl, B. (2013) Transfer von Erfahrungen: ein Beitrag zur Leistungssteigerung in projektorientierten Organisationen, Wiesbaden

Huxley, A./Strätling, U. (2013) Schöne neue Welt. Ein Roman der Zukunft, Frankfurt am Main

Ilmarinen, J./Tempel, J. (2002) Arbeitsfähigkeit 2010. Was können wir tun, damit Sie gesund bleiben?, Hamburg

INIFES/SÖSTRA (Hrsg.) (2001) Befragungen von Unternehmen in den Arbeitsamtsbezirken Berlin Mitte, Schweinfurt und Suhl 2000/2001. Basis: 88 Betriebe, Berlin

Jooß, C. et al. (2015) Gestaltung von Kommunikations- und Kooperationsprozessen im Förderschwerpunkt „Innovationsfähigkeit im demografischen Wandel", in: Jeschke, S. et al (Hrsg.): Exploring Demographics, Wiesbaden, S. 11-23

Köchling, A. (2002) Projekt Zukunft. Leitfaden zur Selbstanalyse altersstruktureller Probleme in Unternehmen, Dortmund

Köchling, A. (2004) Projekt Zukunft. Leitfaden zur Selbstanalyse altersstruktureller Probleme in Unternehmen, Dortmund

Morschhäuser, M. (2002) Betriebliche Gesundheitsförderung angesichts des demografischen Wandels, in: Morschhäuser, M. (Hrsg.) (2002) Gesund bis zur Rente. Konzepte gesundheits- und alternsgerechter Arbeits- und Personalpolitik, Stuttgart, S. 10-21

Morschhäuser, M. (2005) Unterstützung der Gesundheit und Leistungsfähigkeit bei alternden Belegschaften, in: Tagungsbericht: Nationale Tagung für betriebliche Gesundheitsförderung „40 plus – Gesundheit und Erfahrung als betriebliches Potenzial" am 16. März 2005 in Bern, S. 1-12

Morschhäuser, M. et al. (2005) Erfolgreich mit älteren Arbeitnehmern. Strategien und Beispiele für die betriebliche Praxis, Gütersloh

North, K./Reinhardt, K. (2012) Kompetenzmanagement in der Praxis: Mitarbeiterkompetenzen systematisch identifizieren, nutzen und entwickeln, Wiesbaden

North, K. et al. (2016) Benötigtes Wissen bestimmen, in: North, K. et al. (Hrsg.) (2016) Wissensmanagement für Qualitätsmanager, Wiesbaden, S. 15-18

Opaschowski, H.W. (2013) Die neue Arbeitswelt denken, in: Papmehl, A./Tümmers, H.J. (Hrsg.) (2013) Die Arbeitswelt im 21. Jahrhundert: Herausforderungen, Perspektiven, Lösungsansätze, Wiesbaden, S. 203-209

Pack, J. et al. (2000) Zukunftsreport Demografischer Wandel. Innovationsfähigkeit in einer alternden Gesellschaft, Bonn

Papmehl, A./Tümmers, H.J. (Hrsg.) (2013) Die Arbeitswelt im 21. Jahrhundert: Herausforderungen, Perspektiven, Lösungsansätze, Wiesbaden

Polt, W./Rimser, M. (2006) Aufstellungen mit dem Systembrett. Interventionen für Coaching, Beratung und Therapie, Wiesbaden

Probst, G./Raub, S./Romhardt, K. (1998) Wissen managen. Wie Unternehmen ihre wertvollste Ressource optimal nutzen, Frankfurt am Main

Radatz, S. (2000) Beratung ohne Ratschlag. Systemisches Coaching für Führungskräfte und Beraterinnen, Wien

Regnet, E. (2004) Karriereentwicklung 40+. Weitere Perspektiven oder Endstation, Weinheim/Basel

Renkhoff-Mücke, A. (2015) Herausforderungen und Potenziale einer neuen Arbeitskultur aus Sicht eines mittelständischen Unternehmens, in: Widuckel, W. et al. (2015) Arbeitskultur 2020: Herausforderungen und Best Practises der Arbeitswelt der Zukunft, Wiesbaden, S. 199-212

Rimser, M. (2006) Generation Resource Management. Innovative HR-Konzepte im demografischen Wandel, Leonberg

Rump, J./Schmidt, S. (2004) Lernen durch Wandel – Wandel durch Lernen, Ludwigshafen

Schweer, M. et al (2015) Generationenübergreifende Zusammenarbeit als Basis innovativen unternehmerischen Handelns, in: Jeschke, S. et al (Hrsg.): Exploring Demographics, Wiesbaden, S. 165-174

SICK AG (2010) Altersgemischte Teams, Online verfügbar unter http://www.demowerkzeuge.de/wp-content/uploads/AltersgemTeams_SICK.pdf [25.01.2016]

Siebert, H. (2010) Methoden der Bildungsarbeit: Leitfaden für aktivierendes Lernen, Bielefeld

Volkswagen Coaching GmbH. (Hrsg.) (2005) Wissensstafette. Transferring skills – sharing knowledge, Wolfsburg

Wegge, J. et al. (2011) Altersgemischte Teamarbeit kann erfolgreich sein. Empfehlungen für eine ausgewogene betriebliche Altersstruktur, in: Sozialrecht und Praxis (2011), Nr. 7, S. 433ff

Dr. Markus Rimser ist studierter Human Resources Manager und promovierter Betriebspädagoge. Knapp zwei Jahrzehnte Berufserfahrung als HR-Spezialist in nationalen und internationalen Unternehmen sowie seine langjährige Dozententätigkeit an österreichischen Universitäten und Fachhochschulen finden sich in seiner Beratungsphilosophie „es gibt nichts praktischeres als eine gut fundierte Theorie" wieder. Als Begründer des „Generation Resource Management"-Beratungsansatzes zählen namhafte Unternehmen wie die voestalpine Stahl GmbH, Raiffeisen, das österreichische Parlament, Fischer Ski GmbH oder die Barmenia Versicherungen zu seinen Kunden. Rimser ist zudem Autor des Coaching-Bestsellers „Aufstellungen mit dem Systembrett" (2006) sowie des Train-the-Trainer Standardwerks „Skills für Trainer" (2011).

Generationsübergreifende Zusammenarbeit – Ansätze zur Umgehung von Konfliktfeldern am Arbeitsplatz

Sascha Lord

1 Einleitung

Der Autor dieses Artikels ist Standortleiter einer staatlich anerkannten, privaten Fachhochschule. Als Professor ist er auch in der Lehre tätig und steht in direktem Austausch mit jüngsten Vertretern der Generation Y. Die Mitglieder seines Teams sind durchschnittlich 36 Jahre alt, vier Mitarbeiter davon zählen zu besagter Generation. In diesen Beitrag fließen daher neben wissenschaftlichen Studien und Inhalten aus Sachbüchern auch die Erfahrungen des Autors ein. Zwei Perspektiven sind damit vertreten: Einerseits die Sicht der führenden Arbeitgeberschaft und auf der anderen Seite Ansichten der Generation Y, welche sich in der täglichen Betreuung der Studierenden äußern.

Generationenkonflikte bestehen seit Menschengedenken. Die Eigenheiten von insbesondere nachfolgenden Generationen werden seit Jahrzehnten tiefgehend untersucht. Vielfach werden die jungen Generationen und deren Neuorientierungen als Bedrohung für das gesellschaftliche und wirtschaftliche System dargestellt. Schnell werden Bezeichnungen gefunden, welche eine Generation verallgemeinernd und plakativ darstellen – nicht selten negativ konnotiert. Für die Angehörigen der Geburtenjahrgänge 1980–1995[1] hat sich der Begriff der „Generation Y" etabliert (vgl. Bund 2013, S. 7, S. 12; Albert et al. 2015, S. 35). Diese Generation gilt als geprägt von Unsicherheit und schnellem Wandel, wodurch sie keine feste Strategie mehr verfolgen kann und schnell umdenken können muss (vgl. Bund 2013, S. 7, 12; Albert et al. 2015, S. 36). Die Multioptionalität sorgt bei vielen Vertre-

---

[1] Die Geburtenjahre stellen einen groben Wert dar. Einige Autoren sehen den Beginn bereits Ende der 1970er-Jahre, andere wiederum lassen die Folgegeneration erst mit dem neuen Jahrtausend beginnen.

S. Lord (✉)
Leitung FHM Köln, Fachhochschule des Mittelstands (FHM) GmbH
Köln, Deutschland
E-Mail: lord@fh-mittelstand.de

tern für eine gewisse Unruhe (vgl. Bund 2013, S. 29). Weiterhin hat die Generation Y die digitale Revolution erlebt und mitgeprägt.

Auf dem Ausbildungs- und Arbeitsmarkt sind die ersten Jahrgänge dieser Generation bereits in Führungspositionen aktiv, während die jüngsten Mitglieder gerade in den Beruf einsteigen oder studieren. Verschiedene Generationen mit divergierenden Auffassungen und Forderungen treffen hier aufeinander. In der öffentlichen Diskussion steht der Konflikt zwischen der Generation Y und den Bedingungen des Arbeitsmarktes, und damit einhergehend auch die Frage, inwieweit sich generationsbedingte Kontroversen lösen lassen.

Die folgende Abhandlung stellt Anforderungen an Kompetenzen von Mitarbeitern und Führungskräften heraus, die zu einer Lösung beitragen könnten. Vor diesem Ziel werden die Angehörigen der Generation Y sowie den älteren Generationen entsprungene Arbeitgeber-Typen und deren Ansichten dargestellt, analysiert und mögliche Konfliktfelder abgeleitet. Anschließend wird sich der Frage gewidmet, wie die inhaltliche Struktur des Bildungssystems zu einer Verminderung des Konfliktpotenzials beitragen könnte. Damit einher geht die Vorstellung konkreter Handlungsempfehlungen.

2 Status Quo konfliktärer Arbeitsbeziehungen

Wieso entstehen Spannungsverhältnisse zwischen Arbeitnehmern und Arbeitgebern und was sind die Auslöser? Globalisierung und gesellschaftlicher Wandel haben die Unternehmen in den vergangenen Jahren vor komplexe Herausforderungen gestellt. Während auf der einen Seite der Konkurrenzdruck zugenommen hat, beispielsweise durch global agierende Unternehmen, Preisvergleichsmöglichkeiten im Internet oder sich schneller verändernde Konsumentenansprüche, müssen auf der anderen Seite neue Vorstellungen der Arbeitnehmer zu Lebens- und Arbeitsmodellen in die Unternehmenskultur eingepflegt werden.

War es vor zwanzig Jahren noch gängige Praxis, als langjähriger Mitarbeiter Vertrauen und durch interne Weiterbildung eine spezifische Expertise aufzubauen, so hat das Verlangen nach räumlicher und zeitlicher Flexibilität für Arbeitnehmer stark an Bedeutung gewonnen (vgl. Leven et al. 2015, S. 84). Für diese sind Arbeitnehmer bereit, den Wohnort oder die berufliche Tätigkeit zu wechseln. Die Vorstellung einer Work-Life-Balance wurde im Anspruchsdenken zugunsten der individuellen Zeit weiterentwickelt. Dies spiegelt sich in dem Wunsch nach Elternzeit von Männern und Frauen, Sabbaticals (Sabbatjahr) oder Fortbildungen in unternehmensfernen Disziplinen wider.

Die inneren Strukturen der Unternehmen können diesen Ansprüchen nur selten gerecht werden. Im Gegenteil, den Arbeitnehmern wird vieles abverlangt, was der geforderten Work-Life-Balance erheblich widerspricht. Komplexe Marktstrukturen setzen ein breites und dennoch tiefes Wissen voraus, welches permanent auf dem neusten Stand gehalten werden muss. Instabile Systeme auf dynamischen Märkten verringern die Planbarkeit und erhöhen das Risiko, was Entscheidungsfreude mit der Übernahme der Verantwortung für

Konsequenzen verlangt (Albert et al. 2015, S. 35). Gleichzeitig müssen unendlich viele, in Echtzeit abrufbare Daten verarbeitet und in einer dynamischen Arbeitswelt in Netzwerkorganisation ausgetauscht werden. Daraus resultiert eine Überlastung der Mitarbeiter, die zu innerer Unzufriedenheit führt, da die Arbeitsanforderungen nicht zu den Erwartungen an ein modernes Arbeitsumfeld passen.

Wie aber lassen sich die Anforderungen der neuen Arbeitnehmergeneration mit den Grundsätzen eines wirtschaftlich arbeitenden Unternehmens verbinden? Ziel kann es nicht sein, Planung und Kontrolle vollständig an die junge Arbeitnehmerschaft abzugeben. Zu gering ist hier der Erfahrungsschatz. Doch auch der Verweis auf bewährte Strukturen und das Einpressen in selbige scheint wenig zielführend. Die Lösung wähnt sich vielmehr in einem Aufeinanderzugehen. Die Frage, wie Mitarbeiter an bestehende Strukturen angepasst werden könnten, sollte gänzlich aus den Köpfen der Arbeitgeber verschwinden, wenn diese langfristig attraktiv bleiben wollen. Um zufriedene, produktive Mitarbeiter aufzubauen und diese möglichst langfristig an ein Unternehmen zu binden, ist ein Konsens notwendig. Dafür müssen divergierende Sichtweisen und Ansprüche erst einmal klar sein.

3 Innere Konflikte – die jungen Arbeitnehmer

Zunächst soll die Seite der Berufseinsteiger und jungen Arbeitnehmer betrachtet werden. Hier lässt sich der Trend erkennen, dass sich Motivation aus Selbstbestimmung und Wertschätzung ableitet, persönliches Engagement an Entscheidungsfreiräume und Eigenverantwortung gekoppelt ist (vgl. Parment 2013, S. 32; Dahlmanns 2014, S. 43). Arbeitnehmer möchten sich selbst einbringen und verwirklichen. Vertrauen soll dabei die Grundlage der Arbeitsbeziehung bilden und wird aktiv eingefordert. Zudem lässt sich ein Wertewandel beobachten, der die Gewichte zwischen Arbeit und Privatleben verschiebt (vgl. Initiative neue Qualität der Arbeit 2014, S. 9). Letzteres hat dabei höchste Priorität: Freunde und Familie scheinen bei vielen jungen Menschen wichtiger zu sein als Statussymbole.

Ursprung vieler Konflikte ist, wie zuvor beschrieben, die Forderung der Arbeitnehmer nach mehr Flexibilität in der Wahl von Arbeitsort und Arbeitszeit. Veränderte Rollen innerhalb von Familien scheinen diesen Wunsch zu legitimieren. Im traditionellen Rollenverständnis zeigte sich die Frau verantwortlich für die Kindeserziehung und blieb häufig zu Hause, um sich ausschließlich dieser Aufgabe zu widmen. Sind nun beide Elternteile (in Vollzeit) berufstätig, ist es schwieriger, starre Arbeitsmodelle und Familienmanagement zu vereinen. Entsprechend sind für junge Eltern eine langfristig geplante Flexibilität (z. B. ein festgelegter Homeoffice-Tag) und eine Ad-Hoc-Flexibilität von Nöten. Daraus resultiert der Wunsch nach einem orts- und zeitunabhängigen Arbeitsplatz.

Die angeführten Punkte erwecken den Eindruck, dass die Generation Y weltoffen denkt, soziale Werte monetären Kennziffern vorzieht und in einem freien Umfeld eine optimale Performance leistet. Daraus ließen sich womöglich sehr schnell handhabbare Konsequenzen von Seiten des Arbeitnehmers ableiten, welche diese Dinge berücksichtigen. Doch ganz so leicht lässt sich eine komplexe Generation nicht in eine Schublade stecken. Die in vielen Fällen behütet aufgewachsenen jungen Performer haben ein Problem: innerhalb des sozialen Umfelds, insbesondere im Kreis der Familie, wurde oftmals Harmonie gelebt, aber nicht erarbeitet. Entsprechend sehnt sich die Generation Y nach dieser Harmonie ohne gelernt zu haben, Konflikte zu lösen (vgl. Jeges 2014, S. 81). Entscheidungen wurden und werden häufig abgenommen oder negative Konsequenzen durch Eltern oder Institutionen abgefedert. Die Angst vor den Konsequenzen eigener Entscheidungen wächst und die Entscheidungsfreude vieler junger Erwachsener ist gelähmt (vgl. Pauer 2011, S. 18 f.).

Hat der Mensch nicht gelernt, Konsequenzen einzuschätzen, abzuwiegen und diese im Falle des Falles auch zu tragen, so stellen sie eine Bedrohung dar und wollen vermieden werden. Die dann angewandte Taktik ist „Prokrastination" und Entscheidungen werden aufgeschoben (vgl. Jeges 2014, S. 14). Daher resultiert das für die Generation Y bezeichnende Synonym der „Generation Maybe": eine Generation, die sich nicht mehr traut, Entscheidungen zu treffen und deren Konsequenzen selbst zu tragen. Verstärkt wird die Prokrastination durch eine Vielfalt an Optionen, derer sich das Individuum heute gegenübersieht (vgl. Jeges 2014, S. 182 f.).

Werden keine Entscheidungen getroffen, so ist Lethargie die Folge. Diese wurde früher durch Druck von außen abgewehrt, der heute oft fehlt. Stattdessen setzen sich junge Menschen selbst unter großen Erfolgsdruck und stecken sich sehr anspruchsvolle Ziele. Dieses Phänomen, bei dem Menschen sich selbst für die Erreichung beruflicher Ziele bewusst schädigen, bezeichnet die Psychologie als „interessierte Selbstgefährdung" (vgl. Krause 2015, S. 39). Studierende argumentieren oft damit, dass ein Ziel erreicht werden müsse, um die Eltern nicht zu enttäuschen. Diese sind bei einer Zielverfehlung in der Regel jedoch nicht enttäuscht, wie die Beobachtung in der Vergangenheit offenbart hat. Treten die jungen Menschen in die Arbeitswelt ein, zeigen sie einerseits Reaktanzen und Aversionen gegenüber des Drucks durch Vorgesetzte, andererseits erlegen Sie sich einen noch größeren, inneren Druck auf.

Sichtbar ist auch die Tendenz zu Konkurrenzdenken, welches nicht unwesentlich durch soziale Netzwerke gefördert wird (vgl. Dribbusch 2013). Nutzer empfinden es als notwendig, dort eine ständige Zufriedenheit zu kommunizieren, was es erschwert, das Ziel eines ausgeglichenen Lebens tatsächlich zu erreichen (vgl. Jeges 2014, S. 42 f.; Pauer 2011, S. 136). In der Arbeitswelt bedeutet dies, dass das sozio-ökonomische Umfeld (z. B. auf die Berufswahl) oftmals stärkeren Einfluss nimmt als affektive Faktoren. Das Konkurrenzdenken und die Orientierung an sozialen Faktoren übertragen sich langfristig auf den Arbeitsplatz und verhindern konstruktive Teamarbeit. Nicht selten rückt die Zielorientierung in den Hintergrund und die reine Anwesenheit am Arbeitsplatz steht im Fokus. Es entsteht ein „Erschöpfungsstolz" (vgl. Grünewald 2015, S. 20 ff.), der weitere Unzufriedenheit auslöst: Angestellte bleiben lange im Büro, leiten die Geschäftsmails auf das Privathandy um und wollen damit demonstrieren, stets verfügbar und reaktionsbereit zu sein (vgl. Bund 2013, S. 13; Grünewald 2013). Es entsteht ein Konkurrenzdruck, der nicht mehr motiviert, sondern erschöpft (vgl. Grünewald 2015, S. 21).

Mit Konkurrenzdenken und Prokrastination einhergehend lässt sich bei jungen Arbeitnehmern eine To-Do-Listen-Mentalität beobachten: Aufgaben werden in kleine Handlungsschritte herunter gebrochen, um diese anhand einer Liste strukturiert und sicher abarbeiten zu können (vgl. Jeges 2014, S. 29). Vor- und nachgelagerte Handlungen werden dabei ausgeblendet und die Konsequenzen des Tuns nur auf unmittelbar folgende Situationen bezogen. Eine höhere Entscheidungsreichweite wird dadurch gemieden, was der Forderung von Verantwortung widerspricht.

Letztendlich sei noch auf die Problematik hingewiesen, dass sich die junge Generation, möglicherweise der modernen Erziehung geschuldet, mit einer ungewohnten Schärfe gegenüber Arbeitgebern präsentiert, um Forderungen durchzusetzen (vgl. Quenzel et al. 2015, S. 381; Parment 2013, S. 64). Die Wahrung einer gewissen Etikette und die Akzeptanz von Wissen und Erfahrung werden dabei häufig nicht berücksichtigt. Verstärkt wird dieses Auftreten durch die Tatsache, dass Berufseinsteiger aufgrund des Fachkräftemangels durchaus Forderungen stellen können und dies auch wissen (vgl. Parment 2013, S. 69; Dahlmanns 2014, S. 45). Mit einem solchen Auftreten ist die ältere Generation oftmals überfordert.

Die hier geschilderten Wertvorstellungen können selbstverständlich nicht als repräsentativ angesehen werden und schließen auch eine hohe Erfolgsorientierung junger Menschen nicht aus. Studien belegen, dass ein Großteil der besagten Generation immer noch karriereorientiert denkt und handelt oder klare Orientierungsrichtlinien vom Arbeitgeber fordert (vgl. Parment 2013, S. 59). Dennoch sollte es Pflicht der Arbeitgeber sein, sich proaktiv mit der zuvor geschilderten Thematik auseinanderzusetzen.

4 Hohe Erwartungen – die Arbeitgeber

Während sich die aktuelle Diskussion insbesondere um die junge Arbeitnehmerschaft dreht, ist die Analyse der älteren Generation in Führungspositionen in den Hintergrund gerückt. Daraus resultierend wird ausschließlich ein neuer Arbeitnehmertyp beschrieben, dem sich Führungskräfte anpassen müssen. Führung wird aus der konzeptionellen Sicht beleuchtet, ohne dabei die soziale Komponente der dahinter stehenden Altersgruppen zu verstehen.

Die fehlende Analyse begründet sich in zwei grundsätzlichen Punkten: zum einen sind ältere Generationen bereits ausführlich thematisiert worden. Dies geschah zu einem Zeitpunkt, an dem sich die Andersartigkeit der Generationen besonders stark von gesellschaftlichen Normen abzuheben schien. Insbesondere dann, wenn die einstigen Rebellen gesellschaftlich akzeptiert sind, erscheinen sie kaum noch diskussionswürdig. Zum anderen ist die aktuelle Führungsriege in Bezug auf das Alter nicht an eine Generation gekoppelt. Junge Führungskräfte können noch unter dreißig sein, mit fortschreitendem Alter steigt der Arbeitnehmer in der Regel innerhalb der Hierarchien auf. Somit kann eine Führungskraft selten einer bestimmten Generation zugeordnet werden, ein Berufseinsteiger hingegen schon.

Daher können lediglich tendenzielle Aussagen über Führungskräfte von heute getroffen werden. Eine der wichtigsten mag sein, dass die Erfahrungen der letzten Jahre dafür gesorgt haben, dass sich Krisen in der Wahrnehmung relativiert haben. Der kalte Krieg in den 1980er-Jahren, die neue (Internet-)Ökonomie oder die europäische Währungsunion, welche (mit dem Zerfall Russlands, dem Crash am neuen Markt oder der Griechenland-Problematik) in einer Krise mündeten, führten allesamt nicht zu einem Zusammenfall des Wirtschaftssystems oder der sozialen Strukturen. Krisen sind ein akzeptierter Bestandteil des ökonomischen Systems und werden nicht unbedingt als existenzielle Bedrohung wahrgenommen. Dies wiederum verschafft eine gewisse Sicherheit für das tägliche Handeln. Führungskräfte sind bereit, Entscheidungen zu treffen und ggf. Risiken einzugehen, wenn die Konsequenzen überschaubar sind.

Des Weiteren hat sich das gesellschaftliche Rollenverständnis, zumindest in der Theorie, bei vielen Führungskräften gewandelt und der Grundstein für die Akzeptanz neuer Rollen- und Lebensmodelle ist gelegt (vgl. Rolle 2011, S. 9f.; Geighardt-Knollmann 2015; Leven et al. 2015, S. 86). Die Anpassung der Arbeitsplatzstrukturen ist folglich kein revolutionäres Unterfangen, sondern eine logische Folgerung – quasi der nächste Schritt.

Nicht zu vernachlässigen ist der Transfer der eigenen Karriere-Erfahrung auf die Mitarbeiter. Insbesondere Führungskräften, die noch sehr stark von der Nachkriegsgeneration geprägt sind, wurde in jungen Jahren das Verständnis eines Aufstiegs durch harte Arbeit von ihren Arbeitgebern eingeschärft. Einmal im Jahr in den Urlaub zu fahren galt als Luxus; Überstunden bis hin zur Aufopferung für den Betrieb waren keine Seltenheit und wurden erwartet. Das Streben nach oben war oftmals von einer Unterordnung der eigenen Vorlieben begleitet (vgl. Ruthus 2014, S. 8). Durch diesen Lebensweg entstand eine Erwartungshaltung an die jetzigen Berufseinsteiger. Getreu dem Motto „was für mich galt, gilt auch für dich", wird ein ähnlicher Einsatz von Arbeitnehmern verlangt, der neue Werte missachtet. Gehorsam und die Erreichung von Zielvorgaben stehen häufig noch im Fokus der Wahrnehmung. Einem Arbeiter, der in jungen Jahren Zielvorgaben ohne Einwände zu akzeptieren hatte, harte Kontrollen und ggf. strikte Sanktionen befürchten musste und heute selbst Mitarbeiter anweist, fällt es womöglich schwer, flache Hierarchien zu leben, Ziele gemeinsam zu entwickeln und zu diskutieren (vgl. Parment 2013, S. 9ff.).

Dabei geht die Forderung nach Einsatz, Verantwortungsbewusstsein und Zielorientierung der Mitarbeiter oftmals einher mit dem Wunsch nach Delegation. Insbesondere in komplexen, dynamischen Unternehmensumfeldern ist die Expertise der jungen Generation entscheidend für den Erfolg. Zu schnell verändern sich die Rahmenbedingungen und technischen Möglichkeiten, als dass eine Unternehmung und deren Führungsspitze ohne junge Verstärkung mithalten können. Vor diesem Hintergrund bringt es wenig, gehorsame Mitarbeiter zu formen. Denn die Anforderungen an Kompetenzen von angehenden Angestellten und Führungskräften sind umfangreich (vgl. Initiative neue Qualität der Arbeit 2014, S. 7). Der Umgang mit Komplexität und instabiler Marktdynamik ist ebenso wichtig wie das Management der abnehmenden Prognosefähigkeit in einer dynamisch vernetzten Arbeitswelt.

5 Analyse der Konfliktfelder

Es gilt nun, in dem komplexen Konstrukt aus Arbeitgebern und Arbeitnehmern und deren generationenbedingten Wertvorstellungen einen Weg zu finden, wie beide Seiten, auch mit entsprechender Unterstützung durch Bildungsinstitute, produktiver zusammenarbeiten können. Die Kernfrage lautet: Welche Ansatzpunkte gibt es, um Arbeitsumfeld und -bedingungen zum Wohle beider Seiten zu verändern?

Grundsätzlich kann davon ausgegangen werden, dass das Konfliktpotenzial zwischen Berufseinsteigern und Führungskräften nicht zwingend so groß ist wie hier dargestellt. Im Folgenden sollen die zuvor genannten, prägenden Komponenten der beiden Generationen daher zunächst auf komplementäre und anschließend auf konfliktäre Potenziale untersucht werden. Erstere sind oftmals durch eine beidseitige Verdeutlichung der Situation zu beheben; bei einem hohen Konfliktpotenzial müssen grundsätzliche Veränderungen implementiert werden. Dabei sollte die Bildungslandschaft einbezogen werden, da diese ein erstes Fundament schaffen kann. Dies wird im Folgenden explizit erarbeitet.

Dem Wunsch aus der Führungsebene, Arbeitsbereiche zu delegieren und bei Mitarbeitern ein hohes Engagement für das Unternehmen zu erreichen, steht der Wunsch nach einer höheren Selbstverwirklichung (nicht zuletzt durch die Übertragung von Kompetenzen) seitens der Arbeitnehmer gegenüber. In diesem Fall zeigt sich, dass beide Seiten grundsätzlich gleiche Vorstellungen von einer guten Arbeitsbeziehung haben, in der ein Angestellter durchaus Verantwortung übernimmt. Es gilt also Grundlagen, wie beispielsweise gegenseitiges Vertrauen, zu schaffen, um ein produktives Arbeitsverhältnis zu erzielen. Allerdings lässt sich die Übernahme von Verantwortung nur schwer mit der Forderung nach einer ausgeglichenen Work-Life-Balance verbinden. Der Leistungsdruck nimmt mit mehr Verantwortung zu und Effizienz wird zum obersten Gebot. Wobei dies nicht in einzelnen Personen, sondern oftmals von oberster Ebene vorgegeben und entsprechend an die nachfolgenden Hierarchiestufen weitergegeben wird (vgl. Grünewald 2015, S. 19 f.).

Ähnlich verhält es sich mit der Forderung nach einem Arbeitsplatz ohne starre Präsenzpflicht oder Zeitvorgaben. Diese kann seitens der Arbeitgeber zum Beispiel durch Gleitzeiten oder ein gelegentliches Arbeiten im Homeoffice umgesetzt werden, was zahlreiche Unternehmen bereits anbieten (vgl. Heckendorf 2014). Fraglich ist, wie dieses Angebot im Einzelfall eingesetzt werden kann, denn die Umfeld-Bedingungen müssen auch mit den Unternehmenszielen konform sein. So darf sich eine Anpassung der Gegebenheiten nicht negativ auf die Unternehmensperformance auswirken. Es gilt auszuloten, welche Flexibilität umgesetzt werden kann und welche sich als utopisch erweist. Selbstverständlich ist dies im Einzelfall zu klären. Dennoch können allgemeingültige Grundsätze entwickelt werden, die als Orientierungspunkte dienen.

Schwieriger gestaltet es sich, die Prokrastination der Berufseinsteiger mit der Entscheidungsfreudigkeit der Führungsebene zu synchronisieren. Eine grundsätzliche Problematik ergibt sich aus dem Verhalten einer Führungsperson, die Entscheidungen erzwingt und Konsequenzen dabei als Druckmittel einsetzt. Zudem wird der konstruktive Umgang mit

Abb. 1 Konsens- und Konfliktfelder von Arbeitsbeziehungen. (Eigene Darstellung)

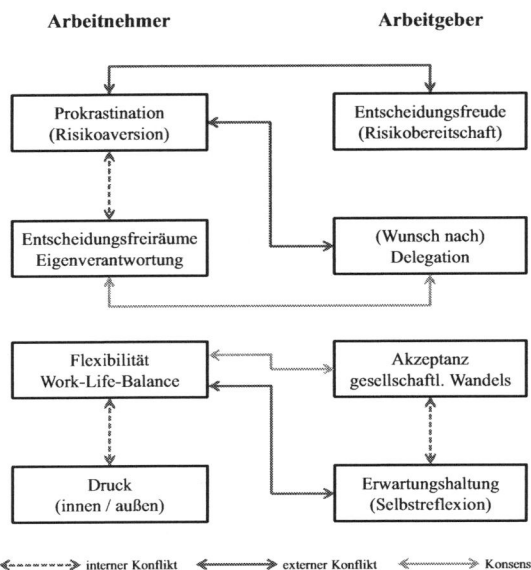

Fehlern häufig als selbstverständlich angenommen, während Vertreter der Generation Y diese vielmehr als Scheitern verstehen.

Weiteres Konfliktpotenzial besteht in der Erwartungshaltung der Führungskraft gegenüber dessen Team einerseits sowie dem kommunikativen Auftreten der Arbeitnehmer andererseits. Besonders problematisch wird dieser Aspekt unter dem Einfluss emotionaler Komponenten. Denn dieser Konflikt entsteht selten durch konkrete inhaltliche Themen, sondern vielmehr aus der generellen Arbeitsauffassung beider Seiten. Der wahrgenommene Druck und das damit einhergehende Konkurrenzdenken im Arbeitnehmer selbst führen zu Unverständnis auf Seiten des Chefs, dem dies als unbefriedigende Arbeitsbedingung vorgetragen wird. Dagegen wird dann schnell mit dem Verweis auf die frühere Arbeitsmoral und die gelockerten modernen Gegebenheiten argumentiert. Diese werden so allerdings nicht wahrgenommen, der Arbeitnehmer ist innerlich unzufrieden und bezieht dies direkt auf die Führungskraft (siehe Abb. 1).

Eine Lösung kann hier nur durch den Aufbau eines gegenseitigen Verständnisses herbeigeführt werden, welches prinzipiell in der Grunderziehung, spätestens aber in der weiterführenden Bildung geschehen muss Abb. 1. setzt die beiden Sichtweisen noch einmal in Bezug zueinander und zeigt die Beziehungen auf.

6 Anforderungen an Lehre und Weiterbildung

Während der Betrachtung der Konfliktfelder lässt sich feststellen, dass es sich nicht um unternehmensspezifische, sondern um grundsätzliche Inhalte handelt. Somit sind auch Lehre und Weiterbildung gefragt, bereits am Ursprung des Konfliktes anzusetzen. Dabei soll im Folgenden darauf geschaut werden, welche Inhalte durch Bildungsinstitutionen generell, im Speziellen aber durch Fachhochschulen und Universitäten unterstützt werden können.

Zunächst ist festzuhalten, dass aus dem Wunsch nach einem Paradigmenwechsel in der Führungskultur auch ein Perspektivenwechsel in der (lebenslangen) Bildung und Weiterbildung resultieren sollte (vgl. Initiative neue Qualität der Arbeit 2014, S. 10). Klassische, dort vermittelte Managementprozesse sind zwar als Grundgerüst geeignet, in der direkten Umsetzung jedoch wenig praktikabel. Daher ist es notwendig, auch alternative Führungs-Konstrukte in der Lehre zu berücksichtigen. Diese stellen keine reinen Führungsempfehlungen dar, sondern sind ein Geflecht aus beidseitiger Weiterbildung. Die Sicht kann nicht mehr nur eine Perspektive (in der Regel die Führungsrolle) berücksichtigen, sondern muss alle Beteiligten miteinbeziehen.

Das Grundverständnis unternehmerischen Handelns muss wieder in den Fokus der Lehre gerückt werden. Aufgrund der rasanten Entwicklung in vielen Themenfeldern verrennt sich diese häufig in der Vermittlung von spezifischem Detailwissen. Um das immer umfangreicher werdende Wissen im Lehrplan zu integrieren, werden die Grundlagen oftmals nur gestreift. Genau hier liegt das Problem, denn ein solides Haus kann nicht auf sandigem Untergrund stehen, das Fundament ist wichtigster Faktor der Stabilität.

Gelingt es also, einen Blick für die Bedeutung des Gesamtkontextes in der Lehre zu vermitteln, sodass die Tragweite kleiner Handlungsschritte nachvollziehbar wird, löst sich auch die Problematik der To-Do-Listen-Mentalität: Handlungen bleiben dann in kleinen Arbeitsschritten handhabbar, ohne jedoch die dahinterstehenden Strukturen zu missachten.

Diese Sensibilisierung unternehmerischen Denkens ist ein Grundbaustein der Konfliktlösung. Den Beteiligten muss klar werden, dass eine Unternehmung einen Grundauftrag hat und eine Existenz nicht als naturgegeben angesehen werden darf. Das Überleben der Unternehmung und der komplexe Gesamtzusammenhang müssen bei sämtlichen Entscheidungen und alltäglichen Handlungen berücksichtigt werden.

Die Ausrichtung des Handelns sei an einem kurzen Beispiel verdeutlicht: Die rasante Entwicklung des Internets hat dazu geführt, dass sich Entscheider in vielen Thematiken nicht spezifisch auskennen und somit die Verantwortung an die jungen Mitarbeiter delegieren. Nicht selten wird von diesen die Notwendigkeit der Präsenz auf einer Social-Media-Plattform wie Facebook mit dem Argument: „Man muss dabei sein, sonst verpasst man den Anschluss", geäußert. Die Lehre hat dafür die entsprechende Umsetzung vermittelt, nicht aber die Entscheidungsparameter. Der Entscheider könnte das genannte Argument als zu weichen Faktor werten und dem Mitarbeiter unterstellen, aus eigenem Interesse zu handeln. Dieser ist dann dazu aufgerufen, eine vorgelagerte Analyse der wirtschaftlichen Berechtigung durchzuführen (z. B. welche Ressourcen werden gebunden, was ist der Mehrwert für das Unternehmen, wie ist das Kosten-Nutzen-Verhältnis), und diese dem Entscheider mitzuteilen. Signalisiert er darin, dass die Interessen des Unternehmens immer Teil der Überlegung waren, fällt es dem Führenden leichter, das Vorhaben des Mitarbeiters entsprechend zu unterstützen.

Ausschlaggebend ist die Sensibilisierung der Studierenden für die Verantwortung gegenüber Unternehmen und Team. In einer Lehrsituation ist das Unternehmen durch den Dozenten symbolisiert. Gerade in Bezug auf Zuverlässigkeit, die Einhaltung von Terminen etc. muss geklärt werden, wie die Studierenden geleitet werden sollen. Geht es darum, Commitment zu schaffen, wird schnell der Wunsch nach einer externen Kontrollinstanz laut (z. B. die Kontrolle einer auferlegten Anwesenheitspflicht durch den Dozenten). Restriktionen sind wichtig und werden aktiv eingefordert. Somit wünscht sich das Team genau das, was augenscheinlich immer abgeschafft werden soll. Wird ihnen diese Problematik veranschaulicht, so können Studierende dafür sensibilisiert werden zu erkennen, welche Nachteile ein Umfeld ohne Kontrolle schaffen kann und dass es an mancher Stelle eher förderlich ist, Kontrollpunkte und Konsequenzen bei Regelverstößen einzubauen. Entscheidend ist hier die Selbsterkenntnis, denn eine rein theoretische Vermittlung würde eher zu Reaktanz denn zu Einsicht führen.

In Praxisprojekten müssen Hochschulen schon früh auf die Erstellung selbst auferlegter Regeln auf Seiten der Studierenden achten und bei der Entwicklung dieser unterstützen. Durch Verschriftlichung wird im Idealfall ein Commitment vom Team geschaffen. Problematiken, wie beispielsweise Lobbyismus in der Ausgestaltung von Freiheitsgraden, kommen darin oftmals kaum zum Tragen. Hier ist es wichtig, Projekte durchaus scheitern zu lassen und im Anschluss eine konstruktive Analyse der Fehlentscheidungen durchzuführen. Dabei wird auch die immer wichtiger werdende Kompetenz der Selbstreflexion geschult.

In einem solchen Prozess kann einerseits der Grundsatz, Scheitern als Chance zu betrachten, gestärkt und andererseits der konstruktive Umgang mit eigenen Entscheidungen und deren Konsequenzen gelehrt werden. Nur so können Risiken zukünftig realistisch und ohne Angst abgeschätzt und damit auch Handlungssicherheit trainiert werden, welche notwendige Voraussetzungen für die Delegation von Entscheidungen an Arbeitnehmer ist. Dass sich junge Menschen sehr für diese Thematik interessieren, zeigt der durchschlagende Erfolg von Events wie der FuckUpNight, bei denen gescheiterte Personen von Fehlern und hilfreichen Erkenntnissen berichten. Die Botschaft lautet dann: „Es ist okay zu scheitern, wenn du etwas daraus lernst." (Hägler 2015).

Auf Seiten der führenden Person sollte unbedingt eine Bereitschaft zum Mentoring bestehen, um die Entscheidungssicherheit langfristig zu unterstützen. Die Thematik muss daher auch in der Weiterbildung von Führungskräften behandelt werden. Denn um glaubhaft vermitteln zu können, dass Scheitern okay ist, sind insbesondere die Vorgesetzten gefragt. Diese müssen eine gewisse Fehlertoleranz kommunizieren, damit Fehler nicht verschwiegen, sondern offen kommuniziert und aus diesen gelernt werden kann. Eine Fehlervermeidungsstrategie und die damit einhergehende Risikovermeidung sorgt für ein absicherndes Handeln, welches auf lange Sicht einen Stillstand in Unternehmen hervorruft. Dieser wiederum führt langfristig in den Ruin. Entsprechend sollte die Führungsperson einen Toleranzrahmen für Fehler bestimmen und diesen mit der Zeit anpassen. Eine anfangs intensive Begleitung des Mitarbeiters durch offene Gespräche und Analysen von Entscheidungen und Konsequenzen ist dazu notwendig. Dies sollte der Führungsebene in

Workshops vermittelt werden, da das Konzept in der Theorie nicht neu ist, in der Praxis aber kaum Anwendung findet.

Können Konsequenzen eingeschätzt werden und ist die Angst vor dem Scheitern vermindert, so ist das Fundament für eine selbstständige Arbeit des Angestellten gelegt. Doch auch Eigenverantwortung und Selbstmanagement spielen eine wichtige Rolle und müssen verstärkt in der Lehre berücksichtigt werden. Um diese Kompetenzen zu unterstützen, sollten Hochschüler gezielt für das Problem der interessierten Selbstgefährdung sensibilisiert werden und das Thema innerer Druck in der Lehre Beachtung finden. Möglicherweise genügt allein der Hinweis auf die Existenz dieses Problems, um eine Reflektion der intrinsisch motivierten Zielvorstellungen zu erreichen. Zudem sollten Dozenten sowie Führungskräfte für Kennzeichen einer interessierten Selbstgefährdung bei Mitarbeitern und Studierenden sensibilisiert werden, um entsprechend dagegen steuern zu können. Das Problem könnte dann angesprochen und damit der innerliche Druck verringert werden.

Die genannten Maßnahmen richten sich im Kern an die jungen Arbeitnehmer und damit an Vertreter der Generation Y. Um auch die Unternehmensseite in die Lehre einzubinden, sollten diese aktiver Teil von Praxisprojekten an Hochschulen werden. Im direkten Dialog bietet sich die Möglichkeit, junge Menschen und deren Denkweise kennenzulernen. Die Herangehensweise an ein Projekt kann von der Zieldefinition über Verhaltensregeln bis hin zu Kontroll- und Sanktionsmechanismen durch ein Mentoring begleitet werden. Die Schärfe der Praxis, welche oftmals aus der Angst der Mitarbeiter vor Arbeitgebern besteht, ist hier nicht gegeben. Jeder Teilnehmer kann seine Meinung offen kommunizieren.

Doch nicht nur die Projektarbeit, sondern auch das Unterrichten im klassischen Sinne sollte die Arbeitgeber involvieren. Weiterbildungsangebote für Führungskräfte, welche gemeinsam mit jungen Nachwuchskräften unterrichtet werden oder sich gegenseitig unterrichten, stellen ein unkompliziert umsetzbares Mittel dar, um gegenseitiges Verständnis aufzubauen. Diese Situation kann beiden Seiten aufzeigen, dass sie sich gar nicht so fremd sind, wie häufig angenommen und der Austausch fördert das Verständnis füreinander. Die Akzeptanz der Veränderung ist dabei grundlegendes Ziel der Lehre: Seitens der Arbeitnehmer muss mehr Mut zum Risiko, seitens der Arbeitgeber mehr Mut zum Wandel erzeugt werden. Ebenso sollten Vertrauen und Respekt als fundamentale Größen in der Arbeitsbeziehung thematisiert werden. In den Mittelpunkt rückt dabei die Erarbeitung einer Basis, auf welcher das Vertrauen erlangt werden soll. Während die Arbeitnehmer die Chance zum Vertrauensaufbau bieten müssen, liegt es in der Verantwortung der Arbeitnehmer, Vertrauen nicht einfach einzufordern, sondern dies zu erarbeiten. Ebenso muss Vertrauen gegenüber den Vorgesetzten auch in Handlungen signalisiert werden. Der Unternehmenszweck muss bekannt sein und in sämtlichen Aktionen oberste Priorität genießen. Denn eine hohe Performance allein schafft kein Vertrauen. Vielmehr aber die Demonstration, dass der Mitarbeiter nicht opportun handelt und die Unternehmensziele verfolgt und unterstützt.

Mit Respekt verhält es sich ähnlich. Gegenseitiger Respekt wird durch ein beidseitiges Signaling erzielt. Während ein Mitarbeiter die Hierarchie-Stufe seines Vorgesetzten weder verbal noch nonverbal anzweifelt (Anweisungen dürfen aus Prinzip nicht diskutiert werden), kann dieser gleichzeitig seine Teamfähigkeit durch konkrete Handlungen beweisen (ein klassisches Beispiel sind gemeinsame Aufräumaktionen, an denen sich auch der Chef beteiligt). Beiderseitige Anerkennung und Wertschätzung ist das Schlüsselprinzip. Das Eingeständnis eigener Schwächen seitens der Mitarbeiter darf nicht als Druckmittel eingesetzt werden. Im Gegenteil muss die Bereitschaft zur offenen Diskussion positiv anerkannt werden, damit diese dem Unternehmen langfristig einen Mehrwert bieten kann.

7 Schlussbetrachtung

Während sich gesellschaftliche Diskussionen und Lehrinhalte immer mehr in Details verrennen, wird schnell verkannt, dass eine allgemeine Sichtweise viele Konflikte relativiert und einen Konsens erleichtert. Es konnte gezeigt werden, dass das Verhältnis von Arbeitnehmern und Arbeitgebern auch in Zukunft kein unlösbares Konfliktpotenzial beinhaltet. Die Abstraktion der Kernprobleme stellt heraus, dass durch die Bedienung weniger Stellschrauben ein Großteil des Konfliktpotenzials verringert werden kann. Dabei ist es wichtig, diese Aspekte in die Bildung, aber auch in die mediale Berichterstattung aufzunehmen, um die Öffentlichkeit zu sensibilisieren. Nur so kann eine Basis geschaffen werden, die es ermöglicht, gegebene Strukturen an den gesellschaftlichen Wandel in einem angemessenen Tempo anzupassen. Der Transfer in die Wirtschaft ist dann der nächste Schritt. Kleine und mittelständige Unternehmen können hier sicherlich eine Vorreiterrolle übernehmen.

Literatur

Albert, M.; Hurrelmann, K.; Quenzel, G. (2015): Jugend 2015: Eine neue Generationsgestalt? In: Jugend 2015. 17. Shell Jugendstudie. Frankfurt a.M.: Fischer, S. 33-46.
Bund, K. (2013): Glück schlägt Geld. Hamburg: Murmann.
Dahlmanns, A. (2014): Generation Y und Personalmanagement. München: Hampp.
Dribbusch, B. (2013): Die Neidspirale. Erschienen auf www.taz.de.
Geighardt-Knollmann, C. (2015): DGFP Studie: Frauen in Führungspositionen. 3/2015.
Grünewald, S. (2015): Die erschöpfte Gesellschaft. Freiburg i. B.
Grünewald, S. (2013): Wenn Unruhe die Träume verdrängt, erschienen auf www.zeit.de.
Hägler, M. (2015): Lernen vom Versager, erschienen auf www.sueddeutsche.de.
Heckendorf, K. (2014): Der Hundert-Stunden-Trick, erschienen auf www.zeit.de.
Initiative neue Qualität der Arbeit (Hrsg.) (2014): Führungskultur im Wandel. Berlin.
Jeges, O. (2014): Generation Maybe. Die Signatur einer Epoche. Berlin.
Krause, A.(2015): Freiwillige Selbstausbeutung,. In: Psychologie Heute, 10/2015, S. 38-43.
Leven, I.; Quenzel, G.; Hurrelmann, K. (2015): Familie, Bildung, Beruf, Zukunft: Am liebsten alles. In: Jugend 2015. 17. Shell Jugendstudie. Frankfurt a.M.: Fischer, S. 47-110.
Pauer, N. (2011): Wir haben keine Angst. Frankfurt a. M.

Parment, A. (2013): Die Generation Y – Mitarbeiter der Zukunft. Herausforderungen und Erfolgsfaktor für das Personalmanagement. 2. überarb. u. erw. Aufl., München: Springer.

Quenzel, G.; Hurrelmann, K.; Albert, M. (2015): Jugend 2015: Eine pragmatische Generation im Aufbruch. In: Jugend 2015. 17. Shell Jugendstudie. Frankfurt a.M.: Fischer, S. 375-387.

Rolle, S. (2011): Work-Life-Balance als Zukunftsaufgabe. Wie wirken sich familienfreundliche Maßnahmen auf Arbeitszufriedenheit und Commitment aus? Hamburg: Diplomica.

Ruthus, J. (2014): Arbeitgeberattraktivität aus Sicht der Generation Y. Handlungsempfehlungen für das Human Resources Management. Wiesbaden: Springer.

Prof. Dr. Sascha Lord studierte Betriebswirtschaftslehre an der Universität zu Köln mit den Schwerpunktfächern „Beschaffung und Produktpolitik", „Marketing und Marktforschung" sowie „Wirtschaftsgeschichte" und promovierte als externer Doktorand am Seminar von Prof. Dr. Koppelmann zum Thema Ritualmanagement. Während seiner Promotion arbeitete er als Consultant bei der Stuewe Management Consulting GmbH, im Anschluss daran als Exportleiter bei der Lomac GmbH.

Prof. Dr. Lord wurde 2012 berufen und ist derzeit Leiter des Kölner Campus der Fachhochschule des Mittelstands (FHM) mit dem Fachgebiet Medien als Forschungs- und Lehrschwerpunkt. Zuvor unterrichtete er an staatlichen und privaten Fachhochschulen, unter anderem der MD.H Düsseldorf, der CBS Köln, der FH Düsseldorf, der FH Niederrhein sowie der FH Aachen.

Teil IV
Neue Arbeitsmodelle und Berufsfelder

„Die Vielfalt ist unser Motor" – Vielfalt als Quelle für Innovation, Inspiration und Bereicherung

Interview mit Yukiko Elisabeth Kobayashi, Impact DOCK Hamburg – Inhaberin und Geschäftsführerin (Interview: Brigitte Spieß)

Yukiko Elisabeth Kobayashi

1 Profitabel sein und gleichzeitig gesellschaftliche Zielsetzungen verfolgen

Brigitte Spieß: Frau Kobayashi, Sie haben einen spannenden Lebenslauf, Diplom Psychologin, internationale Managementausbildung und 15 Jahre Managementerfahrung bei großen Konzernen wie Lufthansa Technik, AstraZeneca. Und dann haben Sie der klassischen Konzernkarriere freiwillig den Rücken gekehrt. Was hat Sie persönlich dazu veranlasst, beruflich neue Wege zu gehen und auf eine sog. Turbokarriere zu verzichten?

Yukiko Kobayashi: Für mich war das eigentlich gar nicht so sehr ein Bruch oder das Verlassen einer Turbokarriere. Das ist eher eine logische Fortsetzung und Synthese der Entwicklung aus allem, was vorher schon da war. Jetzt nur in einem anderen Kontext. Ich tue das, was mich zuvor auch in den 15 Jahren Konzernerfahrung maßgeblich motiviert hat, nämlich eine unternehmerische Entwicklung in sinnvoller Art und Weise mit den Motiven und den Entwicklungen von Menschen zusammenzubringen, sowohl auf einer individuellen wie auch auf einer kollektiven Ebene. Mich interessieren die Menschen im Unternehmen und das, was sie bewegt, ihre Lebensentwürfe und ihre Lebensziele.

Das führe ich jetzt fort. Der Fokus liegt nun nicht mehr auf der klassischen Wirtschaft oder klassischen Unternehmen, sondern jetzt ist es die Gesellschaft oder der städtische Kontext, in dem ich mich bewege. Ich kann hier den interkulturellen Aspekt noch viel deutlicher ausleben, der auch in mir angelegt ist. Ich bin zur Hälfte Deutsche und Japanerin. Und ich glaube, dass ich jetzt noch ein reicheres Spektrum dessen bediene, was in mir selbst als Potenzial steckt. Insofern ist es für mich mehr eine logische Fortsetzung all des-

Y. E. Kobayashi (✉)
Inhaberin und Geschäftsführerin, Business und Produktentwicklung, Impact DOCK Hamburg
Hamburg, Deutschland
E-Mail: yuki@impactdock.de

© Springer-Verlag Berlin Heidelberg 2017
B. Spieß und N. Fabisch (Hrsg.), *CSR und neue Arbeitswelten*,
Management-Reihe Corporate Social Responsibility, DOI 10.1007/978-3-662-50531-1_7

sen, was ich bisher gemacht habe und natürlich auch eine gewählte Alternative. Ich habe den Kontext zu einem Zeitpunkt geändert, als bei mir der nächste Karriereschritt anstand. Und für mich war das so der letzte Tropfen, der das Fass zum Überlaufen gebracht hat. Ich dachte, wenn ich jetzt hier aus einer Geschäftsleitungsposition im Unternehmen agieren kann, dann kann ich doch auch versuchen, meine eigenen Geschicke zu lenken – im Sinne meiner eigenen Zielsetzung.

Brigitte Spieß: Selbstbestimmtheit ist ein gutes Stichwort. Sie haben einmal in einem Interview gesagt, ich zitiere: „Ich muss den anderen dann auch nichts mehr beweisen." An welche Grenzen sind Sie in Ihrem früheren beruflichen Umfeld gestoßen, insbesondere bei der Personalpolitik?

Yukiko Kobayashi: Auch das sehe ich nicht so als Kontrast. Ich habe keine Grenzen empfunden, ehrlich gesagt. Grenzen, das hat für mich immer mit einem selbst zu tun. Nehme ich Grenzen wahr oder nicht. Wenn ich mir überlege, in was für Situationen ich Themen aufgebaut habe, die für eine Organisation vollkommen fremd waren. Als ich zur Lufthansa Technik kam, da war ich knapp 30, musste ich mich mit einem komplett männlichen Vorstand auseinandersetzen, der technisch geprägt war. Hier habe ich plötzlich angefangen, von Kulturentwicklung in Unternehmen zu sprechen, von Gefühlen und dergleichen. Ich war eine junge Frau, Psychologin, kam von der Lufthansa Passenger, also Kabine, und hatte meine erste große Führungsrolle. Das ist für die technisch affinen Männer eine völlig andere Welt. Ich habe im Grunde sehr überzeugt und hartnäckig die Dinge vorangetrieben, die ich für sinnvoll hielt: nämlich das Menschliche, das Wirtschaftliche, das Technische zu verbinden, im Sinne einer erfolgreichen Unternehmensentwicklung.

Deswegen würde ich nicht von Grenzen sprechen, sondern ich glaube, Grenzen entstehen dann in einem selbst, wenn man über seine eigenen Grenzen Hürden aufbaut, über die man nicht hinweg kann. Das würde ich bei mir nicht sagen. Ich habe in dem Moment in mir selbst Grenzen verspürt, wenn ich gesehen habe, dass meine Motive oder meine Werte nicht mit jemandem in einer Entscheidungsposition zusammenpassen, der offenbar mehr von Zahlen, Daten, Fakten getrieben wird und das Menschliche vielleicht eher im Hintergrund sieht. Oder der ein weicheres Rückgrat hat, wenn es darum geht, auch über das Menschliche hinweg wirtschaftliche Dinge zu priorisieren, was ich zum Teil auch als sehr zynisch empfunden habe. Aber selbst dort würde ich nicht sagen, dass das Grenzen waren, sondern das hat mich noch mehr motiviert zu fragen, wie kann ich jetzt überzeugen? Wie kann ich in einen Kontakt kommen, dass ich Dinge trotzdem verändere. Selbst das ist ein Mensch. Vielleicht ist das ein zynischer Unternehmer, aber vielleicht ist er ein ganz liebevoller Familienvater. Ich weiß es nicht. Ich habe immer eher versucht herauszufinden, wie kann ich etwas Verbindendes finden, um dann gemeinsam auch zu anderen Ufer zu gelangen?

Brigitte Spieß: Es gibt manchmal auch Strukturen im Unternehmen, die man nicht ändern kann. Sie haben offensichtlich eher gute Erfahrungen gemacht. Was sind die wichtigsten Lehren bzw. die sog. Perlen aus der beruflichen Entwicklung, die Sie wesentlich geprägt haben?

Yukiko Kobayashi: Was ich gelernt habe, was ich liebe, was mir einen „Heidenspaß" bereitet hat und was ich im Grunde jetzt auch in der Stadt Hamburg fortführe, ist, in Kontakt zu sein mit unterschiedlichsten Menschen, Schicksalen und Hintergründen. Und zwar egal, wo sie in der Hierarchie angesiedelt sind oder welchen funktionalen Hintergrund sie haben. Ich habe es geliebt, mich mit der Dame am Empfang genauso zu unterhalten und eine gute Beziehung zu haben, wie mit jemand aus dem Vorstand. Und mit diesen sehr diversen Populationen in einem Unternehmen dann auch in partizipativer Weise das Unternehmen nach vorne zu verändern, und zwar am Puls der Zeit, am Puls der Trends, die die Gesellschaft bewegen. Das hat mir im Unternehmen Freude gemacht, wurde aber mehr dominiert von unternehmerischen Zielen. Jetzt in meiner eigenen Organisation bin ich in dieser Hinsicht freier. Ich habe das Gefühl, noch mehr an den wesentlichen Themen unserer Zeit zu sein, weil ich in keinem unternehmerischen Kontext bin, außer in dem, dass ich sage, ich möchte für mich selbst profitabel sein und ich möchte von niemandem abhängig sein. Ich will selbst ein profitables Geschäft aufbauen.

Brigitte Spieß: Ohne die ökonomische Relevanz geht das andere ja auch nicht.

Yukiko Kobayashi: Das stimmt, aber damit wäre ich an einem Punkt, der mich auch sehr gereizt hat, als ich mich dann selbstständig gemacht habe: nämlich eine andere Art des Wirtschaftens zu zeigen. Wirtschaft kann auch anders funktionieren. Es kann funktionieren profitabel zu sein und gleichzeitig gesellschaftlich sinnvolle Zielsetzungen zu verfolgen. Und ich glaube, dass das, was wir hier tun, meine Mitgründerin, das gesamte Netzwerk und ich, letztendlich dazu führen soll, dass die Stadt Hamburg, aber auch die Unternehmen der Stadt und einzelne Individuen sich zukunftsfähig und erfolgreich in ihrer Entwicklung aufstellen. Das ist für mich insofern ein noch sinnvollerer Kontext als ich ihn im Unternehmen gesehen habe. Gleichwohl habe ich es auch dort als sinnvoll empfunden, Individuen und das Kollektiv der Population in einer Unternehmung in der Entwicklung zu unterstützen.

2 Neue Wege zu leben und zu arbeiten

Brigitte Spieß: Sie sind jetzt ungefähr zwei Jahre mit dem Aufbau Ihres neuen Unternehmens Impact DOCK Hamburg beschäftigt und Sie sprechen in den Medien von „neuen Wegen, Leben und Arbeit zu verbinden." Neben Ihren beruflichen Herausforderungen sind Sie gleichzeitig Mutter, Ehefrau und pflegen intensive Freundschaften. Haben Sie den Ein-

druck, dass Sie die verschiedenen Rollenanforderungen in ein gesundes Gleichgewicht bringen?

Yukiko Kobayashi: Also ich finde, es ist eine stetige Herausforderung, wenngleich mich das jetzt nicht quält. Aus meiner persönlichen Lebenssituation, die sehr vielfältig ist, schöpfe ich Kraft und Energie. Das Ganze ist ein aktiver Prozess der Schöpfung, der nicht von alleine entsteht. Die Rollenanforderungen immer wieder in eine Konstellation bzw. in eine Balance zu bringen, erfordert Engagement. Ich sehe darin für mich jetzt auch noch einmal einen Lernprozess. Dieses ganze Feld liegt in einer ganz anderen und freien Weise vor mir. Ich muss es jedes Mal wieder neu gestalten. Das heißt bei uns im Klartext: Planen und Umgehen mit drei Kindern und einem Mann, der ebenfalls viel reist. Ich habe jetzt viele Abendtermine, die ich in der Fülle vorher nicht wahrnehmen musste. Ich gehe abends auf Netzwerkveranstaltungen oder politische Veranstaltungen in der Stadt. Daraus folgt ein Vielfaches mehr an Organisation.

Aber wenn man sich dessen bewusst ist, liegt darin auch eine große Chance. Wir haben unser Familienleben so organisiert, dass jeder seine Inseln zur Regeneration für sich hat. Ich glaube, dass wir qualitativ hochwertige Zeit mit unseren Kindern verbringen, die wir sehr lieben. Wir achten darauf, dass wir ausreichend Zeit zu fünft haben und gleichzeitig aber auch als Paar. Heute Abend, zum Beispiel, verbringen mein Mann und ich einen unserer famosen *Ausgeh-Abende*, auf den wir uns dann Tage zuvor freuen. Wir verabreden uns z. B. ins Kino zu gehen. Oder wir laden am Wochenende oft Freunde ein. Ich finde, uns gelingt das ganz gut, aber es ist auch eine Gestaltungsaufgabe.

Ich habe zudem eine Mitgründerin, die in dieser Hinsicht auch sehr bewusst ist. Sie hat gerade geheiratet, noch keine Kinder, aber ich finde, wir ergänzen uns ganz wunderbar. Ab und zu sagt sie zu mir: „Okay, dass Du gestern Abend jetzt unbedingt noch mal von 22.00 bis 24.00 Uhr am Schreibtisch gesessen hast, war doch wirklich nicht nötig, überleg doch mal." Wir haben eine Kultur des Umgangs miteinander, die sehr positiv ist. Wir versuchen die unterschiedlichen Anforderungen in ein gutes Lot zu bringen.

Wir sind, was die neuen Arbeitswelten angeht, extrem modern, glaube ich. Wir haben kein Büro angemietet, das heißt jeder arbeitet im Homeoffice. Wenn wir Meetings abhalten, gehen wir an Standorte der verschiedenen Protagonisten des Netzwerks. Bei Events und Workshops sind wir beispielsweise einmal in der Basketball-Halle, einmal in einem Unternehmen oder an der Hochschule. Das ist hochgradig inspirierend. Insgesamt schaffen wir unsere Arbeit mit dieser Arbeitsweise ganz gut. Alexa geht manchmal tagsüber auch eine Runde laufen und schickt mir dann eine Mail: „Mir ist gerade beim Laufen an der Alster folgende Idee gekommen." Ich schwimme eine Runde, um auf andere Gedanken zu kommen. Ich glaube, wir bekommen das ganz gut hin. Das ist ein sehr moderner Lebensentwurf, aber eben nicht trivial. Das hat viel höhere Anforderungen an uns als in einem Unternehmen, weil alles selbstbestimmt ist. Wir haben keine vorgegebene Struktur, sondern wir müssen uns den Orientierungsrahmen jeden Tag wieder selbst geben.

Brigitte Spieß: Plus eine Kultur des Abschaltens pflegen.

Yukiko Kobayashi: Genau.

Brigitte Spieß: Ich glaube, dass Regeneration und Abschalten ein ganz wichtiger Teil der Unternehmenskultur ist. Wie sehen Sie das?

Yukiko Kobayashi: Und das kommt eben auch nicht von alleine. Genau das muss man sich bewusst machen und aktiv gestalten.

3 Impact DOCK Hamburg – ein Inkubator für innovative Geschäftsideen

Brigitte Spieß: Das Unternehmen Impact DOCK Hamburg ist laut Ihrer Aussage ein „Inkubator für innovative Geschäftsideen, die an den Megatrends der Gegenwart ansetzen und Hamburgs Unternehmen sowie die Stadt Hamburg zukunftsfähiger und erfolgreicher machen." Hier kommen wir auf die Sinnfrage zu sprechen. Wofür setze ich meine Lebensenergie ein? Arbeite ich in einem beruflichen Umfeld, das mir selbst sinnvoll erscheint? Was ist die Vision *Ihres Unternehmens? Wie kam es zu dieser Geschäftsidee, die sich erst allmählich entwickelt hat?*

Yukiko Kobayashi: Das war tatsächlich eine Reise, bis sich die Idee konkretisiert hat. Als ich mich entschloss, meine Entwicklung außerhalb eines Unternehmenskontextes fortzusetzen, hatte ich zunächst eine recht vage Idee: ich möchte etwas machen, bei dem ich weiterhin unternehmerisch denken und handeln kann. Das macht mir einfach Spaß. Zudem möchte ich den wirtschaftlichen Ansatz auch mit gesellschaftlich sinnvollen Zielsetzungen in Verbindung bringen. Wie könnte so etwas aussehen?

Die erste Idee, die ich für mich geprüft habe, war die Geschäftsidee der *Impact Hubs,* die es weltweit gibt. Im Umfeld von inspirierenden Locations bringt man viele Gründer zusammen, die genau diese Mentalität haben – das Ziel verfolgen, ein eigenes Geschäft aufzubauen, das zugleich profitabel und gesellschaftlich sinnvoll ist. Man vernetzt sich und veranstaltet Events, zu denen auch Investoren eingeladen werden. Das war eigentlich die Ausgangsidee mit der ich im Rahmen einer „field study" durch Hamburg gezogen bin. Ich dachte, wenn ich in dieser Stadt zukünftig etwas bewirken will, dann muss ich mit den Menschen ins Gespräch kommen. Ich muss herausfinden, was sie bewegt und vor welchen Herausforderungen die Stadt steht. Ich habe dann wirklich hier in Hamburg meine Phase der *1000-cups-of-coffee* gehabt. Im Nachhinein denke ich, darüber hätte ich einen Dokumentarfilm drehen sollen.

Ich bin überall auf offene Ohren gestoßen, habe alle möglichen Menschen angesprochen: in Behörden, in Unternehmen der Stadt, in der Startup-Szene, Freiberufler usw.

Das war hochinteressant, denn ich bin in dieser Stadt geboren, habe meine Kindheit hier verbracht, war dann allerdings viel unterwegs. Jetzt ist es für mich so, wie einzelne Adventskalender-Türchen aufzumachen und in eine völlig neue Welt hineinzuschauen.

Ich habe mit all diesen Menschen gesprochen, habe sie auch gefragt, wie sie zu so einer Idee stehen würden, einen Impact Hub in Hamburg zu gründen.

Irgendwann auf diesem Weg kam mir die Idee, diese hochinteressanten Menschen aus ganz verschiedenen „Töpfen" der Stadt, die sich alle untereinander nicht kennen, zusammenbringen und einen inspirierenden Austausch anzuregen. Ich habe dann im letzten Spätsommer in der „Sturmfreien Bude Alster" einen Workshop mit circa 50 geladenen Personen initiiert. Das war hochgradig inspirierend für alle Beteiligten, also allein dieses Sich-Kennenlernen und in Kontakt gehen. Hier trafen Unternehmenslenker auf Stadtteilinitiativen, auf Studenten, auf Leute aus der Startup-Szene, auf Rentner. Ein inspirierender Kontext. Und alle haben genau diesen Austausch als wertvoll empfunden, nämlich über die eigenen Silos hinweg, Brücken zu bauen und darüber miteinander in ein Gespräch zu kommen, Ideen zu entwickeln.

Dann habe ich nach diesem Workshop gedacht: „Okay, also das scheint allein schon wertvoll und eine großartige Innovationsquelle zu sein, wenn ich Menschen aus den unterschiedlichsten ‚Silos' dieser Stadt regelmäßig zusammenbringe." Und wir haben über Silogrenzen hinweg Themen diskutiert, die mich im Rahmen von profitablen Geschäftsideen interessierten: Was sind die brennenden Themen dieser Stadt? Damals waren es drei Themen. Das erste Thema bezog sich auf die *Zuwanderung*. Wie können wir Hamburg als eine Stadt mit einer explizit positiv besetzten Willkommenskultur positionieren? Wie können wir Zuwanderung als Bereicherung, als Potenzial für die Stadt erfahrbar, nutzbar, sichtbar machen? Ein zweites Themenfeld beschäftigte sich mit *New ways of getting older* in einer zunehmend alternden Stadtbevölkerung. Was für neue, andere Konzepte vom Alter brauchen wir? Und das dritte Thema umfasste *Neue Wege zu leben und zu arbeiten.*

Im Hinblick auf die Konkretisierung der Geschäftsidee für Impact DOCK Hamburg haben wir bis zum Ende des Jahres in weiteren Workshop und Events herausgefunden, dass immer mehr Energie auf das erste Thema verwendet wurde *Zuwanderung als Potenzial für die Stadt.*

Unser Geschäftsmodell hat sich dann auf diese Thematik konzentriert. Herzstück ist dabei das erwähnte Netzwerk, das inzwischen ca. 250 Personen umfasst. Hamburgerinnen und Hamburger mit vollkommen unterschiedlichen Hintergründen – Vertreter/innen Hamburger Corporates, der Unis, der Stadt, Freiberufler, Start-ups, Entrepreneure etc. Lauter Menschen, die sich im Alltag nie begegnen würden. Das ist die Innovationsquelle und die Ressource unseres Geschäftsmodells.

Und die beiden sehr konkreten Geschäftsideen, die wir jetzt entwickelt haben, zahlen ebenso auf dieses erste Thema ein, also sowohl das *Cross-Mentoring für Zuwanderer,* wo wir qualifizierte Zuwanderer in Mentoring-Partnerschaften mit Key-Playern aus Hamburger Unternehmen bringen. Wir wollen ganz klar die Potenziale sichtbar machen, aber auch das Wirtschaftspotenzial und den Wachstumsfaktor, der in der Zuwanderung steckt. Und im zweiten Schritt planen wir eine systematische *Potenzialerhebung mit den Zuwande-*

rern, wo wir jetzt ja mit dem ersten Piloten starten. Insofern war es eine Reise – wie in einem Trichter – und dann hat es sich immer mehr zu dieser Idee hin fokussiert.

Meine Mitgründerin und ich gehen jetzt davon aus, dass es auch nie dieselben Produkte sein werden, weil wir immer an den Megatrends ansetzen, die in der Stadt virulent werden. Vielleicht ist in zwei Jahren ein anderes Thema die Herausforderung und dann werden wir frische Produkte auf den Markt bringen. Aber sie werden immer unserer internen Logik folgen: Wir setzen an den Megatrends an, die Einfluss auf die Stadt, ihre Unternehmen und Individuen ausüben. Daraus machen wir dann profitable innovative Geschäftsideen, die zukunftsorientiert sind.

Brigitte Spieß: Das ist die Vision von Impact DOCK.

Yukiko Kobayashi: Das ist die Vision im Hintergrund, die wir verfolgen.

Brigitte Spieß: Die Sie antreibt.

Yukiko Kobayashi: Ganz genau. Und das Schöne ist, wenn ich mir das Netzwerk jetzt anschaue, dann stehen die Protagonisten auch jeweils für einen Megatrend, also mindestens für einen.

Wir haben z. B. bei der Geschäftsidee *New ways of getting older* in unserem Netzwerk sowohl einen über 70-jährigen emeritierten Professor für Stadtentwicklung, der heute noch in den renommiertesten Thinktanks der Mega-Cities dieser Welt sitzt, als auch eine junge Frau, die noch nicht einmal 20 Jahre ist. Sie hat angefangen zu studieren und setzt sich jetzt schon für das Thema nachhaltiges Wirtschaften in interkulturellen Kontexten ein. Oder unserem Netzwerk gehört eine Dame mit Millionärshintergrund an, genauso wie ein Mann, der gerade eine Bundesliga-Basketball-Mannschaft in Hamburg aufbaut und nebenbei für Jugendliche mit Migrationshintergrund Basketball-Workshops anbietet. Also das ist sicherlich etwas, was uns enorm antreibt, motiviert: Diese Vielfalt ist unser Motor.

4 Arbeiten mit einem inspirierenden Netzwerk von Menschen

Brigitte Spieß: Interdisziplinär zusammengesetzte Teams, die Sie in einer Netzwerkstruktur bündeln und mit deren Hilfe Sie schnell und flexibel auf die komplexen und globalen Herausforderungen reagieren können. Ist die Arbeit mit einem inspirierenden Netzwerk von Menschen unterschiedlichster Hintergründe, Generationen und Kulturen auch ein innovative Ansatz für die „Neuen Arbeitswelten" im Umfeld von Nachhaltigkeit und Digitalisierung?

Yukiko Kobayashi: Letztendlich gab es auch dazu Vorreiter in meiner Entwicklung, privat und im Unternehmen. Zum einen glaube ich, liegt es in meiner Person, dass ich die

Vielfalt immer als Bereicherung erlebt habe. Schon als Kind habe ich mich familiär in Kontexten von extremer Diversität bewegt. Auch in meinem Bekannten- und Freundeskreis bin ich Vielfalt gewohnt. Wenn man wie ich in einem Elternhaus aufgewachsen ist, in dem ein Elternteil deutsch und eins japanisch ist, und ich in meiner Kindheit immer wieder erlebt habe, dass ein und dieselbe Situation aus diametral entgegengesetzten Blickrichtungen betrachtet wurde, aber jede in sich stimmig war, dann prägt das die Einstellung und Sichtweise. Ich habe die Unterschiedlichkeit und Vielfalt immer als enorme Bereicherung empfunden. Vielfalt auch als Quelle für Innovation und Inspiration.

Und später im Unternehmen habe ich dann gerade zum Thema Kulturentwicklung so meine Erfahrungen gemacht. Einer dieser Lernprozesse bezieht sich auf die Arbeit in Netzwerken, in denen die unterschiedlichsten Menschen cross-funktional, cross-hierarchisch zusammen geführt werden. Je mehr ich, beispielsweise über Netzwerke, partizipative Prozesse in Gang bringe, die zu einem maximalen Involvement in der Organisation führen, umso mehr kann ich die Dinge im Unternehmen bewegen.

Ich glaube, man kann das auch auf politische Entwicklungen, auf die Stadt und auf digitale Arbeitswelten übertragen. Wir haben heute viele Möglichkeiten, um über soziale Netzwerke Menschen zu aktivieren. Man kann Menschen in immer wieder neuen Konstellationen auf bestimmte Ziele ausrichten. Für mich sind die Vernetzungsmöglichkeiten eine Art logische Entwicklung auf der digitalen Ebene, um agil und schnell zu bestimmten Zielsetzungen siloübergreifend, hierarchieübergreifend, altersübergreifend zu reagieren. Hier werden Teams von maximaler Diversität im Sinne einer Zielsetzung sinnvoll zusammengeführt. Es braucht jedoch beides, neben der virtuellen auch eine zwischenmenschliche Begegnung. Insofern ist unser Ansatz bei Impact DOCK modern und innovativ.

Ich glaube, auch die Stadtentwicklung muss so funktionieren. Immer wenn ich ein Thema habe, auf das sich die Stadt einstellen muss, wie z. B. das Thema Zuwanderung, dann liegt in dieser Methode eine große Chance. Wie kann ich Teams von maximaler Diversität zusammenbringen? Wie führe ich junge und alte Menschen, Menschen mit unterschiedlichsten Hintergründen in einem Mikrokosmos zusammen? Diese Teams, die die Stadt und Megatrends repräsentieren, entwickeln dann Lösungen in Form von Prototypen. Das hat meines Erachtens ein Riesenpotenzial, ist extrem agil, aber auch wirkungsvoll, weil ich es mit den betroffenen Menschen mache. Das Involvement und der partizipatorische Ansatz versprechen hier einen hohen Gewinn. Und das funktioniert m. E. in Unternehmen genauso wie in städtischen Kontexten. Insofern ist das auch sehr wirkungsvoll, um mit den globalen und komplexen Herausforderungen, die Sie eben benannt haben, umzugehen.

5 Profitables Geschäftsmodell und gesellschaftlicher Mehrwert

Brigitte Spieß: Ich bleibe noch einen Moment bei Ihrem neuen Unternehmen Impact DOCK. Was mich interessieren würde, wie finanzieren Sie Ihre Projekte bzw. Prototypen? Wie sieht das Geschäftsmodell aus, das profitable Geschäftsideen und einen gesellschaftlichen Mehrwert generieren soll?

Yukiko Kobayashi: Also das Geschäftsmodell hat vier Elemente. Der Rohstoff, die Ressource, bzw. Innovationsquelle ist das beschriebene Netzwerk. Dieses Netzwerk ist kein Kostenfaktor. Es ist vielmehr so, dass ich die vielen Kontakte nutze, die ich hier in der Stadt habe und die ich jeden Tag erweitere. Die Leute kommen freiwillig, weil sie Freude und Spaß an den Begegnungen haben und sinnvoll etwas beitragen wollen. Ich erlebe eine extrem hohe Motivation, aber das beruht alles auf Freiwilligkeit und auf Eigenmotivation.

Einnahmequellen erzeugen wir mit den drei anderen Elementen des Geschäftsmodells Also zum Beispiel mit dem *Cross-Mentoring-Programm*. Es ist so, dass das Cross-Mentoring eine Entwicklungsmaßnahme für Mentor und Mentee ist, die hier aufeinandertreffen. Gemeint sind einerseits die qualifizierten Zuwanderer, die über einen einjährigen Mentoring-Prozess mit Hilfe von Mentoren einen Einblick in die Kultur oder in die Arbeitswelt von Hamburg bekommen, beispielsweise erfahren sie die „Do's und Dont's" in den Unternehmen, in denen sich der jeweilige Mentor bewegt. Auf der anderen Seite, und hier setzen wir mit dem Thema Einnahmequellen an, haben die Mentoren einen handfesten unternehmerischen Nutzen von dem Programm.

Zum Beispiel ein Mitarbeiter, der demnächst eine internationale Rolle im Unternehmen übernehmen soll, aber weder im Freundes- und Bekanntenkreis noch im kollegialen Umfeld mit Menschen aus einem völlig anderen kulturellen Umfeld zu tun hat. Das heißt, seine interkulturelle Sensibilität und Handlungsfähigkeit sind vermutlich noch nicht sehr ausgeprägt. Mit dem *Cross-Mentoring-Programm* hat er über ein Jahr immer wieder die Möglichkeit, mit jemandem aus einer völlig anderen Kultur in Kontakt zu sein, vielleicht auch ein Feedback zu seiner Wirkung zu bekommen. Wie würde er in dem anderen Kulturkreis wahrgenommen, wenn er zum Beispiel etwas präsentiert? Wie würde man dort reagieren, wenn er versucht, in eine Verhandlung einzusteigen oder etwas zu verkaufen? Ich bin davon überzeugt, das ist „on the job" ein absolut hochwertiger Entwicklungsprozess für jemanden, der zukünftig interkulturell arbeiten will.

Das Thema Zuwanderer beinhaltet ebenso Marktpotenzial. Zuwanderer, die nach Hamburg kommen, bis Ende 2015 ca. 40.000, entwickeln einen eigenen Markt. Das heißt zum Beispiel für die Banken der Stadt Hamburg, dass diese Menschen Konten eröffnen werden. Viele von den Zuwanderern haben einen arabischen Hintergrund. Wie kann ich diese Menschen, aus Unternehmersicht, als Kunden gewinnen und halten? Wie muss ich sie überhaupt ansprechen? Wie laufen Beratungsprozesse mit jemandem aus einem arabischen Hintergrund ab? Was für Produkte kann ich für sie entwickeln? Hier sind wir mit Unternehmen in Kontakt, um Mentoren zu nominieren, die etwa in der Produktentwicklung, im Business-Development oder im Marketing sitzen.

Das heißt für das Revenue Stream, die Mentoren zahlen für die Teilnahme am Cross-Mentoring wie für ein hochwertiges Führungskräfte-Entwicklungsprogramm. Dann staffeln wir die Kosten noch, weil wir sagen: „Okay, jemand der jetzt von einem großen Konzern kommt, der zahlt natürlich einen anderen Beitrag als jemand, der aus einem kleinen Familienunternehmen oder aus einem Start-up kommt." Hier versuchen wir die Preise gesellschaftlich angemessen zu staffeln. Das ist ein Beispiel für das Revenue-Stream.

Die *Potenzialerhebung von und mit Zuwanderern* ist ein zweiter Prototyp unseres Unternehmens. Wir sind jetzt gerade mit einer großen Hamburger Stiftung im Gespräch, die uns eine Anschub-Finanzierung für die vorbereitende Arbeit gewähren soll, z. B. um erst einmal eine IT-Infrastruktur aufzubauen. Wenn es dann läuft, agieren wir wie eine Art Personalberatung. Das heißt, wenn Airbus auf uns zukommt und fragt: „Wo sind in Hamburg Elektrotechniker mit folgenden Zusatzqualifikationen?" Dann möchten wir gerne erwidern können: „Am *Holmbrook* sind zwei und am *Grünen Deich* sind drei." Dafür nehmen wir dann Vermittlungsgebühren wie eine Personalberatung.

Und der dritte Bereich, den wir mit unserem Unternehmen anbieten, ist das Thema *Innovation (z. B. Innovation Journeys, Innovation Jams), Corporate-Culture-Development, Organisation-Development, Leadership-Development.*

Das ist hauptsächlich meine Expertise und berufliche Erfahrung. Hier nehmen wir Beratungshonorare, Tagessätze, die auch angemessen sind. Es geht bei den finanziellen Themen auch immer darum, sich monetär so zu positionieren, dass die Wertigkeit klar wird. Und hier will ich mich nicht in einem Feld bewegen, wo man sagt: „Na ja, das ist irgendwie „Nice-to-have" bzw. nahe am Bereich der Ehrenamtlichkeit." Unsere Arbeit ist von einer so zentralen Wertigkeit, dass sich das auch in den Preisen widerspiegelt.

Brigitte Spieß: In die Bewertung Ihrer Arbeit fließen ja auch die ganzen beruflichen Erfahrungen aus den Konzernen mit ein. Potenzialanalysen, die bei der Lufthansa Technik oder bei AstraZeneca gemacht wurden, sowie das Corporate Culture Development. Im Grunde genommen übertragen Sie Ihre Erfahrungen, Ihr Potenzial jetzt auf die gesellschaftlichen Aktivitäten plus den Nutzeneffekt für die Unternehmen.

Yukiko Kobayashi: Genau. Das meine ich mit der Vokabel „Synthese". Und das meinte ich mit dem, was ich eingangs sagte, bezogen auf Ihre erste Frage. Für mich ist es eher eine Fortsetzung des Weges, aber sozusagen in einem anderen Kontext.

Brigitte Spieß: Es ist darüber hinaus auch ein exemplarisches Beispiel, das sich auf zukünftige Arbeitswelten übertragen lässt. Wenn die ersten Umdenkungsprozesse in Unternehmen und auch in der Gesellschaft stattgefunden haben, die wir in dieser Veröffentlichung als Perspektivwechsel bezeichnen.

Yukiko Kobayashi: Ich glaube, es ist sogar auch eine Erziehungsaufgabe. Kinder zu ermutigen, ihren Weg so zu gehen. Das ist heute anders als in meiner Elterngeneration, die nach dem 2. Weltkrieg erst einmal materielle Sicherheit herstellen und ihre Grundbedürfnisse befriedigen wollte. Wenn ich jetzt auf meine Kinder schaue, hoffe ich, dass ich sie dazu ermutigen kann, selbstbestimmt zu leben. Wie können sie ihr Leben so gestalten, dass das, was sie tun, für sie einen Sinn macht und ihrem Innersten entspricht. Das ist vermutlich ein Weg mit verschiedenen Etappen, wo du dir vielleicht über die Zeit immer näher kommst. Ich würde sie ermutigen, diesen Weg zu beschreiten. Sie kennen ganz sicher auch die Stanford-Speech von Steve Jobs, an die ich viel in den letzten Monaten gedacht habe. "Trust your life, the dots will be connected". Dieses Zitat ist für mich und meinen Lebensweg sehr zentral. Irgendwie verbinden sich jetzt ganz viele Punkte meines Lebens in einer ausgesprochen sinnvollen Form.

6   Eine ethische Utopie und innovative Ideengenerierung

Brigitte Spieß: Dazu fällt mir ein Begriff ein, den der Dortmunder Kommunikationswissenschaftler Claus Eurich im Zusammenhang mit intrinsischer Motivation anspricht: Ethos. Es braucht m. E., neben der Selbstbestimmtheit und Persönlichkeitsentwicklung, einen noch viel größeren Blickwinkel, eine ethische Haltung sozusagen, um der Komplexität von Welt und ihrer unterschiedlichen Systeme in Wirtschaft, Politik und Kultur begegnen zu können. Habe ich eine ethische Haltung gegenüber meinen Mitarbeitern im Unternehmen? Habe ich eine ethische Haltung gegenüber meiner Umwelt und Mitwelt? Gibt es eine ethische Grundlage, auf die ich im Unternehmen aufbauen kann, die allen Kraft gibt, kreative und innovative Prozesse antreibt?

Yukiko Kobayashi: Dem stimme ich absolut zu. Ich halte es für enorm wichtig, darüber immer wieder im Diskurs zu sein oder ihn auch anzuzetteln. Meine französische Freundin hat in diesem Sinne auch auf meine Geschäftsidee reagiert. Ihr gefällt sehr gut, dass die Idee ethisch, aber unpolitisch und überparteilich ist. Dass sich das Vorhaben über alle Religionen hinweg setzt. Das ist für mich aus ethischer Sicht ein Punkt, der mich an dieser Tätigkeit, die ich jetzt mache, sehr antreibt. Ich möchte meine ethische Haltung pragmatisch im Alltag umsetzen und mein ethisches Verständnis auch beruflich weiter entwickeln. Konkret möchte ich dazu beitragen, dass Menschen aus unterschiedlichsten kulturellen Hintergründen sich begegnen und sich wechselseitig unterstützen; vor dem Hintergrund, dass wir alle ein gutes Leben führen wollen. Wir wollen alle in Sicherheit sein, wir wollen alle gesund sein, wir wollen alle unsere Kinder gut erziehen. Wir sollten darauf setzen und vertrauen, dass wir weltweit mehr Gemeinsamkeiten als Unterschiede haben. Unterschiede werden oft auch manipulativ und instrumentell erzeugt. Das ist mein ethischer Standpunkt.

Ich habe beispielsweise gerade mit meinen Kindern im Urlaub einen Film gesehen, den mir der Philosoph Julian Nida-Rümelin einmal sehr ans Herz gelegt hat. Ein großartiger Film. Es geht um zwei Kinder, die von einer Amme groß gezogen werden. Der eine ist hellblond und blauäugig und der andere dunkelhäutig und dunkeläugig. In dieser Geschichte ist das Fazit bzw. die Lehre: gerade weil sie mit ihrer Unterschiedlichkeit bestmöglich kooperieren und sich gegenseitig unterstützen, kommen sie ans Ziel. Das ist etwas, was ich als Ergebnis in meinen Produkten von Impact DOCK auch vermitteln will: Brücken bauen, Unterschiedlichkeiten zu einer ganz anderen Qualität zusammenführen Das ist meine ethische Utopie.

Brigitte Spieß: Ihr Herzstück, wie Sie es so schön auf Ihrer Website formuliert haben.

Yukiko Kobayashi: Ja.

Brigitte Spieß: Sie sprechen auf ihrer Website von verschiedenen Methoden, die Sie für die innovative Ideengenerierung einsetzen: Design Thinking, Business Model Development, Digital Innovation Jams. Was hat sich für Sie in der Praxis bewährt?

Yukiko Kobayashi: Am Design Thinking faszinieren mich mehrere Ansätze. In unserem Unternehmen bieten wir zurzeit folgende Methoden an: Innovation Bootcamps, Innovation Journeys. Wenn es sich zum Beispiel in einem Corperate Culture Development Prozess anbietet, würde ich immer darauf achten, dass ich eine hohe Diversität in den Teams, herstelle, die einen Design Thinking Prozess durchlaufen. An der Methode gefällt mir gut, dass Menschen in diesen Konstellationen tatsächlich am Ende des Tages zu einem Prototyp kommen. In kurzer Zeit findet eine Verdichtung von Ideengenerierung statt, aus der immer eine erste griffige Idee entsteht. Und ein wesentlicher Schritt ist für mich, dass man in diesem Prozess sehr schnell – nach dem dritten, vierten Schritt – die Perspektive des Kunden einnehmen muss. Ich erinnere mich, als ich die Methode in Berlin das erste Mal durchlaufen habe, musste ich auf dem Platz vor dem Brandenburger Tor Kinder interviewen. Ich fand das großartig. Das war für mich der totale *eye opener*. Ich startete mit zwei, drei Hypothesen im Kopf. Damit lag ich völlig daneben. Es ging um Freizeitverhalten von Kindern und Jugendlichen. Ich hatte sie im Verdacht, dass sie mit ihren Mobile Devices irgendwelche belanglosen, möglicherweise sogar gewalttätigen Spiele spielen. Direkt beim ersten Dialog habe ich dann festgestellt, dass ich falsch lag. Ganz im Gegensatz zu meiner Hypothese, haben sie sich mit anderen Kindern und Jugendlichen weltweit vernetzt. Sie bauten zusammen Dörfer, Schulen, Kindergärten. Und das gefällt mit an dem Design Thinking Prozess. Ich kann mich ganz schnell in die Lebenswelt von anderen begeben, für die ich etwas machen möchte. So lassen sich in kürzester Zeit tragfähige Prototypen entwickeln.

Ähnlich haben wir es auch mit unserem *Kochen ohne Grenzen* gemacht. Wir dachten, wenn wir etwas für Zuwanderer entwickeln wollen, müssen wir als Erstes mit ihnen sprechen und in Kontakt kommen. Wir müssen ihre Perspektive wahrnehmen und verstehen. Dementsprechend haben wir auf St. Pauli ein großes Kochevent mit Syrern, Afghanen, Iranern usw. gemacht. Und siehe da, auch hier kamen ganz andere Dinge heraus, als wir es uns am grünen Tisch vorgestellt haben.

7 Notwendige Veränderungen in der Organisations- und Führungskultur

Brigitte Spieß: Vielleicht liegt in der persönlichen Begegnung mit den betroffenen Zielgruppen ein möglicher Ansatz, wie wir in unserer komplexen, globalen Welt zu schnellen, intuitiven Entscheidungen kommen. Häufig besteht nicht mehr die Zeit, viele Informationen im Vorfeld zu sammeln und zu reflektieren. Hier sind wir wieder an zentralen Fragestellungen der neuen Arbeitswelten. Wie reagieren wir auf die steigende Veränderungsgeschwindigkeit und globalen Kooperationsanforderungen? Indem wir innovative Prototypen generieren und aktive Beteiligung einfordern. In dem wir tastend und so praxisorientiert wie möglich mit dem umzugehen versuchen, was gerade „just in time" passiert. Auf der anderen Seite haben wir es gleichzeitig immer noch mit den alten Strukturen in Unternehmen zu tun, die ein hierarchisch gesteuertes Management mit bewährten, ergebnissicheren Managementwerkzeugen verfolgen. Rigide Steuerung und Regelung lassen sich angesichts der Komplexität und Dynamik der Märkte kaum noch durchsetzen.

Yukiko Kobayashi: Genau. Ich bin sehr gespannt, wie sich die großen Konzerne zukünftig entwickeln. Ich beteilige mich nicht an der Debatte Männer und Frauen im Unternehmen, sprich Gleichberechtigung. Ich liebe Männer. Das Leben wäre furchtbar langweilig ohne sie. Gleichwohl war z. B. unlängst in der Wirtschaftswoche eine Doppelseite mit einem für mich völlig uninteressanten Thema abgedruckt, das sehr bezeichnend ist: „Welche Autos fahren in Deutschland die Wirtschaftbosse?" Einer fuhr ein Tesla Model, das habe ich mir gemerkt. Alle anderen fuhren natürlich diese „Riesenschlitten". Aber das Erschreckendste daran war, dass ungefähr 50 Personen abgebildet waren, aber keine einzige Frau. Alles Männer fortgeschrittenen Lebensalters, hellhäutig, mit einem sehr homogenen Aussehen. Lediglich zwei Personen mit einem ansatzweise interkulturellen Hintergrund – vermutlich ein Holländer und ein Däne – konnte ich erkennen.

Und diese Unternehmenslenker stehen oft noch für die eher alten Strukturen. Sie repräsentieren Themen wie Kontrolle, Ansagen, Top-Down-Ansatz. Sie sind auch in einem Lebensalter, wo sie sicherlich noch 20 Jahre in dieser Liga spielen werden. Sie unterstützen sich gegenseitig in Netzwerken. Insofern werden sie einen großen Teil der Wirtschaftswelt in den nächsten Jahren immer noch dominieren. Gleichzeitig, ich sehe das wirklich als eine Gleichzeitigkeit an, entwickelt sich ja auch eine andere Welt in der Wirtschaft, die schnell und agil ist, die nicht mehr darauf setzt, dass Herausforderungen top-down zu lösen sind. So, wie beispielsweise Google sich jetzt als Holding *Alphabet* transparent mit diesen vielen verschiedenen Spielwiesen aufgestellt hat. Im Grunde gestalten sie auch so etwas wie Prototypen, die mitunter keine lange Lebensdauer haben. Im Sinne von „Wir probieren das jetzt aus."

Diese beiden angesprochenen Unternehmenstypen werden eine ganze Weile gleichzeitig nebeneinander bestehen. Im Zuge der Globalisierung und Digitalisierung wird die neue Arbeitswelt allmählich auch Einfluss auf die großen Konzerne nehmen. Denn spätestens, wenn es um die „pfiffigsten" Nachwuchskräfte geht, entsteht hier – so meine Hypothese – bei den traditionellen Konzernen immer mehr ein Engpass. Die cleveren, wirklich brillanten jungen Leute sagen oft auch: „Ich will nicht in solch einer alten Struktur arbeiten. Ich will etwas Sinnvolles machen. Ich will selbstbestimmt sein." Und auch wenn ich ein Mann bin, ändert sich die Sichtweise heute im Sinne von Aussagen wie „Meine Frau trägt gleichermaßen zum Familieneinkommen bei. Wenn wir Kinder haben, will ich vielleicht auch um 17.00 Uhr daheim sein. Ich brauche kein „Wahnsinnsgehalt", so ein großer Dienstwagen interessiert mich auch nicht. Ich will lieber frühzeitig zu Hause sein und mit meinen Kindern und mit meiner Frau den Abend genießen." In bestimmten Pipelines, mit denen sich Unternehmen dann mit Talenten für die Zukunft versorgen wollen, wird es meines Erachtens bald knistern oder knirschen. Insofern gibt es gegenseitige Beeinflussungen. Aber beide Welten existieren noch, das sehe ich auch so wie Sie.

Brigitte Spieß: Und wir leben in einer spannenden Zeit mit Herausforderungen, die auch Potenziale und Kreativität freisetzen. Hier miteinander in den Austausch zu gehen, kann sehr produktiv sein.

Yukiko Kobayashi: Absolut.

8 Dynamisch vernetzte Teams und Kompetenzen neuer Führungspersönlichkeiten

Brigitte Spieß: Ich möchte noch einmal das Thema „fluide Teamkonstellationen" aufgreifen, die ergebnisoffen arbeiten und innovative Prototypen schaffen. Sie spielen in der dynamisch vernetzten Arbeitswelt eine zunehmend bedeutende Rolle.

Yukiko Kobayashi: Im Grunde ist es ja das, was wir bei Impact DOCK machen. Wir arbeiten in Hamburg dynamisch vernetzt mit über 250 Menschen aus unterschiedlichsten Hintergründen zusammen. In immer wieder neuen Konstellationen entstehen themenbezogene Prototypen.

Brigitte Spieß: Würden Sie sagen, dass hier ein neues Berufsfeld entstanden ist? Mit unterschiedlichen Anforderungen an die Führungsrolle?

Yukiko Kobayashi: Genau. Ich glaube, eine der größten Herausforderungen im Unternehmen ist es, die richtigen Persönlichkeiten in Führungspositionen zu bringen. Mich überzeugen sehr wenig – ehrlich gesagt – Trainings. Sie bewegen sich meist an der Oberfläche und sind ein Tropfen auf dem heißen Stein. Wenn es um Persönlichkeit geht, ist der wesentliche Schritt die Auswahl ganz am Anfang. Wer übernimmt die Führungsrolle? Wer kommt überhaupt in das Unternehmen? Welche Werte treiben diese Person an? Was für eine Haltung hat sie?

Wenn es um **Führung** in Unternehmenskontexten geht, die in die angesprochene Richtung gehen, dann brauchen wir m. E. Persönlichkeiten, die in der Lage sind, mit unterschiedlichsten Menschen im Unternehmen sehr wertschätzend zu agieren. Wir benötigen Führungspersönlichkeiten, die tragfähige und vertrauensvolle Beziehungen herstellen können. Wir brauchen Menschen, die belastbar und fähig sind, unterschiedlichste Menschen in ihren jeweiligen Lebenssituationen und mit ihren Leidenschaften zu verstehen, sie anzuerkennen und auch abzuholen und mit auf die Reise zu nehmen. Unternehmen sollten Führungspersonen einsetzen, die in der Lage sind, die Menschen, mit denen sie dann zusammen in einem Team arbeiten, in eine gute Richtung zu führen, weniger durch Ansage als vielmehr durch beispielhaftes Vorleben. Sie sollen Leidenschaften bündeln oder Richtungen auch gemeinsam mit dem Team entwickeln. Das sind Qualitäten, die viele Führungskräfte bisher eher weniger auszeichnen. Das hängt dann aber auch vom einzelnen Unternehmen ab. Aus welchen Motiven oder Kriterien heraus werden Menschen zu Führungskräften.

Brigitte Spieß: Gefordert ist heute eine integrale Führungskraft, die sich den Entwicklungspotenzialen der Mitarbeiter zuwendet. Vor der Einstellung in einem Unternehmen ist das Bildungssystem nicht unerheblich daran beteiligt, wie der Nachwuchs seine Potenziale entfaltet. Wie kann eine Ausbildung und eine lebenslange Fort- und Weiterbildung im 21 Jahrhundert aussehen? Welcher Perspektivwechsel steht hier in Zeiten von Digitalisierung und Nachhaltigkeit an? Sie können ja mit Ihrem Hintergrund viel Erfahrungswissen in der internationalen Personalentwicklung vorweisen.

Yukiko Kobayashi: Ich glaube, dass bestimmte Tools bzw. ein bestimmtes Handwerkszeug auch in Zukunft eine Rolle spielen. Auf der anderen Seite geht es bei der zukünftigen Ausbildung von Führungskräften um einen weiten, ganzheitlichen Blick. Was passiert in der Gesellschaft? Was sind die großen Megatrends? Sie müssen lernen, über den Tellerrand zu schauen, damit sie z. B. die Hintergründe und Lebensentwürfe ihrer Mitarbeiter verstehen. Sie sollten gleichzeitig inspirieren und Visionäre für ihre Teams sein.

Es geht des Weiteren sehr stark um das Thema Persönlichkeitsentwicklung. Hier sollten die Führungskräfte ihre Eigenwahrnehmung und Fremdwahrnehmung schulen. Sie sollten zunächst sich selbst verstehen, im Sinne von folgenden Fragen: Was macht mich eigentlich aus? Wie wirke ich auf andere? Wie kann ich in Beziehungen souverän agieren? Ich habe viele Führungskräfte in Unternehmen eher so erlebt, dass sie sich zurückgezogen haben, wenn es an das „Eingemachte" ging. Oder sie haben sich hinter Strukturen und Regeln versteckt. Ich bin der Ansicht, dass wir bei den jeweiligen Persönlichkeiten authentisch ansetzen sollten. Dann geht es in der Kompetenzentwicklung um Themen, wie z. B. das Wissen um sich selbst, oder um Einfühlungsvermögen und Einsichtsfähigkeit. Ich glaube, dass die Mitarbeiter in Zukunft nicht irgendwelchen Statussymbolen als Belohnungssystem folgen, sondern sie wollen sich Persönlichkeiten anschließen, die ihnen Visionen bieten und etwas zu sagen haben. Wir müssen deshalb in der Ausbildung, Fort- und Weiterbildung verstärkt auf die Persönlichkeitsentwicklung achten.

Brigitte Spieß: Im Sinne von psychologischem und interdisziplinären Grundlagenwissen zum Menschen?

Yukiko Kobayashi: Ja, und auch in der ganzheitlichen Sichtweise. Gerade die zukünftigen Führungskräfte sollten in Business Schools viel mehr über den Tellerrand schauen.

Fördernd wäre ein Lernumfeld, in dem die Studenten, z. B. über praxisnahe Situationen oder Rollenspiele, mit sich selbst in Kontakt gebracht werden. Sie würden sich in verschiedenen Rollen und Kontexten viel stärker erfahren und aus den Reaktionen der anderen lernen.

Das habe ich früher auch bei der Lufthansa Technik in einer Führungskräfte-Entwicklungsmaßnahme gemacht. Angehende Führungskräfte wurden beispielsweise in ganz andere Kontexte gestellt, oder wir haben sie unbekannten, simulierten Situationen ausgesetzt. Dieses neue, leere Feld mussten sie dann in kurzer Zeit und mit wechselnden Teamkonstellationen gestalten und zu Ergebnissen kommen. Wir nannten das damals „Blicke über den Tellerrand" und im Anschluss haben sie sich von uns ein Feedback geben lassen. Das ist auch in puncto Agilität und Flexibilität interessant.

Brigitte Spieß: Das dockt an die Arbeitsmodelle der Zukunft an.

Yukiko Kobayashi: Total. Und das ist miteinander zu verknüpfen. Ich kann angehende Führungskräfte durch solche Simulationssituationen auch in Führungsrollen bringen und das dann unmittelbar mit Selbsterfahrung verknüpfen. „Wie haben Sie sich in der Gruppe verhalten? Wie haben Sie die anderen Leute mit einbezogen? Wie konnten Sie motivieren oder auch nicht?" Hier ist die Arbeit an den eigenen blinden Flecken, also gerade für junge angehende Führungskräfte, enorm wichtig. Bevor sich der blinde Fleck dann später soweit ausweitet, dass es fast pathologisch wird – was man ja auf Vorstandsebenen oft sehen kann.

9 Diversität, interkulturelle Kompetenzen und Voraussetzungen für Selbstreflexion

Brigitte Spieß: Ich möchte gerne das Thema Diversität und interkulturelle Kompetenz aufgreifen. Das betrifft heute die meisten Unternehmen und funktioniert in der Praxis noch immer nicht gut. Gerade in Ländern wie z. B. China oder auch Indien gibt es weitreichende kulturelle Verständnisprobleme. Wie sind Ihre Erfahrungen mit der interkulturellen Zusammenarbeit? Wo kann man bei der Ausbildung oder in der Praxis ansetzen? Sie können vermutlich auf einen reichen Erfahrungsschatz sowohl in den Konzernen als auch jetzt aktuell in Impact DOCK zurückgreifen.

Yukiko Kobayashi: Genau. Das Cross-Mentoring-Programm ist ein Angebot, um genau an diesen Herausforderungen zu arbeiten. Das, was vielen Führungskräften und Mitarbeitern noch in der deutschen Wirtschaft fehlt, ist der tägliche Umgang mit Menschen, die einen völlig anderen Hintergrund haben und viele Situationen aus anderen Blickwinkeln sehen.

Jedes Verhalten von einem, sagen wir mal, durchschnittlichen Deutschen, wirkt auf ausländische Mitbürger befremdlich oder einfach vollkommen anders, ohne dass sich der deutsche Protagonist dessen bewusst ist. Ich glaube deshalb tatsächlich, dass man in deutschen Unternehmen viel mehr Begegnungen herbeiführen oder Situationen schaffen muss, wo Mitarbeiter in Kontakten mit Menschen aus verschiedenen Kulturen kommen. Dann verstehen sie auch besser, was mit interkultureller Handlungskompetenz gemeint ist. Sie lernen besser zuzuhören, mehr Fragen zu stellen, vielleicht sorgfältiger und in einer anderen Weise zu beobachten. Sie eignen sich eine völlig andere zwischenmenschliche Haltung an, die den Führungskräften auch für ihre deutschen Mitarbeiter sehr zuträglich wäre. Daran mangelt es einfach in vielen deutschen Unternehmen noch.

Wenn dann hinzukommt, dass eine Führungskraft mit wenig interkultureller Erfahrung ein internationales Team führen muss, möglicherweise virtuell über Webkonferenzen, dann entstehen weitere Herausforderungen und Probleme, wie: „Ok, alle sind eingewählt, aber auffälligerweise hat sich in der letzten Stunde weder der Japaner, der Inder, noch der Chinese an der Unterhaltung beteiligt. Dafür dominierte aber der Herr aus Texas das gesamte Team-Meeting." Wie kann man in dieser Situation Einfluss nehmen? Hier gibt es noch sehr viel zu tun. Ganz am Anfang sollte der persönliche Kontakt mit Menschen aus anderen kulturellen Hintergründen stehen. Und diesen Kontakt muss ich in den Unternehmen viel öfters herbeiführen. Für mich ist das die Essenz, die persönliche Ebene. Daran müssen wir arbeiten.

Die ganzen interkulturellen Seminare mit irgendwelchen Checklisten, z. B. Do's and Dont's in China, Indonesien etc., funktionieren, ehrlich gesagt, überhaupt nicht.

Brigitte Spieß: Ein ganz wichtiger Punkt ist in dem Zusammenhang die Kommunikation. Bin ich in Resonanz mit meinen Mitarbeitern? Kann ich neben meiner Eigenperspektive auch die Fremdperspektive einnehmen? Auch im Umgang mit ausländischen Mitbürgern spielt z. B. die Kommunikationskompetenz, verbal und nonverbal, eine wesentliche Rolle. Ihr Event „Kochen ohne Grenzen" ist hierfür ein sehr schönes Beispiel. Was heißt für Sie interkulturell zu kommunizieren?

Yukiko Kobayashi: Ein ganz wesentlicher Faktor ist dieses Wissen um die eigene Wirkung, sprich die Selbstreflexion. Sie ist sowohl für die Führungskräfte der Zukunft, als auch für alle anderen Menschen, die in diversen Kontexten arbeiten, extrem wichtig. Das Wissen um sich selbst, das Gewahrsein von sich selbst und die Achtsamkeit im Umgang mit sich selbst und anderen, sind bedeutende Faktoren für eine hohe Selbstreflexionsfähigkeit. Wenn ich diese Kompetenz in der Ausbildung, z. B. in Business Hochschulen, mehr fördere, dann erziele ich eine ganz andere Wirkung bzw. Wirksamkeit im Umgang mit Menschen aus fremden Kulturen. Das ist für mich ein Erfolgskriterium für eine gute interkulturelle Kommunikation.

Brigitte Spieß: Die entscheidende Frage ist dabei, wie man in Unternehmen Strukturen schaffen kann, dass Führungskräfte überhaupt die Zeit finden, zu reflektieren. Das zeigt sich insbesondere bei schnellen Entscheidungen, die sie – meist ohne Selbstreflexion – treffen müssen. War die Entscheidung gut, war sie schlecht, nachhaltig, oder einfach nur spontan, aus dem Druck der Situation heraus? Wurde bedacht, welche Auswirkungen damit verbunden sind? Wo sehen Sie, aus Ihrem Erfahrungsbereich heraus, Ansätze, wie man mit Reflexion im Unternehmen umgehen kann?

Yukiko Kobayashi: Das ist tatsächlich auch eine Haltungsfrage. Daher ist es wichtig, dass wir gerade angehende Führungskräfte in diese Richtung sensibilisieren und ausbilden. Und dann natürlich auch Möglichkeiten schaffen, die Führungskräfte immer wieder mit unbequemen Situationen zu konfrontieren, damit sie lernen zu reflektieren. Zum Beispiel, wenn es um einen Entscheidungsprozess geht, sollte man sich vorab ausreichend Feedback einholen. Nicht nur das nächstliegende oder das bequemste Feedback, sondern auch die Einschätzung von dem größten Gegner oder von demjenigen, von dem ich sowieso eine kritische Rückmeldung erwarte. Hier sind wir wieder bei Thema Selbstreflektion.

Weitere Ansätze in Unternehmen könnten Kollegen sein, die ich als Sparringpartner auswähle oder Mentoren, die mich eine Zeit lang im Unternehmen begleiten. Das kann auch außerhalb des eigenen Unternehmens sein, z. B. mit Unterstützung eines Coachs, mit dem ich mich regelmäßig oder sporadisch treffe, um mich selbst zu hinterfragen und den Spiegel vorgehalten zu bekommen. Im Unternehmen ist es dann die Aufgabe der Führungskräfteentwicklung, solche Reflexionsprozesse zu fördern und zu unterstützen.

10 Verantwortliches Wirtschaften

Brigitte Spieß: Ein Unternehmen ist heute vielfältig vernetzt und steht in der Verantwortung gegenüber allen Stakeholdern. Verantwortungsbewusstes Handeln bedeutet deshalb auch, den Gedanken der Nachhaltigkeit mit in die ökonomischen Überlegungen einzubeziehen und die Lebensqualität für nachfolgende Generationen zu erhalten. Sie haben mit Ihrem neuen Geschäftsfeld die gesellschaftliche Verantwortung per se in Ihre Vision und Mission integriert, indem Sie z. B. mit Ihren Ideen und Prototypen einen gesellschaftlichen Mehrwert leisten. Können auch andere Unternehmen in Zukunft ein verantwortliches Wirtschaften bzw. eine nachhaltige Wirtschaft nicht mehr außer Acht lassen?

Yukiko Kobayashi: Meines Erachtens auf jeden Fall. In vielen Unternehmen ist das Thema Corporate Social Responsibility immer noch eine Art Anhängsel und kein integraler Bestandteil, zum Beispiel der Business Strategie. Corporate Social Responsibility ist irgendwie in der Organisation vorhanden, ein „Nice-to-have". Es hat in der Regel ein kleines Budget mit wenig Entscheidungsgewicht. Hier frage ich mich dann oft, welche Relevanz steckt hinter dem Anliegen und ist es ernst gemeint? Gleichzeitig müssen wir davon ausgehen, dass ein modernes Unternehmen CSR viel eher als einen wesentlichen Teil der Business Strategie begreifen sollte, auch im eigenen Interesse. Hier gibt es für mich ein herausragendes, positives Beispiel, das Bergsport-Unternehmen Vaude. Antje von Dewitz hat das Thema CSR sozusagen in die DNA von Vaude integriert. Gesellschaftliche Verantwortung und Nachhaltigkeit ist Teil ihres Selbstverständnisses als Unternehmerin und wird nicht an eine einzelne Abteilung delegiert. Ihr unternehmerisches Handeln bezieht sich hierbei sowohl auf Umweltaspekte, ethische Prinzipien als auch auf den Umgang mit ihren Mitarbeitern. Das ist für mich ein Vorbild, weil ich mir wünsche, dass CSR in Zukunft ein ernstgemeinter Teil der unternehmerischen Führung ist.

Es gibt hier einen manifesten Unterschied zwischen familiengeprägten Unternehmen und anderen Unternehmen. Entscheidend sind auch Unterschiede zwischen den Menschen, die im Familienunternehmen in Führungspositionen agieren, möglicherweise selbst ein Teil der Familie sind. Gerade hier in Hamburg bei den *1000-cups-of-coffee* habe ich festgestellt, wie Führungskräfte ihr Unternehmen in der Welt begreifen. Unternehmen, wie z. B. Hilti AG, Vaude, Otto Group sind Familienunternehmen, die ein Selbstverständnis haben. Sie wollen ihr Unternehmen über Generationen hinweg erhalten, es positiv und nachhaltig in die Zukunft führen. In dem Zusammenhang sind sie auch daran interessiert, den Kontext, in dem sich die Unternehmen befinden, z. B. die Stadt oder die Gesellschaft, gut zu entwickeln. Familienunternehmen haben ein viel nachhaltigeres und umfassenderes Verständnis von Unternehmertum. Auch im Umgang mit ihren Mitarbeitern weisen sie eine andere Beziehungs- und Bindungsqualität auf. Man ist sich als Familienunternehmer offenbar viel bewusster über den Beitrag, den die Mitarbeiter für einen leisten, und dass man sie dafür auch pflegen und wertschätzen muss. Es stehen auch andere Werte stärker im Fokus, wie Vertrauen, Verlässlichkeit. In DAX-getriebenen Unternehmen, die hauptsächlich von angestellten Managern geführt werden, ist die menschliche Ebene anders. Hier hat man es oft mit Managern zu tun, die nach zwei Jahren das Unternehmen wechseln und sagen: „Ich nehme noch eine Superabfindung mit und dann gehe ich irgendwo anders hin. Dort bekomme ich eine Antrittsentschädigung und maximiere meinen persönlichen materiellen Profit."

Hier sehe ich tatsächlich einen großen Unterschied. In meinen Augen haben die nachhaltig ausgerichteten, familiengeführten Unternehmen einen substanziellen Vorteil, was die Zukunft angeht.

Brigitte Spieß: Die ethische Haltung der Unternehmen, die Sie angesprochen haben, ist über Jahre gewachsen und kein „Hype", dem ich nacheifere, weil es gerade Trends ist. Oder weil mein Image, wegen eines aktuellen Skandals, „aufgebessert" werden muss.

Yukiko Kobayashi: Genau.

11 Mitarbeiter gewinnen, binden, inspirieren

Brigitte Spieß: Eine letzte Frage. Wie schätzen Sie die Methoden der Unternehmen aus den neuen Arbeitswelten ein, Mitarbeiter zu gewinnen, zu inspirieren und zu binden?

Yukiko Kobayashi: Also ich finde es einen guten Ansatz zu fragen, was sind denn die Bedürfnisse meiner Mitarbeiter und was ist ihre Lebenssituation. Dass ich mich als Unternehmer überhaupt damit auseinandersetze. Was sind die wesentlichen Faktoren und wie kann ich im positiven Sinne ihren Lebensentwurf unterstützen? Für mich kommen Angebote im Unternehmen, wie z. B. Yoga, Massage, Wellness, dann an eine Grenze, wenn es gilt, sehr ehrgeizigen Ziele unter einem enormen Zeitdruck zu erreichen. Eine gute Arbeitsumgebung und Arbeitsatmosphäre sollte Hand in Hand gehen mit einer qualitativ sehr guten Führung, die eben auch auf der menschlichen Ebene wertschätzend und respektvoll mit den Mitarbeitern umgeht. Das eine sollte nicht das andere konterkarieren.

Es gibt mittlerweile viele gute Vorbilder. Beispielsweise zahlt das amerikanische Unternehmen Netflix seinen Mitarbeitern, wenn sie Eltern werden, freiwillig und geschlechtsunabhängig über ein Jahr das volle Gehalt. So etwas finde ich sehr gut. Wenn Unternehmen ihre Verantwortung den Mitarbeitern gegenüber so wahrnehmen, dass sie auch auf deren Lebensentwürfe eingehen und sie darin unterstützen.

Es bleibt m. E. den Konzernen in Zukunft auch gar nichts anderes übrig. Denn die Generation Y und die nachfolgenden Generationen entscheiden selbstbewusst, ob und wie sie ihre Arbeitskraft im Unternehmen einbringen wollen. Sie sind sich ihres steigenden Wertes sehr bewusst. Wenn es ihnen im Unternehmen nicht mehr passt, und man mit ihnen nicht gut umgeht, wechseln sie schnell den Arbeitgeber. Es gibt mittlerweile viele junge, selbstständig agierende Protagonisten auf dem Arbeitsmarkt. Manche Unternehmen sind sich dieser Veränderungen noch nicht so bewusst. Das wird jedoch bald signifikant sichtbar, wenn die Generation Y den Arbeitsmarkt, auch in der Führung, erobert.

Yukiko Elisabeth Kobayashi, wuchs in einem japanisch-deutschen Elternhaus auf und lernte auf diese Weise schon als Kind, dass man die Welt aus verschiedenen, z. T. gegensätzlichen Perspektiven betrachten kann –, und dass dabei jede Perspektive in sich stimmig ist. Es war eine bereichernde, inspirierende Kindheit.

Nach dem Abitur absolvierte sie zunächst eine kaufmännische Ausbildung (nach dem Hamburger Modell) und studierte anschließend Psychologie mit den Schwerpunkten Entwicklungspsychologie, Interkulturelle und Klinische Psychologie. Im Anschluss arbeitete sie als wissenschaftliche Mitarbeiterin im Bereich der Interkulturellen Psychologie in Forschung und Lehre.

Eine interessante Option bei der Lufthansa AG lockte Frau Kobayashi dann in den Führungskräfte-Trainingsbereich der Airline – Ausgangspunkt für eine 11-jährige Laufbahn, in der sie bereits sehr früh als Führungs-Nachwuchskraft gefördert wurde und bald ihre erste Führungsverantwortung übernahm. Zuletzt verantwortete sie einen HR-Bereich bei der Lufthansa Technik AG in Hamburg – Schwerpunkte waren hier die Themen Corporate Culture Development, Talent Development, Leadership Development, Key Competencies Development.

Anschließend übernahm sie bei der AstraZeneca GmbH eine HR Bereichsleitung, als Direct Report zur Geschäftsleitung und verantwortete u. a. die Themen Business Transformation & HR-Strategy, Corporate Culture Development, Development of Key Competencies, Leadership & Talent Development, Sales Training. Mit großer Leidenschaft betrieb sie die von ihr initiierte „Cultural Journey" – einen Prozess der kulturellen Transformation, in den Mitarbeiter/innen „bottom up" und „from within" einbezogen waren – über funktionale und hierarchische Grenzen hinweg. Parallel durchlief sie eine Ausbildung an der London Business School (HR-Strategy in Transforming Organizations).

In 2014 beschloss Frau Kobayashi, die AstraZeneca GmbH zu verlassen und ein eigenes Unternehmen aufzubauen, das Impact DOCK Hamburg. Hier werden mit Hilfe eines großen, hochdiversen Netzwerks von Hamburgern, innovative und vor allem profitable Business-Modelle entwickelt, die Lösungen für gesellschaftliche Herausforderungen darstellen.

Frau Kobayashi ist CEO des Impact DOCKs Hamburg und im Besonderen verantwortlich für Business- und Produktentwicklung sowie Kundenakquise, -bindung und -management.

CSR (im Sinne der Nachhaltigkeit) und Ansätze für eine ökonomische Neuorientierung

Antoinette Hunziker-Ebneter

1 Vom Wachstum um jeden Preis zu Gewinn mit Sinn

ETH Zürich (2015). Lange Zeit galten Unternehmen nur dann als wirtschaftlich erfolgreich, wenn sie Jahr für Jahr einen Gewinn auswiesen, der noch höher ausfiel, als der im Vorjahr erzielte. Wachstum sei gut für alle, hieß es. Wachstum wurde als Wundermittel gehandelt, das alle Probleme lösen sollte. Wachstum zu generieren war allerdings keine freie unternehmerische Entscheidung mehr, sondern wurde zum Marktzwang.

Wer aber den einen Wert überhöht, tut dies unweigerlich zu Lasten anderer Werte. Oder anders ausgedrückt: Die Dominanz der monetären Orientierung geht zu Lasten unserer Lebensqualität und unserer Umwelt. Die Rechnung des Wachstums um jeden Preis bekommen wir nun in Form von knapp werdenden Ressourcen, Klimawandel und sozialen Ungleichheiten präsentiert.

„Wirtschaft, die nur auf Geldgewinn ausgerichtet ist, ist ‚widernatürlich'" (Aristoteles, Politik, Buch III, Kap. 12). Was schon der griechische Philosoph Aristoteles erkannte, beginnt sich angesichts der dringlichen ökologischen und sozialen Herausforderungen nun auch in immer breiteren Kreisen der Politik, Wirtschaft und Gesellschaft durchzusetzen. Wirtschaftlicher Erfolg darf nicht länger Selbstzweck sein. Zukunftsfähig zu wirtschaften und nachhaltig zu wachsen, bedeutet, sich in den Dienst der heutigen Gesellschaft zu stellen, ohne die Ressourcen künftiger Generationen zu zerstören. So meinte auch Aristoteles: „Eine Gemeinschaft ist auf das ‚gerechte Gute' verpflichtet, das ihr zuträglich ist" (Aristoteles, Politik, Buch III, Kap. 12).

A. Hunziker-Ebneter (✉)
CEO Founding Partner, Forma Futura Invest AG
Zürich, Schweiz
E-Mail: antoinette.hunziker@formafutura.com

Unternehmen, die umfassend Verantwortung für ihr Handeln übernehmen, beschränken sich bei der Beantwortung der Wachstumsfrage nicht auf die Formel „Wachstum ist gut". Die vertiefte Auseinandersetzung mit der Frage, wozu Wachstum dient, wird zukünftig die Art, die Qualität und die Geschwindigkeit des Wachstums dieser Unternehmen bestimmen. Wachstum beschränkt sich dann auch nicht mehr nur auf quantitative Aspekte, wie Umsatz, Gewinn, Marktanteile, Margen oder Anzahl Mitarbeitende, sondern berücksichtigt ebenso qualitative Aspekte wie Image, Qualität von Produkten und Dienstleistungen, Servicekultur, Attraktivität für Mitarbeitende, Lebensqualität der Mitarbeitenden und der Unternehmer. Eine solche Betrachtung geht nicht einseitig von exponentiellem Wachstum aus, sondern lässt auch eine Stagnation oder einen Rückgang zu. Bleibt das Wachstum auf der quantitativen Seite vorübergehend aus, kann es sich gleichwohl auf der qualitativen Seite manifestieren.

2 Kulturelle Kraftfelder und Erfolgskriterien

2.1 Den Unternehmenszweck definieren und vorleben

Die Vision und die Mission eines Unternehmens bringen das Zukunftsbild eines Unternehmens und den Weg dorthin zum Ausdruck. Damit soll es den Anspruchsgruppen Orientierung geben und Sinn vermitteln. Allzu oft beschränkt sich dieses Zukunftsbild allerdings noch auf die Marktposition, die ein Unternehmen erreichen will, und macht kaum Aussagen darüber, welchen Beitrag das Unternehmen mit seiner Existenz und seinen Tätigkeiten für unsere Lebensqualität leistet.

Wer kurzfristige Gewinnmaximierung und Wachstum um jeden Preis als einziges Unternehmensziel ablehnt und sich der Corporate Social Responsibility (CSR) verpflichtet, tut gut daran, sich grundlegendere Gedanken zum Sinn und Zweck des eigenen Unternehmens zu machen:

- Warum gibt es das Unternehmen überhaupt?
- Wofür steht es?
- Welche Werte vertritt es?
- Für welche Prinzipien steht es ein?
- Welche Rolle will es im Markt übernehmen?
- Wem dient es wie?
- Welchen Beitrag leistet es für das Wohlergehen der Allgemeinheit, für den Erhalt einer lebenswerten und lebensfähigen Umwelt?
- Was will es langfristig erreichen?
- Auf welche strategischen Herausforderungen trifft es dabei? Wie geht es damit um?
- etc.

Der klar definierte Unternehmenszweck muss das Agieren aller Beteiligten auf allen Ebenen bei allen ihren Tätigkeiten bestimmen. Er muss von allen Beteiligten innerhalb und außerhalb des Unternehmens als sinnstiftend empfunden werden. Selbstredend reicht es nicht aus, den Unternehmenszweck nur in wohlformulierten Leitbildern, in der Definition gemeinsamer Unternehmenswerte oder maßvoller Unternehmensziele zu demonstrieren. Der Aufsichtsrat respektive Verwaltungsrat und das Management müssen verantwortungsbewusste Unternehmensführung authentisch und überzeugend vorleben sowie gezielt auf allen Stufen fördern.

Ratsam ist es überdies, immer wieder zu überprüfen, ob der einmal definierte Unternehmenszweck noch der Realität entspricht, ob ihm dementsprechend nachgelebt wird und wo nötig und sinnvoll, Anpassungen vorzunehmen.

2.2 Voraussetzungen für CSR aus Unternehmenssicht

Unternehmen, die verantwortungsbewusstes Wirtschaften als ganzheitliches Modell der Unternehmensstrategie und -führung verstehen, zeichnen sich dadurch aus, dass sie Geld auf anständige Art verdienen wollen, ohne unverhältnismässige Risiken einzugehen und Nachteile für ihre Kundinnen und Kunden zu generieren. Eine solche Haltung bringen sie insbesondere bei den Unternehmens- und Nachhaltigkeitszielen, ihrer Investitionstätigkeit, einem nachvollziehbaren Preisbildungsprozess, einer Internalisierung externer Kosten sowie in sinnvollen Bonus-/Anreizsystemen für ihre Mitarbeitenden zum Ausdruck. Nachfolgend wird summarisch auf drei wesentliche Prämissen eingegangen. Detailliertere Ausführungen dazu machen die Erläuterungen in Abschn. 4 dieses Beitrags.

2.2.1 Unternehmensziele langfristig und massvoll definieren

In der Theorie sind Ziele ein definierter Soll-Zustand, der in der Zukunft liegt, real sein soll, messbar ist und dessen Erreichen durch zielorientiertes Handeln wünschenswert ist. Der Wachstumszwang hat dazu geführt, dass die Fristen zur Zielerreichung immer kürzer angesetzt und die definierten Ziele immer unrealistischer wurden. Bei börsenkotierten Unternehmen, die quartalsweise Bericht erstatten, zeigt sich dies noch ausgeprägter.

Die Folgen sind fatal. Denn die Investitionstätigkeit solcher Unternehmen nimmt nachweislich ab, der unverantwortliche, sicherheits- und existenzgefährdende Sparzwang übermässig zu. Auf Dauer führt dies nicht nur zu einer Stagnation bzw. einem Rückgang der Produktion, sondern schwächt auch die Innovationskraft. Das freie Kapital wird vielmehr für umfangreiche Rückkaufprogramme eigener Aktien genutzt, was den Aktienkurs kurzfristig in die Höhe treibt. Auch fördert der Wachstumszwang eine „kreative" Buchhaltung, um die Unternehmensbewertung künstlich hochzutreiben.

Verantwortungsbewusste Unternehmen dagegen setzen sich langfristige, maßvolle Ziele, die ein langfristiges nachhaltiges Fortbestehen ihrer Firma sichern. Sie investieren regelmässig in den Ersatz, respektive in die Erneuerung, ihrer Produktionsanlagen sowie in die Erforschung und Realisierung neuer Produktlinien. Was sie zudem auszeichnet, ist die Definition von Nachhaltigkeitszielen, die neben rein ökonomischen Kriterien auch ökologische und soziale Kriterien berücksichtigen. Indem sie externe Kosten einpreisen und eine Kongruenz zwischen Preis und Wert schaffen, machen sie ihre Ziele auch in Bezug auf die Umwelt und Gesellschaft messbar.

2.2.2 Lohn- und Anreizsysteme nachhaltig gestalten

Management und Mitarbeitende am Erfolg eines Unternehmens partizipieren zu lassen, ist nicht per se schlecht. Entscheidend ist vielmehr, wie die Lohn- und das Anreizsysteme ausgestaltet sind. Ist die Lohnschere zwischen dem höchsten und dem niedrigsten Lohn übermässig groß, ist dies unter Nachhaltigkeitsaspekten ebenso kritisch zu beurteilen, wie wenn sich das Anreizsystem einzig an der Erreichung finanzieller Ziele orientiert. Hängt die Höhe des Bonus beispielsweise ausschließlich davon ab, ob bestimmte individuelle Umsatz- bzw. Verkaufsziele erreicht werden, schafft dies Anreize, unverhältnismässige Risiken einzugehen, umso mehr als die betreffenden Personen meist nicht die Konsequenzen der daraus entstehenden Schäden zu tragen haben.

Verantwortungsbewusste Unternehmen dagegen bekennen sich zu einer Lohnpolitik mit einem maßvollen Verhältnis zwischen dem höchsten und dem tiefsten Lohn. Ihre Anreizsysteme sind mit dem Erreichen langfristiger Unternehmens- und Nachhaltigkeitsziele verknüpft und beziehen die Einhaltung gemeinsamer Werte mit ein. Im Vordergrund steht dabei immer das Wohlergehen des gesamten Unternehmens und seiner Stakeholder und nicht die Förderung finanzieller Vorteile einzelner Exponenten.

2.2.3 Transparenz beweisen – Vertrauen stärken

Wer ehrlich wirtschaftet, hat nichts zu verbergen. Das bedeutet nicht, Geschäftsgeheimnisse preisgeben zu müssen. Vielmehr geht es darum, dass Unternehmen Rechenschaft darüber ablegen, mit welchen Prinzipien und Werten sie ihre Geschäfte tätigen, was ihnen im Umgang mit Mitarbeitenden, Kunden, Lieferanten und Aktionären wichtig ist, wie sie ihre unternehmerische Verantwortung wahrnehmen, welchen Beitrag sie zur Wahrung einer lebenswerten Umwelt und zur Steigerung der Lebensqualität ihrer Anspruchsgruppen leisten.

Für Unternehmen, die ihren Unternehmenszweck klar definiert haben (vgl. Abschn. 2.1 dieses Beitrags), ist dies eine Selbstverständlichkeit. Ihre Vorteile liegen auf der Hand: Kunden, Partnerfirmen, Kapitalgeber und Stellenbewerber können sich so ein umfassendes Bild vom Unternehmen hinter den Produkten oder Dienstleistungen machen, mit denen es am Markt auftritt. Unternehmen, die ihre Haltung, ihre Ansprüche und ihr Engagement sichtbar, nachvollziehbar und erlebbar machen, schaffen einen Verständigungsrahmen, fördern die Akzeptanzbildung und damit das Vertrauen ihrer Anspruchsgruppen.

3 Die Rahmenbedingungen für CSR

Im Grundsatz sollte der Antrieb zu CSR ein intrinsischer sein. Im Sinne einer Sensibilisierung sämtlicher Anspruchsgruppen für eine ökonomische Neuorientierung können aber die öffentliche Diskussion und gezielte Maßnahmen durchaus verstärkend wirken und die Entwicklung beschleunigen. Stellvertretend seien nachfolgend einige Debatten und Initiativen der jüngeren Zeit erwähnt.

3.1 Der organisatorische Rahmen

Im Sinne einer effektiven Corporate Governance hat sich in Verwaltungsräten in der Schweiz, respektive in Aufsichtsräten, und in Deutschland die Einrichtung eines Audit- und Compliance-Komitees durchgesetzt. Vor diesem Hintergrund lässt sich nun diskutieren, ob vorbildliche Unternehmen analog dazu nicht auch die Verantwortung für CSR auf dieser Ebene verankern sollten.

In der Schweiz wird diese Diskussion durch die *Konzernverantwortungsinitiative* (2015) gefördert, die eine breite Koalition von 76 unterschiedlichen Organisationen im Frühjahr 2015 lanciert hat. Die Volksinitiative will, dass alle Unternehmen mit Sitz in der Schweiz zu einer Sorgfaltsprüfung im Bereich Menschenrechte und Umwelt verpflichtet werden. Die Sorgfaltsprüfung orientiert sich an den 2011 verabschiedeten UN-Leitprinzipien für Wirtschaft und Menschenrechte (UNO 2013). Werden im Rahmen der Prüfung der Geschäftsabläufe und -beziehungen dementsprechende Risiken identifiziert, sollen Unternehmen die potenziell negativen Auswirkungen mit wirksamen Gegenmaßnahmen bekämpfen und dies in einem Bericht offenlegen. Schweizer Konzerne sollen dabei auch für Menschenrechtsverletzungen und Umweltschäden haften, die von ihnen kontrollierten Firmen begehen, sollten sie die Sorgfaltspflicht nicht ausreichend wahrgenommen haben. Eine Kommissionsmotion, die Unternehmen mit Sitz in der Schweiz gesetzlich zu mehr Verantwortung verpflichten wollte, war kurz davor vom Schweizer Parlament abgelehnt worden. Gegner der Initiative kritisieren den mit der Sorgfaltsprüfung verbundenen hohen Kostenaufwand (Alliancesud 2015).

Im angelsächsischen Raum zeichnet sich derweil ein Trend ab, der CSR in einer eigenen Rechtsform zum Ausdruck bringt. Im Bundesstaat Delaware wurde 2013 die neue Gesellschaftsform *Public Benefit Corporation* (2015) – kurz PBC – eingeführt. Neue Unternehmen, die sich als PBC registrieren lassen, oder bestehende Unternehmen, die zu dieser Rechtsform wechseln, verpflichten sich, einen signifikanten positiven Beitrag zum Gemeinwohl und zur Erhaltung der Umwelt zu leisten, dies in ihren Statuten zu verankern und ihre Entscheidungen darauf zu basieren. Voraussetzung für den Wechsel der Rechtsform ist eine mindestens 90 prozentige Zustimmung der Aktionäre. Inzwischen haben 31 US-Bundesstaaten das entsprechende Gesetz verabschiedet, fünf weitere arbeiten daran (Benefit Corp. 2013).

Um die Bedeutung ihres Beitrags zu messen, muss eine PBC einen anerkannten Standard als Benchmark heranziehen und wahlweise auf jährlicher oder zweijährlicher Basis Rechenschaft darüber ablegen. Als Standard hat sich das B Impact Assessment von B Lab durchgesetzt. Auf Basis dieses Assessments können sich auch Unternehmen als *B Corp* zertifizieren lassen, die keinen Wechsel der Rechtsform vornehmen. Eine B Lab setzt sich für eine globale Bewegung ein, die Wirtschaften als positive Kraft für die Allgemeinheit versteht. Bemerkenswert ist ihre Vision: Mit ihren Aktivitäten möchten sie erreichen, dass es im Wettbewerb unter den Unternehmen nicht nur darum geht, wer die Nummer 1 der Welt ist, sondern auch darum, wer die Nummer 1 *für* die Welt ist (B Lab 2016).

Im Herbst 2015 hat beispielsweise die 2009 gegründete amerikanische Crowdfunding-Plattform Kickstarter den Wechsel zur Rechtsform PBC bekanntgegeben. Sie kündigte gleichzeitig an, auf einen Exit oder einen Börsengang zu verzichten, weil sie ein solcher Schritt zu Entscheidungen zwingen würde, die nicht im besten Interesse des Unternehmens seien, dies im Gegensatz zu anderen Startup-Unternehmen, die im Hinblick auf einen lukrativen Ausstieg eine möglichst hohe Bewertung anstreben (Kickstarter 2015).

Im September 2015 hat B Lab zudem bekanntgegeben, dass sie ihre Aktivitäten auf Grossbritannien ausweiten. Zu diesem Zweck wurde ein Beirat gegründet, der in den kommenden zwei Jahren zum einen die rechtlichen Voraussetzungen sowie die Performance-Standards zur Erlangung des B-Corp-Zertifikats für multinationale Unternehmen definieren wird. Als erstes multinationales Unternehmen wird der niederländisch-britische Konsumgüter-Konzern Unilever im Beirat vertreten sein (B Lab 2015).

3.2 Die Rolle des Bildungswesens

Je früher die Sensibilisierung für CSR beginnt, desto besser. Als Bildungsstätte für die zukünftige Generation von Unternehmern und Managern kommt den Universitäten dabei eine besonders wichtige Rolle zu. Verantwortungsbewusstes Wirtschaften wird je länger je mehr nicht nur von dedizierten Instituten in spezifischen Lehrgängen und Vorlesungen thematisiert, sondern fließt zunehmend in sämtliche betriebswirtschaftlichen Lehrprogramme ein – verstärkt, seit die Finanz- und Wirtschaftskrise die Modelle der klassischen Ökonomie in Frage gestellt hat.

Studierenden der Universität St. Gallen – eine der bedeutendsten Wirtschaftsfakultäten Europas – werden beispielsweise im Rahmen der Accounting- und Controlling-Vorlesungen bei Prof. Leibfried nicht mehr nur finanzielle Kennzahlen nähergebracht, sondern auch Konzepte zur Messung nicht-finanzieller Werte und Preisbildungsmechanismen, die nicht nur ökonomische sondern auch ökologische und soziale Faktoren integrativ berücksichtigen, also auch externe Kosten wie CO_2-Emissionen zu internalisieren.

Die Relevanz von CSR haben aber auch technische Universitäten erkannt. In ihrer Eröffnungsrede zum 160. Jahrestag der ETH Zürich im Herbst 2015 betonte die Rektorin, Professorin Sarah Springman, denn auch:

An einer Institution wie der ETH kann es nicht nur um die Kenntniserweiterung unserer Studierenden in ihrem Fachgebiet gehen. Wir müssen Fähigkeiten wie geistige Beweglichkeit und eigenständiges Denken fördern. Wir müssen auch Werthaltungen vermitteln wie unternehmerisches Denken und Leadership sowie die Verpflichtung, sozial und ökologisch verantwortungsvoll zu handeln.

4 CSR aus Sicht einer Vermögensverwaltung

Nachhaltigkeit bedeutet Kreislaufdenken. Als unabhängige Vermögensverwaltung entscheidet die von mir mitgegründete Forma Futura Invest AG von vornherein, in welche Unternehmen sie investiert und in welche nicht. In diesem Kontext verstehen wir Geld als zentrale Ressource, die wir verantwortungsvoll einsetzen, indem wir Anlagen aussuchen, die einen positiven Beitrag zur nachhaltigen Lebensqualität leisten und eine kompetitive, risikoadjustierte Rendite generieren. Mit diesem Ansatz gehören wir in der Schweiz zu den Vorreitern für ein nachhaltiges Finanzsystem.

4.1 Was ein nachhaltiges Finanzsystem ausmacht

Das Finanzsystem muss nach unserem Verständnis der Realwirtschaft und der Gesellschaft dienen. Nur so kann Geld seine transformative Kraft als Gestaltungsmittel zur Förderung nachhaltiger Lebensqualität entfalten. Ein zukunftsfähiges Finanzsystem muss sich wieder auf seine Grundversorgungsfunktion besinnen und darf nicht zum Selbstzweck verkommen.

Ein nachhaltiger Schweizer Finanzplatz kann nur im Zusammenspiel sämtlicher Akteure entstehen. Der Staat muss für die Finanzdienstleister einen verbindlichen und wirksamen ordnungspolitischen Rahmen schaffen, der sich von allen Akteuren einfach und zahlbar umsetzen lässt. Die Finanzintermediäre haben es in der Hand, eine Allokation der finanziellen Ressourcen zu ermöglichen, die ein zukunftsfähiges Wirtschaftssystem unterstützen – nicht nur bei Vermögensanlagen sondern ebenso bei der Kreditvergabe.

Es liegt aber auch in der Verantwortung der Investoren selbst, von den Unternehmen, in deren Aktien sie investieren, aktiv CSR einzufordern, respektive von den Finanzintermediären eine entsprechende Allokation zu verlangen. Dies gilt insbesondere auch für Pensionskassen, die die Altersguthaben der Erwerbstätigen im Rahmen der obligatorischen beruflichen Vorsorge (BVG) verwalten. Nach Zahlen des Forums für Nachhaltige Geldanlagen (FNG) machte ihr Anteil am Gesamtvolumen nachhaltiger Anlagen 2014 von CHF 71,3 Mrd. zwar bereits über 60 % aus. Gemessen am gesamten verwalteten Vermögen von mehr als CHF 600 Mrd. nimmt sich der Anteil allerdings noch bescheiden aus (FNG 2015, S. 46).

Das Bewusstsein wächst jedoch, zumal insbesondere global tätige institutionelle Investoren das Thema Corporate Governance zunehmend als formellen Teil ihrer Anlageentscheide betrachten. Bei den Schweizer Vorsorgeeinrichtungen wächst das Bewusstsein nicht zuletzt, weil sie mit der Inkraftsetzung der Verordnung gegen übermässige Vergütungen bei börsennotierten Aktiengesellschaften (VegüV 2015) seit Anfang 2015 verpflichtet sind, an Generalversammlungen der börsennotierten Aktiengesellschaften im Interesse ihrer Versicherten über die traktandierten Geschäfte abzustimmen und darüber Bericht zu erstatten (Bundesrat 2013). Im Dezember 2015 wurde von namhaften institutionellen Investoren, u. a. der Publica, der Pensionskasse des Bundes, der Verein SVVK (2015) – Schweizer Verein für verantwortungsbewusste Kapitalanlage gegründet. Diese Investoren verwalten ein Vermögen von CHF 150 Mrd. Die treuhänderischen Pflichten der Gründungsmitglieder verlangen nach einer Erweiterung des Anlageprozesses um ESG-Kriterien (Environment, Social, Governance).

Hinzu kommt, dass für Pensionskassen in verschiedenen EU-Ländern entweder bereits eine Berichtspflicht zur Nachhaltigkeit ihrer Anlagen besteht (z. B. in Deutschland seit 2001) oder wie im Fall von Holland ein Pension Governance Code, der die Pensionskassen zu einer nachhaltigen Anlagestrategie verpflichtet (Code 2013).

Zudem empfiehlt der *Swiss Foundation Code* (2015) Stiftungen nun im Sinne der Good Governance, gesellschaftliche Verantwortung nicht nur bei ihrer Förderung zum Ausdruck zu bringen, sondern auch bei der Bewirtschaftung ihrer Vermögen nachhaltige Wirkung zu erzielen. Der Code wurde von SwissFoundations, der Vereinigung der gemeinnützigen Förderstiftungen der Schweiz, im Herbst 2015 neu aufgelegt.

4.2 Wie eine Vermögensverwaltung zu CSR beiträgt

Seit der Gründung von Forma Futura Invest AG 2006 verbinden wir Performance-Denken mit den Wertvorstellungen unserer Kundinnen und Kunden. Die Allokation der Kundenvermögen erfolgt ausschliesslich in Unternehmen, Institutionen und Ländern, die zur Steigerung der nachhaltigen Lebensqualität beitragen. Basis dafür bildet eine proprietäre Finanz- und Nachhaltigkeitsanalyse (vgl. dazu Abschn. 4 dieses Beitrags). Unser Research-Team tritt mit den Firmen, die es analysiert, in einen direkten Dialog zu den unternehmensspezifischen Themen der Nachhaltigkeit und sensibilisiert sie für die konkreten Aspekte der Nachhaltigkeit in ihrer Wertschöpfungskette.

Bei der Definition der Lebensqualität als entscheidendem Kriterium orientieren wir uns am *Millenium Ecosystem Assessment*. In dessen Rahmen hatten 2001 bis 2005 über 1360 Wissenschaftlerinnen und Wissenschaftler aus nahezu 100 Ländern auf Initiative der UNO die Konsequenzen von Veränderungen im Ökosystem auf die Lebensqualität erforscht (Millenium Ecosystem Assessment 2015). Als Komponenten der Lebensqualität identifiziert die Studie Gesundheit, Deckung materieller Grundbedürfnisse, Sicherheit, gute soziale Beziehungen sowie die Wahl- und Handlungsfreiheit.

Verantwortungsvolles Handeln bedeutet für uns zudem, die heutige Lebensqualität nicht auf Kosten zukünftiger Generationen zu verbessern, sondern die Nachhaltigkeit entscheidend mit einzubeziehen. So soll die Lebensqualität unter Wahrung der biophysischen Kapazität der Erde erschaffen, verbessert und für nachfolgende Generationen erhalten werden.

Damit steht die nachhaltige Lebensqualität in vielseitigen Beziehungen zu den globalen und sektorspezifischen Herausforderungen wie Klimawandel, Wasserknappheit, Bevölkerungswachstum, technologischer Wandel, Wahrung der Menschenrechte sowie zu den allgemeinen politischen und wirtschaftlichen Rahmenbedingungen. In diesem Zusammenhang dienen uns die globalen, 2015 verabschiedeten Nachhaltigkeitsziele mit der Agenda zur nachhaltigen Entwicklung der Vereinten Nationen als Richtschnur.

Kundinnen und Kunden, die uns mit einem Vermögensverwaltungsmandat betraut haben, erhalten halbjährlich ein ausführliches Reporting. Darin stellen wir nicht nur die Vermögensentwicklung dar, sondern berichten ebenso über die Nachhaltigkeitsleistungen und die finanziellen Kennzahlen der in ihrem Portfolio enthaltenen Unternehmen. Zu den Generalversammlungen der Schweizer Unternehmen in ihrem Portfolio erarbeiten wir im Einklang mit unseren Nachhaltigkeitskriterien zudem Abstimmungsempfehlungen. Dies, weil wir die Ausübung der Aktionärsrechte als wichtiges Instrument erachten, um auf die nachhaltige Entwicklung von Unternehmen Einfluss zu nehmen.

Darüber hinaus veranstalten wir für interessierte Kreise im Sinne der Sensibilisierung für die Themen der Nachhaltigkeit im Allgemeinen und ihre Verankerung im Finanzsystem sowie der Bewusstseinsbildung für nachhaltige Lebensqualität regelmässig Vorträge, Workshops und Diskussionsrunden.

Im September 2015 haben wir unseren zweiten Nachhaltigkeitsbericht publiziert. Er orientiert sich an den Richtlinien der *Global Reporting Initiative (GRI)* (2015) und soll zeigen, wie wir in und mit unserem Unternehmen unsere gesellschaftliche und ökologische Verantwortung wahrnehmen, welches unsere Einflussfaktoren sind, welche Relevanz wir diesen beimessen und wie wir deren Gestaltungsspielraum nutzen.

5 Nachhaltigkeitsfaktoren in der Finanzanalyse

Als Basis für eine verantwortungsvolle Geldanlage hat Forma Futura Invest AG eine Methode entwickelt, die zum einen eine konventionelle Finanzanalyse durchführt, die die finanzielle Solidität, die strategische Marktpositionierung, die liquide Handelbarkeit der Wertschriften und das Renditepotenzial in den Vordergrund stellt (siehe Abb. 1).

Zum anderen stellen sich unsere Nachhaltigkeitsanalystinnen und -analysten bei der Auswahl der Investitionen die Frage *Was macht ein Unternehmen und wie?* Dazu beurteilen sie die drei Wirkungsbereiche *Führung und Mitarbeitende, Strategie und Produkte* sowie *Gesellschaft und Umwelt* und wenden zudem branchenspezifische *Ausschlusskriterien* an (siehe Abb. 1)

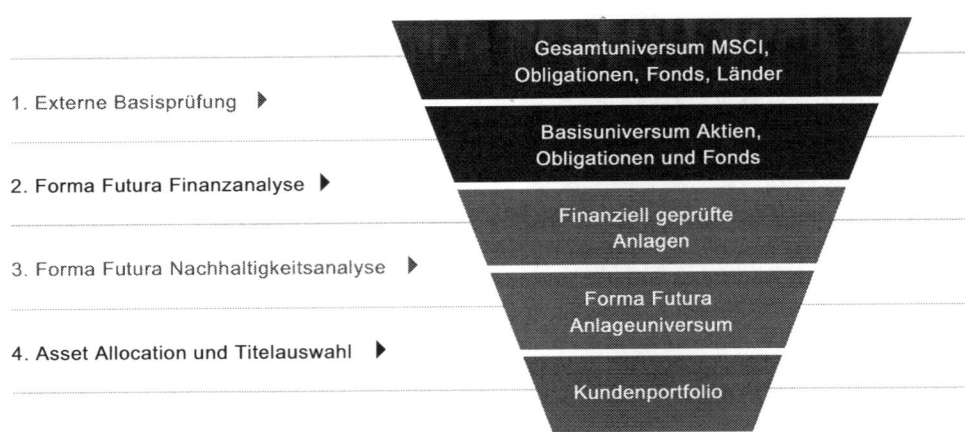

Abb. 1 Anlageprozess Forma Futura Invest AG

5.1 Führung und Mitarbeitende

Im Wirkungsbereich *Führung und Mitarbeitende* werden die Nachhaltigkeitsthemen Führungsqualitäten sowie Mitarbeitende und intellektuelles Kapital untersucht. Für die Prüfung der Führungsqualitäten eines Unternehmens sind dessen Beziehungen zu seinen

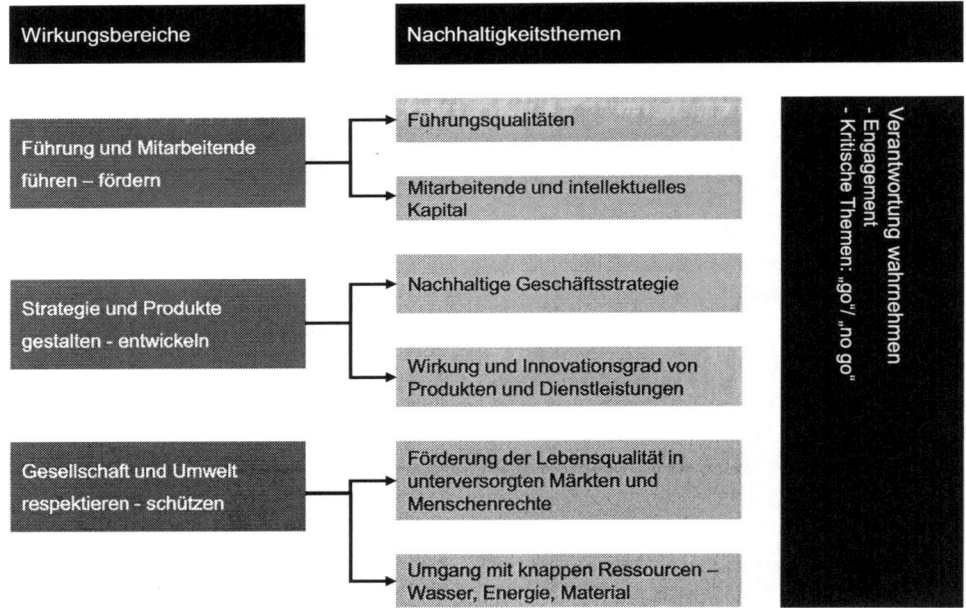

Abb. 2 Nachhaltigkeitsanalyse Forma Futura Invest AG

Anspruchsgruppen relevant, ein konstruktiv kritisches Verhältnis von Aufsichtsrat bzw. Verwaltungsrat und Geschäftsleitung sowie eine transparente Berichterstattung. Positiv beurteilen wir beispielsweise, wenn das Unternehmen einen integrierten Nachhaltigkeitsansatz verfolgt und ein entsprechendes Reporting erstellt, Steuertransparenz schafft, Frauen in der Geschäftsleitung und im Aufsichtsrat, respektive im Verwaltungsrat, vertreten sind und das Unternehmen über eine maßvolle Entlohnungspolitik verfügt, die auch die Erreichung von Nachhaltigkeitszielen einbezieht.

Die Personalpolitik eines Unternehmens messen wir an den Faktoren Diversität, Umgang mit intellektuellem Kapital und firmeninternem Wissensmanagement. Fördert das Unternehmen zum Beispiel gezielt die Karrieremöglichkeiten seiner Mitarbeitenden, bezieht es systematisch die Vereinbarkeit von Erwerbs- und Familienarbeit bei allen Mitarbeitenden mit ein und überwacht es systematisch und kontinuierlich die Entlohnungsstruktur auf Diskriminierung, bewerten wir dies positiv (vgl. Abb. 2).

5.2 Strategie und Produkte

Im Wirkungsbereich *Strategie und Produkte* untersuchen wir die Nachhaltigkeit der Geschäftsstrategie eines Unternehmens sowie die Wirkung und den Innovationsgrad von Produkten und Dienstleistungen. Ob die Geschäftsstrategie eines Unternehmens nachhaltig ist, zeigt sich daran, dass neben den rein ökonomischen Faktoren auch ökologische und soziale Kriterien gebührend berücksichtigt werden. Überdies analysieren wir die Produktstrategie und ihre langfristig positiven oder negativen Auswirkungen. Positiv fällt unsere Beurteilung beispielsweise aus, wenn das Unternehmen einen Fokus auf Effizienzsteigerung und umfassendes Energiesparen durch Nutzung des technologischen Fortschritts legt und wenn wir die Geschäftsführung als ethisch verantwortlich einschätzen.

Wir prüfen zudem, wie die Produkte eines Unternehmens auf Umwelt und Gesellschaft wirken und ob die mit nachhaltigen Produkten oder Dienstleistungen erzielten Umsatzanteile relevant sind. Produkte, die beispielsweise globalen Herausforderungen, wie Wasserknappheit, auf möglichst umweltfreundliche und sozial verantwortliche Art begegnen, beurteilen wir positiv. Einen positiven Einfluss auf unsere Bewertung hat ausserdem eine zyklische Ressourcennutzung (Cradle-to-Cradle-Prinzip) bei der Entwicklung von Produkten.

5.3 Gesellschaft und Umwelt

Im Wirkungsbereich *Gesellschaft und Umwelt* werden die Nachhaltigkeitsthemen Förderung der Lebensqualität sowie der Umgang mit knappen Ressourcen untersucht. Unternehmen mit globalen Versorgungsketten beeinflussen die Lebensqualität der Menschen in unterversorgten Märkten – also in Schwellenländern oder Randregionen – und müssen dort auch die Menschenrechte einhalten. Vor diesem Hintergrund schauen wir uns an, wie das Unternehmen in solchen Gegenden generell seine Verantwortung wahrnimmt. Dazu gehört, wie es die Zuliefererbeziehungen handhabt und wie es mit wirtschaftlich schwächeren Marktteilnehmern umgeht. Positiv beurteilen wir, wenn ein Unternehmen beispielsweise über ein detailliertes Lieferkettenmanagement verfügt, dessen Kriterien es offenlegt und effektiv überwacht. Dazu gehört auch, dass es sich verpflichtet, von den Zulieferern die Einhaltung von Menschenrechts- und andere Standards einzufordern. Wenn es über eine klare und ausformulierte Preispolitik verfügt, die zwischen versorgten und unterversorgten Märkten im Sinne der Zugänglichkeit differenziert, wirkt sich dies ebenfalls positiv auf unsere Beurteilung aus.

Hinsichtlich des Umgangs mit knappen Ressourcen beurteilen wir betriebsökologische Politiken, Ziele und Massnahmen. Positiv bewerten wir beispielsweise, wenn das Unternehmen konsequent Lebenszyklusanalysen erstellt, für seinen Betrieb erneuerbare Energien nutzt und wenn es sich quantitative Ziele zum Sparen von Wasser, Energie und Rohstoffen sowie für Produktionsabfall, Produktrecycling und die Reduktion von Gefahrenstoffen gesetzt hat. Positiv fällt die Bewertung auch aus, wenn der Neubau oder die Sanierung von Gebäuden nach anerkannten Umweltstandards erfolgt, wenn das Unternehmen ökologisches Büromaterial beschafft und seine Mitarbeitenden bei ihren privaten Anstrengungen zur Senkung der CO_2-Emission unterstützt.

5.4 Ausschlusskriterien

Ergänzend zu den Nachhaltigkeitsfaktoren wenden wir eine Reihe branchenspezifischer Ausschlusskriterien an. Dazu gehören unter anderem fossile und nukleare Energie, Waffen, Biotreibstoffe aus Nahrungsmitteln oder genetisch veränderte Organismen in der Landwirtschaft. Die Berücksichtigung der klassischen Ausschlusskriterien Waffen, militärische Zusammenarbeit, Glücksspiele, Pornografie, Alkohol und Tabak ist für uns selbstverständlich. Unternehmen, die mehr als 5 % ihres Umsatzes mit solchen Geschäftsaktivitäten erzielen, sind nicht Bestandteil des Forma Futura Universums. Grundsätzlich verpflichten wir uns dem Vorsorgeprinzip.

6 Vereinbarung ethischer Ansprüche und ökonomischer Rationalität: Zwei Unternehmensbeispiele

Die beiden nachfolgenden Unternehmensbeispiele machen deutlich, wie sich die Unternehmensperformance umfassend betrachten und gestalten lässt. Sie machen nachvollziehbar, woran sich verantwortungsbewusstes Wirtschaften erkennen lässt und welcher Nutzen für das Unternehmen sowie seine Anspruchsgruppen daraus resultiert.

6.1 Novo Nordisk

Beim dänischen Pharmaunternehmen stehen seit seiner Gründung 1923 Diabetes-Patienten im Mittelpunkt. Das Unternehmen beschäftigte 2015 rund 40.000 Mitarbeitende in 75 Ländern und vertreibt seine Produkte in 180 Ländern (Novo Nordisk 2015).

Die Führung des börsennotierten Unternehmens bekennt sich unter dem Motto *The Novo Nordisk Way* prominent zu nachhaltiger Geschäftstätigkeit. Seit 2004 verfügt Novo Nordisk über eine integrierte Berichterstattung. Der CEO Lars Rebien Sørensen ist seit 2000 in diesem Amt und seit 1981 im Unternehmen tätig. Die neunköpfige Geschäftsleitung war 2015 ein reines Männergremium. Im zwölfköpfigen Aufsichtsrat/Verwaltungsrat des Unternehmens sitzen vier Frauen und acht Männer, darunter je zwei Arbeitnehmervertreter (Novo Nordisk 2015).

Die Bonuszahlungen an die Geschäftsleitung sind maßvoll gestaltet. Die Kombination aus einem kurzfristigen und einem langfristigen Incentive-Programm unterstreicht die Absicht, eine Balance zwischen kurzfristigen Erfolgen und langfristigem Denken zu schaffen. Die Incentive-Programme unterliegen überdies einer Rückgriffsklausel, die zur Anwendung kommt, wenn sich im Nachhinein herausstellen sollte, dass die zugrundeliegenden Kennzahlen vorsätzlich oder grob fahrlässig falsch deklariert wurden. Aus Nachhaltigkeits- wie aus finanzieller Perspektive sind die Programme positiv zu werten, setzten sie doch langfristige Anreize für die Mitglieder der Geschäftsleitung. Dies im Sinne der Schaffung von nachhaltigem Unternehmenswert. Zudem sind sie der Reputation des Unternehmens förderlich und tragen zur Goodwill-Bildung bei.

Novo Nordisk legt grossen Wert auf die Weiterbildung seiner Mitarbeitenden. Unter anderem absolvieren die Mitarbeitenden jährlich eine Business-Ethik-Weiterbildung. Die Einhaltung der firmeneigenen Ethikrichtlinien wird regelmässig überprüft. Darüber hinaus wird im Rahmen von Werte-Audits die Einhaltung der Novo-Nordisk-Way-Grundsätze überprüft (Novo Nordisk 2015).

Im Jahr 2013 hat Novo Nordisk durchschnittlich rund 1250 € je Mitarbeitendem für Weiterbildung ausgegeben.[1] Dies ist ein hoher Betrag und vom finanziellen Standpunkt her ein nicht unerheblicher und wohl wiederkehrender Kostenfaktor. Die Investition in die Weiterbildung der Mitarbeitenden steigert unserer Meinung nach jedoch deren Zufriedenheit, stärkt deren Firmentreue und verringert dementsprechend die Fluktuation, wodurch der Wissensabfluss und die Kosten für Ersatzrekrutierungen tief gehalten werden können.

Novo Nordisk orientiert sich am *Triple Bottom Line Prinzip* und verpflichtet sich damit zu langfristiger Rentabilität, zur Förderung gesunden Lebens sowie eines gesunden und motivierenden Arbeitsplatzes sowie zur Bewahrung der natürlichen Ressourcen. Dazu hat das Unternehmen Nachhaltigkeitsindikatoren mit klaren Leistungszielen in die *Balanced Scorecard* aufgenommen. Dies erhöht zwar den finanziellen, organisatorischen und logis-

---

[1] Diese Kennzahl hat Novo Nordisk letztmals im Geschäftsbericht 2013 publiziert, weil sie nicht mehr als Managementinformation auf konsolidierter Basis genutzt wird.

tischen Aufwand für das Unternehmen, da die Datenerhebung, die der Evaluation in der *Balanced Scorecard* zugrunde liegt, einen Kosten- und Zeitfaktor darstellt. Gleichzeitig ermöglicht die Datenerhebung aber, Prozesse und Strukturen zu identifizieren, die relevantes Verbesserungspotenzial für die Wertschöpfung freilegen. Ausserdem fördert sie die Auseinandersetzung mit den Zielvorgaben und hilft bei der Definition der Unternehmens- respektive Nachhaltigkeitsstrategie.

Der Pharmariese ist führend im Bereich Diabetes-Produkte. Rund 80 % des Konzernumsatzes wurden 2014 damit erwirtschaftet. Über ein Drittel des weltweit produzierten Insulins stammt von Novo Nordisk (Novo Nordisk 2014). Die Produkte sind dabei auf die unterschiedlichen Einkommensklassen in den verschiedenen Ländern abgestimmt. Novo Nordisk verpflichtet sich, immer auch tiefpreisiges Insulin anzubieten. So liefert das Unternehmen an die Regierungen der am wenigsten entwickelten Länder das Insulin zu einem maximalen Preis von 24 US-Cents pro Patient und Tag (Novo Nordisk 2016). Aus rein finanzieller Sicht führt diese Preispolitik kurzfristig möglicherweise zu geringeren Einnahmen. In der langfristigen Betrachtung ist jedoch positiv zu vermerken, dass der Pharmariese damit Diabetes-Patienten Zugang zu einer Insulinbehandlung ermöglicht, die sie sich zu regulären Preisen nicht leisten können. Damit verbessert das Unternehmen eindeutig die Lebensqualität der Betroffenen, was sein Engagement für die Wahrnehmung seiner gesellschaftlichen Verantwortung spiegelt. Außerdem ist es so in Märkten präsent, die großes Entwicklungspotenzial bieten.

Im Jahr 2002 hat Novo Nordisk die World Diabetes Foundation gegründet, die sie jährlich mit namhaften Beiträgen unterstützt. Die unabhängige Stiftung verfolgt sowohl humanitäre als auch wissenschaftliche Zwecke. Sie unterstützt den Ausbau des Gesundheitswesens in Entwicklungsländern, mit dem Ziel, dort die Prävention und Behandlung von Diabetes zu verbessern. Damit liefert sie gleichzeitig eine Basis für kommerzielle Aktivitäten und die Diabetesforschung. Der Fortschritt der Wissenschaft und die Förderung humanitärer Zwecke sind von gesamtgesellschaftlichem Nutzen, der nicht primär der individuellen unternehmerischen Wertschöpfung dient.

Novo Nordisk verfolgt eine relativ strikte Umweltpolitik und hat ein umfassendes Umweltmanagementsystem. Alle Produktionsbetriebe sind nach ISO-14001 zertifiziert. Das Unternehmen publiziert seinen Energie- und Wasserverbrauch, CO_2-Emissionen, Abfall- und Abwassermengen sowie die Verletzung gesetzlicher Grenzwerte. Zusammen mit dem dänischen Umweltministerium veröffentlichte Novo Nordisk 2014 die erste Umwelterfolgsrechnung der Pharmaindustrie. Sie ordnet den Umwelteinflüssen einer Firma und ihrer Lieferanten einen geschätzten Preis zu (Environmental Leader 2014).

Zur Eruierung von Energiesparmöglichkeiten arbeitet Novo Nordisk mit einem spezialisierten Energieunternehmen zusammen. Innerhalb von fünf Jahren hat es 370 Energiesparprojekte umgesetzt, die zu einer jährlichen Einsparung von 87 Mio. kWh – rund ein Fünftel des Stromverbrauchs von Dänemark – führten. Seine CO_2-Emissionen hat es zwischen 2004 und 2014 dank Prozessoptimierungen, der Nutzung erneuerbarer Energien und mehr als 700 Energiesparprojekten um 45 % gesenkt, während der Umsatz im selben Zeitraum um 206 % gestiegen ist. Im Geschäftsbericht weist Novo Nordisk erstmals die

CO_2-Emissionen aus, die durch Geschäftsflüge und durch das Flottenleasing von Firmenautos verursacht werden (Novo Nordisk 2014).

In der Gesamtbetrachtung versucht Novo Nordisk sehr glaubwürdig, die positiven Aspekte der Wechselbeziehung zwischen Nachhaltigkeit und Finanzen auszuschöpfen. An diesem Beispiel zeigt sich ebenso, dass die Integration von Nachhaltigkeit kein statischer Zustand, sondern ein fortwährender Prozess ist, der nie abgeschlossen ist und sich laufend verbessern lässt.

6.2 SAP

SAP hat sich seit seiner Gründung 1972 durch Innovation und Wachstum zum führenden Anbieter von Unternehmenssoftware entwickelt. Das börsennotierte Unternehmen mit Stammsitz in Deutschland, das mehr als 75.000 Mitarbeitende in über 130 Ländern beschäftigt, befindet sich im Zentrum der gegenwärtigen Technologierevolution. Es entwickelt Innovationen, die nicht nur seinen knapp 300.000 Kunden in 190 Ländern helfen, ihre Arbeitsabläufe zu optimieren, sondern bekennt sich auch dazu, das Leben von Menschen auf der ganzen Welt verbessern zu wollen (SAP 2016). Letzteres auch, indem sie die großen Herausforderungen unserer Zeit adressieren wollen, wie das Bevölkerungswachstum, die Verstädterung, die Vernetzung der Kommunikation, die Allgegenwärtigkeit mobiler Technologie, die Herausforderungen des Klimawandels und andere Beanspruchungen der natürlichen Ressourcen.

SAP zeigt ein hohes Bewusstsein für Nachhaltigkeit und deren Integration im Unternehmen sowie für die wesentlichen Sektorherausforderungen. Das Software-Unternehmen führt dazu einen regelmässigen Dialog mit sieben Anspruchsgruppen (Kunden, Mitarbeitende, öffentliche Hand, IT-Branchenanalysten, Finanzanalysten und Anleger, Nichtregierungsorganisationen und Wissenschaft, Partner und Lieferanten). Seit 2012 verfügt es über eine integrierte Berichterstattung, die 2014 erstmals nach den Vorgaben des *International Integrated Reporting Council* (2015) und der *G4-Standards* der *Global Reporting Initiative (GRI)* (2015) erstellt wurde (SAP 2014). Besonders erwähnenswert ist, dass SAP ausführlich die Wirkungszusammenhänge zwischen einzelnen Bereichen darstellt. So ist das Unternehmen überzeugt, dass es seine Umsätze steigern kann, wenn es den Anteil weiblicher Führungskräfte erhöht, da es dadurch in der Lage ist, den Bedürfnissen ihrer verschiedenen Kundengruppen besser gerecht zu werden. Überdies ist SAP beispielsweise der Auffassung, dass ein ausgewogener Anteil von Frauen und Männern in Führungspositionen zu einem ausgewogenen Arbeitsumfeld beiträgt, in dem Wert auf Vielfalt gelegt wird und in dem sich die Mitarbeitenden frei entfalten können, was sich wiederum positiv auf den betrieblichen Gesundheitsindex auswirke.

Im 18-köpfigen Aufsichtsrat waren 2015 vier Frauen und 14 Männer vertreten, darunter neun Arbeitnehmervertreter (SAP 2016). Im neunköpfigen Global Managing Board waren es eine Frau und acht Männer, während in der sechsköpfigen Geschäftsleitung keine Frau vertreten war. Konzernweit will SAP den Frauenanteil in Führungsfunktionen bis 2017 auf 25 % erhöhen. Die Vorstandsvergütungen sind an nicht-finanzielle Indikatoren wie Kundenzufriedenheit und Mitarbeiterengagement geknüpft.

Bei SAP gibt es eine Fülle an Initiativen für Mitarbeitende, die in einem hohen Bewusstsein für die verschiedenen Korrelationen zwischen Ausbildung, Wohlbefinden der Mitarbeitenden, Verweildauer und Umsatz/Gewinn begründet liegen. Stellvertretend sei hier die Initiative *Autism at Work* erwähnt, in deren Rahmen Menschen aus dem autistischen Spektrum eingestellt werden sollen und deren Anteil am gesamten Personalbestand bis 2020 ein Prozent ausmachen soll. Der Firma SAP liegt auch die Gesundheit seiner Mitarbeitenden am Herzen. Als erstes Unternehmen ermöglichte SAP 2014 beispielsweise seinen an Krebs erkrankten Mitarbeitenden, am Programm *Corporate Oncology Program for Employees (COPE)* teilzunehmen. Mithilfe der cloudbasierten Lösung SAP HANA erhielten sie eine Tumordatenanalyse, aus der sich Behandlungsoptionen ableiten liessen. Die Mitarbeitenden absolvieren jährlich fünf bis neun Ausbildungstage, Nachhaltigkeitsthemen sind dabei immer eingeschlossen. Die Wichtigkeit der Weiterbildung unterstreicht SAP seit 2014 auch mit der Funktion eines *Chief Learning Officers* (SAP 2015).

Die Produkte von SAP sind für Firmen aller Größen und entlang von 25 Industrien einsetzbar. Sie leisten einen neutralen bis positiven Beitrag zu nachhaltiger Lebensqualität. Positiv zu werten sind insbesondere die speziellen Anwendungen mit Nachhaltigkeitsfokus. Dazu gehören Green IT, Reporting und Analyse, Produktsicherheit und -verantwortung sowie Energie-, Ressourcen und Risikomanagement. Unternehmen können mit SAP-Software beispielsweise ihren Energieverbrauch und die CO_2-Emissionen besser messen und regeln. Leider weist SAP bislang den Umsatzanteil dieser Anwendungen noch nicht aus.

Bei der globalen Beschaffungspolitik von SAP ist Nachhaltigkeit ein fester Bestandteil. Bei der Selektion neuer Lieferanten werden soziale und Umweltkriterien zwingend berücksichtigt. Neue Lieferanten müssen ab einem bestimmten Geschäftsvolumen einen Fragebogen zur Nachhaltigkeit ausfüllen. Seit 2014 werden direkte Lieferanten mit einem jährlichen Geschäftsvolumen von mehr als 50.000 € (bis 2013 von mehr als 250.000 €) hinsichtlich Umweltschutz, Menschenrechte, Arbeitsstandards und Korruptionsbekämpfung geprüft und zum Einreichen der entsprechenden Nachweise, respektive relevanten Zertifizierungen, aufgefordert. Zeigen sich im Rahmen dieser Prüfungen Risiken, kann SAP gemeinsam mit den betreffenden Lieferanten an einer Verbesserung des jeweiligen Bereichs arbeiten. Zwar hat das Unternehmen bei seinen bisherigen Prüfungen bislang keine wesentlichen Risiken oder negativen Auswirkungen im Hinblick auf gesellschaftliche Kriterien oder Umweltschutz feststellen können. Dennoch könnte es dort, wo Risiken oder negative Auswirkungen festgestellt werden, noch strikter vorgehen, als nur optional mit dem Lieferanten an einer Verbesserung zu arbeiten (SAP 2015).

Die Firma SAP verfügt über eine umfassende Umweltpolitik und ist nach ISO-14001 zertifiziert. Mit der beschleunigten Verlagerung ihres Geschäfts hin zur Cloud haben sie ihre Unternehmensstrategie eng mit ihrer Umweltstrategie verzahnt und eine klimaneutrale Cloud geschaffen, die zu 100 % mit Strom aus erneuerbaren Energien betrieben wird. Die Emissionen werden über hochwertige Emissionszertifikate ausgeglichen, die zum Ausbau des Markts für erneuerbare Energien beitragen. Mit dem Kauf solcher Zertifikate können zudem SAP-Veranstaltungen unter dem Label SAP Green Power vermarktet werden. Zertifikate werden im Umfang des geschätzten Stromverbrauchs erworben. In sämtlichen Gebäuden und an den Ladestellen für die Elektro-Firmenwagen wird zu 100 % Strom aus erneuerbaren Energiequellen verwendet. Im Jahr 2014 ist die Flotte um 50 Elektroautos angewachsen. Bis 2020 will SAP den Anteil der Elektroautos oder alternativ betriebener Fahrzeuge in seinem Fuhrpark auf 20 % erhöhen (SAP 2015).

7 Resümee

Finanzielle Performance und Nachhaltigkeit wurden und werden von verschiedenen Kreisen gerne gegeneinander ausgespielt – ob nun aus Sicht der Unternehmen oder aus Sicht der Anleger, respektive der Akteure des Finanzsystems. Inzwischen liegen allerdings genügend praktische Erfahrungen und Beispiele vor, die belegen, dass sich finanzielle Performance und Nachhaltigkeit nicht gegenseitig ausschliessen sondern eng verzahnt sind. Wenn uns nachfolgende Generationen und unser Planet nicht gleichgültig sind, führt an verantwortungsbewusstem Wirtschaften kein Weg vorbei. Im Zusammenspiel aller Akteure kann die ökonomische Neuorientierung gelingen. An den Unternehmern ist es, ihre Verantwortung aus ökologischer und gesellschaftlicher Sicht ebenso wahrzunehmen wie aus ökonomischer. An privaten wie institutionellen Anlegern und Finanzintermediären ist es, die Vermögen dort zu investieren, wo Nachhaltigkeit gelebt wird. An den Arbeitnehmenden ist es, Arbeitgeber zu wählen, die sich dem Prinzip Nachhaltigkeit verpflichtet haben. An den Konsumentinnen und Konsumenten, sich für nachhaltige Produkte und Dienstleistungen zu entscheiden. Und an jeder und jedem Einzelnen von uns ist es, täglich im direkten Umfeld Verantwortung gegenüber Gesellschaft und Umwelt zu übernehmen. Oder wie es der indische Staatsmann Mahatma Ghandi einst ausdrückte: *Be the change you wish to see in the world.*

Literatur

Alliancesud (2015): Menschenrechte: Konservative Zwängerei im Nationalrat, unter: http://www.alliancesud.ch/de/ep/konzerne/nationalrat-nimmt-apk-motion-zu-sorgfaltspruefungspflicht-an (Zugriff am 29.3.16)

B Lab (2016): About B Lab, unter: http://www.bcorporation.net/what-are-b-corps/about-b-lab (Zugriff am 29.3.16)

B Lab (2015): Unilever's Paul Polman supports the launch of B Corps in the UK http://bcorporation.eu/news-media/videos/unilevers-paul-polman-supports-the-launch-of-b-corps-in-the-uk (Zugriff am 29.3.16)

B Inpact Assessment (2015): Measure What Matters, unter: http://bimpactassessment.net (Zugriff am 29.3.16)

Benefit Corp. (2013): State by State Status of Legislation, unter: http://benefitcorp.net/policymakers/state-by-state-status (Zugriff am 29.3.16)

Bundesrat (2013): Bundesrat der Schweizerischen Eidgenossenschaft: Verordnung gegen übermässige Vergütungen bei börsenkotierten Aktiengesellschaften, unter: https://www.admin.ch/opc/de/classified-compilation/20132519/index.html (Zugriff am 29.3.2016)

Code, 2013: Code of the Dutch Pension Funds, unter: http://www.pensioenfederatie.nl/Document/Publicaties/Servicedocumenten/Code_of_the_Dutch_Pension_Funds.pdf (Zugriff am 29.3.2016)

Danish Ministry of the Environment (2014): Novo Nordisk's Environmental Profit & Loss Account 2014, unter: http://www2.mst.dk/Udgiv/publications/2014/02/978-87-93178-02-1.pdf (Zugriff am 29.3.16)

Environmental Leader (2014): Novo Nordisk Starts P&L Account, unter: http://www.environmentalleader.com/2014/02/19/novo-nordisk-starts-pl-account/ (Zugriff am 29.3.16)

ETH Zürich (2015): Doing the right things, Medienmitteilung vom 21.11.2015, unter https://www.ethz.ch/content/dam/ethz/news/medienmitteilungen/2015/PDF/151121_MM_ETH-Tag%202015_de.pdf (Zugriff am 29.3.16)

FNG (2015): Forum für nachhaltige Geldanlagen – Marktbericht Nachhaltige Geldanlagen 2015, unter: http://www.forum-ng.org/images/stories/Publikationen/fng_marktbericht2015_online.pdf (Zugriff am 29.3.16)

Global Reporting Initiative (2015): GRI Standards and Reporting, unter: https://www.globalreporting.org/standards/Pages/default.aspx (Zugriff am 29.3.16)

International Integrated Reporting Council (2015) http://integratedreporting.org

Kickstarter (2015): Kickstarter ist jetzt eine Benefit Corporation, unter: https://www.kickstarter.com/charter?ref=about_subnav (Zugriff am 29.3.16)

Konzernverantwortungsinitiative (2015): http://konzern-initiative.ch

Millenium Ecosystem Assessment (2015): Guide to the Millennium Assessment Reports, unter: http://www.millenniumassessment.org/en/index.html

Novo Nordisk, 2016: Differential pricing policy for least developed countries, unter: http://www.novonordisk.com/sustainability/actions/Access-to-care/Differential-pricing-policy.html

Novo Nordisk (2015): Annual Report 2015, unter: http://www.novonordisk.com/content/dam/Denmark/HQ/Commons/documents/Novo-Nordisk-Annual-Report-2015.PDF Zugriff am 26.3.16

Novo Nordisk (2014): Annual Report 2014 http://www.novonordisk.com/content/dam/Denmark/HQ/Commons/documents/Novo-Nordisk-Annual-Report-2014.pdf

Public Benefit Corporation (2015): http://benefitcorp.net

SAP (2016): About SAP, unter: http://go.sap.com/corporate/en.html (Zugriff am 29.3.16)

SAP (2015): Integrated Report, 2015, unter: http://go.sap.com/integrated-reports/2015/en/performance/social/employees-and-social-investments.html (Zugriff am 29.3.16)

SAP (2014): Integrierter Bericht 2014, unter: http://sapintegratedreport.com/2014/de/home.html

SVVK (2015): Schweizer Verein für verantwortungsbewusste Kapitalanlage, unter: http://www.svvk-asir.ch/medienmitteilung, (Zugriff am 29.3.16)

Swiss Foundation Code (2015): Swiss Foundation Code, unter: http://www.swissfoundations.ch/de/good-governance (Zugriff am 29.3.2016)

UNO (2013): UNO-Leitprinzipien für Wirtschaft und Menschenrechte, unter: http://www.humanrights.ch/de/menschenrechte-themen/tnc/regulierungen/uno-leitprinzipien/ (Zugriff am 29.4.16)

Verordnung gegen übermässige Vergütungen bei börsenkotierten Aktiengesellschaften (2015) https://www.admin.ch/opc/de/classified-compilation/20132519/index.html

Antoinette Hunziker-Ebneter ist seit 2006 CEO und Gründungspartnerin von Forma Futura Invest AG, einer unabhängigen Vermögensverwaltungsgesellschaft für private und institutionelle Kunden mit Fokus auf Anlagen, die finanziell solid sind und eine nachhaltige Lebensqualität fördern. Seit Mai 2015 ist sie Präsidentin des Verwaltungsrates der Berner Kantonalbank AG (BEKB). Antoinette Hunziker-Ebneter verfügt über 30 Jahre Erfahrung im Finanz- und Risikomanagement. Bis 2005 leitete sie bei der Bank Julius Bär & Co. als Mitglied der Konzernleitung den Handel und Verkauf. Davor war sie Vorsitzende der Schweizer Börse. Mitte der 1990er-Jahre zeichnete sie sich für den Aufbau und die Inbetriebnahme der Elektronischen Börse Schweiz verantwortlich. Sie besitzt ein Lizentiat in Betriebswirtschaft an der Universität St. Gallen (lic.oec. HSG) sowie ein Diplom der Swiss Banking School. Des Weiteren engagiert sich Antoinette Hunziker-Ebneter als Mitgründerin bei der waterkiosk foundation, deren Projekte Zugang zu sauberem Trinkwasser in Schwellenländern ermöglichen.

Eine mitarbeiterzentrierte Unternehmenskultur – Geheimnis des Erfolges von Google?

Interview mit Frank Kohl-Boas, Google – Head of HR, Northwest, Central & Eastern Europe (Interview: Brigitte Spieß)

Frank Kohl-Boas

1 Organisationsstruktur Personal, Unternehmens- und Führungskultur

Brigitte Spieß: Herr Kohl-Boas ich würde gerne zu Beginn des Interviews kurz auf Ihren beruflichen Hintergrund eingehen. Sie können ein umfangreiches Praxiswissen vorweisen: Konsumgüterbranche, Energiebranche, dann IT Unternehmen und jetzt vertreten Sie als Head of Human Resource (Northwest, Central & Eastern Europe) das Unternehmen Google. Wie muss ich mir das konkret vorstellen? Welche internationalen Teams steuern bzw. führen Sie bei Google?

Frank Kohl-Boas: Es gibt in meinem Verantwortungsbereich verschiedene Teams. Dazu muss man verstehen, dass sich Google's Personalabteilung aus dem sogenannten *Dave-Ulrich-Modell* heraus entwickelt hat. Ulrich hat den Aufbau der integrierten Personalabteilung durch eine Dreiteilung in „Shared Service Center", „Center of Expertise" und „HR Business Partner" ersetzt. Diesem Modell folgend, gibt es ein „Google People Services Center" in Dublin, das alle transaktionellen Tätigkeiten, die in einer HR-Abteilung anfallen, abwickelt, z. B. die Gehaltsabrechnung, Stammdatenpflege und Dokumentenerstellung und -verwaltung. Daneben haben wir für das Rekrutment, die Personalentwicklung, die Rechtsabteilung oder auch die Vergütungs- und Nebenleistungen Center of Expertise, in den Kollegen diese Themen für eine Vielzahl von Ländern und Mitarbeitergruppen verantworten. Die für meinen Verantwortungsbereich relevanten Center of Expertise sind in Mountain View, Kalifornien, London und Dublin angesiedelt. Mein Team und ich sind als HR Business Partner der zentrale Ansprechpartner für die Führungskräfte in allen Per-

---

F. Kohl-Boas (✉)
Head of HR Northwest, Central & Eastern Europe, Google Germany GmbH
Hamburg, Deutschland
E-Mail: fkohlboas@google.com

sonalangelegenheiten und idealerweise auch deren Berater, Coach und Sparringspartner für ihre Ideen und Herausforderungen. Ich führe daher disziplinarisch lediglich drei HR Business Partner, die in Amsterdam, Warschau und Hamburg angesiedelt sind. Daneben orchestriere ich die circa 30 Kollegen, die im Service Center und den Center of Expertise für unsere Regionen tätig sind. Die Kurzformel wäre also „3 + 30". Mein Mehrwert für die Organisation leitet sich daher nicht von der Anzahl der an mich disziplinarischen berichtenden Kollegen ab, sondern von meiner Fähigkeit, als Business Partner die Linienverantwortlichen zu unterstützen. Idealerweise bin ich dabei auch derjenige, der meinen Kollegen in der Geschäftsführung als „Soundingboard" dient. Ein Beobachter, der die Führungskraft in seiner Selbst- und Fremdwahrnehmung unterstützt. Weil ich selbst nicht an den Managing Direktor berichte, habe ich die Freiheit und die damit einhergehende Verantwortung, Dinge anzusprechen, die andere Bereichsleiter vielleicht gar nicht aus demselben Blickwinkel sehen oder adressieren können.

Brigitte Spieß: Sie sitzen sozusagen im Helikopter und beobachten die Führung bzw. sind ein Spiegel für andere Führungskräfte. Was zeichnet Sie selbst denn als gute Führungskraft aus? Was schätzen Ihre Mitarbeiter an Ihnen?

Frank Kohl-Boas: Die Stellenbeschreibung und das Organigramm machen jemanden zum Vorgesetzten, zur Führungskraft (Leader) wird man durch das Mandat der Mitarbeiter und das muss man sich verdienen. Daher ist für mich und meine Glaubwürdigkeit als Führungskraft Ihre Frage eine entscheidende. Mein Team hat mir in der zuletzt im Januar durchgeführten Umfrage, bei denen Mitarbeiter ihre Vorgesetzten anonym anhand von vorformulierten Fragen und freitextlichen Kommentaren Feedback geben, erneut bescheinigt, dass es mich als Manager empfehlen würde und die Fragen zu meinen Führungsqualitäten mit einer Zustimmungsrate von über 90 % beantwortet. Das erfüllt mich mit Freude und Dankbarkeit und ist ein enormer Ansporn, dem Team weiterhin als Scout, Trainer, Mentor, Coach und Sponsor zu dienen, damit sie die bestmögliche Leistung für das Unternehmen erbringen können. Wie es zu diesem Ergebnis kommt? Ich denke, wir haben untereinander einen großen Respekt füreinander und das schafft das Vertrauen, auf dessen Grundlage wir gemeinsam ein psychologisch sicheres Arbeitsumfeld geschaffen haben. Wir haben dadurch den Mut uns ehrliches Feedback zu geben, Risiken einzugehen und Fehler offen anzusprechen. Meine Mitarbeiter wissen, dass ich ihnen Freiräume gebe und sie um ihrer selbst willen fordern und fördern will. Dazu gehört selbstredend auch, dass ich ihnen den Rücken freihalte und mich vor sie stelle, wenn einmal etwas schief gehen sollte. Ich führe dabei nicht mit dem Anspruch alles zu wissen („know-how"), sondern mit der Verantwortung Entscheidungen zu treffen und diese dann zu erklären („know-why").

Brigitte Spieß: Indirekt haben Sie jetzt schon einige Elemente der Unternehmenskultur angesprochen. Welche kulturellen Kraftfelder spielen bei Google darüber hinaus eine bedeutende Rolle?

Frank Kohl-Boas: Dazu muss man verstehen, woher unsere Gründer kommen und welche Aufgabe sie sich seinerzeit gestellt haben. Larry und Sergey lernten sich 1995 in Stanford kennen und wollten gemeinsam das Problem lösen, wie man das Internet und dessen Informationen strukturieren kann. Daraus entstand Google's Mission *to organize the world's information and make it universally accessible and useful*. Im Fokus stand nicht die Monetarisierung der Idee. Und als die Aufgabe immer größer wurde, suchte man nach neuen Mitarbeitern, die anfangs zumeist ebenfalls aus dem universitären Umfeld kamen. Das hatte zur Folge, dass alle in gewisser Weise das von der University her angenommene selbstbestimmte Tun und Handeln gepaart mit der Faszination des Neuen und des daraus entstehenden Tatendrangs weiterführten, Informationen teilten und sich jeder einbrachte. Diese frühe mitarbeiterzentrierte Unternehmensphilosophie haben beide in ihrem Brief an Anleger anlässlich des Börsengangs 2004 festgehalten. Und diese Philosophie hat sich bis heute mit über sechzigtausend Mitarbeitern erfolgreich weiterentwickelt ohne ihren Kern zu verwässern.

Über die Jahre sind viele neue Ideen und Projekte entstanden, die doch stets auf Google's Mission fußen. Zum Beispiel das *Google Art Project*, das einen virtuellen Rundgang durch bedeutende internationale Kunstmuseen ermöglicht und allen Menschen Zugang zu den Kunstschätzen der Welt verschafft. Gerade auch denjenigen, die vielleicht keinen anderen Zugang zu Kunst haben und auch nicht zu den Museen reisen können. Auch die Idee, Sprachen, die vielleicht keine Schriftsprachen sind, zu dokumentieren, fällt ebenso sehr hierunter wie das Bestreben, Menschen mit einem Handicap, beispielsweise Blindheit, Zugang zum Internet zu verschaffen. Auf der nächsten Ebene sind es die selbstfahrenden Autos, Kontaktlinsen, die durch Messen des Zuckergehaltes in der Tränenflüssigkeit den Insulinspiegel melden können oder das Vorantreiben von IT-Infrastruktur und Cloud Computing, mit dem gerade Menschen in sich entwickelnden Ländern neue Bildungschancen und eine Teilhabe eröffnet.

Google's Mission beinhaltet für mich etwas Unerreichbares. Das macht sie vielleicht auch so stark, selbst für jemanden wie mich, der kein Ingenieur ist. Mich trägt die Begeisterung, dass das, was wir machen, große Veränderungen erzeugt. Mit guten Intentionen und dem primären Ziel große Probleme mit neue Lösungen unter Zuhilfenahme der digitalen Technologien zu lösen. Wir fördern den Freiheitsgrad und den Drang, etwas auszuprobieren. Ich bin überzeugt davon, dass Menschen eine Erfüllung und einen Sinn in ihrer Tätigkeit suchen oder brauchen, um Zufriedenheit und Erfolg zu finden. Wenn es uns daher gelingt, die Mitarbeiter, die aufgrund ihrer Qualifikationen viele Optionen haben, zu finden und zu binden, dann ist das vor allem eine Folge unserer Mission und Unternehmenskultur.

Brigitte Spieß: Woran kann ich die Unternehmenskultur heute erkennen?

Frank Kohl-Boas: Neben der Mission, sind die beiden anderen tragenden Elemente „Engagement" und „Voice" und wie wir sie ermöglichen, denn beides braucht Transparenz und Vertrauen. Bei Google gilt bezüglich der Transparenz „the default is open", das heißt, zunächst gehen wir davon aus, dass solange nichts dagegen steht, alle Googler Zugang zu Informationen haben. Dieses Regel-Ausnahme-Prinzip habe ich so zuvor noch nicht erlebt. Information ist bei Google kein Machtfaktor. Unser Menschenbild gründet sich darauf, dass wir soziale Wesen sind, die Informationen teilen wollen. Eine Idee, die eine Innovation werden soll, braucht einen Resonanzboden.

„Voice" bedeutet bei Google eine „Stimme zu haben". Das bedingt eine Begegnung auf Augenhöhe und das Vertrauen, angstfrei Fragen zu stellen, wie z. B. „Warum machen wir das?", oder „Wieso ist das schiefgegangen?". Daneben fordern wir damit aber auch ein, dass Mitarbeiter sich an Umfragen beteiligen, Beta-Versionen unserer Produkte testen und Feedback geben, wenn es darum geht, einen Missstand zu beheben. Das heißt, wenn ich mich z. B. darüber ärgere, dass bei der Einführung eines neuen Personaldatensystems nicht auf Anhieb alle gesetzlichen Feiertage in Deutschland in der Urlaubsfunktion richtig widergespiegelt werden, dann sollte ich zu mir sagen: „assume good intent" – unterstelle eine gute Intention. „Dir hat hier niemand mit Absicht Mehrarbeit verursacht. Sprich' mit den Kollegen und schau' wie wir das gemeinsam in Ordnung bringen."

„Engagement" – ist das, was Mitarbeiter häufig als Menschen ausmacht. Wofür wollen sie sich einsetzen, was ist ihnen wichtig, was können wir voneinander lernen? Dieser Energie und diesem Willen sich einzubringen, wollen wir als Unternehmen Plattformen geben, sodass sich Googler auch intern und extern engagieren können. In unserem Programm „Googler to Googler" lehren und lernen Mitarbeiter voneinander. Dabei ist es sekundär, ob Kenntnisse im Erstellen von Pivot-Tabellen, Präsentationstechniken, Cupcake backen oder Meditation vermittelt werden, entscheidend ist die Lernkultur, die dabei gelebt wird. Daneben können Mitarbeiter, wie bei anderen Unternehmungen auch, an Projekten teilnehmen, bei denen Googler durch das Teilen von Zeit, Wissen oder Geld gesellschaftlich tätig werden.

Brigitte Spieß: Sprechen Sie hier den Punkt an, dass alle Angestellten bei Google einen Teil ihrer Arbeitszeit darauf verwenden können, eigene Ideen zu entwickeln und zu testen? Zum Beispiel einen Tag pro Woche bzw. 20 % ihrer Arbeitszeit mit persönlichen Forschungsprojekten zu verbringen. Bezieht sich diese 20 % Regel auch auf gesellschaftlich relevante Projekte?

Frank Kohl-Boas: Das, was unter dem Schlagwort „20 % Projekte" bekannt wurde, sehe ich in der Tat als Teil des „Engagements". Die meisten Ideen können sich über die Zeit zu 20 %-Projekten entwickeln. Das *Google Art Project* ist so ein Beispiel und war so erfolgreich, dass der Kollege heute das Google Cultural Institute leitet. In Deutschland hatten 2 Kollegen die Idee, sehbehinderten Menschen die Bedienung von Smartphones zu erleichtern und diese Idee ist in eine Applikation gemündet, die sich heute jeder herunterladen kann. Entscheidend ist es, Mitarbeitern den Freiraum zu geben und sie selbst die Idee weitertragen zu lassen. Wir wollen in der Firmenkultur verankern, dass sich die Mitarbeiter mit ihren ganzen Potenzialen entfalten und einbringen können.

2 Personalentwicklung in Zeiten von Globalisierung und Digitalisierung

Brigitte Spieß: Kommen wir von der Unternehmenskultur auf gesamtgesellschaftliche Herausforderungen zurück. Die Folgen der Globalisierung sind auch für Google spürbar. Eine instabile Marktdynamik, abnehmende Vorhersagbarkeit, immer kürzere Innovationszyklen, aber auch Experimentierfreude, Innovation und Kreativität als zukunftsbestimmende Qualitäten. Neue Arbeitswelten entstehen parallel zu traditionellen Unternehmensstrukturen, die zunehmend an ihre Grenzen stoßen. Wo sehen Sie im Zuge dieser Entwicklungen die zentralen Herausforderungen im Personalbereich? Was sind die nächsten Schritte, die Sie umsetzen möchten?

Frank Kohl-Boas: Die Kollegen aus den Personalabteilungen in den klassischen Organisationen sehe ich mit der Herausforderung konfrontiert, dass sie mit und für die Belegschaft die im Industriezeitalter begründeten Unternehmenskulturen und Denk- und Handlungsweisen in das Digitalzeitalter transformieren müssen, um erfolgreich zu sein. Dazu bedarf es technologischer Veränderungen (cloud-basierte IT-Systeme), der Überarbeitung von HR-Prozessen und HR-Politiken und an vielen Stellen geänderter Eignungsprofile, Fähigkeiten und Kompetenzen. Entscheidend aber ist die Notwendigkeit eines tiefen Wandels im Führungsverständnis und daneben der Bereitschaft der Belegschaft und Sozialpartner diesen Wandel anzunehmen und ihn gestalten aber nicht verhindern oder verzögern zu wollen. Das ist eine große Aufgabe, die viel Mut und Durchhaltevermögen bedingt. Es ist gerade in unserem soziokulturellem Umfeld menschlich verständlich, dass wir den steigenden Komplexitäten mit Regeln begegnen wollen und oft versuchen die Sachverhalte in „entweder/oder" einzusortieren. Das wird uns vermeintlich immer weniger gelingen, zumal kein Regelwerk alle Situationen erfassen kann. Ich bin davon überzeugt, dass wir der Komplexität und Schnelligkeit mit einem Weniger an Regeln begegnen müssen. Wir sollten uns an Rahmenrichtlinien und Szenarien orientieren und mit mehr Gelassenheit „sowohl als auch"-Lösungen suchen. Dazu braucht es ein großes Maß an Ambiguitätstoleranz.

Eine meiner großen Herausforderung in meiner Tätigkeit bei Google ist es, eine Belegschaft zu betreuen, die sich entwickeln will, dabei zum immer größeren Teil Familien gründet und in Partnerschaften mit dualen Karrieren lebt, und so neben den steigenden Komplexitäten im beruflichen Umfeld auch noch persönliche Wünsche, Erwartungen und Hoffnungen hinzukommen. Hier ist es meine Aufgabe und die Aufgabe der Führungskräfte, den Mitarbeitern zu helfen, Prioritäten zu setzen, sich selbst und ihre Ziele kritisch zu reflektieren und dabei doch agil zu bleiben.

Brigitte Spieß: Wo steht der Mitarbeiter gerade in seinem Lebensmodell?

Frank Kohl-Boas: Hier muss man sich selbst gegenüber ehrlich sein, dass man vielleicht nicht alles zur selben Zeit und im selben Ausmaß haben oder leisten kann, oder zumindest nicht jeder. Ich erlebe nur sehr wenige Menschen, die so energiegeladen, effizient, klug, kollaborativ, lernfähig und talentiert sind, dass sie tatsächlich in sehr vielen Lebensbereichen gleichzeitig ihren Ansprüchen gerecht werden.

Brigitte Spieß: Solche Menschen kennen Sie tatsächlich?

Frank Kohl-Boas: Es gibt hier bei Google eine Handvoll. Ich kann das neidlos anerkennen und es motiviert mich auch meine eigenen Grenzen in Frage zu stellen und mich Neuem zu stellen, aber wenn ich das tue, achte ich auf meine mir eigene Balance.

3   Veränderungen in der Arbeitskultur und Organisationsstruktur

Brigitte Spieß: IT Unternehmen, wie z. B. SAP, IBM oder Google, sind in vielerlei Hinsicht sog. Speerspitzen, was Innovationen betrifft. Auf die Veränderungen in der Arbeitskultur, die sich u. a. aus der Digitalisierung und dem technologischen Wandel ergeben, haben sie sich schon frühzeitig eingestellt. Welche Veränderungen sind hier relevant und wie schätzen Sie insgesamt die Auswirkungen der Digitalisierung auf die Arbeitswelt ein – aus der Sicht eines führenden IT-Unternehmens?

Frank Kohl-Boas: Es verändert sich die Art wie wir miteinander arbeiten, das wo und wann und sicherlich immer mehr auch in welcher vertraglichen Bindung. In einem ersten Schritt geht es um die technische Infrastruktur: Die vermehrte und zu begrüßende hierarchieunabhängige Vergabe von Laptop und Smartphone und der Zugang zu Video-Conferencing und cloud-basierter Dokumentenbearbeitung unterstützen das Arbeiten in virtuellen Teams und machen Arbeit in vielen Bereichen orts- und zeitunabhängig. Es werden keine Dateianhänge mehr zuschickt, sondern die Unterlagen über Zugriffsrechte klassifiziert und etwaig auch simultan bearbeitet. Virtuelle Realitäten werden diese Art der Zusammenarbeit noch auf das nächste Niveau heben und Simulationen, Modelle und 3-D-Projekte erfahrbar machen. Personalstammdatensysteme ermöglichen Mitarbeitern den direkten Ausdruck von Gehaltsabrechnungen und anderen, für sie relevanten Dokumenten wie auch das direkte und eigene Eingeben von neuem Wohnort, Steuerklasse oder Abwesenheitszeiten, bei denen unterstellt wird, dass sie – so sie planbar sind – vor der Eingabe bereits mit der Vorgesetzten besprochen wurden. Über die Eingabe wird der Vorgesetzte nur noch informiert, es entfallen Eingaben durch Personalabteilungen und aufwändige Genehmigungsprozesse. Um diese Voraussetzungen zu nutzen, bedarf es einer neuen Arbeitskultur und dazu benötigt man andere Denk- und Herangehensweisen, die wir bereits angesprochen haben. Das wird neue Kompetenzen und Fähigkeiten bedingen und wohl dazu führen, dass es hochqualifizierte Mitarbeiter gibt, die jedes Unternehmen braucht, die aber gegebenenfalls nur als Selbstständige arbeiten wollen, während andere Menschen ihre Arbeit nur noch als Selbstständige anbieten können. Und letztlich müssen wir uns meines Erachtens gesellschaftlich mit der Frage auseinandersetzen, welche Arbeit automatisiert werden kann und wie wir mit den Folgen umgehen.

Brigitte Spieß: Können Unternehmen wie Google oder andere IT-Firmen mit ihren Personalmodellen und neuen Organisationsstrukturen ein Vorbild für die Arbeitskultur der nahen Zukunft sein, auch in den traditionellen Unternehmen?

Frank Kohl-Boas: Jedes Unternehmen muss das für sich richtige Modell finden. Einiges was wir bei Google machen ist von der Idee sicherlich auch für andere überlegens- oder nachahmenswert. Wir haben beispielsweise einen sogenannten „peer bonus". Damit können sich Mitarbeiter untereinander anerkennen. Das halten wir für wichtig, denn Zusammenarbeit und Wertschätzung soll gerade unterhalb Kollegen stattfinden. Daher sollte man auch die Möglichkeiten dafür schaffen, dass Kollegen dieses Mit- und Füreinander anerkennen können. Jedes Unternehmen kann dafür mit einfachen Mitteln die Voraussetzungen schaffen, nicht nur wir, Diageo oder Coca-Cola tun das.

Ich maße mir nicht an zu behaupten, dass das, was Google macht, immer ein „best-in class" ist oder dass alles, was wir in People Operations andenken und machen, richtig ist. Wir lernen kontinuierlich und probieren vieles aus, allerdings mit einer Belegschaft, die das zulässt und auch einfordert. Und unsere relativ junge Unternehmensgeschichte hilft uns dabei. Wir konnten von Beginn an konsensbasiert rekrutieren, mit klarem Fokus auf den „cultural fit". Demgegenüber müssen Unternehmen, die heute eine lange Historie und große Belegschaft haben, einen großen Transformationsprozess durchmachen. Am Ende des Tages hat es jedoch jedes Unternehmen mit Menschen zu tun. Es liegt an den Entscheidern, die Organisationen anzupassen anstatt zu versuchen, die Mitarbeiter passend zu machen.

Brigitte Spieß: Ich möchte noch einmal das Thema Organisationsstrukturen ansprechen. Google verwendet viel Zeit und Kapazität darauf, bestimmte Fallstricke aus dem Industriezeitalter zu vermeiden, z. B. eine ausufernde Bürokratie oder Selbstzufriedenheit, Unbeweglichkeit, Ideenlosigkeit. Ich spreche in dem Zusammenhang bewusst auch Innovation und Kreativität an. Viele Unternehmen merken, dass die alten Strukturen nicht mehr greifen, dass sie nicht mehr beweglich genug sind für die globalen Veränderungen und für die zunehmende Beschleunigung von Abläufen. Sind Unternehmen wie Google, oder vielleicht auch mittelständisch geführten Unternehmen, durch ihre Flexibilität eher in der Lage, die Veränderungsprozesse der Digitalisierung zu akzeptieren und umzusetzen?

Frank Kohl-Boas: Ich denke, dass wir zunächst erkennen müssen, dass die Digitalisierung unser aller Privat- und Berufsleben erfasst, ungeachtet des Berufes, der Unternehmensgröße oder der Branche in der man tätig ist. Neue Geschäftsmodelle entstehen heute zumeist als Online-Plattform, haben nur wenige Mitarbeiter und bringen tradierte Geschäftsmodelle ins Wanken. Mit dem Internet sind Marktzutrittsbarrieren gefallen und das eröffnet Chancen und Risiken. Ich bin überzeugt davon, dass jedes Unternehmen heutzutage die Digitalisierung in seiner DNA aufnehmen muss, um nicht zuletzt damit auch das eigene Geschäftsmodell anzugreifen bevor es andere machen. Das ist eine Frage der Vorausschau und Veränderungsbereitschaft. Letztere ist umso geringer, je besser das bestehende Geschäft läuft und das birgt Risiken. Was mich dabei oft verwundert, dass im Hochtechnologieland Deutschland digitale Technologien häufig nur kritisch gesehen und die Chancen ausgeblendet werden, ein zu Wenig an „Sowohl als auch" -Denken.

4   Personalauswahl und Personalförderung in inspirierenden Umfeldern

Brigitte Spieß: Google ist ein Unternehmen, das nicht nur schnellen Wandel erzeugt, sondern ihn auch von den Mitarbeitern abverlangt, als Teil des Unternehmensgefühls. Wie fördern Sie diese Haltung bei den Mitarbeitern? Worauf achten Sie in dem Zusammenhang, wenn Sie Mitarbeiter einstellen?

Frank Kohl-Boas: Wir achten schon bei der Einstellung von Mitarbeitern darauf, ob sie Wandel und Veränderung erzeugt haben, suchen oder zumindest bereit sind mitzugehen. Wenn ein Bewerber viel Sicherheit braucht und feste Strukturen, Regeln und Tätigkeitsabläufe sucht, dann sind wir nicht das richtige Unternehmen für ihn.

Brigitte Spieß: Wie viel Freiraum lassen Sie Ihren Führungskräften und Mitarbeitern für Selbstreflektion oder gemeinsame Verarbeitung von Lernprozessen, von Fehlern?

Frank Kohl-Boas: Als Unternehmen geben wir Mitarbeitern sehr viel Freiraum, sich selbst einzubringen. Diesen Freiraum haben z. B. Kollegen hier in Deutschland genutzt, um eine so genannte „G-Pause" einzurichten. Das ist eine tägliche 30-minütige Auszeit für eine Meditation, bei der man sich in einem abgedunkelten Raum aufhält. In diesem Raum gibt es immer einen Freiwilligen, der durch die Meditation führt, stimmlich und musikalisch. Das ermöglicht den Mitarbeitern, die an diesem Tag Zeit und Lust haben, sich wieder auf sich selbst zu fokussieren. Das Angebot wurde mit Googlern für Googler entwickelt. Es gibt niemanden in der Personalabteilung, der vorher ein Programm oder die Regeln dafür aufgestellt hat. Für manche Menschen ist das ein willkommenes Angebot, andere ziehen Meditation in ihrer Privatsphäre vor.

Wir wollen Menschen nicht erziehen oder bevormunden, sondern ihnen durch Angebote, Informationen und Wahlmöglichkeiten ermöglichen, für sich gute Entscheidungen zu treffen. Ich persönlich beziehe mich immer auf das Bild der Energiefelder, die der Mensch hat: ein physisches, ein psychisches und ein spirituelles. Die spirituelle Seite würde ich im Berufsumfeld eher ausklammern. Für das physische und psychische Energiefeld versuchen wir bei Google Hilfestellungen zu geben.

Brigitte Spieß: In den letzten Jahren wählten internationale Hochschulabsolventen Google zum beliebtesten Arbeitgeber. Das liegt sicherlich nicht nur an den „bunten" Arbeitsumgebungen, an Gratisangeboten, wie z. B. Massage, Yoga, Hip-Hop oder einem gekühlten Bier. Mit welchen Arbeitsstrukturen gewinnen und inspirieren Sie ihre Mitarbeiter?

Danke, dass Sie das ansprechen. Viele kommen uns hier besuchen und sagen: „Alles so schön bunt hier. Arbeiten die Leute bei Google überhaupt nicht?" Das ist das physische Arbeitsumfeld, das wir geschaffen haben. Es ist Ausdruck unserer Unternehmenskultur und der Tatsache, dass wir Mitarbeiter nicht als Kosten, sondern als ein Investment betrachten. Wir bewerben uns quasi täglich bei unseren Mitarbeitern und gestalten das Büro so, dass es sich lohnt zu kommen. Das ist weniger eine Frage der finanziellen Ausstattung eines Unternehmens, sondern eine Frage des Mindsets. Wenn hier die Menschen ins Büro kommen und die vielen Sitzlandschaften und Spielangebote sehen, dann ist die Frage doch nicht, ob wir das anbieten, sondern ob die Mitarbeiter den Sinn dahinter verstehen und die Angebote auch nutzen.

Brigitte Spieß: Und ob sie überhaupt Zeit dafür finden.

Frank Kohl-Boas: Meiner Erfahrung nach geht es weniger um die Frage, ob sie die 10 Minuten für ein bisschen Tischtennis oder Flipperautomat finden. Vielmehr geht es um die Frage, wie das Spielen von Kollegen interpretiert wird. In der traditionellen Vorstellung arbeitet nur, wer am Schreibtisch sitzt. Wir versuchen demgegenüber eine ergebnisorientierte Kultur zu praktizieren. Wir wissen, dass durch die Technologie Leistung unabhängig von Zeit und Ort erbracht werden kann. Viele Leistungen werden gar nicht am Schreibtisch im Büro erbracht. Vielleicht sind die Mitarbeiter ja gerade nicht im Büro, sondern beim Kunden. Ich könnte unser Interview jetzt auch von zu Hause aus durchführen – würde ich dann nicht trotzdem arbeiten?

Wenn man an einer so konzentrationsintensiven Arbeit wie beispielsweise dem Coding nachgeht, dann gibt es sicherlich Zeiten zu denen man sich einfach nicht konzentrieren kann. An anderen Tagen ist man dann etwaig in einem Flow. Wir legen viel Wert darauf, dass die Menschen ins Büro kommen, weil wir davon überzeugt sind, dass jede Idee und jede Information einen Resonanzboden braucht. Dazu muss man sich begegnen, Vertrauen schaffen, zusammen sein, ein Gespräch führen. Dazu muss man idealerweise vielleicht auch den ganzen Menschen wahrnehmen und nicht nur eine E-Mail. Deswegen wirbt Google um die Arbeitnehmer und investiert in die Standorte, damit die Mitarbeiterin zu sich sagt: „Ich gehe dort gerne hin, auch wenn ich heute eigentlich nicht muss."

Brigitte Spieß: Was folgt im Personalbereich aus vertrauensvollen Feedbackprozessen, die den Mitarbeitern auch unangenehme Wahrheiten über ihre Person bzw. Arbeit offenbaren?

Frank Kohl-Boas: Wir haben alle sechs Monate einen Performance-Prozess und dazwischen halbjährlich Talent-Reviews. Daraus folgt: alle drei Monate sprechen Führungskräfte über die jeweils zugeordneten Mitarbeiter. Wenn jemand nicht ergebnisorientiert arbeitet, müssen wir mit dieser Person die Ziele und das geschuldete Ergebnis besprechen. Wir müssen gemeinsam die Gründe herausfinden, warum Ergebnisse nicht erreicht wurden. Bei einigen Talenten versuchen wir der Frage nachzugehen, warum sie ihr Potenzial nicht voll entfalten. Vielleicht sind es familiäre Umstände oder sie sind mit der Tätigkeit, die sie gerade ausführen, unglücklich. Oder sie kommen mit der Führungskraft nicht klar. Dann liegt es an uns zu schauen, wie wir welche Umstände verändern können um Mitarbeiter erfolgreich sein zu lassen. Natürlich gibt es auch Situationen, in denen wir mit Mitarbeitern auch schauen müssen, ob sie in einer Aufgabe gegebenenfalls sogar außerhalb von Google, mehr Erfolg haben können. Dabei ist es uns wichtig, dass der Mitarbeiter Beteiligter dieses Prozesses ist, denn um ihn geht es letztlich.

Brigitte Spieß: Die Arbeitskultur trägt dazu bei, dass sich die Mitarbeiter am Arbeitsplatz und im Unternehmen wohl fühlen. Gibt es in der Unternehmenskultur noch weitere Elemente, die Ihres Erachtens für ein stimmiges und glaubwürdiges Unternehmensimage verantwortlich sind? Wie stellen Sie sicher, dass Ihre Mitarbeiter trotz hoher Arbeitsbelastung gesund bleiben und eine gute Balance zwischen Leben und Arbeit finden?

Frank Kohl-Boas: Wir nehmen jährlich an einer Benchmark-Studie der Techniker-Krankenkasse teil, bei der aktuell etwa 30 % unserer Mitarbeiter versichert sind. Nach vier Jahren unserer Teilnahme können wir jetzt anhand der Daten nachweisen, dass wir in unserer Branche, die ohnehin schon einen niedrigen Krankenstand hat, eines der Unternehmen mit den geringsten Fehlzeiten sind. Das hat neben der Qualifikation, dem Durchschnittsalter und der hohen Motivation unserer Belegschaft vor allem mit der wahrgenommenen Verantwortung zur Selbstverantwortung zu tun. Wir arbeiten bei Google nach dem Prinzip, dass wir wenig verbieten, sondern an die eigene Entscheidung appellieren.

Brigitte Spieß: Bleiben wir noch bei der Unternehmenskultur und Personalförderung. Beispielsweise haben sie bei Google das Leadership-Trainingsprogramm SEARCH INSIDE YOURSELF entwickelt, das sich an die neurowissenschaftliche Forschung anlehnt und die Achtsamkeit und emotionale Intelligenz ihrer Mitarbeiter fördern soll. Wie sind Sie auf diese Idee gekommen?

Frank Kohl-Boas: Entwickelt wurde das *Search Inside Yourself Programm (SIY)* von einem unserer IT-Ingenieure, der vom IT-Coding zur Personalentwicklungsabteilung wechselte. Der Erfolg dieses Programms ist darauf zurückzuführen, dass er einer der ersten war, der die Achtsamkeit mit emotionaler Intelligenz und neurowissenschaftlichen Erkenntnissen verknüpft hat. Die Nachfrage innerhalb von Google war so groß, dass die Personalabteilung das Anbieten der Trainings nicht mehr leisten konnte. Also hat Meng (so der Vorname des Googlers) seine Arbeit in das Institut *Search Inside Yourself* überführt. Dieses Institut bildet nicht nur unsere Mitarbeiter aus, sondern auch die anderer Unternehmen, wie z. B. SAP. Wir bieten das Programm auch ab und an am Google-Standort Hamburg an.

Brigitte Spieß: Wie wird das Programm von Ihren Führungskräften angenommen? Und woran merken Sie, wie es wirkt? Ob sich die Investition in das Projekt bzw. Institut insgesamt gelohnt hat?

Frank Kohl-Boas: Das müssen Sie mich vielleicht in 1–2 Jahren noch einmal fragen. In der Tat haben wir das Angebot auf Europa übertragen. Seit Anfang des Jahres wurde erstmals ein Training für Googler und externe Interessierte in Hamburg von dem SIY-Institut durchgeführt. In dem Training, an dem ich damals teilgenommen habe, waren wir circa 60 Teilnehmer, davon 20 Googler. Führungskräfte haben das Angebot gut angenommen, aber ich kann (noch) keinen direkten Zusammenhang zwischen Teilnahme und guter Mitarbeiterführung ausmachen.

Brigitte Spieß: Worauf achten Sie, wenn Sie heute neue Mitarbeiter einstellen? Spielt hier die Unternehmenskultur eine Rolle? Wie muss ich mir das Recruiting-Verfahren bei Google konkret vorstellen?

Frank Kohl-Boas: Wir betreiben sehr viel Aufwand im Recruitment. Das Geheimnis unseres Recruitments sehe ich weniger in dem, *was* wir tun als vielmehr *wie* wir es tun. Bei dem *Was* teilen wir unser Auswahlverfahren in vier Kompetenzen auf: *leadership, roll-related Know-how, general cognitive ability (GCA) und Googliness.*

Unter *leadership* verstehen wir die Fähigkeit, sich selbst und anderen eine Richtung zu geben, sich Ziele zu setzen, sich Erfahrungen auszusetzen. Welches Wertesystem haben die Bewerber und wie haben sie es umgesetzt? Was erwarten sie von einem Vorgesetzten und wie würden sie selber führen? Wie gehen sie mit Veränderungen um? Sind sie Risiken eingegangen und haben sie Niederlagen verarbeitet? Wie haben sie schwierige Situationen reflektiert und was haben sie daraus gelernt? Weiß der Bewerber, wie er sich selbst führt? Weiß er, was er kann und was er will? Kann er sich disziplinieren und auch Entscheidungen akzeptieren, die er selber so nicht getroffen hätte, die aber Ergebnis eines Prozesses sind?

Wir sind in einem hochdynamischen Umfeld tätig. Dementsprechend brauchen wir Menschen, die sich selbst kennen und auch führen können und zudem denken: „Das ist weniger ein Problem als eine Herausforderung. Ich vertraue mir selbst und dem Unternehmen, dass wir das schaffen." Deswegen haben wir diese genannten Faktoren unter *leadership* zusammengefasst.

Unter dem Attribut „*general cognitive ability*" verstehen wir die Fähigkeit, aus dem Übermaß an Informationen klar zu erkennen, was hier eigentlich die Fragestellung ist. Welche Informationen destilliere ich heraus? Wie entwickle ich aus diesen Informationen einen Zusammenhang und Kontext? Welche Szenarien kann ich dann als Entscheidungsvorlage kommunizieren? Kann die Bewerberin Strukturen entwickeln, in Szenarien denken und begründete Abwägungen und Entscheidungen treffen? Und die *Googliness* soll uns zeigen, was sie ausmacht und ob und warum sie zu unserer Kultur passt und diese zukünftig mitgestalten wird.

Brigitte Spieß: Wie gehen Sie in dem Zusammenhang vor?

Frank Kohl-Boas: Wir führen 45-minütige teilstrukturierte Einzelinterviews zu den genannten Themenfeldern durch. Die Interviewer geben danach getrennt voneinander ihr Interview in ein IT-Tool ein. Der Recruiter fasst die Ergebnisse zusammen und führt ein abschließendes Gespräch mit dem einzustellenden Manager und gibt das komplette Bewerberpaket an ein Kommittee, in dem dann über die Einstellung entschieden wird.

Brigitte Spieß: Sie sprechen hier das Erkenntnisvermögen und den Umgang mit Wissen sowie Methodenkenntnisse an. Wie sind Ihre weiteren Erfahrungen mit den Bewerbern? Verfügen sie über die notwendigen Kompetenzen, die für Ihr Unternehmen relevant sind? Oder würden Sie sagen, man sollte in der Ausbildung noch ganz andere Potenziale entfalten?

Frank Kohl-Boas: Ich führe nur ab und zu Interviews mit den Bewerbern durch, deshalb kann ich nicht für alle sprechen. Es ist sicherlich davon abhängig, wen wir jeweils suchen, z. B. einen IT-Ingenieur oder einen Berater für unser Digitalgeschäft. Bei letzteren ist tendenziell das ausreichende Vorhandensein der kognitiven Fähigkeiten die höchste Hürde.

5 Lernkultur, Umgang mit Wissen, Einstellung zum Alter

Brigitte Spieß: Greifen wir das Stichwort „gelebte Lernkultur" noch einmal auf. Sie haben unlängst das Motto „learn to unlearn" erwähnt, also „lernen zu vergessen" oder sich von angelernten Automatismen und Routinen bewusst zu lösen. In den neuen Arbeitswelten muss man sich zwangsläufig auf einen dynamischen Wandel einstellen. Hier ist es sicherlich vorteilhaft, gelerntes Wissen schnell wieder in Frage zu stellen und mit neuen Impulsen zu experimentieren. Wie vermitteln Sie das Prinzip Ihren Mitarbeitern und mit welcher Zielsetzung?

Frank Kohl-Boas: Es geht uns hier mehr um die eigene Denkweise, um die innere Haltung. Ich würde die Aussage nicht als ein Prinzip bezeichnen, das man durchsetzen kann, sondern von einer Vorstellung sprechen, die Mitarbeiter freiwillig anregen soll. Ich gebe Ihnen ein Beispiel. Als ich bei Google angefangen habe, dachte ich, ich bekomme jetzt das Personalhandbuch, vermutlich zwei Ordner, und die arbeite ich dann durch. Zunächst musste ich lernen, dass das gesammelte Wissen nur noch Online verfügbar ist. Ich musste lernen, mir das Wissen ohne Rotstift bzw. Marker in der Hand anzueignen. Natürlich habe ich dann immer noch einige Seiten ausgedruckt, weil ich mir als haptischer Leser die Inhalte besser merken kann. Selbst beim Ausdrucken muss ich mir jedoch die Frage stellen: Wenn ich das heute ausdrucke, hat es morgen noch Bestand? Oder muss ich dann doch aktuell die Inhalte wieder Online aufrufen? Das hat schon sehr früh bei mir ein verändertes Verhalten in meiner Informationsaufnahme bedingt. Ich musste mich auch – mehr als je zuvor – in meiner E-Mail-Ablage organisieren und habe die Links der mit mir geteilten Dokumente katalogisiert, um mich bei steigender Informationsdichte orientieren zu können. Das ist ein dauerhafter Prozess des Lernens, der durch die neuen Technologien weiter angetrieben wird. Virtuelle Realität wird Einzug halten und „edutainment" und „gamification" sind Entwicklungen in der Wissensvermittlung, die auf dem Vormarsch sind. Ich merke immer mal wieder, dass ich mit alten Vorstellungen oder Angewohnheiten nicht weiterkomme, dass ich mich davon trennen und etwas Neues wagen oder doch als gegeben akzeptieren muss. Es ist wichtig zu wissen, dass man sich nicht blind auf seine Erfahrung verlassen kann und auch erlernte Methoden und tradierte Denkweisen auf den Prüfstand gehören. Das ist für mich eine Frage der Agilität jedes einzelnen und damit letztlich der Unternehmung.

Brigitte Spieß: Kann man bei Google überhaupt alt werden? Sie haben eine Altersspanne in der Belegschaft zwischen 28 und 50 Jahren – mittlerweile sind also auch ältere Mitarbeiter dabei.

Frank Kohl-Boas: Natürlich kann man bei Google alt werden. Und natürlich kann man bei uns auch lange bleiben. Das ist eine Frage des Mindsets und keine Frage der Alterskohorte. Wir haben einige Mitarbeiter, die sind seit unseren Anfängen bei uns. Wichtig ist, dass man die entsprechenden Eigenschaften mitbringt, die diese Organisation jedem abverlangt, wie z. B. die Bereitschaft lebenslang zu Lernen, offen für Veränderungen zu bleiben und die eigene Ambiguitätstoleranz ständig zu vergrößern. Auch die eigene Denkweise über „Karriere" spielt eine Rolle. Wir haben flache Hierarchien und wer Karriere als einen „Weg nach oben" definiert wird hier gegebenenfalls nicht lange zufrieden sein, wie auch diejenigen, die keine erfahrungsbasierten Wachstumsperspektiven für sich sehen.

Im Übrigen finde ich Ihre Frage vor dem Hintergrund spannend, dass wir als Gesellschaft unsere Einstellung zu dem was „Alter" ist überdenken sollten. Definiere ich mich als alt, weil ich das Alter X erreicht habe, weil ich eine Brille trage, oder weil ich Kinder habe, die jetzt volljährig sind? Ich habe in diesem Zusammenhang gerade von einem sehr interessanten Projekt mit dem Namen „Hey Alter" bei Mercedes Benz in Bremen gehört. Dort hat man sich aufgrund der demografischen Entwicklung der Werksbelegschaft die Frage gestellt, was eigentlich das Alter ausmacht und mit dem Bremer Museum Universum eine Ausstellung dazu konzipiert.

Brigitte Spieß: Der Neurobiologe Gerald Hüther hat einmal ein sehr schönes Zitat geäußert: „Wir müssen weg von einer Ressourcennutzungskultur hin zu einer Potenzialentfaltungskultur." Trägt das Mindset von Google zu einer Potenzialentfaltung bei?

Frank Kohl-Boas: Ich hoffe es. Bei uns ist eine typische Frage im Recruitment: „Was können wir von Ihnen lernen?" Und es ist überraschend, wie viel Sprachlosigkeit dann beim Gegenüber herrscht. Wenn wir das fragen, muss sich diese Haltung auch in unserer Unternehmenskultur widerspiegeln. Gelebte Lernkultur entsteht ja nicht durch Wissensdatenbanken, sondern sie lebt davon, wie Menschen Wissen aktiv teilen und mit Herausforderungen umgehen. Ob sie den Mut haben, zu sagen: „Ich weiß, was ich nicht weiß. Und ich weiß, dass in dieser schnelllebigen Zeit die Halbwertzeit von Wissen immer kürzer wird. Ich bin mir bewusst, dass das auch eine Herausforderung für mich persönlich ist. Das bereits erwähnte Programm „Googler to Googler" ist ein Erfolg und zeigt, dass Menschen gerne zusammenwirken, wenn man das Umfeld dafür schafft. Und dadurch, dass jede und jeder am Programm als Lehrender oder Lernender teilnehmen kann, führt es hoffentlich zu einer positiven Unruhe im Sinne eines Denkanstoßes, sich auch selbst fortzubilden.

6 Vielfalt in der Zusammensetzung von Teams, interkulturelle Zusammenarbeit

Brigitte Spieß: Welche Rolle spielen bei Ihnen interkulturelle Teams und Vielfalt?

Frank Kohl-Boas: Vielfalt, als „Diversity & Inclusion" ist Teil unserer DNA. Über die Maßnahmen, die wir ergreifen, um bereits beim Recruitment diese D&I zu erreichen, haben wir schon gesprochen. Daneben gilt es, die Vielfalt nicht nur zu suchen, sondern auch zu ermöglichen und einzufordern. Dazu braucht es Menschen, die selbstbewusst und zugleich bescheiden sind. Denn im Team geht es nicht um den persönlichen Sieg, sondern den gemeinsamen Gewinn. Es ist die Aufgabe jeder einzelnen Führungskraft und der Organisation insgesamt, dieses Verhalten zu sehen und zu würdigen.

Brigitte Spieß: Haben Sie spezielle Instrumente, die Sie einsetzen, wenn es um die Bewertung des Gruppenerfolgs geht? Oder den Erfolg der Gruppe am Unternehmensergebnis?

Frank Kohl-Boas: Wir haben für viele Teams Quartalsziele – Umsatzsteigerung, Produktentwicklungsfortschritte, Umsetzung von Prozessen –, aber daran würde ich es nicht ausschließlich festmachen wollen. Es gibt viele Einflussfaktoren, die dazu beitragen, ob ein Team gut ist. Es zeigt sich u. a. daran, wie neue Mitglieder im Team aufgenommen werden, wer seine Talente individuell als Teil des Teams entwickelt und einbringt. Das ist eher eine Frage der Selbstreflexion des Teams und wird wesentlich durch die Führungskräfte geprägt. Wir sehen natürlich, wer sich einbringt und wer vielleicht noch über das

Team hinaus einen Beitrag leistet. Wer fördert seine Mitarbeiter? Wo sind die Menschen, die sich bei unseren unternehmensinternen Initiativen einbringen? Welche Teams setzen sich hohe Ziele? Wo herrscht eine gute Stimmung und warum?

Wenn wir im Recruitment Kollegen ausgewählt haben, die unsere Kultur prägen, dann heißt das auch, dass in den Teams jeder etwas kann, was weder dem Team selbst noch dem Kunden unmittelbar hilft. Es ist ein persönlicher Beitrag, damit das Unternehmen wächst.

Brigitte Spieß: Kommen wir noch einmal auf die Frage nach der Vielfalt in den Zusammensetzungen der Teams zurück. Experimentieren Sie mit unterschiedlichen Fachdisziplinen, unterschiedlichen kulturellen Hintergründen?

Frank Kohl-Boas: Ich weiß nicht, ob man bei uns schon einmal gezielt solche Personen mit unterschiedlichen Blickwinkeln in Teams zusammengesetzt hat. Ich vermute, dass das im Engineering stattfindet. Hier ist die Vielfalt des Personals eher eine Aufgabe des Recruitments. Unser Recruitment-Verfahren basiert auf Konsens. Und deshalb rekrutieren sie letztendlich nicht das Abziehbild desjenigen, der einstellt. Wenn wir eine Vakanz haben, sind verschiedene Personen an den Interviews beteiligt, die neben den Aspekten des teilstrukturierten Interviews alle den kulturellen Fit für Google im Blick haben. Das heißt, die Chancen, dass die Person zu unserer Unternehmenskultur oder konkret in ihr Team passt, sind relativ gut. Wir achten bei der Zusammensetzung des Panels darauf, dass die Interviewer sich aus Männern und Frauen zusammensetzen, die aus verschiedenen Abteilungen oder Ländern kommen. Durch diese Zusammensetzung erzeugen wir eine Vielfalt, die es ermöglicht, den nächsten Kandidaten mit einer ähnlichen Vielfalt zu gewinnen.

Ich arbeite selbst in einem virtuellen, internationalen Team. Mir fällt in dem Zusammenhang auf, dass die Mehrzahl unserer Mitarbeiter Muttersprachler aus Amerika oder Großbritannien sind. Wenn wir jetzt an die anderen Mitarbeiter denken, wie z. B. Italiener, Polen, Brasilianer, Deutsche, die Englisch, wenn auch zumeist sehr gut oder gar perfekt, nicht als ihre Muttersprache benutzen, dann haben wir die konkrete Herausforderung zu lösen, die Muttersprachler dahingehend zu sensibilisieren, dass sie neben dem konkreten Gebrauch des Englischen gegebenenfalls den kulturellen Kontext des Mitarbeiters hinzuziehen müssen, damit die rein sprachliche Interpretation keine Missverständnisse bedingt. Amerikaner wählen meiner Beobachtung nach öfter übersteigende Adjektive „That's a great question". Wie reagieren sie dann, wenn eine Kollegin aus einem anderen Kulturkreis sagt „Thanks for asking" oder ohne Kommentierung gleich antwortet. Würde der Eindruck entstehen, die Kollegin sei weniger enthusiastisch oder gar unhöflich und damit weniger kooperativ?

Ich denke, wir müssen in der interkulturellen Zusammenarbeit noch mehr in die Kenntnisse der unterschiedlichen Mentalitäten und kulturellen Kontexte investieren. Mir fällt in dem Zusammenhang David Lewis ein, der meines Erachtens für das unterschiedliche Verhalten der Menschen in den unterschiedlichen Kulturkreisen ein gut nachvollziehbares Modell entwickelt hat. Ich sehe uns als Unternehmen dafür gut gerüstet, denn viele Menschen, die bei Google arbeiten, haben im Ausland studiert, gelebt oder reisen häufig.

Das Interesse, der Respekt und die Freude an kultureller Vielfalt als Voraussetzung für Inklusion unterschiedlicher Kulturen sehe ich daher als gegeben an.

Brigitte Spieß: Ich danke Ihnen für das Gespräch, Herr Kohl-Boas.

Frank Kohl-Boas studierte Rechtswissenschaften an den Universitäten in Passau und Würzburg. Im Jahr 1998 startete er seine berufliche Karriere in zwei Werken der Deutschen Unilever, bevor er aus der Holding heraus die Themen „Remuneration" und „Expatriation" managte. Ab März 2003 war er als Head of Remuneration für die Shell Deutschland Oil tätig, bevor er im März 2005 für die Coca-Cola GmbH als Compensation & Operations Manager für DACH & Nordics zuständig wurde. Im Jahr 2007 ging er mit Coca-Cola nach Australien und wirkte dort vor allem erfolgreich auf eine Unternehmenskultur hin, mit der sich Coca-Cola South Pacific ab 2009 als ein „Great Place to Work" positionieren konnte. Im September 2010 kehrte er nach Hamburg zurück, um für Google als Head of HR die Personalarbeit für mittlerweile 22 Standorte in 20 Ländern in Europa zu verantworten. Im September 2015 wählte der Haufe Verlag Kohl-Boas als Vorreiter in Sachen „New Work" zu den „40 führenden Köpfen des Personalwesens in Deutschland". Er ist Mentor der Deutschlandstiftung Integration und seit Juli 2016 im Beirat der TUM Executive Education.

„Gelassenheit, Selbsterkenntnis und hohe Sensibilität für fremde Kulturen – Leitlinien für eine erfolgreiche Personalentwicklung im interkulturellen Kontext"

Interview mit Thomas Perlitz, Gerresheimer AG, Global Senior Vice President Human Resources (Interview: Brigitte Spieß)

Thomas Perlitz

1 Voraussetzungen für eine internationale Personalführung und interkulturelle Zusammenarbeit

Brigitte Spieß: Herr Perlitz, Ihre 20-jährige berufliche Erfahrung als Führungskraft im HR-Bereich ist vielseitig und international ausgerichtet: U. a. Siemens Nixdorf, Ingram Micro, Henkel AG, jetzt Gerresheimer AG. Sie haben in unterschiedlich großen Unternehmen gearbeitet und insbesondere die internationale Personalführung und Zusammenarbeit gestaltet. Was hat Sie persönlich dazu veranlasst, beruflich mehrmals neue Wege auszuprobieren?

Thomas Perlitz: Ich brauche, um erfolgreich zu sein, Gestaltungsspielraum für Veränderungen, um damit einen sichtbaren Beitrag für die Unternehmentwicklung zu leisten. Mich interessieren Umfelder, in denen etwas in Bewegung ist, wenn z. B. ein Unternehmen durch eine kritische Phase geführt werden muss. Also alles, was Ungewissheit und Veränderungspotenzial einschließt, reizt mich. Wenn ich auf meine berufliche Laufbahn zurückblicke, dann war das immer der Fall. Angefangen habe ich bei Siemens-Nixdorf, zunächst in den neuen Bundesländern, danach in Osteuropa. Meine nächste Station war die Macrotron AG, später dann Ingram Micro, damals ein deutsches Unternehmen, das dann zweimal an US-amerikanische Firmen verkauft wurde. In den 90er-Jahren war das ein riesiger Wachstumsmarkt, aber auch eine Phase des Umbruchs und der Start des langsamen Abstiegs, den wir bis heute beobachten können. Ein Unternehmen durch so eine schwieri-

---

T. Perlitz (✉)
Global Senior Vice President Human Rocources, Gerresheimer AG
Düsseldorf, Deutschland
E-Mail: thomas.perlitz@gmx.de

ge Phase mit Wachstumsraten zu begleiten und erfolgreich weiterzuführen, ist eine große Herausforderung. Durch meine Personalpolitik konnte ich einen sichtbaren Beitrag dazu leisten, dass das Unternehmen sich weiter gut entwickelte.

Brigitte Spieß: Was war für Sie die größte Herausforderung bei Siemens Nixdorf? Sie sprachen die neuen Bundesländer und Osteuropa an.

Thomas Perlitz: Ich war bei Siemens Nixdorf erst in Berlin für die neuen Bundesländer tätig. Im Anschluss daran arbeitete ich vier Jahre in Zentral- und Osteuropa mit Dienstsitz in Dresden und Moskau. Danach erstreckte sich mein Tätigkeitsbereich auf die ganzen ehemaligen Länder der Sowjetunion. Das war für meine Persönlichkeitsentwicklung die prägendste Zeit, insbesondere was das Entwickeln und Schärfen von interkultureller Sensibilität angeht. Ich bin damals in eine Phase gekommen, in der alles unstrukturiert und neu war. Ich wurde sozusagen in die ehemalige Sowjetunion „hineingeworfen" und musste erkunden, wie wir dort Unternehmen gründen. Die zentralen Fragen, die mich damals beschäftigten, waren: Wie bekomme ich Mitarbeiter aus anderen Teilen der Welt dorthin? Wie geht der Transfer vor sich? Wie mache ich das alles in Ländern, die mir selbst noch fremd sind? Du brauchst einen wachen Verstand, um zu sehen, wie du „überlebst".

Genau durch diese Erfahrung habe ich eine Art Sensibilität und Gelassenheit bestimmten Situationen gegenüber gelernt, von der ich bis in die Gegenwart zehre. Heute sagen meine Mitarbeiter über mich, dass ich selbst in instabilen und herausfordernden Arbeitssituationen immer ruhig und gelassen bleibe.

Brigitte Spieß: Können Sie das an einem konkreten Beispiel verdeutlichen?

Thomas Perlitz: Nehmen wir die Sprache. Ich hatte das Glück, bevor ich nach Moskau gegangen bin, dass ich sechs Wochen lang, von Montag bis Samstag jeweils acht Stunden, inklusive Abendprogramm, Russisch-Unterricht nehmen konnte.

Brigitte Spieß: Sie sprachen vorher kein Wort Russisch?

Thomas Perlitz: Nein. Das war eine Art „Brainwash", aber notwendig. Damals, beim Zerfall der Sowjetunion, gab es keine englischen Schilder oder Erklärungen Das heißt, wenn ich überhaupt den Ausgang, den Eingang oder die Toilette finden wollte, musste ich die kyrillische Schrift lesen. Wenn ich mich in Moskau einigermaßen bewegen wollte, musste ich – zumindest im Tagesgebrauch – die kyrillische Sprache sprechen. Schon bei der Passkontrolle an der Grenze gab es Stress. Lächeln war nicht erlaubt, auch auf Passfotos zu lächeln war zu dieser Zeit verboten. Ich musste mich in vielerlei Hinsicht völlig anders verhalten. Wenn z. B. auf Flughäfen die Flüge abgesagt wurden, bekamen sie keine Informationen. So geschehen war ich „mutterseelenallein" um 22.00 Uhr auf irgendeinem Flughafen in der ehemaligen Sowjetunion. Kein Flugzeug mehr in Sicht. In solchen Situationen musste ich hellwach sein. Plötzlich sah ich, dass fünf Personen irgendwo hingehen.

Vielleicht gab es dort eine Information? Oder es ging doch noch ein Flugzeug? Diese und ähnliche Vorfälle veranlassten mich, eine hohe Sensibilität und Gelassenheit fremden Situationen gegenüber zu entwickeln. Vor allem musste ich mit den langen Wartezeiten klarkommen oder den gelassenen Umgang mit den Behörden lernen.

In der Zeit habe ich angefangen, mich selbst zu trainieren. Ich lernte, genau in solchen Phasen zu entspannen. Heute auf dem Weg von Düsseldorf nach Berlin habe ich im Flugzeug geschlafen. Ich kann quasi auf Knopfdruck abschalten.

2 Erweitertes Kompetenzprofil für Führungskräfte in der globale Arbeitswelt

Brigitte Spieß: Experimentieren, sich Schritt für Schritt herantasten, improvisieren – sind das alles Vorgehensweisen, wie wir uns der globalen und komplexen Arbeitswelt auch heute annähern können?

Thomas Perlitz: Improvisieren, ja genau. Hier kommt wieder die interkulturelle Kompetenz oder Sensibilität ins Spiel, wie ich mich auf die Menschen einstelle. Wie kann ich vorgehen, dass am Ende eine sinnvolle Zusammenarbeit oder eine effiziente Lösung entsteht. Diese Fähigkeiten konnte ich in der damaligen Zeit vielseitig trainieren.

Brigitte Spieß: Welche Lehren haben Sie für Ihre weitere Personalarbeit daraus gezogen? Wenn Sie beispielsweise Ihre Teams auf die interkulturelle Zusammenarbeit vorbereiten. Welche Kompetenzen sollen im internationalen Bereich gefördert und entfaltet werden?

Thomas Perlitz: Das eine ist, dass ich die intellektuelle Sensibilisierung – z. B. in Russland oder in China muss ich mich so oder so verhalten – für wichtig halte. Es macht einfach Sinn, dass ich bestimmte Dinge im Hinterkopf habe, bevor ich in einer fremden Kultur arbeite. Das ist ein sogenanntes Frühwarnsystem, um zahlreiche interkulturelle Fauxpas oder Fettnäpfchen zu vermeiden. Diese Sensibilisierung ist gut, aber nicht entscheidend. Entscheidend ist genau das, was ich vorher gesagt habe, ich muss mich vor Ort einlassen. Meine Devise ist heute: Den jüngeren Mitarbeitern Aufgaben zumuten, die zwei Schuhnummern zu groß sind. Ich setzte damit Vertrauen in die jeweilige Person und bin für sie eher Mentor als Chef. Auch in meiner Entwicklung gab es im Rückblick immer Menschen, die erkannt haben „genau da wächst der rein". Das dauert zwar ein paar Monate, aber dann ist er hinein gewachsen in die passende Schuhgröße. Es ist wichtig, zu vertrauen und ein **ehrliches Feedback** zu geben. Man muss die jungen Mitarbeiter eigene Erfahrungen machen lassen. Nur so bauen sich bei ihnen die nötigen Kompetenzen auf.

Das ist für mich in der Personalentwicklung ganz wichtig geworden. Wie kann ich diese Vorgehensweise noch besser umsetzen. Ich kann nicht jeden überall hinschicken, und so viele Trainingssituationen gibt es dann auch nicht. In kleinen Unternehmen kann ich gemischte Teams zusammenstellen, z. B. abteilungsübergreifend, mit unterschiedlichen

Charakteren, interkulturell. Ich habe aktuell eine türkische Mitarbeiterin an meiner Seite, die in Deutschland groß geworden ist. Sie hat studiert und kann Auslandserfahrungen vorweisen. Sie ist durch ihre Eltern türkisch geprägt und die erste in der Familie, die sich gegen die traditionellen Vorstellungen durchsetzen musste. Sie zeigt dementsprechend eine Durchsetzungsfähigkeit, die ich so noch nicht kannte. Ich schätze das, aber es ist auch für mich ein Lernprozess. Sie hat ihre Ziele in der Auseinandersetzung mit ihrer Kultur auf eine ganz andere Art und Weise erreicht. Ich finde es spannend, wenn man seine Teams so zusammensetzt, dass sie in einem geschützten Raum gegenseitig voneinander lernen. Die Andersartigkeit, die aus meiner Sicht bereichernd ist, birgt aber auch Gefahren. Spannungen im Team oder Unverständnis für den jeweiligen kulturellen Hintergrund müssen durch Metakommunikation geklärt werden.

Wenn du in der globalen Arbeitswelt in die unterschiedlichsten Kulturen und Regeln „eintauchst", dann wirst du gezwungen, in deinem Leben eine eigene Ordnung zu finden. Und diese Ordnung stimmt im Nachhinein nicht mehr hundertprozentig mit dem Land überein, in dem du lebst. Darüber musst du dir klar sein. Plötzlich erkennst du, dass bestimmte Prinzipien oder Regeln typisch deutsch sind. Kein anderes Land der Erde macht das so. Und dann fängst du an, deine eigenen Regeln zu setzen und musst „erspüren", wie weit du bereit bist, auch mit den Konsequenzen zu leben. Das führt zu einer Art Selbstverantwortung, die viele Fragen aufwirft, z. B. in Bezug auf dich selbst, auf den Staat, in dem du lebst, usw.

3 Die Bedeutung von Persönlichkeitsentwicklung und Reflexion im (globalen) Unternehmenskontext

Brigitte Spieß: Sie sprechen hier die Persönlichkeitsentwicklung im Rahmen der globalen Arbeitswelten an. Ich muss z. B. als Führungskraft mit diesen globalen Erfahrungswelten erst einmal selber umgehen können, bevor ich internationale Teams leite.

Thomas Perlitz: Die Gefahr besteht, dass ich plötzlich in einer Richtungslosigkeit verharre, nach dem Motto „alles ist grenzenlos". Ich muss die Richtung und die Grenzen somit selbst setzen. Diese Erkenntnis ist ein Baustein meines langjährigen Erfolgs. Ich habe immer nach einer individuellen, für das Unternehmen richtigen Lösung gesucht, die zur Kultur des Unternehmens und dem Land passte. Du kannst nicht einfach in ein Regal greifen und nach der passenden Regel suchen.

Brigitte Spieß: Gab es für Sie einen Coach oder eine andere Person, mit dem Sie sich zeitweise austauschen konnten, um die eigenen blinden Flecken zu entdecken oder einen Perspektivwechsel vorzunehmen?

Thomas Perlitz: Die bewusste Reflexion setzte erst später ein. Warum war das in der frühen Personalentwicklung so? Wie funktionierte damals eine Organisation?

Ich konkretisiere das an einem Beispiel. Ich bin kurz vor der Weihnachtszeit auf dem Weg in den Urlaub gewesen. Der damalige Personalvorstand von Siemens rief mich an und sagte zu mir: „Können Sie sich vorstellen, in Russland, in Moskau zu arbeiten?" Und ich erwiderte: „Naja, ich bin gerade auf dem Weg in den Urlaub, aber ich denke über Ihr Angebot nach." Ich kam aus dem Urlaub zurück und auf dem Anrufbeantworter war wieder dieselbe Stimme und sagte: „Herr Perlitz, wir haben entschieden, Sie machen das." Es hat damals keiner mit mir darüber geredet und Argumente abgewogen. Das war Talententwicklung nach dem Motto: Wir wissen schon, was für dich gut ist. Ein Nein wurde nicht akzeptiert.

Während heute sozusagen tiefenpsychologische Vorbereitungsgespräche geführt und 25.000 Hilfsmittel eingesetzt werden, damit alles gut funktioniert. In dieser Zeit war das einfach nicht üblich. Das heißt, ich musste „schwimmen" und hatte an der langen Leine auch Personen um mich herum, die an mich glaubten. Ich war 29 oder 30 Jahre alt, als ich Personalchef für Zentral- und Osteuropa im Siemens-Konzern wurde. Rückblickend gab es vermutlich irgendwelche Überlegungen, die meine Vorgesetzten haben glauben lassen, dass ich das schon richtig machen werde.

Brigitte Spieß: Gab es zu dieser Zeit überhaupt keine reflexiven Feedbackgespräche?

Thomas Perlitz: Damals redete man nicht auf der Metaebene über Gefühle oder Erfahrungen. Der Vorstand grinste einen an und sagte: „Herr Perlitz, das läuft doch wunderbar." Und dann war es auch gut. Erst viel später, als ich anfing, über Selbstführung nachzudenken, setzte für mich der Reflexionsprozess ein. Dann habe ich bewusst auch Plattformen für Feedback gesucht.

Brigitte Spieß: Was war für Sie der kreativste Fehler, den Sie im Rahmen Ihrer interkulturellen Personalerfahrungen gemacht haben?

Thomas Perlitz: Das ist eine interessante Frage. Ich hatte früher in meinen verschiedenen Tätigkeiten im Ausland eigentlich immer ein oder zwei Ereignisse, die sogenannte *Wake-up-Calls* für mich darstellten. Das eine Mal hatte es damit zu tun, dass ich mich in meiner Sturm-und-Drang-Zeit über wichtige Regeln des Siemens-Konzerns hinwegsetzte, nach dem Motto: Ich mache meine eigenen Regeln. Das war in einem sehr stark regelungsorientierten Unternehmen wie Siemens natürlich ein Fauxpas. Heute kann ich über die *Wake-up-Calls* lachen, denn in der heutigen Zeit würden sie nicht diese Bedeutung haben, aber sie haben meine Sensibilität geschärft.

Brigitte Spieß: Die bewusste Unterscheidung: Das ist das System, das bin ich, was will und kann ich?

Thomas Perlitz: Genau. Interessanterweise war das auch bei Siemens-Nixdorf eher so, dass man sagte: „Also Herr Perlitz, normalerweise müssten wir jetzt hier eingreifen, aber

Sie machen das schon." Die Grenzen wurden mir klar und deutlich aufgezeigt. Nach dem *Wake-up-Call* ließ man mich dann jedoch wieder gewähren.

Die anderen Situationen, die meine Sensibilität sehr geschärft haben, waren unternehmensinterne politische Herausforderungen. Ich bin damals zu Ingram Micro nach München geholt worden, um die Personalarbeit aufzubauen und zu modernisieren. Ich sollte das Unternehmen auf den nächsten Entwicklungslevel heben. In der Zeit gab es in der Geschäftsleitung eine Funktion, wie ich sie ausführen sollte, noch nicht. Das heißt, alle Bereichsverantwortlichen mussten Verantwortung an mich abgeben. Und so bin ich das erste Mal in meinem Leben in eine Intrige geraten, die das Ziel hatte, mich als Personalchef so schnell wie möglich wieder loszuwerden. Damals hat mich der Vorstandsvorsitzende rechtzeitig über die internen Konflikte informiert und mit mir gemeinsam eine Lösung gesucht. Diese Offenheit und Transparenz sowie die Intention, auch meine Perspektive vorurteilsfrei nachzuvollziehen, hat mein Vertrauen in die Führungskraft enorm gestärkt. Ich bin dann insgesamt 10 Jahre bei Ingram Micro geblieben und diese Erfahrung hat mir gezeigt, dass ich sensibel gegenüber politischen Entwicklungen in der Belegschaft sein muss.

4 Die Folgen der Globalisierung für die Arbeitswelten im Management und Produktionsprozess

Brigitte Spieß: Ich möchte Ihnen ein Zitat von Martin Buber vorlesen:

Es gibt für uns keine Rettung und es gibt für uns kein zurück. Es gibt für uns vor allen Dingen keine Rettung im zurück. Es gibt immer nur ein hindurch. Hindurch aber werden wir nur kommen, wenn wir wissen, wohin wir wollen. (Martin Buber 1950; Pfade in Utopia, 1950)

Was denken Sie über dieses Zitat im Zusammenhang mit den globalen Veränderungsprozessen in der Wirtschaft und im Arbeitsleben?

Thomas Perlitz: Zwei Herzen schlagen dazu in meiner Brust. Auf der einen Seite bin ich absolut davon überzeugt, dass der Satz „Erfolg ist machbar" nach wie vor gilt. Dazu muss ich an etwas glauben, ich muss etwas verfolgen, ganz hartnäckig, mit Leidenschaft und diszipliniert bei der Sache bleiben. Gleichwohl muss ich wissen, wohin ich am Ende will. Das geht in die Richtung des Zitats.

Auf der anderen Seite, wenn ich mir die Megatrends und globalen Entwicklungen in Europa oder weltweit ansehe, dann glaube ich, dass wir nicht mehr wissen, wohin wir wollen. Vieles deutet darauf hin, dass etwas zu Ende geht oder in sich zusammenbricht. Parallel dazu entstehen neue Kräfte und Ideen, die in ihren Konturen noch nicht sichtbar sind. Im Zusammenbruch liegt der Anfang. In diesem Zusammenbruch wird sich erst der neue Weg herauskristallisieren. Wir befinden uns gerade in einem sogenannten chaotischen Übergang.

Brigitte Spieß: Im Sinne von, wir müssen die Unsicherheit und das „Wackeln" akzeptieren und aushalten.

Thomas Perlitz: Ja. Und ich muss die Fragen aushalten, die damit entstehen. Auch mein politisches Denken hat sich im Laufe der Jahre enorm entwickelt. Ich war bei Henkel als Corporate Vice President mehrere Male im Iran, in der Hauptstadt Teheran, weil Henkel dort Waschmittelfabriken hat. Am Flughafen von Teheran steht ein riesiges rundes Tor mit der Überschrift „Welcome in Teheran – Coca Cola". Durch dieses Tor fährt jeder Flughafengast durch. Das löst Fragen aus, auch wenn es zunächst eine Kleinigkeit ist. Wenn ich vor Ort mit den Menschen rede, fällt mir auf, dass sich viele politisch engagieren, aber sie machen es anders als wir. Sie bewegen sich im Rahmen dessen, was das System zulässt. Mich bereichern diese Erfahrungen. Je mehr ich mich mit den Menschen auseinandersetze, umso mehr bilde ich mir meine eigene Meinung, die weit über die üblichen Medienberichte hinausgeht. Die Auslandsaufenthalte in verschiedenen Regionen der Welt haben bei mir dazu geführt, dass ich vieles hinterfrage, was wir durch die Medien nur gefiltert oder gar nicht vermittelt bekommen.

Brigitte Spieß: Welche Auswirkungen haben die Folgen der Globalisierung auf die Arbeitswelten konkret? Ich nenne Ihnen dazu einige Stichworte: Instabile Marktdynamik, abnehmende Vorhersagbarkeit, immer kürzere Innovationszyklen, dynamisch vernetzte Arbeitswelten.

Thomas Perlitz: Für mich gibt es zu dieser Frage zwei Ebenen. Das eine ist die volkswirtschaftliche Ebene und die andere ist die Unternehmensperspektive. Man muss beide im Blick haben, gerade als Personalverantwortlicher. Beginnen wir bei der volkswirtschaftlichen Ebene. Im Zuge der Globalisierung lässt sich in vielen Ländern eine De-Industrialisierung beobachten, eine Verschiebung von Wertschöpfung z. B. in die asiatischen Länder. Welche Auswirkungen haben diese Entwicklungen auf die Volkswirtschaften? Welchen Einflüssen sind die Menschen ausgesetzt? Wenn sie nicht mehr arbeiten, haben sie kein Einkommen. Wenn sie kein Einkommen haben, gibt es keine Steuern, keinen Konsum, keine Entwicklungen. Steuern generiert man in solchen Ländern, indem man sich das Geld von Finanzprodukten holt. Das Geld kommt nicht mehr aus produktiver Arbeit. Wenn ich jetzt den Blick auf die Unternehmen richte, dann stellen sich aus den genannten Entwicklungen folgende Fragen: In welchem Land kann ich am preiswertesten produzieren? Wo finde ich preiswerte Mitarbeiter?

Bei den Menschen im Unternehmen muss man m. E. auch wieder zwei Gruppen unterscheiden: Die eine Gruppe, die den Prozess managet, und die Mitarbeiter in der Produktion. Die Manager stehen vor spannenden komplexen und interkulturellen Aufgaben. Aber wie groß ist der Anteil innerhalb dieser Gruppe, die dazu in der Lage ist? Hier sind wir dann bei Gesundheits- und Energiefragen oder Fragen der Work-Life-Balance. Das heißt, um die globalen Prozesse im Unternehmen zu managen, braucht man eine gewisse

Konstitution und eine spezifische Ausbildung. Aus meiner Sicht gibt es heute noch keine ausreichende Menge von Menschen, die das managen können.

5 Work-Life-Balance im internationalen Kontext

Brigitte Spieß: Ich ergänze Ihre Aussage dahingehend: Es gibt heute noch kein ausreichendes Managementwerkzeug, um damit umzugehen, oder?

Thomas Perlitz: Genau. Das ist die nächste Herausforderung. Nehmen wir als Beispiel die Work-Life-Balance. In der Gerresheimer AG haben wir Regionsverantwortliche. Sie reisen bis zu 70 % ihrer Arbeitszeit, sie leben sozusagen im Flugzeug, in der Lounge und steuern in den Ländern viele Geschäftsprozesse. Ist das noch steigerbar? Wo führt das hin? Als ich früher, z. B. durch meine Geschäftsreisen in Russland, viel auf Flughäfen unterwegs war, konnte ich beobachten, dass die Arbeitsplätze in den Lounges leer waren. Die Geschäftsreisenden saßen überall, es wurde aber nicht gearbeitet. Heute hat sich das um 180° gedreht. Die Arbeitsplätze in den Lounges sind alle belegt, und die Ruhesessel an den Flughäfen sind leer. Wie und wo ich arbeite, liegt nun in meinem eigenen Verantwortungsbereich. Diese Eigenverantwortung ist auch eine Belastung, wenn du dich nicht selbst führen kannst. Wenn du nicht weißt, was du körperlich oder physisch gerade brauchst, wo du es brauchst und wie du es bekommst. Wie bleibe ich nachhaltig leistungsfähig? Dazu noch ein Beispiel: Ich war vor zwei Wochen in Mexiko. Ich landete dort um 18.30 Uhr, und die Fahrzeit von Mexico City bis zu unserem Werk dauerte mit dem Auto drei Stunden. Ich bin mittlerweile trainiert, auf Knopfdruck zu schlafen. Da ich während des Fluges nicht geschlafen hatte, um mich gleich auf die lokale Zeit einzustellen, schlief ich die drei Stunden im Auto. Erst um Mitternacht war ich im Hotel. Am nächsten Tag arbeitete ich von 8.00 bis 23.00 Uhr durchgehend in Meetings, Einzelgesprächen, Arbeits-Lunches. Das erforderte meine volle Konzentration, denn die Mitarbeiter freuten sich, mich zu sehen. Das ist eine Frage der Wertschätzung, dass ich nicht gähnend vor ihnen in den Meetings sitze.

Daraus folgt, dass du eine hohe Selbstdisziplin und Konzentrationsfähigkeit brauchst. Deine Arbeit soll produktiv sein, es müssen gute und schnelle Entscheidungen getroffen werden. Manchmal geht das drei Tage hintereinander so. Wenn du dann nicht weißt, wie du deine Energie sinnvoll einteilst oder wie du neue Energie bekommst, wirst du auf lange Sicht krank. Die *Selbstkenntnis* ist momentan eines der wesentlichen Themen im Management. Wer gestresst und getrieben durch die globale Arbeitswelt geht, schafft es nicht.

Brigitte Spieß: Sie haben einen wichtigen Begriff angesprochen „Energie". Wie gehe ich mit meiner Energie um, um leistungsfähig zu bleiben, insbesondere über einen längeren Zeitraum? Wie verkrafte ich die Wirkung der Zeitzonen und kulturellen Irritationen, die mich auf meinen Geschäftsreisen begleiten?

Thomas Perlitz: Ja, das sind wichtige Fragen. Die zweite Hälfte der Arbeitnehmer, neben dem Management, ist die Gruppe, die im Produktionsprozess hart arbeiten muss. Hier gilt die Devise, dass immer weniger Menschen noch schneller, noch kostengünstiger, noch mehr produzieren sollen. Hier sind wir als Unternehmen aufgefordert, genau hinzuschauen und zu fragen: Was kann ich für diese Menschen und Mitarbeitergruppen tun, damit auch sie langfristig leistungsfähig bleiben?

In dem Zusammenhang sind wir bei Fragen der demografischen Entwicklung. Wie können wir es schaffen, möglichst viele produktive Arbeitsplätze in unseren Ländern zu erhalten? Es geht nicht immer nur um Deutschland oder um die Frage, ob die Produktionshallen nur noch in China gebaut werden. Das geht nur, indem die Produktivität und Automatisierung weiter voranschreitet. Auf der anderen Seite muss man die Leistungsfähigkeit der Mitarbeiter erhalten.

6 Produktionsstandorte im Ausland – (Lern-)Anforderungen an Führungskräfte und Mitarbeitende

Brigitte Spieß: In welchem Verhältnis ist die Belegschaft eines deutschen Unternehmens in einem ausländischen Produktionsort zusammengesetzt: Zum Beispiel ein Drittel Mitarbeiter aus dem jeweiligen Land, zwei Drittel deutsche Mitarbeiter?

Thomas Perlitz: Ein besonderes Augenmerk liegt auf den jeweiligen ausländischen Mitarbeitern. Wenn wir ein Werk aufbauen oder neu bauen, sollte über längere Zeiträume immer jemand aus dem deutschen Unternehmen vor Ort sein. Es handelt sich meistens um spezielle Projektaufgaben, die sich über mehrere Monate hinziehen. Es geht heute nicht mehr darum, viele Expats in das Ausland zu schicken, sondern sie dort partiell einzusetzen und an den notwendigen Stellen Know-how zu transportieren.

Brigitte Spieß: Zu den Mitarbeitern vor Ort?

Thomas Perlitz: Genau. Zu den lokalen Mitarbeitern, um sie an Prozesse und unsere Qualitätsansprüche heranzuführen. Und das ist weltweit immer eine große Herausforderung, weil jede Kultur anders lernt und auch andere Fähigkeiten hat.

Brigitte Spieß: Zum Teil findet man dort auch ganz andere Ausbildungssysteme vor, wie z. B. in China.

Thomas Perlitz: Das ist eine Frage der Ausbildungssysteme und der Energie, die wir eben angesprochen haben, denn es gibt Kulturen, die eine unheimliche Energie aufweisen, zu lernen, sich zu verändern.

Brigitte Spieß: Können Sie das konkretisieren?

Thomas Perlitz: Zum Beispiel China. Es ist unglaublich, wie die Menschen davon begeistert sind, sich zu verändern und zu wachsen. Hier nehme ich die Energie der Menschen wahr, etwas zu wollen.

Dazu noch ein persönliches Beispiel. Ich war mit meiner Frau im Urlaub auf einer Insel. Nach einer gewissen Zeit habe ich gedacht, das funktioniert hier in dem Hotel aber komisch. Ich wollte das verstehen und sprach mit dem Hotelmanager. Er erklärte mir, wenn sie auf einer Insel groß werden, die man in drei Stunden zu Fuß erkunden kann, dann sehen sie quasi nichts von der Welt, die Komplexität ist sehr gering und sie müssen sich auch nicht viel merken. Das führt dazu, dass die Angestellten sich eben auch nicht merken konnten, was sie bestellt hatten oder ob sie nun schon alles haben. Das heißt, wir haben es im internationalen Verständigungsprozess oft mit ganz kleinen Dingen zu tun.

Wir Westeuropäer sind es z. B. gewohnt, dass rechts drei Messer, links drei Gabeln und oben drei Löffel liegen. In diesem Hotel hatten die Menschen schon Schwierigkeiten, einen Tisch nach westlichen Standards einzudecken und sich die Reihenfolge zu merken. Daraus folgt, man braucht ganz andere Trainings: Wie mache ich das? Interessanterweise habe ich das Phänomen dann auch noch in einem anderen Land festgestellt und wieder mit dem Hotelmanager gesprochen, weil ich es spannend finde, mich mit Verantwortlichen vor Ort über solche Prozesse auszutauschen. Er sagte zu mir: „Wissen Sie, wie wir das trainieren? Der erste Mitarbeiter legt nur die Löffel hin, der zweite legt die Gabeln hin, der Dritte konzentriert sich auf die Lage der Messer. Und die guten Mitarbeiter lernen, wie Gabeln *und* Löffel zu legen sind. Die Superguten können den ganzen Tisch eindecken. Das hat einfach etwas damit zu tun, wo ich groß geworden bin."

Diese einfachen Beispiele weisen darauf hin, wie sensibel wir sein müssen, wenn wir Fabriken im Ausland bauen und die Menschen dort in unsere Produktionsprozesse einbeziehen. Ich muss genau beobachten, wie ich sie erreiche, wie ich sie am besten anspreche und wie ich sie auf die Reise mitnehme. Hier sind wir wieder bei dem Thema Gelassenheit. Ich darf nicht unruhig werden, ich muss es vielleicht fünfzigmal mit ihnen trainieren.

Brigitte Spieß: Ich muss einen Perspektivwechsel vornehmen und offen für Lernprozesse sein, die mich aus dem eigenen Autopilot herausführen.

Thomas Perlitz: Ja das stimmt. Ich muss lernen, umzudenken, und das ist es, was mich so an dem Thema globale Personalentwicklung fasziniert. Das ist ja mein Job, herauszufinden, wie wir diese Fabrik mit den Menschen vor Ort zum Laufen bringen? Was müssen wir anders machen und wie können wir es umsetzen? Manche Mitarbeiter lernen besser über Bilder. Es gibt Kulturen in Südamerika, in Brasilien, die vermitteln viele Informationen über Comics, sie lieben Comics. Folglich haben wir begonnen, Arbeitsanweisungen oder auch Trainings in Comics einzubinden. Wir geben den Figuren Namen und vermitteln mit ihnen etwa das Thema Arbeitssicherheit oder stellen die Produktionsgeschichten dar. Und plötzlich machen sie es gerne.

7 Herausforderungen der Digitalisierung für das globale Arbeiten

Brigitte Spieß: Die Digitalisierung und der technologische Wandel werden uns in naher Zukunft alle beschäftigen: Es entstehen neue Berufsfelder, Berufe verschwinden, es wird einen Bedeutungszuwachs von Wissen als Wettbewerbsfaktor geben. Kurze Innovationszyklen und schnelle, kreative Impulse bestimmen den Erfolg eines Unternehmens.
Wo sehen Sie die wichtigsten Veränderungsprozesse? Und wie schätzen Sie die internationalen Folgewirkungen ein?

Thomas Perlitz: Für mich gibt es hier wieder zwei Gruppen: Die Menschen, die in der Produktion arbeiten und die Manager, die sich virtuell in der Arbeitswelt bewegen. Wir müssen auch sehen, was wir volkswirtschaftlich tun. Auf der Produktionsebene wird es m. E. immer härter und die Aufgabenstellungen werden enger. Sehen wir uns z. B. den Personalbereich an. Vor vielen Jahren hatten wir noch eine Lohn- und Gehaltsbuchhaltung. Die Mitarbeiter konnten genau erklären, wie sich z. B. die Lohnzettel zusammensetzten, wie die Sozialversicherung und Buchungsprozesse funktionieren. Heute geht es um Outsourcing. Das übernehmen Firmen irgendwo im Nirwana und das Einzige, was die Mitarbeiter dann im Personalbereich noch machen, ist, Daten zu erfassen. Sie können nicht mehr erklären, wie die Gehaltsabrechnung zustande gekommen ist. Daraus folgt, dass Aufgabenstellungen immer kleinteiliger werden, teilweise aus Produktivitätsgründen, teilweise aus Kostengründen. Am Ende kostet ein Datentypist eben wesentlich weniger als ein voll ausgebildeter Lohn- und Gehaltsbuchhalter.

Will sagen, so ist es bei allem, was sich prozessual standardisieren lässt. Die Produktionsaufgaben werden detailliert beschrieben und jeder weiß, was er zu tun hat. Die Spielräume für Eigenverantwortung werden in dieser Gruppe von Arbeitnehmern folglich immer kleiner. Man muss seine Aufgaben nur noch in einer bestimmten Zeiteinheit und mit einer Null-Fehler-Strategie umsetzen. Hier wird die Digitalisierung vieles verändern, und es wird enorm eng für die Mitarbeiter.

Brigitte Spieß: Hinzu kommen künstliche Intelligenz, Algorithmen und Roboter.

Thomas Perlitz: Sie steuern das dann. Und wo bleibt der Mensch? Deshalb müssen wir bei diesen Themen über mehrere Ebenen reden. Natürlich schlagen auch hier zwei Herzen in meiner Brust. Was machen wir als Volkswirtschaft? Wir sind in unserem Gespräch jetzt auch bei Fragen, die im engeren Sinne nicht hierher gehören.

Brigitte Spieß: Was machen wir mit den Menschen?

Thomas Perlitz: Dann sind wir bei Fragen, die z. B. das bedingungslose Grundeinkommen betreffen. Wie gehen wir damit um, wenn eine signifikante Anzahl von Menschen nicht mehr in Lohn und Brot zu bringen ist? Arbeit aber einen wichtigen, sinnstiftenden Teil eines Lebens darstellt.

Brigitte Spieß: Die Statistiken weisen darauf hin, dass viele Berufe durch den technologischen Wandel und die Digitalisierung verschwinden.

Thomas Perlitz: Absolut. Dann muss der Staat eine Lösung finden, wie z. B. das bedingungslose Grundeinkommen. Die Arbeitsplätze gibt es definitiv nicht mehr. Das heißt, die sogenannte Sockelarbeitslosigkeit wird durch die Digitalisierung extrem steigen. Das ist die eine Gruppe, über die wir hier reden.

Die andere Gruppe sind diejenigen Arbeitnehmer, die sich in der virtuellen Arbeitswelt bewegen. Ihre Arbeitserbringungen sind unabhängig von Ort und Zeit. Heute kann ich überall arbeiten. Allerdings muss ich weiterhin vor Ort mit Menschen reden. Das können wir bis jetzt zum Glück nicht ganz virtualisieren. Aber ob ich jetzt im Flughafen oder in einer Lounge oder in Mexiko meine E-Mails bearbeite und meine Telefonate durchführe, ist völlig unerheblich. Hier geht es nur darum, in bestimmten Zeitfenstern zu antworten, damit die Prozesse laufen. Die große Herausforderung liegt eher darin, dass man seine Arbeitsergebnisse vorantreibt, ohne dass man jemanden sieht. Das schafft nicht jeder.

8 Persönliche Begegnung, virtuelle Zusammenarbeit und die Voraussetzungen für Kreativität und Innovation (Generation Y)

Brigitte Spieß: Sie sprechen die Eigenverantwortung, Selbstbestimmung, aber auch Orte der Begegnung von Menschen im Unternehmen an. Die Begegnung von Menschen, z. B. in Teams, ist ja noch ein Teil, der in der Unternehmenskultur stabilisierend wirkt. Wenn wir das in der globalen Zusammenarbeit überwiegend virtuell erfahren, was sind dann die Konsequenzen?

Thomas Perlitz: Vielleicht ist das lediglich eine Generationsfrage. Vielleicht leben wir in der Generation, die eine persönliche Begegnung noch favorisiert. Ich schätze das so ein, dass ich sie brauche, denn ein Teil meiner Produktivität hängt maßgeblich davon ab. Wenn ich aus Mexiko wiederkomme, habe ich dort eine Vertrauensbeziehung zu wichtigen Menschen bzw. Counterparts aufgebaut. Vor Ort müssen die Dinge von denjenigen Menschen gemacht und entschieden werden, denen ich vertraue. Erst dann läuft auch die virtuelle Beziehung zwischen uns reibungslos. Wir haben uns kennengelernt, wir haben unsere Erwartungen gegenseitig ausgetauscht, wir vertrauen uns. Meine Arbeit wäre nicht erfolgreich, wenn ich die Begegnung nicht bewusst nutzen würde.

Auf der anderen Seite beobachte ich junge Menschen in unserem Unternehmen, die quasi in der Virtualität leben. Hier bin ich mir nicht sicher, ob sie zeitweise auch das Bedürfnis haben, eine persönliche Gesprächsrunde mit internationalen Partnern zu führen. Vielleicht denken sie heute über andere Wege und Methoden nach, eine Vertrauensbeziehung aufzubauen. Denkbar wäre z. B. das Motto: Wenn ich zwanzigmal einen „Daumenhoch-Smiley" geschickt habe, ist mein Vertrauenskonto voll. Während wir früher davon ausgingen: Wenn ich dich nicht dreimal persönlich gesehen habe, glaube ich nicht, dass ich mit dir arbeiten kann.

Brigitte Spieß: Auf der anderen Seite weisen Studien nach, dass gerade die Generation Y sehr stark auf Feedback angewiesen ist. Sie favorisieren kurze Feedbackzyklen, suchen Orientierung in einer Wertschätzungs- und Anerkennungskultur und bevorzugen kooperative Teamarbeit – das funktioniert alles nicht nur virtuell. Schauen wir uns in dem Zusammenhang auch die kreativen Startups oder die Arbeitskulturen der IT-Unternehmen an.

Thomas Perlitz: Im Moment ist das, was Sie aufzählen, eher hoffnungsgetrieben. Warum? Was ich wahrnehme, ist ein größerer Druck, angetrieben durch die verkürzte Schulzeit. Die jungen Menschen stehen bis zum Abitur ziemlich unter Strom. Ihnen wird viel abverlangt, sie müssen produktiv sein, schnell Ergebnisse erzielen, Stress aushalten. Ich erlebe hier wenig Freiraum für Kreativitätsentfaltung. Nach der Schulausbildung, setzt bei vielen die Orientierungslosigkeit ein. Aus meiner Sicht wissen weniger als 10 % zu diesem Zeitpunkt, was sie tun wollen. Manchmal folgen dann soziale Jahre, in denen die jungen Menschen einen gesellschaftlichen Beitrag leisten und sich finden wollen. Für mich sind das z. T. Kompensationen, weil sie orientierungslos sind. Zur Entfaltung von Kreativität brauche ich etwas anderes, als wir es in den bisherigen Unternehmensstrukturen umsetzen. Kreativität und Innovationskraft erlebe ich eher in kleineren Gruppen. Das hat vielleicht auch etwas mit Deutschland zu tun, weil wir noch so stark prozess- und ergebnisgetrieben sind. Wir tun uns insgesamt sehr schwer mit Innovationen und kreativen Ideen.

Ich erlebe das auch in meinem Umfeld. Wir hatten im Unternehmen einen Studenten, der sich selbstständig gemacht hat mit einem Geschäftsmodell, über das ich mit ihm gesprochen habe. Der Ansatz war mir zwar fremd, funktionierte aber super. Die Gründerszene ist da und sie wächst. Ich glaube aber, dass wir insgesamt in einem System sind, wo es um die Optimierung von Bestehendem geht und nicht so sehr um Neues, Bahnbrechendes. Viele Firmen haben heute ihre Forschungs- und Entwicklungs-Abteilungen geschlossen oder geben sie an andere Firmen ab. Ich sehe das Thema eher auf der individuellen Ebene. Was mache ich jetzt aus meinem Leben? Was mache ich außerhalb bestehender Bahnen, wie dem Schul-, Hochschul- und Ausbildungssystem? Genau an diesem Punkt finden sie es spannend, etwas Neues auszuprobieren. So erlebe ich das. Reicht das auch volkswirtschaftlich aus?

9 Wechselnde Teamkonstellationen und Geschäftsmodelle neuer Unternehmensstrukturen (IT-Unternehmen, Startups)

Brigitte Spieß: Ich greife eine Ihrer Aussagen noch einmal auf: Es geht um die Optimierung von Bestehendem und nicht so sehr um Neues. Hier sind wir an einem wichtigen

Punkt, wenn wir an dynamische, vernetzte Arbeitswelten denken. Auf der einen Seite haben wir es in vielen Unternehmen immer noch mit Strukturen aus der Zeit der Industrialisierung zu tun. Auf der anderen Seite erproben z.B. die IT-Branche und die Gründerszene seit Jahren neue Arbeitsformen, die ein interaktives, kollaboratives, schnelles und lösungsorientiertes Denken und Handeln in der Wirtschaftswelt favorisieren.

Thomas Perlitz: Ich finde die Gründerszene, z. B. in Berlin, sehr spannend. Hier öffnet sich etwas und das hängt sicherlich auch mit der Internet-Entwicklung zusammen. Viele Jahre wurden Informationen aus Wettbewerbsgründen eher zurückgehalten. Heute ist es egal, ob die Ideen kopiert werden. Aus der Kopie entstehen plötzlich neue Ideen und dann entwickelt sich der Prozess weiter. Die Bereitschaft, Dinge zu teilen, in wechselnden Teamkonstellationen zu arbeiten, ist aus meiner Sicht nur eine Phase, die keine Lebenszeit umfasst. Man dockt sich in einem Team an und dockt sich wieder ab. Das ist absolut spannend und ebenso in größeren Konzernen notwendig. Wenn bei uns ein Thema gelöst werden muss, dann achten wir heute viel stärker darauf, wer weltweit unsere zwei, drei Player sind, die das lösen könnten. Dabei ist nicht bedeutend, wo sie herkommen, sondern sie machen das nur für ein Projekt und danach fliegen sie wieder auseinander. Diese Arbeitsformen nehmen ja zu, plus Internationalität, plus Zeitunterschiede, die es dann schwierig machen. Sie sitzen ja nicht in einem Büro, sondern sind weltweit verteilt.

Zurück zur Startup-Szene. Hier glaube ich, dass sich durch das Thema „trial and error" neue Arbeitskulturen und Innovationen viel früher etablieren. Ein Forscherteam verbringt vielleicht Jahre damit, „verbrennt" viel Geld und kommt erst sehr spät mit einem Produkt auf den Markt, das der Verbraucher dann nicht mehr will. Man kann heute ganz schnell Dinge testen und erproben. Das war früher viel aufwendiger. Diese Vorgehensweise darf man aber nicht mit den z. B. hochgelobten Brüdern einer IT-Firma in Deutschland verwechseln, die eine tolle Internet-Anwendung nach der anderen produzieren. Aus meiner Sicht sind solche Unternehmen nicht kreativ. Im Kopieren, Duplizieren liegt deren Erfolg. Aus irgendeiner Idee, die selten von ihnen selbst kommt, die ihnen Erfolg versprechend erscheint, machen sie einen wirtschaftlichen Erfolg, mehr nicht. Sie generieren Geld. Meine Frage ist dabei immer, ob das Geschäftsmodell wirksam für das Bruttosozialprodukt des jeweiligen Landes ist. Darauf muss man volkswirtschaftlich achten, und das ist bei den IT-Firmen häufig nicht der Fall. Jedenfalls nicht in dem Maße, als wenn ich eine Fabrik mit 2000 Arbeitskräften zur Verfügung stelle, die ein Bruttosozialprodukt erwirtschaften. Sind Unternehmen, die Informationen generieren, auf Dauer hilfreich, um unsere Volkswirtschaft zu entwickeln? Wird hier etwas geschaffen, was der Mensch wirklich braucht, im Sinne von Ernährung und Kleidung? Bringen die Werbegelder, über die sich diese Firmen finanzieren, die Volkswirtschaft weiter? Nein, sie generieren Geld, sie generieren Steuereinnahmen. Generieren sie Arbeit? Vielleicht bei ein paar Software-Entwicklern. Wenn die materielle Güterproduktion und die damit verbundene Arbeit in Zukunft rapide zurückgeht, generieren wir keine Steuereinnahmen mehr, also müsste man sich neue Steuermodelle ausdenken.

10 Generation Resource Management

Brigitte Spieß: Der demografische Wandel führt zu verschiedenen Generationen auf dem Arbeitsmarkt. Stichworte hierbei sind: Die jungen Alten, Generation Y, Z und deren veränderte Anforderungen an die Arbeitswelt, generationenübergreifende Zusammenarbeit. Gibt es in Ihren Unternehmen bereits Ansätze, den demografischen Wandel und das Generation Resource Management aktiv zu gestalten?

Thomas Perlitz: Auch hier muss man wieder trennen zwischen Management und Mitarbeitern, die im Produktionsprozess integriert sind. Ich erlebe eine größere Diskrepanz zwischen den Generationen hinsichtlich des Anpassungswillens der Jüngeren an die Älteren. Früher war das so, dass du von Anfang an unternehmenskonform sozialisiert worden bist. Die meisten jungen Menschen passten sich dieser Vorgehensweise zumindest zu 80 % an. Wir konnten dementsprechend eine eher evolutionäre Veränderung der Unternehmenskultur beobachten. Heute hat sich die Einstellung der jungen Menschen grundlegend geändert. Sie fordern mehr Entscheidungsfreiheit, Eigenverantwortung und weniger Kontrolle, Hierarchie und Ansagen. Das führt in der Zusammenarbeit der Generationen zu Konflikten und Spannungen. Wenn ich auf unsere Produktionsprozesse blicke, bei denen zuweilen harte Arbeitsbedingungen vorherrschen, dann sind die Folgewirkungen Ablehnung und Verweigerung. Das ist das nächste Problem, das auf uns zukommt. Bestimmte Tätigkeiten bzw. Aufgaben werden nicht mehr gewollt bzw. ausgeführt, obwohl wir über genug Arbeitskräfte verfügen. Wir stellen beispielsweise bei Gerresheimer Glas her. Beim Schmelzen am Ofen geht es um Temperaturen von über 1000°. Das sind täglich über 30 bis 40° Raumtemperatur, in der Sommerzeit steigt das Thermometer auf über 40°. Welcher junge Mensch möchte das mehrere Jahre aushalten? Bestimmte Berufsfelder sind somit nicht mehr attraktiv und es wird schwer, die Stellen weiterhin zu besetzen. Die junge Generation hat andere Bedürfnisstrukturen. Ein Mitarbeiter, der z. B. studiert hat, der Praktika, Auslandsaufenthalte und Erfahrungen in einem Startup vorweisen kann, hat andere Ansprüche als wir es bisher in den traditionellen Unternehmen gewohnt waren.

11 Gewinnung und Bindung von Mitarbeitern durch unterschiedliche Arbeitsformen und Arbeitswege

Brigitte Spieß: In dem Zusammenhang interessiert es mich, wie Sie den Nachwuchs bei der Gerresheimer AG rekrutieren? Wie motivieren und binden Sie Ihre Mitarbeiter in Zeiten von Digitalisierung, Nachhaltigkeit und globalen Herausforderungen?

Thomas Perlitz: Hier kommen wir jetzt auf die Themen Individualisierung und Freiraum zu sprechen. Man überlebt als Unternehmen heute nicht mehr, wenn ich den jungen Leuten nicht genügend Raum gebe, sich zu entfalten. Sie wollen ihre Arbeit so machen, wie sie es für richtig halten. Es muss noch zum Unternehmen passen, aber die Freiheitsgrade, wann, wo und wie ich die gewünschten Ergebnisse produziere, sind größer geworden. Die Schwierigkeit liegt in der Alterspyramide. Wir müssen den Älteren klar machen, dass das okay und erlaubt ist. Das führt zu dem Fazit, dass das Unternehmen und seine Unternehmenskultur heute viel stärker unterschiedliche Arbeitsformen und Arbeitswege in den Blick nehmen und aushalten muss.

Und meine Schwierigkeit besteht darin, eine „Kultur des Erlaubens" in die Köpfe der gesamten Belegschaft zu bekommen: Das erfordert die Einstellungsänderung, dass Machbarkeit nicht mehr daran gemessen wird, was einzelne oder was das Unternehmen gut findet. Die Frage geht eher in die Richtung, was technisch machbar oder was dem Produktionsprozess förderlich ist. Ich kann z. B. keine flexiblen Arbeitszeiten fordern, wenn ich in einem Produktionsprozess mit Schichtsystem arbeite, das heißt, *die Limitierungen* kommen durch das, was ich tue und wo ich es tue. Ist meine Arbeit an einen festen Ort gebunden? Welche IT-Systeme benutze ich? Ich kann nicht jedem Mitarbeiter nach Hause eine hochsicherheitstechnisch abgesicherte Leitung für SAP-Zugriffe legen mit dem Risiko, dass durch eine Sicherheitslücke mein ganzes Unternehmen lahm gelegt wird. Nur wenn es keine Hindernisse im Arbeitsprozess gibt, kann man arbeiten, wo man will.

12 Individualisierte, flexible Führung – Sensibilität für die unterschiedlichen Bedürfnisse der Geführten entwickeln

Brigitte Spieß: Wie sieht es mit den tradierten Managementwerkzeugen, wie z. B. Controlling, Planung, Zielvereinbarungen, aus? Was funktioniert in der Führung nicht mehr aus Ihrer Sicht, wenn wir zukünftig flexiblere Arbeitsmodelle einsetzen? Hinzu kommen bewegliche Führungsstrukturen und fluide Teams, dynamische Netzwerkstrukturen.

Thomas Perlitz: Führung hat sich weiter individualisiert. Für Führungskräfte wird in Zukunft die Herausforderung sein, noch flexibler und individueller zu führen. Auch hier wird die volle Bandbreite der Komplexität zuschlagen. Wenn man in einem Produktionsprozess ist, in dem extreme Qualität gefragt ist, wird es weiterhin Überwachung, Qualitätschecks und harte Vorgaben für die Mitarbeiter geben. Auf der anderen Seite geht es um das zeitweilige „Abdocken" in einen freien Raum. Ich erledige dort selbstbestimmt meine Arbeit, docke kurz wieder an, um von der Führungskraft ein Feedback zu bekommen, Fragen zu klären und mich neu zu justieren. Dann bin ich wieder weg.

Früher reichten z. B. drei Führungsmodelle, um eine Mannschaft zu managen. Heute muss ich ganz individuell reagieren. Das betrifft die Nähe und Distanz in der Führung und hängt davon ab, welchen Entwicklungs- und Reifegrad der Mitarbeiter hat. Das gilt sowohl für die Selbstführung als auch für die Teamführung. Zu beachten ist zudem die Bandbreite der Führung und die Rücksichtnahme darauf, dass ich den einen virtuell gut führen kann, den anderen muss ich sehen und erleben. Die Sensibilität für die Bedürfnisse der Geführten ist ein wichtiger Erfolgsfaktor in der Führung. Ich muss darüber hinaus meine Erwartungshaltung an die Mitarbeiter klar äußern. Heute gibt es weitgehend keinen

Konsens mehr, denn die Erwartung ist bei jedem anders. Auch die Teams müssen sich darauf einstellen, dass jeder im Team anders geführt werden will.

Brigitte Spieß: Wenn ich ein Team von z. B. 30 Mitarbeitern führe, kann ich Ihre Aussagen nachvollziehen. Wie ist es aber in internationalen Teams oder wenn Sie es mit einem großen Mitarbeiterpotenzial zu tun haben? Wie gehen Sie als Führungskraft damit um?

Thomas Perlitz: Das ist eine Frage der Organisation, wie sie sich aufstellt und wie viele Führungsebenen sie erlaubt. Hier zeichnen sich große Veränderungen ab. Es werden ganze Führungsebenen gestrichen und die Führungsspannen vergrößern sich. Uns fehlen hier allerdings noch die Erfahrungen. Steigert diese neue Führungsstruktur die Selbstführungsfähigkeit der Einzelnen, indem sie das Vakuum, nicht oder wenig geführt zu werden, positiv für sich nutzen? Oder führt das beim einzelnen Mitarbeiter eher in eine Art Orientierungslosigkeit? Ich erlebe Führungskräfte in einem zunehmenden Balanceakt zwischen strategisch konzeptionellen Aufgaben und eigenem operativen Tun, weil die Führungsebene dazwischen weg ist. Aus meiner Sicht bekommen wir damit Schwierigkeiten, weil wir auch in Zukunft an den ökonomischen Voraussetzungen nichts ändern können. Die Produktivität, der Umsatz, das Wachstum und die Marge müssen stimmen. Wenn es nicht stimmt, werden weitere Gruppen bzw. Ebenen gestrichen.

Top-Talente nutzen ein Führungsvakuum für ihren eigenen Reifeprozess. Das ist immer wieder zu sehen. Das ist wie bei einem Fußballspiel. Wird der 11. Spieler wegen irgendeines Vergehens „rot" vom Platz verwiesen, spielen die zehn plötzlich besser als vorher die Elf. Das heißt, jeder nutzt das Vakuum, jeder will gewinnen und alle gemeinsam werden besser. Das sind Supermannschaften, das kann man auch auf Unternehmen übertragen.

Andere Gruppen oder Mannschaften fallen dann plötzlich ab, weil sie sich nichts trauen, weil das Vakuum nicht gefüllt werden kann, weil es keinen gibt, der die Führung übernimmt.

Nur die guten Mitarbeiter nutzen so eine Situation für sich. In der Regel hat man aber nicht die ausreichende Menge an guten Leuten in einem Team. Ich erlebe die Situation immer wieder, wenn in einem Werk eine wichtige Führungskraft wegbricht, muss man als Konzern sofort Hilfestellung leisten. Das hat etwas mit dem Einzelnen zu tun und ob er sich führen lassen will. Die jungen Mitarbeiter, die innovativ sind und Veränderungen wollen, kommen meistens nicht in die Konzerne. Der Nachwuchs hier hat eher ein gewisses Sicherheitsbedürfnis und wünscht sich etwas mehr Führung.

Brigitte Spieß: Glauben Sie nicht, dass auch die Konzerne allmählich Antworten auf die Folgewirkungen der Megatrends finden müssen? Sie werden die Organisationsstrukturen und Spielregeln vieler Branchen in Zukunft stark verändern.

Thomas Perlitz: Ich sehe das in den Konzernen noch nicht. Ich erlebe bei den jungen Leuten Veränderungen im Anspruch an die Führung. Sie wollen nicht mehr diese harte Linie in der Hierarchie, sie wollen sich frei entfalten, aber trotzdem bleibt der Wunsch bestehen, dass wir sie in ihrer Entwicklung unterstützen. Ich beobachte eher eine passive Konsumentenhaltung als eine aktive Einstellung im Sinne von „Ich will etwas gestalten, ich weiß was und wohin ich will". Diese Aussagen beziehen sich auf die Mehrzahl der jungen Mitarbeiter im Konzern. Es gibt natürlich auch die Top-Talente, nach denen wir suchen, die jedoch sind rar.

Daraus folgt für Ihre Frage, dass es in den großen Unternehmen weiterhin eine große Anzahl von Menschen gibt, die Orientierung und Anleitung suchen. Ein verändertes Führungsverhalten ist erwünscht, da stimme ich Ihnen zu. Was ich nicht erlebe, ist eine enorme Steigerung in dem Wunsch „Ich will Verantwortung übernehmen und etwas bewegen." Aus meiner Sicht ist das gar nicht so. Mein Anteil an Talenten mit dieser Ausrichtung ist nicht sehr groß. Das bestätigen mir auch andere Unternehmen. Diese Erkenntnisse haben dann auch Einfluss auf die Beibehaltung oder Veränderung der Organisationsstruktur. Ob das zu einem langfristigen Wandel führt, sehe ich im Moment noch nicht.

13 Top-Talente finden, halten und weiterbilden

Brigitte Spieß: Benötigen die Konzerne, um auch in Zukunft wettbewerbsfähig und ein attraktiver Arbeitgeber zu sein, nicht gerade die Top-Talente, die gut ausgebildet und intrinsisch motiviert sind, die sich aktiv beteiligen wollen, die mehr Selbstständigkeit und Selbstbestimmung fordern? Was tun Sie bei Gerresheimer, um guten Nachwuchs zu rekrutieren oder die jungen Mitarbeiter mehr in diese Richtung zu entwickeln – ich wiederhole die Frage von vorhin bewusst noch einmal?

Thomas Perlitz: Ja, her damit, ich bin „short an talents". Das sind ja genau die Eigenschaften, die wir brauchen. Solange wir ein Schulsystem haben, das es darauf anlegt, die Schüler mehr in Richtung Leistung und Output zu trimmen, ohne die Persönlichkeitsentwicklung im Blick zu haben, unterstützen wir, plakativ ausgedrückt, die „Harten", oder „survival of the fittest". Ich könnte hier philosophisch diskutieren, ob wir uns nicht in einem Zeitalter des Darwinismus in seiner Bestform bewegen, und das schon im Schulsystem.

Wenn man sich heute ansieht, dass viele Firmen wieder gekauft und verkauft werden, vorrangig von Menschen, denen es völlig egal ist, was damit produktiv passiert, Hauptsache, der Kaufpreis und drei Jahre später der Verkaufspreis stimmt. Wo sollen in dieser noch bestehenden Wirtschaftswelt bei dem Nachwuchs Eigenschaften herausgebildet werden, die diesem System widersprechen? Die Orientierungslosigkeit vieler junger Menschen nach der Schule ist eine Tatsache. Um zu wissen, was ich in meinem Leben will, benötige ich Zeit zum Nachdenken. Wann geben wir dem Nachwuchs Zeit für Selbstreflexion? In der Schulzeit? Nein. Deshalb gehen manche zur Orientierung nach Afrika, kommen dann aus dem Land wieder und sind entschlossen zu helfen und ihren Beitrag für die Gemeinschaft zu leisten. Sie sind geprägt worden durch das, was sie selbst erlebt haben. Ich bin der Ansicht, dass wir junge Menschen nach der Schulzeit in Praxissituationen schicken sollten, wie z. B. den Aufbau einer Schule in Afrika. Wenn sie wiederkommen, wissen sie, was sie wollen, weil sie unmittelbar berührt worden sind. Das führt jetzt vielleicht etwas zu weit weg vom Thema, ist aber ein Ansatz in die richtige Richtung.

Brigitte Spieß: Sie sind in der Ausbildung von Führungskräften selbst sehr aktiv. Als Vorstandsmitglied des Rheinischen FührungsColleg (RFC) bereiten Sie junge Menschen auf Führungsaufgaben in Wirtschaft, Politik und Gesellschaft vor. Auf welche Fähigkeiten zielen Sie in Ihrem Nachwuchsprogramm ab, die in der akademischen Ausbildung nur begrenzt berücksichtigt werden? Ergänzt gefragt: Haben Sie den Eindruck, dass z. B. die Absolventen der RFC anders gewappnet sind, die Globalisierung und Digitalisierung mitzugestalten?

Thomas Perlitz: Geht es um das Führen von Menschen, sind heute andere Fähigkeiten gefragt als die Vermittlung von Fachwissen und Techniken. Die Entwicklung von Führungskompetenz kann nur bei der Entwicklung des Führenden ansetzen. Es geht beim RFC um die Entwicklung der Persönlichkeit. Wenn wir das beim RFC ansatzweise schaffen würden, wäre das mein Traum.

Schauen wir zurück auf unsere Vordenker, z. B. Friedrich Wilhelm von Humboldt, Immanuel Kant. Das Rheinische FührungsColleg will ihre großartigen Ansätze ein Stück am Leben erhalten. Das heißt, dass wir in unserem Programm bei den jungen Menschen die Selbstreflexionsfähigkeit wieder aktivieren und weiter ausbauen. Gemeint sind Fragen wie die Folgenden: Was macht mich aus? Wo will ich hin? Wie gestalte ich mein Leben? Will ich in diesem Hamsterrad der Beschleunigung und Selbstoptimierung mitspielen? Wie bleibe ich mir treu? Die Beantwortung dieser Fragen ist unser Ziel, und das gelingt uns sehr gut. Wir machen jedes Jahr ein großes Sommerfest, bei dem alle Jahrgänge dabei sind. Unsere ehemaligen Absolventen, die schon länger im beruflichen Alltag stehen, geben uns das Feedback, dass sie sich bewusster im Berufsleben entscheiden. Sie wissen, was sie wollen und was sie nicht wollen. Das ist für mich einer der größten Gewinne, die man erzielen kann. In Deutschland haben wir diese Ideale durch Hochschulreformen und Pisa-Studien längst begraben.

14 Führungsstil bewirkt Veränderung bei den Mitarbeitern

Brigitte Spieß: Welche strukturellen Rahmenbedingungen stellen Sie jungen Menschen bei der Gerresheimer AG zur Verfügung, dass sie reflektieren können, wenn sie z. B. später Führungskräfte werden. Haben Sie persönlich dort etwas verändert?

Thomas Perlitz: Ja, z. B. meinen Führungsstil. Ich reflektiere mit meinen Mitarbeitern, indem ich inhaltliche und prozessuale Fragen kläre oder ausführlich Rückmeldungen gebe. Ich habe z. B. eine Führungskraft, die sich immer am Rande der Selbstüberforderung befindet. Das mache ich ihr bewusst und thematisiere es mit ihr immer wieder. Sie hat eine hohe intrinsische Motivation und ist ein Energiebündel. Deshalb muss ich mit ihr auf der Metaebene kommunizieren, sonst kann ich sie nicht erreichen. Ich habe ein hohes Interesse daran, Menschen zu entwickeln oder ihnen einen Rahmen, Raum und Produktionsfläche zu geben, dass sie sich persönlich entwickeln können. Das ist für mich das Schönste, diese Entwicklung nach Jahren bei einzelnen Mitarbeitern zu sehen. Dass sie ein gutes Leben führen, sich entwickelt haben und trotzdem erfolgreich sind. Das ist meine Motivation.

Brigitte Spieß: Gibt es zwei oder drei Instrumente, die Sie bewusst eingeführt haben, um die jungen Menschen in ihrer Entwicklung zu unterstützen und von denen wir lernen können?

Thomas Perlitz: Regelmäßigkeit und Kontinuität sind etwas sehr Wichtiges. Ich habe mit meinen „Direct-Reports" regelmäßige Termine, sie sind im Kalender fest vermerkt. Es gibt immer etwas zu besprechen. Das heißt, diese Regelmäßigkeit ist hilfreich, um Vertrauen und Glaubwürdigkeit aufzubauen und immer wieder im geschützten Rahmen auch Rückmeldungen zu geben. Es ist auch so, dass ich zur Differenzierung von meinen Erwartungen anrege, ganz bewusst, und sage: „Mir ist es egal, wie Sie das machen, aber das Ergebnis muss stimmen." Ebenso unterstütze ich die jungen Menschen darin, selbst auferlegte Hürden zu überwinden, indem ich entsprechende Fragen stelle.

Wir haben zum Beispiel in unserem Headquarter hier in Düsseldorf eine Leitlinie zum modernen Arbeiten. Glauben Sie jedoch nicht, dass diese modernen Arbeitsformen wie z. B. flexible Arbeitszeiten von allen gewünscht und umgesetzt werden, obwohl bei uns vieles mittlerweile erlaubt ist. Die Mitarbeiter trauen sich nicht. Hier sind wir wieder bei dem Thema Selbstbestimmtheit. Selbst in einem definierten Rahmen kann nicht jeder damit umgehen, es dann auch für sich in Anspruch zu nehmen. Ich sage dann häufig: „Machen Sie es doch, gehen Sie nach Hause und nehmen Sie sich ihren Laptop mit. Warum sitzen Sie noch hier?" Ich treibe die Mitarbeiter in diese Richtung regelrecht an. Wir müssen hier jedoch – wie vorher im Interview schon erwähnt – unterscheiden: Die Arbeit an der Maschine mit ihren limitierten Einschränkungen und die Denkleistung, die ich überall vollbringen kann.

15 Werteorientierte Unternehmens- und Führungskultur als Grundlage für eine ökonomische Neuorientierung

Brigitte Spieß: Reden wir über die Unternehmenskultur. Sollte sie eine Vision, Werte und ethische Haltung integrieren, die auch für die Personalentwicklung von Bedeutung ist?

Thomas Perlitz: Dazu als erstes: Ich bin immer nur zu Unternehmen gegangen, bei denen Werte und eine ethische Haltung in der Unternehmenskultur eine bedeutende Rolle gespielt haben, oder wo ich es zumindest vermutet habe. Mir ist das persönlich sehr wichtig. Unternehmerischer Erfolg kommt nahezu von ganz allein, wenn die Kultur, Werte und die ethische Ausrichtung stimmen, vorausgesetzt ich habe ein vernünftiges Produkt. Wenn man es wieder auf eine größere politische Ebene hebt, ist es ein Kampf geworden, dafür zu stehen. Das ganze Thema des Shareholder Values hat uns in die falsche Richtung getrieben. Für mich ist das gekoppelt mit dem Thema Private Equity und den Investmentfonds-Geschichten, bei denen man ein Unternehmen nur noch als abstraktes Gebilde mit ein paar Kennziffern betrachtet.

Brigitte Spieß: Ohne realistische Ertragsziele, die ich gar nicht erreichen kann.

Thomas Perlitz: Genau. Oder man kauft das Unternehmen, macht „die Braut hübsch", nagt das Geschäftsmodell bis auf den Knochen ab und verkauft es mit einem großen Gewinn.

Oder man verschuldet das Unternehmen und sagt: „Jetzt sieh mal zu, wie du zurechtkommst." Was hat das für einen Wert? In unserer Zeit ist viel verloren gegangen, was der „ehrbare Kaufmann" noch gewusst hat oder was bestimmte Familienunternehmen noch weiterführen. Hier kann man noch eine langfristige Orientierung und ein Wertesystem beobachten. Wenn sie heute mit vielen Mittelständlern reden, dann hören sie manchmal ganz offen die Überzeugung: „Wie eine Bank? Ich hole mir doch keinen Kredit bei einer Bank. Das ist das Letzte, was ich machen würde, mich in diese Abhängigkeit zu begeben." Viele Unternehmen sind heute überschuldet. Also hier ist viel verloren gegangen. Ich hoffe, dass es eine Rückbesinnung in Bezug auf die Werte und das Ethos gibt.

Brigitte Spieß: Können wir mittlerweile schon von einer ökonomischen Neuorientierung sprechen, wenn wir uns z. B. die Nachhaltigkeitsbewegung, den gut informierten, kritischen Konsumenten sowie die Sensibilisierung der jungen Menschen für Soziales und Ökologie ansehen? Auch die Stakeholder fordern zunehmend eine gleichberechtigte Aufmerksamkeit im Unternehmen.

Thomas Perlitz: Das ist meine große Hoffnung, aber schauen wir uns dazu ein Beispiel an: Der junge Mann, der in London bei einer Bank gestorben ist, weil er überarbeitet war. Es gibt dazu ein Interview von einem Banker, der gesagt hat: In der Bank steigt jemand in der Hierarchie nur auf, wenn man eine Nacht, zwei Nächte oder mehr durchgearbeitet hat. Wenn das ein Aufstiegskriterium ist, dann kommen nur die „Harten" infrage. Mit dem Karriere-Turbo sind wir auf einem völlig falschen Wege.

Brigitte Spieß: Ich wage die Hypothese, dass diese Generation, die Sie gerade beschrieben haben, ausstirbt, denn die nachfolgenden Generationen äußern andere Bedürfnisse.

Wie stellen Sie sich auf deren Wünsche ein, wenn sich in naher Zukunft die Situation auf dem Arbeitsmarkt ändert und gut ausgebildete Top-Talente eher mit der Frage an Unternehmen herantreten „Was kannst du mir als Unternehmen für meine Biografie und Entwicklung bieten?"

Thomas Perlitz: Ich erlebe das schon. Die Situation dreht sich völlig. Früher hat man einen Arbeitsvertrag bekommen und ihn unterschrieben. Vielleicht gab es dann noch zwei Fragen. Heute diskutieren die guten Mitarbeiter mit mir über die Arbeitsverträge, jeden einzelnen Paragrafen. Und „spinnen" wir das in die Zukunft, dann werden die Talente kommen und sagen: „Herr Perlitz, lassen Sie Ihren Arbeitsvertrag stecken, ich habe meinen eigenen mitgebracht". Und dann kann ich das akzeptieren oder nicht. Alles wird sich in Zukunft noch mehr individualisieren. Diese Unterschiedlichkeit ist eine große Herausforderung, die wir im Unternehmen meistern müssen. Auch die älteren Führungskräfte müssen damit leben.

16 Personalkonzepte der Zukunft unter dem Einfluss der Globalisierung und des demografischen Wandels

Brigitte Spieß: Wie kann ein Personalkonzept der Zukunft aussehen, wenn wir an die verschiedenen Generationen im Unternehmen, an die Zuwanderungsbewegungen und globalen Entwicklungen denken? Haben wir den Menschen mit seiner ganzen Vielfalt und seinen Ressourcen noch genügend im Blick?

Thomas Perlitz: Wir werden noch einige Jahre brauchen, um zu sehen, wie wir als Gesellschaft oder auch als Unternehmen auf diese Phänomene und den vorhandenen Fachkräftemangel reagieren. Für mich ist die Frage noch nicht entschieden. Ich sehe weiter eine Gefahr darin, dass viele Unternehmer sich entscheiden, in Deutschland nicht mehr zu produzieren. Das macht die Probleme noch viel größer, weil die Zuwanderung kommt, und mit ihr bekommen wir nicht die ausreichenden Qualifikationen. Vielen von ihnen können wir keine Arbeit geben. Was passiert dann? Wir müssen sie z. B. durch Sprache und weitere Trainings in den Arbeitsprozess integrieren. Wir bewegen uns hier auf Glatteis. Das ist das eine.

Das andere sind die Themen demografische Entwicklung, längere Lebensarbeitszeit, das Zurückholen von älteren Arbeitnehmern. Das hat für mich wieder mehrere Ebenen.

Die gesellschaftspolitische Ebene ist mir persönlich wichtig. Unsere Gesetzgebung passt nicht mehr zu den Entwicklungen auf dem Arbeitsmarkt. Jemand geht mit 65 Jahren in Rente, weil er muss. Wir haben nicht das amerikanische Modell, das ab einem bestimmten Alter den Arbeitnehmern die Wahl eröffnet, wann sie gehen wollen. Auch die Aufstockung der Verdienstmöglichkeiten nach dem Ausstieg aus dem Unternehmen ist bei uns nicht frei umsetzbar. Es fehlen die Instrumente, um jemand über sein Renteneintrittsalter hinaus mit einem guten Einkommen weiter zu beschäftigen.

Brigitte Spieß: Ältere Arbeitnehmer müssen auch fortgebildet werden.

Thomas Perlitz: Das kommt als Nächstes. Ich brauche erst einmal gesetzliche Rahmenbedingungen, dass ich ältere Arbeitnehmer weiter beschäftigen und in unserem Unternehmen gut damit umgehen kann. Wir machen das, was machbar ist, nämlich 450-Euro-Jobs, aber das hilft uns nicht. Große Unternehmen haben mittlerweile Beratungseinheiten gegründet. Das geht z. B. in der Produktion nicht. Natürlich kann ich auch einen 67-Jährigen noch einmal für ein Jahr als Berater nach Indien schicken, aber mir geht es auch um die flächendeckenden Aufgaben. Warum kann ich z. B. nicht einen Buchhalter länger beschäftigen, der viel Erfahrungswissen mitbringt und gerne arbeitet?

Das andere ist der Produktionsprozess. Im Bundesarbeitgeberverband Glas und Solar, in dem ich im Vorstand sitze, arbeiten wir gerade in einem großen Projekt an diesen Fragen. Wir analysieren und zerlegen den Produktionsprozess, und zwar hinsichtlich körperlicher und geistiger Belastung sowie Ausbildung. Also wir zerlegen den Prozess, 30 Jahre in einem Betrieb, und entwickeln ein Modell, um Aussagen zu treffen, wie z. B. die körperlich anstrengenden Jobs am Anfang gemacht werden, wenn man jung ist. Das Ganze wird begleitet von einem Arzt, der uns darauf hinweist, dass ein Mitarbeiter das nur x Jahre machen darf, damit keine körperlichen Schäden entstehen. Dann kommt der nächste Job, der nicht so anstrengend ist, sodass man entlang des Produktionsprozesses – körperlich, geistig, physisch, psychisch – einen optimalen Lebensweg für den Mitarbeiter findet. Das muss dann verbunden werden mit den Fragen, welche Ausbildung der Mitarbeiter am Anfang benötigt, wie er sich weiterbildet und lernt, wie er umlernen muss. Das führt uns am Ende zu der Frage, wie wir ihn dann im Alter bezahlen? Vielleicht wird die Aufgabe, die er am Anfang macht, nicht so gut bezahlt. Hier gibt es viele Fragen, mit denen wir uns auseinandersetzen müssen.

Brigitte Spieß: Sie sprechen die Lebensphasen eines Menschen an, die sich in den letzten Jahrzehnten verändert haben, und wie man darauf im Unternehmen reagieren sollte.

Thomas Perlitz: Genau. Mein Traum wäre, dass man entlang der Lebensphase eines Mitarbeiters auch Trainings, Ausbildungsformate, Belastungsgrenzen festlegt. Aber das ist hochkomplex und in dem angesprochenen Projekt nähern wir uns diesen Fragen gerade an.

Brigitte Spieß: Würde das nicht wieder bedeuten, dass ich die Mitarbeiter im Unternehmen lebenslang binden möchte? Ist das in den neuen Arbeitswelten der Zukunft noch möglich und ratsam?

Thomas Perlitz: In der Produktion wird es so sein, aber in den anderen Berufsfeldern nicht. Wie lange haben wir noch die Produktion in Deutschland? Eine interessante Frage zum Abschluss unseres Gesprächs.

Thomas Perlitz begann seine berufliche Entwicklung, nach dem Studium der Betriebswirtschaft in Mannheim, 1989 als Trainee im Personalbereich der Nixdorf Computer AG in Paderborn. Nach dem Fall der Mauer und der Übernahme der Nixdorf Computer AG durch die Siemens AG im Jahre 1990, wechselte er in seine Geburtsstadt Berlin. Dort übernahm er bis 1993, als Personalreferent, Betreuungsaufgaben und arbeitete an der Integration der Nixdorf Computer AG in den Siemens Konzern. In den Jahren 1993 bis 1997 übernahm er zuerst als Leiter der Personalbetreuung, später dann als Personalleiter und Mitglied der Betriebsleitung in Dresden und Moskau, Führungsverantwortung für die Personalthemen in Zentral- und Osteuropa. Im Jahr 1997 wechselte Herr Perlitz nach München zur damaligen Macrotron AG, die zuerst an die Tech Data Inc./USA und später an die Ingram Micro Corp./USA verkauft wurde. Als Vice President Human Resources & Centralized Services sowie Mitglied der Geschäftsleitung, verantworte er die Personalarbeit in Zentraleuropa und u. a. Themen wie Unternehmenssicherheit, Versicherungen, Gebäude und Infrastruktur. Zu Beginn des Jahres 2007 wechselte er als Corporate Vice President Global Human Resources, weltweit verantwortlich für die Personalthemen, für den Bereich Wasch- und Reinigungsmittel, zur Henkel AG & Co. KGaA nach Düsseldorf. Seit Beginn 2010 ist er in seiner jetzigen Aufgabe und leitet als Global Senior Vice President Human Resources die gesamte Personalarbeit der Gerresheimer AG in Düsseldorf. Darüber hinaus gehört er seit 2011 dem Vorstand des Bundesarbeitgeberverbandes Glas und Solar e. V. an, dessen Vizepräsident er auch ist. Von 2008 bis 2015 engagierte er sich ehrenamtlich im Vorstand des Rheinischen Führungscollegs.

„Arbeitswelten 4.0" – wie die Deutsche Bahn heute schon „im Morgen" denkt und handelt

Ulrich Weber und Per Wiek

1 Die Initiative „Arbeitswelten 4.0" der Deutschen Bahn

Das Tempo, in dem sich die Unternehmenswelt in den vergangenen Jahren verändert hat, ist atemberaubend. Automatisierung und Digitalisierung tragen wesentlich zu dieser Entwicklung bei. Prominente Beispiele wie Amazon, Airbnb oder Uber haben bewiesen, dass ganze Branchen wie der Einzelhandel, das Hotel- oder Taxigewerbe innerhalb kürzester Zeit auf den Kopf gestellt werden können. Diese Beispiele zeigen auch, dass wir in Zukunft eher Disruptionen als Veränderungen im klassischen Sinne zu erwarten haben.

Der „Monitoring-Report Digitale Wirtschaft 2014" des Bundesministeriums für Wirtschaft und Energie bewertet den Digitalisierungsgrad der Verkehrs- und Logistikbranche als noch vergleichsweise gering. Aber neue Informations- und Kommunikationstechnologien werden in den kommenden Jahren auch hier verstärkt zum Einsatz kommen und zu entsprechenden Veränderungen führen. Für die Deutsche Bahn – einen Traditionskonzern mit weltweit über 300.000 Mitarbeitern und erheblichen Digitalisierungspotenzialen in Mobilität, Logistik, Instandhaltung oder Vertrieb – bedeutet dies einen großen Schritt in Richtung Zukunft. Rüdiger Grube, Vorstandsvorsitzender der DB, sprach Ende des Jahres 2014 in der Mitarbeiterzeitung *DB-Welt* im Hinblick auf die Digitalisierung vom „größten Umbruch seit der Bahnreform" – mit beträchtlichen Chancen, die es zu nutzen gelte.

Um den Wandel erfolgreich zu gestalten, rief die DB deshalb sechs 4.0-Initativen ins Leben, welche die Auswirkungen der neuen Möglichkeiten auf Mobilität, Infrastruktur,

U. Weber (✉)
Personalvorstand der Deutschen Bahn AG, Deutsche Bahn AG
Berlin, Deutschland

P. Wiek
Leiter Personalstrategie und Personalprozesse (HZ), Deutsche Bahn AG
Berlin, Deutschland
E-Mail: per.wiek@deutschebahn.com

Abb. 1 Die neuen digitalen Möglichkeiten von Arbeitswelten 4.0. (Fotolia)

Logistik, Produktion und IT, aber auch auf die Mitarbeitenden des Konzerns beleuchten sollten. Letztere Initiative wurde „Arbeitswelten 4.0" getauft.

Dass sich die DB für eine solche Initiative entschieden hat, macht deutlich, dass Digitalisierung hier nicht nur von ihrer technologischen Seite betrachtet wird. Denn der digitale Wandel und die in diesem Zuge neu entstehenden technischen Möglichkeiten (Abb. 1) lassen nicht nur neue Geschäftsmodelle entstehen, sondern ermöglichen und erfordern auch eine andere Denkweise über die Zukunft des Arbeitens – im klassischen Produktionsbetrieb ebenso wie in den Büros. Mitarbeitern und ihren Fähigkeiten kommt dabei möglicherweise eine völlig neue Rolle zu, da sich ihre Position in der Wertschöpfungskette grundlegend, kontinuierlich und schnell verändert. Wie werden, wie wollen wir künftig zusammenarbeiten wie entscheiden und wie organisiert sein? Wie wird sich Führung verändern (müssen)? Welche Berufe stehen vor tiefgreifenden Umbrüchen, welche werden neu entstehen, welche verschwinden? Müssen wir Kompetenzen und die Art, wie wir lernen, grundlegend anders bewerten oder sogar ganz neu definieren? Wie und wo kommunizieren wir, wenn Informationen für alle transparent und gleichzeitig verfügbar sind? Kommunikation zwischen Maschinen, das Internet der Dinge und die Möglichkeit, an jedem Ort und zu jeder Uhrzeit mit Kollegen über Kontinente hinweg zusammenzuarbeiten, eröffnen neue Dimensionen des Arbeitens.

2 Das Expertennetzwerk Arbeitswelten 4.0

Um sich den Auswirkungen und dabei vor allem den Chancen der Digitalisierung im Kontext neuer Arbeitswelten zu nähern, ist die Initiative „Arbeitswelten 4.0" einen außergewöhnlichen Weg gegangen und hat sich von Beginn an geöffnet. Sowohl interne Experten als auch Quer- und Vordenker aus Wirtschaft, Wissenschaft und Gesellschaft fanden sich zu dem sogenannten „Expertennetzwerk" zusammen. Insgesamt besteht das Netzwerk aus rund 80 Beteiligten – zur einen Hälfte interne Experten, zur anderen Hälfte externe. Interdisziplinarität, Geschäftsnähe, Verbindung von Innen- und Außensicht sowie Partizipation und Offenheit sollen den Charakter des Expertennetzwerks prägen.

Die Zusammensetzung der DB-Vertreter erfolgte hierarchieübergreifend und nicht nur aus der Personalfunktion, sondern auch aus anderen Abteilungen des Konzerns und dessen Geschäftsfeldern. Denn um zu wissen, wie in Zukunft bei der DB gearbeitet wird, ist es notwendig, zu wissen, wie produziert wird. Auch Betriebsräte waren von Anfang an in den Denkprozess einbezogen.

Die externen Experten stammen aus verschiedenen Richtungen. Große Forschungsinstitutionen wie Vertreter verschiedener Fraunhofer Institute, der Ludwig-Maximilians-Universität München und anderen Technischen Universitäten wie Dresden und Kaiserslautern nehmen am Expertennetzwerk teil. Aber auch Wirtschaft und Industrie sind durch Experten von Unternehmen wie beispielsweise Lufthansa, Telekom und Siemens vertreten. Zusätzlich sind auch Think Tanks, Startups und Beratungsfirmen aktiv involviert.

Eine dritte Gruppe ist die Konzernöffentlichkeit der DB. Auf einer virtuellen Plattform wurden regelmäßig die Arbeitsschritte des Netzwerks veröffentlicht und diskutiert.

Ziel des Expertennetzwerks war und ist es, keine allgemeine Diskussion über die neuen Arbeitswelten zu führen, sondern zu erarbeiten, was die Digitalisierung ganz konkret für die Mitarbeitenden bei der DB bedeutet. Dazu wurde der Komplex Arbeitswelten zunächst in fünf Gruppen geteilt und die Experten entsprechend ihrer Kompetenzen auf diese Gruppen aufgeteilt.

Folgende Fragen strukturierten den Beginn der Arbeit in den Arbeitsgruppen:

Gruppe 1: Arbeitsformen und Rahmenbedingungen

- Wie gestalten wir mobiles und flexibles Arbeiten? Wie kann Digitalisierung helfen, Arbeitszeitbedürfnisse des Unternehmens und der Beschäftigten besser zusammenzubringen?
- Wie können wir uns auf die Möglichkeit fluider Belegschaften mit *cloud workern* einstellen? Was bedeutet das für die Tariflandschaft der DB? Und für die Identität des Unternehmens?
- Unterstützen unsere jetzige Organisation und unsere Datenschutz- und Arbeitsrechtsregelungen Arbeits- und Lernweisen der Zukunft?
- Welche Implikationen haben Digitalisierung und Automatisierung auf die Gesundheit?

Gruppe 2: Führung und Organisationsmodelle

- Müssen wir unsere Organisationsstrukturen überdenken, um Zusammenarbeit zu stärken und reibungsloser in Netzwerken agieren zu können?
- Wie können wir Eigenverantwortung, Intrapreneurship und das Bewusstsein für den individuellen Wertbeitrag im Arbeitsalltag stärken?
- Welche Auswirkungen hat die Digitalisierung auf Führung, Führungskompetenzen und den Führungsalltag?
- Wo und wie werden wir Führung (noch) erleben?

Gruppe 3: Berufsbilder und Tätigkeiten

- Welche Veränderungen bei Berufsbildern erwarten wir bei der DB? Welche Berufe werden hinzukommen, welche werden obsolet?
- Neutralisiert der technologische Wandel den demografischen? Wie schaffen wir es, Strukturbrüche in Berufsfeldern rechtzeitig zu erkennen und einen vorausschauenden Übergang zu gestalten?
- Wie stellen wir uns als DB auf eventuell geänderte Anforderungen durch neue Berufe ein?
- Wie gestalten wir die Mensch-Maschine-Schnittstelle human und wertschöpfend?

Gruppe 4: Lernen und Kompetenzen

- Wird es zunehmend um Fähigkeiten und Haltungen gehen statt um Wissen? Wie viel Fachwissen und wie viel Methodenwissen werden wir benötigen?
- Können *digital devices* (z. B. Datenbrillen) die Beschäftigungsmöglichkeiten Niedrigqualifizierter erhöhen? Oder gibt es einen Trend zur Höherqualifizierung?
- Wie wird Wissen erworben? Wie unterstützt die DB neue Lerntechniken und die Digitalisierung der Lerninhalte?
- Wie findet Wissenstransfer unternehmensintern und -übergreifend künftig statt? Wie können wir noch mehr von und gemeinsam mit anderen Unternehmen, Organisationen, Experten und Kunden lernen?

Gruppe 5: Kommunikation, Kollaboration und Zusammenarbeit

- Welche Kommunikationsprinzipien und welche -kultur benötigen wir, um schnell, transparent und partizipativ entscheiden zu können?
- Wie kann Bindung aufrechterhalten werden, wenn persönliche Kommunikation häufiger durch andere Medien abgelöst wird?
- Wie schaffen wir es, innovatives Denken und Handeln im DB-Konzern stärker auszuprägen?
- Soll Open Innovation für die Entwicklung neuer Produkte, Dienstleistungen, Geschäftsmodelle und -prozesse standardmäßig genutzt werden?

- Muss die gesamte Organisation innovativ sein oder reicht es, bestimmte Bereiche innovativ aufzustellen? Was bedeutet dies für den Zusammenhalt im Unternehmen?

Ausgehend von diesen Fragen haben die Experten alternative Zukunftsszenarien sowie die Grundlagen für konkrete Umsetzungsmaßnahmen bzw. Prototypen für den DB-Konzern erarbeitet. Prototypen im Expertennetzwerk der DB sind keine fixen Entwurfsmuster, wie man sie zum Beispiel aus der Softwareentwicklung kennt, sondern Maßnahmen und Handlungsvorschläge für bestimmte Bereiche und Geschäftsfelder, die sich in Zukunft maßgeblich verändern werden, um die Wettbewerbsfähigkeit des Unternehmens zu erhalten und dessen Position am Markt zu stärken.

3 Die Arbeitsweise des Expertennetzwerks

Im Fokus aller Arbeitsgruppen stand dabei die übergeordnete Frage, welche Maßnahmen der DB-Konzern kurz-, mittel- und langfristig ergreifen muss, um in der Welt von morgen schnell und proaktiv handeln zu können. Die Beantwortung dieser Frage ist essenziell für jedes Unternehmen, denn die digitale Transformation ist kein Trend, der wieder vergeht.

Um Maßnahmen entwickeln zu können, musste das Expertennetzwerk zunächst versuchen, einen Blick in die Zukunft zu werfen. Wie sich die Arbeitswelt exakt entwickeln wird, lässt sich nicht voraussagen. Um aber möglichst viele Entwicklungen abdecken zu können, wendeten die Arbeitsgruppen die Szenariotechnik an – eine Methode, die bei strategischen Planungen helfen soll. Ausgehend vom Status Quo wurden dabei je Arbeitsgruppe zwei Einflussfaktoren (Treiber) identifiziert, welche die Zukunft maßgeblich beeinflussen könnten. Diese Faktoren können ganz unterschiedlicher Natur sein. Anschließend wurde skizziert, wie sich der Status Quo verändern würde, wenn die Faktoren in extremen Ausprägungen zusammenspielen würden. Bei zwei Extremen pro Einflussfaktor entstanden so insgesamt vier mögliche Szenarien. Dabei ist zu beachten, dass die Szenarien keine Zukunftsvorhersagen sind. Es handelt sich um extreme und daher in der absoluten Ausprägung um unrealistische Visionen. Die reale Zukunft wird sich aber voraussichtlich in diesen Spannungsfeldern bewegen. Die Szenarien dienen als Rahmen und Projektionsfläche für weitere Überlegungen.

Darauf basierend wurden anschließend Entwicklungsziele und dazugehörige Pfade formuliert, die Maßnahmen aufzeigen, die es ermöglichen in möglichst vielen dieser Szenarien erfolgreich zu sein. Danach konnten, basierend auf den Entwicklungspfaden, konkrete Maßnahmen abgeleitet werden. Im Detail sahen die Arbeitsschritte (s. Abb. 2) der Arbeitsgruppen wie folgt aus:

Schritt 1: Identifikation von relevanten, aber unsicheren Treibern
Im ersten Schritt wurden in jeder Arbeitsgruppe zwei zentrale Treiber identifiziert, die das jeweilige Themenfeld maßgeblich beeinflussen.

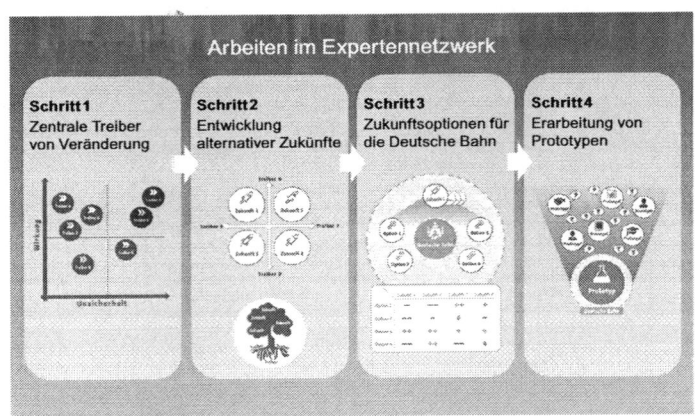

Abb. 2 Arbeitsschritte im Expertennetzwerk „Arbeitswelten 4.0". (Deutsche Bahn AG)

Für das Thema Arbeitsformen und Rahmenbedingungen wurden zum Beispiel „Individualisierung" und „Wandel des Geschäftsmodells" als relevante Treiber herausgearbeitet. Individualisierung beschreibt, inwiefern der Arbeitnehmer selbst- bzw. fremdbestimmt handelt und arbeitet. Der Treiber „Individualisierung" beschreibt dabei auch eine Form von Machtverhältnis zwischen Arbeitnehmer und Arbeitgeber bzw. seinem Umfeld. Es wird in Zukunft eine große Rolle spielen, ob der Markt den Arbeitnehmer in den Mittelpunkt stellt oder ob der Mensch sich nach den Bedingungen richten muss, die ihm vorgegeben werden. Je nach Selbstbestimmungsgrad des Arbeitnehmers muss auch eine Organisation sich selbst den Gegebenheiten anpassen. Der Individualisierung wurde in dieser Gruppe der Wandel des Geschäftsmodells gegenübergestellt. Die Skala reicht hier von inkrementellem bis disruptivem Wandel. Der Treiber „Wandel des Geschäftsmodells" beschreibt demnach auch die Geschwindigkeit des Wandels, die ebenfalls einen essenziellen Einfluss auf Arbeitsformen und Rahmenbedingungen hat. Eine Welt mit inkrementeller Veränderung ist planbar – sowohl für Arbeitnehmer als auch für Unternehmen. Dementsprechend langfristig können auch Arbeitsformen und Rahmenbedingungen ausgelegt werden. In einer Welt voller disruptiver Veränderungen braucht es hingegen eine andere Form von Organisation. Hier ist Agilität, also die Fähigkeit, sich schnell an neue Gegebenheiten anzupassen, gefragt – auch das gilt sowohl für Arbeitnehmer wie Arbeitgeber.

In eine ähnliche Richtung gingen die Treiber der Arbeitsgruppe Führung und Organisationsmodelle. Diese Gruppe identifizierte „Selbstbestimmung" und „Unsicherheit" als zentrale Faktoren. Auch hier lag der Fokus auf Machtverhältnis auf der einen Seite und Geschwindigkeit bzw. Planbarkeit auf der anderen. Die Arbeitsgruppe Berufsbilder und Tätigkeiten sah die stärksten Treiber im bereits erläuterten „Wandel des Geschäftsmodells" und in der „Ausprägung der Digitalisierung und Automatisierung". Speziell für zukünftige Berufsbilder und Tätigkeiten wird die Frage entscheidend sein, inwiefern bestimmte Tätigkeiten noch von Menschen ausgeführt werden bzw. ob es in Zukunft eher darum gehen wird, die Automatisierung zu überwachen und nur bei Bedarf einzugreifen. Die Gruppe Lernen und Kompetenzen hingegen setzte ihren Fokus auf die „Individualisierung des Lernens" und das „Ende der Normalbiografie". Auch bei der Individualisierung des Lernens steht der Grad der Selbstbestimmung im Mittelpunkt. Das „Ende der Normalbiografie" beschreibt, inwiefern eine einmal gewählte Profession Bestand hat. Wie verändern sich Lernmodelle, wenn ein Wechsel von Professionen der Normalfall wird, im Gegensatz zu einer Welt, in der man sich ein Arbeitsleben lang immer weiter in seinem Fachbereich spezialisiert? Auch die letzte Arbeitsgruppe Kommunikation, Kollaboration und Innovation identifizierte „Machtverhältnisse" als zentralen Treiber. Das Gegenstück in diesem Fall war die „Regulierung der Verwendung von Technologien zur Optimierung der Arbeitswelt", die stark beeinflusst, mit welchen Mitteln in Zukunft kommuniziert und kooperiert wird.

Schritt 2: Entwicklung von alternativen Zukünften
Im zweiten Schritt wurden diese Treiber in ihren extremen Ausprägungen kombiniert und so pro Gruppe jeweils vier extrem gezeichnete Zukunftswelten entwickelt (beispielhaft s. Abb. 3).

Zwar unterscheiden sich die zwanzig über alle Arbeitsgruppen entwickelten Zukunftsszenarien (Welten) in ihrer „Storyline". Auffällig war jedoch, dass trotz der Unterschiede alle Szenarien Elemente enthielten, die in mehreren oder allen Welten beobachtet wurden (s. Abb. 4).

Die beschriebenen Welten sind Extremszenarien, die sich in der realen Welt nicht in voller Ausprägung wiederfinden und vermutlich auch nicht werden. Betrachtet man zum Beispiel die Ausbildung und Qualifizierung (vgl. Abb. 4, Punkt 5) als Extremszenario, so ist es unwahrscheinlich, dass die Qualifizierung in Zukunft allein durch Datenbrillen und Digital Devices möglich ist – jedoch ist auch das Gegenszenario, dass die Ausbildung von Mitarbeitern hin zu Experten komplett manuell und langjährig ausfallen wird, unwahrscheinlich. Wahrscheinlich hingegen ist eine Mischform unterschiedlich ausgeprägter Trends.

Die Beobachtungen unterstreichen die Widersprüchlichkeit der möglichen Zukunftswelten und weisen darauf hin, dass es nicht nur die „eine Wahrheit", die eine Realität geben wird, der es sich zu stellen gilt. Die Heterogenität unserer Welt wird wachsen, und wir werden in Zukunft deutlich stärker damit zu tun haben, viele Welten in einer Welt betrachten zu müssen. Für die DB bedeutet dies, sich für die Herausforderungen in möglichst vielen dieser Zukunftswelten zu wappnen und resilient gegenüber disruptiven Veränderungen zu sein, welche die „alte(n)" Welt(en) auf den Prüfstein stellen und möglicherweise neue entstehen lassen (Abb. 5).

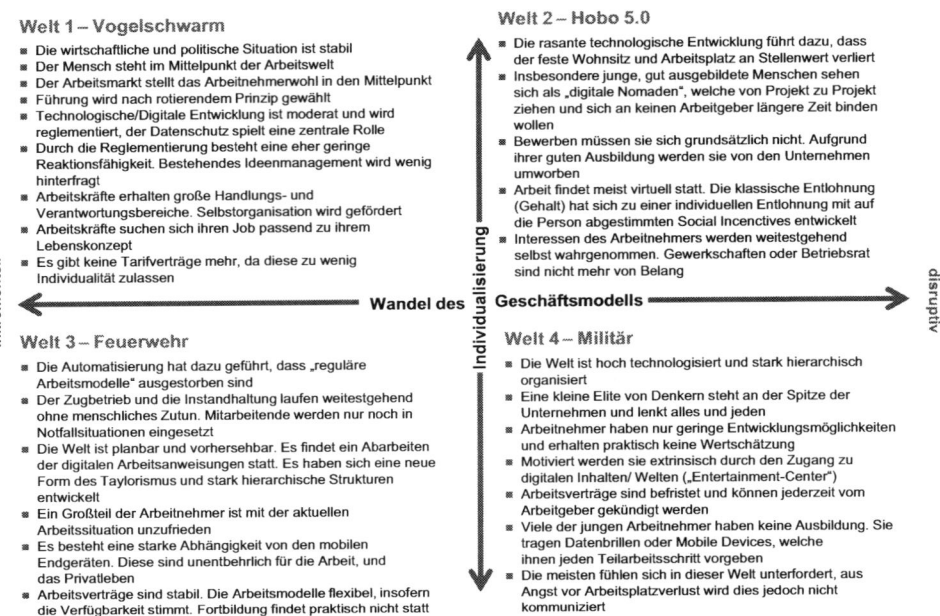

Abb. 3 Extreme Zukunftswelten der Arbeitsgruppe Arbeitsformen und Rahmenbedingungen. (http://www.deutschebahn.com/arbeitswelten)

Schritt 3: Wie können wir die Zukunft gestalten? Entwicklungspfade und -ziele für die DB

Im dritten methodischen Schritt hat das Expertennetzwerk konkrete Zukunftsoptionen für die Deutsche Bahn identifiziert, um im Jahr 2030 möglichst in allen relevanten Welten nicht nur bestehen, sondern auch aktiv handeln zu können. Die Zukunftsszenarien, welche durch die Experten in dem Prozess entwickelt wurden, sind weder endgültig noch sicher. Dennoch liefern sie wichtige Anhaltspunkte für zentrale Entwicklungsziele, auf die die DB auf unterschiedlichen Ebenen zusteuern muss, um in allen möglichen Zukünften erfolgreich agieren zu können.

Sowohl die Experten in ihren jeweiligen Gruppen als auch rund 30 zusätzliche Interviewpartner haben sich deshalb den entstandenen Welten intensiv gewidmet und gefragt: Welche Herausforderungen sehen wir mit Blick auf die DB? Auf welche Fragen müssen wir Antworten finden? Was müssen wir tun, um diesen Herausforderungen begegnen zu können? In welcher Skalierung und mit welcher Geschwindigkeit? Neben den Entwicklungszielen in den jeweiligen Themenfeldern sind deshalb auch Entwicklungspfade erarbeitet worden, die das Erreichen des Zielzustandes einer DB der Zukunft stufenwei-

1. **Nomadentum:** In Welten mit hoher Mitarbeiterselbstbestimmung und disruptiven Entwicklungen steigt die Unabhängigkeit der Arbeitnehmer von Arbeitsort und Arbeitszeit. Die Zahl freier Mitarbeiter steigt, feste und dauerhafte Beschäftigungsverhältnisse sind unüblich. In diesen Welten findet ein Wettbewerb um die besten Köpfe statt, Unternehmen bewerben sich bei Arbeitnehmern.
2. **Vergütung:** In Welten mit hoher Mitarbeiterorientierung/Selbstbestimmung lösen individuelle Vergütungsmodelle (bspw. Social Incentives, Erfolgsbeteiligungen) klassische Gehaltsstrukturen ab.
3. **Interessenvertretung:** Unklar ist bislang, welche Rolle die Interessenvertretung durch Gewerkschaften und Betriebsräte spielen wird. Während teilweise die These besteht, dass in einer individualisierten Welt Arbeitnehmervertretungen nicht mehr existieren, sieht eine andere Welt einen hohen Einfluss ebendieser, insbesondere wenn es um Fragen des Arbeitnehmer- und Datenschutzes geht.
4. **Führungskraft als Dienstleister der Mitarbeiter:** In Welten mit hoher Arbeitnehmerfokussierung ändert sich die Rolle von Führungskräften radikal. Sie sind "Dienstleister"/ "Caretaker" für ihre Mitarbeiter, die sich um das Wohlbefinden der Arbeitskräfte kümmern. Teilweise kommt ihnen auch die Rolle des Moderators zu.
5. **Ausbildung und Qualifizierung:** In stark fremdbestimmten Welten, in denen der Arbeitgeber dominiert, spielt Ausbildung kaum noch eine Rolle. Der Grund: Technische Unterstützungssysteme wie Datenbrillen oder Mobile Devices geben die einzelnen Arbeitsschritte exakt vor.
6. **Taylorismus:** Die Stärkung der Macht des Arbeitgebers in Kombination mit einem hohen Maß an Digitalisierung und Automatisierung führen oftmals zu einer technischen Steuerung aller Prozesse. Die Konsequenz ist eine starke Überwachung der Arbeitnehmer. Führung ist hier stark hierarchisch, Mitarbeiterbeteiligung gibt es kaum. Je nach Welt unterscheidet sich hierbei der Grad der Regulierung durch Märkte und Staat/Recht.
7. **Plattformen und (Experten-)Netzwerke:** In einer arbeitnehmerdominierten Welt werden Arbeitsaufträge über Online-Plattformen frei vergeben. Die Menschen finden sich in Online-Expertennetzwerken zusammen.
8. **Datenschutz:** Die Bedeutung von Datenschutz nimmt in beständigen, vorhersehbaren und regulierten Welten zu. In disruptiven Welten wird Datenschutz aufgrund von Unsicherheit anderen Gütern untergeordnet.
9. **Verantwortung:** Wer übernimmt Verantwortung für sein Handeln? In mitarbeiterorientierten Welten übernimmt jeder Verantwortung für Entscheidungen und Handeln. Trotzdem herrscht ständige Unsicherheit. In einer disruptiven, höchst unsicheren Welt haben Führungskräfte nicht immer den Mut, Entscheidungen zu treffen und sichern sich eher individuell oder kollektiv über Gremien ab – aus Angst, Fehler zu machen.

Abb. 4 Übersicht über übergreifende Trends in den Zukunftswelten. (http://www.deutschebahn.com/arbeitswelten)

se ermöglichen können und die Grundlage für ein Weiterdenken und eine Schärfung der Personalstrategie der DB HR2020 bilden (s. Abb. 6).

Obwohl die Gruppen Entwicklungsziele und Entwicklungspfade jeweils für das eigene Thema entwickelten, zeigte sich doch ein zentraler Trend, der gruppenübergreifend beobachtet werden konnte. Der Mitarbeiter mit seinen Kompetenzen wird in Zukunft mehr im Fokus der Organisationsentwicklung stehen als bisher. Die Experten gehen davon aus, dass sich das Machtverhältnis zugunsten der Arbeitnehmer verschieben wird. Der bereits laufende Wettbewerb um Talente wird sich weiter verschärfen. Dementsprechend muss es

Abb. 5 Vereinfachtes Illustrations-Beispiel der Zukunftsszenarien der Arbeitswelten der DB im Jahr 2030. (Deutsche Bahn AG; Künstler Heyko Stöber)

das Ziel der DB sein, der Individualität der Mitarbeiter Rechnung zu tragen und Rahmenbedingungen so anzupassen, dass sie möglichst vielen Lebensentwürfen gerecht werden.

Auf der Arbeitsebene sollen dem Mitarbeiter mehr Freiräume und Eigenverantwortung eingeräumt werden. Wertschätzung, Vertrauenskultur, weniger Kontrolle der Präsenz und eine humane Form der Automatisierung sind ebenfalls Punkte, die in diese Richtung zielen. Die Führungskraft wird noch stärker die Rolle des Inspirators wahrnehmen, weg von der „Gatekeeper"-Funktion.

In Bezug auf die Weiterentwicklung sollte sich die DB laut den Experten stärker auf Kompetenzen statt auf Tätigkeiten fokussieren. Die Entwicklung eines Kompetenzmanagements, das auf der einen Seite evaluiert, welche Kompetenzen gebraucht werden und auf der anderen Seite Mitarbeiter und Bewerber mit diesen festgestellten Bedarfen zusammenbringt, steht hier an erster Stelle. Gleichzeitig sollen die Kompetenzprofile der Mitarbeiter durch gezielte Weiterbildung ständig erweitert und den sich voraussichtlich schnell wandelnden Bedarfen regelmäßig angepasst werden.

„Arbeitswelten 4.0" – wie die Deutsche Bahn heute schon „im Morgen" denkt und handelt 223

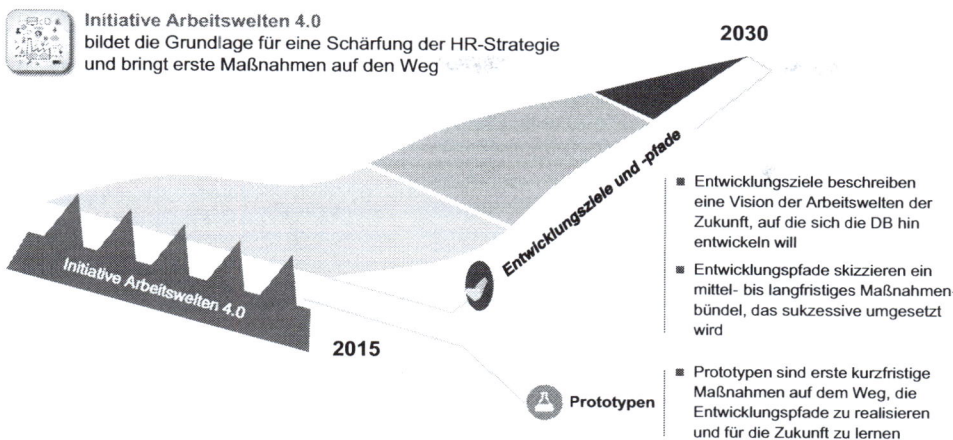

Ziel der Initiative Arbeitswelten 4.0: Auswirkungen auf die Menschen bei der DB gestalten

Abb. 6 Illustration Zusammenhang Prototypen, Entwicklungspfade und Entwicklungsziele. (Deutsche Bahn AG)

Schritt 4: Die DB legt schon heute los – die entwickelten Prototypen

Die Entwicklungsziele und Entwicklungspfade sind langfristige und allgemein gehaltene Visionen für die Zukunft. Es ist aber auch das Ziel des Expertennetzwerks, schon jetzt der DB konkrete Wege aufzuzeigen, wie man diese Entwicklungspfade betritt und schließlich die Entwicklungsziele erreicht. Deswegen wurden in den Arbeitsgruppen als vierter Arbeitsschritt erste, kurzfristig umsetzbare sogenannte „Prototypen" entwickelt, die im Rahmen der Konsolidierungsveranstaltung am 14. Dezember 2015 vorgestellt wurden und von interessierten DB-Geschäftsvertretern in ihrem Bereich ausprobiert werden können. Die Prototypen haben nicht den Anspruch, vollständig entwickelt und für alles und jeden anwendbar zu sein. Die Prototypen sollen in den Geschäftsfeldern getestet werden. Gleichzeitig haben die Anwender einen individuellen Gestaltungsspielraum, die Prototypen werden durch das Feedback der Anwender weiterentwickelt und können nach erfolgreicher Bewährung auf andere Bereiche des Konzerns ausgeweitet werden. Die Prototypen haben darüber hinaus eine andere wichtige Bedeutung. Sie setzen wichtige Zeichen für eine stärkere Innovationskultur im Unternehmen, für Mut, Neues auszuprobieren und Fehler zu machen, sowie für den Willen, enger und besser zusammenzuarbeiten – im Team, im Bereich, im ganzen DB-Konzern.

Nachfolgend finden sich beispielhaft einige ausgewählte, in den Arbeitsgruppen des Expertennetzwerks entwickelte Prototypen.

1. Prototyp „Selbstgesteuerte, hierarchiefreie Teams bei der DB"

In immer komplexeren und volatileren Welten braucht es eine Organisation, die sich schnell und konsequent am Kunden und seinen Bedürfnissen orientiert. Entscheidungen dort zu treffen, wo das größte Wissen und die größte Nähe zum Kunden herrschen, wird zentrale Voraussetzung für den künftigen Geschäftserfolg eines Unternehmens sein. Für hierarchisch und tayloristisch geprägte Organisationen bedeutet dies ein starkes Umdenken hinsichtlich der Rolle der Mitarbeiter und Führungskräfte sowie deren Wertbeitrag zum Gesamterfolg des Unternehmens. Pyramidale Organisationsstrukturen mit wenigen entscheidungsbefugten Managern an der Spitze eines Unternehmens werden in an Komplexität und Dynamik zunehmenden Märkten nicht die erforderliche Geschwindigkeit aufnehmen können. Demgegenüber erfüllt die Idee einer hierarchiefreien Netzwerkorganisation, die schnell, interdisziplinär und wissensgesteuert entscheidet, genau dieses Kriterium, das die Zukunftsfähigkeit eines Unternehmens bestimmen wird: Geschwindigkeit!

Im Expertennetzwerk hat die Analyse der Welten zum Themenkomplex Führung und Organisationsmodelle gezeigt: Mehr Umsetzungsverantwortung, mehr Ermächtigung der Mitarbeiter und Führungskräfte führen zu mehr Agilität, zu höherer Dynamik, zu besseren Produkten und zu höherer Qualität. Gleichzeitig lernt die Organisation von unten nach oben, denn es sind die Mitarbeiter, welche die größte Nähe zum operativen Geschäft haben, zeitnah Probleme erkennen und einfache und praktikable Lösungen entwickeln. Dies kann aus Sicht der Experten einen großen Schritt für die Wettbewerbsfähigkeit des DB-Konzerns bedeuten. Der Prototyp „Selbstgesteuerte/Hierarchiefreie Teams bei der DB", der im Expertennetzwerk entwickelt wurde, verfolgt genau dieses Ziel (s. Abb. 7).

Ab 2016 werden die Geschäftsbereiche Vertrieb und Instandhaltung bei der Südostbayernbahn sowie der Personalbereich der DB Vertrieb GmbH die Arbeit in hierarchiefreien bzw. selbstgesteuerten Teams sukzessive erproben. Entscheidend wird dabei sein, zunächst die operativen Fragen zu klären: Wie gehen wir mit bisherigen Gehaltsstrukturen um? Wer entscheidet über die Gehaltsentwicklung? Wer führt das jährliche Mitarbeitergespräch? Gibt es noch „die Karriere"? Wer übernimmt die Entscheidungsverantwortung? Wohin eskalieren wir bei nicht mehr lösbaren Konflikten? Wie werden Arbeitsverträge und Stellenausschreibungen gestaltet? Wer genehmigt Urlaub und Schichtpläne? Scheinbar banale Fragen, die aber beantwortet werden müssen. In gleichem Maße wird es darum gehen, die Mitarbeiter von Anfang an in den Prozess einzubeziehen und ihnen die Entscheidungsfreiheit und Partizipationsmöglichkeiten zu geben, die sie brauchen, um ihren konkreten Beitrag für den gemeinsamen Erfolg zu leisten.

2. Prototyp „Gastgeber der Zukunft"

Das Reiseerlebnis im Jahr 2030 wird durch neue Kundenansprüche und technische Möglichkeiten einen Wandel erfahren. Die persönliche Betreuung und der Service an Bord eines Zuges werden dabei maßgeblicher Erfolgsfaktor sein. Betriebliche Aufgaben wie beispielsweise die Fahrkartenkontrolle werden keine oder kaum mehr eine Rolle spielen, da dies durch die Technik automatisiert erfolgen kann. Das Serviceportfolio wird mutmaßlich als herausragendes Merkmal von Bahnfahren an vielen Stellen qualitativ und quantitativ wachsen. Dadurch werden sich die Anforderungen an die Tätigkeiten von Mitarbeitern ändern und Kompetenzschwerpunkte werden sich stark verschieben. Mithilfe

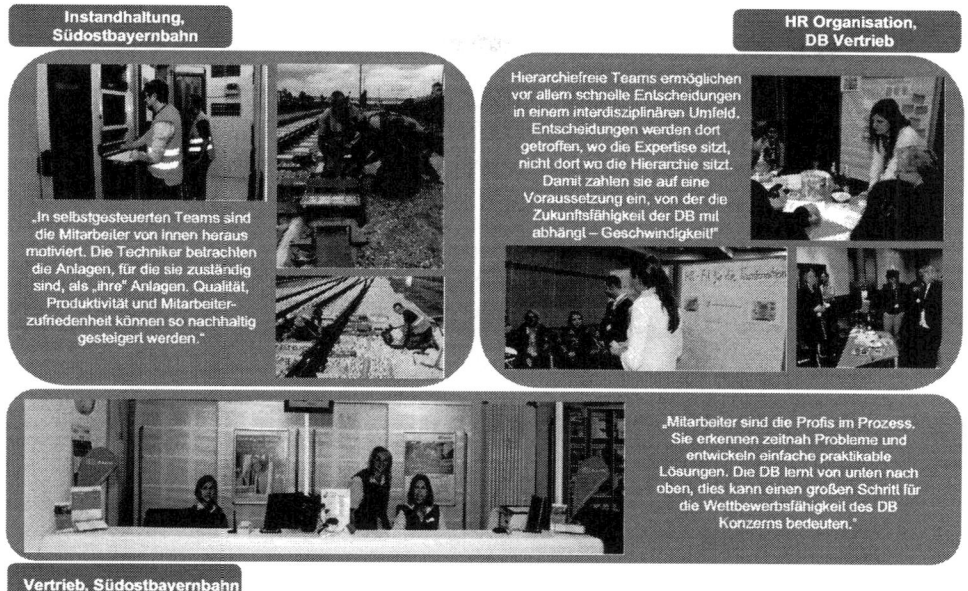

Abb. 7 Prototyp Hierarchiefreie und selbstgesteuerte Teams bei der DB: Überblick. (Deutsche Bahn AG)

des Prototyps kann der Wandel von Berufsbildern schon einmal exemplarisch betrachtet werden.

Wie genau sich das Serviceverständnis verändern wird, ist zwar noch unklar, es ist jedoch absehbar, dass eine stärkere Anpassung an individuelle Kundenbedürfnisse notwendig ist (s. Abb. 8). Die Begleitung des Kunden vom Ausgangs- bis zum Bestimmungsort soll so weit gehen, dass der Service einen positiven und bleibenden Eindruck bei allen Fahrgästen hinterlässt, welcher ein Differenzierungsmerkmal zu allen anderen Transportmöglichkeiten darstellt. Modern und authentisch – das sind die Schlagwörter, die den Service der Zukunft bezeichnen und einen besonderen Fokus auf ausgeprägte Gastfreundschaft legen. Im Rahmen des Prototyps soll die Rolle des Gastgebers der Zukunft definiert werden. Die Wünsche der Kunden und Mitarbeiter sowie Erkenntnisse aus vergleichbaren Branchen werden im Vorfeld berücksichtigt und fließen in die Ausgestaltung des Zielbildes mit ein. Eine Gruppe an Mitarbeitern, die später auf den Zugfahrten das Serviceerlebnis der Zukunft erlebbar machen soll, wird die Gelegenheit haben, das Zielbild mitzugestalten. So sollen Services am Kunden im Zug ausprobiert und die Gastgeberrolle der Zukunft gemeinsam mit den Mitarbeitern entwickelt werden.

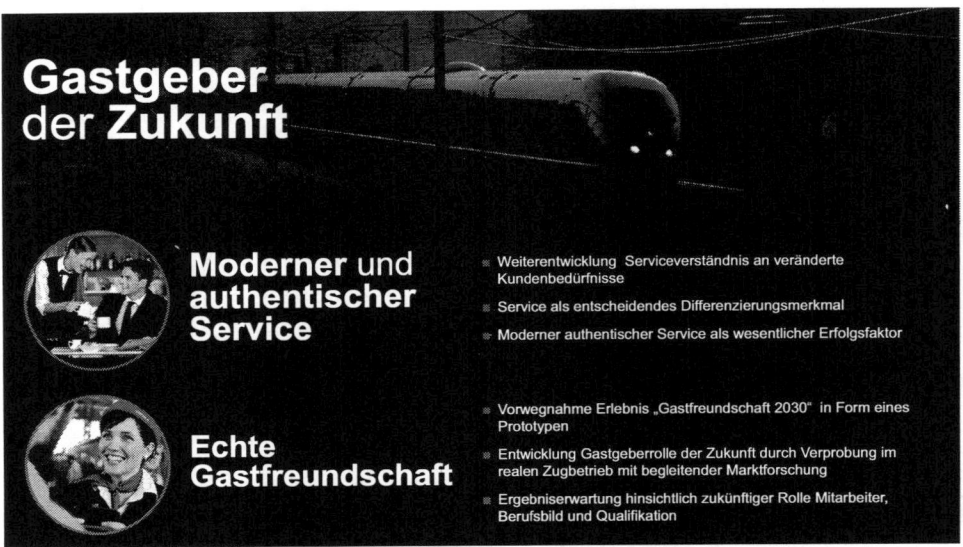

Abb. 8 Prototyp Gastgeber der Zukunft: Überblick. (Deutsche Bahn AG)

Durch aufmerksames Monitoring und Ausprobieren verschiedener Ansätze kann ein realistisches Bild von den relevanten Qualifikationen der Mitarbeiter gezeichnet werden, um eine optimale Schulung und ein exzellentes Serviceverständnis zu entwickeln. Ein Marktforschungsunternehmen wird den Prozess begleiten, um sowohl die Kunden- als auch die Mitarbeiterreaktionen festzuhalten. Im Sommer 2016 sollen die Tätigkeiten und Kompetenzen der Gastgeberrolle der Zukunft von Service-Mitarbeitern herausgearbeitet sein. Eventuell entstehen neue Rollen und langfristig ein neues Berufsbild mit Auswirkungen auf Ausbildung und Qualifikation heutiger Mitarbeiter. Mit dem bis dahin gesammelten Wissen können Entwicklungspfade kreiert werden, um heutige Mitarbeiter besser vorzubereiten, weiterzuqualifizieren und um neue Mitarbeiter mit dem passenden Profil einzustellen.

3. Prototyp „Kompetenzmarktplatz"

Die Digitalisierung und der demografische Wandel sind zwei entscheidende Treiber, die die DB und deren Umfeld stark verändern. In den nächsten Jahren werden über 79.000 Kompetenz- und Wissensträger das Unternehmen verlassen. Zusätzlich erfordert das sich immer schneller verändernde Unternehmensumfeld die ständige Aneignung neuer Kompetenzen. Darüber hinaus wird in Zukunft projektbasiertes Arbeiten in Netzwerken deutlich zunehmen. Daher werden anstatt starrer Tätigkeitsprofile immer mehr flexible, projektbezogene Kompetenzprofile gesucht. Zu wissen, welche Kompetenzen ein Unternehmen verlassen, welche vorhanden sind und welche neu aufgebaut werden müssen, ist

Abb. 9 Prototyp Kompetenzmarktplatz: Überblick. (Deutsche Bahn AG, Künstler Heyko Stöber)

somit entscheidend für das erfolgreiche Gestalten der Arbeitswelten von heute und morgen (s. Abb. 9).

Zur Lösung dieser Herausforderung wurde im Expertennetzwerk ein Konzept für einen Kompetenzmarktplatz erstellt. Dabei handelt es sich um eine Plattform, über die sich Mitarbeiter kompetenzbasiert vernetzen können. Die Idee dahinter ist schnell erklärt: Jeder Mitarbeiter besitzt bestimmte Kompetenzen, die er sich im Rahmen seiner Ausbildung, während der bisherigen beruflichen Tätigkeit oder im privaten Umfeld aufgebaut hat. Auf der anderen Seite benötigt jeder Beruf und jedes Projekt eine ganz besondere Kombination aus Kompetenzen. Der Kompetenzmarktplatz bildet die Plattform, auf der Angebot und Nachfrage an Kompetenzen zusammengebracht werden.

Auf einer digitalen Plattform können Mitarbeiter Kompetenzen mit ihren eigenen Profilen verknüpfen. Self-Assessment-Tools oder die Bestätigung von Führungskräften und Kollegen validieren die angegebenen Kompetenzen. Welche Teile des Profils öffentlich einsehbar sind, entscheidet der Mitarbeiter selbst. Über eine Suchfunktion können die angebotenen und in Projekten oder Jobs nachgefragten Kompetenzen abgeglichen werden. Somit können sich zum Beispiel Projektteams auf Basis von Kompetenzen finden.

Die Daten, die über die persönlichen und berufs- bzw. projektbezogenen Kompetenzprofile entstehen, fließen in eine Kompetenzdatenbank. Diese Datenbank bildet die Grundlage für viele Erweiterungsfelder des Kompetenzmarktplatzes. So können die Daten zum Beispiel dafür genutzt werden, um eine strategische Kompetenzplanung durchzuführen. Das heißt, es kann ausgewertet werden, welche Kompetenzen sich im Unternehmen befinden und welche zusätzlich benötigt werden. Wenn nötig, können dann fehlende Kompetenzen gezielt aufgebaut werden. Die Profile der Mitarbeiter geben dabei Aufschluss, wo ein Kompetenzaufbau am sinnvollsten zu realisieren ist. Sollen beispielsweise bestimmte Kompetenzen aufgebaut werden, kann die Personalentwicklung sehen, welcher Mitarbeiter schon Grundlagen besitzt, auf die eine Kompetenzerweiterung aufsetzen kann. Eine engere Verknüpfung mit zum Beispiel selbstgesteuerten Personalentwicklungsmaßnahmen wäre als Erweiterung auch denkbar.

Der Kompetenzmarktplatz ist die Plattform für ein modernes und flexibles Unternehmen. Er bildet die Grundlage für eine schnelle und effiziente Personalentwicklung, hierarchieübergreifende und unternehmensweite Zusammenarbeit, projektbezogene Aufgabenverteilung sowie eine auf Kompetenzen basierende Personalplanung. Für die Mitarbeiter ist er ein geeignetes Instrument, um eigene Kompetenzen und Fähigkeiten zu erkennen, zu validieren und im konzernweiten Arbeitsmarkt für alle sichtbar zu machen.

4. Prototyp „Mitbestimmung^{PLUS}"

In einer komplexen, dynamischen, ungewissen Welt müssen die (betrieblichen) Sozialpartner den Dialog über das bisherige Maß hinaus intensivieren. Sie müssen neue Wege der Einbindung und Zusammenarbeit finden, um als permanente Transformationspartner die Entwicklungs- und Innovationskraft des Unternehmens und den damit verbundenen wirtschaftlichen Erfolg und die Arbeitsplätze sowie den Schutz der Arbeitnehmer zu sichern. Bedauerlicherweise wird dieses Bild einer zukunftsweisenden (betrieblichen) Sozialpartnerschaft noch nicht von allen Beteiligten geteilt und gelebt. Auf der einen Seite das Gefühl der Ausbremsung, auf der anderen Seite der Vorwurf mangelnder Einbindung und Information sowie die Sorge, dass die Digitalisierung und höhere Geschwindigkeiten als Gründe angeführt werden, um die Rechte der Arbeitnehmer und ihrer Vertretungen zu beschneiden, prägen die Zusammenarbeit in vielen Bereichen.

Aus diesem Grund wurde im Rahmen der Arbeitswelten 4.0-Initiative aus der Analyse der Hintergrundgespräche und Zukunftswelten die Idee für Mitbestimmung^{PLUS} abgeleitet (s. Abb. 10). Der Titel steht für einen von Offenheit geprägten Prozess auf Augenhöhe, in dem sich beide betrieblichen Sozialpartner gemeinsam weiterentwickeln und von dem die Partner und die Partnerschaft insgesamt im Sinne der Zukunftsfähigkeit der DB und ihrer Mitarbeiterinnen und Mitarbeiter profitieren. Mit selbstgewählter externer Unterstützung und wissenschaftlicher Begleitung erarbeitet ein Team aus Arbeitgeber- und Arbeitnehmervertretern in einem ergebnisoffenen Prozess umsetzbare Vorschläge für eine zukunftsweisende Zusammenarbeit zwischen den betrieblichen Sozialpartnern in der Konzernleitung und den Geschäftsfeldern, um auf die skizzierten Herausforderungen durch die Digitalisierung zu reagieren. Es bietet sich die Chance für die Sozialpartner im DB-

Mitbestimmung^{PLUS}
Gemeinsam die Digitalisierung gestalten

Das Zusammenspiel von Arbeitnehmer- und Arbeitgebervertretung gerät häufig zum Win-Lose-Spiel. „Wir" oder „die" gewinnen – schwarz oder weiß.

Die Digitalisierung schafft Vielfalt: 2030 wird es viele verschiedene Arbeitswelten geben. Damit verändern sich auch die Anforderungen an die Zusammenarbeit von Arbeitgeber- und Arbeitnehmer-Vertretern.

Mit „Mitbestimmung^{PLUS}" gehen wir gemeinsam neue Wege. Das Ziel: Vorschläge für neue Formen der Zusammenarbeit zwischen den betrieblichen Sozialpartnern entwickeln und erproben.

Arbeitnehmer- und Arbeitgeber-Vertreter begeben sich unterstützt von wissenschaftlicher Begleitung und einem Prozess-Begleiter auf eine Expedition – gesucht werden Abenteurer!

Abb. 10 Prototyp Mitbestimmung^{PLUS}: Überblick. (Deutsche Bahn AG)

Konzern, Pionierarbeit zu leisten und gemeinsam einen wichtigen, beispielhaften Schritt nicht nur für das Unternehmen DB zu gehen.

Konkret wird unter der Schirmherrschaft des Personalvorstandes Ulrich Weber und des Konzernbetriebsratsvorsitzenden Jens Schwarz ein Bewerbungsprozess angestoßen, bei welchem Mitarbeiter ihre Ideen anbringen können. Von einer Jury, bestehend aus der wissenschaftlichen Begleitung des Prototyps sowie den Experten des Expertennetzwerkes Arbeitswelten 4.0, werden die Ideen nach Relevanz, Motivation und anderen zuvor festgelegten Faktoren evaluiert. Die paritätisch besetzten Teams wählen einen auf Basis eines Fragenkatalogs vorselektierten Prozessbegleiter, welcher die treibende Kraft des Projektes wird und neben der Organisation auch die Aufgabe der Zielfokussierung übernimmt. Des Weiteren wird das Team wissenschaftlich begleitet, und die Ergebnisse werden evaluiert. Regelmäßige Berichte an den Betriebsrat und Personalgremien sind vorgesehen. Am Ende sollen umsetzbare Vorschläge für eine optimierte Zusammenarbeit der Sozialpartner stehen, um Vertrauen zu stärken und einen offenen Dialog auf Augenhöhe zu fördern. Themen, denen sich die Arbeitsgruppe Mitbestimmung^{PLUS} sicherlich widmen wird, sind die zunehmend flexibleren Rollen, Funktionen, Organisationsgrenzen und agilere Zusammenarbeitsweisen in Zeiten der Digitalisierung.

4 Ausblick

Mit der Konsolidierungsveranstaltung am 14. Dezember 2015 endet die erste aktive Arbeitsphase des Expertennetzwerks Arbeitswelten 4.0. Das heißt jedoch nicht, dass wir „fertig" sind, im Gegenteil (s. Abb. 11): 2016 wird es darum gehen, die Prototypen, die entwickelt worden sind, in der Organisation umzusetzen und zu erproben. Viele Prototypen haben schon auf der Veranstaltung Sponsoren gefunden, also Führungskräfte, die bereit sind, den jeweiligen Prototypen im eigenen Bereich anzuwenden. Dazu erhalten die Führungskräfte Unterstützung von Experten aus dem Netzwerk. Wir werden dabei neue Erfahrungen sammeln, Feedback von den Kollegen einholen und weiter an den Ideen arbeiten. Darüber hinaus werden wir die vielen wichtigen und wertvollen Erkenntnisse aus dem Expertennetzwerk in unsere Strategieentwicklung in 2016 aufnehmen – immer mit Blick auf unser Ziel, uns bestmöglich auf Wandel vorzubereiten und Top-Arbeitgeber zu sein.

Abb. 11 Eindruck aus der Konsolidierungsveranstaltung Expertennetzwerk Arbeitswelten 4.0 im Dezember 2015. (Deutsche Bahn AG)

Wir haben vieles gelernt in diesem Prozess – nicht nur über die „Digitalisierung" und ihre Auswirkungen auf die Menschen in unserem Unternehmen, sondern auch über uns selbst als Organisation. Diese Lernerfahrungen verdanken wir dem offenen Austausch mit dem Netzwerk von Arbeitswelten 4.0. Für uns ist klar: Wir wollen unsere Lernreise weiter fortsetzen!

Weitere Einblicke zu den Ergebnissen des Expertennetzwerkes Arbeitswelten 4.0 finden Sie unter www.deutschebahn.com/arbeitswelten

Ulrich Weber, Jahrgang 1950, ist seit 2009 Personalvorstand der Deutschen Bahn AG. Nach seinem Studium der Rechtswissenschaften an der Universität Köln arbeitete er als Rechtsanwalt, bevor er 1984 als Vorstandsassistent bei der Ruhrkohle AG Essen begann. Im Jahr 1989 wurde er Geschäftsführer der Westfälischen Berggewerkschaftskasse Bochum, 1990 Geschäftsführer der Deutschen Montan Technologie GmbH. Zwischen 1993 und 2009 war er Vorstandsmitglied und Arbeitsdirektor bei der Cubis AG Essen, der RWE Rheinbraun Köln, der RAG Aktiengesellschaft Essen und der Evonik Industries AG Essen, bevor er zur Deutschen Bahn AG wechselte.

Per Wiek, Jahrgang 1974, ist seit 2011 Leiter Personalstrategie und Personalprozesse bei der Deutschen Bahn AG. Zuvor hat er für die DB in unterschiedlichen Funktionen im Personalbereich gearbeitet, u. a. in der Bildungsstrategie und an der Führungskräfteakademie. Er studierte Philosophie, Volkswirtschaftslehre und Politikwissenschaften an den Universitäten Heidelberg, San Francisco und Berlin.

Organizations shaping a thriving future – On future-oriented innovations and personal transformation

M. F. Peschl und Thomas Fundneider

1 Introduction

In this paper we want to focus on the following guiding question(s): How can we design or innovate for a thriving future? In other words: How can we *make sense* of and how should we *intervene* in a world in which we are confronted with fundamental changes and huge challenges both on a global and on a local level (e. g., climate change, financial crisis and the ongoing collapse of capitalism, energy and resources, rapid development of new technologies, migration, changes in requirements for education in our education systems, etc.)? What are possible (working) environments and ecosystems that could take on these challenges?

Nowadays, we do not only have to deal with "nature" and its challenges, but – to a much higher extent – with the consequences of our own actions and technologies. In such a context, innovation and design have received new attention over the last decade as a means of coping with these challenges (Binder et al. (2011); European Commission (2008, 2010); Fagerberg und Verspagen (2009) and many others). It has become evident that it is no longer sufficient to just optimize existing products, services, business models, or social systems, to make devices or technology smarter, or things aesthetically more appealing, or just to enhance their usability, etc.; rather, we are searching for *profoundly new approaches* that are driven both by an emerging *future* and by the fundamental systemic changes taking place all over the world in society, technology, economics, politics, etc. in order to

M. F. Peschl (✉)
Fakultät für Philosophie und Bildungswissenschaft, Institut für Philosophie, Universität Wien
Wien, Austria
E-Mail: franz-markus.peschl@univie.ac.at

T. Fundneider
Managing Director, TheLivingCore GmbH
Wien, Austria
E-Mail: fundneider@thelivingcore.com

create solutions for these grand challenges. However, it has turned out as well that it is not sufficient to just react to these changes (in the sense of "solving problems"), but that it is necessary to actively and *pro*actively shape them as they emerge.

We live in a hypercomplex world with a high-speed economy, in which we are confronted with systemic changes, completely new patterns, and problems that exceed our capacities to solve them merely by the classical means of science or analytical tools. These are problems that go far beyond bounded rationality (Felin et al. 2014; Simon 1996), ill-structured, or wicked problems (Dorst 2006), as they deal with *uncertainties about a future that is not only unknown, but also unknowable* (Sarasvathy et al. 2003, p. 144). As soon as we have to cope with living systems, social systems, economic systems, or technology we have to be aware that we are facing these kinds of problems and uncertainties. That is the point where *future-oriented innovation* and design comes into play.

Consider the following examples of questions and challenges that do not – yet – have an adequate answer, because it is very hard to "make sense" of them in the sense of profoundly understanding them and creating new meaning: What is the impact of the *internet of things* on our society, culture, and/or economy; how can we make sense of the observation that the classical capitalist dynamics is in a process of decline and how we could possibly design for a postcapitalist system or an economy of abundance (instead of scarcity) (Mason 2015); what is the meaning of and what are the implications of a zero marginal cost society (Rifkin 2014), etc.? Of course, these are extreme questions; they are crucial, however, as they are at the root of many of today's challenges and problems. It has turned out that they cannot be answered by scientific means alone, as (i) the classical scientific paradigms simply do not (yet) account for these developments in a sufficiently satisfactory manner and (ii) their complexity is so high that it would surpass classical analytical tools and approaches.

What is common to these kinds of questions, changes, and challenges is (i) the need to *make sense* of what they actually mean and what is going on at the level of premises and underlying core concepts, and (ii) how to *create new meaning* in order to understand how to *cope* with them and *shape* them in a future-oriented and pro-active manner so that they might emerge as thriving ecosystems. In this sense these problems turn out to be both a *design* and an *innovation* task. Taking a closer look reveals that – from this perspective – design and innovation are closely linked (see guiding principles below).

Keeping such a design-inspired and future-oriented approach to innovation in mind, it is possible to design ecosystems that not only react to these changes, but that *anticipate* what "wants to emerge" and, in this way, proactively provide environments assimilating these developments in order to enable a thriving future. We refer to such environments as *Enabling Spaces* (Peschl and Fundneider 2012, 2014). The core idea is to understand innovation as a process in which we are "learning form the future" (Scharmer 2007) and shape it accordingly.

Overview

In this paper we will take a closer look at such Enabling Spaces, what such spaces should look like, and what functionalities and skills are necessary to bring about such thriving futures. Sect. 2 gives a short historical overview of such spaces: organizations (see also Buchanan 2015). We will show, how they have changed over time and what the current characteristics and needs of future-oriented organizations are. On the basis of these insights, Sect. 3 will develop guiding principles for how to implement such organizations that are based on the concept of being an Enabling Space for bringing forth future-oriented, sustainable, and thriving innovations Sect. 4 develops an important implication of such a perspective of future-oriented organizations: It turns out that creating innovations can no longer be seen as an "abstract" activity, but that the persons involved in such a process must also go through a personal *transformation* (of their thinking, perception, and attitudes).

2 Organizations as social entities dealing with an uncertain future

In order to find answers to the challenges and changes mentioned above, it is necessary to establish spaces that are capable of understanding them and bringing about innovations that tackle such an uncertain future. Besides individuals, *organizations* have always been places that addressed such issues (Buchanan 2015; Goldspink and Kay 2003; Mitleton-Kelly 2003a, 2003b). Their collaborative power has brought about (cultural, economic, etc.) changes that would not have been achievable by individuals alone. Innovation and design have been the driving forces for creating these changes. "The challenge for design is how to influence organizations not only to affect the thinking and behavior of individuals, but also to have a positive effect on human experience in an increasingly complex world." (Buchanan 2015, p. 6) They have *enabled profound change ("Enabling Spaces";* (Peschl and Fundneider 2012, 2014)).

Taking a historical perspective, organizations have changed dramatically over the last centuries in respect of how they (re-)acted to/on changes and challenges in their respective environments. In order to understand this historical context, Table 1 briefly summarizes these changes and develops four types of organizational and managerial cultures and their most important belief systems, premises, attitudes, and leading paradigms in the field of management, innovation, and leadership over the last 150 years.

Without going into the details of Table 1, one can see clearly that modern (Type-D) organizations – more than Type A–C organizations – have a strong focus on being *future-oriented*. While in organizations of Type A–C there was an emphasis on "internal" processes and issues, Type-D organizations have to (i) change perspective and (ii) consistently take into account what is happening in a rapidly changing world around them; (iii) understand themselves as being *embedded* in a *complex ecosystem*; and (iv) adapt/change the organization's purpose and core accordingly in a continuous process. The latter should happen in such a way that the core/purpose remains intact and at the same time ena-

Table 1 Four types of organizational and managerial culture. Assumptions about management, innovation/change, culture, and leadership over the last 150 years. (Adapted and expanded from http://woreport.wolffolins.com/. Accessed on 15.05.2015)

Organization type	Type A	Type B	Type C	Type D
Time	1870 onwards	1960 onwards	1995 onwards	2005 onwards
Premise	Command and control	Motivation and delegation	Focus and liberation	Innovation and future-orientedness
Belief	Workers are lazy so … strict structures are imposed for them to be productive	Workers are willing so … they can be motivated by a vision and rewarded with a career	Workers are individualists so … expect them to be their own leaders	Workers are responsible and entrepreneurial visionaries so … expect them to be capable to learn from the future as it emerges
Mode & attitudes	Set strategy Supervise and measure Increase productivity	Paint vision Manage by objectives Adapt to environment/market Optimize Build consensus	Suggest purpose Design culture Explore Create novelty by extrapolating from the past Provoke experiment	Co-creating new meaning and new realities by "thinking from the future" Shape the future by not only creating new products/services, but by designing new purpose and environments/markets Cultivate adjacent possibles Openness & radical/disruptive innovation Prototyping and fast-cycle learning Provide space for deep understanding and the development of potentials Provide an Enabling Space
Shape	Hierarchy	Network	Ecosystem	Future/innovation lab
Leading analogy/paradigm	Mechanism	Rational (rule-following) decision making	Organism	Anticipatory (future-oriented) complex cognitive system in a complex environment

bles the organization to not only react to changes in the environment, but to also actively shape it in a thriving manner (compare to the concept of *Emergent Innovation* (Peschl and Fundneider 2008, 2013)).

Because of an unparalleled increase in complexity and speed in almost all social, economic, and technological domains we have to leave behind the terrain of a rather mechanistic and deterministic culture of and attitude towards management and innovation (mostly found in Type A–C organizations). As is shown by, for instance, Hamel (2009) classical managerial practices have reached their limits and are no longer appropriate in the context of managing and supporting an innovation-based organization.

Taking a closer look at Type-D organizations reveals that a completely different set of attitudes, skills, cultural approaches, and managerial practices is required, as the premises and perspectives have changed fundamentally: *radical future-orientation*, dealing with uncertainty (in the sense of Sarasvathy et al. (2003, p. 144)), anticipation, willingness (and the capacity) to actively shape the environment (vs. just reacting to changes), as well as innovation are at the core for leading today's organizations.

As a consequence of being confronted with a highly volatile and unpredictable future, modern forms of organizations have to provide an answer to these developments in order to not only ensure their own survival, but also to provide the basis for a thriving social and economic environment (at least in their field of responsibility). That is why, we propose an approach in this paper that is based on an interdisciplinary set of principles and assumptions that go beyond classical approaches to organizations and managerial practices.

3 Principles guiding towards future-oriented organizations

In this section we will develop several principles that, from our understanding, can guide organizations into becoming future-oriented entities that act in a responsible manner in the sense of focusing on thriving and responsible innovations (Stilgoe et al. 2013).

3.1 Theoretical foundations of the guiding principles

The guiding principles have their source in the scientific literature as well as in our own experience from working with a large diversity of organizations. Most of them are grounded in the following fields:

(a) *Autopoiesis & complex (adaptive) systems*: Organizations have to be understood as *autopoietic systems* (Goldspink and Kay 2003; Kay 2001; Luhmann 1995; Maturana 1970; Maturana and Varela 1975; Seidl and Becker 2006). In this context organizations can be characterized as autonomous, self-(re)-producing, structurally determined systems that are operationally closed and structurally coupled to other systems and their environmental context. Although there is an ongoing discussion on this topic

(Kay 2001), it seems that these properties are characteristic of almost every organization that operates in a changing market/environment. The autopoietic approach offers a good explanation concerning the constitution and maintenance of order (i. e., keeping the system in a homeostatic equilibrium) in complex social systems, such as organizations. A key question remains open, however: how does new order and novelty emerge in such structurally determined and operationally closed systems? How do they deal with a state of far-from-equilibrium other than trying to find their way "back" to their homeostatic state?

(b) *Anticipatory and evolutionary systems*: "Generally speaking, anticipation concerns the capacity exhibited by some systems to tune their behavior according to a model of the future evolution of the environment in which they are embedded." (Poli 2010a, p. 770) The capacity to predict or anticipate the future in one way or the other is central for any kind of innovation. Cognitive systems as well as organizations can be seen as anticipatory systems (Clark 2013; Hohwy 2013; Poli 2010b) that are capable of predicting the future in order: (i) to identify and deal with the permanent changes they are encountering, (ii) to find adequate solutions for these changes, and/or (iii) to create new artifacts, environmental structures, or niches for ensuring their survival either by creating new innovations and/or by changing their environment/market. Concerning the challenge of bringing forth novelty or innovations, we can find similarities between evolutionary dynamics and organizational/social dynamics on a structural and systemic level (e. g., concepts of adjacent possibles, preadaptation, creation of new niches, etc.; Felin et al. 2014; Kauffman 2014).

3.2 Guiding principles

Considering the characteristics of Type-D organizations from Table 1, this section develops guiding principles on which such organizations should be based. On the one hand, they are rather general, while on the other hand they provide clear guidance for making decisions in relation to the design and culture of an organization. Wherever appropriate we will give some concrete examples for illustrating the respective principle.

1 Radical openness
Innovation and future-orientation has a lot to do with *attitudes, cognitive and epistemic skills* and habits of how we look at our world. Neuroscience and cognitive science give us an insight as to why we are having such a hard time to anticipate futures that go beyond concepts and ideas that we already have in our minds. Their claim is that our brains spend most of the time projecting (successful) concepts, hypotheses, and patterns from the past into the future in order to test them. Cognitive (neuro) science refers to this phenomenon as the "predictive mind/coding" approach to cognition (Clark 2013; Hohwy 2013; Mumford 1992). From an innovation perspective, such an insight is a disaster, as it is exactly the opposite of what we would need to create a future that is really novel.

Novelty, by definition, concerns something that does not exist (yet). Hence, it cannot be (fully) "predicted" from past experiences. In a way, the functioning of our brain itself seems to be its biggest obstacle to bringing forth novelty. However, we can become aware of this fact and start changing our stance towards the world. Assuming an *epistemic attitude of radical openness* may open our eyes to what is not here yet and what is possible. As will be shown below such an attitude can be acquired and also involves cognitive skills (Depraz et al. 2003; Varela 2000), such as asking (relevant) questions, close observation, deep understanding, a love for details, a sense for potentials, etc. In most cases the starting point is to reflect on one's own patterns of perception and thinking, as well as fears or prejudices. In a second step, it is possible to systematically overcome them both on an individual and an organizational level. For an organization this means that it has to practice such reflection processes on a regular basis even if it implies that well-accepted patterns have to be questioned and, in some cases, given up.

"Openness" also means an openness toward the future, an attitude of consciousness that in an elementary way is prepared to think differently, in a new way – or precisely, "from a future perspective."

2 Sensing and deep understanding of the core

As a result of radical openness it is possible to enter into a process of *closely observing* reality (e. g., a phenomenon, the object of innovation and its systemic environment, the organization, etc.); in most cases this will reveal and open new perspectives, aspects, or insights. However, if we are interested in novel or future states of an aspect of this reality (be it a social system, the market, the organization itself, its products, services, or business models, etc.), we have to go one step further: (i) we have to achieve a profound understanding of the very *core* of this reality and (ii) identify and develop its future potentials (see Section on latent potentials).

What do we mean by "achieving a profound understanding of the core"? What we can "see" through our senses and classical methods of measuring (e. g., interviews, observations, quantified results such as financial figures/indices, etc.) is the "obvious." This is indicative of superficial behaviors, structures, processes, or sometimes patterns or correlations. However, it does not give an insight into the *inner workings* and the *reasons behind* these superficially observable phenomena. That is why it is necessary to continue to penetrate this reality by going beyond these superficially observable phenomena and even beyond results from a statistical/quantitative analysis. This can be achieved by *continuously asking questions*, such as asking for the causes that lie behind these phenomena.

Aristotle's causes/questions is one approach and concrete procedure that is very powerful in this regard (Aristotle 2007): apart from asking "why" (as the fundamental question) about a specific phenomenon/event/object, one has to ask for the material cause ("what is it made of?"), the formal cause ("what is it?"), the efficient cause ("where does it come from, what is it's source, how is it brought about?"), and the final cause ("what is its goal/end?"). This might sound trivial, however, if one continues asking these questions over and over again, the phenomenon at stake – step by step – will reveal its inner workings and its very *essence*. In this way, it is possible to achieve a profound and deep understanding of the very essence of a phenomenon.

As an illustration consider the following example (https://goo.gl/cLHtr4): Designers of the global design firm IDEO were challenged to "reinvent" the shopping cart for supermarkets. They did a lot of research, observations of shopping behavior, interviews, etc. What they came up with was a concept and a prototype for a "new shopping cart" displaying new functionalities, new features for supporting the shopping process, removable plastic baskets, etc. However, their research did not go as far as to identify the core of the shopping process/experience: if one asks continuously the questions mentioned above, one might arrive at the essence of what shopping is about, what it actually means, what its finality is, etc. Instead of coming up with a highly sophisticated shopping cart (being based on observations only), one might end up with a completely new business model (e. g., an attractive webpage and home delivery service or pick-up services) that does not involve a shopping cart at all. These kinds of innovations can only be brought about, if one is aware of the core of the object of innovation (and its systemic environment).

In a way this is a rather philosophical and *empathic* approach, as one gets to know the phenomenon not only from the outside, but from *within*. This is important, because, in order to bring about future-oriented and thriving innovations it is necessary to have a profound understanding of the core of the object of innovation; otherwise such a radical innovation runs the risk of being just "out-of-the-box" and more or less random and there is no connection to the original identity and intention/finality of the phenomenon, innovation, or even the organization.

3 Designing and co-creating meaningful and desired realities

Innovation is about *designing* new realities and co-creating new meaning. We suggest following an understanding of design that is rather wide and that can account for the challenges of the new forms of organizations mentioned above: "The etymology of design goes back to the Latin de + signare and means making something, distinguishing it by a sign, giving it significance, designating its relation to other things, owners, users, or goods. On the basis of this original meaning, one could say: design is making sense (of things) ... However, making sense always entails a bit of a paradox between the aim of making something new and different from what was there before, and the desire to have it make sense, to be recognizable and understandable. The former calls for innovation, while the latter calls for the reproduction of historical continuities." (Krippendorff 1989, p. 9.)

For our guiding principles the following aspects are important in Krippendorff's approach to design:

- *Understanding and making sense*: In order to bring forth novelty, it is necessary to have a profound understanding of what is already there (see above).
- *(Co-)Creating new meaning (and realities)*: Design is not only about understanding, but also about *creating novelty* in the sense of *bringing forth new meaning and/or*

new realities. The premise is that only if we have a very good understanding of the phenomenon we want to change or innovate will we be able to change it in a sustainable and thriving manner. Furthermore, it seems that most of what one wants to change is already implicitly present in the existing reality; the challenge is to (i) identify these future potentials, (ii) to cultivate them, and (iii) to bring them into reality (e. g., through physical manifestations, such as artifacts, processes, social changes, discourses, etc. in the sense of (Binder et al. 2011) or Krippendorff's trajectory of artificiality (2006)). It is a process of *co*-creation, because it emerges in continuous interaction and (co-) evolution between the creative mind, the created artifact, and its potentials users.

- *Embedding into already existing frameworks of reference and historical continuity*: Despite their novel character, it is necessary that these new artifacts remain "understandable": in other words, we have to ensure that an external user can still find a connection between already established mental models or frameworks of reference and the novel artifact. Only then will it be possible that s/he may find orientation in this novel space of meaning(s). Hence, the challenge for sustainable and thriving innovations is to not only be completely new, but to also fit into already existing contexts so that they may connect to existing cognitive and behavioral patterns and can be understood and used by potential users. From art and design this challenge is known as the MAYA principle ("most advanced, yet acceptable") (Hekkert 2006; Hekkert et al. 2003). If this problem is solved in a balanced manner, it has a huge effect on how/whether a (radical/disruptive) innovation is accepted and whether it may unfold a flourishing and sustainable impact on society.

4 Emergence

Where does novelty come from? Can we predict and shape future states in a mechanistic (cause-effect) manner only? Whenever we are confronted with complex systems, such as social systems, organizations, etc., we very quickly reach the frontiers of predictability and manipulation. Oftentimes, it is in such situations that we are confronted with unpredictable and novel states that we did not expect. In most cases novelty *emerges* in such systems as an unpredictable property (in the sense of not being able to provide a mechanism or a simple chain of cause-effect leading consistently to this novelty). "Emergent entities (properties or substances) 'arise' out of more fundamental entities and yet are 'novel' or 'irreducible' with respect to them. For example, it is sometimes said that consciousness is an emergent property of the brain." (O'Connor and Wong 2009, p. 1) As such, new features emerge out of the interaction of the system's components (on the microlevel) and appear as "new qualities" on the macro/collective level (see also Corning 2002; Stephan 1999).

While incremental innovations (Ettlie et al. 1984) can be brought forth in a rather mechanistic manner, because they optimize one (or more) parameter(s) in a predefined problem space, future-oriented and radical innovations have to follow a different strategy: the problem space is not known in advance, even more, it is in their nature that they define sometimes completely new problem spaces or niches (Felin et al. 2014; Kauffman

2014; Koppl et al. 2014). These niches *emerge* as a result of a process of interaction with their respective environments. It is on these grounds that future-oriented innovations might emerge. Like in creative or evolutionary processes, a new idea or a new pattern may appear to come "out of nowhere", though in fact it emerges from the dynamic interaction of existing elements as a new property that has not been there before (compare to the concept of *Emergent Innovation* (Peschl and Fundneider 2008, 2013)).

As a consequence, organizations should rely more on such emergent processes and provide spaces where such a dynamics can happen (especially in the context of innovation; see Section on enabling).

5 Enabling

As a consequence of taking seriously the phenomenon of emergence in the context of creating radical novelty, one has to *give up* the idea that such innovations can be brought about in a *mechanistic*, rule-based, or algorithmic manner. This is, of course, in contradiction to what most organizations and managers want and try to do, because they have to give up on one of their core guiding principles, namely – at least to some extent – predictability and control. Controlling, predicting, or "managing" innovation by applying rules or recipes turns out to be a contradiction in itself. One has to admit, that a deterministic mechanistic approach to management has to fail in the context of creating (radical) novelty.

What is the alternative? Looking more closely at the concept of emergence and complex (autopoietic) systems (see above and Table 1) one will discover that a change of regime is necessary: instead of trying to specify rules and detailed processes for innovation work, one has to *provide a facilitating framework* and a set of *constraints* that *enable* the emergence of novelty/innovation. As with emergent properties, it is in a process of interaction between the elements and their internal dynamics of the system (i. e., the organization), the facilitating framework/constraints, and the environmental dynamics, that novelty might emerge. The challenge consists in *designing* an *enabling environment* in such a way that the processes of creating novel knowledge are supported in the best possible manner. We refer to such environments as *Enabling Spaces* (Peschl and Fundneider 2012, 2014).

As is shown in Peschl & Fundeider (2012, 2014) Enabling Spaces act as containers, holding innovation and knowledge processes and (social) activities. An Enabling Space is designed as a *multidimensional space*, in which architectural/physical, social, cognitive, technological, epistemological, cultural, intellectual, emotional, and other dimensions are considered and integrated. These dimensions must not be seen as separated from each other; rather, all dimensions are heavily dependent on each other and only make sense, if they are related to and interacting with each other. The big challenge is to develop a well-orchestrated design that integrates these dimensions into a *unified/holistic enabling framework*. This cannot be achieved in a mechanistic manner, because one always needs to take into account the particular organizational and cultural context, its environment, as well as the particular task. Hence, developing an Enabling Space is – besides its foundation in epistemological and scientific findings – a design task, one that does not have a "single best solution".

As an example, think of the social dimension: novelty can only emerge, if there is an atmosphere of *trust* in the innovation team. This can only be achieved, if the team constellation is well balanced (Reiter-Palmon et al. 2012), if the organizational culture is based on cooperation rather than on competition and hierarchies, if an epistemological attitude of openness is in place, and if the architectural space offers a high level of protection. From this example one can see easily, how these dimensions depend on each other and that it is important to consider them as a multidimensional design challenge that cannot be solved by changing only one of the dimensions. As an example consider the implementation of fancy coffee lounges: if the organization's culture and management do not support informal conversations, spontaneous meetings, spinning new ideas at a cup of coffee, or do not trust their employees that they will use such "free spaces" properly, such architectural interventions are pointless, because experience shows that such spaces will remain empty and unused.

This approach of enabling for innovation and knowledge creation is not only an abstract and cognitive concept, but is also a question of attitude, it is a habitus or a paradigm of thinking and acting. Unfortunately, the enabling paradigm is a rather "poor" and weak concept in the following sense: one has to give up control and – to a certain degree – let things go and let things develop. "Reality does a large part of the job for you." Of course, this is not a very comfortable position – especially in a business/organizational environment (especially Type-A and B organizations from Table 1) where everything has to be determined, calculable, "managed", and predictable. However, the enabling attitude is a consequence of having to admit that we are not in (total) control when being confronted with novelty and engaged in innovation activities.

6 Identifying and cultivating latent potentials

Whenever an organization is dealing with novelty and innovation it is entering the space of *uncertainty* which is at the same time a space of *new opportunities* and *possibilities*. In other words, innovations are always inherent in an organization (and its surrounding ecosystem) as *potentials*. This means that possible (sensible) future needs or functions are not known at the present point in time; they have to be brought into existence as a (completely) new opportunity. The organization has to act in a *creative* manner (Boden 2004; Hennessey and Amabile 2010; Kaufman and Sternberg 2010) in order to create these new opportunities.

Instead of conducting wild brainstorming sessions (Paulus et al. 2012) or "out-of-the-box" thinking exercises we suggest to identify and thoroughly investigate and understand potentials (in the sense of opportunities) that are partly already there, though they may not always be evident. The point is to take up these potentials, cultivate them, and get them to grow like a seedling.

So, what is a potential? Philosophically speaking, this means that a phenomenon or object is not completely determined at a specific point in time; rather, it is unfolding over time according to its own dynamics, its possibilities, and its interactions/influences with/from the environment. This perspective has its roots in, for instance, Aristotle's (2007) metaphysics and draws on the concepts of potentia/potency and actus/actuality or, as Kauffman (2014, p. 4 ff.) calls them, (adjacent) possibles/res potentia and actuals/res extensa. Contrary to actuals, possibles are open to develop in various ways and directions that are partially intrinsic to this phenomenon/object and partially dependent on environmental stimuli, influences, or changes. R. Poli (2006) introduces the concept of *latents* in this context: "'Categorical openness' means that the entity is only partially determined, some of its aspects are still hidden. Better: some of its determination may be latent" (Poli 2006, p. 77). The interesting and challenging point is (a) to identify these latent possibilities and (b) to cultivate them in a nonimposing manner so that they can develop into "interesting" and sensible innovations. This can be achieved by following a dynamics having its foundation in the concept of adjacent possibles: "New Actuals create adjacent possible opportunities in which new Actuals arise in a continuous unprestatable co-creation" (Kauffman 2014, p. 6). In concrete terms, this means that classical innovation processes are primarily based in the domain of Actuals (e. g., in incremental innovation the existing product is the starting point for little changes), whereas future-oriented innovation has latents and potentials as its point of departure. The finality is not yet determined and emerges in the process of cultivating these potentials.

7 Learning from the future as it emerges

While most classical innovation techniques extrapolate past experiences (products, services, business models, etc.) into the future, we propose to turn this approach on its head. We suggest trying to identify and understand the core and latent potentials (see above) of an already-emerging future in order to cultivate them and generate innovation. We are driven by the question as to what we can "learn from the future" already today. The really interesting challenge is to not only react and adapt to changes, but, above that, to actively co-create new environments and shape the future in a sustainable and thriving manner. As we are dealing here with completely new realities, the issue is, how it is possible to shift the strategy of extrapolating from the past to a future-driven perspective of innovation. Scharmer's Theory-U approach provides an interesting framework that gives us some pointers for possible answers.

Developing emerging future potentials is a rather different strategy compared to the classical strategy of using past experiences, trial-and-error, variation, selection, and adaptation in order to bring forth change and innovation. We refer to it as *Emergent Innovation* (Peschl and Fundneider 2008, 2013). It is partially based on *C. O. Scharmer's* (2007) *Theory-U* and uses deep knowledge about the core of the *object of innovation* (OOI) and its potentials (see above). In other words, these potentials offer a (mostly hidden) pointer towards the future possibilities that might emerge, but that are not visible yet. This approach is coherent with the concept of adjacent possibles (Felin et al. 2014; Koppl et al. 2014), in which actuals become enablers (see above): they create a niche for new opportunities that might emerge, if the context(s) of these niches change(s) or is actively shaped. Our approach goes one step further insofar as we propose to identify the core of these potentials and cultivate them further in an enabling environment. This leads to changes that fill the classical gap and challenge of radical innovations: they fit into the environment in a sustainable manner (because they have their basis in the core of the OOI) and – at the same time – they are fundamentally new (because they tap yet unrealized potentials of the core of the OOI).

This involves highly sophisticated skills and capacities on an individual/cognitive, managerial, as well as organizational and cultural level: for example, being able to identify latent or hidden potentials (Poli 2011), being able to redirect and reframe one's patterns of perception and cognition, or dealing with self-transcending knowledge (Kaiser and Fordinal 2010; Scharmer 2001). In other words, one of the new challenges of management is to provide an enabling environment that supports these processes of "learning from the future as it emerges" (Scharmer 2007, p. 52).

4 Innovation as personal transformation?

Taking seriously what has been said so far about a future-oriented organization and its guiding principles, has one more implication: normally, it is assumed that a cognitive system gives shape to its environment in a more or less creative process by externalizing his/her ideas or knowledge to the world. Somebody or a team has an idea and externalizes this knowledge by operating on and shaping an aspect of the material structure of the world (resulting in an innovation artifact). Assuming an approach to innovation that follows the strategy of "learning from the future as it emerges", partly reverses this image. As is also suggested by Ingold (2013) or Roth et al. (2016), we have to rethink the whole process of designing or creating an innovation: there is a *co-dependence* between the dynamics and the becoming of the involved cognitive system(s) and of the environmental/material structure that is presumably shaped by it.

The claim is that such processes of innovation cannot be understood only in the way of minds as shaping or giving form to matter, but that there is a process of co-development/co-shaping going on between the cognitive system and the matter that is shaped (see guiding principle above). Two streams of becoming are intertwined and shaping each other over time: on the one hand, mind shapes the environment according to its possibilities, affordances, and the cognitive system's knowledge/ideas by creating/making (innovation) artifacts. On the other hand, the environment (e. g., the innovation artifacts) shapes the cognitive system's mind/knowledge. This not only happens after the creation process is finished, but it is happening *continuously during* this process of making ("thinking through making"). In other words, it is not only that the results/completed innovation artifacts shape the cognitive system's (e. g., the user) mind, but that the creator's mind is shaped already during interacting with the world and its potentials. This is in line with the extended approach to cognition (Clark 2008; Clark and Chalmers 1998; Menary 2010), a cybernetic/system's approach to design (Glanville 1998, 2007), or to Schön's (1992) reflective conversation with materials in a design situation.

This reveals a new aspect about our process of future-oriented/Emergent Innovation for organizations: this approach to innovation is no longer an abstract and detached (from real life) activity. Rather, it has a direct impact on the process of making/creating. It involves a kind of *personal transformation* concerning one's patterns of perception and thinking/knowing, mindset, attitudes, and even one's values and life. It is a process of co-shaping between the cognitive systems and the environment's affordances and future potentials. As an implication, one has to be careful in selecting an innovation team: the members involved in such a process have to be willing to not only produce some innovation, but to undergo a process of personal transformation.

References

Aristotle. (2007).*Metaphysics*. Retrieved from http://classics.mit.edu/Aristotle/metaphysics.html (date of download: 02.04.2011)

Binder, T., Ehn, P., Michelis, G. de, Linde, P., & others. (2011).*Design things*. Cambridge, MA: MIT Press.

Boden, M. A. (2004).*The creative mind. Myths and mechanisms* (second). London; New York: Routledge.

Buchanan, R. (2015). Worlds in the making. Design, management, and the reform of organizational culture. *She Ji The Journal of Design, Economics, and Innovation*, 1(1), 5–21.

Clark, A. (2008). *Supersizing the mind. Embodiment, action, and cognitive extension*. Oxford, New York: Oxford University Press.

Clark, A. (2013). Whatever next? Predictive brains, situated agents, and the future of cognitive science. *Behavioral and Brain Sciences*, 36(3), 1–73.

Clark, A., & Chalmers, D. (1998). The extended mind. *Analysis*, 58(1), 7–19.

Corning, P. A. (2002). The re-emergence of "emergence": A venerable concept in search of a theory. *Complexity*, 7(6), 18–30.

Depraz, N., Varela, F. J., & Vermersch, P. (2003).*On becoming aware. A pragmatics of experiencing*. Amsterdam / Philadelphia: John Benjamins Publishing Company.

Dorst, K. (2006). Design problems and design paradoxes. *Design Issues*, 22(3), 4–17.

Ettlie, J. E., Bridges, W. P., & O'Keefe, R. D. (1984). Organisational strategic and structural differences for radical vs. incremental innovation. *Management Science*, 30(6), 682–695.

European Commission. (2008). Decision No 1350/2008/EC of the European parliament and of the council of 16 December 2008 concerning the European Year of Creativity and Innovation (2009). *Official Journal of the European Union, L 348*, 115–117.

European Commission. (2010).*Europe 2020. A strategy for smart, sustainable and inclusive growth*. Retrieved from http://eur-lex.europa.eu/LexUriServ/LexUriServ.do?uri=COM:2010:2020:FIN:EN:PDF (date of download: 03.02.2012)

Fagerberg, J., & Verspagen, B. (2009). Innovation studies. The emerging structure of a new scientific field. *Research Policy*, 38(2), 218–233.

Felin, T., Kauffman, S. A., Koppl, R., & Longo, G. (2014). Economic opportunity and evolution: beyond landscapes and bounded rationality. *Strategic Entrepreneurship Journal*, 8(4), 269–282.

Glanville, R. (1998). Re-searching design and designing research. *Design Issues*, *15*(2), 88–91.

Glanville, R. (2007). Try again. Fail again. Fail better: the cybernetics in design and the design in cybernetics. *Kybernetes. The International Journal of Systems and Cybernetics*, *36*(9/10), 1173–1206.

Goldspink, C., & Kay, R. (2003). Organizations as self-organizing and sustaining systems. A complex and autopoietic systems perspective. *International Journal of General Systems*, *32*(5), 459–474.

Hamel, G. (2009). Moon shots for management. *Harvard Business Review*, *87*(2), 91–98.

Hekkert, P. (2006). Design aesthetics. Principles of pleasure in design. *Psychology Science*, *48*(2), 157–172.

Hekkert, P., Snelders, D., & Wieringen, P. C. W. van. (2003). Most advanced, yet acceptable. Typicality and novelty as joint predictors of aesthetic preference in industrial design. *British Journal of Psychological*, *94*(1), 111–124.

Hennessey, B. A., & Amabile, T. M. (2010). Creativity. *Annual Review of Psychology*, *61*, 569–598.

Hohwy, J. (2013).*The Predictive Mind*. Oxford: Oxford University Press.

Ingold, T. (2013).*Making. Anthropology, archaeology, art and architecture*. Abingdon, Oxon; New York, NY: Routledge.

Kaiser, A., & Fordinal, B. (2010). Creating a ba for generating self-transcending knowledge. *Journal of Knowledge Management*, *14*(6), 928–942.

Kauffman, S. A. (2014). Prolegomenon to patterns in evolution. *BioSystems*, *123*(2014), 3–8.

Kaufman, J. C., & Sternberg, R. J. (Eds.). (2010).*The Cambridge handbook of creativity*. Cambridge, New York: Cambridge University Press.

Kay, R. (2001). Are organizations autopoietic? A call for new debate. *Systems Research and Behavioral Science*, *18*, 461–477.

Koppl, R., Kauffman, S. A., Felin, T., & Longo, G. (2014). Economics for a creative world. *Journal of Institutional Economics*, *2014*, 1–31.

Krippendorff, K. (1989). On the essential contexts of artifacts or on the proposition that "Design is making sense (of things)." *Design Issues*, *5*(2), 9–39.

Krippendorff, K. (2006).*The semantic turn. A new foundation for design*. Boca Raton, FL: Taylor and Francis CRC Press.

Luhmann, N. (1995). *Social systems*. Stanford: Stanford University Press.

Mason, P. (2015).*Postcapitalism. A guide to our future*. UK: Penguin Books, Random House.

Maturana, H. R. (1970). Biology of cognition. In H. R. Maturana & F. J. Varela (Eds.), *Autopoiesis and cognition: the realization of the living* (pp. 2–60). Dordrecht, Boston: Reidel Pub.

Maturana, H. R., & Varela, F. J. (1975). Autopoiesis: the organization of the living. In H. R. Maturana & F. J. Varela (Eds.),*Autopoiesis and cognition: the realization of the living* (pp. 63–134). Dordrecht, Boston: Reidel Pub.

Menary, R. (Ed.). (2010).*The extended mind*. Cambridge, MA: MIT Press.

Mitleton-Kelly, E. (Ed.). (2003a).*Complex systems and evolutionary perspectives on organisations: the application of complexity theory to organisations*. Oxford: Elsevier.

Mitleton-Kelly, E. (2003b). Ten principles of complexity and enabling infrastructures. In E. Mitleton-Kelly (Ed.),*Complex systems and evolutionary perspectives on organisations: the application of complexity theory to organisations* (pp. 23–50). Oxford: Elsevier.

Mumford, D. (1992). On the computational architecture of the neocortex. II The role of cortico-cortical loops. *Biological Cybernetics*, 66, 241–251.

O'Connor, T., & Wong, H. Y. (2009). Emergent Properties. In E. N. Zalta (Ed.), *The Stanford Encyclopedia of Philosophy (Spring 2009 Edition)*. Retrieved from http://plato.stanford.edu/archives/spr2009/entries/properties-emergent (date of download: 21.02.2012)

Paulus, B. P., Dzindolet, M., & Kohn, N. W. (2012). Collaborative creativity. Group creativity and team innovation. In M. Mumford (Ed.), *Handbook of organizational creativity* (pp. 327–357). San Diego, CA: Academic Press.

Peschl, M. F., & Fundneider, T. (2008). Emergent Innovation and Sustainable Knowledge Co-creation. A Socio-Epistemological Approach to „Innovation from within". In M. D. Lytras, J. M. Carroll, E. Damiani, Tennyson, D, Avison, D, & Vossen, G. (Eds.), *The Open Knowledge Society: A Computer Science and Information Systems Manifesto* (Vol. CCIS (Communications in Computer and Information Science) 19, pp. 101–108). New York, Berlin, Heidelberg: Springer (CCIS 19).

Peschl, M. F., & Fundneider, T. (2012). Spaces enabling game-changing and sustaining innovations: Why space matters for knowledge creation and innovation. *Journal of Organisational Transformation and Social Change (OTSC)*, 9(1), 41–61.

Peschl, M. F., & Fundneider, T. (2013). Theory-U and Emergent Innovation. Presencing as a method of bringing forth profoundly new knowledge and realities. In O. Gunnlaugson, C. Baron, & M. Cayer (Eds.), *Perspectives on Theory U: Insights from the field* (pp. 207–233). Hershey, PA: Business Science Reference/IGI Global. Retrieved from doi:10.4018/978-1-4666-4793-0 (date of download: 24.10.2013)

Peschl, M. F., & Fundneider, T. (2014). Designing and enabling interfaces for collaborative knowledge creation and innovation. From managing to enabling innovation as socio-epistemological technology. *Computers and Human Behavior*, 37, 346–359.

Poli, R. (2006). The ontology of what is not there. In J. Małinowski & A. Pietruszczak (Eds.), *Essays in Logic and Ontology (Poznan Studies in the Philosophy of the Sciences and the Humanities, vol. 91)* (Vol. 91, pp. 73–80). Amsterdam/New York: Rodopi.

Poli, R. (2010a). An introduction to the ontology of anticipation. *Futures*, 42(7), 769–776.

Poli, R. (2010b). The many aspects of anticipation. *Foresight*, 12(3), 7–17.

Poli, R. (2011). Ontological categories, latents and the irrational. In J. Cumpa & E. Tegtmeier (Eds.), *Ontological categories* (pp. 153–163). Heusenstamm: Ontos Verlag.

Reiter-Palmon, R., Wigert, B., & Vreede, T. de. (2012). Team creativity and innovation. The effect of group composition, social processes, and cognition. In M. Mumford (Ed.), *Handbook of organizational creativity* (pp. 295–326). San Diego, CA: Academic Press.

Rifkin, J. (2014).*The zero marginal cost society. The internet of things, the collaborative commons, and the eclipse of capitalism*. New York: Palgrave Macmillan.

Roth, W. M., Socha, D., & Tenenberg, J. (2016). Becoming-design in corresponding: re/theorising the co- in codesigning. *CoDesign*, 12(1). http://dx.doi.org/10.1080/15710882.2015.1127387

Sarasvathy, S. D., Dew, N., Velamuri, S. R., & Venkataraman, S. (2003). Three Views of Entrepreneurial Opportunity. In Z. D. Acs & D. B. Audretsch (Eds.), *Handbook of entrepreneurship research* (pp. 141–160). Dordrecht, NL: Kluwer Academic Publishers.

Scharmer, C. O. (2001). Self-transcending knowledge. Sensing and organizing around emerging opportunities. *Journal of Knowledge Management*, 5(2), 137–150.

Scharmer, C. O. (2007).*Theory U. Leading from the future as it emerges. The social technology of presencing*. Cambridge, MA: Society for Organizational Learning.

Schön, D. A. (1992). Designing as reflective conversation with the materials of a design situation. *Research in Engineering Design*, 3(3), 131–147.

Seidl, D., & Becker, K. H. (2006). Organizations as distinction generating and processing systems. Niklas Luhmann's contribution to organization studies. *Organization*, 13(1), 9–35.

Simon, H. A. (1996).*The sciences of the artificial* (third). Cambridge, MA: MIT Press.

Stephan, A. (1999). Varieties of emergentism. *Evolution and Cognition*, 5(1), 49–59.

Stilgoe, J., Owen, R., & Macnaghten, P. (2013). Developing a framework for responsible innovation. *Research Policy*, 42(9), 1568–1580.

Varela, F. (2000).*Three gestures of becoming aware*. Retrieved from http://www.dialogonleadership.org/Varela-2000.pdf (date of download: 27.04.2005)

Markus F. Peschl is professor for Cognitive Science and Philosophy of Science (University of Vienna) & CSO at the theLivingCore GmbH Knowledge and Innovation Architects (Vienna & Frankfurt)

His focus of research is on the question of knowledge creation and innovation. Currently he is working in the field of radical innovation where he developed the concepts of Emergent Innovation and Enabling Spaces. M. Peschl has published six books and more than 130 papers in international journals and collections. For further information see: www.univie.ac.at/knowledge/peschl/

Thomas Fundneider is founder and Managing Director of theLivingCore and has acquired extensive management knowledge by being responsible for numerous major projects. His introduction of innovative, entrepreneurial working and thinking to organizations has made a lasting impact on his clients. He is a board member of PDMA Austria as well as Bertalanffy Center for the Study of Systems Science, and lectures at several European universities. For further information see: www.thelivingcore.com

Teil V
Neue Lebensmodelle und Work-Life in Balance

Vereinbarkeit von Familie und Beruf – Eine ehrliche Bestandsaufnahme aus Sicht einer Agenturchefin

Daniela Wilken

1 Der Spagat zwischen Machbarkeit und Vereinbarkeit

Als Mutter und Inhaberin einer Livekommunikations-Agentur gilt man in der Außenwahrnehmung als Paradebeispiel für die Vereinbarkeit von Familie und Beruf. Machbar ist es, mit beiden Welten zu jonglieren – aber Vereinbarkeit ist etwas anderes!

Die berufliche Geschichte einer Selbstständigen und Mutter ist – auch heute noch – eine von Kompromissen, Zwiespälten und Entbehrungen, des ständigen Ringens mit den eigenen Kräften. In der Kommunikationsbranche bedeutet das: Sich seine Arbeitszeiten immer wieder neu zurechtlegen und dann doch außer der Reihe Besprechungen wahrnehmen, um die Kundenbindung aufrechtzuerhalten, häufige Auswärtstermine, Reisen zu Live-Events vor Ort. Sich zerrissen fühlen und immer wieder um Kind und Familie herum organisieren. Diesen Preis muss man zahlen wollen.

Gerade weil man selbst um diese Schwierigkeiten weiß und Tag für Tag mit ihnen lebt, ist mir als Unternehmerin mit Kind daran gelegen, für die eigenen Angestellten Bedingungen zu schaffen, die es ihnen ermöglichen, Beruf und Familie besser zu vereinbaren. Doch das ist ein komplizierter Prozess, der einen langen Atem erfordert und dabei einem steten Wandel unterworfen ist.

In der Vergangenheit ging es in erster Linie um die Herstellung von Machbarkeit. Mehr Frauen beanspruchten den Wunsch, trotz Kindern oder gerade deshalb auch wieder zu arbeiten. Man konzentrierte sich auf den Ausbau von Betreuungsangeboten und arbeitete an Teilzeitmodellen. Doch heute reicht ein auf Machbarkeit ausgerichtetes Organisationssystem nicht mehr – es geht um wirkliche Vereinbarkeit von Beruf und Familienleben, um die damit verbundene gesellschaftliche Akzeptanz für berufstätige Eltern und einen persönli-

---

D. Wilken (✉)
Managing Director, Wilkenwerk GmbH
Hamburg, Deutschland
E-Mail: mail@wilkenwerk.de

chen Mehrwert. Denn mit der gut ausgebildeten Generation Y hat ein Paradigmenwechsel stattgefunden: Wer sich heute Vereinbarkeit wünscht, versteht darunter nicht nur ein gut gerüstetes System, sondern auch Sinnstiftung und die Erfüllung eigener Ansprüche – Kinder sollen nicht nur aufbewahrt, sondern intensiv betreut und gezielt gefördert werden. Der Beruf soll nicht nur dem Lebensunterhalt dienen, sondern auch der Selbstverwirklichung. Das Leben fängt nicht erst nach Feierabend an. Die Vorstellungen, was genau Vereinbarkeit bedeuten kann und wie sie aussehen soll, sind vielfältig und individuell.

Gleichzeitig haben sich durch den digitalen Wandel die Arbeitsweise und durch den steigenden Kostendruck die Kundenansprüche verändert. Familienfreundlichkeit im Dienstleistungssektor ist keine leichte Aufgabe. Mit den von außen herangetragenen Erwartungen und dem gestiegenen Druck muss man einen Umgang finden, ohne sie 1:1 an seine Mitarbeiter weiterzugeben.

Im Folgenden soll an Beispielen aus unserem Alltag in der Agentur WILKENWERK erörtert werden, wo in Zukunft für Frauen und Familien die Grenzen zwischen Machbarkeit und Vereinbarkeit liegen können. Welchen Einfluss haben die Digitalisierung und die Vorstellungen der Generation Y sowie folgender Generationen? Wo liegen aus Sicht einer Frau und Arbeitgeberin die Stellschrauben für den Traum von Vereinbarkeit, aber auch dessen Grenzen? Welche Lösungen und Modelle werden jetzt schon umgesetzt, welche können es in Zukunft sein? Und nicht zu vergessen: Was sagen die Mitarbeiterinnen dazu? Dabei sollen unterschiedliche Perspektiven beleuchtet werden – wenn möglich, stets am konkreten Praxisbeispiel.

2 Vereinbarkeit: Ein Paradigmenwechsel

2.1 Status Quo: Die Wirtschaft hinkt den neuen Rollenmodellen hinterher

Die zahlreichen öffentlichen Diskussionen machen es deutlich – Kinder in einer „erfüllten" beruflichen Laufbahn einer Frau waren und sind eine „Besonderheit". Ich benutze dieses Wort gezielt, denn noch existieren keine etablierten Strukturen, die der berufstätigen Frau einen selbstverständlichen Platz auf der Karriereleiter zuweisen. Immer häufiger kommt es zu einer Kollision der gesellschaftlichen und wirtschaftlichen Paradigmen. Denn der Wandel von familieninternen Rollenmodellen in der Generation Y ist den Modellen in der Wirtschaft voraus. Bei ihren Großeltern war die Frau noch für Haus und Familie zuständig, ihre Eltern bewegten sich dagegen im Rahmen der Machbarkeit und nun wünschen sich beide Geschlechter der Generation Y eine ausgeglichene Balance zwischen Beruf und Familie. Immer häufiger habe ich es mit Bewerberinnen zu tun, für die nicht ihre Bezahlung, sondern der persönliche Gestaltungsfreiraum entscheidend ist: „Gibt es die Möglichkeit von Home-Office-Tagen, kann ich mit meinen Arbeitszeiten variieren, findet nach intensiven Projektphasen ein Arbeitszeitausgleich statt?", lauten häufig die

Fragen. Kommen Kinderwunsch und Familienplanung hinzu, haben die meisten die Vorstellung, dass dies nicht zu einem veränderten Aufgabenbereich führen muss.

Das Erwartungsmanagement eines Arbeitgebers klingt schwieriger denn je? Ist es auch. Sicherlich kann man nicht immer allen Parteien gerecht werden, aber um als mittelständisches Unternehmen wettbewerbsfähig zu bleiben und qualifiziertes Personal anzuziehen und zu halten, ist es unverzichtbar, an konstruktiven Lösungsmodellen zu arbeiten.

2.2 Das wollen die Mitarbeiterinnen: Einen Job, der unterschiedlichsten Ansprüchen gerecht wird

Komplett und dauerhaft aus dem Beruf auszusteigen und sich nur der Familie zu widmen, ist für die Frauen und Mütter bei WILKENWERK eher die Ausnahme als die Regel. Bei den meisten steht neben der finanziellen Absicherung der Familie das Tätigsein selbst im Vordergrund.

Drei Beispiele aus der Praxis:

- Mitarbeiterin A. würde sich unterfordert fühlen, wenn sie neben der Familie keinen Job außer Haus hätte – die Arbeit in der Agentur ist ihr wichtig und macht ihr Spaß. Sie möchte den Anschluss an die Kolleginnen, das soziale Leben und die Entwicklungen in der Berufswelt nicht verpassen.
- Für Mitarbeiterin B. stünde vor allem aus finanziellen Gründen ein Ausstieg aus der Arbeitswelt nicht zur Debatte – sie muss selbstverständlich wie ihr Mann auch zum Familieneinkommen beitragen.
- Mitarbeiterin C. liebt ihre Arbeit in leitender Funktion und möchte diese Rolle auch mit Kind weiter ausbauen.

Für alle ist selbstverständlich, dass der Job mit dem Familienleben vereinbar sein muss. Ein Unternehmen, das ihnen diese Vereinbarkeit nicht bieten könnte, käme als Arbeitgeber für sie nicht infrage. Sie möchten sich auch nicht aufreiben müssen, um es allen Parteien recht zu machen. Ihnen ist wichtig, dass weder das Kind noch die Arbeit noch sie selbst mit ihren eigenen Bedürfnissen zu kurz kommen. Ob es um eine Tätigkeit geht, die Sinn stiftet, um die finanzielle Unabhängigkeit oder das Erreichen selbst gesetzter Ziele – die Ansprüche heutiger berufstätiger Mütter sind vielfältig. Daher müssen auch die Angebote der Arbeitgeber unterschiedliche Bedürfnisse berücksichtigen und individuell zugeschnitten sein.

2.3 Das sagt die Arbeitgeberin: Es ist nicht alles möglich. Und das ist ok!

Es ist erfreulich, mit welcher Selbstverständlichkeit beide Seiten der jungen Generation sowohl ihrer Arbeit als auch dem Familienleben nachgehen möchten. Die Ansprüche an eine ausgewogene Balance zwischen beruflichen Anforderungen und familiären Verpflichtungen sind hoch, doch mögliche Probleme und Schwierigkeiten werden dabei im Vorfeld oft verkannt. Viele werdende Mütter und Väter unterschätzen die Herausforderung dieses Spagats und machen sich Illusionen darüber, was sie erwartet: ein Haufen Arbeit! Die „alles ist möglich"-Haltung der jungen Generation stößt beim Praxistest oft an ihre Grenzen. Den jungen Eltern wird schnell klar, dass nicht alles möglich ist und sich nicht immer alles gut miteinander vereinbaren lässt – aber dazu muss auch die Einsicht gehören: Das ist in Ordnung und ganz normal! Ziele sind wichtig – aber sie sollten realistisch bleiben. Es nützt niemandem etwas, wenn überzogene Erwartungen an den Job und zu hohe Ansprüche an sich selbst nicht erfüllt werden können und man am Ende frustriert zurückbleibt.

2.4 Die Lösungsansätze: Im Gespräch bleiben!

Als Unternehmerin in einem Arbeitsumfeld, das stark durch junge weibliche Mitarbeitende geprägt ist (der Altersdurchschnitt bei WILKENWERK liegt bei 33,7 Jahren), ist es ganz besonders wichtig, sich dieser Erwartungen bewusst zu sein. Der Wunsch nach individuellen Lösungen erhöht die Ansprüche an Human Resources. Sie erfordern eine intensivere Auseinandersetzung und einen flexibleren Umgang mit den einzelnen Mitarbeitern. Intensiv heißt, Lösungen als individuelle und temporäre Vereinbarungen zu akzeptieren und sich regelmäßigen Gesprächen zu öffnen.

Mitarbeiterin A. kehrt so bald wie möglich in ihren alten Job zurück – nach einem Jahr erst einmal halbtags, und dann wird nach und nach aufgestockt.

Mitarbeiterin B. arbeitet in einem weder projekt- noch kundengebundenen Feld und kann daher mit ihrer festen Halbtagsstelle sehr genau planen.

Mitarbeiterin C. ist als freie Mitarbeiterin flexibel und punktuell einsetzbar und kann so mit einem hohen Grad an Selbstständigkeit auch große Projekte leiten.

In unserem Betrieb haben sich rechtzeitige Personalgespräche mit den werdenden Müttern bewährt. So kann man frühzeitig klären, welche Vorstellungen die Mitarbeiterinnen haben und welche Möglichkeiten es für die weitere Zusammenarbeit gibt: Vorzeitige Rückkehr aus der Elternzeit, Teilzeit, Gleitzeit, freie Mitarbeit etc. Die flache Hierarchie schafft eine vertrauensvolle Atmosphäre, in der unterschiedliche Vorstellungen individuell verhandelt werden können.

Dabei ist es sicher von Vorteil, eine Mutter als Arbeitgeberin zu haben. Als Unternehmerin, die selbst jeden Tag zwischen Beruf und Familie jongliert, kann man die werdenden und jungen Mütter von seiner Erfahrung profitieren lassen. Unter anderem darin besteht bei WILKENWERK Corporate Social Responsibility: Sich über das rein berufliche Verhältnis hinaus ehrlich und persönlich austauschen zu können. So lassen sich bereits im Vorfeld mögliche Schwierigkeiten erkennen – nicht nur im Hinblick auf die Umsetzung, sondern auch auf unrealistische Erwartungshaltungen. Die eigene Erfahrung zeigt: Es ist nicht immer alles möglich – aber das ist auch in Ordnung! Und je früher man gemeinsam gegensteuern kann, desto besser.

Ein Kompromiss muss immer eingegangen werden, auch auf Arbeitnehmerseite: Entweder entscheidet man sich für eine feste Anstellung mit mehr Sicherheit, aber weniger Flexibilität und festeren Strukturen, oder für eine freie Mitarbeit mit wenig Absicherung, aber größerer Freiheit. Nur mit Offenheit und Verständnis auf beiden Seiten kommt man weiter: In der persönlichen Abstimmung muss ganz klar vermittelt und akzeptiert werden, was in welcher Form leistbar ist und wo man als Unternehmerin an die Grenzen der Umsetzbarkeit stößt.

Feste und nachhaltige Beziehungen können sich für Arbeitgeber wie Arbeitnehmer auszahlen: Je enger der Kontakt, desto besser kennt man sich, die Fähigkeiten und Vorlieben der Arbeitnehmerin, aber auch umgekehrt die Strukturen und die Situation des Arbeitgebers. Im Optimalfall ergeben sich durch den engen Austausch ganz neue Möglichkeiten. Mitarbeiterin D. etwa machte sich nach drei Jahren Festanstellung bei WILKENWERK selbstständig und ist inzwischen junge Mutter. Während der Elternzeit hielt sie weiterhin guten Kontakt zur Agenturleitung und wird nun regelmäßig als Freelancerin mit ins Boot geholt. Da man ihre Fähigkeiten, Einsatzmöglichkeiten und Vorlieben gut kennt, konnte die Arbeitgeberin gezielt auf sie zugehen und ihr konkret projektgebundene Angebote machen, die auch von ihrem alten Tätigkeitsfeld abweichen. Das Arbeitsfeld ist nicht klassisch definiert, sondern flexibel und dynamisch. Ein ebenso zukunftsweisender wie effektiver Ansatz: Der Job wird auf den Menschen zugeschnitten und nicht umgekehrt.

3 Vereinbarkeit und eine familienfreundliche Wirtschaft: Das Spannungsfeld der Akteure

3.1 Die Herausforderung: CSR als gesamtgesellschaftliche Aufgabe

CSR ist eine gesamtgesellschaftliche Aufgabe, die von allen mitgetragen werden muss. Individuelle Lösungen brauchen allgemeine Voraussetzungen – gesamtgesellschaftlich wie auch unternehmensintern. Wir haben in Deutschland vielfach Strukturen, die auf Machbarkeit ausgerichtet sind – brauchen aber Strukturen, die auf Vereinbarkeit abzielen. Bestehende Arbeitsmodelle sind häufig noch nicht flexibel genug, um ohne Hilfe von außen bestehen zu können. Denn selbst Machbarkeit konsequent umzusetzen ist schon schwierig: Sie zeigt sich erst, wenn das Organisationssystem nicht bei jeder Grippe, bei jedem Kitastreik oder jedem spontanen Kundentermin ins Wanken gerät. Ohne ein dichtes Netz aus Seilschaften, ohne Familie, Großeltern, Nachbarn und Freunde, die helfen und einspringen können, geht es meist nicht. Aber Improvisieren kann nicht die Lösung für die Zukunft sein! Solange Notlösungen für Mütter im Beruf die Regel und nicht die Ausnahme sind, bleiben wir von funktionierenden Strukturen noch weit entfernt.

Über strukturelle Verbesserungen hinaus muss es auch von allen Seiten mehr Bereitschaft und Akzeptanz für familienfreundliche Modelle in Unternehmen geben. Familienfreundlichkeit ist nichts, was sich theoretisch auf dem Papier herstellen lässt. Sie geht über die Schaffensräume des Arbeitgebers und des Gesetzgebers hinaus, erfordert neue

Herangehensweisen in der gesamten Zusammenarbeit. Allein kann man als Unternehmer die Aufgabe nicht lösen, da ein familienfreundlicher Betrieb nicht nur vom Arbeitgeber lebt: Es ist ein Zusammenspiel aus Arbeitgeber, Kunden, Mitarbeitern und deren Umfeld.

3.2 Das sagen die Mitarbeiterinnen: Ohne die Diskussion in der Familie geht es nicht

Frauen verhandeln ihren Arbeitsvertrag mit dem Arbeitgeber, ihrem Partner und dessen Arbeitgeber. Eine Lösung zu finden, die allen Seiten dabei möglichst gerecht wird, kann lange dauern und kompliziert werden.

Grundlegend, aber nicht immer selbstverständlich: Vereinbarkeit muss von beiden Partnern gleichermaßen gewollt werden! Die Zeiten, in denen die Doppelbelastung fast ausschließlich an der Frau hängenblieb, sind vorbei. Die Männer der jungen berufstätigen Generation wollen und müssen sich mehr einbringen, damit die Ansprüche beider Seiten Platz finden. Es ist wichtig, dass beide Elternteile sich und ihre Erwartungen gegenseitig ernst nehmen und keiner zu sehr zurückstecken muss. Je bereitwilliger die Partner an den Strukturen und Aufgabenverteilungen in ihrer Familie arbeiten, je flexibler und kompromissbereiter sie sich zeigen, desto bessere Voraussetzungen sind dafür gegeben, dass gemeinsam ein Grad an Vereinbarkeit erreicht werden kann, mit dem alle gut leben können und aus dem sich tatsächliche Mehrwerte ziehen lassen. So bietet sich auch mehr Gestaltungsfreiraum in der Zusammenarbeit mit dem Arbeitgeber.

In der Praxis ist es jedoch in vielen Fällen so, dass die Arbeitgeber den männlichen Partnern meiner Mitarbeiterinnen nicht den nötigen Freiraum anbieten. Abgesehen von einigen bekannten Hamburger Großkonzernen, die als Aushängeschilder für Familienfreundlichkeit bekannt sind, stehen die meisten Männer in traditionellen Vollzeit-Arbeitsverhältnissen, die eine uneingeschränkte Verfügbarkeit fordern. Elternzeit ist denkbar, aber danach wird wieder der volle Einsatz erwartet – somit schrumpfen die Möglichkeiten für die Partnerin ganz schnell zusammen.

Beispiel Mitarbeiterin A.: Ihr Partner ist als Soldat sowohl lokal als auch vertraglich fest gebunden. Nach einem Jahr Elternzeit will sie halbtags wieder in den Job einsteigen und dann sukzessive auf Vollzeit erhöhen. Sie ist früh auf eine Ganztagsbetreuung, Verständnis und Flexibilität seitens der Arbeitgeberin angewiesen, da ihr Partner unter der Woche nicht bei der Familie ist und nicht so leicht einspringen und zu Hause bleiben kann, wenn das Kind krank wird.

3.3 Das sagt die Arbeitgeberin: Umdenken muss eingefordert werden!

CSR ist eine gesamtgesellschaftliche Aufgabe, die höhere Wertschätzung erfahren muss. Dazu gehört ein Umdenken im Kopf: Gesellschaftliche Akzeptanz gegenüber arbeitenden Eltern und deren Grenzziehungen zwischen Arbeit und Privatleben. Diese fängt im Team an und geht beim Kunden weiter. In der Theorie finden Entscheidungen für ein familienfreundlicheres Arbeiten, zum Beispiel ein Wechsel in die Teilzeit, oft Zuspruch – aber dann hapert es mit der gemeinsamen Umsetzung im Alltag. Das heißt in der Praxis, dass alle ein wenig flexibler sein müssen, um den arbeitenden Müttern und Vätern den Rücken zu stärken. Ständige Verfügbarkeit und exakt dieselbe Arbeitsweise wie vorher darf man von ihnen nicht erwarten.

Akzeptanz muss aber auch dem Kunden gegenüber eingefordert werden. Im Großunternehmen ist dies einfacher umzusetzen als in kleineren, mittelständischen Betrieben, vor allem im Dienstleistungsbereich: Familienfreundliche Modelle sind für ein mittelständisches Unternehmen wie WILKENWERK ein Kostenfaktor. Der steigende Kostendruck im Dienstleistungssektor minimiert die betrieblichen Gestaltungsmöglichkeiten eines Arbeitgebers. Analog zum Mindestlohn muss auch die Dienstleistung mehr wertgeschätzt werden – sonst sieht sich der Arbeitgeber oft gezwungen, den Druck weiterzugeben.

Für den Kunden bedeutet das eine Auseinandersetzung mit CSR und damit, ob er sich bewusst für familienfreundliche Betriebe entscheiden möchte. In unserem Fall heißt das: Beauftragt er eine Agentur, die vielfach mit Praktikanten arbeitet, so ihre Leistungen günstig verkaufen kann und sich in der Regel (aufgrund der kostengünstigeren Berufsanfänger und der hohen Fluktuation der Arbeitnehmer) keine Gedanken um familienfreundliche Arbeitsmodelle machen muss? Oder zahlt er mehr für eine Agentur, die ihren Fachkräften ordentliche Gehälter bietet, nachhaltig und familienorientiert wirtschaftet? Ein Großteil der Auftraggeber wird sich für die günstigere Alternative entscheiden – zumindest solange man damit noch keine negativen Erfahrungen gemacht hat. Hier muss offensiv mit dem eigenen Unternehmensprofil umgegangen, müssen die eigenen Werte und der Wert der eigenen Arbeit selbstbewusst ins Feld geführt werden. Ein Umdenken auf Kundenseite muss bewusst eingefordert werden.

Noch ist es vor allem in der Dienstleistungsbranche schwierig, als familienfreundlicher Betrieb wettbewerbsfähig zu bleiben. Zwei Teilzeitstellen kosten den Arbeitgeber mehr als eine Vollzeitstelle – hier etwa müssen vom Gesetzgeber bessere Bedingungen geschaffen werden. Aber vor allem geht es nicht ohne einen Bewusstseinswandel in der Privatwirtschaft. Dort wird leider immer noch mit zweierlei Maß gemessen: Während im eigenen Betrieb familienorientierte Maßnahmen praktiziert werden, überträgt sich dieser Anspruch zu selten auf die Auswahl der Partner und Dienstleister – hier wird nach wie vor in erster Linie auf die Kosten geschaut.

4 Familienfreundlichkeit: Keine Wahl, sondern ein Muss für einen Mittelständler!

4.1 Die Herausforderung: Als Arbeitgeber attraktiv bleiben

Der Großteil der deutschen Unternehmen hat erkannt, dass familienfreundliche Maßnahmen entscheidende Faktoren im Wettbewerb um die besten Arbeitskräfte sind. Man möchte als Arbeitgeber attraktiv sein – für aktuelle Arbeitnehmer wie auch potenzielle Kandidaten. In mittelständischen Betrieben kommt es noch mehr als in Großkonzernen auf das „menschliche Kapital", auf die Rolle des Einzelnen an – die Teams sind kleiner und damit die Strukturen fragiler. Umso wichtiger ist es, gute Mitarbeiter und funktionierende Systeme langfristig zu erhalten.

4.2 Das sagt die Arbeitgeberin: Erfahrung ist Trumpf!

Eine frühere Rückkehr aus der Elternzeit streben heute viele Arbeitnehmerinnen an – so auch in unserem Alltag in der Agentur. Wirtschaftlich gesehen ist es ein Gewinn, wenn junge Mütter dem Betrieb erhalten bleiben und im besten Fall nicht allzu lange aussetzen: So lassen sich, gerade in der Dienstleistungsbranche, langfristige Kundenbeziehungen besser aufrechterhalten. Expertise und eingespielte Abläufe, aber auch Kunden- und Teambindung lassen sich nicht einfach beliebig durch neue Kräfte ersetzen – bzw. immer nur mit Reibungs- und Erfahrungsverlust. Darum lohnt es sich, in bestehende Arbeitsverhältnisse nachhaltig zu investieren.

In mittelständischen Betrieben wie unserem profitieren Mütter vom Vertrauensverhältnis zur Unternehmensführung und den anderen Mitarbeitern sowie dem unternehmensspezifischen Know-how. Was bisher eher als Nachteil formuliert wurde – Mütter bekommen in der wichtigsten Karrierephase (zwischen 30 und 40 Jahren) Kinder – ist aus der Arbeitgebersicht einer Mittelständlerin auch ein Vorteil: Mütter mit viel Erfahrung lassen sich auch in Teilzeit anders eingliedern. In unserer Praxis heißt das: Eine junge Frau mit wenig Erfahrung wird im schlimmsten Fall in der zweiten Reihe bleiben, keine Projekte in Eigenregie betreuen. Wenn sie vor der Elternzeit keine Projekte geleitet hat, wird dies für sie nach einer Auszeit und ggf. als Teilzeitkraft umso schwieriger. Frauen mit mehrjähriger Berufserfahrung finden dagegen auch Mittel und Wege, sich mit weniger Zeit zu koordinieren, knüpfen an die vorhandene Expertise an und können so nach einer Pause leichter wieder in die Projektleitung einsteigen.

4.3 Lösung aus der Praxis: Flexibel bleiben!

Unbefristet, aber unbeweglich? – Das ist nicht mehr zeitgemäß. Die Lösung bei WILKENWERK: Der unbefristete Vertrag muss in Zukunft ein flexibler Vertrag sein. Mitarbeiterinnen können mit temporären Arbeitsverhältnissen nachhaltig gebunden werden. Das heißt, dass sie nicht auf die Sicherheit eines unbefristeten Arbeitsverhältnisses verzichten müssen, aber sowohl Arbeitgeberin als auch Arbeitnehmerin in ihrer Planung beweglich bleiben können: Keine befristeten Verträge, aber flexible Verträge. Man geht eine langfristige Partnerschaft ein in dem Wissen, dass sich das Modell der Zusammenarbeit aufgrund äußerer Einflüsse (z. B. Auftragslage) oder persönlicher Gegebenheiten ändern kann. Je flexibler und kompromissbereiter beide Seiten sind, desto individueller lassen sich die

Lösungen für Frauen und Familien gestalten. Praxisbeispiel: Im Idealfall können je nach Bedarf und Auftragslage Stunden aufgestockt oder zurückgeschraubt werden, ohne dass die Absicherung der Mitarbeiterinnen infrage gestellt wird. Hierzu lässt sich im Vertrag etwa ein gewisses Mindestpensum an Stunden oder Gehalt festsetzen.

5 Vereinbarkeit ist individuell: Einflussmöglichkeiten und Stellschrauben

5.1 Die Herausforderung: Individuelle Ansprüche erfordern individuelle Lösungen – und Bereitschaft dazu!

Man kann nicht in überholten Strukturen denken, handeln und arbeiten, sonst ist man als Arbeitgeber nicht mehr interessant. Die Lösungen der Zukunft müssen individuell zugeschnitten sein – es ist immer weniger realistisch, Menschen in bestehende Schemata einzupassen, anstatt das System dem Menschen dienstbar zu machen. Wie wichtig die Unterstützung flexibler Arbeitsmodelle und familienfreundlicher Maßnahmen vom Gesetzgeber aus ist und wie wichtig deren praktische Annahme und Umsetzung, wurde bereits erwähnt. Doch auch die Arbeitnehmerin sollte sich im Klaren darüber sein, dass sich ihre Arbeitsweise verändern wird – und dass externe Hilfen immer noch eine große Rolle spielen.

5.2 Das sagen die Mitarbeiterinnen: Bereitschaft fängt bei einem selbst an

Die Kolleginnen bei WILKENWERK sind sich einig: Individuelle Lösungen funktionieren nicht ohne eigenes Umdenken. Grundvoraussetzungen: Man muss sich organisieren und strukturieren können. Man muss offen für Kompromisse sein. Man muss sich von überzogenen Ansprüchen an sich selbst verabschieden. Man muss Verfügbarkeit auch in Notfällen signalisieren, aber sonst klare Grenzen setzen. Natürlich ist man kurz vor Abgabe einer wichtigen Pitch-Präsentation für die Kolleginnen in der Agentur auch nach Dienstschluss noch telefonisch erreichbar. Doch müssen alle wissen, dass nach der Abgabe Feierabend Feierabend bleibt. Die Verantwortung, Überlastungen oder überzogenen Forderungen seitens der Arbeitgeberinnen oder Kolleginnen vorzubeugen, liegt auch auf Arbeitnehmerseite: Man sollte ganz klar äußern, was man schafft und was nicht.

In der Verantwortung des Arbeitgebers liegt es, diese Grenzen und das angebotene Pensum zu akzeptieren. Es darf nicht plötzlich mehr verlangt werden als abgesprochen ist, oder ein schlechtes Gewissen vermittelt werden, dass nicht mehr leistbar ist. In einer partnerschaftlichen Zusammenarbeit werden Grenzen respektiert – und natürlich im Ausnahmefall auch mal ausgedehnt, wenn Hilfe dringend benötigt wird.

In unserer Praxis machen wir gute Erfahrungen mit regelmäßigen Gesprächen. Im Rahmen der Projektrunden können im Team Aufgaben bewusst verteilt und Arbeitsstände besprochen werden. So lässt sich Überforderung vorbeugen. Ist eine akute Überlastung eingetreten, helfen Personalgespräche im engeren Kreis weiter.

5.3 Das sagt die Arbeitgeberin: Das individuelle Netzwerk zählt

Es geht selten ohne privates Netzwerk – der familiäre Support der berufstätigen Mutter nimmt großen Einfluss auf ihre Attraktivität am Arbeitsmarkt. Entscheidend für den potenziellen Arbeitgeber ist, ob die Frau ein zusätzliches Netz anbieten kann, das eine gewisse Flexibilität ermöglicht: Einen Partner, der mithilft, Großeltern, eine gute Betreuungssituation. Sie minimieren die Risiken für Arbeitsausfälle, wie z. B. durch ein krankes Kind ohne Betreuung oder anderweitige Verpflichtungen, die nur Eltern kennen. Gerade im Agenturalltag sehr wichtig: Der Spielraum und die Flexibilität vergrößern sich proportional zum Netzwerk der Mutter. Sie kann anders agieren – auch mal spontan einspringen, eine Kundenpräsentation am Nachmittag wahrnehmen. Aber: Es muss auch ohne gehen! Es kann nicht alles vom privaten Netzwerk abgefangen werden. Die Lösungen müssen langfristig gesehen struktureller und gesamtgesellschaftlicher Art sein und nicht nur individuell, damit auch Frauen ohne persönliches Netzwerk aufgefangen werden.

Hierzu wieder das Beispiel aus der Praxis: Mitarbeiterin A. kann unter der Woche weder auf ihren (beruflich auswärts tätigen) Partner zählen noch auf Nachbarschaftshilfe. Die Großeltern wohnen einige Hundert Kilometer entfernt und die Freunde sind meist kinderlos und arbeiten selbst. Auch für sie muss es eine Lösung geben! Im besten Fall besteht die aus einer funktionierenden Ganztagsbetreuung und flexiblen Komponenten wie Gleitzeit und Home-Office-Tagen. Doch natürlich geht es nie ohne Verständnis seitens der Arbeitgeberin, wenn die Kollegin doch mal ausfällt.

6 Vereinbarkeit im digitalen Wandel: Flexibilität ist und bleibt Fluch und Segen

6.1 Chance und Herausforderung: Mehr Möglichkeiten durch mehr Flexibilität

Wir arbeiten heute effizienter als früher, können Projekte in kürzeren Zeiträumen realisieren und profitieren von einer stärkeren Vernetzung unserer Gewerke und Dienstleister. Und auch unsere Kunden können intensiver in Schaffensprozesse eingebunden werden. Die Teams arbeiten an verschiedenen Standorten, über Remote Work, und können neben einer laufenden Produktion weitere Projekte betreuen. Und in Zukunft werden Kollaborationssysteme noch entscheidender für die Zusammenarbeit im Team. Eine Entwicklung, die den Einsatz von Teilzeitkräften einfacher macht als vor 15 Jahren – und trotzdem birgt sie auch Risiken. Unsere Kundenanfragen werden immer kurzfristiger, und die Vorstellung von Verfügbarkeit kann schon mal zu weit gehen. Muss man abends um 22.00 Uhr noch für den Kunden erreichbar sein?

6.2 Das sagen die Mitarbeiterinnen: Der Flexibilität bewusst Grenzen setzen

Der Flexibilität Grenzen zu setzen, muss bereits jetzt die aktive Aufgabe der Arbeitnehmerinnen sein. Zukünftig muss die Arbeitnehmerin noch mehr entscheiden, wie sich ihr Berufsalltag gestaltet: Arbeite ich zu Hause, gehe ich nachmittags noch ans Telefon? Essenziell dabei: Klare Grenzen für sich selbst und andere setzen. Ständige Verfügbarkeit ist technisch möglich, aber deswegen noch lange kein Muss. Jede muss selbst entscheiden, wie weit sie die Arbeit ins Privatleben hineinlassen will: Für die eine ist es eine Erleichterung, wenn sie ihre Arbeits-E-Mails auf das eigene Handy geleitet bekommt und so auf dem Laufenden ist – für andere würde dies eine Eintrübung der Freizeit bedeuten. Wichtig ist in jedem Fall, einmal gesetzte Grenzen konsequent zu behandeln – von beiden Seiten aus. Dazu gehört, möglichst niemanden im Urlaub anzurufen – aber auch umgekehrt keine Mails zu schicken, wenn man eigentlich nicht erreichbar ist.

Der Blick auf die Praxis: Mitarbeiterin B. und Mitarbeiterin C. sind sich einig – Eltern arbeiten häufig effizienter als andere Angestellte. Sie haben gelernt, sich zu organisieren und dank fester zeitlicher Begrenzungen Dinge schneller anzupacken und abzuarbeiten, während anderswo auch mal getrödelt wird. Im effizienten Arbeiten sehen sie einen Mehrwert für die Firma. Nicht nur zeitliche Abgrenzungen spielen hierbei eine Rolle, sondern auch räumliche: Im Home Office arbeitet es sich oft ungestörter als im Büro, da hier das Telefon seltener klingelt und keine Kollegen zum Schwätzchen vorbeikommen.

Mit flexiblen Arbeitszeiten, aber konsequenten Grenzziehungen lässt es sich dem Erreichbarkeitsdruck begegnen. Für B. und C. ist ganz entscheidend: Job ist Job und Privatleben ist Privatleben. „Wenn ich auf dem Spielplatz bin, dann bin ich auf dem Spielplatz. Und wenn ich am Schreibtisch bin, bin ich am Schreibtisch!"

6.3 Das sagt die Arbeitgeberin: Vom Risiko, den Anschluss zu verlieren

Zusätzlich zu der persönlichen Abgrenzung ist der persönliche Umgang mit den Möglichkeiten der neuen Medien wichtig. Kollaborationssysteme können zur Verbesserung eines flexiblen Arbeitsmodells beitragen. Das erfordert aber auch einen proaktiven Umgang mit den technischen Möglichkeiten und die Bemühung, am Ball zu bleiben.

Eines ist klar: Der schnelle digitale Wandel birgt auch Risiken. Ist man zu lange raus aus dem Job, kann man den Anschluss verpassen. Hier kann eine Wiedereingliederung in den Arbeitsalltag an ihre Grenzen stoßen und die Vereinbarkeit von Beruf und Familie scheitern, auch wenn strukturell die passenden Voraussetzungen gegeben sind. In der

Kommunikationsbranche sind digitale Kenntnisse Voraussetzung. Man muss sich selbst auf dem Laufenden halten, um für den Arbeitgeber weiterhin einsetzbar zu bleiben. Wenn man sich während der (verlängerten) Elternzeit nicht mit den neuen Technologien auseinandersetzt, die für den eigenen Arbeitsplatz relevant sind, läuft man Gefahr, den steigenden Herausforderungen nicht gewachsen zu sein. Wichtig daher bei längeren Auszeiten: Sich auf dem Laufenden halten, weiterbilden, im besten Fall den Kontakt zum Arbeitgeber suchen und rechtzeitig nachfragen, wie eine Vorbereitung auf den Wiedereinstieg aussehen kann.

Hierzu wieder ein Praxisbeispiel: Leider mussten wir uns bei WILKENWERK von einer gerade neu eingestellten Mitarbeiterin nach kurzer Zeit wieder trennen. Das Problem war nicht, dass sie als Mutter dem zeitlichen Druck oder der Organisation ihrer Arbeit nicht gewachsen gewesen wäre. Im Gegenteil – da ihre Kinder schon älter waren, war sie flexibler als viele junge Mütter. Leider stellte sich aber heraus, dass sich während ihrer Auszeit die Arbeitsweise so sehr gewandelt hatte und die technischen Erfordernisse (Computer- und Softwarekenntnisse) in ihrem Job so stark gestiegen waren, dass sie mit den neuen Anforderungen nicht zurechtkam. Die Trennung war für sie selbst, die Kunden wie auch die Kolleginnen, die vieles hatten abfangen müssen, eine Erleichterung.

Allerdings sinkt dieses Risiko immer mehr: Gerade die Generation Y zeichnet sich durch ihre digital versierten, vielseitig interessierten Fachkräfte aus, für die der Job mehr als nur ein Job ist. Ob es sich um das Lesen von Fachzeitschriften, die tägliche Anwendung von Computerkenntnissen oder die digitale Vernetzung und den Erfahrungsaustausch über soziale Plattformen handelt – je mehr man sich auch persönlich mit den Inhalten seiner Arbeit identifiziert und je stärker sie mit den eigenen Interessen verwoben ist, desto wahrscheinlicher wird man sich auch in seiner Freizeit auf dem Laufenden halten oder bei längeren Auszeiten informiert bleiben.

7 Die Belastungsprobe im Alltag: Lösungsmodelle bei WILKENWERK

7.1 Die Herausforderung: Arbeiten in der Eventbranche

Die Arbeit in einer Eventagentur ist Projektgeschäft, das sich schlecht vorhersehen und oft noch schlechter planen lässt: Lange Schichten in der Pitch-Phase, Auswärtstermine beim Kunden, Vorreisen zur Location, Begleitung bei der Umsetzung am Veranstaltungstag selbst. Klingt wenig familienfreundlich? Ist es auch. Aber auch hier probieren wir uns an Hilfen und Lösungsmodellen.

7.2 Lösung aus der Praxis: Arbeiten in Teilzeit ist Teamwork

In der Projektarbeit im Eventmarketing lastet nie alles auf den Schultern einer Mitarbeiterin – das kann man sich bei einem Ausfall nicht leisten. Wir arbeiten schließlich immer auf „den einen großen Tag" hin. Der kann nicht verschoben werden. Es kann immer jemand krank werden – daher verteilen wir die Aufgabenbereiche von vornherein. So ist rein strukturell schon eine Absicherung gegeben – egal, ob unter den Mitarbeiterinnen Eltern sind oder nicht. Die Voraussetzungen dafür, dass sich Mütter und Teilzeitkräfte in dieses Modell besser integrieren lassen als in andere, die weniger auf Teamwork basieren, sind also gegeben.

Kollegin C. ist überzeugt: Das Teamwork-Modell muss man sich zunutze machen, wenn man weiterkommen will. Man muss koordinieren und abgeben, kann nicht mehr den Anspruch haben, alles selbst zu erledigen. Man kann nicht jedes Projekt übernehmen, sondern muss sich vorher wohlüberlegt aufteilen. Man braucht Vorlaufzeit, klare Absprachen und ein gut funktionierendes Team, das auch bei Abwesenheit selbstständig weiterläuft.

Den Kollegen wie auch den Kunden muss vermittelt werden, dass ihre Anliegen ernst genommen und bearbeitet werden. Dafür braucht es nicht die ständige Verfügbarkeit einzelner Personen, sondern Absprachen und Verantwortungsbewusstsein bei allen Beteiligten.

So hat es sich bei WILKENWERK bewährt, zusätzlich zum üblichen Jour-fixe-Meeting am Montag einen Tag für wöchentliche Projektbesprechungen festzulegen. In diesen Runden kommen alle Beteiligten rechtzeitig zu Wort; Arbeitsschritte, Zuständigkeiten und Interna können geklärt werden.

7.3 Lösung aus der Praxis: Produktivität statt Präsenz

Kommt es heute noch auf die Minute an? Muss man sich wirklich jeden Morgen stressen, wenn man die Kinder in die Kita gebracht hat, um die richtige Bahn zu erwischen und gerade noch pünktlich in der Firma zu stehen? Das ist doch weder zweckdienlich noch zeitgemäß. Für die Projektarbeit in einer Agentur bedeutet dies: Die Präsenzzeit wird abgelöst von der Vertrauensarbeitszeit. So lässt sich Zeitdruck vorbeugen und mehr individueller Handlungsspielraum gewinnen. Ein großer Stressfaktor fällt weg, wenn man die Stechuhr-Mentalität vermeidet. Die Arbeitnehmer spüren weniger Druck und eine Stärkung des Verantwortungsbewusstseins. Das wissen auch die Kolleginnen bei WILKENWERK zu schätzen: Man hat die Freiheit, sich seine Arbeit selbst einzuteilen, kann auch mal später kommen oder früher gehen. Es ist kein Thema, wenn sich jemand zwischendurch abmeldet, weil dringende Verpflichtungen rufen. Natürlich wird die Arbeit erledigt – aber für Eltern bedeutet dies eine große Erleichterung im Alltag: Die Sicherheit zu haben, schnell reagieren zu können.

8 Fazit: Vereinbarkeit ist und bleibt eine Herausforderung!

Gerade im Hinblick auf stetig wachsende persönliche Ansprüche: Ohne individuelle Arbeitsmodelle geht es in Zukunft nicht. Aber auch für individuelle Lösungen müssen die Möglichkeiten geschaffen bzw. verbessert werden – nicht nur die technischen Voraussetzungen, sondern gesellschaftlich übergeordnete Strukturen, Bewusstsein und Akzeptanz.

An der Vereinbarkeit kommen wir nicht vorbei – und ob mit Kindern oder ohne: Flexible Modelle sind die Zukunft. Wir wollen aber auch gar nicht daran vorbeikommen – denn jede Investition in den Nachwuchs einer Gesellschaft ist wichtig. Darüber hinaus sind Menschen mit Kindern eine Bereicherung für Unternehmen: Sie sind oft organisierter, strukturierter, packen aktiver Dinge an und bringen frische Ideen und neue Perspektiven mit. Pragmatisch, aber kreativ. Und natürlich ist es keine neue Erkenntnis, dass eine ausgeglichene Work-Life-Balance produktiv macht.

CSR kann nicht darin bestehen, für alle Situationen und Wünsche direkt Angebote parat zu haben, sondern darin, eine Atmosphäre zu schaffen, in der es möglich ist, unterschiedliche Vorstellungen anzusprechen und gemeinsam Lösungen zu finden.

Wichtig dabei ist für Arbeitgeber: Flexibilität, Offenheit, Partnerschaft signalisieren. Dass man über alles reden und alles individuell verhandeln kann. Akzeptanz vermitteln.

Wichtig dabei ist für Arbeitnehmer: Die eigenen Ansprüche kritisch hinterfragen, Anforderungen und Angebote auf Umsetzbarkeit prüfen, Grenzen ziehen und offen im Gespräch bleiben. Sich bei längeren Pausen weiterbilden und informiert halten – um nicht den Anschluss zu verpassen.

9 Nachsatz: Unternehmertum ist eine Herausforderung mit ganz anderen Dimensionen!

Und wie steht es nun um die eigene Bilanz der Agenturchefin – ganz ehrlich?

Die Lösungen, die man für andere möglich macht, wünscht man sich als Arbeitgeberin selbst auch oft – doch das ist nicht so einfach. Als Selbstständige arbeitet man bekanntlich selbst und ständig. Mutter und Unternehmerin zu sein, ist mit ganz anderen Herausforderungen verbunden, als aus einem Angestelltenverhältnis heraus agieren zu können: Zur Verantwortung den Mitarbeitern gegenüber kommt die Verantwortung gegenüber der eigenen Familie – bei jeder Entscheidung wirft man potenziell die eigene Existenz in die Waagschale. Um den Gesamtbetrieb zu erhalten, muss man im Einzelfall auch unpopuläre Entscheidungen treffen, kann nicht auf jeden Wunsch Rücksicht nehmen. Aber zu den meisten Problemen haben sich bisher auch Lösungen – oder zumindest Kompromisse – gefunden.

Es geht als Führungskraft auch ohne ständige Verfügbarkeit. Aber die Abgrenzung, mit der Angestellte operieren können, funktioniert nicht so gut, wenn es sich um den eigenen Betrieb handelt. Man nimmt die Arbeit automatisch mit nach Hause, ist auch im Feierabend erreichbar. Und natürlich leidet darunter auch immer wieder das Familienleben.

Natürlich? Es geht vermutlich auch anders. Aber das Abschalten ist schwieriger, wenn man ein eigenes Unternehmen zu führen hat. Was hilft: Gute Mitarbeiterinnen um sich scharen, Arbeit delegieren, Erreichbarkeit in Notfällen signalisieren – und vertrauen!

Daniela Wilken, Jahrgang 1966, ist Inhaberin und geschäftsführende Gesellschafterin von WILKENWERK – Agentur für Eventmarketing. Im Jahr 1989 zog sie aus beruflichen Gründen aus dem Bayerischen Wald nach Hamburg. Von 1992 an war die gelernte Reisekauffrau acht Jahre im Eventbereich tätig – davon drei Jahre in leitender Position –, bevor sie sich 1999 mit der Gründung der Agentur WILKENWERK selbstständig machte. Bei WILKENWERK arbeiten momentan ca. 25 Angestellte, davon sieben Mütter und zwei Väter. Sie selbst ist Mutter eines neunjährigen Sohnes.

Nachhaltigkeit in vierter Generation

Interview mit Julia Wöhlke, kaufmännische Geschäftsführerin bei Budnikowsky (Interview: Nicole Fabisch)

Julia Wöhlke

1 Unternehmensnachfolge und Führungsverhalten

Nicole Fabisch: Frau Wöhlke, Sie sind Anfang 30 und kaufmännische Geschäftsführerin bei Budnikowsky, in Hamburg liebevoll „Budni" genannt. „Budni" ist mit über 180 Filialen das führende Drogeriemarktunternehmen in der Metropolregion Hamburg. Ihr Unternehmen wurde schon 1912 von Ihrem Urgroßvater gegründet und ist damit bereits über 100 Jahre alt. Jetzt sind Sie selbst für den Bereich Personal mit über 1900 Mitarbeitern verantwortlich und damit die vierte Generation, die das Familienunternehmen führt. War es immer klar, dass Sie als Tochter die Nachfolge in der Geschäftsführung antreten werden?

Julia Wöhlke: Anders als bei meinem älteren Bruder war das für mich alles andere als klar. Ich hatte immer Interesse an Sprachen und am Ausland, insofern war es für mich eigentlich recht offen, ob ich perspektivisch ins Unternehmen gehe oder nicht. Ich habe dann auch erst einmal angefangen, woanders zu arbeiten und über drei Jahre Führungsverantwortung übernommen. Mein älterer Bruder hat mich gefragt, ob ich mir vorstellen kann, mit ins Unternehmen zu kommen und den Bereich Mitarbeiterservice und Entwicklung, wie wir bei uns den Personalbereich nennen, zu übernehmen. Das war natürlich eine gute Chance für mich, ins Unternehmen einzusteigen.

Nicole Fabisch: Die Nachfolge bei Familienunternehmen kann sich ja manchmal auch heikel gestalten. Ich habe die Formulierung von der sogenannten Prinz-Charles-Schleife gelesen, sprich, man bleibt ewiger Kronprinz. Ihr Vater ist ja auch noch mit im Unternehmen. Haben Sie manchmal Sorge, ewige Kronprinzessin zu bleiben?

J. Wöhlke (✉)
Geschäftsführerin, Iwan Budnikowsky GmbH & Co.KG
Hamburg, Deutschland
E-Mail: info@budni.de

Julia Wöhlke: Ich finde die Frage schwierig zu beantworten. In einem Familienunternehmen kann man häufig nicht genau voraussehen, wie sich die Zusammenarbeit gestaltet. Bei uns ist es so, dass wir regelmäßig über das Thema Nachfolge sprechen. Wir haben uns unter anderem schon vor mehreren Jahren zusammengesetzt und eine Art Familienverfassung* aufgestellt, die klare Regelungen und Anforderungen für die nachfolgende Generation aufstellt.

Mein Vater hat sich heute schon aus dem operativen Geschäft zurückgezogen und lässt uns deutlich mehr Freiraum, als es noch vor einigen Jahren der Fall gewesen ist. Das heißt, die Fachbereichsverantwortung liegt bei meinem Bruder und mir. Mein Vater wird in absehbarer Zukunft aus der Geschäftsführung ausscheiden und sich auf die Gesellschafterrolle fokussieren.

▶ *„Definition Familienverfassung*: Eine Familienverfassung dokumentiert alle Regeln, an denen sich das Handeln der Inhaber orientieren soll. Sie ist moralisch bindend und allgemein verständlich verfasst. Sie wird von der Gesamtheit der Gesellschafter erarbeitet. Zahlreiche ihrer Regelungen münden im Gesellschaftsvertrag." (Schween et al. 2011, S. 10)

Nicole Fabisch: Sie haben also eine Familienverfassung, in der die Nachfolge genau angesprochen wurde?

Julia Wöhlke: Ja. Es gibt auch Pläne, die Geschäftsführungsstruktur umzubauen. Das hat nicht nur etwas mit dem Generationswechsel zu tun, sondern auch mit der Größe des Unternehmens. Es gibt veränderte Aufgaben und Fokusbereiche, die neu entstehen. Meistens betrifft der Generationswechsel nicht nur die Familie, sondern das gesamte Unternehmen.

Gerade bei Familienunternehmen ist es häufig so, dass sie viele langjährige Mitarbeiter haben, die diesem Generationswechsel mit unterliegen. Langjährige Mitarbeiter und Vertraute meines Vaters gehen Stück für Stück in Rente – dafür kommen neue und jüngere Mitarbeiter in Führungspositionen. Das bedeutet für ein Gesamtunternehmen einen Wandel durch neue Orientierungspersonen und Ausrichtungen auf andere Menschen.

Nicole Fabisch: Es gibt den volkstümlichen Spruch: „Der Vater erstellt's, der Sohn (oder die Tochter) erhält's, beim Enkel zerfällt's." Sie sind die vierte Generation. Hat Ihr Vater gewährleistet, dass Ihre Unternehmenskultur quasi vererbt wird? Wurden Ihnen die positive Kultur und das Engagement für die Mitarbeiter mit in die Wiege gelegt?

Julia Wöhlke: Wir sind alle mit dem Unternehmen groß geworden, insofern würde ich schon sagen, dass viele Werte einfach auch mit in die Wiege gelegt worden sind. Auch heute spielen sie eine große Rolle. So wird trotz des Kostendrucks, den wir heute haben, Wert darauf gelegt, dass an diesen Dingen nicht gespart wird, weil sie ein wichtiger

Bestandteil unserer Kultur sind. Trotzdem ist es so, dass jede Generation ihre eigenen Anforderungen zu erfüllen hat.

Daher – finde ich – liegt viel Wahrheit in diesem Spruch. Ich glaube, nur ca. 16 % schaffen es in die 3. oder 4. Generation der Familienunternehmen. Das Nachfolgethema ist aus Familiensicht zum Glück positiv besetzt. Ich habe noch einen jüngeren Bruder, der auch mit im Unternehmen ist, es sind also sogar drei Kinder, die im Unternehmen tätig sind. Es gibt häufig den Fall, dass gar keiner ins Unternehmen will. Das hat bestimmt auch etwas damit zu tun, ob es zu Hause positiv oder negativ vorgelebt wird. Wenn viel über Probleme geredet wird, dann sagen wahrscheinlich die Kinder: Das will ich gar nicht und suchen sich lieber eine Tätigkeit außerhalb des Unternehmens.

Nicole Fabisch: Haben Sie als junge Frau, die von Kindesbeinen im Unternehmen bekannt war, bei einigen Mitarbeitern Autoritätsprobleme?

Julia Wöhlke: Ich würde sagen, man wird natürlich kritischer beäugt und mit seinem Vater verglichen. Am Ende bekommt man jedoch die Akzeptanz durch seine Leistungen und Arbeit – auch mein Bruder und ich haben uns das erarbeitet. Andere wiederum unterstützen uns aktiv. Es gibt eine Mischung aus beidem.

Nicole Fabisch: Der Mitarbeiterbereich ist ja Ihr genuiner Verantwortungsbereich. Führen Sie anders als Ihr Vater?

Julia Wöhlke: Ich glaube, dass sich das Führungsverhalten ganz klar verändert hat. Ich will es mal so sagen, mein Vater ist vom Ansatz her schon ein bisschen patriarchalisch, ein bisschen mehr Patron oder wie man das bezeichnen will. Mein Vater hat alles gedanklich entwickelt und Mitarbeiter gehabt, die es umgesetzt haben. Das geht mit einer kleinen Unternehmensstruktur. Jetzt in der aktuellen Größe, die wir haben, brauchen wir Mitarbeiter, die sehr eigenverantwortlich arbeiten. Somit ist der Führungsstil heute auch viel kommunikativer und kooperativer. Auch die Hierarchien werden flacher. Wir haben zwar nie viel Hierarchie im Unternehmen gehabt, aber trotzdem ist es so, dass ich sagen würde, man kommuniziert heute auf einer anderen Augenhöhe, als das vielleicht in der Vergangenheit der Fall war. Ich glaube, das liegt einfach auch am gesellschaftlichen Wandel, der sich vollzogen hat.

2 Generation Y, Arbeitsmoral und Akademisierung

Nicole Fabisch: Glauben Sie, es ist ein Phänomen der jüngeren Generation, der Sie ja auch angehören, dass es eine andere Erwartungshaltung an die Arbeitsbedingungen und auch gegenüber Führungskräften gibt?

Julia Wöhlke: Wahrscheinlich ist das auch früher schon so gewesen, dass es diejenigen gab, die sehr bewusst Verantwortung übernehmen und sich entsprechend einbringen wollten. Und es gibt die anderen, die eigentlich damit zufrieden sind, wenn man ihnen Aufgaben gibt und sie nicht alles selber entscheiden müssen. Diesen Mitarbeitertyp gibt es heute wie es ihn wahrscheinlich in der Vergangenheit gab. Trotzdem ist es so, dass sich die Anforderungen der jüngeren Generation verändert haben. Vor allem im Hinblick darauf, was vom Arbeitgeber erwartet wird. Flexiblere Arbeitszeiten, flache Hierarchien, Transparenz sind wichtig. Ich nehme einen hohen Feedbackbedarf wahr, den es in der Vergangenheit – glaube ich – so nicht gegeben hat. Das Bedürfnis besteht, eine Rückmeldung zu bekommen, gesehen zu werden und dass seine Leistung bewertet wird. Die Anspruchshaltung ist aus meiner Sicht häufig ein bisschen zu hoch. Mit dem Wechsel vom Diplom auf Bachelor und Master sind die Menschen, wenn sie zu uns kommen, noch unheimlich jung.

Wenn sie studiert haben, sind sie 21, haben aber in der Regel noch wenig Lebens- und Praxiserfahrung. Das bedeutet, dass sie im Einstiegsbereich eher in die Fußstapfen von jemandem treten, der eine Ausbildung gemacht hat. Das deckt sich oft nicht mit den Erwartungshaltungen, die dieser junge Mensch in dem Moment hat, auch was das Gehalt angeht. Ich weiß nicht, ob das an den Universitäten teilweise falsch kommuniziert wird. In den Positionen, die ich heute zu besetzen habe, werden häufig eher Mitarbeiter gesucht, die schon gewisse Berufserfahrungen haben.

Nicole Fabisch: Heißt das, junge Leute erwarten teilweise zu viel vom Unternehmen und haben falsche Vorstellungen vom realen Verdienst?

Julia Wöhlke: Genau, die Gehaltsvorstellungen sind oft nicht realistisch. Als Kind hat sich häufig alles um sie gedreht. Dann kommen sie in ein Unternehmen, wo sie ein kleines Rad von dem Gesamten sind, und merken auf einmal, dass sie nicht mehr alleine im Fokus stehen und nicht der einzige Mitarbeiter sind, der irgendetwas möchte. Ich glaube, das ist manchmal fast ein bisschen ein Kulturschock, wenn diese Aufmerksamkeit, die ich vielleicht vorher bekommen habe, so gar nicht gewährt werden kann. Andererseits ist man heute unheimlich eingetaktet. Wenn ich das mit meinem Studium vergleiche, hatte ich noch unheimlich viel Freiraum. Ich konnte zusätzlich arbeiten oder irgendwas anderes machen. Die junge Generation ist es gewohnt, ganz klare Arbeitspakete zu bekommen, die bis dann und dann erledigt werden müssen. Dann kommen sie in ein Unternehmen, das eher unstrukturiert ist, wie bei uns, wo ich mir meine Aufgaben teilweise selber suchen und die Verantwortung dafür selbst übernehmen muss. Da sagt ihnen keiner genau, das und das hast du zu machen und bis dahin ist das fertig. Eigentlich ist die Erwartungshaltung an die Mitarbeiter: Okay, du siehst das, nimmst dich dem an und kümmerst dich darum. Das bedeutet, Eigenverantwortung zu zeigen und sich zu kümmern, anstatt auf dieses Arbeitspaket zu warten. Es scheint mir, dass durch diese stärkere Verschulung die Verantwortungsübernahme teilweise nicht ausreichend gefördert wird. Viele warten eher darauf, dass ihnen jemand etwas vorgibt.

Ein anderer Aspekt, den ich schwierig finde, ist die Tatsache, dass für viele, die im Moment an die Uni gehen, gar nicht so viele Arbeitsplätze da sind, die wirklich einen akademischen Hintergrund brauchen. Deswegen finde ich diese europäische Angleichung fast ein bisschen schade, weil unsere Ausbildung mit dem Ansatz, Mitarbeiter auf praktische Themen vorzubereiten, eigentlich immer ein guter Bestandteil aller Unternehmen war. Ich glaube, das kann die Universität so nicht übernehmen. Wenn jemand heute einen Bachelor-Studiengang gemacht hat, dann wird er auf ähnliche Positionen gesetzt werden wie damals ein Auszubildender, kommt aber mit anderen Erwartungshaltungen. Das finde ich schwierig, zumal wir gar nicht wollen, dass die Ausbildung ganz abgeschafft wird. Vor allem, wenn man sieht, dass viele europäische Länder jetzt probieren, ein vergleichbares System zu schaffen.

Nicole Fabisch: Sie meinen, die viel geforderte Akademisierung der Ausbildungsberufe funktioniert mit der Anpassung an die Praxis nicht so recht?

Julia Wöhlke: Ja, genau. Das funktioniert nicht. Und die andere Frage ist, ob man wirklich so viele Akademiker braucht? Ich sehe das ein bisschen kritisch.

Natürlich ist es grundsätzlich positiv, dass heute viele an ein Studium herangeführt werden, aber – ich glaube – für einige wäre ein praktischer Weg der bessere. Aus meiner Sicht wäre es aber besser, weiterhin mehr in die Ausbildung zu investieren, und auch von politischer Seite her mehr Anreize zu schaffen, eine Ausbildung zu machen, als nur zu sagen: „Rein in die Universitäten." Heute wird vor allem gemessen, wie viele junge Menschen Abitur gemacht haben und an die Universität gehen. Einen Schulabschluss finde ich wichtig und es ist gut, dass alle ihn machen. Aber ob dann auch alle an die Uni gehen müssen, das weiß ich nicht. Wenn ich merke, dass das Studium für mich nicht das richtige ist, sollte man einen einfachen Weg finden, in die Ausbildung zu wechseln. Da wäre es hilfreich, eine bessere Verbindung zu schaffen.

3 Digitalisierung im Handel

Nicole Fabisch: Was bedeutet die fortschreitende Digitalisierung für Sie im Hinblick darauf, qualifiziertes Personal zu finden? Haben Sie mittlerweile andere Kompetenzanforderungen an die Mitarbeiter, und gibt es die klassische Drogeriefachverkäuferin bald nicht mehr?

Julia Wöhlke: Zum einen ist eine starke Vereinfachung bei den Bewerbungsprozessen eingetreten. Es gibt zwar noch die Postalischen, deren Anzahl ist aber deutlich geringer geworden. Das heißt, vom Aufwand her reduziert sich heute schon der Auswahlprozess. Auf der anderen Seite haben sich die Anforderungen verändert, weil reines Fachwissen für die Mitarbeiter in der Filiale oder auch für den Kunden heute ganz anders abrufbar ist.

Der Kunde kann ja heute schon mit seinem Mobiltelefon an der Ware scannen, welche Inhaltsstoffe drin sind. Ist das Produkt von ÖKO-Test zu empfehlen oder nicht? Sind da schädliche Stoffe drin? Das heißt, der Kunde besitzt heute eine ganz andere Fachkompetenz. Das heißt für uns, einen klaren Fokus auf den Service zu setzen. Was kann ich dem Kunden zusätzlich anbieten?

Mit der neuen Technik umzugehen, ist natürlich auch nicht für jeden leicht. Wir haben heute viele Mitarbeiter, die 60 + sind. Aber Veränderungen gehören dazu. Wenn mich eine Mitarbeiterin fragt: „Ich bin jetzt Anfang 60, muss ich das alles eigentlich noch lernen?", antworte ich: „Ja, natürlich." Man muss sich der Lerngeschwindigkeit immer ein bisschen anpassen. Die heute Mitte 20-jährigen werden das schneller können, weil sie mit der Technik aufgewachsen sind. Im Vergleich zu einer Mitarbeiterin mit Anfang 60, die vielleicht mit 50 das erste Mal mit einem Computer Kontakt hatte. Ich glaube, man muss sehen, wie man dem gerecht wird und individuell anpassen, welche Lernzeiten jemand für etwas braucht. Aber trotzdem kann sich keiner dem Thema versperren.

Nicole Fabisch: Klappt die Generationen übergreifende Zusammenarbeit bei Ihnen denn generell gut?

Julia Wöhlke: Für ein Unternehmen ist es eine Bereicherung, wenn es wirklich Generationen übergreifend arbeitet, also wenn es ältere und jüngere Mitarbeiter zusammenbringt. In den meisten Teams haben Sie jemanden Anfang 20 und einen Anfang 60, also kurz vor der Rente. Hier kann es Spannungen geben, da die Jungen manchmal sagen: Mir geht das alles nicht schnell genug. Ich möchte gerne Veränderungen. Auf der anderen Seite bringen die Älteren unheimlich viel Wissen und Erfahrungen mit, die sie schon gemacht haben. Generell kann man nicht sagen, dass ein Älterer weniger Dynamik aufbringt als ein Jüngerer. Was Zuverlässigkeit und Einstellung angeht, ist es manchmal bei Älteren sogar einfacher.

Viele der älteren Kollegen haben eine hohe Kundenbindung. Wenn jemand 20 Jahre immer in der gleichen Filiale ist, kennt er die Kunden, die Kinder von dem Kunden und vielleicht sogar die Enkelkinder. Die Jüngeren sind vielleicht technisch versierter und gehen Themen auch prozessual anders an, aber keiner darf sich dem anderen versperren. Im Endeffekt ist jeder dafür verantwortlich, zukunftsfähig zu bleiben, und das geht nur, wenn man sich auch mit Anfang 60 noch den Veränderungen stellt.

Nicole Fabisch: Gibt es weitere Veränderungen, die sich durch die zunehmende Digitalisierung ergeben?

Julia Wöhlke: Ich glaube, dass uns im Markt in den nächsten Jahren die größten Umwälzungen bevorstehen werden. Im Textilbereich sieht man jetzt schon, dass ein Großteil der Bekleidung online gekauft wird. Dieser Trend wird sich nicht ganz so stark auf unser Geschäft auswirken, aber trotzdem wird der Kunde sich auch verändern.

Der Wunsch der Kunden nach einem sehr individuellen Angebot wird voraussichtlich weiter wachsen. Kunden werden zum Beispiel sagen: Ich kaufe regelmäßig bestimmte Sachen ein und möchte, dass mir Budni diese Produkte vorschlägt, für mich schon mal raussucht oder mir zuschickt. Es sind heute natürlich ganz andere Player im Markt. Man denke an Amazon oder Zalando. Im Moment gibt es eine starke Segmentierung in dem Bereich, wo gewisse Sortimente, die wir heute in der Filiale haben, rausgepickt und online dargestellt werden. Die Herausforderung für uns ist es, die Kunden mit entsprechenden Anreizen weiterhin in die Filiale zu holen. Ich gehe davon aus, dass es auf Sicht eine Reduktion von stationären Flächen gibt. Der Markt mischt sich neu. Läden könnten kleiner werden, wenn Kunden Zusatzsortimente online bestellen. Auch die Demographie wird ihren Teil dazu beitragen. Hamburg hat das Glück, dass es im Moment recht stabil ist und die Metropolregion auch noch weiter wächst, aber wie das dann – ich sage mal – 2035, 2040 aussieht, das weiß man nicht. Ich glaube, die Entwicklung wird einen unheimlich starken Wandel in den nächsten wahrscheinlich fünf bis zehn Jahren hervorrufen.

Außerdem sind wir in einem starken Wettbewerbsumfeld, in dem die Preise immer stärker nach unten gedrückt werden, was nicht zuletzt der Kunde mitverantwortet. Dadurch, dass alles immer günstiger werden soll, haben wir heute auch Skandale. Es ist doch kein Wunder, dass die Qualität leidet. Im Lebensmittelbereich ist das noch schlimmer als in unserer Branche. Aber trotzdem geht die Spirale deutlich nach unten und die Frage ist, wo geht es hin? Wir sind ein kleiner lokaler Anbieter und alle anderen sind große internationale Ketten, daher ist es für uns auch kein leichter Markt. Deswegen glaube ich, wenn der Kunde Vielfalt und Nachhaltigkeit möchte und weiterhin auch mittelständische Unternehmen haben will, dann muss er das durch seine Kaufentscheidung mitentscheiden. Kaufe ich nur zum günstigsten Preis oder bin ich auch bereit, etwas mehr für besseren Service und mehr Vielfalt und Nachhaltigkeit auszugeben?

4 Soziales Engagement und Unternehmenskultur

Nicole Fabisch: Das ist eine schöne Überleitung zu Ihrem sozialen Engagement. Sie sind hier sehr aktiv und 2015 bereits zum fünften Mal in Folge als einer von Hamburgs besten Arbeitgebern ausgezeichnet worden. Was macht Ihre spezielle Unternehmenskultur aus?

Julia Wöhlke: Ich denke, dass Familienunternehmen sich tendenziell leichter damit tun als ein Konzern, wo sie Manager haben, die für vier, fünf Jahre da sind und vor allem daran orientiert sind, ihre Zahlen gut zu präsentieren. Mein Vater ist jetzt – glaube ich – 45 Jahre im Unternehmen. Da sehen Sie, wie langfristig Führung ausgelegt ist. Folglich können wir auch mal schlechtere Zeiten verkraften, weil man immer ein langfristiges Ziel vor Augen hat. Es ist kulturell schon seit meinem Urgroßvater so verankert, dass man sich immer für Mitarbeiter eingesetzt hat. In den gesamten Jahren gab es bei uns keine betriebsbedingten Kündigungen. Das heißt, wir haben Wirtschaftskrisen und Kriege gehabt, aber immer probiert, eine Möglichkeit zu finden, mit den Mitarbeitern weiter zusammenzuarbeiten.

Das hat sich heute natürlich etwas verändert, ist aber immer noch ein Differenzierungsmerkmal. Zum Beispiel haben wir regelmäßig Mitarbeiterfeste wie Jubiläen, zu denen auch die Familien miteingeladen werden. So bringt man die Menschen zusammen, und auch wir als Familie kommen sehr nahe an die Mitarbeiter heran. Ich glaube, je größer ein Unternehmen ist und je weiter es gestreut ist, desto schwieriger ist es natürlich. Wir haben den Vorteil, dass wir hier sehr zentral sind. Das heißt, eigentlich alle unsere Mitarbeiter sind innerhalb von einer Stunde erreichbar. Wir fahren regelmäßig in die Filialen und es gibt sogenannte Weihnachtsbesuche, wo jeder Mitarbeiter die Chance hat, mit uns persönlich zu sprechen.

Dann gibt es das Fürstenberginstitut, das wir als Unterstützung unseren Mitarbeitern anbieten, wenn sie wirklich in Notsituationen kommen. Wir machen also eine ganze Menge, um den Mitarbeitern das Gefühl zu vermitteln, dass wir eine kleine Familie sind.

Es ist natürlich entscheidend, dass das in den Filialen auch so mitgelebt wird. Daher halte ich die Ausbildung für die Filialleiter oder Teamleiter, wie sie bei uns heißen, für unheimlich wichtig, weil sie die Kulturträger für die einzelnen Filialen sind. In den letzten 10 Jahren sind wir mehr als doppelt so stark gewachsen und mussten auch externe Führungsmitarbeiter ausbilden. Daher haben wir die Ausbildung ganz neu aufgebaut, um sicherzustellen, dass dieses Kulturelle weitergegeben wird, und wir auf Freiraum und auf Eigenverantwortung Wert legen.

Nicole Fabisch: Viele Unternehmen tun sich schwer, diese „Corporate Social Responsibility" (CSR) so richtig in die Unternehmenskultur zu integrieren. Bei Ihnen scheint es einfacher, weil Sie als Familienunternehmen mit der Übernahme sozialer Verantwortung eine andere Tradition haben. Gibt es noch weitere Aspekte? Das Thema Nachhaltigkeit bezieht ja nicht nur Mitarbeiter, sondern auch die Umwelt mit ein sowie die gesellschaftliche Verantwortung auch außerhalb des Unternehmens? Wie schaffen Sie es, dass Ihr Engagement glaubhaft ins Unternehmen, quasi in dessen DNA, integriert wird?

Julia Wöhlke: Zu dem Engagement, was über die Mitarbeiter hinausgeht, gibt es seit 1997 die Budnianer-Hilfe. Sie ist sogar durch Mitarbeiter mitgegründet worden, die gesagt haben: „Uns geht es gut. Warum tun wir nicht auch etwas für Kinder und Jugendliche, die in schlechteren Situationen sind?" Die Budnianer-Hilfe kümmert sich primär um soziale Kinder- und Jugend-Projekte im Großraum Hamburg. Hier gibt es eine klare Verankerung. Wir leben in dieser Region, also tragen wir auch Verantwortung für die Gesellschaft und damit gerade für Kinder. Die Budnianer-Hilfe bekommt jedes Jahr einen gewissen Anteil von Budni, der dann gespendet wird, um ihn an soziale Projekte weiterzugeben. Darüber hinaus gibt es Kunden, die direkt über ihre Kundenkarte spenden.

Außerdem existieren unterschiedliche Aktionen, wo wir zum Beispiel aufrunden oder den Patentag. Jede Filiale hat ein Patenprojekt und organisiert gemeinsam mit dem Patenprojekt zweimal im Jahr eine Aktion. Das heißt, die Mitarbeiter werden direkt in das soziale Engagement einbezogen. An diesem Patentag wird für eben dieses Projekt gesammelt, sei es ein Kindergarten oder irgendein anderes Jugend-Projekt. Da probieren wir, die Mitarbeiter klar mit einzubeziehen.

Natürlich spielt auch das Thema Umwelt eine große Rolle. Im Bereich Stromeinsparungen arbeiten wir schon seit Jahren mit Öko-Profit zusammen. Schön ist, dass sich das wirtschaftlich niederschlägt, weil man Kosten einspart. Gesellschaftliches Engagement halten wir für wichtig, weil es die Stadt ist, in der wir leben und von der wir profitieren. Wir haben keine spezielle Strategie dafür ausgearbeitet, sondern es ist einfach viel gewachsen aus dem, was bereits an Netzwerken oder Kontakten vorhanden war. Ich glaube, dass es für uns einfach ein natürliches Verständnis war, das Verantwortungsbewusstsein, wie wir es im Unternehmen leben, auch in die Gesellschaft zu tragen.

Nicole Fabisch: Das heißt, Sie mussten nicht explizit ein CSR-Konzept aufsetzen?

Julia Wöhlke: Das ist manchmal ein kleines Problem, wenn wir beispielsweise angefragt werden, bei Ausschreibungen mitzumachen. Da haben wir dann gewisse Daten nicht so differenziert gesammelt oder strategisch aufbereitet, wie das vielleicht ein Konzern gemacht hätte. Aber auf der anderen Seite halte ich es für wichtiger, dass man etwas tut, als dass man das alles nur auf dem Papier hat und sich ein paar Vorzeigeprojekte herauspickt. Ich glaube, es ist wichtig, dass man Verantwortung lebt und so in die Gesellschaft hineinträgt.

Nicole Fabisch: Messen Sie irgendeine Form von Erfolgen? Beim Stromverbrauch ist es vielleicht noch relativ einfach, aber gibt es noch andere Optionen, gerade die soften Faktoren messbar zu machen?

Julia Wöhlke: Im Moment noch nicht. Das ist ein Thema für die Zukunft, mit dem wir auch beschäftigt sind, weil die Anforderung nach transparenter Darstellung auch für uns immer wichtiger wird. Das Ganze in einen Fahrplan und klare Messbarkeiten zu bringen, das ist eine Herausforderung für die nächsten zwei Jahre, die wir noch angehen müssen.

Man kann es für andere immer nur dann veranschaulichen, wenn man Zahlen vorzeigen kann. Wir können heute immerhin schon unser Sortiment messen und sagen, was es an nachhaltigen Produkten gibt. Das konnten wir vor einiger Zeit noch nicht, weil wir diese Kriterien noch gar nicht erfasst haben.

Ich denke, noch klarere Kennzahlen würden uns schon helfen. Dann könnten wir noch anders in die Öffentlichkeit gehen und sagen: „Guckt mal, das und das machen wir." Heute fällt es uns noch etwas schwer, die vielen Aktivitäten, die wir in ganz unterschiedlichen Bereichen machen, genau auf den Punkt zu bringen. Aktuell gibt es noch keine genaue schriftliche Übersicht. Zukünftig gehen wir vielleicht noch einen Schritt weiter und sagen: Okay, wir fokussieren uns mehr auf das eine Thema als auf ein anderes.

Nicole Fabisch: Gibt es im Bereich Nachhaltigkeit ein Thema, das Ihnen besonders am Herzen liegt?

Julia Wöhlke: An erster Stelle kommen immer die Mitarbeiter. Wenn ich keine zufriedenen Mitarbeiter vor Ort habe, dann werden es auch die Kunden vor Ort merken. Wenn man in die Filiale geht, dann hat man schnell ein Gefühl dafür, wie die Stimmung gerade vor Ort ist. Daher halte ich es für unheimlich wichtig, in Mitarbeiter zu investieren und alles dafür zu tun, damit sie zufrieden sind.

Ansonsten ist es natürlich so, dass die Gesellschaft immer wieder unterschiedliche Themen bewegt. Das können Zusatzstoffe von Produkten sein oder andere Themen, je nachdem, wo der gesellschaftliche Trend gerade hingeht. Im Moment ist das Thema der Flüchtlinge unheimlich aktuell. Wie gehe ich damit um? Was möchte ich unterstützen? Wie kann ich sie in den Arbeitsmarkt integrieren? Wo ist momentan gesellschaftlicher Bedarf?

Und natürlich den Umweltgedanken; den müssen sie langfristig immer mit aufnehmen und überlegen, was können wir in welchen Maßnahmen machen, die wirksam greifen.

Im Mitarbeiterbereich wie im Umweltbereich muss alles eher langfristig angelegt werden. Aber auf der gesellschaftlichen Ebene gibt es immer unterschiedliche Trends, bei denen man sich entscheiden muss, worauf man den Fokus legen will. Hier besteht die Kunst darin, rechtzeitig zu erkennen, was man aktuell mit aufnehmen muss.

Ein weiteres Thema ist die Tatsache, dass wir viele junge Leute ausbilden, die bis dato keinen besonders leichten Lebensweg hatten. Das ist auch eine Herausforderung für ein Unternehmen, Menschen, die vielleicht vorher nicht ganz so viel Glück gehabt haben, dazu zu bringen, Verantwortung zu übernehmen und sie auf zukünftige Aufgaben vorzubereiten.

Nicole Fabisch: Ist das eine bewusste Entscheidung, speziell Menschen für die Ausbildung auszuwählen, die nicht so viel Glück hatten?

Julia Wöhlke: Das haben wir immer schon gemacht. Wir haben im Filialbereich heute drei unterschiedliche Ausbildungsberufe: Die Verkäuferin, den Einzelhandelskaufmann/-frau und die Drogisten. In der Regel ist die zweijährige Ausbildung zur Verkäuferin die Einstiegsqualifizierung. Wenn diese gut abgeschlossen wurde, kann man noch den Einzelhandelskaufmann draufsetzen. Das sind häufig junge Menschen, die zwei, drei vielleicht auch vier Jahre aus der Schule raus sind und Praktika gemacht haben. Viele haben länger gebraucht, bis sie überhaupt einen Ausbildungsplatz gefunden haben. Dann bringen sie aber oft besonders viel Motivation mit, weil sie es zu schätzen wissen, dass sie einen Ausbildungsplatz haben. Die Drogisten sind diejenigen, die mindestens Realabschluss haben und häufig direkt nach der Schule einsteigen. Wir haben aber auch Auszubildende, die erst mit knapp 30 Jahren beginnen, weil sie erst eine andere Ausbildung gemacht haben oder sich die Dinge durch Familienplanung anders ergeben haben. So bieten wir seit mehreren Jahren eine Teilzeitausbildung an, um gerade auch jungen Müttern noch die Möglichkeit zu geben, eine Ausbildung zu machen.

Darüber hinaus haben wir in diesem Jahr zwei Auszubildende mit Flüchtlingshintergrund. Man merkt sofort, dass viele dieser jungen Leute unheimlich engagiert sind und wirklich innerhalb kürzester Zeit Deutsch lernen, um einen Schulabschluss zu machen. Für engagierte junge Migranten werden wir immer offen sein, wobei es natürlich auch Voraussetzungen gibt, die jeder Mitarbeiter erfüllen muss. Aber generell ist es eine unheimlich gute Chance, Mitarbeiter zu finden. Gerade in unserem Bereich ist es heute nicht leicht. Einzelhandelskaufmann oder Verkäuferin auf der Fläche zu sein, ist nicht unbedingt der beliebteste Job.

Nicole Fabisch: Ist gesellschaftliches Engagement für Sie auch ein Differenzierungsmerkmal?

Julia Wöhlke: Natürlich ist es auch ein Differenzierungs- und Positionierungsmerkmal. Wir sehen immer zu, dass wir in diesen Bereichen keine Kosten einsparen müssen. Von unseren Kunden und Mitarbeitern wird dies wahrgenommen und geschätzt.

Nehmen wir beispielsweise das Flüchtlingsthema. Da sind Filialleiter, die sich selbstständig mit Kunden kurzgeschlossen haben. Daraus entsteht manchmal eine Kettenbewegung. Mittlerweile stehen in über 30 Filialen Sammelboxen. Teamleiter oder Mitarbeiter bringen auch in ihrer privaten Zeit die Dinge zu den Flüchtlingsunterkünften. Sie sind bereit, sich dafür zu engagieren. Ich glaube, so etwas kann man auch nicht vorgeben. Das einzige, was wir aktiv versuchen, ist, bei der Auswahl unserer Mitarbeiter darauf Wert zu legen, dass die Mitarbeiter Wert auf gesellschaftliches Engagement legen.

Nicole Fabisch: Wie stellen Sie sicher, dass jemand ins Team passt?

Julia Wöhlke: Bei den Teamleitern ist der Auswahlprozess schon ziemlich langwierig und geht über mehrere Gespräche, die auch ein bisschen länger dauern. Es ist einfach wichtig, dass wir Menschen für uns gewinnen, für die das Miteinander ein wichtiges Thema ist. Man merkt, dass viele zu uns kommen, weil Budni als familienorientiertes Unternehmen gilt, das langfristig denkt und sich sozial engagiert. Dieses Engagement ist ein Wert, der auch Bewerbern wichtig ist.

5 Familie, Führungsverantwortung und Personalbeschaffung

Nicole Fabisch: Sie haben für junge Mütter spezielle Ausbildungsmöglichkeiten geschaffen. Sie sind auch eine junge Mutter und eine Führungskraft? Wie kriegen Sie selbst „Führung und Kind" unter einen Hut?

Julia Wöhlke: Es ist definitiv nicht leicht, das muss ich schon sagen. Ich glaube, wenn man Kinder bekommt, bedarf es einer ganz anderen Organisation der Arbeit. Ich bin jetzt noch nicht wieder Vollzeit im Unternehmen tätig und komme im Schnitt so um die 30 Stunden. Ich würde aber trotzdem behaupten, dass ich in der Zeit fast genauso viel schaffe, als wäre ich Vollzeit da. Wo muss ich mich tatsächlich einbringen und wo nicht?

Man muss auch noch besser delegieren. Aber trotzdem ist es immer ein Zerreißakt. Man möchte seinem Kind und seiner Familie in jedem Fall gerecht werden und natürlich auch seinem Job. Als Geschäftsführerin habe ich eine Vorbildfunktion und eine besondere Rolle.

Es gibt Tage, an denen mir das eigentlich zu viel ist, beides zusammenzukriegen, aber ich möchte beides nicht missen. Ich arbeite unheimlich gerne. Das ist für mich ein wichtiger Bestandteil meines Lebens. Ich könnte mir nicht vorstellen, nur zu Hause zu bleiben. Die Voraussetzung dafür ist trotzdem immer, dass man einen Partner hat, der bereit ist, sich mit einzubringen, gerade dann, wenn man Führungsverantwortung hat. Was natürlich enorm hilft, ist, wenn man ein familiäres Netzwerk hat, wo einfach immer mal jemand mit einspringen kann.

Wenn ich manchmal Mitarbeiterinnen sehe, die alleinerziehend sind und keine Familie in Hamburg haben, dann ist das eine echte Herausforderung. Selbst wenn die Kitas heute wirklich gut ausgebaut wurden, sind sie den Handelsarbeitszeiten nicht wirklich angepasst. Wenn wir eine Filiale bis 20.00/21.00 Uhr geöffnet haben, schließt die Kita häufig schon um 17.00/18.00 Uhr. Allerdings muss man sich ja auch fragen, ob man sein Kind bis 20.00 Uhr in der Betreuung lassen möchte?

Bei uns arbeiten viele Mütter, von denen viele davor in anderen Berufen gearbeitet haben und gerade bei uns wieder den Einstieg suchen. Das heißt, wir probieren vieles anzubieten. Die Mitarbeiterinnen können einen Großteil in der Früh- oder in der Nachmittagsschicht mitarbeiten, müssen aber auch bereit sein, einen Samstag zu übernehmen und abends zumindest ein- oder zweimal in der Woche eine Spätschicht möglich zu machen. Das ist immer ein Geben und Nehmen. Wir prüfen sehr individuell bei jeder Mitarbeiterin, die aus der Elternzeit zurückkommt, in welche Filiale sie gehen kann. Wir versuchen zu berücksichtigen, dass nach Möglichkeit der Arbeitsweg nicht so weit ist und es von der Struktur her passt. Wenn jemand aber trotzdem sagt, ich kann immer nur morgens von 8.00 bis 13.00 Uhr arbeiten, kann das nicht funktionieren.

Wir haben viele junge Filialleiterinnen. Viele sind um die Mitte 30, möchten Kinder kriegen und dann wieder Verantwortung übernehmen. Man kann heute eine Filiale mit einem Zeitaufwand von 25 bis 30 h mitführen.

Es gibt auch Jobsharing-Modelle, die ich persönlich für eher schwierig halte, weil ich glaube, dass Verantwortung schwer teilbar ist. Ich würde immer eine klare Verantwortlichkeit mit reduzierter Stundenzahl bevorzugen. Ich glaube, das ist auch für die Mitarbeiter leichter als ein Jobsharing-Modell – in Führung.

Nicole Fabisch: Haben Sie konkret negative Erfahrungen gemacht?

Julia Wöhlke: Wir haben ein Modell gehabt, das über Jahre sehr gut funktioniert hat. Das war so aufgeteilt, dass sich die eine Mitarbeiterin stark um Personalthemen gekümmert hat und die andere mehr um das Ladenbild etc. Dies haben wir, unabhängig von Kindern, sogar eine Zeit lang bei der Bezirksverantwortung gemacht, die ca. 15 bis 20 Filialen zu betreuen hat. Trotzdem hat diese Doppelspitze manchmal dazu geführt, dass sich keiner für gewisse Dinge verantwortlich gefühlt hat. Wenn etwas vorgefallen ist, wurde es auf den anderen geschoben.

Wir haben vor einiger Zeit für unsere Teamleiter eine Kernarbeitszeit eingeführt. Das heißt, wir haben geguckt, wie sich der Tagesverlauf gestaltet und wann die meisten Kunden auf der Fläche sind. Das ist oft von 10.00 bis 19.00 Uhr. Das heißt, in diesem Zeitraum sollten die Teamleiter primär vor Ort sein, und sie müssen nicht notwendigerweise bis 20.00/21.00 Uhr arbeiten. Das hat bei vielen Müttern für Entlastung gesorgt und auf der anderen Seite dazu geführt, dass die Mitarbeiter, die morgens da sind, auch Eigenverantwortung übernehmen, weil sie die Filiale aufschließen und die Kassen fertigmachen mussten.

Nicole Fabisch: Ist das Thema Mitarbeitersuche für Sie generell eine Herausforderung?

Julia Wöhlke: Der Handel ist nicht unbedingt die beliebteste Branche. Wir haben ungünstige Arbeitszeiten und die Bezahlung ist in unserem Niedrig-Margen-Bereich auch nicht die beste. Das heißt, die Wenigsten würden sich im ersten Schritt für diese Ausbildung entscheiden. Auf der anderen Seite gibt es natürlich auch eine ganze Menge junge Menschen, die sehr kosmetikaffin sind und sich bewusst dafür entscheiden. Aber – ich glaube – viele würden, wenn sie könnten, wahrscheinlich eher eine Bürotätigkeit wählen. Von daher ist es für uns schon nicht ganz leicht, ausreichend Nachwuchs zu finden. Wir haben inzwischen gute Netzwerke zu den Schulen aufgebaut, und auch das Thema der Praktika unterstützt eine bessere Berufsfindung. Wenn wir junge Leute ausbilden, die vielleicht nicht den leichtesten Weg gegangen sind, dann machen wir das nicht nur aus gesellschaftlicher Verantwortung, sondern auch weil wir deren Potenzial sehen. Wir bemühen uns, die jungen Menschen innerhalb der Ausbildung so weit zu bringen, dass sie eigenverantwortlich agieren können.

Bei den Filialleitern beschäftigen wir viele Branchenexterne wie zum Beispiel aus dem Gastronomie- oder sogar Automobilbereich. Es gibt ganz unterschiedliche Werdegänge und wir sind natürlich auch ein bisschen darauf angewiesen, dass die Leute das untereinander erzählen. Wir inserieren auch schon mal in einem Jobportal, das primär für die Gastronomie zuständig ist, um auf uns aufmerksam zu machen. Viele denken, sie müssten Branchenkenntnisse mitbringen, aber das setzen wir eigentlich nicht voraus. Fachwissen kann man lernen.

Es gibt eine Art Trainee-Programm, das ein halbes Jahr läuft und sehr komprimiert ist. Das reicht von der Führungsschulung bis zur Einarbeitung auf der Fläche und soll relativ kurzfristig auf die vielen organisatorisch-koordinativen Aufgaben vorbereiten. Aber natürlich gehen einige auch einen längeren Weg und brauchen zwei, drei Jahre, bis sie soweit sind.

Nicole Fabisch: Haben Sie spezielle Anreizsysteme für die Mitarbeiterrekrutierung geschaffen oder reicht das positive Image, das Ihr Unternehmen als Familienbetrieb nach außen hin hat?

Julia Wöhlke: Wir haben zum Teil ganze Familien in unserem Unternehmen, bei denen Mann, Frau und Kind bei uns arbeiten, und innerhalb des Unternehmens eine sehr familiäre Struktur. Vor allem im Ausbildungsbereich gibt es natürlich Mund-zu-Mund-Propaganda. Viele, die mal ein Praktikum bei uns gemacht und uns kennengelernt haben, kommen später zu uns. Diese persönliche Empfehlung und auch ein Siegel wie „Hamburgs bester Arbeitgeber" tragen dazu bei.

Es wird immer mal wieder diskutiert, ob man ein Anreizsystem schaffen sollte, bei dem Mitarbeiter mit einer Prämie belohnt werden, wenn sie einen neuen Mitarbeiter anwerben. Das haben wir probiert, fanden es aber nicht sonderlich erfolgreich, zumal die Hemmschwelle nicht unerheblich ist. Wenn ein Mitarbeiter persönlich einen Bekannten oder Freund vorschlägt, schwingt immer eine gewisse Angst mit, was denn ist, wenn der- oder diejenige doch nicht zu uns passt. Für uns war das kein besonders erfolgreiches Modell.

Ich persönlich halte nicht so viel davon, finanzielle Anreize zu setzen. Wenn man von einem Arbeitgeber überzeugt ist, dann wird man ohnehin Bekannte darauf aufmerksam machen, dass Personal gesucht wird.

Nicole Fabisch: Was sind Ihre Erfolgsfaktoren bei der Personalbeschaffung?

Julia Wöhlke: Ein wichtiger Faktor ist unser soziales Image. Fast alle Bewerber sagen, dass sie zu uns kommen, weil wir uns gesellschaftlich engagieren, viel für die Region tun und eine Menge für die Mitarbeiter machen. Einige lernen das erst kennen, wenn sie mit uns zu tun haben, die meisten Bewerber wissen das aber schon im Vorfeld. Das Engagement hat sich zum Glück herumgesprochen, sodass die Bewerber gezielt zu uns kommen.

Gerade bei Führungsmitarbeitern spielt das eine noch größere Rolle, weil diese sich bewusst umorientieren und einen neuen Arbeitgeber suchen, bei dem sie sich wohlfühlen. Möglichkeiten der Weiterentwicklung zu bieten, ist ein ganz wichtiger Punkt. Gerade im Handel ist das ein großer Vorteil. Das heißt, wenn sie bei uns eine Ausbildung machen, können sie ein Jahr später vielleicht schon viel Verantwortung übernehmen. Die Wege sind recht schnell zu gehen, wenn man das möchte und das Engagement mit einbringt.

Wir bieten unseren Mitarbeitern viele Weiterbildungsmöglichkeiten. Das ist etwas, das es so in nicht vielen Unternehmen im Handel gibt. Die Mitarbeiter schätzen es, dass sie regelmäßig an Weiterbildungen teilnehmen können. Wir bieten allen Mitarbeitern aktiv an, sich mindestens einmal im Jahr weiterzubilden, und sind gerade dabei, ein E-Learning-Portal einzurichten, in dem es für alle Mitarbeiter leichter ist, sich gewisse Kenntnisse anzueignen, als wenn sie nur zu einer Schulung gehen. Die Geschäftsführung besucht regelmäßig Schulungen, um Fragen zu beantworten und die Mitarbeiter kennenzulernen. In jedem Startseminar begrüßen mein Vater und ich die neuen Mitarbeiter und stehen für Fragen zur Verfügung. Da zeigen wir uns als Person. Ich glaube, das ist ein sehr wichtiger Punkt für die Mitarbeiter, zu wissen, wer hinter dem Unternehmen steht.

Nicole Fabisch: Wunderbar. Ich glaube, das war ein schönes Schlusswort. Herzlichen Dank!

Literatur

Schween et al. (2011): Die Familienverfassung Zukunftssicherung für Familienunternehmen, unter: http://www.schween-beratung.net/wp-content/uploads/2015/08/Studie_Familienverfassung.pdf (Zugriff am 22.08.2016)

Julia Wöhlke, geboren 1980 in Hamburg, hat seit ihrem 14. Lebensjahr jeden Samstag in einer Budni Filiale mitgearbeitet. Während ihres Studiums der Wirtschaftswissenschaften an der Hochschule für Angewandte Wissenschaften Hamburg von 2001 bis 2005, absolvierte Frau Wöhlke mehrere Auslandsaufenthalte. Außerdem war sie als Werksstudentin bei Philips Deutschland im Recruitment tätig.

Im Anschluss an ihr Studium hat Frau Wöhlke 3 Jahre als Vertriebsdisponentin bzw. Vertriebsleiterin bei Randstad Deutschland gearbeitet. 2008 begann sie dann als Leiterin des Personalbereichs bei Budni und ist seit 2012 auch in der Geschäftsführung vertreten. Frau Wöhlke ist verantwortlich für die Bereiche Revision, Unternehmerische Verantwortung, die Budnianer Hilfe, Finanzen und Controlling, und Personal.

Teil VI
Personalentwicklung – Veränderte Anforderungen an Kompetenz- und Potenzialförderung der Arbeitnehmer(innen)

Carpe facultas – Nutze die Möglichkeiten! Vom Stellenwert reflexiver Frei-Räume im Unternehmensalltag

Andreas Selck

> *Das Charakteristikum der Intelligenz ist Ungewissheit. Tasten ist ihr Werkzeug (Henry de Montherlant).*

1 Einleitung

Zunehmende Komplexität des Arbeitsalltages und häufiges Handeln unter Ungewissheit erscheinen heute als dominante Kennzeichen moderner Organisationen. Da innerhalb und im Umfeld vieler Organisationen hohe Geschwindigkeit und viele ungeplante Veränderungen den Tag bestimmen (*volatile*), die Vorhersagbarkeit von Ereignissen zunehmend unmöglich erscheint (*uncertain*), die Anzahl unterschiedlicher Verknüpfungen und Abhängigkeiten zunimmt (*complex*) und ebenso die Mehrdeutigkeit von Informationen und somit die Anzahl von Interpretationsmöglichkeiten (*ambiguous*) kontinuierlich steigt, beginnt sich „VUCA" als Anforderungsbündel zukunftsfähiger Organisationen zu etablieren.

„VUCA", eine Bezeichnung aus US-Militärkreisen, kennzeichnet die Fülle an ungewissen Situationen, der sich die Militärmacht USA heutzutage im Unterschied zu den ehemals relativ klaren Verhältnissen in Zeiten des Kalten Krieges gegenübersieht (vgl. Mack et al. 2015).

Die gängigen auf reine Funktionalität angelegten Organisationsmodelle der Vergangenheit und Gegenwart, die zu modernen Organisationen geführt haben, erscheinen dabei zunehmend ungeeignet, Menschen in einer komplexer werdenden Welt angemessen agieren zu lassen. Von daher können die hier dargestellten Praktiken in Anlehnung an Laloux

A. Selck (✉)
Geschäftsführender Partner, PE-Solution, Psychologische Unternehmensberatung, Personalentwicklung
Braunschweig, Deutschland
E-Mail: selck@pe-solution.de

(2015) zu einer Weiterentwicklung sinnstiftender Formen der Zusammenarbeit beitragen und die typischen Grenzen gegenwärtiger Organisationskulturen überwinden helfen, indem andere Fragen gestellt werden können, u. a.:

- Welche Praktiken können Organisationen etablieren, um den gewandelten Anforderungen einer komplexen inneren und äußeren Realität zu begegnen?
- Wie schafft es eine Organisation, ihr Innenleben und ihr Umfeld kontinuierlich im Blick zu behalten und für diese Aufmerksamkeit Spürsinn zu entwickeln?
- Wie schaffen Organisationen „Möglichkeitsräume", sodass ihre Mitarbeiterinnen und Mitarbeiter regelmäßig komplexe Perspektiven einnehmen können?
- Wie kann sich eine Organisation konstruktiv mit unterschiedlichsten Optionen auseinandersetzen, einen regelrechten „Möglichkeitsspeicher" anlegen und diesen aktuell halten?
- Wie wählen Organisationen in günstigen Augenblicken möglichst präzise die erfolgversprechendste Möglichkeit aus?

Um als Organisation in einer komplexeren Welt erfolgreich zu bleiben, braucht es, in Anlehnung an Vieweg (2015), offensichtlich häufiger aktives Abwarten und situationsgünstiges Agieren anstelle des heute dominierenden kopflosen Aktionismus, der sinnlose Produkte auf den Markt wirft und eine ohnehin erschöpfte Mannschaft weiter schwächt. Diese Erkenntnis ist alles andere als neu. Im ältesten literarischen Text Chinas, dem Shi Jing (vgl. dazu Jullien 2006, S. 90), heißt es bereits: *„Wenn die Welt in Ordnung ist, kann man an ihr teilhaben; wenn die Welt in Unordnung ist, muss man sich gedulden."*

2 Typische Reaktionsmuster im Umgang mit Komplexität

Wie verhalten sich nun Menschen in „unordentlichen", komplexen Situationen? In der Regel eher ungeduldig. Viele Handlungen, die als Antwort auf komplexe Herausforderungen gezeigt werden, dienen in erster Linie der Reduktion eben dieser Komplexität (vgl. Schoeneberg 2014). Dies meint den Versuch, ungewisse Situationen gedanklich möglichst schnell in leicht überschaubare, vergleichsweise einfache Situationen zu überführen und dementsprechend funktional zu handeln. Um dies zu tun, nutzen Menschen, insbesondere unter psychischem Stress, mentale Modelle der Wirklichkeit, die einfache Ursache-Wirkungs-Zusammenhänge unterstellen. Mentale Modelle umfassen dabei Grundannahmen über die Wirklichkeit, die möglichst widerspruchsfrei, somit mentale Energie sparend, funktionieren. Sie steuern die Art und Weise, wie Menschen ihre Realität wahrnehmen und interpretieren. Sie lenken die Aufmerksamkeit und regeln, wie Informationen aufgenommen und ausgewertet werden, um ein Problem zu lösen. Wer ein solch einfaches Ursache-Wirkungs-Modell auf komplexe Situationen anwendet, verwendet meistens viel Zeit und Energie darauf, die Ursache für eine aktuelle Problemsituation herauszufinden, und hofft darauf, dass sich aus diesem Wissen und ggf. aus der Ermittlung des Schuldigen quasi automatisch der Lösungsweg ergibt.

Döring-Seipel und Lantermann (2015) beschreiben eine Reihe typischer Verhaltensweisen im Umgang mit komplexen Problem- und Entscheidungssituationen, die, meistens in psychologischen Forschungsprojekten ermittelt, auch auf komplexe Arbeitssituationen anwendbar erscheinen:

- das Problem wird auf eine einzige, zentrale Ursache zurückgeführt,
- eine einzige Sollgröße (z. B. Kosten) wird durch die Problemlösung optimiert,
- allein die kurzfristige Störungsbeseitigung steht im Vordergrund,
- es wird nur das behoben, was gerade im Blick auftaucht und beherrschbar erscheint,
- unsystematischer Wechsel zwischen Problembereichen, ohne realisierte Lösungen,
- Handeln und Entscheiden ohne anschließende Reflexion der (Neben-)Wirkungen,
- exzessive Informationssammlung, verbunden mit einem Entscheidungsaufschub.

Solche Denkweisen basieren auf Einstellungen, die zum schnellen Handeln auffordern, und stabilisieren durch die fehlende Reflexion von Folgen und Nebenwirkungen der Handlungen, in einer Art Teufelskreis, genau diese Einstellungen. Durch Aktionismus geprägte Vorgehensweisen dienen psychologisch somit in erster Linie dazu, das eigene Kompetenzgefühl der Akteure zu erhalten oder sogar zu stärken und nach außen eine zupackende Haltung zu demonstrieren. Das aktive Tun produziert unmittelbar positive Gefühle, selbst wenn damit, wie bei der exzessiven Informationssammlung, wichtige Entscheidungen aufgeschoben werden. Gemeinsam ist diesen Handlungsmustern, dass sie zentrale Merkmale komplexer Phänomene ignorieren und in der Folge selten zu erfolgreichen Ergebnissen führen.

Mögliche Folgen dieser Ignoranz verdeutlichen gleichzeitig typische Anlässe, um die Notwendigkeit integrierter, reflexiver Frei-Räume im Unternehmensalltag zu entdecken und diese zu verwirklichen. Einige Beispiele:

Mangelhafte Führungskräfteauswahl Falls statische Anforderungsprofile und Auswahlverfahren verwendet werden, die den komplexen Führungsalltag nicht abbilden, fehlen in der Führungskräfteauswahl entscheidende Kompetenzen. Fähigkeiten, Fertigkeiten und Erfahrungen als Führungskraft in erfolgskritischen Situationen der Komplexität und Unsicherheit werden dann nicht als zentrale Marker erfolgreicher Führung integriert und dementsprechend auch nicht entdeckt (vgl. Vieweg 2015).

Lang anhaltende Schockzustände bei wirtschaftlicher Erfolglosigkeit Bei gewohnheitsmäßiger Sorglosigkeit, dass die Geschäfte schon laufen werden, oder wenn die eigene Unverwundbarkeit zur Schau gestellt wird, können Veränderungen im Markt unbemerkt bleiben und wie der Eisberg vor der Titanic plötzlich auftauchen. Der Arbeitsalltag wird dann unmittelbar erschüttert, und das führt nicht selten zu lang anhaltenden Unternehmenskrisen.

Plötzliche Entscheidungsstaus Falls Entscheidungen eher spät und wenn, dann mit verunsichertem Blick auf Vorschriften oder eine übergeordnete Instanz getroffen werden, kann es zu plötzlichen Entscheidungsstaus kommen.

Fehlendes Stimmungs- und Konfliktmanagement Falls Konflikte unter den Teppich gekehrt und damit ungeklärt und unbewältigt bleiben, fehlt es an Praktiken zur nachhaltigen Konfliktlösung.

Schlechter Informationsfluss Sollten Informationen als Machtmittel verstanden und dementsprechend in erster Linie taktisch weitergegeben werden, führt die Geheimhaltung gegenüber der Innen- und Außenwelt zu Vorsicht und Misstrauen zwischen den Beteiligten.

Fehlende Verbundenheit Falls Menschen eines Bereichs kaum die Belange anderer Bereiche im Blick behalten und einander fremd bleiben, fehlt es an gegenseitigem Verständnis und die Entwicklung eines Gemeinschaftsgefühls, als gute Vorstellung vom Ganzen, wird erschwert.

Fehlen gemeinsamer Problemlösungen Falls Menschen im Unternehmen, weit entfernt vom wertschöpfenden Geschehen, viel Zeit damit verbringen, sich abstrakt auszutauschen (z. B. in vielen Meetings), ohne unmittelbar an konkreten Problemlösungen zusammenzuarbeiten und dabei diejenigen aktiv einzubeziehen, die nah am Kunden tätig sind, stärkt dies weder die Verbundenheit untereinander noch führt es zu praktikablen Lösungen.

Natürlich können auch hoher Krankenstand oder Fluktuation und hier vor allem die einfachen Begründungsversuche der Geschäftsführung für solch komplexe Phänomene Hinweise darauf geben, dass im Unternehmen nur unzureichend systemisch gedacht und gehandelt wird. Gunter Dueck (2015, S. 38) bringt es auf den Punkt, wenn er schreibt: *„Dummheit ist [...] immer dasselbe zu tun und ein anderes Ergebnis zu erwarten."*

3 Experimentelle Strategien im Umgang mit Komplexität

Beim Einordnen komplexer Phänomene kann das „Cynefin-Modell" hilfreich sein (Snowden und Boone 2007, dargestellt in Hampe und Schlegel 2014). Der auf Erkenntnissen aus Systemtheorie, Kognitionswissenschaft, Anthropologie und Evolutionspsychologie basierende Ansatz liefert praktische Anhaltspunkte zum Verhalten in Komplexität und Ungewissheit. „Cynefin" ist ein walisischer Begriff und meint Lebensraum oder Herkunft. Snowden und Boone (2007) beschreiben darin fünf Bereiche (einfach, kompliziert, komplex, chaotisch und indifferent), dessen jeweils stattfindende Situationen unterschiedliche Vorgehensweisen erfordern. Wie schon erwähnt, haben Menschen präferierte mentale Modelle, sodass viele Führungskräfte annehmen, Führungskräfteauswahl, Unternehmens-

und Mitarbeiterführung oder auch Change-Management seien einfach oder schlimmstenfalls kompliziert. Dementsprechend suchen sie nach Patentrezepten und fragen Experten um ihren Rat, den sie dann möglichst 1:1 befolgen, mit den bekannten Nebenwirkungen. Ihnen erscheint die Welt geordnet, berechenbar, objektiv und in kausaler Logik beeinflussbar. Darauf haben sie ihr Kompetenzgefühl zielorientiert und konsequent mit viel persönlichem Ehrgeiz aufgebaut. Die bloße Annahme, eben solche Situationen könnten komplexe Züge annehmen, wirkt unmittelbar bedrohlich und erhöht die Wahrscheinlichkeit, das eigene einfache mentale Modell aufrechtzuerhalten.

Von daher besteht ein entscheidender Schritt für diejenigen, die sich komplexen Situationen möglichst unvoreingenommen nähern wollen, vielleicht alleine darin, dass man einer Vielzahl sozialer und marktdynamischer Situationen erst einmal unterstellt, sie seien komplex, und damit anerkannt, dass aufgrund kognitiver, sozialer und organisationaler Begrenzungen (Wahrnehmung, Gedächtnis, Kommunikation, Informationsverbreitung, zeitlicher Rahmen etc.) in komplexen Situationen niemals alle relevanten Zusammenhänge gedanklich erfasst und verarbeitet werden können.

Als Konsequenz gibt es in komplexen Situationen keine vom Handelnden unabhängige Wahrheit, und Zukunftsprognosen passen selten. Im Sinne von „Effectuation", einem Konzept, das Hilfestellungen anbietet, unter Ungewissheit zu handeln (vgl. Faschingbauer 2013), ist es nicht nötig, die Zukunft langfristig vorherzusagen, um sie unternehmerisch erfolgreich gestalten zu können. Da die Zukunft diesem unkalkulierbaren Charakter folgt, raten Snowden und Boone (2007) zu experimentellen Strategien:

1. Ausprobieren,
2. Erkennen,
3. Reagieren.

Ausprobieren ist gekennzeichnet durch Experimente des Tuns und Lassens. Da sich unsere natürlichen Reaktionsweisen im unmittelbaren „Downloading" (Scharmer 2009) als automatisches Herunterladen gewohnter Muster des Denkens, Sprechens und Handelns abspulen, mögen Experimente in Ruhe und Klarheit, sozusagen in zeitlicher Verzögerung von Handlungen, den Ausgangspunkt reflexiver Arbeit im Unternehmensalltag bilden.

In Ableitung systemischer Organisationstheorien (vgl. Simon 2007) können Systeme ein umso höheres Maß an äußerer Komplexität verarbeiten, je größer ihre eigene, interne Komplexität ist. Übertragen auf den einzelnen Menschen in der Organisation heißt dies: Je differenzierter innere mentale Modelle entwickelt sind und je häufiger ungewisse Situationen innerhalb der Organisation durch Experimente bewältigt werden können, desto leichter fällt es jemandem, Herausforderungen außerhalb der Organisation, wie z. B. vielschichtige Situationen im Kundenkontakt, zu bewältigen. Um sich darin zu üben, erscheinen reflexive Frei-Raum-Konzepte gut geeignet. Sie stärken die empathische Selbstreflexionsfähigkeit (vgl. Greif 2008) und die situative Selbstwirksamkeitserwartung, ein Konzept, das von Albert Bandura (1997) bereits in den 70er-Jahren entwickelt wurde. Es kennzeichnet die persönliche Erwartung, aufgrund eigener Kompetenzen gewünschte

Handlungen erfolgreich selbst ausführen zu können. Menschen möchten, auch in schwierigen Arbeitssituationen, wirksam handeln, wahrscheinlich als natürliches Bedürfnis. Dies können Teilnehmer auch in mehrtägigen Gruppentrainings zu komplexen Themen einüben. Allerdings weisen Hampe und Schlegel (2014), die solche Trainings konzipieren und durchführen, darauf hin, dass im Vorfeld solcher Trainings vielfältige Widerstände bei Auftraggebern und Teilnehmern zu überwinden sind. Bereits die Auftragsklärung für solche Trainings erscheint als komplexer Problemlösungsprozess. Durch systematische und langfristige Einbettung solcher Angebote in den Unternehmensalltag können anfängliche Widerstände abgebaut werden.

Neben Komplexität ist auch Frei-Raum ein vielschichtiges Phänomen. Unsere Lebens- und Arbeitsrealität erscheint geprägt von fortwährender Zeitknappheit. Und da dies keine Eigenschaft der Zeit selbst ist, liegt das eigentliche Problem offensichtlich in seiner Bewirtschaftung. Zusammensein im Organisationsalltag ist in der Regel zu oberflächlichen Besprechungen im wahrsten Sinne des Wortes verkommen. Wer in sich hineinhorchen, über sich selbst und sein Verhalten reflektieren oder neue Möglichkeiten im Unternehmen erspüren möchte, hört typischerweise schnell damit auf und geht stattdessen gewohnt sachlich-fachlichen Beschäftigungen nach. *„Warum? Vielleicht gerade deshalb, weil das Sachliche ablenkt, wohingegen das Persönliche näher an der Existenz ist und deshalb die existenzielle Befristung auch deutlicher durchscheinen lässt"* (Safranski 2015, S. 108).

In der Folge erscheint das Arbeitsleben voll von *„rigiden Zeitvergeudungsverboten"* (Safranski 2015, S. 110). Wir fühlen uns kollektiv gedrängt und es gehört viel Mut dazu, sich selbst für Entscheidungen von großer Trag- und Reichweite bewusst Zeit zu lassen oder zu nehmen. *„Beschäftigt sein ist alles. Wer aus dem sausenden Umschwung des Arbeitsprozesses herausfällt, fällt aus der Welt"* (Safranski 2015, S. 128). Das Selbstverständnis einer „Zeit-ist-Geld-Unternehmensführung" legt den Schluss nahe, dass gerade die bestbezahlten Leute im Unternehmen ständig ausgelastet und in keinem Fall Zeit übrig haben sollten. Ein fataler Irrtum.

Dueck (2015, S. 68) dazu: *„Die wichtigsten Menschen sollten mit geringerer Auslastung arbeiten als die weniger wichtigen oder qualifizierten. Wenn hohe Manager nur wenig offene Vorgänge haben, muss niemand lange auf eine Entscheidung warten – alles kann fließen. Wenn die Top-Experten immer Zeit haben, kann jedes auftretende Problem schnell gelöst werden."*

Bereits der Begriff Freizeit erscheint als Gegensatz zur Bezeichnung Arbeitszeit, verbunden mit dem Imperativ, dass hier Aktivitäten passieren, die gerade keinen Bezug zur Arbeit haben sollten. Umgekehrt verdient es unter Zeitdruck offensichtlich nur das routinierte Tagesgeschäft, als Arbeitszeit bezeichnet zu werden. Dueck (2015, S. 70) dazu: *„Unter Überlast werden alle Arbeiten als ‚Freizeitaktivität' empfunden, die nicht dringend sind: Innovation, Weihnachtsfeiern – oder allgemein das Nachhaltige."* Etwas später führt er aus (Dueck 2015, S. 74): *„Die Eifersucht des auffressenden Tagesgeschäfts dehnt sich unmerklich auf alle Bereiche aus, in denen das Leben vermeintlich glücklich ist. Mitarbeiter, die unter Druck stehen, sehen voller Argwohn auf alles, was im grünen Bereich ist, also vermeintlich mühelos oder ‚chillig' läuft."*

Somit kann die Geschäftsführung reflexiven Frei-Raum zwar „offiziell erlauben" oder sogar anordnen, doch braucht es die Entwicklung einer Unternehmenskultur, die Wert darauf legt, dass ein auf Resilienz und Stressreduktion ausgerichtetes Arbeitsklima gefördert wird. Darauf aufbauend, werden die mit reflexivem Frei-Raum verbundenen Praktiken durch viel Ausprobieren, Erkennen und Reagieren erst nach geraumer Zeit und nur von halbwegs entspannten Mitarbeitern in die mentale Kategorie Arbeit eingeordnet werden können.

4 Einsatzmöglichkeiten von Frei-Raum-Konzepten im Tagesgeschäft

Frei-Raum und Frei-Zeit kommen von daher bei näherer Betrachtung ebenfalls ausgesprochen komplex daher. Eine solche Freiheit kann offensichtlich dann sinnvoll genutzt werden, wenn das Tagesgeschäft erfolgreich unterbrochen werden kann. Aber was charakterisiert das sogenannte Tagesgeschäft? Vielleicht am ehesten, dass dort kurzfristige Ziele erreicht werden, was als Standardformel für Erfolg erscheint (vgl. Vieweg 2015, S. 3):

Erfolg = Erreichen selbstgesteckter oder von außen auferlegter Ziele.

Aber wie viel Frei-Raum erscheint bei einer Erfolgsformel erforderlich, die allein von der Zielerreichung abhängt? Sicherlich deutlich weniger als wenn Erfolg als *Carpe facultas* verstanden wird:

Erfolg = Das Nutzen von Möglichkeiten.

> Mehr als seine Chancen (positiven Möglichkeiten) zu verwerten, geht eh nicht. Aber das sollte man auch fordern. Immer schlecht ist hingegen, wenn jemand hinter seinen Möglichkeiten zurückbleibt. [...] Allein die Möglichkeiten, die wir haben, definieren unsere Grenzen. Gegebenenfalls müssen wir uns kreativ/innovativ zusätzliche Möglichkeiten schaffen und eröffnen (aus Vieweg 2015, S. 4).

Diese auf das Entdecken und Nutzen von Möglichkeiten ausgerichtete Erfolgsformel benötigt Erprobungen in Frei-Räumen, die Energie, Kreativität und Innovation schaffen und auf Dauer stärken. In diesem Zusammenhang spielen auch klare Werthaltungen und Grundregeln der Zusammenarbeit im Unternehmen eine wesentliche Rolle. Welche Werte werden im Unternehmen gelebt? Wie werden sie in der tagtäglichen Arbeit sicht- und spürbar? Introspektive Aktivitäten dienen insofern auch dazu, den Sinn, die Werte und Grundregeln des Unternehmens zu vertiefen. *„Forschungsstudien scheinen zu zeigen, dass die Leistungsfähigkeit werteorientierter Organisationen die ihrer Mitbewerber weit übersteigt"* (Laloux 2015, S. 33).

Aber wie wirkt Frei-Raum auf Kreativität und Innovation? Unser Geist befindet sich, anders als eine Maschine, niemals wirklich im Stand-by-Modus. In Augenblicken, in denen man sich nicht zielgerichtet auf das konzentriert, was gerade im Tagesgeschäft getan werden sollte, wird das mentale Ruhezustandsnetzwerk (vgl. Rock 2011) aktiviert. Unser Gehirn schottet sich dann ein wenig von der Außenwelt ab, schafft so Abstand zur gewohnten Arbeitsroutine. Vorhandenes Wissen wird neu verarbeitet, Vorstellungsvermögen aktiviert. Kreative, fantasievolle Einsichten können jetzt entstehen. Und nach einer ersten Verunsicherung entsteht bei den Menschen meist die Einsicht, dass in den Arbeits-Zeiten die Frei-Zeiten fehlen, diese aber gebraucht werden, um neue Möglichkeiten zu entdecken und für eine Realisierung vorzubereiten. Gleichzeitig gilt es, die Persönlichkeit des Einzelnen und den vertrauensvollen Austausch in der Gruppe zu stärken. Oswald und Lieckweg (2015, S. 218) dazu: *„Das Navigieren in Unsicherheit und Komplexität erfordert Persönlichkeiten [...], die mit sich selbst ‚per Du' sind, d. h. ihre Fähigkeit zur Selbstbeobachtung gut ausgeprägt haben und ihre Emotionen als Datenquelle gut nutzen können, um die jeweilige Situationsdynamik besser zu verstehen. Elementar wichtig sind soziale Kompetenzen wie Zuhörenkönnen, unterschiedliche Perspektiven verstehen und dafür zu sorgen, dass gemeinsame Lösungen entstehen."*

5 Etablierung von nachhaltigen Lernarchitekturen im Führungskontext

Wie etabliert ein Unternehmen nun Lernarchitekturen zur nachhaltigen Entwicklung und wie wird dies schon bei der Führungskräfteauswahl und in der Personal- und Organisationsentwicklung wirksam? Das Beratungssystem zur Ausgestaltung solch integraler Praktiken kennzeichnet die psychologische Unternehmensberatung PE-Solution, in der der Autor als geschäftsführender Partner tätig ist, als ReflACTION®.

Konkrete Vorgehensweisen in diesem Sinne mag der Wandel eines inhabergeführten mittelständischen Unternehmens mit 850 Mitarbeiterinnen und Mitarbeitern, spezialisiert auf fertigungsnahe Dienstleistungen im Maschinen- und Anlagenbau, beispielhaft verdeutlichen.

Zum Handlungsanlass führte eine im Unternehmen in der Geschäftsführung entwickelte und mit den Führungskräften abgestimmte Strategie, in den kommenden fünf Jahren den Umfang einer spezialisierten Kerndienstleistung des Unternehmens mindestens zu verdreifachen. Zur Erbringung der Dienstleistung wurde eine eigenständige GmbH mit einer Startbelegschaft von ca. 60 Personen ausgegründet. Der Inhaber übernahm am Anfang die Geschäftsführung dieser Ausgründung und etablierte, vergleichbar mit bestehenden Unternehmensteilen, u. a. einen Vertrieb, eine Arbeitsvorbereitung und mehrere Meisterschaften zur Dienstleistungserbringung. Ein Schichtsystem deckte die Kundenanforderungen an 365 Tagen im Jahr, an 7 Tagen in der Woche und für 24 Stunden am Tag ab.

Da es sich um fertigungsnahe Dienstleistungen handelte, die z. B. spontan dann ausgelöst wurden, wenn Werkzeuge im einzelnen Kundenunternehmen ausfielen und somit von der Rechtzeitigkeit der Dienstleistungserbringung abhing, ob die Bänder still standen, war das Tagesgeschäft von Anfang an gekennzeichnet durch hohe Geschwindigkeit und viele ungeplante Veränderungen an jedem Arbeitstag. Gleichzeitig schien die Vorhersage von

Ereignissen nahezu unmöglich, die Dienstleistungen wurden in komplexen Arbeitssystemen mit Menschen unterschiedlicher Qualifikation und zeitlich-organisatorischer Verfügbarkeit erbracht und die telefonisch oder per Mail übermittelten Kundeneskalationen brachten aufgrund ihrer Widersprüchlichkeit häufig wenig inhaltliche und organisatorische Klarheit über die unmittelbar durchzuführenden Maßnahmen. Willkommen in der bereits anfangs beschriebenen „VUCA-Welt".

Der Vertrieb des Unternehmens ging Vereinbarungen mit weiteren Fertigungsbetrieben ein. Die Nachfrage nach Dienstleistungen wuchs und gleichzeitig die Ungewissheit im Tagesgeschäft. Die Vorhersagbarkeit konkret geplanter Aufträge wurde immer mehr zum Blick in die Glaskugel, das Schichtsystem und die klassische Hierarchie mit Meistern und Schichtführern zunehmend zum Hemmnis flexibler Kundenanforderungen. Eine Vielzahl von Problemen ließ erkennen, dass die Organisationsstruktur, die Koordination vom Tagesgeschäft und in Projekten und die Wirksamkeit von Unterstützungsfunktionen nicht ausreichten, um die junge Firma auf Erfolgskurs zu halten. Natürlich wurde Erfolg zum damaligen Zeitpunkt vonseiten des Inhabers ausschließlich als das Erreichen von, durch die vereinbarte Strategie, vereinbarten Zielen verstanden.

In dieser Phase entschied der Inhaber, die Verantwortung für die Ausgründung in die Hände einer eigenständigen Geschäftsführung zu legen. Welche Führungsqualitäten sollte ein Geschäftsführer mitbringen, um diese Firma in solch ungewissem Fahrwasser erfolgreich werden zu lassen?

Oswald und Lieckweg (2015, S. 213 f.) stellen Selbstreflexion und Selbstführung in den Mittelpunkt ihrer Überlegungen zu Führungsqualitäten: *„Im Führungsverständnis bedeutet das eine radikale Umstellung von ‚die Situation beherrschen wollen' auf ‚mit dem Situationspotenzial intelligent umgehen können'. Es bedeutet Lernen zu gestatten, statt auf eigenen Lösungen zu beharren."*

Zur Auswahl des Geschäftsführers kam ein ReflACTION® Assessment zum Einsatz, ein Verfahren, das vom Inhaber den Mut abverlangte, die gegenwärtige durchaus prekäre Situation im Unternehmen vor dem einzelnen Bewerber konkret und differenziert offenzulegen. Reflexionen über die gegenwärtige Struktur, das Infragestellen des Tagesgeschäfts sowie die Entwicklung von Ideen zur Weiterentwicklung vorhandener Strukturen, Prozesse und Arbeitspraktiken standen im Mittelpunkt der Personalauswahl des Geschäftsführers. Es entstand eine Passung zu demjenigen, der mit dem ungewissen Situationspotenzial der Firma am intelligentesten und damit auch kreativsten umgehen konnte.

Gleichzeitig entstanden bereits hier konkrete Impulse für den Wandel der Firma, die vom neuen Geschäftsführer im ersten Jahr umgesetzt wurden. Beispielsweise wurde das bis dato bestehende Arbeitssystem weitgehend umgebaut, weg von einer klassisch hierarchisch organisierten Meisterschaft, hin zu eher selbstorganisierten, kundennah tätigen Arbeitsgruppen, die auch die Unterstützungsfunktionen der Arbeitsvorbereitung in großen Teilen integrierten.

Mit Blick auf die gesamte Belegschaft benötigte der intelligente Umgang mit vorhandenem Situationspotenzial individuellen und kollektiven Spürsinn, und die Entwicklung von Spürsinn brauchte im Unternehmensalltag Räume zur Reflexion. Der Arbeitsalltag selbst sollte zum Lerngegenstand werden und damit auch die Frage, wie durch neu entdeckte Möglichkeiten Einfluss auf das Tagesgeschäft und die Weiterentwicklung der Organisation genommen werden konnte.

Wie entwickelten sich nun innerhalb des Unternehmens solche Settings und Formate, in denen komplexe Situationen in den Blick genommen werden können? Sogenannte Free-Focus-Meetings (FFM) wurden in gemeinsamer Beratung und Abstimmung mit dem Inhaber und dem neuen Geschäftsführer, den beteiligten Führungskräften und Mitarbeitern im Unternehmen eingeführt. Die Begleitung lief entlang zweier zentraler Erfolgsfragen:

- Wie wirksam sind bestehende Strukturen, Prozesse und Praktiken der Firma für das erfolgreiche Entdecken neuer Möglichkeiten?
- Wie können Veränderungsvorhaben erfolgreich im Sinne der Strategie verwirklicht werden?

Der neue Geschäftsführer wurde Impulsgeber zur Etablierung der FFM als zentrales Strukturelement und ging bei der Umsetzung in etwa folgendermaßen vor:

1. Offene persönliche und schriftliche Einladung durch die Geschäftsführung an alle (!) Mitarbeiter zum gemeinsamen Austausch. Titel der Einladung: „Strategie 2020 – Wie nutzen wir all unsere Möglichkeiten?"
2. Die Geschäftsführung beschrieb den zentralen Fokus und die Probleme, die durch das Vorhaben, Free-Focus-Meetings einzuführen, gelöst werden sollten und legte in diesem Zusammenhang auch offen, dass aktuelle Problemlagen der Firma bislang mit zu einfachen bzw. zu komplizierten Lösungsansätzen angegangen wurden.
3. Jeder Anwesende konnte Verständnisfragen stellen, um Informationen zu erhalten und das Vorhaben besser zu verstehen.
4. Jeder Anwesende erhielt den Raum, auf das Vorhaben zu reagieren. Einige Personen äußerten Unverständnis darüber, man könne durch Freiräume Probleme lösen. Die Geschäftsführung klärte über Mechanismen von Kreativität auf, beschrieb den Charakter und den Stellenwert des Vorhabens und passte, auf Basis der Resonanz und einzelner Rückmeldungen, die Free-Focus-Meetings an.
5. Das Vorhaben wurde zunehmend greifbarer, u. a. indem der zeitliche Rahmen, die Frequenz und zentrale Methoden, wie etwa kollegiale Beratung, konkretisiert wurden.
6. Es bestand schließlich die Möglichkeit, konkrete Einwände gegen das Vorhaben einzubringen. Diese wurden formuliert, und es wurde versucht, diese innerhalb des Vorhabens zu berücksichtigen. Bereits hier wurde das offen angesprochen, was sich im Flurfunk schon seit einigen Monaten verbreitete, dass eine grundsätzliche Veränderung in der Organisationsstruktur denkbar sei: Weg von der klassisch organisierten Meisterschaft, hin zu selbstorganisierten, kundennahen Arbeitsgruppen.
7. Schließlich wurden konkrete Orte und Termine vereinbart und es wurde verabredet, wie die Personen verbindlich eingeladen werden.

Die FFM-Termine wurden danach im ersten Jahr der Einführung wie Steigeisen in den Fels des Tagesgeschäfts eingerammt und bekamen hohe Priorität vom Geschäftsführer.

Pro Jahr wurden (und werden bis heute) alle 4–6 Wochen halbtägige FFM durchgeführt. Bereits im Herbst des Vorjahres werden sämtliche Termine als Einladungen bekanntgegeben. Die konkreten Zusagen werden einige Wochen vor jedem Treffen abgefragt. Ein kleines Team bereitet jedes einzelne Treffen insofern vor, dass meist ein Fokusthema eingebracht wird, das für die Kerndienstleistung des Unternehmens zum jeweiligen Zeitpunkt des Treffens eine zentrale Rolle spielt. Zusätzlich kann jeder Teilnehmer im Rahmen seiner Zusage Themen in den Blick rücken.

Jedes FFM beginnt mit einer längeren, offenen Runde, umrissen mit einigen Fragen, die es ermöglichen, gemeinsam in den Tag einzusteigen:

- Was bewegt mich/uns im Augenblick im Arbeitsalltag?
- Was beschäftigt mich/uns gerade?
- Vor welchen Fragen stehe ich/stehen wir?

Das Meeting gestaltet sich demnach ohne zeitlich festgelegte Agenda. Es wird eingebracht, was jedem durch den Kopf geht und mit dem er oder sie gerade dort ist. Vorbereitete Fokusthemen und weitere Anliegen der Anwesenden für den Tag werden ins Plenum eingebracht. Äußerungen und Themen werden auf Flipchart bzw. Karten festgehalten.

Jetzt werden Impulse aus dem vorhergehenden FFM und zwischenzeitliche Erprobungen benannt. Durch den Austausch darüber, wie entstandene Ideen verwirklicht wurden, entsteht zunehmend Klarheit darüber, welche Auswirkungen dies auf erfolgreiches Arbeiten hat. Mit der Zeit entstehen individuell erprobte Praktiken. Ganz im Sinne von Albert Schweitzer („*Das gute Beispiel ist nicht eine Möglichkeit, andere Menschen zu beeinflussen, es ist die einzige.*") inspirieren sich die Anwesenden gegenseitig, innovative und kreative Impulse entstehen zu lassen und das, was läuft, kontinuierlich auf die Probe zu stellen; und dies nicht nur im Rahmen der FFM. So laden einige Führungskräfte typischerweise freitags zu einer Runde um das zentrale Fertigungsgebäude ein, um die Arbeitswoche Revue passieren zu lassen, und so kann z. B. ein Austausch darüber zustande kommen, welche Möglichkeiten genutzt werden, um der ungleichmäßigen Beanspruchung zu begegnen, ohne dass wichtige Aufgaben unerledigt bleiben.

6 Erfolgskriterien und Wirkung von Frei-Raum-Konzepten (Free-Focus-Meetings)

FFM dienen neben dem Ausprobieren, persönlichen Erkennen und gemeinsamen Auswerten von Erfahrungen auch zur Vorbereitung der Umsetzung neuartiger Arbeitspraktiken. Falls eine neue Option eingebracht wird, z. B. als Prozessoptimierung, wird diese auf Basis von vier Erfolgskriterien reflektiert:

- Willenskraft
    - Wodurch entstand die gegenwärtige Option?
    - Wie ausgeprägt ist im Moment unser Wille, diese Option aktiv zu verfolgen?
    - Welche alten Gewohnheiten werden berührt?
- Anziehungskraft
    - Was können wir uns jetzt gut vorstellen, was weniger gut?
    - Inwieweit sind uns Chancen und Risiken einer solchen Veränderung gerade gegenwärtig?
    - Wodurch würde diese Option für uns unmittelbar unattraktiv?
- Zuversicht in Machbarkeit
    - Wodurch können wir und andere überzeugt werden, diese Option zu verfolgen?
    - Was konkret macht uns zuversichtlich, hier erfolgreich zu sein?
    - Wie wird es uns gelingen, andere zu gewinnen, uns auf diesem Weg zu unterstützen?
- Klarheit nächster Schritte
    - Wie klar sind uns die Prioritäten und unsere konkreten, nächsten Schritte?
    - Welche Widerstände erwarten wir? Wie wollen wir in diesen Fällen vorgehen?
    - Inwiefern ist die gegenwärtige Situation günstig, um jetzt loszulegen?

Chancen und Risiken werden durch die Gruppe gemeinsam in den Blick genommen. Anhand der vier Erfolgskriterien (Willenskraft, Anziehungskraft, Zuversicht in Machbarkeit und Klarheit nächster Schritte) kann die Option als „Scaling-Board" (z. B. jeweils skaliert von 0–10) additiv oder multiplikativ skaliert werden, um den Standpunkt des Einzelnen und der Gruppe sichtbar und spürbar zu machen.

In Erfolgsreflexion und -skalierung entsteht in der Zusammenarbeit meist viel Tiefe und Ernsthaftigkeit. Gleichzeitig ermöglicht der inspirierende Austausch über entdeckte Möglichkeiten soziale Selbstverpflichtungen in der Gruppe zur Realisierung von Optionen und weitere kreative Impulse für die konkrete Umsetzung in den Arbeitsalltag.

Im Plenum begonnen, geschieht die Zusammenarbeit im FFM interessengeleitet als Einzel-, Paar- und Kleingruppenarbeit. Zusätzlich wird sich bei gegenwärtigen Herausforderungen in Projekten kollegial beraten. Insgesamt zeichnen sich FFM durch ein ruhiges, zeitverzögertes Vorgehen aus, indem vor Entscheidungen oder Skalierungen bewusst Pausen oder Momente der Stille eingelegt werden.

Die Durchführung dieser regelmäßigen halbtägigen Veranstaltungen bei freiwilliger Teilnahme schaffte die Bedingungen, Neuerungen in der Firma und bei der tagtäglichen Arbeit wirksam werden zu lassen, indem Hindernisse der unmittelbaren Wertschöpfung aus dem Weg geräumt wurden. So entstanden und entstehen bis heute durch den engagierten Beitrag motivierter Mitarbeiter konkrete Impulse ins Unternehmen, die einen zentralen Beitrag zu seiner langfristigen Existenzsicherung leisten und gleichzeitig die Selbstentwicklungspotenziale der Organisation stärken.

Indem die auf Frei-Raum ausgerichteten Strukturelemente in das jeweilige Geschäftsjahr eines Unternehmens mit seiner einzigartigen Architektur an Kommunikationsformaten und -plattformen integriert werden, variieren Design, Frequenz und Teilnehmergruppe stark von Unternehmen zu Unternehmen.

Reflexive Frei-Räume werden wie im beschriebenen Beispiel als Free-Focus-Meetings, in anderen Unternehmen als Innovationstage, ReflACTION® Days, Entwicklungstage oder „Fokus Führung" eingeführt oder es werden Möglichkeiten zum Innehalten direkt an bestehende Besprechungsformate angedockt, z. B. indem Zeit am Ende eines Meetings dazu genutzt wird, um über den Verlauf des jeweiligen Meetings zu reflektieren. Vielleicht mit Erkenntnis und Frage: Was werden wir tun, um unsere nächste Zusammenkunft so zu gestalten, dass wir unsere Möglichkeiten hier optimal nutzen?

Die Wirksamkeit auf Frei-Raum ausgerichteter Strukturelemente in Organisationen zeigt sich u. a. folgendermaßen:

- Das Unternehmensklima ist gekennzeichnet durch weniger Aktionismus, mehr Gelassenheit, Geduld und Aufmerksamkeit für günstige Gelegenheiten.
- Die Menschen im Unternehmen bauen durch bewusstes Innehalten mehr Achtsamkeit für schwache Signale im Innen und Außen auf und trauen sich, diese anzusprechen.
- Die Aufmerksamkeit und der Austausch werden weniger darauf gerichtet, womit andere gute Erfahrungen gemacht haben (Best Practice), sondern darauf, was sich im Einzelfall im Ausprobieren als nützlich herausstellt (Emerging Practice).
- Das Systemverständnis, insbesondere für das eigene Unternehmen und den umgebenden Markt, wird kollektiv erhöht.
- Die individuelle Selbstwirksamkeitserwartung und die Fähigkeit, sich ungewissen Situationen mutig zu nähern, werden erhöht.
- Besseres Timing; günstige Gelegenheiten werden voller Energie, Kreativität und Innovation beherzt beim Schopfe gepackt.
- Individuelle und gemeinsame Erfolge werden zunehmend als Entdecken und Nutzen günstiger Gelegenheiten gesehen (Management by Options). Dies ergänzt oder ersetzt die mechanistisch-deterministische Sicht, in der Erfolg ausschließlich als das Erreichen gesteckter Ziele definiert wird (Management by Objectives).
- Zunahme gegenseitiger Vernetzung, offener Kommunikation und spürbare Stärkung einer Vertrauenskultur, die insbesondere auf die Kunden des Unternehmens positive Wirkungen entfaltet.

Diese Zeiten, an denen nichts getan werden muss, ermöglichen es, dass das Wesentliche nicht ungetan bleibt. Frei-Raum ermöglicht die Einstimmung auf das Wesentliche und lässt das Gefäß entstehen, in dem neue Ideen, anspruchsvolle Entscheidungen und langfristige Verwandlungen gedeihen können.

Literatur

Bandura, A. (1997): Self-efficacy: The exercise of control. New York: Freeman.

Döring-Seipel, E. & Lantermann, E.-D. (2015): Komplexitätsmanagement. Psychologische Erkenntnisse zu einer zentralen Führungsaufgabe. Wiesbaden: Springer Gabler.

Dueck, G. (2015): Schwarmdumm: So blöd sind wir nur gemeinsam. Frankfurt a.M.: Campus.

Faschingbauer, M. (2013): Effectuation. Wie erfolgreiche Unternehmer denken, entscheiden und handeln. Stuttgart: Schäffer-Poeschel

Greif (2008): Coaching und ergebnisorientierte Selbstreflexion. Theorie, Forschung und Praxis des Einzel- und Gruppencoachings. Göttingen: Hogrefe.

Hampe, J & Schlegel. C. (2014): Auswahl und Steuerung nachhaltiger Weiterbildung im Unternehmen. Trainings und Seminare zu komplexen Themen erfolgreich begleiten. Wiesbaden: Springer Gabler.

Jullien, F. (2006): Vortrag zu Managern über die Wirksamkeit und Effizienz in China und im Westen. Berlin: Merve.

Laloux, F. (2015): Reinventing Organizations. Ein Leitfaden zur Gestaltung sinnstiftender Formen der Zusammenarbeit. München: Vahlen.

Mack, O., Khare, A., Krämer, A & Burgartz, T. (Hrsg.). (2015): Managing in a VUCA World. Berlin: Springer.

Oswald, M. & Lieckweg, T. (2015): Leadership und Leadership-Development. Entwicklung von Führung für die Organisation der nächsten Generation. In: Gatzel, K. & Lieckweg, T. (Hrsg.), Beratung im Dritten Modus. Die Kunst, Komplexität zu nutzen. Heidelberg: Carl-Auer.

Rock, D. (2011): Brain at Work. Intelligenter arbeiten, mehr erreichen. Frankfurt a.M.: Campus.

Safranski, R. (2015): Zeit. Was sie mit uns macht und was wie aus ihr machen. München: Carl Hanser.

Scharmer, C. O. (2009): Theorie U. Von der Zukunft her führen. Heidelberg: Carl-Auer.

Schoeneberg, K.P. (2014): Komplexität – Einführung in die Komplexitätsforschung und Herausforderungen für di Praxis. In K.-P. Schoeneberg (Hrsg.), Komplexitätsmanagement in Unternehmen (S. 13-12). Berlin: Springer.

Simon, F.B. (2007): Einführung in die systemische Organisationstheorie. Heidelberg: Carl-Auer.

Snowden, D & Boone, M.E. (2007): Entscheiden in chaotischen Zeiten. In: Harvard Business Manager, 12, S. 28-43.

Vieweg, W. (2015): Management in Komplexität und Unsicherheit. Für agile Manager. Wiesbaden: Springer Gabler.

Andreas Selck, Dr. rer. nat. ist Gründer und geschäftsführender Partner von PE-Solution. Er studierte an der TU Braunschweig und promovierte im Anschluss dort in der Abteilung für Angewandte Psychologie, bevor er, gemeinsam mit Dipl.-Psych. Carolin Weise und Dipl.-Psych. Jürgen Weiß im Jahr 2000 die Unternehmensberatung PE-Solution gründete. Kerndienstleistungen von PE-Solution umfassen die Management-Diagnostik, die Begleitung von Unternehmen in Veränderungsprozessen und die damit verbundene Führungskräfteentwicklung. Zwischenzeitlich ausgezeichnet mit dem GREAT PLACE TO WORK® -Award (1. Platz) als bester Arbeitgeber in Niedersachsen-Bremen 2015 bei Unternehmen bis 50 Mitarbeiterinnen und Mitarbeitern, erprobt PE-Solution im eigenen Unternehmen seit vielen Jahren erfolgreich diejenigen Praktiken, die es seinen Kunden unter der Wortmarke ReflACTION® anbietet.

Achtsamkeit im Unternehmenskontext

Tanja Queckenstedt

1 Mythos Achtsamkeit – warum der Begriff gerade jetzt erneut aufgegriffen wird

Eine immer größer werdende Komplexität im Arbeitsalltag und ein immer schneller werdendes Arbeitstempo haben in unseren Büros Einzug gehalten. Ständige Erreichbarkeit sowie keine klare Trennung zwischen Arbeit und Freizeit sind oft an der Tagesordnung. Hoher Leistungs- und Termindruck sind ebenfalls Gründe für ein immer höheres Stressempfinden bei den Mitarbeitern. Es ist längst bekannt, dass die eigenen Kompetenzen unter diesem größer werdenden Druck leiden können, wie aus dem Stressreport 2012 und Untersuchungen der Krankenkassen hervorgeht (Lohmann-Haislah 2012, S. 34 ff.). Stress scheint sich durch die immer größer werdende Fülle der Informationen zu verstärken. So fallen plötzlich die grundlegendsten Dinge schon schwer, beispielsweise sich nur auf eine bestimmte Sache konzentrieren zu können.

Gerade in Führungspositionen bestehen die Aufgaben vorrangig darin, zunächst komplexe Informationen schnell und effektiv weiterzuverarbeiten, um gute, souveräne Entscheidungen zu treffen. Gelingt dies nicht, kann es zu einem deutlichen Anstieg des Stressempfindens des Einzelnen oder eines ganzen Teams kommen. Langfristig hat dies bekanntlich negative Auswirkungen auf unsere Gesundheit und Leistungsfähigkeit (Lohmann-Haislah 2012, S. 34 ff.). Die Anzahl der Tage, an denen Mitarbeiter aufgrund stressbedingter Auswirkungen nicht zur Arbeit gehen können, steigt weiter. Dies wiederum wirkt sich ebenfalls negativ auf die Unternehmen aus und führt zu höheren Kosten. Es leidet bereits jeder fünfte Mitarbeiter an den Folgen von Stress, wie aus dem Stressre-

---

T. Queckenstedt (✉)
Marketing Managerin International, Sony Music Entertainment Devision: Classical International Berlin
Berlin, Deutschland
E-Mail: tanja.queckenstedt@gmail.com

port von 2012 hervorgeht. Weiter werden Frühverrentungen hauptsächlich auf psychische Belastungen zurückgeführt.

Therapeuten[1] sowie die Unternehmen selbst versuchen diesen alarmierenden Fakten schon seit geraumer Zeit mit diversen Strategien entgegenzutreten. Mitunter aus diesem Grund haben Wissenschaftler ein Jahrtausende altes Konzept aus dem fernen Osten, das Konzept der Achtsamkeit (Englisch: Mindfulness), ins Zentrum ihrer Forschung genommen. Aber es scheint, als würde Achtsamkeit weit mehr als ein Programm gegen Stress sein. Vielmehr sind mit einer achtsamen Haltung weitreichendere Auswirkungen verbunden, die für Unternehmen immer wichtiger zu sein scheinen. Dies spiegelt die steigende Zahl der Achtsamkeitsinterventionen in Unternehmen, ein vermehrtes Angebot von Achtsamkeitskursen, aber auch ein hohes mediales Interesse und eine steigende Anzahl der Publikationen zu diesem Gebiet (PsycINFO, Keywords: Achtsamkeit; Mindfulnet (2014)).

2   Was Achtsamkeit eigentlich bedeutet

Achtsamkeit ist zweifellos ein Schlagwort geworden. Wer aber genauer hinsieht, erkennt, dass die meisten Menschen mit dem Begriff an sich gar nicht viel anfangen können. Er wird beispielsweise als eine Art „Achtung" oder „Aufmerksamkeit" interpretiert. Weiter wird das Wort mit Esoterik oder Religion verbunden, besonders dann, wenn Zusammenhänge mit Meditation deutlich werden. Verkürzt gesprochen steckt allerdings vielmehr das Training der eigenen Aufmerksamkeit dahinter, ein Sich-Einlassen auf den gegenwärtigen Moment in einer nicht-wertenden Haltung. Um sich dem Begriff der Achtsamkeit besser zu nähern, ist es wichtig, sich zunächst die geschichtliche Entwicklung des Begriffs und seiner Ausprägungen anzusehen.

Achtsamkeit an sich erscheint als ein sehr schwer greifbares Konstrukt. Die geschichtliche Entwicklung von Achtsamkeit beginnt im fernöstlichen Kontext, ihr Verständnis wurde in der westlichen Welt weitergeführt. Achtsamkeit stellt zunächst ein zentrales Prinzip fernöstlicher buddhistischer Lehren dar. Der Ursprung lässt sich in den indischen Weisheitslehren des Buddhismus (dhamma)[2] feststellen. So finden sich innerhalb der letzten 2500 Jahre verschiedene Ausprägungen, erste Ansätze dürften allerdings viel älter sein. Der Begriff Achtsamkeit an sich hat seine Wurzel in einer Übersetzung des Sanskrit-Wortes „Sati", was „erinnern" bedeutet. Erinnern hat hierbei die Funktion, das Bewusstsein in den gegenwärtigen Moment zu lenken (Rose und Walach 2004).

Das Konzept der Achtsamkeit nach westlichem Verständnis findet bereits seit den 70er-Jahren wissenschaftliches und psychotherapeutisches Interesse. Seither entwickelt sich das Konzept kontinuierlich weiter. Den Durchbruch erfuhr das Konzept der Achtsamkeit

---
[1] Aus Gründen der Lesbarkeit wird auf die explizite Nennung beider Geschlechter verzichtet; falls nicht ausdrücklich anders erwähnt, sind immer beide Geschlechter gemeint.
[2] In Klammern beigefügt sind die buddhistischen Fachtermini auf Pali, der Sprache zuzeiten des historischen Buddhas.

allerdings durch das von Jon Kabat-Zinn konzipierte Achtsamkeitstraining „Mindfulness-Based Stress Reduction" (MBSR; Kabat-Zinn (1990)).

Bei diesem auf acht Wochen angelegten Training konnte belegt werden, dass Stress, aber auch weiteren klinischen oder nicht-klinischen Beschwerden positiv entgegengewirkt werden konnte (z. B. Baer 2003). Seither entwickelt sich das Konzept der Achtsamkeit stetig weiter und gelangt in vielerlei andere Disziplinen und Anwendungsgebiete. Achtsamkeitskonzepte sind ebenfalls im wirtschaftlichen Kontext zunehmend zu verzeichnen (z. B. Hinze 2001).

Jon Kabat-Zinn, der ursprünglich Molekularbiologe ist, ist wohl der meistzitierte Autor. Er skizziert Achtsamkeit als eine spezifische Art und Weise der Aufmerksamkeitslenkung. So definiert sich für ihn Achtsamkeit in einer aus folgenden drei Elementen bestehenden, 1) auf den *gegenwärtigen Moment bezogenen*, 2) *absichtsvollen* und 3) *nicht wertenden* Haltung. Weiter fügt Kabat-Zinn wichtige Attribute der Definition hinzu: 1) *Geduld,* 2) *den Geist des Anfängers bewahren,* 3) *Vertrauen,* 4) *Nicht-Greifen eines Zwecks,* 5) *Akzeptanz* und 6) *Loslassen* (Kabat-Zinn 1990, S. 47 ff.).

Bei weiteren Versuchen, den Begriff Achtsamkeit in einer Definition greifbar zu machen, z. B. von Brown und Ryan (2003) oder Bishop et al. (2004) wird deutlich, wie schwer es ist, sich diesem zu nähern. Deutliche Überschneidungen finden sich darin, „Präsenz" als gegenwärtige Bewusstseinslenkung sowie das Merkmal der „Akzeptanz", das eine Haltung des „Nicht-Verurteilens" in sich trägt, zu verstehen.

3 Ein Überblick: Achtsamkeitsprogramme in Unternehmen

Die Vorteile, die scheinbar aus einer achtsamen Haltung resultieren, versuchen sich immer mehr Unternehmen zunutze zu machen. Gerade in Unternehmen der jüngeren Generation ist ein hohes Interesse erkennbar. Wie so oft hat Google auch hier den Anfang gemacht. *„Search inside yourself"* heißt das firmeninterne Meditationsprogramm, das bereits 2007 mit enormem Erfolg gestartet wurde (Tan et al. 2012). In diesem Zusammenhang sind fünf relevante Merkmale für eine emotionale Intelligenz definiert worden: Die Selbstreflexion, Selbstregulation, Motivation, Empathie und die sozialen Kompetenzen (Tan et al. 2012). Weitere Firmen haben sich dem angeschlossen und Achtsamkeitsprogramme bei sich etabliert, z. B. Apple, McKinsey oder die Deutsche Bank (http://mindfulnet.org/ 2014) sowie eine Reihe von Startups.

So liegt es nahe, dass immer mehr Unternehmen sich dieses vielversprechende Konzept zunutze machen wollen. Die Summe der Untersuchungen, Anwendungspraktiken und Initiativen skizziert eine Entwicklung, die auf ein steigendes Interesse schlussfolgern lässt.

Gerade im Beruf scheint es immer notwendiger, sich selbst einen Rahmen zu schaffen, der die Möglichkeit einer achtsamen Haltung bietet. Im Rahmen der Führungspraxis wird das Training als sehr Erfolg versprechend in einzelnen Untersuchungen dargestellt (Hinze 2001, S. 83 ff.). Weiter werden in der Wirtschaft sukzessive immer mehr Forschungsprojekte zur Untersuchung des Phänomens eingeführt. Auch in Beratungs- und

Trainingskonzepten ist das Thema angelangt und findet dort große Aufmerksamkeit (Christopher Rauen Coaching Newsletter 2014). Darüber hinaus wurde in Deutschland bereits eine Initiative gegründet, um die Haltung der Achtsamkeit der Wirtschaft näher zu bringen (Achtsame Wirtschaft 2014). Es gibt inzwischen ein großes Angebot von Achtsamkeitsmaßnahmen für Unternehmen. So findet man auf dem Markt Anbieter für Achtsamkeit gegen Stress, achtsames Malen, achtsame Kommunikation u. v. m. In den digitalen Netzwerken wird das Versprechen, welches eine achtsame Haltung im Arbeitskontext bewirken soll, breit diskutiert und beworben. Die Angebote variieren und scheinen in vielerlei Richtungen zu gehen. So versprechen beispielsweise zweitägige Workshops „achtsames Arbeiten", um die Teilnehmer anschließend stressfrei in den Job zurückkehren zu lassen. Gerade für die Kreativitätssteigerung, Stressreduktion und eine Veränderung der Selbstwahrnehmung soll das Achtsamkeitstraining in Unternehmen förderlich sein (Glomb et al. 2011, S. 128).

4 Ein Einblick in die Forschung: Achtsamkeit im Arbeitskontext

Es erscheint schwer, das Konstrukt der Achtsamkeit in einer einheitlichen Definition greifbar zu machen. Auch steht die Forschung, was die Messbarkeit von Achtsamkeit in Unternehmen betrifft, noch ganz am Anfang. Es gibt allerdings erste Studien, die positive Effekte des Trainings aufzeigen. Im Gegensatz zu verhaltenstherapeutischen Befunden, bei denen vorrangig eine Effektivität der Stressreduktion mittels MBSR gemessen wurde, gibt es im Hinblick auf die Anwendung in Unternehmen noch sehr wenige empirische Befunde, die eine Wirksamkeit evaluieren.

Eine Studie von Ute Hülsheger zeigt auf, dass Achtsamkeitstrainings dazu beitragen, dem Stress, der in einer beruflichen Situation erzeugt wird, gezielt vorzubeugen (Hülsheger et al. 2013). Diese Studie erhebt Daten, wie Achtsamkeit bei einer hohen Frequenz an Kundenkontakten wie beispielsweise bei Lehrern, Kundenberatern und Sozialarbeitern wirkt. Die gemessene *Trait Mindfulness* korrelierte signifikant negativ mit der emotionalen Belastung (r Studie 1 = $-.19$, r Studie 2 = $-.36$; Hülsheger et al. 2013, S. 321). Die Ergebnisse zeigen, dass Achtsamkeit einen signifikanten Beitrag leisten kann, mit den Herausforderungen in belastenden und emotional anspruchsvollen Berufen besser fertig zu werden.

Darüber hinaus wurde eine weitere Studie veröffentlicht, die mögliche Auswirkungen von Achtsamkeit auf Faktoren im Arbeitskontext wie beispielsweise die Entscheidungsfindung, Führungsstärke, erhöhte Kommunikationsfähigkeit, Arbeitszufriedenheit u. v. m. tabellarisch darstellt (Glomb et al. 2011, S. 128). Hinsichtlich der Aufmerksamkeit kamen Jha, Krompinger und Baime zu dem Schluss, dass regelmäßig durchgeführtes Achtsamkeitstraining zu einer Verbesserung der Leistung im Aufmerksamkeitszentrum des Gehirns führt und somit zu einer höheren Aufmerksamkeit beiträgt (vgl. Jha et al. 2007).

Allerdings weisen diese und weitere Autoren auf die methodischen Mängel der Studien hin und relativieren damit die bereits genannten Befunde, wobei sie unter anderem die Qualität der Fragebögen infrage stellen (Bear 2003; Bohlmeijer et al. 2010).

Die Verfasserin konnte ebenfalls eine quantitative Studie zum Thema Achtsamkeit im Beruf in einem jungen renommierten IT-Unternehmen durchführen. Die Ergebnisse wiesen erste Anzeichen auf, die eine Wirksamkeit des Achtsamkeitstrainings belegen. Der Stress hat sich während der Intervention verringert, und die Aufmerksamkeit wurde erhöht. Das subjektive Gefühl der Mitarbeiter war besser und sie gaben an, das Programm nach dem Training weiterführen zu wollen. Allerdings muss auch hier auf die Schwierigkeiten einer Erfassung des Trainings hingewiesen werden, da diverse Variablen im Unternehmenskontext miteinbezogen werden müssen und die Messungen aufgrund dieser Variablen mit der Kontrollgruppe schwer vergleichbar waren. Um validere Forschungsergebnisse zu erzielen, sollte diesbezüglich das subjektive Empfinden des Erfolgs beim einzelnen Probanden im Vordergrund stehen.

5 Methoden, Programme und Trainings

Es gibt unterschiedliche Methoden, sich eine achtsame Haltung anzueignen. Ursprünglich finden sich all diese Übungen ebenfalls in der buddhistischen Meditationspraxis. Jon Kabat-Zinn hat hierbei mit seinem Programm „Mindfulness-Based Stress Reduction (MBSR)" wohl bislang die populärste Welle (Heidenreich und Michalak 2004, S. 266) des Achtsamkeitstrainings losgelöst (Kabat-Zinn 1990).

Bei einem Achtsamkeitstraining geht es primär darum, die Aufmerksamkeit systematisch zu trainieren. Diese Meditation kann gerade im MBSR-Training mittels formeller oder informeller Übungen vollzogen werden. Bei der formellen Übung wird systematisch nach einer bestimmten Methodik, zu einer bestimmten Zeit und an einem entsprechenden Ort geübt (z. B. Heidenreich und Michalak 2004). Zu der formalen Praxis zählen in einer verkürzten Darstellung Trainingseinheiten wie: 1) Body Scan, 2) Sitzmeditation, 3) MBSR-Yoga und 4) Gehmeditation (Heidenreich und Michalak 2004).

Bei der informellen Übung werden die Ansätze in das gegenwärtige Geschehen bei alltäglichen und routinemäßigen Handlungen integriert, um verschiedene Tätigkeiten achtsam zu vollziehen (z. B. Heidenreich und Michalak 2004). Die informelle Praxis beinhaltet Elemente wie: 1) *Achtsamkeit in Alltagssituationen,* 2) *Achtsamkeit in Stresssituationen* und 3) *Wahrnehmungsübungen* (Heidenreich und Michalak 2004). Achtsamkeit soll beispielsweise beim Zähneputzen, Einkaufen, E-Mail-Schreiben usw. praktiziert werden. Dadurch wird ermöglicht, sich immerzu, egal zu welcher Tageszeit und unabhängig vom Ort, in Achtsamkeit zu üben (Stahl und Goldstein 2010, S. 20 ff.).

Auch hier gibt es weitere Meilensteile der Technik. Es existieren unzählige kostenlose und kostenpflichtige Meditations-Apps, die sich auf Achtsamkeitstrainings spezialisiert haben, wie Headspace, Insight Timer, Achtsamkeits-App, um nur einige zu nennen. Die Vorteile sind augenscheinlich: So hat man seinen eigenen Meditationstrainer immer mit dabei, und Anleitungen beispielsweise zur Gehmeditation können überall und jederzeit abgerufen werden. Die Apps sind ansprechend aufbereitet und bieten wie z. B. Headspace gewisse Themengebiete wie „Performance", „Health" oder „Relationship". Meditation wird in diesem Zusammenhang mit einer „Mind-Gym-Membership" verglichen und zeigt keinerlei fernöstliche Herkunft mehr.

Egal wie ein Achtsamkeitstraining erfolgt, ein sofort spürbarer Effekt bleibt in aller Regel aus. Das Training muss über einen längeren Zeitraum durchgeführt werden, damit sich die Strukturen im Gehirn dahingehend ändern können, dass ein Effekt eintritt. Grundsätzlich wird bei einem Achtsamkeitstraining von einem Zeitraum von acht Wochen ausgegangen, bei dem jeden Tag geübt wird, bis sich erste Erfolge einstellen (MBSR Training Jon Kabat-Zinn).

Zentrale Attribute einer erfolgreichen Achtsamkeitspraxis
Egal welche Technik angewandt wird, elementarer Bestandteil für die Wirkung von Achtsamkeit ist die innere Einstellung. Ausgehend von einem MBSR-Training wird immer wieder darauf hingewiesen, dass eine erfolgreiche Achtsamkeitspraxis von sieben Paradigmen beeinflusst und im Training durch die Übungen geschult wird (Kabat-Zinn 1990).

1) Nicht-Beurteilen
   Die Rolle des neutralen Beobachters stellt eine elementare Voraussetzung dar. Ein Etikettieren, was wiederum ein gewisses Schubladendenken zur Folge hat, soll vermieden werden. Dadurch wird die Fähigkeit geschult, Reaktionen des Geistes auf innere und äußere Ereignisse, wie Zustimmung und Ablehnung, mit Abstand und neutral zu betrachten.
2) Geduld
   Es soll ein Verständnis dafür entstehen, dass jegliche Dinge und Ereignisse sowie jeder Prozess jeweils ihre eigene Zeit benötigen, um sich oder ihre Wirkung zu zeigen.
3) Den Geist des Anfängers bewahren
   Aufgrund der Erfahrungen, die wir bereits gemacht haben, betrachten wir Dinge kaum so, wie sie wirklich sind. Wenn allerdings alle Ereignisse und Menschen, die einem begegnen, so betrachtet werden, als sei es das erste Mal, wäre es möglich, die Vielfältigkeit der Welt wieder zur Kenntnis zu nehmen und eine Offenheit für das Leben zu entwickeln.
4) Vertrauen
   Der mitunter größte Bestandteil der Praxis beruht auf dem Vertrauen in die eigenen Fähigkeiten. Hierdurch verliert die Beurteilung von außen an Macht und die Konzentration richtet sich auf die eigenen Werte.
5) Nicht-Greifen
   Die Einstellung des Nicht-Greifens spiegelt eine bestimmte Haltung wider, Erwartung, Kontrolle sowie ein zweck- bzw. zielorientiertes Handeln zu vermeiden. Die Meditation soll zum Beispiel in diesem Sinne nicht den Zweck erfüllen, das persönliche Wohlbefinden zu verbessern.

6) Akzeptanz
Akzeptanz beschreibt die Ansicht, eine möglichst aufgeschlossene und akzeptierende Haltung gegenüber allem, was einem begegnet, einzunehmen. Es bedeutet auch, Leid und Schmerzen anzunehmen, wie sie sind. Es gilt allerdings zu differenzieren, dass eine „achtsame Akzeptanz" nicht als phlegmatische oder passive Haltung missverstanden werden soll. So sollte es weiterhin zu erforderlichen Handlungsschritten kommen, nur eben nicht durch Emotionen gefärbt, sondern mit einem klaren Blick auf die Dinge (Sauer et al. 2011).
7) Loslassen
Die Gesetzmäßigkeit des Loslassens bzw. Nicht-Anhaltens bzw. dessen Training gehört zu den Grundprinzipien der Achtsamkeitsmeditation. Die Neigung, Positives festzuhalten und Negatives zu unterdrücken, wird in der Meditation als nutzlos betrachtet. Jegliche Erfahrung, egal, ob gut oder schlecht, wird beobachtet, akzeptiert und dann wiederum losgelassen (Kabat-Zinn 1990, S. 47 ff.).

Bei den Präsenzterminen eines Mindfulness-based-Stress-Reduction-Kurses werden neben dem Praktischen essenzielle theoretische Grundlagen beispielsweise aus der Stress- und Wahrnehmungspsychologie vermittelt. So finden sich in jeder Sitzung gewisse Themenschwerpunkte, in denen ein psychologischer Hintergrund im Zusammenhang mit Achtsamkeitsprinzipien erörtert wird. Ziel ist es, ein Bewusstsein über mentale Vorgänge und Zusammenhänge zu schaffen (Kabat-Zinn et al. 2006).

Diese Attribute können auf ein Training in einem Unternehmen übertragen werden. Schlussfolgernd soll mit der Praxis von Achtsamkeit gelernt bzw. geübt werden, wie man Situationen wahrnimmt, ohne diese wertend in gängige Kategorien zu schieben (Sauer et al. 2011).

6 Effekte von Achtsamkeit im Arbeitsalltag

Wie Mitarbeiter sich fühlen, ist maßgeblich abhängig von der Führung. Dies zeigt auf, wie wichtig es ist, dass in Schlüsselpositionen wie in Führungsetagen eine Unternehmenskultur zutage kommt, die Mitarbeiter dahingehend unterstützt, produktiv zu sein. Oftmals ist die Praxis leider weit entfernt von der Theorie. Entscheidungen müssen schnell getroffen werden, es gibt keinen Raum für Ruhe und Selbstreflexion. Genau hier setzt das Training an. Selbstreflexion zählt heutzutage mit zu den wertvollsten Kompetenzen unserer Zeit.

Bei einem Achtsamkeitstraining kommen die Teilnehmer wieder mit ihren Emotionen in Berührung. Durch die Möglichkeit zur Entschleunigung eröffnet sich ein Zugang zur eigenen Kreativität, Selbstreflexion und den eigenen Gefühlen. An dieser Stelle beginnt die Fähigkeit zur emotionalen Intelligenz und zur Empathie. So soll die emotionale Intelligenz bei einem achtwöchigen Kurs (MBSR) maßgeblich erhöht werden (Tan et al. 2012). Gerade auf Führungsebenen zählen diese Attribute neben dem fachlichen Wissen als wichtige Indikatoren für Erfolg.

6.1 Stressreduktion durch Achtsamkeit in Unternehmen

Um sich der Begrifflichkeit von Stress nähern zu können, ist es zunächst sinnvoll, ein Modell genauer zu betrachten und in den Zusammenhang zu setzen. Folgt man einem Modell, das versucht, der Entstehung von Stress auf den Grund zu gehen, gelingt es möglicherweise, eine Verbindung zum Thema Achtsamkeit herzustellen.

Ein grundlegendes Modell von Stress stellt das „transaktionale Stressmodell" nach Lazarus dar (Lazarus und Folkman 1984). Dieses Konstrukt wurde in den 60er-Jahren entwickelt und gibt eine schematische Erklärung für die Entstehung von Stress. Das Modell von Lazarus gehört zu den kognitiven Modellen, die nicht von einem einfachen Reiz-Reaktionsschema ausgehen. Stressreaktionen sind gemäß Lazarus hilfreich, um zum Beispiel eine bedrohliche Situation zu bewältigen (Lazarus und Folkman 1984, S. 24). Neben der Frage der Bewertung bildet die mögliche Bewältigung des jeweiligen Stressors einen elementaren Eckpfeiler des Modells. Eine Stresssituation wird als eine äußerst komplexe Interaktions- und Transaktionskette zwischen den Anforderungen aus der jeweiligen Situation und dem Individuum verstanden. Lazarus und Folkman (1984) unterscheiden hierbei zwischen drei Bewertungsprozessen: Dem 1) *„primary appraisal"*, mit dem die Situation als positiv, gefährlich oder irrelevant bewertet wird. Darauf folgt das 2) *„secondary appraisal"*, wobei getestet wird, ob ausreichend Ressourcen vorhanden sind, um diese Situation zu bewältigen, und zuletzt dem 3) *„re-appraisal"*. Hierbei wird mittels einer Neubewertung geprüft, ob die Situation noch weiter als bedrohlich eingeschätzt wird. Dies kann sich beliebige Male wiederholen (Lazarus 1999, S. 27 f.).

Coping, also eine Bewältigung von Stress, kann gemäß Lazarus (1984) auf zweierlei Arten erfolgen: Zum einen problemorientiert, indem die Situation selbst, oder emotionsorientiert, indem der Bezug zur Situation geändert wird. Stress entsteht dem transaktionalen Modell folgend, wenn eine Person befürchtet, aufgrund ineffektiver bzw. nicht ausreichender Bewältigungsstrategien oder mangelhafter Ressourcen eine Situationsanforderung nicht bewältigen zu können (Lazarus und Folkman 1984, S. 24 ff; Nerdinger et al. 2011, S. 478 ff.). Die Entstehung von Stress ist demnach zu einem großen Teil von der Bewertung einer Gegebenheit und den eigenen Lösungsmöglichkeiten abhängig. Dieser subjektive Bewertungsprozess ist wiederum abhängig von individuellen Veranlagungen und der Summe der bisherigen Lebenserfahrungen (Wagner-Link 2010, S. 18 ff.).

Gemäß Kabat-Zinn ist es möglich, mit einer Schulung des Geistes selbst zu entscheiden, ob eine Situation als Auslöser für Stress bewertet wird. Kabat-Zinn (1990) erweitert Lazarus' Modell, indem er zwei Antwortmöglichkeiten auf Stress vorgibt. Er unterscheidet zwischen 1) Stressreaktion und 2) Stressantwort („stressreaction and stressresponse", Kabat-Zinn 1990). Allerdings wird ebenfalls klar, was für eine enorme Rolle die Bewertung in diesem Rahmen einnimmt. Genau hier setzt das Konzept der Achtsamkeit an: Es entsteht ein Freiraum, der es uns ermöglicht, einen Abstand zwischen äußeren Reizen und inneren Gedanken zu finden. Ein Zustand, bei dem wir unsere Gefühle erst einmal beobachten und eine klare Haltung dazu einnehmen lernen.

Resultierend hieraus ist eine klare und selbstbestimmte Haltung, die uns befähigt, souveräne Entscheidungen zu treffen und aus der Spirale des Autopiloten[3] auszusteigen.

Ergebnisse diverser Studien sprechen für eine Wirksamkeit von Achtsamkeit auf den Abbau von Stress (Pipe 2007; Walach et al. 2007; Young et al. 2010), was sich ebenfalls auf das Unternehmensumfeld übertragen lässt. Durch das Training von Achtsamkeit erfolgt eine bewusste Antwort auf die Stress auslösenden Ereignisse. Somit kann ein positiver Umgang mit diesen Faktoren herbeigeführt werden. Sobald man also der Versuchung, impulsiv zu handeln, gewahr wird, kann man ihr eine komplett neue Dimension verleihen (vgl. Kabat-Zinn 1990, S. 215 ff.).

Beim Gewahrwerden der eigenen Herausforderungen oder der Belastungen in der Arbeitswelt, was durch das Training geschult werden soll, können die Teilnehmer dauerhaft dazu befähigt werden, konstruktiv mit diesen Situationen umzugehen. Durch ein achtsames Handeln können im Miteinander oder in der Führung gesündere Dynamiken entstehen. Gerade im Arbeitskontext werden in Achtsamkeitstrainings alternative Szenarien erarbeitet, um mit kleinen Achtsamkeitsübungen am Schreibtisch oder einer kurzen Gehmeditation in der Mittagspause die Kraftressourcen wieder zu füllen. Ebenfalls wird so geübt, sogenannte „Energieräuber"[4] zu erkennen und mit diesen effektiv umzugehen. Dies trägt dann dazu bei, dass eine Erschöpfung gar nicht erst entstehen kann (Rosman und Kohtes 2014, S. 239).

Das Achtsamkeitstraining setzt zunächst auf der körperlichen Ebene an. Durch die Aufmerksamkeit auf den Atem wird automatisch der Parasympathikus aktiviert, was für Beruhigung und Entschleunigung sorgt. Gerade diese „Mikropausen" und „Mikrochecks" mittels Achtsamkeit sollen im Arbeitsalltag eine zuverlässige Veränderung im Bezug auf das Auftreten und den Umgang mit Stress bewirken. Die Mitarbeiter schaffen es, bei regelmäßiger Übung innerhalb kürzester Zeit ihr Stressniveau zu regulieren und erleben sich selbst wieder ruhiger und selbstsicherer. Ebenfalls wird die eigene Körperwahrnehmung derart geschult, dass ein besseres Verständnis für die eigenen Ressourcen eintritt. Wenn diese erkannt werden, ist es für den Einzelnen leichter, frühzeitig Gegenstrategien bei deren Aufbrauchen zu entwickeln (Frank und Storch 2013, S. 54).

Nicht nur die Mitarbeiter profitieren von einem geringen Stresspegel, sondern ebenfalls die Unternehmen. So konnte festgestellt werden, dass Achtsamkeit nicht nur das Stressempfinden sinken lässt, sondern sich zugleich die Arbeitsleistung erhöht (Reb et al. 2013).

---

[3] Der Autopilotenmodus ist ein Zustand, in dem auf äußere und innere Reize automatisch reagiert wird. Dieser Zustand ist nicht bewusst und folgt lediglich eingeschliffenen Verhaltens- und Denkmustern (Kabat-Zinn 1990, S. 125).
[4] Es werden alle Tatsachen, Menschen oder Dinge eingeschlossen, die ein Individuum im täglichen Leben Energie kosten.

6.2 Schulung der Wahrnehmung, Aufmerksamkeit und Konzentration

Ebenfalls wird immer wieder darauf hingewiesen, dass sich die Konzentration durch Achtsamkeitsübungen steigern lässt (Weiss et al. 2014, S. 163), ergo, dass Achtsamkeit ein Zusammenwirken von Aufmerksamkeit und Konzentration beinhaltet (Hinze 2001, S. 84). So wie sich die Konzentration auf ein bestimmtes Objekt fixiert, trägt die Aufmerksamkeit die Konzentration von Gegenstand zu Gegenstand. Das Gleichgewicht beider Pole ist die Voraussetzung für eine funktionierende Achtsamkeit (vgl. Hinze 2001, S. 85). Die Rosinenübung dürfte die bekannteste Übung in diesem Kontext sein.

Jeder kennt die ständige Stimulation im Alltag. Das Handy klingelt und gleichzeitig bekommen wir Mails, die eigentlich schon wieder beantwortet sein müssten. Es entsteht ein Gefühl, dass nichts mehr hundertprozentig erledigt wird. Es fällt schwer, sich voll und ganz auf eine bestimmte Tätigkeit zu konzentrieren, und langfristig geht die Gewohnheit verloren, sich in Ruhe auf eine bestimmte Tätigkeit zu konzentrieren. Es wird insgesamt weniger leicht, die Bewältigung der Komplexität aufrechtzuerhalten.

Kabat-Zinn (1990) sieht Achtsamkeit in der Aufmerksamkeit im *„gegenwärtigen Moment"* und auch der *„absichtsvollen Wahrnehmung"* dessen. Hierunter wird verstanden, dass den derzeit präsenten Bewusstseinsinhalten wie Körperempfindungen, Gefühlen, Gedanken und Wahrnehmungen Aufmerksamkeit zuteilwird. Eine kontinuierliche Übung der Achtsamkeit soll bewirken, dass die Aufmerksamkeit immer wieder auf den gegenwärtigen Moment gerichtet ist und eine Bewusstheit in Form eines quasi nicht-bewusst gesteuerten Autopilotenmodus unterbunden wird. Jenseits der explizit klinischen Anwendung von achtsamkeitsbasierten Methoden werden diese in der Prävention als wertvoll angesehen.

Gerade im Arbeitskontext ist es wichtig, eine bewusste Wahrnehmung über die verrichtete Tätigkeit wiederzuerlangen. So kommt es beispielsweise zu weniger Fehlern und bewussteren Entscheidungen sowie einer besseren Kommunikationsfähigkeit (Glomb et al. 2011, S. 128). Bei einer unachtsamen Haltung, dem Autopiloten, sind wir demgegenüber zum Beispiel mit dem Verrichten einer Arbeit beschäftigt, obwohl wir in dieser Zeit an etwas anderes denken. So wird die Entscheidungsfähigkeit gehemmt, und es ist nicht mehr möglich, Entscheidungen intuitiv zu fällen. Ziel ist es, sich ganz dem gegenwärtigen Moment in voller Absicht zu widmen. Dieser Zustand wird vor allem mit der Sitzmeditation und der Gehmeditation gefördert (Heidenreich et al. 2011).

Hinze zeigt ebenso die Relevanz einer achtsamen Wahrnehmung auf, indem er prägnant zusammenfasst: „Bewusstheit, Aufmerksamkeit und Konzentration unterstützen die Aufgabe der Führungskraft, ihre Mitarbeiter bei der Erarbeitung, Entscheidung, Planung und Ausführung von Sachaufgaben anzuleiten" (vgl. Hinze 2001, S. 117). Weiter schlussfolgert er, dass sich Mitarbeiter durch Achtsamkeit vermehrt in der Lage sehen, Vorgänge schneller und auch effizienter zu erfassen. Die Gedanken und Äußerungen sind ebenfalls geordneter und prägnanter, was zu einer veränderten Wahrnehmung der Kollegen führt und die Bereitschaft zur Zusammenarbeit fördert (vgl. Hinze 2001, S. 117 ff.).

Folgt man weiter Golemans Gedanken, dass emotionale Intelligenz eine Metafähigkeit ist, von der es abhängt, wie gut wir unsere sonstigen Fähigkeiten, darunter auch den reinen Intellekt, zu nutzen verstehen, wird deutlich, welche Tragweite diese auch für den Ansatz der Achtsamkeit hat. Die eigenen und fremden Emotionen zu monitorisieren trägt zu einem Mehrwert für Unternehmen und deren Mitarbeiter bei (Goleman 1997). Denn gerade im beruflichen Alltag reicht es oft nicht aus, die Situation einzig und allein auf der Sachebene zu beleuchten. Hier kann Achtsamkeit ansetzen, um die emotionale Intelligenz zu schulen: Selbstwahrnehmung gilt als Grundlage dieser, um den eigenen emotionalen Mustern auch im Unternehmenskontext nicht ausgeliefert zu sein, sondern Gefühle und Denkmuster bewusster wahrzunehmen und zu erkennen, um so den Blick auf eine konkrete Situation und mögliche Konflikte zu schärfen und sich auch von jenen distanzieren zu können. Ob es sich um Kundengespräche oder um den strategischen Umgang mit interkulturellen Geschäftsbeziehungen handelt, sind dafür nur zwei alltägliche Szenarien in Unternehmen.

6.3 Achtsamkeit im Rahmen der Forschungsakademie von Google[5] – ein Fallbeispiel

Das Thema emotionale Intelligenz hat einen Mitarbeiter von Google dazu bewegt, mit Achtsamkeits-Wissenschaftlern und langjährig meditierenden Personen das Projekt „Search Inside Yourself" ins Leben zu rufen. Es stellte sich ursprünglich die Frage: Was wäre, wenn die Menschen Praktiken nutzen könnten, um im Arbeitsleben und im Privaten erfolgreicher zu sein (Tan et al. 2012)? Was wäre, wenn diese Praktiken beiden Parteien, dem Arbeitgeber und Arbeitnehmer zugutekämen?

Google erlaubt den Mitarbeitern, 20 % ihrer Arbeitszeit an etwas zu arbeiten, was nicht zu ihren Kernaufgaben gehört. Der Google-Ingenieur Chade-Meng Tag entwickelte mit renommierten Wissenschaftlern und unter anderem Jon Kabat-Zinn und Daniel Goleman einen speziellen Acht-Wochen-Kurs dazu. Es ging es darum, mit Meditation die emotionale Intelligenz auszubauen, mit dem Ziel, insgesamt zufriedener, kreativer und gelassener und am Ende auch erfolgreicher zu werden.

In der Theorie ist klar, Führungskräfte erlangen mit einer achtsamen Wahrnehmung einen differenzierteren Blick und eine bessere Entscheidungsfähigkeit. Stimmen die Versprechungen vom hauseigenen Training von Google („Search Inside Yourself"), dann sind die Effekte noch weitreichender. Die eigens gegründete Führungsakademie misst der achtsamen Wahrnehmung sogar erheblichen Einfluss auf die Emotionen bei, die so besser erkannt und reguliert werden können. Die Folgen sind eine bessere Eigenwahrnehmung und ein neues Selbstbewusstsein.

Auch hier bildet achtsame Wahrnehmung den Baustein, auf den die Selbstregulation aufbaut. Folgt man dem Leitfaden der Google-Akademie, so wird die Selbstregulation

---
[5] Google Inc. firmiert seit 2015 unter dem Mutterkonzern Alphabet Inc.

durch ein Achtsamkeitstraining gestärkt und ein unbehagliches Gefühl beispielsweise aufgrund von äußeren Veränderungen minimiert. Ebenfalls solle wieder eine intrinsische Motivation und der Eigenantrieb, eigene Ziele zu erreichen, durch Achtsamkeit befördert oder gar gewährleistet und insgesamt ein realistischer Optimismus durch Achtsamkeitsübungen gefördert werden. Ein weiterer Aspekt ist die Steigerung der Empathie. So gelinge es, durch Achtsamkeit die Fähigkeit auszubilden, die Gefühle anderer und deren Perspektive zu verstehen. Weiter solle ein Verhalten der Güte und des guten Willens anderen gegenüber gefördert werden, was wiederum einen positiven Effekt auf die zwischenmenschlichen Beziehungen habe. Ein Konflikt könne vielmehr mit Verstehen durch Empathie gelöst werden. All diese Komponenten helfen gemäß Googles Trainingsversprechen, eine mitfühlende und gleichzeitig inspirierende Führungskraft zu sein. Allerdings fehlen hierzu bislang weitreichende wissenschaftliche Studien.

7 Ausblick

Folgt man dem Trend zur Achtsamkeit, scheinen die Achtsamkeitsmaßnahmen fast schon magische Resultate zu erzielen. Zunächst ist es wichtig und richtig, dass die Unternehmen nach neuen Präventions- und Bewältigungsstrategien gegen Stress suchen, denn gerade zum Phänomen Stress liegen teilweise alarmierende Zahlen vor. Eine Steigerung der Achtsamkeit verspricht, wenn man den Studien Glauben schenken mag, erhebliche Verbesserungen. Der Stresspegel sinkt, die Wahrnehmung verändert sich zum Positiven, die Motivation steigt, die Effektivität wird verbessert und darüber hinaus wird die Empathie weiter ausgebildet.

All dies erscheint bahnbrechend und zukunftsweisend, vor allem ist es weitaus mehr als nur eine Maßnahme gegen Stress. So könnten bei diesen Maßnahmen tatsächlich Mitarbeiter zu leistungsfähigeren Personen trainiert und ihr persönliches Wohlbefinden dabei noch gesteigert werden; eine Win-Win-Situation. So stellen Achtsamkeitstrainings im beruflichen Kontext eine vielversprechende und lösungsorientierte Praktik dar. Gerade in Zeiten, in denen eine ständige digitale Präsenz und eine junge Generation auftritt, die sich vermehrt mit Nachhaltigkeit und einem bewussteren Umgang mit den Ressourcen beschäftigt, erscheint Achtsamkeit als Lösung für die pressierenden Probleme der Arbeitsgesellschaft.

Allerdings scheint es schwierig, eine „achtsame Haltung" in einer unachtsamen Umgebung zu bewahren. Gerade im Unternehmenskontext bleibt es eine kaum zu erfüllende Herausforderung, weiterhin achtsam zu bleiben, wenn die Unternehmensstrategie etwas anderes vorgibt und sich ein anderes Arbeitsethos wünscht. So kann kaum eine achtsame Haltung einer unachtsamen Unternehmenskultur standhalten. Folglich sollte der Ansatz der Achtsamkeit zuerst in einer Unternehmenskultur verankert sein, um so tragfähige Ergebnisse erzielen zu können. Es bleibt daher festzuhalten, dass die Unternehmenskultur einen maßgeblichen Anteil des Erfolgs von Achtsamkeit in Unternehmen ausmacht.

Es gibt bereits Unternehmen, die eine achtsame Unternehmenskultur für wichtig erklärt haben. So stellt für die Sparda Bank aus München der Anspruch, Ökonomie und Menschlichkeit zu vereinen, keinen Widerspruch mehr dar. Helmut Lind, Vorstandsvorsitzender der Münchner Sparda Bank, setzt sich dafür ein, dass alle derzeit 750 Mitarbeiter der Bank bis Ende 2016 das Seminar „Unternehmenskultur der Achtsamkeit" durchlaufen haben (Ethik Heute 2015).

Dennoch gilt es, bei aller Begeisterung auch die Grenzen eines Achtsamkeitstrainings aufzuzeigen. Es ist vorstellbar, dass sich Achtsamkeit in bestimmten Kontexten sogar negativ auswirken kann. So könnte sich bei sogenannten „harten" Entscheidungen, wie bspw. der, Mitarbeiter zu entlassen, eine achtsame Haltung nachteilig auswirken, da Achtsamkeit schlussendlich mit einem empathischen Empfindungsvermögen in Zusammenhang gebracht wird und einen persönlichen Abstand möglicherweise erschwert (Sauer et al. 2011).

Bei einem Achtsamkeitstraining wird darüber hinaus der Umgang mit sich selbst neu reflektiert. Es besteht damit die Gefahr, dass Mitarbeiter mitunter erkennen, dass die Arbeit bzw. das gewählte Unternehmen nicht mehr zu den Wertvorstellungen passt, die ihnen in einem gewinnbringenden Achtsamkeitskurs vermittelt werden. Zudem setzt das grundlegende Konzept der Achtsamkeit die Idee der Selbsterkenntnis, des Teilens und der Dankbarkeit voraus (Steindl-Rast 2013), was möglicherweise der einen oder anderen Unternehmensvision, wenn damit Verbundenheit, Dankbarkeit der Zusammenarbeit und freudiges Teilen zwischen Mitarbeitern und Unternehmen kreiert werden sollen, widerspricht.

Zweifellos ist Achtsamkeit eine der großen Hoffnungsträgerinnen unserer schnellen Zeit. Sie ist in Situationen, in denen ein Zugang zu sich selbst fehlt und Entscheidungen gar nicht oder nur noch verzögert getroffen werden können, durchaus vonnöten, zumal Selbstreflexion geschult werden kann. Nicht nur im internen Unternehmenskosmos, sondern im interkulturellen Zusammenhang sind die Komponenten der Achtsamkeitstheorie entscheidend. Wenn man den Gedanken der Wertschöpfungskette mit in den Fokus nimmt, dürfte es in jedermanns Interesse sein, eine achtsame Haltung von der Unternehmensführung bis zum Kundenberater einzuführen und zu etablieren.

Doch kommt das Konzept an seine Grenzen. Voraussetzung ist, dass bei solch einem intensiven Training mit sich selbst jeder Mitarbeiter grundsätzlich gewillt ist, diese Innenschau überhaupt zuzulassen. Fragwürdig sind auch die Auswüchse, die die Renaissance des Mythos Achtsamkeit mit sich bringen, wie der fehlgeleitete Trend zu Achtsamkeitskursen, die auf Schnelligkeit gepolt sind. Genau wie bei allem anderen bedarf es hier eines kontinuierlichen und längeren Trainings. Erfolge ließen sich in der Praxis beispielsweise für jemanden erzielen, der sich bewusst einen Termin in den Kalender setzt, sich Zeit zur Innenschau nimmt und dies als elementaren Bestandteil in der eigenen Tagesstruktur etabliert.

8 Fazit

Achtsamkeitstrainings im betrieblichen Kontext und deren Bewertung gelten noch als weitgehend unangetastetes Gebiet der arbeitspsychologischen Praxis. Auch wenn es bereits einige wenige Studien zum Thema Achtsamkeit im Beruf gibt, kann noch nicht von einer einheitlichen Meinung und einer fundierten wissenschaftlichen Untersuchungsbasis zur Wirksamkeit gesprochen werden. Es ist allerdings zu erwarten, dass dieses Thema weiterhin große Aufmerksamkeit erfährt und daher mittels weiterführender diagnostischer Instrumente und umfangreicherer Studien näher beleuchtet werden wird. Die Tendenz, dass das Angebot und die Durchführung von Achtsamkeitstrainings in Unternehmen immer mehr Bedeutung erfährt, wird auch durch die derzeitige mediale Aufmerksamkeit befördert. Gleichwohl ist zu hinterfragen, ob ein Achtsamkeitstraining eine sinnvolle Maßnahme darstellt, den sichtlich immer größer werdenden Stressoren im Arbeitskontext (Lohmann-Haislah 2012) zu begegnen. Der Abbau der Stressoren, beispielsweise durch eine Verbesserung der Führungskultur, Maßnahmen für eine ausgeglichene Work-Life-Balance etc., dürfte zunächst zielführendere Maßnahme sein, um die Betriebskultur und Lebensqualität zu verbessern, als es ein Achtsamkeitstraining alleine zu leisten vermag. Denn auch wenn eine achtsamkeitsbasierte Intervention Wirkung zeigt, so kann nicht garantiert werden, dass diese nachhaltigen Erfolg verspricht, wenn sich das Arbeitsumfeld und die Unternehmenskultur nicht entsprechend ändern.

Literatur

Achtsame Wirtschaft. (2014). Achtsame Wirtschaft. Verfügbar unter http://www.achtsame-wirtschaft.de/[15.07.2014].

Baer, R. A. (2003). Mindfulness training as a clinical intervention: A conceptual and empirical review. *Clinical psychology: Science and practice*, *10*(2), 125-143.

Bishop, S. R., Lau, M., Shapiro, S., Carlson, L., Anderson, N. D., Carmody, J. & Devins, G. (2004). Mindfulness: A proposed operational definition. *Clinical psychology: Science and practice*, *11*(3), 230-241.

Brown, K. W., & Ryan, R. M. (2003). The benefits of being present: mindfulness and its role in psychological well-being. *Journal of personality and social psychology*, *84*(4), 822.

Bohlmeijer, E., Prenger, R., Taal, E., & Cuijpers, P. (2010). The effects of mindfulness-based stress reduction therapy on mental health of adults with a chronic medical disease: a meta-analysis. Journal of psychosomatic research, *68*(6), 539-544.

Christopher Rauen Coaching Newsletter (2014). Achtsamkeit. Verfügbar unter http://www.coaching-newsletter.de/sitesearch.asp?search=Achtsamkeit&mode=allwords&submit=+%3E%3E+ [11.05.2014].

Ethik Heute (2015). Portal für Ethik und Achtsames Leben. Verfügbar unter http://ethik-heute.org/ [11.07.2015].

Frank, G. & Storch, M. (2013). *Die Mañana-Kompetenz*. München: Piper.

Glomb, T. M., Duffy, M. K., Bono, J. E., & Yang, T. (2011). Mindfulness at work. *Research in Personnel and Human Resources Management*, *30*, 115-157.

Goleman, D. (1997). EQ. Emotionale Intelligenz. Deutscher Taschenbuch Verlag.

Heidenreich, T., & Michalak, J. (2004). Achtsamkeit ("Mindfulness") als Therapieprinzip in Verhaltenstherapie und Verhaltensmedizin. *Verhaltenstherapie, 13(4)*, 264-274.

Heidenreich, T., Junghanns-Royack, D. P. K., & Michalak, J. (2011). Mindfulness-based therapy: Achtsamkeit vermitteln. In *Therapieziel Wohlbefinden* (pp. 69-82). Springer Berlin Heidelberg.

Hinze, D. F. (2001). Führungsprinzip Achtsamkeit. *Der behutsame Weg zum Erfolg*. Heidelberg: Sauer.

Hülsheger, U. R., Alberts, H. J., Feinholdt, A., & Lang, J. W. (2013). Benefits of mindfulness at work: The role of mindfulness in emotion regulation, emotional exhaustion, and job satisfaction. *Journal of Applied Psychology*, *98*(2), 310.

Jha, A. P., Krompinger, J., & Baime, M. J. (2007). Mindfulness training modifies subsystems of attention. *Cognitive, Affective, & Behavioral Neuroscience*, *7*(2), 109-119.

Kabat-Zinn, J. (1990). *The Full Catastrophe Living: Using the Wisdom of Your Body and Mind to Face Stress, Pain, and Illness*. New York: Random House.

Kabat-Zinn, J., Santorelli, S., Meibert, P., & Wild-Regel, A. (2006). Die heilende Kraft der Achtsamkeit. PiD-Psychotherapie im Dialog, *7*(03), 318-321.

Lazarus, R. (1999). *Stress and Emotion: A New Synthesis*. New York: Springer.

Lazarus, R., Folkman, S. (1984). *Stress Appraisal, and Coping*. New York: Springer.

Lohmann-Haislah, A. (2012). Stressreport Deutschland 2012. *Psychische Anforderungen, Ressourcen und Befinden. Berlin: BAuA*.

Mindfulnet (2014). Everything about mindfulness. Verfügbar unter http://www.mindfulnet.org/page2.htm [04.07.2015].

Nerdinger, F. W., Blickle, G. & Schaper N. (2011). *Arbeits- und Organisationspsychologie*. Heidelberg: Springer.

Pipe, T. B., Bortz, J. J., Buchda, V., & Pendergast, D. K. (2007, November). Innovative Leadership: Mindfulness as a Skill for Nursing Leaders. In 39th Biennial Convention (Vol. 2007).

Rose, N. & Walach, H. (2004). Die historischen Wurzeln der Achtsamkeitsmeditation: ein Exkurs in Buddhismus und christliche Mystik. In: Th. Heidenreich & J. Michalak, *Achtsamkeit und Akzeptanz in der Psychotherapie* (S. 25–46).Tübingen: DGVT.

Rosman, N. & Kohtes, P. J. (2014). *Mit Achtsamkeit in Führung: Was Meditation für Unternehmen bringt*. Stuttgart: Klett-Cotta.

Reb, J., Narayanan, J. & Wie Ho, Z. (2013). Mindfulness at work: Antecendents and Consequences of Employee Awareness and Absent-mindedness. Springer.

Sauer, S., Andert, K., Kohls, N., & Müller, G. F. (2011). Mindful Leadership: Sind achtsame Führungskräfte leistungsfähigere Führungskräfte? *Gruppendynamik und Organisationsberatung*, *42*(4), 339-349.

Search Inside Yourself (2015). Google Leadership Institute. Verfügbar unter (http://siyli.org/) [20.07.2015].

Stahl, E. Goldstein E. (2010). *A Mindfulness-Based Stress Reduction Workbook*. New Harbinger.

Steindl-Rast, D. (2013). *Die Achtsamkeit des Herzens*. Freiburg im Breisgau: Herder.

Tan, C.-M., Goleman, D., Kabatt-Zinn, J. (2012). Search Inside Yourself: The Unexpected Path to Achieving Success, Happiness (and World Peace). HarperOne.

Wagner-Link, A. (2010). *Verhaltenstraining zur Stressbewältigung, Arbeitsbuch für Therapeuten und Trainer.* 6. Auflage. Stuttgart: Klett-Cotta.

Walach, H., Nord, E., Zier, C., Dietz-Waschkowski, B., Kersig, S., & Schüpbach, H. (2007). Mindfulness-based stress reduction as a method for personnel development: A pilot evaluation. International Journal of Stress Management, *14*(2), 188.

Weiss, H., Harrer M. E., Dietz T. (2014). Das Achtsamkeits-Übungsbuch: Für Beruf und Alltag. Stuttgart: Klett-Cotta.

Young, L. A., & Baime, M. J. (2010). Mindfulness-based stress reduction: Effect on emotional distress in older adults. Complementary health practice review, *15*(2), 59-64.

Tanja Queckenstedt, geboren 1980, arbeitete zunächst als Eventmanagerin bei der Münchner Konzertagentur Global Concerts für diverse Künstler wie U2, Bruce Springsteen, Anna Netrebko u. v. m. Sie fand ihren beruflichen Ursprung in der Musik und lebte zwischenzeitlich in den USA und in Amsterdam. Danach wechselte Sie zu Sony Music zunächst ins nationale und weiter ins internationale Marketing, wo sie bis heute als Internationale Marketing Managerin weltweit federführend Projekte betreut und verantwortet. Parallel dazu ermöglichte ihr ein Stipendium des Bundesministeriums für Bildung und Forschung, ihr Wissen zu vertiefen und ein Studium als Wirtschaftspsychologin (B.A.) mit dem Schwerpunkt Arbeitspsychologie zu absolvieren. Für ihre Abschlussarbeit „Achtsamkeit im Beruf", die sie in dem renommierten Startup Wooga GmbH forschend durchführte, wurde sie bereits ausgezeichnet. Sie arbeitet ebenfalls als freier Coach und Trainerin und lebt in Berlin.

Kreativität als Erkenntnisbeschleuniger in Zeiten stetiger Veränderungen unserer Arbeitswelten

Marion Elle und Klaus Elle

1 Einleitung

Wir sind dabei, in neue Arbeitswelten aufzubrechen. Fast könnte man sie digital-feinstofflich nennen. In dieser Welt geht es immer mehr um das intelligente Managen von komplexen Beziehungsmustern, es kommt darauf an, in den globalen Flüssen der Instabilität fragile Inseln produktiver Stabilität zu konstruieren. Schließlich geht es darum, den Moment zu beherrschen, die Gegenwart mit mutigen Zukunftsvorstellungen anzureichern und auf allen ökonomischen, gesellschaftlichen und persönlichen Ebenen den Schatten zu bearbeiten.

Wir müssen umdenken, sagt man uns. Nur ein neues Denken hilft uns, für unsere alten Probleme nachhaltige Lösungen zu entwickeln, lauten die postmodernen Parolen. Aber gibt es denn überhaupt neues Denken? Und wenn ja, wie denkt man dann? Wir glauben, es gibt überhaupt kein neues Denken. Es gibt nur ein befreites, offenes Denken, dass sich seiner wie auch immer gearteten Begrenzungen bewusst wird und sich fragt, wie man sich denn ins Grenzenlose hinüber denken kann und wie man seine Reisewege markiert, damit man in die Realität zurückfindet.

Aus dieser Perspektive betrachtet ist der künstlerische Prozess ein wertvolles Trainingscamp für erweitertes und damit vielleicht auch „neues" Denken (und natürlich auch Fühlen). Man übt den permanenten Aufbruch ins Ungewisse, man irritiert seine alten Denkgewohnheiten mit mutig expansiven Gesten und man überrascht sich oft mit Lö-

M. Elle (✉)
Dozentin und Beraterin, Metaphorisches Management
Rosengarten/bei Hamburg, Deutschland
E-Mail: kontakt@elle-elle.de

K. Elle
Künstler und Berater, Metaphorisches Management
Rosengarten/bei Hamburg, Deutschland
E-Mail: kontakt@elle-elle.de

sungen, die im ersten Augenblick keinen Sinn machen, aber später irgendwie stimmig sind. Man übt dabei ohne ein allzu großes Risiko die symbolische Grenzüberschreitung aus den Räumen der aktuellen Anpassung und erweitert die Zugänge zu seiner Intuition.

Der gedankliche Transfer, der bei diesen kreativen Übungen gemacht werden sollte, ist die Entmystifizierung des kreativen Prozesses als der geheimnisvolle Rausch, um künstlerische Werke zu erschaffen (zweifelsohne bleibt immer ein Rest Magie im sogenannten Schaffensrausch). Es geht darum, diesen schöpferischen Vorgang als ein grundlegendes menschliches Kapital zu unserer weiteren Entwicklung zu begreifen, mit dem wir zu unbekannten visionären Horizonten aufbrechen können.

Um was geht es uns in diesem Textbeitrag?

- Die elementaren Erfahrungen aus dem kreativen Gestaltungsprozess sollen den „anderen Welten" wie z. B. der Ökonomie (und natürlich auch in andere gesellschaftliche Entwicklungsprozesse) als eine faszinierende Erkenntnisressource zugänglich gemacht werden.
- Wir beschreiben das Phänomen des kreativen Schaffensprozesses bewusst aus einer künstlerischen Perspektive, weil es einen entscheidenden Unterschied macht, ob ich künstlerisches Schaffen und kreative Methoden aus der Sicht eines Beraters, eines Psychologen oder eines Ökonomen reflektiere.
- Wir beschreiben praktische Anwendungsgebiete, in denen man die enorme Dynamik kreativer Interventionen nachvollziehen kann. Wer über viele Jahre die alten Visualisierungstechniken und Workshop-Konzepte praktiziert und erlebt hat, kennt die allgemeinen Ermüdungserscheinungen aller Beteiligten und weiß um das Bedürfnis nach inspirierenden, neuen Methoden, um kollektive Erkenntnis zu mobilisieren.

2 Was verstehen wir unter Kreativität?

Der Begriff der Kreativität wird heute auf verschiedensten Diskursebenen wie ein geheimes Codewort genutzt, von dem man annimmt, mit ihm ließen sich magisch leicht die mächtigen Türen zu einer glänzenden, wachstumsgeschwängerten Zukunft öffnen (Kreativität ist übrigens eine Kompetenz, die z. B. bei vielen Stellenausschreibungen gefordert wird). Kreativität bestaunen wir als die grandiose Startrampe zu all unseren innovativen Höhenflügen, weil wir wissen, dass ohne verrückte Ideen unser Erfindergeist stagniert und wir auf der Stelle treten würden. Wir wollen geschmeidig-kreativ und zielstrebig-punktgenau durch die multioptionalen Möglichkeitsräume dieser Welt navigieren und unser optimiertes Ich in die nächste Karrierekurve einfädeln (auch deshalb, weil uns die zukünftige Arbeitswelt dazu zwingt).

Kreativität ist zum Megatrend erklärt worden, für viele ein schickes mentales Dekor, mit dem man alles und nichts beschreiben kann. Die meisten Leitfäden für Kreativität, die oft im wirtschaftlichen Kontext verortet sind, werden von Beratern, Wirtschaftswissenschaftlern oder Psychologen geschrieben, die sehr präzise die einzelnen Phasen des kreativen Prozesses erläutern. Kreativität ist für sie eine höchst interessante Strategie, mit der man bei der Suche nach Lösung für komplexe Probleme zu überraschenden Ergebnissen kommt und Innovationen vorantreiben kann. Scheinbar haben sie aber nur wenige Erfahrungen mit den subjektiv-ekstatischen Momenten gemacht, wo im individuellen Schmelzofen der Phantasie die Grenzlinien zwischen denkbar und undenkbar, zwischen realistisch und visionär aufgelöst werden. Sie interessiert die Anschlussfähigkeit der vielversprechenden Ressource Kreativität an wissenschaftlich-wirtschaftliche Handlungsabläufe. In unserer technisch orientierten Welt geht es vor allem um exakte Wiederholbarkeit von Prozessschritten, es geht um Stabilität, Effizienz und Wachstum, und dabei ist der kreative Prozess eher ein Störfaktor, ein Auslöser zur Beunruhigung, eine Sprache, die schwer in der Grammatik von Soll und Haben buchstabiert werden kann.

Kreativität wird in einer anderen Währung gerechnet, ihr Wert liegt außerhalb der Polarität von richtig und falsch, von besser und schlechter, es geht ihr um das Anreichern von Möglichkeitsfeldern, wo Masse und Energie durch schöpferische Impulse in erweiterte Schwingungszustände gebracht werden können. Und genau diese Impulse werden wir dringend brauchen, um in der neuen Arbeitswelt erfolgreich sein zu können.

Der Umgang von Kreativität in Kooperation mit zweckoptimierten Handlungsabläufen soll uns hier natürlich vorrangig interessieren, es geht darum, passende Schnittstellen zu finden, wo man am meisten Wirkung erzielen kann, wenn man kreative Energie in soziotechnische Kreisläufe einspeist, um die neuen Herausforderungen unserer Zeit meistern zu können. Was ist aber die richtige Dosis, welche Auswirkungen sind zu erwarten und wie kann man die Erfahrungen für sich und seine Arbeit nutzbar machen? Anhand praktischer Erfahrungen werden wir erläutern, in welchen Bereichen es sich lohnt, kreative Impulse zu setzen, damit erweiterte Erkenntnis möglich werden kann.

Aber noch einmal nachgefragt, was verstehen wir nun ganz konkret unter Kreativität? Versuchen wir dieses Phänomen so zu fassen: Kreativität ist ein energetisches Feld, das uns allgegenwärtig umgibt. Kreativität ist der absolute Möglichkeitsraum für alles Denkbare und damit für alles Gestaltbare. Unsere kulturell geprägten Vorstellungen von dem, was wir als Wirklichkeit bezeichnen, bilden eine unsichtbare Grenzlinie zwischen uns und dem kreativen Feld. Die Energie, die das kreative Feld über alle Begrenzungen ausstrahlt, ist der unerschöpfliche Antrieb für unsere gesamte Weiterentwicklung. Wenn wir uns mit der kreativen Energie verbinden, betreten wir eine Art evolutionäres Kraftfeld, wo die schöpferische Ausdehnung von Geist und Materie vielfältig untersucht werden kann. Wir werden befähigt, über das momentan Denkbare hinauszublicken, wir erschaffen erweiterte Bewusstseinsmuster, wo Neues entstehen kann. Den Zustand, wenn man sich mit diesem Feld verbindet, bezeichnen wir auch als „im Flow" sein, der Intuition folgen oder von der eigenen Phantasie erfasst werden. Das kreative Feld verändert unbewusst unsere Wahrnehmung, sodass wir die momentan erfahrene Wirklichkeit als nur einen möglichen Zustand materieller Präsenz in einem andauernden Veränderungsprozess begreifen.

Wenn wir unterschiedliche Ausdrucksformen im kreativen Gestaltungsraum kenntlich machen wollen, dann haben wir auf der einen Seite große künstlerische Werke (Musik von Bach, Bilder von Picasso, Texte von Hesse, Architektur von Gaudí etc.), auf der anderen Seite wären da die Ergebnisse genialer Ingenieurskunst von Erfindern und Designern (Buchdruck/Gutenberg, Telefon/Bell, Relativitätstheorie/Einstein, Apple/Steve Jobs, Chanel etc.). Im Bereich des täglichen Lebens werden lustige Geburtstagskarten entworfen, verwegene Gartenzäune gezimmert oder Kleiderstoffe kunterbunt eingefärbt.

Wenn wir im Folgenden über anwendungsorientierte Kreativität reflektieren wollen, die wie ein zusätzlicher Erkenntnistreibstoff an optimierte Handlungsabläufe angeschlossen werden soll, dann müssen wir über Schnittstellen nachdenken, wo sich diese beiden Welten begegnen. Die wohl wesentlichste Schnittstelle, wo sich unterschiedliche Sichtweisen in Beziehung bringen lassen, ist der Raum in uns selbst, wo wir Wirklichkeit in all ihren Facetten wahrnehmen.

3 Was ist Wahrnehmung?

Wahrnehmung ist ein hochkomplexer Verarbeitungsvorgang von äußeren und inneren Impulsen, um daraus überlebensnotwendige Modelle von Wirklichkeit für unser Handeln und für unser Überleben zu konstruieren (Thomas Metzinger, ein deutscher Philosoph und bedeutender Forscher im neuronalen Feld, beschreibt in seinem Buch „Der Egotunnel" den hochkomplexen Vorgang, den wir als Bewusstsein definieren, als „das Erscheinen einer Welt"). Der Akt der Wahrnehmung gehört so fundamental zu unserer Persönlichkeit, dass wir uns über diese Tatsache im täglichen Fluss des Geschehens kaum im Klaren sind. Wir nehmen an, so wie wir die Welt in all ihren dynamischen Erscheinungsformen subjektiv permanent konstruieren, genauso müssten die Anderen in zumindest ähnlicher Form die Welt auch wahrnehmen. Fakt ist aber, wir bewegen uns alle in unterschiedlich langen, breiten, offenen oder streng bewachten Wahrnehmungskorridoren, wir sehen die Realität durch individuell geformte Filterungssysteme, wir schauen durch unscharfe Milchglasscheiben, durch schizoide Prismengläser, wir blicken durch ideologische Lesebrillen oder durch enge Gitterstäbe durchorganisierter Arbeitsprozesse.

Alle diese Wahrnehmungskorridore sind und waren immer schon die unsichtbaren Leitlinien für jede Kultur, wir brauchen zur Organisation größerer Gemeinschaften verbindliche Glaubensmuster (und die basieren auf verordneten Wahrnehmungskonstrukten), allgemein akzeptierte Verkehrszeichen für unsere kollektive Interaktion, damit wir sinnvoll miteinander arbeiten und leben können.

Wenn wir uns also in einem ersten Schritt in Richtung Kreativität bewegen wollen, dann sollten wir uns mit unserem konkreten Wahrnehmungsmodell auseinandersetzen (weil es eben die Grenzlinien zum Raum der kreativen Entfaltung definiert), und durch das Erkennen dieser inneren mentalen Begrenzungen die Chance bekommen, Notausgänge aus dieser Anpassung zu finden.

- Wie können wir das praktisch tun?
- Wie können wir unsere Wahrnehmungsmuster sichtbar machen? (Das Dechiffrieren unserer Wahrnehmungsmuster ist notwendig für Einzelpersonen wie auch für Organisationen, die sich in Veränderungsprozessen befinden.)

4 Praktische Übungen, um Wahrnehmungsmuster erkennen zu können

4.1 Fotografische Gedankengänge

Die Teilnehmer eines Workshops bekommen am Anfang eine simple digitale Kamera in die Hand gedrückt, verbunden mit dem Auftrag, in einer Stunde 30–40 Bilder zu fotografieren, ohne dass sie dabei ein bestimmtes Thema zu verfolgen hätten. Sie sollen das fotografisch festhalten, was ihnen beim Umhergehen zuerst ins Auge springt, sollen intuitiv durch einen städtischen Raum oder auch durch ihr Unternehmen laufen und dokumentieren, was für sie irgendwie von Interesse ist.

Warum gerade diese Aufgabenstellung? Wenn wir im täglichen Leben Dinge tun, dann handeln wir meist zielorientiert, verfolgen verschiedenste Zwecke, wollen Bedürfnisse befriedigen und haben deshalb vorgefertigte Erwartungen. Dieses zielorientierte Agieren ist von inneren und äußeren Motiven diktiert, unsere Wahrnehmung ist folgerichtig eingeengt, weil sie aus dem großen Spektrum an Möglichkeiten nur auf ein konkretes Ziel fokussiert wird. Aus dieser vorgeprägten Perspektive können wir nicht die „Grundeinstellung" unseres Wahrnehmungsfilters sehen, weil sie von anderen Aufgabenstellungen überlagert ist. Deshalb schalten wir bei dieser Übung unsere Wahrnehmung in den Modus der „Absichtslosigkeit", um uns visuell vom grundlegenden Muster unserer sehr subjektiven Welterkennung führen zu lassen.

Bei der Analyse der fotografischen Ergebnisse geht es anschließend darum, einen Transfer von den sichtbaren ästhetischen Formen zu unseren individuellen Wahrnehmungsmustern herzustellen. An diesem Punkt ist natürlich ein fachkundiger Übersetzer gefragt, der die entstandenen Fotografien auf eine andere, überraschende Art „lesen" kann. Er muss die Fotografien als metaphorische Bedeutungsmuster für die Teilnehmer in ihre Sprache übersetzen, er muss, symbolisch betrachtet, die Bilder von „hinten" betrachten, was heißt, er muss die unbewussten Motive und tieferen Auslöser für das jeweilige Bild ins Bewusstsein einer erweiterten Anschauung bringen. Dabei löst man sich von der fotografischen Oberfläche des Dargestellten und analysiert die allgemeinen Ordnungsprinzipien bei der Gestaltung eines Bildes.

Es geht dann beispielsweise um Fläche und Raum, Perspektive und Übersicht, Farbe und Harmonie, Vorder- und Hintergrund, um Detail und Panorama. Diese eher abstrakten Kennungen eines Bildes liefern die Anknüpfungspunkte, um die Konstruktion des individuellen „Weltbildes" zu beschreiben und daraus die subjektiven Handlungsmuster ableiten zu können. Denn das Faszinierende an dieser Übung ist, dass Fläche und Raum oder Vorder- und Hintergrund eine sehr direkte Verbindung zum Erzeuger dieser Bilder haben. So wie er Räume und Flächen sieht, wie er sie abgebildet hat, so interagiert er auch in seinem persönlichen wie beruflichen Umfeld. Man sieht sehr deutlich, ob er „kleinkariert" denkt und handelt, ob er einen differenzierten, gedanklich-fachlichen Hintergrund hat, ob er seine Wirklichkeit monochrom sieht, ob er Tiefe hat, oder ob ihn nur die großen Leitbilder interessieren. Gerade bei der Analyse von Führungsverhalten haben diese eher verdeckten Aspekte eine enorme Wichtigkeit.

Betrachten wir diese Übung aus dem Blickwinkel, um die eigene Kreativität zu fördern, so ist hier einer der wesentlichsten Impulse wirksam, bei dem wir mit Ergebnissen unserer schöpferischen Auseinandersetzung konfrontiert werden: Wir treten in unmittelbare Resonanz mit unseren innewohnenden Gestaltungskräften. Indem wir scheinbar ziel- und absichtslos durch unsere intuitiven Erregungsfelder gesteuert werden und ohne klare Bewertungskriterien die Welt betrachten und bildnerisch fixieren, umgehen wir die permanent agierenden Kontrollmechanismen unseres Bewusstseins und erhalten als Ergebnis überraschende, authentische Teilstücke unserer inneren Sinnlandkarte.

Bildbeispiel 1 Komplexität, Vielschichtigkeit, differenzierte Hintergründe, gedankliche Schärfentiefe, intellektuell-reflexiv, Schablonen, Zwischentöne, Schrift/Zeichen, Symbole

Die fotografischen Ergebnisse erzeugen eine inspirierende Feedback-Schleife und öffnen ein Tor, durch das wir, etwas prosaisch gesprochen, durch unsere mentalen Mustergärten wandeln können. Somit regen wir unser kreatives Feld an, weil wir beginnen, mit den Bedeutungsebenen zu spielen, statt sie immer wieder in ihrem altbekannten „so war es schon immer" zu bestätigen.

Dieses „mit sich selbst in Resonanz kommen" ist eines der Schlüsselelemente in jedem kreativen Prozess. In schwingender Resonanz mit sich selbst zu sein bedeutet, sich selbst als Schaffender, als Kreateur beobachten zu können. Man erzeugt faszinierende neue Gedanken, Klänge, visuelle Formen, und man betrachtet und bestaunt in Echtzeit diesen Prozess. Man gerät in diesen oft beschriebenen Flow, es geht nicht mehr darum, was ich glaube, was richtig oder falsch ist. Es geht nur um die Hingabe an diesen Moment, es geht um Verschmelzung mit diesem Kraftfeld namens Kreativität.

Kreativität als Erkenntnisbeschleuniger 325

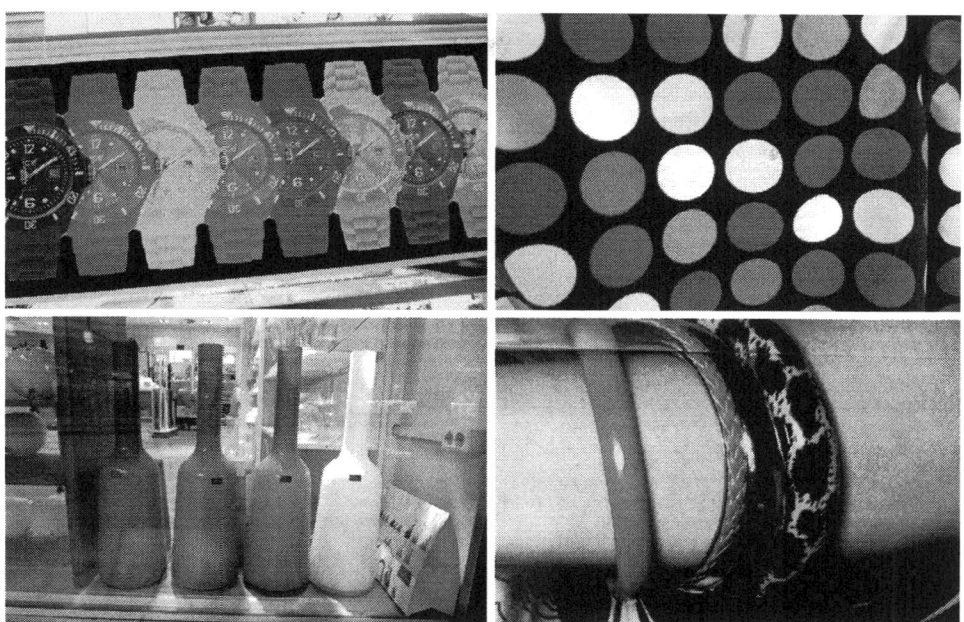

Bildbeispiel 2 Nuanciert abgestuft, Reihung, facettenreich, Ordnung, Puzzle, farbintensiv, Farbkontraste, klare Abgrenzungen, Design, Vordergrund

Bildbeispiel 3 Zentralperspektive, konzentrierter Mittelpunkt, Kreisform/rund, Harmonie, Spirale, zentriert, Natur-Design, Ruhe, Ausgeglichenheit, Untergrund/Boden

4.2 Die visuelle Metapher

Wenn wir im Folgenden unser eigenes System, unser Selbst vertiefter reflektieren wollen, dann bietet sich im zweiten Schritt eine Zeichnung an. Mit den fotografischen Gedankengängen sind wir ohne konkreten Auftrag in der Außenwelt unterwegs gewesen und haben spontan auf äußere Impulse fotografisch reagiert. Im nächsten Schritt werden wir eine visuelle Metapher von uns selbst entwerfen und sie mit Stiften und Farbe zu Papier bringen.

Der Auftrag lautet: Zeichne ein Bild, das dich aus metaphorischer Sicht repräsentiert. Die einzige Einschränkung für diese Aufgabe sind die Ränder des Blattes Papier, ansonsten ist alles erlaubt, was mit Stift und Farben ausgedrückt werden kann. Zumeist stellt sich nach dieser Aufforderung eine unbewusste Abwehr gegenüber dieser Aufgabenstellung her. Man hat einfach keine Vorstellung, wie diese Aufgabe zu erfüllen ist. Man glaubt sich nicht im Besitz der gestalterischen Mittel, um seine Vorstellungen vom Selbst als bildnerischer Ausdruck erfüllen zu können. Man fühlt sich überfordert, zurückversetzt in Kindertage, man geht in eine Abwehrhaltung und blockiert.

Nun soll aber diese Aufgabe trotzdem realisiert werden, weil sie Teil eines „seriösen" Seminars ist, also beginnt man widerwillig zu zeichnen. Zu Beginn der Bildarbeit belächelt man etwas still das eigene Tun, gibt sich aber trotzdem krampfhaft Mühe, meint es doch irgendwie ernst, fühlt sich in einem Dilemma aus Wollen und Nichtkönnen gefangen und murmelt meist sein stilles Mantra von der lächerlichen Bedeutungslosigkeit der gestellten Aufgabe. Der spannende Prozess, der sich jetzt intern im Bewusstsein der Teilnehmer abspielt, ist der Konflikt zwischen dem selbst wahrgenommenen Unvermögen und seiner überzogenen Anspruchshaltung. Und natürlich ist das gestalterische Niveau der Zeichnung meist gemäß dem eines kleinen Schulkindes, aber die Aussage über die eigene Persönlichkeit ist präzise, nur eben nicht von der betreffenden Person als solche lesbar.

Eine überraschende Frage an die Teilnehmer nach der Zeichenaufgabe ist nun: Da sie augenscheinlich nicht das handwerkliche Vermögen besitzen, diese ungewohnte Aufgabe in hoher Qualität zu erfüllen (zudem tragen sie oft Wert- und Qualitätsvorstellungen in sich, die für das Feld von ökonomischer Produktion gelten), und da sie zudem auch nicht das ästhetische Vokabular gelernt haben, wie man sein Selbst in eine bildnerische Chiffre übersetzen kann, fangen sie meist an, „irgendetwas" zu tun, um die Aufgabe erfüllen zu können. Aber welche innere Instanz, welche Steuerungssoftware hat nun die Hand mit dem Stift geführt, damit dieses „irgendetwas" als Bild entstehen konnte? Die übliche Kontrollinstanz war überfordert und hat sich wie von selbst ausgeschaltet. Was jetzt die Hand geleitet hat, war der intuitive Autopilot, ein unbewusster Regelkreis wurde aktiviert, der genau wusste, was zu tun war. Denn wenn man die Zeichnungen als präzise Metapher einer Persönlichkeit lesen kann und die limitierte zeichnerische Ausdrucksfähigkeit der betreffenden Person „übersieht", dann erkennt man die wesentlichen Konstruktionspläne der Persönlichkeit, dann hat jede Linie, jede Schraffur, jede Proportion, jede Farbe eine wesentliche Bedeutung. Diese Zeichnung gehört zum Beispiel 1 der fotografischen

Kreativität als Erkenntnisbeschleuniger 327

Gedankengänge und spiegelt in ähnlicher Form das mentale Gestaltungsprinzip der fotografischen Gedankengänge von hoher Differenzierung und Vielschichtigkeit der Person.

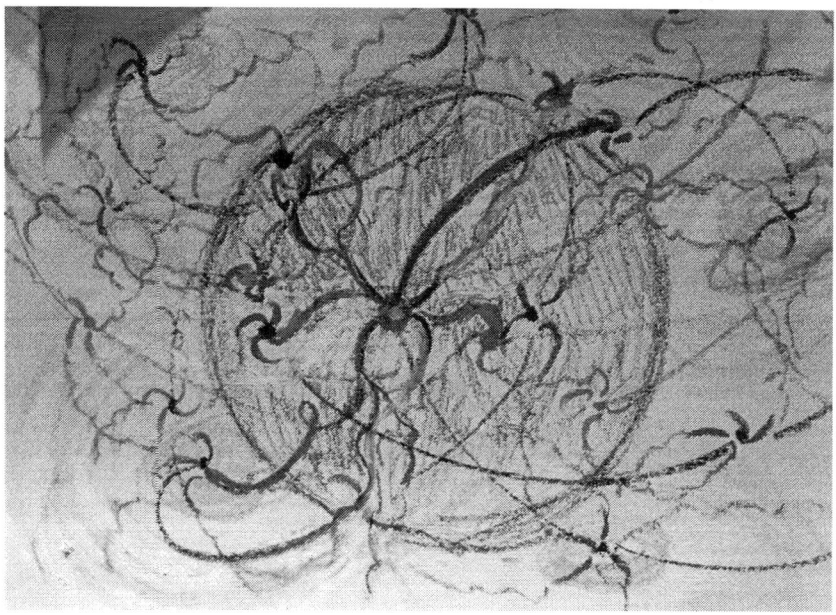

Es geht auch hier um Komplexität, man begegnet vielen Erregungszentren, die im Hintergrund einen rationalen (blauen) Kern, eine Grundeinstellung, eine Überzeugung haben. Die Verbindungslinien sind eher ornamental, spielerisch gezeichnet, das kommunikative Miteinander muss eben nicht geradlinig verlaufen, der Raum hat Tiefe, sieht wie ein Weltraum aus, man kann geistige Flugbahnen erkennen, Landungen und Abflüge. Es geht um Bewegung, Verbindung, um ein Netzwerk aus unterschiedlichen Möglichkeiten. In dem Selbstbild wird korrigiert, Formen werden verstärkt, der Gelb-Blau-Komplementärkontrast spielt eine Rolle, der die geistige Dimension unterstreicht.

Diese Bildarbeit, verbunden mit einer intensiven reflektierten Nachbetrachtung, ist ein wesentlicher Schlüssel, um das eigene (meist) ungenutzte kreative Feld weiter zu aktivieren. Das Hauptaugenmerk liegt auf dem Aspekt, die Personen wieder daran zu erinnern, dass sie sich jederzeit mit diesem erweiterten Kreativitätsfeld verbinden können. Es geht essenziell um das Erinnern daran, was an Potenzial in uns liegt, und darum, zu erkennen, dass durch kulturelle Einflussfaktoren unsere Anschlussfähigkeit an dieses kreative Feld gestört wurde. Sehr oft ist während unseres Schul-, Lehr- und Studienweges eine schädliche Barriere zwischen Lust und Erkenntnis gebaut worden. Wissen muss ernsthaft, rational nachvollziehbar und seriös erworben werden. Freude, Phantasie und Humor gehören nach dieser Lesart in eine andere Welt. Diesen Widerspruch gilt es aufzulösen, beide

Teile zusammen bilden den zeitgemäßen Erkenntnistreibstoff, um unser Potenzial völlig entfalten zu können.

Waren die ersten beiden bildnerischen Aufträge dafür geeignet, Wahrnehmung und Erkenntnismuster einzelner Personen sichtbar werden zu lassen, ist die Boot-Metapher eine überraschend aufschlussreiche Übung, um unterschiedliche Ist-Zustände in einer Organisation oder in einem Unternehmen zu verdeutlichen. Ein Boot oder ein Schiff ist als Symbol bestens geeignet, um unterschiedliche Indikatoren im Alltag einer Organisation zu beleuchten.

Folgende Vergleichsebenen scheinen in der Boot-Metapher auf:

- Kapitän – Führung, Leadership, Hierarchie,
- Mannschaft – Team, Kooperation, Kommunikation, Engagement,
- Bootdesign – Unternehmensstruktur, Architektur, Zeitgeist,
- Maschine – Antrieb, Motivation, Produktivkraft,
- Ruder/Steuerrad – Kurs, Perspektive, Zielorientierung,
- Seegebiet/Umgebung – Konkurrenz, gesellschaftliches Umfeld, Ausblick, Perspektive.

Zu Beginn eines Workshops oder in einem unternehmerischen Veränderungsprozess werden die einzelnen Teilnehmer ganz am Anfang der Veranstaltung gebeten, ihre Organisation, oder das erweiterte Team, als Boot zu zeichnen. Der Zeitrahmen für diese Aufgabe ist kurz bemessen. Meist reichen 5 min völlig aus, um eine Bootsmetapher zu skizzieren. Der interne, psychische Prozess verläuft annähernd gleich wie bei der Erstellung einer persönlichen Zeichnung. Es beginnt mit Abwehr, Lächerlich-Machen und Frustration. Dann macht man eben „irgendetwas", schaut zum Nachbarn, amüsiert sich über den dilettantischen Ausdruck und vergisst meist schnell den ungewohnten Einstieg in den Tag. Der Erkenntniswert dieser zeichnerischen Übung entwickelt sich in der nachfolgenden Reflexion mit einer genauen Analyse der Boote, wenn der Transfer in das aktuelle Umfeld beleuchtet wird. Da wie bei der anderen kreativen Aufgabe der Kontrollmechanismus ausgeschaltet ist, erhält man eine „authentische unternehmerische Flotte", bei der die Schwachstellen und Stärken ungefiltert sichtbar sind.

Im Raum der verbalen Äußerungen zum Thema organisatorischer Befindlichkeit machen wir meist die Erfahrung, dass in heiklen Situationen, die einer Klärung bedürfen, sehr verhalten diplomatisch argumentiert wird, da man einiges zu verlieren hat. Wenn zudem Vertreter verschiedener Hierarchieebenen anwesend sind, wird es umso schwieriger, die „ganze Wahrheit" auf den Tisch zu bringen. Normalverhalten im unternehmerischen Alltag bedeutet, den Umgang mit Dilemmata souverän zu managen, die verbogenen unternehmerischen Leitlinien mit viel Phantasie und Verdrängung für sich selbst gerade zu biegen und die eigene Wahrheit als spielerisches Gestaltungsmittel zur Behauptung und Verbesserung der eigenen Position einzusetzen.

Bildbeispiele der Bootsmetapher von einem größeren Unternehmen in einem Transformationsprozess

Rechtes Bild: zeigt eine starke Mannschaft an Bord, alle Ebenen sind besetzt, man zeigt sich motiviert, es wird kooperiert, die See ist glatt und ruhig. Eine Fahrtrichtung ist nicht klar zu erkennen, es sieht eher wie ein fröhliches Gruppenbild aus.

Das erste Schiff (links) ist deutlich als Cruise-Boot zu erkennen, man sonnt sich, relaxt auf dem Oberdeck, benutzt den Pool, alles ist super, nur – wer arbeitet hier eigentlich?

Auf dem dritten Schiff rudert man zusammen in eine Richtung. Man ergreift das Ruder, nur leider sind die Ruder zu kurz und erreichen nicht das Wasser, was eine gezielte Fortbewegung schwer möglich macht. Das Wasser ist leicht bewegt, das Wetter ist durchwachsen, doch freundlich. Im anderen Bild ist eine Art Regattaboot zu sehen. Man rudert im gleichen Takt. Der Schlagmann (Teamleiter oder Manager) gibt Kommandos, aber nur die erste Person links außen hat das Ruder im Griff, der Rest hat keine Verbindung zum Ruderholz und imitiert scheinbar totalen Einsatz.

Das nächste Bild zeigt die Pervertierung von harmonischer Zusammenarbeit. Der gemeinsame Rhythmus wird mit Druck und Angst erzeugt, es herrscht die totale Gleichschaltung, eben typische Merkmale eines Sklavenschiffes.

Was als Corporate Identity in bunten Hochglanz-Broschüren formuliert wird, empfinden die Mitarbeiter oft als nicht gelebte schöne Theorie.

Ein weiteres Ruderboot, diesmal leer, das Wetter wird schlechter, die See gefährlicher. Man sieht die allgemeinen Rahmenbedingungen nicht mehr so positiv. Das kann bedeuten, der Ruderer (Mitarbeiter) ist von Bord gegangen, Stillstand, niemand ist mehr aktiv.

Die beiden folgenden Segelboote sind mit wenig Segelfläche ausgerüstet. Einige Menschen springen von Bord, andere bereiten sich darauf vor, und wieder andere erklimmen die Leiter und besteigen das Boot. Unruhe und Chaos breiten sich aus. Im ersten Boot wird das Wasser sehr wellig, einige Personen lächeln noch, der Rest ist frustriert. In beiden Booten herrscht eine gewisse Endzeitstimmung.

Die Situation wird immer heikler, das organisatorische Überleben steht auf der Kippe. Man hat den höchsten Punkt einer Erfolgswelle erreicht, vielleicht gute Gewinne gemacht,

Kreativität als Erkenntnisbeschleuniger

doch nun geht es unabwendbar abwärts. Das stürmische Wetter ist eingetreten, die guten Zeiten sind vorbei, man muss kämpfen, um Kurs zu halten.

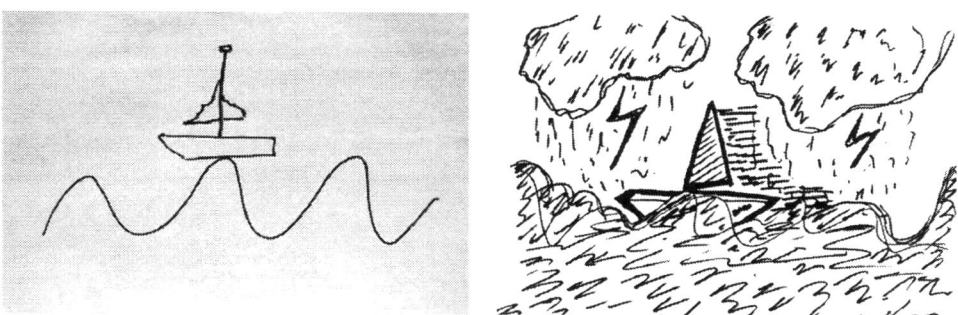

Auf der Brücke (Management) konkurrieren mehrere Kapitäne um das Steuerruder: Die Sachlage wird zudem erschwert, weil niemand richtig „handlungsfähig" (alle haben keine Hände) ist. Zudem wird eine unverständliche punktuelle Metasprache gesprochen, man versteht nichts richtig, nur das übliche „blablabla".

Beim Betrachten der Bilder und der dazugehörigen Interpretationen wird man sicher feststellen können, wie völlig gegensätzlich ein und dieselbe Organisation betrachtet werden kann.

Die Teilnehmer, die meist alle Mitarbeiter derselben Organisation sind, haben den gleichen Erfahrungshintergrund und kommen zu total unterschiedlichen Bewertungen in der Beschreibung ihrer beruflichen Umwelt.

Bild 1 Das Segelschiff ist aufgelaufen, der Schiffskörper ist kaputt, man ist vom Erfolgskurs abgekommen, man konnte die gefährliche Klippe nicht umschiffen.

Bild 2 Das Boot säuft ab, der Himmel „weint", alle sind schon von Bord, Flagge auf Halbmast – was bleibt?

Bild 3 Eine kleine Rauchwolke und die endlose See.

Von depressiver Untergangsstimmung bis zur Kreuzfahrt auf einem Luxusliner sind alle Bewertungskategorien vorhanden. Zu dieser radikalen Klarheit können Unternehmen ansonsten kaum ihre Mitarbeiter bewegen. Es geschieht eben nur, weil die internen Kontrollmechanismen ausgeschaltet sind und man seinem bildnerischen Tun keine Bedeutung zumisst. Wenn diese intuitiven Analysen als ernsthafte Reflexionen in den allgemeinen Diskurs eingespeist werden, dann verbietet es sich schon fast von selbst, zur freundlich-angepassten Tagesordnung zurückzukehren. Diese bildnerischen Statements tragen eine positive Sprengkraft in sich, weil sie verdrängte traumatische Erlebnisse offenbaren, verlorene Hoffnungen artikulieren, Zukunftskorridore aufzeigen und der Oberflächlichkeit der schönen Scheinwelt von Corporate Culture eine persönliche Tiefendimension hinzufügen. Vielfach scheitert Wandel, weil man nur strukturelle Raumverschiebungen reflektiert und zu schnell neues Commitment fordert. Die große Masse der Mitarbeiter liefert gewünschte Lippenbekenntnisse, weil man schon viele Male erlebt hat, dass jeder frische Manager das Rad neu erfindet, das strategische Puzzle anders ordnet, gutes kooperatives Miteinander verspricht und doch nur egoistisch eigene Karriereziele verfolgt.

Wenn man also wirkliches Interesse an der Befindlichkeit seiner Organisation hat, wenn man nach Ausdrucksformen sucht, um eine differenzierte Landkarte seiner Unternehmenskultur zu zeichnen, dann bieten sich visuelle Metaphern an, da sie präzise das emotionale Klima vermessen und Raum bieten für eine erweiterte Betrachtung zukünftiger Aktivitäten.

5 Kreative Bildszenarien zur ganzheitlichen Betrachtung komplexer Prozesse

Mit Entwicklung und Einsatz neuer Computer- und Informationstechnologien bei gleichzeitiger globaler Vernetzung durch intelligente IT-Systeme haben wir einen unglaublichen Anstieg von Komplexität auf allen gesellschaftlichen Ebenen zu verzeichnen. Flankiert wird diese Entwicklung von einer unkalkulierbaren Instabilität sowie einer weitreichenden Überforderung unseres psychischen Systems, welches es zunehmend schwerer hat, diese Unmassen von Eindrücken und Informationen sinnvoll zu verarbeiten.

Was kann unter diesen Umständen der kreative Prozess an lösungsorientierten Impulsen bieten? Gibt es im kreativen Prozess Erfahrungen, die auf andere Bereiche übertragbar sind?

Im Prinzip ist ein kreativer Mensch, oder ganz speziell ein Künstler, ein Meister im Ausbalancieren und Jonglieren mit Instabilitäten. Ständig irritiert er sein ästhetisches System, verletzt spielerisch vorgefertigte Grenzen, wirft intuitiv-radikal diffuse Impulse in seine unterschiedlichen Gestaltungsräume und hat vielfach keine Ahnung, wohin das alles führen wird. Er sucht, versucht, untersucht. Er experimentiert, wütet, sehnt sich nach etwas, was man Sinn nennen kann und vertraut mehr seinen unterbewussten Reaktionsmustern, als dass er den bekannten Algorithmen folgt. Das Maß für ein gelungenes Werk ist ein diffuses Gefühl, das er als „stimmig" bezeichnet. Dieses „stimmig" liegt zwischen den traditionellen Erfahrungsräumen unserer kulturellen Routinen und etwas „Ungenau-Erregendem", was im schönsten Fall die Tore zur erweiterten Erkenntnis öffnen kann. Was während diesem intensiven Schaffen beiläufig passiert, ist ein unbewusster Lernprozess im Umgang mit Instabilität. Je weiter der kreative Prozess in das unbekannte Land der gefährlichen Instabilität führt, desto unbegreiflicher entstehen in uns selbst neue dynamische Muster, die Innen und Außen zu stabilisieren versuchen. So gesehen hilft uns das fröhliche Schaffen im ästhetischen Trainingslabor der Kreativität, ein Gleichgewicht zwischen äußeren Impulsen und der Integration all dieser Reize in unsere Psyche herzustellen.

Gehen wir jetzt wieder von unserer kreativen Spielwiese hinüber ins Reich wirtschaftlicher Notwendigkeiten und schauen, ob es möglich ist, die hier auftretenden Prozessmuster in eine Bildsprache zu übertragen, die neue gedankliche Zugänge ermöglichen kann. Wir sprechen im wirtschaftlichen Kontext von sozio-technischen Systemen, weil sich technisch-strukturelle Vorgänge mit emotional-menschlichen Handlungsweisen verbinden. Für die Darstellung der technischen Vorgänge haben wir eine aussagekräftige präzise Sprache in Form von Zahlen, Fakten und Formeln entwickelt, die uns genauestens darüber informiert, wieweit der tatsächliche IST-Zustand vom gewünschten Ziel entfernt ist.

Der Bereich menschlicher Einflussfaktoren ist demgegenüber nicht so leicht zu fassen. Man hat es augenscheinlich mit zwei ganz unterschiedlichen Sprachen zu tun: Hier Maße, Sollmengen, Zeitangaben, Tabellen und Qualitätskriterien und auf der anderen Seite diffuse menschliche Charaktere, Motivationsfelder, Kommunikationsmuster, Teamgeist und emotionale Befindlichkeiten. Eine Lösung für dieses Problem sind unseres Erachtens intelligente Bildszenarien, die mit ihrer ganzen gestalterischen Bandbreite und ihrer kreativen Freiheit Anschlusspunkte bieten, um diese zwei Komponenten sozio-technischer Interaktion in eine Betrachtungsebene zu bringen.

Ein wesentliches Verbindungsglied ist das Symbol. Ein Symbol ist ein Bedeutungsträger, ein Erkenntniskristall, der im kulturellen Raum wie ein Zellkern gemeinsamer Übereinkünfte gewachsen ist. Symbole sind eine Art von unbewusst-bewusstem Vokabular, sie sind vereinbarte Codes und wirken wie universelle Welterklärungsmodelle. Im Prinzip repräsentiert das Symbol neues quantenphysikalisches Denken: Die Wirklichkeit wird unscharf gesehen, als Welle oder als Teilchen, das heißt im konkreten Kontext: Es gibt eine klare bildnerische Form, wobei die subjektive Annäherung bei der Betrachtung subjektiv unscharf sein kann. Das Symbol wird also zu einer interessanten Metaebene, wo sich scharfe Rationalität und fließende Emotionalität produktiv verbinden können.

Das folgende Bildbeispiel ist bei einem Seminar mit einem deutschen Automobilhersteller entstanden, wo über kreative Bildszenarien ein neuer Zugang zum Thema vernetztes Denken geschaffen und für innovative Lehrmethoden gearbeitet werden sollte. Dieses Bild ist nach einer umfassenden Recherche von Auto-Mobilität von uns gezeichnet und im Rahmen eines Teamentwicklungsprozesses als inspirierende Bildlandschaft für weiterführende Betrachtungen genutzt worden. Denn eines hat uns die jahrelange Arbeit mit Bildern gezeigt: Zusammen mit guten Metaphern im Raum denkt es sich leichter, offener und besonders zielführend. Es entsteht ein Klima von erfrischender Kommunikation, das alte Schwarz-Weiß-Denken verliert sich in differenzierten Betrachtungen, man erlangt den berühmten Pilotenblick, zoomt mühelos ins Detail und geht zurück zur Übersicht; und dieses spielerische Vermögen, andauernd die Perspektive zu wechseln, ist ja eine Eigenschaft, die vom modernen Manager gefordert ist.

Betrachten wir zuerst die mittlere Bildebene, die vereinfacht den Produktionsvorgang und seine wesentlichen Schritte bei der Herstellung eines Automobils illustrieren sollen. Von der linken Seite kommen verschiedenste Materialien, diverse Rohstoffe, vorgefertigte Einzelbauteile, Komponenten für Motor und Karosserie – eben alle notwendigen Dinge, die man benötigt, damit ein Auto produziert werden kann. Der mittlere Teil zeigt die eigentliche Montage all dieser Teile, jeder weitere Punkt in der viereckigen Form zeigt den

Fortschritt der Fertigungsschritte an, bis hin zum fertigen Produkt. Im folgenden Schritt wird das Auto an seine Kunden überall auf der Welt ausgeliefert und erfüllt seinen Zweck als Teil unserer Mobilitätsstrategie im gesellschaftlichen Aktionsraum.

Der Mittelteil im Bild ist der Bereich, wo eine extrem hohe Stabilität benötigt wird, wo es um Präzision und exakte Wiederholbarkeit aller Arbeitsschritte geht, damit massenweise perfekte Autos hergestellt werden können. Schauen wir uns nun den erweiterten mittleren Kokon an, dann steht der obere Teil für die Struktur, für die Organisation, hier finden wir die Konstruktionspläne und Handlungsanweisungen, um die Produkte herstellen zu können. Das wäre ein Teil des geistigen Überbaus, hier lagern die wesentlichen sozio-technischen Algorithmen. Der Bereich darüber, wo man das Markenzeichen des Unternehmens erkennen kann, steht für Management, Aufsichtsrat und Besitzverhältnisse. Hier befinden sich die Entscheidungsträger, die über Strategie, Zukunftsausrichtung, Produkte, Design, Mitarbeiter, etc. ihre Entscheidungen treffen.

Gehen wir jetzt vom Produktionskokon eine Ebene tiefer, dann erkennen wir in all den kleinen Punkten und Kreisen die unterschiedlichen Mitarbeiter symbolisiert, die in ihrer speziellen Funktion an der Herstellung des Produktes beteiligt sind. Verschiedene Farben markieren unterschiedliche Kompetenzen und Fertigkeiten, die Lineaturen dazwischen verdeutlichen die fertigungsbezogene Logik in den unterschiedlichsten Handlungskorridoren. Begeben wir uns in den Kokon darunter, der Überschneidungen mit dem eben beschriebenen Kokon aufweist, dann haben wir es mit dem Bereich von Bildung und Ausbildung zu tun, dort erlangen die Mitarbeiter ihre Befähigung, um ihren Job in einer exzellenten Qualität zu erledigen. Die Kreise haben hier verschiedene grafische Erweiterungselemente, die man als spezielle Begabungen oder Zusatzqualifikationen ansehen kann. Geht man nun noch eine Ebene tiefer, dann entdeckt man den Raum der kulturellen Hintergrundstrahlung, mit all den religiösen Symbolen, mit Kennzeichen unserer postmodernen Überzeugungen von Wachstum, individueller Freiheit – man sieht symbolisch die Leitbilder unseres gesellschaftlichen Paradigmas.

Die rechte Seite des Bildszenarios sollte man als den Raum unseres gesellschaftlichen Umfeldes verstehen, in dem die Produkte, in diesem Fall Autos von BMW, ihre Wirkung hinterlassen. Die linke Seite steht als Beschreibung der Themen Rohstoffe und Energie, sie verkörpert allgemein die Sphäre der Umwelt. Und ganz oben, in diffusen Schraffuren, hätten wir dann Themen wie Finanzen, Macht, Politik und die globalen Einflüsse.

Wie geht man nun mit einem solchen Bildszenario um? In jedem Fall sollte das Bild natürlich zu Beginn ausführlich erläutert werden, die einzelnen grafischen Elemente müssen in einen konkreten und nachvollziehbaren Bedeutungszusammenhang gebracht werden, damit die einzelnen Betrachter wirklich alle „im Bild" sind. Ansonsten macht jede weitere Auseinandersetzung keinen Sinn. Im Prinzip gibt es eine Einführung wie in eine Fremdsprache (in dem Fall eine metaphorische Sprache), die gleichwohl über konkrete Regeln verfügt, die eine Grammatik aufweist und dementsprechend logisch aufgebaut sein muss. Metaphern müssen „stimmen", ansonsten gehen sie am Kern des Themas vorbei und entwickeln im Betrachter keine Resonanz. Das ist die Kunst, die richtige Metapher zu entwickeln und dann adäquat zu visualisieren.

Im nachfolgenden Dialog aller Beteiligten wird das Bildszenario so lange verändert, überzeichnet, korrigiert, bis für alle das Bild „stimmt", was bedeutet, die bildnerische Metapher beschreibt ihr System, in dem Fall BMW, in einer Form, die für jeden Einzelnen akzeptabel ist. Der Gewinn ist: Jeder sieht plötzlich seine alte Welt mit „anderen Augen", man ist inspiriert, ein klein wenig verwundert und überrascht, weil dieses Bild so viele neue Perspektiven bietet. Dies ist ein wunderbarer Aspekt bei der Arbeit mit Bildszenarien: Er öffnet freudvoll, phantasiereich und bewusstseinserweiternd neue Sichtweisen auf bekannte Themen.

Ein weiterer bedeutender Aspekt ist die erweiterte Übersicht, der Panoramablick über seine Aktionsfelder. Die symbolische Bildsprache hat das Potenzial, komplexe Zusammenhänge zeigen zu können. Vielfach leiden wir darunter, dass wir diese großen Zusammenhänge nicht mehr erkennen können. Wir fühlen uns verloren wie ein vereinzeltes Puzzlestück, was seinen Platz im Bild nicht mehr lokalisieren kann. Wir verstehen das große Ganze nicht mehr. Diese Panoramen helfen uns, unseren Platz, unsere Funktion besser einordnen zu können, und das bedeutet, wir können unseren Platz und unsere Funktion besser akzeptieren.

Eine weitere, faszinierende Möglichkeit, diese Bildmetapher noch weiter entwickeln zu können, ist ein anschließender gemeinsamer Überarbeitungsprozess mit dem ganzen Team. Das Bild wird auf große Platten übertragen (2,50 × 5,00 m), jeder erhält Farbe, Pinsel und Stifte, und innerhalb eines grundlegend geführten Dialoges wird das Bild als kreative Reflexionsfläche benutzt. Proportionen werden verändert, Farben ergänzt, Worte werden eingefügt; kurz, das Bild beschleunigt den Entwicklungsprozess im gesamten Team. Diese Kooperationen sind sehr fruchtbar, es wird diskutiert, reflektiert, man lacht, neue Koalitionen bilden sich zwischen zeichnerisch „Begabten" und „trockenen Ideengebern", man ist überrascht über bisher unbekannte Talente, man begegnet sich neu und kommt „spielend" zu phantastischen Erkenntnissen. Zur Verdeutlichung dieser Bildszenarien anschließend noch zwei weitere Beispiele.

Kreativität als Erkenntnisbeschleuniger337

Das erste Bild beschreibt die vielschichtigen Aktionsfelder einer Bank. Geld ist der Rohstoff einer Bank, der aus Phantasie und Vertrauen synthetisiert wird. Geld ist ein neutrales Bindeglied zwischen ganz verschiedenen Welten, es verbindet Menschen mit ihren Visionen, hilft, sie im besten Fall zu ermöglichen. Geld ist ein Entwicklungsbeschleuniger, ein Spekulationsinstrument, ein Schmiermittel in jeder Gesellschaft. Geld wird brutal angehäuft, Macht und Einfluss gekauft, zur ökologischen Erneuerung der Gesellschaft benutzt. Karrieren werden gefördert. Es wird mehr und mehr ein virtuelles Phänomen. Geld ist ein bedeutender Treibstoff menschlicher Entwicklung. Im Zentrum stehen Banken (man sieht einen Teil des Logos in der Bildmitte). Ihre ethische Ausrichtung gibt dem Geld eine ganz wesentliche Richtung, welche Art von Zukunft ermöglicht werden kann. Diese Zusammenhänge werden in der Bildmetapher reflektiert.

Das zweite Bild visualisiert das Aktionsfeld eines großen Immobilien-Unternehmens, das Grundstücke und Immobilien der staatseigenen Bahn in einem afrikanischen Land zu managen hat. Einer der Hauptaspekte ihrer Arbeit besteht in der Umgestaltung und Renovierung von Bahnhöfen, unter anderem mit dem Ziel, moderne Einkaufszentren zu etablieren. Der aktuelle Zustand sehr vieler Immobilien war und ist in einem schlechten Zustand. Zudem war die Organisation des Unternehmens sehr unübersichtlich, überbesetzt und ineffizient. Die Bildmetapher beschreibt auf den ersten Blick recht plakativ Sinn und Zweck der öffentlichen Transportmittel. Menschen und Güter sollen von A nach B transportiert werden, wenn möglich in kürzester Zeit, umweltschonend und sicher. Im Fall des Schienenverkehrs beginnt man seine Reise von einem Bahnhof und kommt an einem anderen Bahnhof an. Vom Bahnhof aus benutzt man meist weitere Transportmittel, um zu seinem eigentlichen Ziel zu gelangen. So könnte man den Prozess von öffentlichem Personenverkehr recht verkürzt beschreiben, und man findet all diese Aspekte durch Symbole in diesem Bild ausgedrückt.

Nun kann man sich sicher fragen, was ist denn der Wert einer solchen Darstellung? Verhilft mir dieser bildästhetische Ausdruck zu neuen Erkenntnissen?

Zuerst einmal ist diese bildnerische Darstellung eine überraschende Interpretation eines lebendigen Organismus, wo gesellschaftliche Werte produziert werden. Der ästhetische Ausdruck zwingt mich, eine andere Annäherungsstrategie zu wählen, damit ein solches Bild in den beruflichen Kontext eingeordnet werden kann und einen Mehrwert an Erkenntnis erzeugt. Ein wichtiger, positiver Lernimpuls ist der typische „Aha"-Effekt, wenn die Beteiligten das Bild „verstanden" haben. Man erlebt, dass solch ein distanzierter Blick auf den Gegenstand seiner Arbeit andersartige Betrachtungen spielend leicht ermöglicht. Man bekommt Lust, mitzuspielen, man fragt andere Fragen, man denkt andere Gedanken, man spürt plötzlich das Wesentliche seiner Organisation, sieht Schönheit und Harmonie, beginnt anders zu argumentieren und sieht Lösungen für alte Probleme, die vorher unlösbar erschienen.

Man weiß eigentlich nicht, was da wirkt, warum man neugierig wird, aber man ahnt, dass das kreative Feld eine Wirkung auf das Denken, Fühlen und Handeln haben kann.

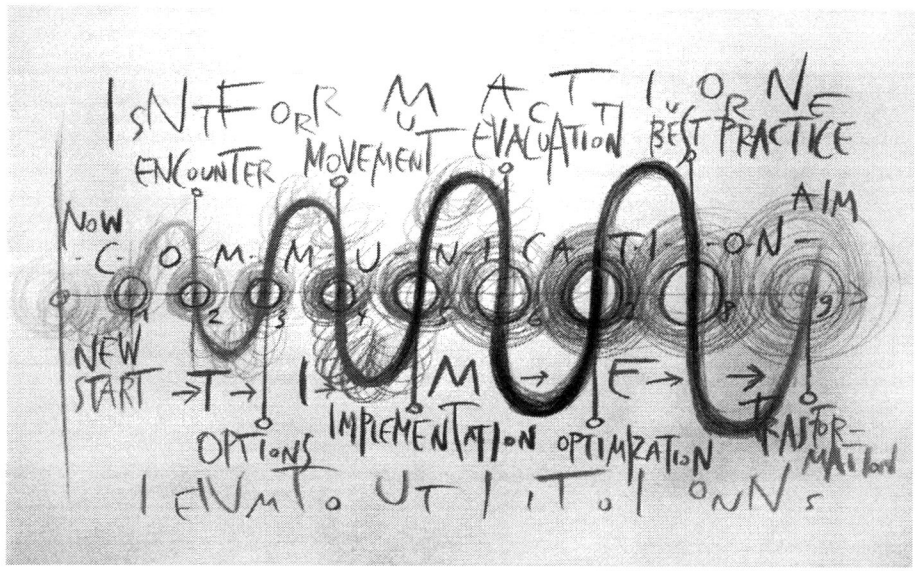

Vielleicht erklärt die letzte Zeichnung in ihrer visuellen Sprache sehr eindrücklich, wie das kreative Feld jeden Entwicklungsprozess fördert. Menschliches Handeln auf allen gesellschaftlichen Sphären ist getrieben von sehr unterschiedlichen Zielvorstellungen. Aber im Wesentlichen geht es um Wachstum und Weiterentwicklung. Jegliche Entwicklung basiert auf Kooperation und Kommunikation. Im technischen wie im persönlichen Raum. Ganzheitliche Entwicklung wäre eine harmonische Welle (eine sehr unausgewogene, sprunghafte Entwicklung sieht eher wie eine abrupte Zickzack-Kurve aus), die immer größere Teile eines Systems mit anderen Teilen von anderen Systemen in Schwingung, in Resonanz bringt. Damit die Schwingung sich gleichmäßig ausbreiten kann, braucht sie im unteren Teil kreative Impulse, intuitive Verstärkung, sie sollte mit dem kreativen Feld in Berührung kommen.

Vielleicht ist das einer der wesentlichsten Aspekte kreativer Interaktion in den unternehmerischen Arenen unserer Zeit: Unsere Wahrnehmung von all dem, was wir als Realität bezeichnen (oder als wertschaffende Prozesse im ökonomischen Kontext bezeichnen), diese unsere Wahrnehmung wird durch den Einfluss kreativer Impulse erweitert und befähigt uns dadurch, im Strom der ständigen Veränderungen jedes neue Ufer verfeinerter Erkenntnis zu erreichen. Und dort entstehen immer die Innovationen, die wir brauchen, um in den neuen Arbeitswelten intelligente Produkte für die Märkte der Zukunft zu entwickeln.

Marion Elle (*1955) lebt in Alvesen/Hamburg, Studium der Mathematik und Physik an der Universität Leipzig/Diplom, Studium der Betriebswirtschaftslehre in Hamburg. Ausbildung in systemischer Organisationsentwicklung. Seit 1991 bis heute Lehrtätigkeiten an verschiedenen Institutionen in den Bereichen Organisations- und Personalentwicklung, Logistik und Projektmanagement. Seit 1992 bis heute Unternehmensberatung in den Schwerpunkten Organisationsentwicklung, Erarbeitung und Implementierung von ganzheitlichen Personalentwicklungskonzepten. Im Jahr 2005 Gründung der Unternehmensberatung „Metaphorisches Management". Im Jahr 2011 Co-Autorin des Buches „Metaphorisches Management – mit Intuition und Kreativität komplexe Systeme steuern" (Springer Verlag Heidelberg).

Klaus Elle (*1954) lebt in Alvesen/Hamburg, Studium der Fotografie in Leipzig, Diplomfotodesigner 1981. Seit 1996 tätig als Berater im Veränderungsmanagement, Kreativitätstraining, visuelles Coaching. Entwicklung visueller Analysewerkzeuge, „Farbkreisanalyse", „Organisation-Process-Guide". „Sustainability-Business-Navigator" 2008. Autor mehrerer Bücher über Kreativität und Veränderung. Im Jahr 2011 Springer Verlag „Metaphorisches Management – mit Intuition und Kreativität komplexe Systeme steuern". Zusammenarbeit seit 2006 in der Ausbildung im Nachhaltigkeitsmanagement mit der ETH Zürich, MIT Boston und der Universität von Tokyo. Trainer im MBA Programm der HSG St.Gallen. Partner der KGOTLA Management Company Amsterdam/Johannesburg. Seit 1981 weltweite Ausstellungstätigkeit und Kunstprojekte in Paris, Zürich, Berlin, New York, Houston, Helsinki, Bratislava, Köln, Warschau, Hamburg. www.elle-elle.de / www.klauselleart.viewbook.com

Perspektivwechsel für Führungskräfte – interdisziplinäre und intersektorale Lern- und Erfahrungswelten

Anja Herde

1 Unternehmen als zukünftige Change-Agents

Unternehmen wie auch andere Institutionen stehen ausgehend von den Megatrends unserer Zeit vor den gleichen großen Herausforderungen: Migration, Klimawandel und Ressourcenknappheit, demografischer Wandel, technologischer Wandel (Digitalisierung), globale Vernetzung, Urbanisierung und Nachhaltigkeit. Alle Organisationen sind von den Folgen betroffen und ringen lokal, national oder international um Lösungen und Handlungsempfehlungen. Dabei erweitern sich die Schnittstellen zwischen Wirtschaft, Staat und Gesellschaft immer mehr.

Um diesen Herausforderungen erfolgreich zu begegnen und die Zukunftfähigkeit unserer Gesellschaft und auch der Wirtschaft zu sichern, bedarf es einer Verantwortungsübernahme aller, eines Dialogs auf Augenhöhe und damit einer sektorenübergreifenden, partnerschaftlichen Zusammenarbeit. Sektorenübergreifend meint hier die Zusammenarbeit von staatlichen, privatwirtschaftlichen und zivilgesellschaftlichen Organisationen, die sich zusammenschließen und partnerschaftlich ihre Ressourcen zur Verfügung stellen, um gemeinsam für eine Sache mehr zu erreichen, als sie alleine geschafft hätten.

Hier sind insbesondere Unternehmen gefragt, ihre Verantwortung als Teil der Gesellschaft zu erkennen und entsprechende Veränderungs- und Innovationsprozesse voranzutreiben sowie Kooperationsprozesse innerhalb und zwischen den Sektoren zu steuern. Entscheidend ist dabei nicht das Engagement von Unternehmen in Form von Spenden oder Sponsoring, sondern vielmehr die Bereitschaft zur Kooperation und partnerschaftlichen Zusammenarbeit mit anderen Sektoren, um Lösungen für die anstehenden Herausforderungen, die alle Sektoren betreffen, zu erarbeiten.

A. Herde (✉)
Trainerin für Führungs- und Sozialkompetenz, Projektmitarbeiterin, UPJ Berlin
Berlin, Deutschland
E-Mail: anja.herde@upj.de

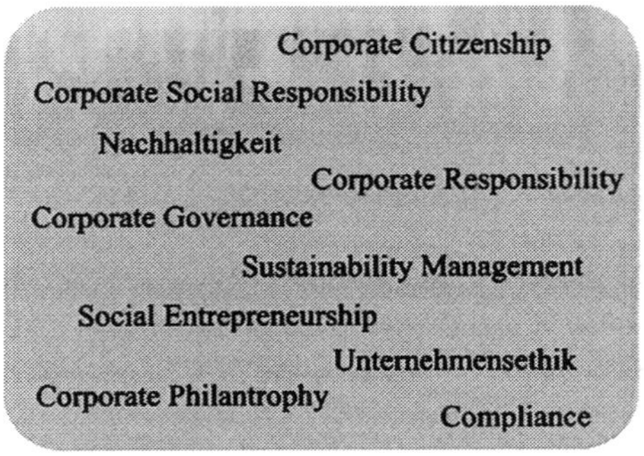

Abb. 1 Begriffe der Unternehmensverantwortung. (Eigene Darstellung)

> Corporate Citizenship
> Corporate Social Responsibility
> Nachhaltigkeit
> Corporate Responsibility
> Corporate Governance
> Sustainability Management
> Social Entrepreneurship
> Unternehmensethik
> Corporate Philantrophy
> Compliance

Diese Anforderung an eine verantwortungsvolle Unternehmensführung erweitert den bisherigen Blick auf die in der betriebswirtschaftlichen Literatur zu findenden unterschiedlichen Bezeichnungen und Ansätze (vgl. Dresewski und Nelius 2014, S. 12; vgl. Abb. 1).

Alle diese Begriffe beinhalten als gemeinsamen Nenner die Verantwortung des Unternehmens für seine Geschäftstätigkeit und die Folgen, die sich daraus für die Umwelt, die Gesellschaft, den Markt und die Mitarbeitenden ergeben können.

Es wird daher in Zukunft immer stärker darum gehen, möglichst viel Wissen und Kompetenzen unterschiedlichster Akteure, auch aus der Wirtschaft, zu bündeln und gemeinsame Lösungen für die weltweiten gesellschaftlichen und wirtschaftlichen Herausforderungen zu entwickeln. Dazu bedarf es neuer Formen des Zusammenwirkens der Wirtschaft mit anderen gesellschaftlichen Akteuren – sektorenübergreifende Dialog- und Kooperationsformen.

Die Basis dafür bilden gemeinsame Erfahrungs- und Reflexionsräume, die über den eigenen Erfahrungshorizont hinausgehen und einen Austausch auf Augenhöhe sowie gegenseitige Lernprozesse ermöglichen, um gesellschaftliche Veränderungsprozesse auf den Weg zu bringen.

Damit dies gelingen kann, bedarf es eines transkulturellen und intersektoralen Verständnisses der Unternehmen, und das macht es für ihre Mitarbeitenden erforderlich, sich mit neuen Strukturen, Perspektiven, Erfahrungswelten und Kompetenzen auseinanderzusetzen. Mit transkulturellem und intersektoralem Verständnis ist nach Josef Wieland die Fähigkeit von Führungskräften gemeint, einerseits die verschiedenen Kulturen und damit zusammenhängenden Motive und Anforderungen ihrer Stakeholder zu verstehen und in ihren Unternehmensprozessen zu berücksichtigen (Wieland 2014, S. 389 f.). Anderseits ist es die Fähigkeit, Denk- und Verhaltensmuster der verschiedenen Sektoren zu reflektieren, zu kommunizieren und in ihre Entscheidungen und Handlungen zu integrieren. Unternehmen sind folglich mehr denn je in ihrer Rolle als Change-Agents und in ihren Innovations-, Kooperations- und Veränderungsfähigkeiten gefragt.

2 Führungskräfte als Schlüsselpersonen für den Wandel

Verantwortliches Handeln beginnt im Unternehmen bei der Führung. Führungskräfte treffen die wesentlichen Entscheidungen und können eine Hebelwirkung in Gang setzen. Als Führungskräfte sind sie nicht nur angehalten, ihre eigene Organisation und die Mitarbeitenden für die Herausforderungen zu rüsten und entsprechende Innovations- und Handlungskompetenzen aufzubauen. Sie sind auch in ihrer Vorbildfunktion gefragt und aufgefordert, Führungsverantwortung zu übernehmen und selbst Teil des Wandels zu sein. Dies setzt entsprechende neue Führungskompetenzen voraus.

Um diesen Anforderungen gerecht zu werden, ist es daher nach Stephan A. Jansen (2015) die Aufgabe guter Führungskräfte, ein geeignetes Kreativitäts- und Innovationsmanagement aufzubauen. Darüber hinaus schreibt Jansen der Führung von morgen das erfolgreiche „Führen von Systemen und intersektoralen Hybriden" zu, um so Innovationen bei der Entwicklung zukünftiger Geschäftsmodelle zu ermöglichen, die einen Social Impact beinhalten. Das heißt, Führung bedeutet hier vor allem, die Beziehungsarbeit zwischen Personen sowie zwischen Netzwerken und anderen sektoralen Organisationen wie dem Markt, dem Staat oder der Zivilgesellschaft zu leisten. Neue Technologien oder Geschäftsmodelle, die auch einen gesellschaftlichen Mehrwert beinhalten, sind wesentlich komplexer und bedürfen einer engen Kooperation zwischen den unterschiedlichen sektoralen Akteuren, um die Innovationspotenziale im Verbund zu heben. Unternehmen sind daher angehalten, diese Kooperationen zu initiieren und zu steuern. Dies kann wiederum nur gelingen, wenn Führungskräfte eine solche Kooperationsbereitschaft und -fähigkeit besitzen sowie „multilingual" in der Lage sind, nicht nur die Sprache des Marktes, sondern auch die der Politik, der öffentlichen Verwaltungen und der Zivilgesellschaft (NGOs (Nichtregierungsorganisationen, d. Verf.), Verbände, Wohlfahrtsgemeinschaften, Stiftungen etc.) zu verstehen und zu sprechen (vgl. Jansen 2015). Heike Bruch (2015) von der Universität St. Gallen beschreibt solche Kompetenzen als „Leadership mit Sinn".

Ein ähnlicher Anspruch einer guten Führungskraft von morgen spiegelt sich in den Ergebnissen einer aktuellen Befragung deutscher Führungskräfte aus allen Branchen wider, die im Rahmen der Studie „Führungskultur im Wandel" unter Leitung der „Initiative Neue Qualität der Arbeit" im September 2014 veröffentlicht wurde. Demnach werden in Zukunft vor allem folgende Kompetenzen und Strukturen als Erfolgsfaktoren in Unternehmen favorisiert Initiative Neue Qualität der Arbeit (2014, S. 6–11):

- Prozesskompetenz,
- Kooperationsfähigkeit,
- Organisation in Netzwerkstrukturen,
- Abkehr von Hierarchien,
- Motivation durch Autonomie und Sinnzusammenhang der Tätigkeit,
- Beschäftigung mit gesellschaftlichen Fragestellungen unter Beachtung von Stakeholderperspektiven (soziale Verantwortung).

Um die erweiterten Kompetenzen bei Führungskräften aufzubauen, benötigen die Unternehmen eine Helikopterperspektive und einen Raum für Reflexion. Sie müssen einen Perspektivwechsel vornehmen und sich für Erfahrungen aus anderen Kontexten öffnen.

Intersektorale und interdisziplinäre Lern- und Erfahrungswelten schaffen genau diesen Rahmen, um die notwendigen Kompetenzen und organisationsübergreifenden Beziehungen für die Gestaltung des gesellschaftlichen Wandels aufzubauen. Hier bietet Corporate Social Responsibility (CSR) und speziell der Corporate Citizenship-Ansatz mit seinen innovativen Ansätzen eine Fülle an Methoden und Möglichkeiten für die Unternehmen. Es entsteht somit eine Win-Win-Situation – für die einzelne Führungskraft, für das Unternehmen und für die Gesellschaft.

3 Corporate Volunteering für Führungskräfte

Ein möglicher Ansatz für intersektorale und interdisziplinäre Lern- und Erfahrungswelten bietet das Instrument Corporate Volunteering, auch als betriebliches Mitarbeiterengagement verstanden. Laut einer Studie der American Chamber of Commerce in Germany und der Roland Berger Strategy Consultants (2011, S. 1) kann Corporate Volunteering einen entscheidenden Beitrag zur Bewältigung zukünftiger gesellschaftlicher Herausforderungen leisten. Corporate Volunteering ist ein Instrument des Corporate Citizenship-Ansatzes und beschreibt das gesellschaftliche und ehrenamtliche Engagement von Unternehmen und ihren Mitarbeitenden, welches die Lösung verschiedener gesellschaftlicher Probleme und Missstände zum Ziel hat (vgl. Gentile und Wehner 2012, S. 22). Corporate Volunteering findet seinen Ursprung in den USA. Es lassen sich bis heute eine Fülle von Methoden und Instrumenten innerhalb des Corporate Volunteerings nachweisen: Zeitkonten, Aktionstage, Secondment, Pro-bono-Dienstleistungen, Teamentwicklungsprozesse, Mentoring (siehe Tab. 1).

Beim Corporate-Volunteering beschäftigen sich Mitarbeitende aus Unternehmen meist mit sozialen und gemeinnützigen Fragestellungen und engagieren sich hier eine Zeit lang freiwillig in bestimmten Projekten. Dabei stellen sie ihre Zeit und ihr Know-how-zur Verfügung. Auf diese Weise sollen sie z. B. mit sozialen Herausforderungen konfrontiert werden und Rückschlüsse auf das betriebliche Umfeld und die damit zusammenhängenden Tätigkeiten und Entscheidungen ziehen. Betätigungsfelder sind oftmals kurzfristige Einsätze im handwerklichen Bereich, Durchführung von Hospitationen oder eine längerfristige Arbeit in sozialen Einrichtungen oder anderen gemeinnützigen Organisationen. Ziel ist eine Win-Win-Situation, die sich durch folgende Faktoren auszeichnet:

1. Verdeutlichung der sozialen Verantwortung von Unternehmen durch die Unterstützung der Gesellschaft in ausgewählten Projekten,
2. Demonstration und Umsetzung von Unternehmenswerten,
3. Aufbau bzw. Weiterentwicklung personeller Kompetenzen.

Tab. 1 Bandbreite des Mitarbeiterengagements. (Lang und Sturm 2015, S. 34)

Ressourcen für NPO	Leistungserbringung für Adressaten der NPO	Capacity Building/Organisationsentwicklung der NPO (Non-Profit-Organisation)			
Hands-on	1:1 Begegnung	Kompetenzspenden/Skill-based Volunteering			
		Kompetenzerwerb	Pro Bono	Know-how-Transfer	Innovation
• Social Day • Bauen • Renovieren • Umzug/Veranstaltung unterstützen •	• besondere Ausflüge, Veranstaltungen • soziales Praktikum • Vorlesen • ...	• Bewerbungstrainings • financial literacy • ...	• IT • Marketing • Personal • Logistik • Recht • ...	• Beratung • Coaching • Mentoring • Entsendungen (Secondment)	gemeinsame Entwicklung neuer • Lösungen • Kapazitäten • ...
kurzfristig viele Mitarbeiter, große Teams	⟵⟶				langfristig wenige Mitarbeiter, kleine Teams

Dabei gewinnt Corporate-Volunteering als soziales Erfahrungs- und Lernfeld für Führungskräfte im Rahmen der Führungskräfteentwicklung immer mehr an Bedeutung (vgl. ACC und Roland Berger 2011). Demnach sollte die Förderung von Mitarbeiterengagement zur Chefsache erklärt werden, welches die Teilnahme der Führungskräfte zum Gelingen von Corporate Volunteering miteinschließt (ACC und Roland Berger 2011, S. 1). Im Rahmen der Führungskräfteentwicklung wird Corporate Volunteering als Instrument für die Kompetenzentwicklung vor allem im Bereich der sozialen, personalen und emotionalen Kompetenzen genutzt, fernab von den üblichen Lernkontexten (vgl. Bartsch 2010, S. 394).

Besonders effektiv erscheint in dem Zusammenhang das pädagogische Konzept des „Lernens in fremden Lebenswelten", entwickelt von Gabriele Bartsch und ihrer Agentur mehrwert. Wenn sich Führungskräfte im Rahmen von Corporate Volunteering sozial engagieren und gemeinsam mit anderen Partnern an realen und konkreten Problem- und Fragestellungen arbeiten, bewegen sie sich meist in fremden Systemumfeldern. Das Konzept ermöglicht den Führungskräften einen Perspektivwechsel und die Erweiterung ihrer sozialen und persönlichen Kompetenzen. Zusätzlich fördern neue Lernorte und Lernumwelten die Erschließung neuer Kenntnisse und Lösungswege, die für spätere betriebliche Prozesse relevant sein können. Der Rahmen dieses Konzeptes basiert auf lerntheoretischen Erkenntnissen der Erwachsenenbildung. Dabei geht es um die Gestaltung des biografischen Lernens und damit verbundene reflexive Lernprozesse, die auf die „Kommunikation und Interaktion mit anderen bzw. die Beziehung auf einen sozialen Kontext aufbauen und eingebunden sind in Lebenswelten, die unter bestimmten Bedingungen auch als ‚Lernumwelten' oder ‚Lernmilieus' analysiert werden können. Erfahrungsorientiertes, lebensweltliches Lernen, Lernen im sozialen Umfeld oder Lernen in Kontexten sind Begriffe, die diesem Aspekt des Lifelong Learning Rechnung tragen [...]" (Alheit et al. 2003, S. 33).

Das Konzept des „Lernen[s] in fremden Lebenswelten" fußt auf drei zentralen Vorgehensweisen und hat seine Besonderheiten in folgenden Punkten (vgl. Bartsch 2003, S. 169–178):

1. Einführung und Vorbereitung – Vereinbarung eines individuellen Lernziels,
2. Einsatz in einer sozialen Einrichtung – Lernen in Begegnung und Auseinandersetzung,
3. Auswertung des Einsatzes – Reflexion der Erfahrungen und Transfer in das Unternehmensumfeld.

Die Besonderheiten dieses Konzeptes sind, dass es

- erfahrungs- und handlungsorientiert ist und damit einen ganzheitlichen Lernansatz verfolgt,
- die Teilnehmenden auffordert, sich auf neue, ungekannte Situationen einzulassen und den Mut mitzubringen, ihre Perspektive zu wechseln und neue Sichtweisen zuzulassen,
- das Verständnis für andere Menschen und ihre Lebenssituationen weckt,
- auf einem selbstorganisierten Lernen basiert.

Somit stellt dieses Konzept auch durch seinen Rahmen einen nachhaltigen Reflexions- und Lernraum dar, der in keiner der sonst üblichen Manager-Seminare geschaffen werden kann. Nachfolgend werden drei unterschiedliche Beispiele von Corporate-Volunteering-Einsätzen vorgestellt, die das oben genannte Prinzip praxisrelevant abbilden.

4 Fallbeispiele für sektorenübergreifendes Corporate Volunteering

4.1 Partners in Leadership – Führungskräfte aus Wirtschaft und Schule im Dialog

„Partners in Leadership" ist ein Format für Peer-Learning und ein Erfahrungs- und Kompetenzaustausch mit Führungskräften aus der Wirtschaft und Leitenden aus dem System Schule. Hintergrund der Kooperation ist die Intention, das schulische Bildungswesen und deren Führungsebene als eine der zentralen Schaltstellen von gesellschaftlichen Veränderungsprozessen zu verbessern und Schulleitungen beratend und begleitend zur Seite zu stehen. Im Jahr 2005 starteten die drei Unternehmen Deutsche Bank AG, KPMG AG Wirtschaftsprüfungsgesellschaft und Herlitz PBS AG in Deutschland das Corporate-Volunteering-Programm. Es wird seit dieser Zeit vom gemeinnützigen Verein BildungsCent e. V. sowie den Landesarbeitsgemeinschaften SCHULEWIRTSCHAFT umgesetzt. In dem Programm arbeiten Manager aus Unternehmen mit Schulleitungen aus allen Schulformen ein Jahr lang in Partnerschaften zusammen. Ziel ist es, wechselseitige Lernerfahrungen zu ermöglichen, bei denen Schulleitungen vom Managementwissen der Führungskräfte aus den Unternehmen lernen. Andererseits erhalten die Manager einen

Tab. 2 Individuelle Lern- und Erfahrungsfelder bei Partners in Leadership. (Eigene Darstellung)

Lern-/Erfahrungsfeld Schule	Learnings für Führungskräfte aus Unternehmen
Organisation	Lösungswege anderer Organisationen kennenlernen; Perspektivwechsel, Einstellungen, Vorstellungen und Erwartungen der Arbeitskräfte von morgen kennen lernen; Komplexität des Bildungssystems wahrnehmen, Vorurteile benennen und abbauen; Diversity erleben, Begleitung von Change-Prozessen
Lehr- und Lernprozesse	Pädagogische Inhalte, Bildung und Entwicklung von sehr heterogenen Teams (SchülerInnen-Klassen)
Leadership	Führen von Führungskräften (Lehrerinnen und Lehrer sind Führungskräfte, Classroom-Management), Umgang mit Motivationsproblematik: Führung und Motivation von Beamten ohne Weisungsbefugnis und extrinsischen Anreizen, sondern Aktivierung durch Beziehungsaufbau und Partizipation, Umgang mit Beteiligungsprozessen, Kommunikation und Zusammenarbeit mit Behörden, Erhöhung der Kommunikations- und Problemlösefähigkeiten
Gesellschaftliche Wertschöpfung	Besseres Verständnis für nächste Generation und deren Wertekanon ermöglichen, sektorenübergreifende Vernetzung und Zusammenarbeit für die Verbesserung des Schul- und Bildungssystems

Perspektivwechsel und einen exklusiven Einblick in das System Schule, wodurch sie ein Verständnis für die Belange und Herausforderungen der Schulen aufbauen. (vgl. BildungsCent o. J.). In monatlichen Treffen in der Schule oder im Unternehmen arbeiten sie an aktuellen Fragestellungen aus ihrem Führungsalltag und an Themen, die sich mit der Leitung und Weiterentwicklung der Organisation Schule beschäftigen. Konkret arbeiten sie gemeinschaftlich an Lösungen aktueller Herausforderungen, denen sich Schulen heute stellen müssen, z. B. Qualitätsmanagement, Personalführung, Öffentlichkeitsarbeit, Teambildung, Organisationsentwicklung. Die Manager begleiten schulische Change-Prozesse wie etwa Fusionen, unterstützen die Schulen in der Etablierung von Leitungsstrukturen oder entwickeln gemeinsam Leitbilder und Konzepte für die Steigerung der Schulqualität. Neben den konkreten Handlungsfeldern reflektieren beide Partner, wie sie ihr „Unternehmen" in Zeiten des Wandels erfolgreich führen und steuern können.

Die Partnerschaften zwischen Schulleitungen und Führungskräften aus Unternehmen werden von BildungsCent e. V. und den Landesarbeitsgemeinschaften SCHULEWIRTSCHAFT vermittelt, koordiniert und bilden lediglich den Rahmen für die Zusammenarbeit der einzelnen Partnerschaften, Themen werden nicht vorgegeben. Zudem werden Reflexions- und Vernetzungsräume mit anderen Partnerschaften innerhalb des Programms ermöglicht. Die Unternehmen stellen ihren Führungskräften für das Engagement Zeitkontingente zur Verfügung.

Partners in Leadership ist ein umfassendes Beispiel für die Möglichkeiten der Perspektivwechsel und damit verbundene neue Lern- und Erfahrungsfelder, die sich für Führungskräfte durch eine Teilnahme an dem Programm eröffnen (siehe Tab. 2).

Neben der persönlichen Kompetenzerweiterung beider Partner findet ein Austausch von Erfahrungen und fachlicher Expertise zwischen zwei unterschiedlichen Führungssystemen statt. Beide Partner nutzen die jeweils andere Organisation als ein Lernfeld für die Verbesserung der eigenen Führungspraxis. Darüber hinaus erweitern die Führungskräfte aus den Unternehmen in der Partnerschaft ihre sozialen Kompetenzen, wie etwa Empathie-, Reflexions-, Problemlöse- und Kommunikationsfähigkeit. Das gegenseitige Feedback und den unvoreingenommenen Blick von außen schätzen beide Führungskräfte sehr. In den Chefetagen sind die Führungskräfte häufig auf sich allein gestellt. Sie erhalten nur selten eine offene und ehrliche Rückmeldung. So beschreibt etwa ein Manager seine Motivation zur Teilnahme an dem Programm folgendermaßen: „Es war mir wichtig zu erfahren, wie die Welt eines Schulleiters im Vergleich zur Welt einer Führungskraft aus der Wirtschaft aussieht. Eine Schule hat ein Umfeld für Menschen, die noch in der Erziehungsphase sind. Schule ist auf der anderen Seite gleichzeitig eine Organisation, die bestimmte Ziele hat und Leistungen erbringen soll. Diese Komplexität der Aufgabe, so etwas zu leiten, zu verstehen und miteinander zu sehen, was man von der anderen Seite lernen kann, war meine Motivation [...].“[1]

Durch die Kenntnis und das Erleben ganz unterschiedlicher Führungsstrukturen/-kulturen und deren Lösungsansätze reflektieren beide Partner ihr eigenes Führungsverhalten, ziehen Rückschlüsse für ihr Handlungsfeld und überprüfen Gelerntes in neuen Situationen. Oft gibt es dabei Verständigungsschwierigkeiten: „Es ist eine andere Sichtweise, eine andere Sprache" (Manager). Plötzlich werden beispielsweise die Schülerinnen und Schüler von den Managern als Kunden bezeichnet und die Schulleitungen gefragt, wie sie ihren Erfolg messen.

Ein interessantes Lern- und Erfahrungsfeld für Führungskräfte aus Unternehmen ist die Führungsstruktur von Schulen mit beamteten Lehrerinnen und Lehrern. Schulleitungen führen ihre Lehrerschaft ohne Weisungsbefugnis und besitzen keinerlei disziplinarische Handhabung, diese obliegt den Schulverwaltungen. „In der Schule gibt es keinen Unterbau, der hierarchisch geführt ist, keine Teamleitungen etc. Die Schulleitung führt quasi viele Individuen, hier macht jeder was er will und alles anders [...]. Es ist wie das Führen von vielen Führungskräften oder Projektmitarbeitenden. Einfacher ist es, Fließbandarbeiter oder Monteure zu führen", so die Erfahrung eines Managers. Durch das Erleben dieser Führungsgrenzen und das Reflektieren der Erkenntnisse relativieren sich meist die eigenen Herausforderungen der Manager.

Das Fazit einer Führungskraft der Deutschen Bank: „Mein Engagement bei Partners in Leadership macht mir nicht nur viel Freude, es bringt mir auch eine Menge. Denn so unterschiedlich, wie vermutet, arbeiten Schule und Unternehmen nicht. Beide stehen vor ähnlichen Herausforderungen, haben aber ganz unterschiedliche Lösungsmöglichkeiten. Und beide können voneinander lernen [...]."

---

[1] Diese und alle folgenden Aussagen von Teilnehmenden des Programms stammen aus eigenen Interviews im Rahmen der Partners in Leadership-Projekte von BildungsCent e. V.

Weitere Zitate der CSR-Verantwortlichen aus den beteiligten Partnerunternehmen des Programms (BildungsCent o. J.) lauten wie folgt:

Partners in Leadership bietet unseren Führungskräften eine attraktive Chance, ihre beruflichen Kompetenzen in einem unbekannten Umfeld zielgerichtet einzubringen und zu erweitern. Dies eröffnet ein neues Lernfeld, von dem alle Seiten profitieren – und wir werden unserer Verantwortung als Corporate Citizen und engagierter Arbeitgeber gerecht (Deutsche Bank AG).

In diesem Dialog geht es um Geben und Nehmen, es geht um Prinzipien moderner Führung. So öffnet sich dem Manager eine andere Welt mit einer völlig anderen Atmosphäre, Sprache, Führungskultur und Infrastruktur (KPMG AG Wirtschaftsprüfungsgesellschaft).

4.2 Blickwechsel® – Soziales Lernen für Führungskräfte

Die Agentur für Soziales Lernen, mehrwert, bietet in ihrem Corporate-Volunteering-Programm Blickwechsel® seit 2001 Führungskräften aus Unternehmen ein sogenanntes „Sozialpraktikum" an. Vorreiter ist das Schweizer Programm Seitenwechsel®. Unter dem Motto „Leadership-Qualitäten stärken durch emotionales Lernen" tauchen die Führungskräfte für eine Woche in eine andere Lebenswelt ein, fernab von ihrem gewohnten Business-Leben. In dieser Zeit betätigen sie sich aktiv als Mitarbeitende in einer sozialen Einrichtung, wie etwa einer Behindertenwerkstatt, einer Suchtklinik oder in einem Altenheim und vollziehen einen „Blickwechsel". Ziel ist es, die Führungskräfte in ihren sozialen und emotionalen Kompetenzen weiterzuentwickeln und für die Bedürfnisse und Herausforderungen des sozialen Sektors zu sensibilisieren. Gestärkt werden etwa Fähigkeiten im Umgang mit unterschiedlichen Menschen oder unvorhersehbaren Situationen. Die Einsätze der Führungskräfte werden durch eine Vor- und Nachbereitung sowie durch Reflexionsphasen und ein Coaching begleitet. Dabei werden die Lernbereiche und -effekte der Führungskräfte, veranschaulicht durch Tab. 3, reflektiert und Schlussfolgerungen gezogen, wie diese Erkenntnisse in ihr Business übertragen werden können. Namhafte Unternehmen wie Trumpf GmbH & Co. KG oder Robert Bosch GmbH nehmen an dem Projekt teil und entsenden ihre Führungskräfte in das einwöchige Sozialpraktikum (vgl. Agentur mehrwert 2013).

Bei diesem Programm stehen besonders die sozialen Lerninhalte der Führungskräfte in den Dimensionen Diversity und Leadership im Vordergrund. Durch den Einsatz in den sozialen Organisationen erfahren und lernen die Führungskräfte den Umgang mit Menschen, mit denen sie sonst nicht viel zu tun hätten. Die sozialen Einrichtungen unterscheiden sich vor allem in ihren Merkmalen von Unternehmen. Hier wird mit wenig Mitteln vorrangig am Menschen „gearbeitet". Diese Erfahrungen sind für die Führungskräfte sehr prägend und erfordern ein Umdenken in alle Richtungen, insbesondere im Hinblick auf den Aufbau neuer Handlungsstrategien und Einstellungen. Kompetenzen wie Anpassungsfähigkeit, Selbstreflexion, Einfühlungsvermögen und Kooperation mit den Fachkräften der sozialen Einrichtungen sind gefragt. Das Programm regt an, über Führungskultur und Organisation neu nachzudenken. Bei den Einsätzen erleben die Führungskräfte, wie wichtig die

Tab. 3 Individuelle Lern- und Erfahrungsfelder bei Blickwechsel®. (Eigene Darstellung)

Lern-/Erfahrungsfeld soziale Einrichtung	Learnings für Führungskräfte aus Unternehmen
Organisation	Lösungswege anderer Organisationen kennen lernen; Perspektivwechsel, Prozessnutzen gegenüber einer Ergebnisorientierung in organisatorischen Abläufen, Nutzen von kollegialer Beratung für die Personal- und Teamentwicklung, Umgang mit knappen Ressourcen, Gewinnung von Ehrenamtlichen jenseits finanzieller Anreize, Diversity erleben
Kommunikationsstruktur/-kultur	Nutzen von Ritualen in der Kommunikation zur Steigerung der allgemeinen Wertschätzung, aktives Zuhören und Beobachten
Leadership	Fokus auf zwischenmenschliche Interaktionen, Wirkung von Beziehungsqualität und Partizipation zum Aufbau einer intrinsischen Motivation, individuelle Förderung und Ansprache von Menschen/Mitarbeitenden, Stärkeorientierung statt Defizitorientierung, Erhöhung der Selbstkompetenz
Gesellschaftliche Wertschöpfung	Besseres Verständnis für die Herausforderungen im sozialen Sektor

intensive Beziehungsgestaltung und die Kommunikation zwischen den Klienten und den Mitarbeitenden für das Gelingen dieser sozialen Arbeit ist. So beschreibt eine Führungskraft ihre Erkenntnisse folgendermaßen: „Durch die individuelle Förderung der Menschen in der Behinderteneinrichtung ist mir deutlich geworden, dass ich auf unterschiedliche Mitarbeiter unterschiedlich eingehen muss" (Agentur mehrwert 2013).

Unterstützungs- und Feedbackstrukturen helfen den sozialen Fachkräften, eine hohe Qualität ihrer Arbeit zu gewährleisten. Dies steht einem konkurrenzgetriebenen Wirtschaftssystem entgegen und ist vielen Führungskräften fremd. Auch wird in der sozialen Arbeit dem Prozessnutzen mehr Bedeutung zugesprochen als einer Ergebniserzielung. Nicht selten sind die Führungskräfte daher anfangs von den Praktikern der sozialen Einrichtungen und deren Vorgehensweisen irritiert. Die engagierten Führungskräfte entwickeln in ihrem Einsatz ein neues Verständnis und erkennen, dass eine zu hohe Struktur- und Effizienzorientierung Flexibilität und Kommunikation verhindert. Das kann wiederum zu Widerständen und Missverständnissen führen, wie es die folgende Aussage belegt: „[H]ochprofessionell im Umgang mit der Klientel, ineffektiv in der Ablauforganisation" (Bartsch 2010, S. 396).

Auch der Blick auf menschliche Prozesse wird für die Führungskräfte geschärft, wie ein Teilnehmer des Programms reflektiert, der seitdem den Mehrwert schätzt, „kleine Schritte wahrzunehmen – und dass man an den Stärken der Menschen ansetzen muss" (Agentur mehrwert 2013).

Nicht zuletzt durchlaufen auch die sozialen Fachkräfte der Einsatzstellen in der Projektzeit einige Lernprozesse. Durch das Feedback der Führungskraft erhalten sie eine neue Sichtweise auf ihre Tätigkeit, fühlen sich dadurch in ihren Kompetenzen wertgeschätzt.

Sie nutzen den Input der Führungskraft für ihre eigene Entwicklung, beispielsweise bei der Optimierung ihrer Arbeitsprozesse. Hier wird deutlich, wo beide Parteien und Systeme in der Zusammenarbeit profitieren und voneinander lernen können (vgl. Bartsch 2010, S. 396).

4.3 Ulysses – Führungskräfte als Entwicklungshelfer

„Ulysses – a journey towards responsible Leadership" wurde 2001 vom Wirtschaftsberatungsunternehmen PricewaterhouseCoopers als strategisches Leadership-Development-Programm entwickelt. Das Programm wird für ausgewählte Führungskräfte (Partner-Level) mit einer globalen Führungslaufbahn angeboten. Es ist als Secondment-Ansatz erarbeitet und als dreimonatiges Entwicklungsprogramm konzipiert. Bei der Methode des Secondments handelt es sich um ein einmaliges und längerfristiges Programm (bis zu einem Jahr), welches in der Regel durch „Entsendungen" von Mitarbeitern z. B. in Entwicklungsländer durchgeführt wird (vgl. Mutz 2008, S. 243).[2]

Ziel des Programms ist der Aufbau eines weltweiten Netzwerkes von PwC-Führungskräften, die sich der Themen Nachhaltigkeit (Sustainability) und kulturelle Vielfalt (Diversity) annehmen und eine gemeinsame nachhaltige Führungskultur (Leadership) entwickeln. Zudem sollen sie für sozial verantwortliche Maßstäbe sensibilisiert werden und lernen, ihr Führungshandeln danach auszurichten (vgl. PriceWaterhouseCoopers 2007, S. 43). Die Manager werden nach einem internen Auswahlprozess der jeweiligen PwC-Standorte in jeweils kulturell gemischten Teams (drei bis vier Personen) für acht Wochen lang in Entwicklungsländer entsendet, um dort NGOs in ihren Projekten zu unterstützen. In dieser Zeit werden sie von den NGOs in den auswärtigen Ländern betreut. Dort arbeiten sie zusammen mit Social Entrepreneurs, NGOs oder internationalen Organisationen in Hilfsprojekten. Innerhalb dieser Projekte sollen die Teilnehmer neue Herausforderungen meistern. Dabei erhalten sie die Möglichkeit, auf ihre professionellen Kompetenzen zurückzugreifen. Die Koordination und Netzwerkbildung im Kampf gegen HIV/AIDS in Uganda, Hilfe bei der Professionalisierung von Social Entrepreneurs in Indien sowie Unterstützung beim Kompetenzaufbau in Managementfragen bei Bildungseinrichtungen in Namibia und Paraguay stellen nur einige dieser Projektbeispiele dar.

Um die Lernerfahrungen der Teilnehmer in den Arbeitsalltag zu transferieren, werden diese dann in der Review-Woche ausgewertet und Transfermöglichkeiten herausgearbeitet. Nach der Rückkehr aus dem dreimonatigen Entwicklungsprogramm werden die Teil-

---

[2] Die Tätigkeitsbereiche des Engagements stehen bei diesem Programm im engen Zusammenhang mit den fachlich-inhaltlichen Herausforderungen des betrieblichen Alltags. Wobei die Mitarbeiter ihre bereits bestehenden Kompetenzen in einem anderen Umfeld anwenden und neue Fähigkeiten innerhalb dieser veränderten Bedingungen aufbauen sollen. Dieser Ansatz entspricht damit dem sogenannten „Lifewide Learning", dem ganzheitlichen Lernen. Indem „kognitive" Fähigkeiten an soziale Kompetenzen angeschlossen werden, können Lernprozesse am ehesten stimuliert werden (ausführlicher Alheit und Dausien 2002, S. 571 f.).

nehmer mit ihren Erfahrungen nicht alleine gelassen, sondern finden durch Netzwerkkontakte, Coachings und jährliche Folgetreffen die Möglichkeit eines globalen Austausches. Die Kommunikation soll dazu dienen, die Reflexionsfähigkeit anzuregen. Innerhalb solcher Netzwerke können die Teilnehmer ebenso ihr Wissen erweitern bzw. anwenden (vgl. Schneider und Pless 2008, S. 214 ff.). Ulysses ist in seiner Form eines der innovativsten und differenziertesten Leadership-Development-Programme der heutigen Zeit. Es hebt sich von anderen Programmen in drei speziellen Punkten ab:

1. Durch die Kombination von drei inhaltlichen Lerndimensionen (Diversity, Sustainability und Leadership) erhält Ulysses seinen innovativen und visionären Charakter.
2. Durch die Kombination verschiedener miteinander verbundener Entwicklungsmethoden (Class Room Teaching, Executive Coaching bis hin zu Action Learning, Action Research und Experiential Learning) führt das Programm zu vielseitigen Lernerfahrungen.
3. Durch die Verknüpfung dieser Elemente wird eine Führungskräfteentwicklung auf verschiedenen Führungsebenen ermöglicht: Individuelle Ebene, Teamebene, Organisationsebene und Gesellschaftsebene.

Das Programm lässt Reflexionen und Lernerfahrungen auf allen Ebenen zu, welche durch Tab. 4 verdeutlicht werden.

Die bestehende Wertorientierung wird hinterfragt bzw. neu definiert. Die Führungskräfte überschreiten dabei ihre eigenen Grenzen, sowohl räumlich als auch beruflich, kulturell und sozial und werden gezwungen, neue Lösungswege für die zu bewältigenden Herausforderungen zu generieren. Der Rückgriff auf bisherige routinierte Ansätze entfällt – eine Irritation, die neue Denkanstöße fördert und dabei neue Verhaltensmuster und Einstellungen herausarbeitet (vgl. Pinter 2008). Eine PwC-Führungskraft, die in Afrika eingesetzt

Tab. 4 Individuelle Lern- und Erfahrungsfelder bei Ulysses. (Eigene Darstellung)

Lern-/Erfahrungsfeld NGO	Learnings für Führungskräfte aus Unternehmen
Organisation	Lösungswege anderer Organisationen kennenlernen, Perspektivwechsel, Umgang mit knappen Ressourcen, Stakeholdermanagement, Nachhaltigkeitsmanagement, Umgang mit Komplexität Projektmanagement
Team	Teambuilding, arbeiten in interkulturellen und -nationalen Teams
Leadership	Führen von globalen Teams (Diversity Management), Werte und Verantwortung als Basis zukunftsfähiger Führung, Entwicklung und Koordinierung von globalen Netzwerkstrukturen, Vernetzung und Kooperation
Gesellschaftliche Wertschöpfung	Besseres Verständnis für globale Herausforderungen und Zusammenhänge, Vernetzung und Zusammenarbeit zur Lösung globaler Herausforderungen in der Entwicklungshilfe – EntwicklungvonSocialInnovation

wurde, beschreibt diesen Prozess folgendermaßen: „Alleine der Umstand, dass ich meine spezifischen Fähigkeiten einmal in einem ganz anderen Umfeld einsetzen musste, hat mir eine andere Denkweise und neue Perspektiven vermittelt" (Piazza 2007, S. 19).

In den Entwicklungsländern herrschen meist extreme Verhältnisse. Die Führungskräfte erleben dort nicht nur direkt die Auswirkungen einer globalen Wirtschaft, sondern sie werden auch mit Situationen und Herausforderungen konfrontiert, mit denen sie in ihrer Welt keinerlei Berührungspunkte haben. Nicht selten geht es in den Entwicklungsländern um die Lösung existenzieller Herausforderungen: Armut, Hunger und Epidemien, kein sauberes Trinkwasser, keine Bildung und korrupte Regierungsstrukturen.

In Bezug auf Leadership wird das individuelle Führungsverhalten reflektiert, ein neues Verhalten in multikulturellen Teams erprobt und ein besseres Verständnis für eine auf Werten basierende Führung entwickelt. Dazu wird das Verantwortungsbewusstsein für unterschiedliche Dimensionen einer nachhaltigen Wertschöpfung in Unternehmen und in der Gesellschaft gefördert (vgl. Schneider und Pless 2008, S. 214 ff.). Darüber hinaus werden die Teilnehmer für zukünftige globale Herausforderungen sensibilisiert, und eine strategische, normative, vernetzte und visionäre Sichtweise wird geschärft. Ulysses bereitet die Teilnehmer somit auf die zukünftigen Führungsaufgaben in einer vernetzten, globalen und interkulturellen sowie wertesensiblen Stakeholder-Gesellschaft vor.

5   Resümee

Um die Herausforderungen unserer Zeit zu meistern und entsprechende Transformations- und Innovationsprozesse zu initiieren und zu gestalten, ist eine Zusammenarbeit aller Sektoren (Wirtschaft, Staat, Zivilgesellschaft) vonnöten. Gerade die Entscheidungsträger und damit auch Führungskräfte aus Unternehmen haben die Macht und die strukturellen Voraussetzungen, den Wandel maßgeblich mitzugestalten. Dafür braucht es neben dem WOLLEN (entsprechende Werte, Prinzipien, Standards) und dem KÖNNEN (entsprechende Kompetenzen) der Führungskräfte auch einen förderlichen Rahmen für ihr TUN (sektorenübergreifende Dialog- und Kooperationsformen). Das Konzept des Corporate Volunteerings ist hierbei hervorragend geeignet, alle drei Dimensionen zu befördern.

Die vorgestellten Corporate-Volunteering-Programme eröffnen, trotz unterschiedlicher inhaltlicher Schwerpunkte, den Führungskräften aus Unternehmen sektorenübergreifende Lern- und Erfahrungsräume, die ihnen den nötigen Perspektivwechsel ermöglichen. Die fremden Lebens- und Erfahrungswelten lassen eine Reflexion ihrer eigenen Werte, Einstellungen und Führungsverständnisse zu und tragen so zur Entwicklung eines werteorientierten und nachhaltigen Führungsverhaltens bei. Darüber hinaus bieten die aufgezeigten Programme den Unternehmen Formate an, in denen Führungskräfte sich mit Menschen aus unterschiedlichen Sektoren und Disziplinen austauschen können. Hier lernen sie voneinander und werden animiert, zu kooperieren, um gemeinsam Lösungen für komplexe Fragestellungen zu finden. Dabei entwickeln sie Kompetenzen, wie z. B. soziale, Veränderungs-, Kooperations- und Innovationskompetenzen, die zur Bewältigung der globalen Herausforderungen in Zukunft entscheidend sind.

Literatur

Agentur mehrwert (2013): Infobroschüre Blickwechsel®. Und online unter [Seitenzahlen fehlen]: http://www.agentur-mehrwert.de/fileadmin/storage/pdf/Unternehmen/Blickwechsel/BW-Broschuere_2013_neu.pdf (Zugriff: 25.10.2015).

Alheit, P./Dausien, B. (2002): Bildungsprozesse über die Lebensspanne und lebenslanges Lernen. In: Tippelt R. (Hrsg): Handbuch Bildungsforschung. Opladen: Leske + Budrich, S. 571f..

Alheit, P./Dausin, B./Kaiser, M./Truschkat, I. (2003): Neue Formen (selbst) organisierten Lernens im sozialen Umfeld. Qualitative Analyse biographischer Lernprozesse in innovativen Lernmilieus. In: Arbeitsgemeinschaft Betriebliche Weiterbildungsforschung e. V., Projekt Qualifikations-Entwicklungs-Management (Hrsg.) QUEM-Materialien, Nr. 43. Berlin, S. 33. Online unter: http://www.abwf.de/content/main/publik/materialien/materialien43.pdf (Zugriff: 11.01.2016).

ACC/Roland Berger (2011): American Chamber of Commerce in Germany/Roland Berger Strategy Consultants: Corporate Volunteering in Deutschland. Ergebnisse einer Befragung von Unternehmen in Deutschland, Frankfurt am Main. Und online unter: https://www.rolandberger.com/media/pdf/Roland_Berger_CV_Studie_AmCham_RBSC_D_20110502.pdf (Zugriff: 29.10.2015).

Bartsch, G. (2003): Lernen in fremden Lebenswelten. Personalentwicklung als Einstieg in das bürgerschaftliche Engagement von Unternehmen. In: Backhaus-Maul, H. und Brühl, H. (Hrsg.): Bürgergesellschaft und Wirtschaft – zur neuen Rolle von Unternehmen. Berlin: Deutsches Institut für Urbanistik, S. 169-178.

Bartsch, G. (2010): Corporate Volunteering – ein Blickwechsel mit Folgen. In Backhaus-Maul, H/ Biedermann, C/ Nährlich, S./Polterauer, J. (Hrsg.): Corporate Citizenship in Deutschland. Gesellschaftliches Engagement von Unternehmen. Bilanz und Perspektiven. 2. Aufl., Wiesbaden: Verlag für Sozialwissenschaften, S. 396.

BildungsCent (o.J.): Broschüre Partners in Leadership. Und online unter [Seitenzahlen fehlen]: http://partners-in-leadership.bildungscent.de/fileadmin/PiL/Downloads/Partners_in_Leadership-Broschuere.pdf (Zugriff: 25.10.2015).

Bruch, H. (2015): Energie von Systemen. Warum wir eigentlich einen Paradigmenwechsel brauchen. Keynote auf dem DGFP // lab zum Thema „Leadership Revolution! Führung im Umbruch gestalten", Berlin 24.09.2015.

Dresewski, F./Nelius, C. (2014): Verantwortliche Unternehmensführung. Corporate Social Responsibility (CSR) im Mittelstand. Berlin: Unternehmen: Partner der Jugend, S. 12.

Gentile, G. C./Wehner, T. (Hrsg.) (2012): Corporate Volunteering: Das Unternehmen im Spannungsfeld von Profit und Ethik. Wiesbaden: Gabler Verlag.

Initiative Neue Qualität der Arbeit (2014): Führungskultur im Wandel. Kulturstudie mit 400 Tiefeninterviews. In: Initiative neue Qualität der Arbeit (Hrsg.): Monitor. Berlin, S. S. 6-11. Und online unter: http://www.inqa.de/SharedDocs/PDFs/DE/Publikationen/fuehrungskultur-im-wandel-monitor.pdf (Zugriff: 28.10.2015).

Jansen, S. A. (2015): Aufstand des Systems - Was sich ändern wird. Impuls auf dem DGFP // lab zum Thema „Leadership Revolution! Führung im Umbruch gestalten", Berlin 25.09.2015.

Lang, R./Sturm, E. (2015): Neue Verbindungen schaffen - Unternehmenskooperationen für gemeinnützige Organisationen. Berlin: Unternehmen: Partner der Jugend.

Mutz, G. (2008): Corporate Volunteering. In: Habisch, A./Schmidpeter, R./Neureiter, M. (Hrsg.): Handbuch Corporate Citizenship. Corporate Social Responsibility für Manager. Berlin-Heidelberg: Springer, 2008, S. 243.

o.V. www.erfahrungslernen.info (Zugriff: 20.12.2015)

Schneider, R./Pless, N. M. (2008): Responsible Leadership. Verantwortliche Führung im Kontext einer globalen Stakeholder-Gesellschaft. In: Zeitschrift für Wirtschaft und Unternehmensethik, Jg. 9, Heft 2, S. 214ff.

Piazza, K. (2007): Auch Alphatiere brauchen Training. In: Handelszeitung Zürich, 52. Aufl. vom 07.03.2007, S. 19.

Pinter, A. (2008): Wie Human Ressource Management und gesellschaftliches Engagement Hand in Hand gehen. Corporate Volunteering zur Mitarbeiterbindung und -entwicklung. In: forum Nachhaltig Wirtschaften vom 29.01.2008. Online unter: http://www.forum-csr.net/default.asp?News=1429 (Zugriff: 25.10.2015).

PricewaterhouseCoopers (2007): Unternehmensbroschüre. Wie vermehrt man Wissen? Indem man es teilt. Und online unter: http://www.finexpert.info/fileadmin/user_upload/downloads/pdf/partner/pwc_Unternehmensbroschuere_Nov07.pdf (Zugriff: 30.10.2015).

Wieland, J. (2014): Moralische Charakterbildung, Leadership Excellence und Corporate Character*. In: Zeitschrift für Wirtschafts- und Unternehmensethik, 15. Jg., Nr. 3, S. 376.

Anja Herde ist Spezialistin für die Themen Bildung, Corporate Social Responsibility sowie Leadership und Personal- und Organisationsentwicklung aus der Unternehmens- als auch aus der NGO-Perspektive und verfügt über langjährige Erfahrungen in diesen Bereichen. Nach ihrem Studium der Betriebswirtschaftslehre mit dem Schwerpunkt Personal und internationales Management absolvierte sie einen zusätzlichen Master im Bereich Erziehungswissenschaft und Psychologie an der Freien Universität Berlin. Von 2011–2015 leitete Sie das Programm „Partners in Leadership" bei BildungsCent e. V. Seit 2016 ist sie als Mitarbeiterin für Unternehmenskooperationen bei UPJ e.V., dem deutschlandweiten Netzwerk für Corporate Citizenship und CSR, tätig. Zuvor war sie als Personalberaterin in der Personalentwicklung sowie im Personalmanagement bei international agierenden Unternehmen wie Robert Bosch und Nokia tätig. In ihrer Selbstständigkeit als Trainerin für Führungs- und Schlüsselkompetenzen leitete sie in der Vergangenheit Workshops und Seminare im Bereich Soft-Skills. Darüber hinaus ist sie Mitglied in der Deutschen Gesellschaft für Personalführung e. V. und engagiert sich ehrenamtlich in unterschiedlichen nationalen und internationalen Gremien der Selbsthilfearbeit.

Employer Branding in Zeiten von Nachhaltigkeit und Digitalisierung

Ina Ferber

1 Zwischen Berater-Slang und Pragmatismus: Definitionen

Der Begriff „Employer Branding" tauchte erstmals 1990 auf (Barrow 1990). 1996 erschien dann der erste Fachbeitrag von Simon Barrow und Tim Ambler zum Thema „Employer Branding". Seither bekam das Thema immer mehr Aufmerksamkeit in der (Personal-)Managementliteratur und unter Recruiting-Praktikern. Seit knapp zehn Jahren ist der Begriff auch in Deutschland etabliert.

1.1 Was ist eine Employer Brand (Arbeitgebermarke)?

„Employer Brand" ist vom Marketingbegriff „*brand*", d. h. *Marke* abgeleitet. Eine Marke kann als die Summe aller Vorstellungen verstanden werden, die ein Markenname oder ein Markenzeichen bei Kunden hervorruft bzw. hervorrufen soll, um bestimmte Waren oder Dienstleistungen zu unterscheiden (Burmann et al. 2013). Um es mit dem berühmten Zitat von Ogilvy zusammenzufassen: „A brand is the consumer's idea of a product".

Employer Brand, also die Arbeitgebermarke, wird analog definiert:

Die Employer Brand ist die Summe aller Vorstellungen, die ein Unternehmensname oder Markenzeichen bei (potenziellen) Arbeitnehmern hervorruft. Dieses Vorstellungsbild unterscheidet einen Arbeitgeber von anderen Unternehmen.

Diese Definition wird so oder ähnlich von den meisten Autoren übernommen. Meist wird zusätzlich die Funktion einer Employer Brand konkretisiert (Mitarbeiter gewinnen, motivieren und halten) oder die relevanten Vorstellungen und Merkmale werden festgeschrieben (Wertesystem, Richtlinien, Führungsverhalten, Unternehmenskultur). Häufig

---

I. Ferber (✉)
Personalberaterin, Employer Branding-Expertin, Ferber Personalberatung
Frankfurt, Deutschland
E-Mail: info@ferber-personalberatung.de

wird die Employer Brand als fest, dauerhaft und stabil oder als Identität als Arbeitgeber beschrieben. Einen guten Überblick geben Immerschitt und Stumpf (2014).

1.2 Was ist Employer Branding (Arbeitgebermarkenbildung)?

„Employer Branding" ist vom englischen „branding" abgeleitet. Das Branding (Markenbildung) ist die Gestaltung und Entwicklung einer Marke. Die Vorstellungen, die ein Markenname oder ein Markenzeichen bei Kunden auslöst, werden aktiv beeinflusst. Für die Markenführung ist zunächst der Nutzen eines Produkts bzw. einer Dienstleistung, das Nutzenversprechen und das Qualitäts- und Preisniveau wichtig. Zusätzlich will das Branding Marken mit emotionalen Assoziationen (z. B. innovativ, exklusiv, hochwertig, zuverlässig, kultig, preiswert) aufladen. So soll beispielsweise der Slogan „Mars macht mobil, bei Arbeit, Sport und Spiel" den Schokoriegel mit Sportlichkeit und mit einem aktiven, erfüllten Leben assoziieren und über die Präferenzbildung letztendlich zum Kauf verführen.

Analog ist die Definition von Employer Branding:

Das Employer Branding ist die aktive Entwicklung einer Arbeitgebermarke. Ergebnis eines erfolgreichen Employer Brandings ist, dass das Unternehmen als attraktiver Arbeitgeber wahrgenommen wird und dass sich der Arbeitgeber in der Vorstellung der (potenziellen) Mitarbeiter von anderen Arbeitgebern unterscheidet. Ziel des Employer Brandings ist es, Mitarbeiter zu gewinnen, zu halten und zu führen.

Diese Definition fasst die Aspekte zusammen, die bei allen namhaften Autoren unstrittig sind. Zusätzlich betonen die meisten Experten, dass die Employer Brand glaubwürdig sein soll, denn daran mangelt es in der Employer-Branding-Kommunikation leider häufig. Meist wird hinzugefügt, dass Employer Branding über seine Kernfunktion hinaus zum Unternehmenserfolg beiträgt, z. B. indem es den Wert von Produkt- und Unternehmensmarken steigert.

Gelegentlich wird die Funktion (Mitarbeiter gewinnen, halten und führen bzw. motivieren) anders beschrieben. So soll z. B. das Employer Branding zur Präferenzbildung beitragen (der Arbeitgeber soll in der Zielgruppe „Employer of Choice" werden). Manche Autoren weisen darauf hin, dass die Arbeitgebermarke aus der Unternehmensmarke abgeleitet wird und dass diese Weiterentwicklung strategisch sein soll. Wie in den Definitionen des Begriffs Employer Brand wird auch bei der Beschreibung des Employer Brandings häufig darauf verwiesen, dass es um die Identität einer Organisation als Arbeitgeber geht.

In der Praxis werden am häufigsten die Definitionen von Queb (2016) und von der Deutschen Employer Branding Akademie (2007) verwendet. Eine gute Zusammenfassung findet sich bei Immerschitt und Stumpf (2014).

1.3 Wie unterscheiden sich Produktmarken von Arbeitgebermarken?

Der Zusammenhang mit und die Abgrenzung von Begriffen wie „Unternehmensmarke (Corporate Brand)" und „Produktmarke (Consumer Brand)" wurde von vielen Autoren beschrieben, zuletzt besonders übersichtlich von Latzel et al. (2015). Dieser Beitrag konzentriert sich daher auf den Unterschied zwischen Produktmarke und Employer Brand, denn daran lassen sich zentrale Grundlagen eines erfolgreichen Employer Brandings gut aufzeigen.

Wir haben gesehen, dass eine Marke die Summe aller Vorstellungen ist, die die Zielgruppe mit einem Markennamen verbindet, und dass das Branding diese Vorstellungen aktiv gestaltet, damit die Marke als positiv wahrgenommen wird. Das soll zu einer Präferenzbildung führen und schließlich zu einer Entscheidung (für das Produkt, für den Arbeitgeber, ...).

Auf die Vorstellungen der Konsumenten von Produktmarken wirken zunächst die Produkteigenschaften, der Nutzen, die Qualität und der Preis. Das Verbrauchermarketing gestaltet zusätzlich die emotionalen Assoziationen. „Mars" wurde oben bereits erwähnt. Der Slogan „Mars macht mobil, bei Arbeit, Sport und Spiel" etabliert einen Zusammenhang zwischen der Marke und Sportlichkeit und einem aktiven, erfüllten Leben.

Diese emotionalen Assoziationen sind für das Branding von Consumer Brands essenziell. Zunächst werden damit emotionale Alleinstellungsmerkmale geschaffen, die umso bedeutender sind, je weniger sich die wahrnehmbaren Produkteigenschaften für Kunden erkennbar unterscheiden (können Sie spontan sagen, wodurch sich Taschentücher von „Softis" und „Tempo" unterscheiden?). Außerdem werden Produktmarken durch emotionale Assoziationen mit tiefsitzenden Bedürfnissen verknüpft (nach Zugehörigkeit, nach einem Partner, nach Sinn im Leben), die Menschen stärker antreiben als allein der Wunsch, die Nase zu putzen oder von A nach B zu gelangen.

Während konkret wahrnehmbare Nutzenversprechen („mit diesem Produkt können Sie telefonieren, die Nase putzen, das Essen salzen, ...") eingehalten werden müssen, da sonst Kunden abwandern und die Glaubwürdigkeit der Marke leidet, sind emotionale Assoziationen kaum überprüfbar und daher wenig anfällig für Enttäuschungen. Deswegen darf beispielsweise die Marke „Marlboro" ungestraft Abenteuer versprechen, ohne jemals den Nachweis dafür zu erbringen.

Beim Consumer Branding werden also emotionale Assoziationen strategisch ausgewählt und mit großem Aufwand sowie teilweise unabhängig von Produkteigenschaften gestaltet und etabliert.

Eine Employer Brand verträgt solche willkürlichen Eingriffe nicht. Jedes Versprechen, welches im Employer Branding (potenziellen) Mitarbeitern gemacht wird, kann mit der Realität verglichen werden. Wer Familienfreundlichkeit verspricht und tatsächlich einen Betriebskindergarten, verschiedene Teilzeitmodelle und Home-Office-Lösungen bietet, hält die Zusage ein. Die Botschaft „Wir sind familienfreundlich" bleibt wirkungsvoll bestehen. Wer jedoch Familienfreundlichkeit verspricht, aber bei Krankheit eines Kindes von einem betroffenen Elternteil Überstunden erwartet, dessen Employer-Branding-Kommunikation wird als unehrlich wahrgenommen.

Die emotionalen Assoziationen einer Employer Brand lassen sich also nicht unabhängig von wahrnehmbaren Arbeitgeber-Eigenschaften gestalten. Im Gegenteil: Die Vorstellungen der tatsächlichen und potenziellen Mitarbeiter werden durch konkrete Erlebnisse der Mitarbeiter und Bewerber mit dem Arbeitgeber geprägt. Und diese Vorstellungen sind, wie oben dargestellt, per Definition die Employer Brand. Unternehmen, die ihre Employer Brand beeinflussen wollen, können das nur, indem sie die Erlebnisse der Mitarbeiter und Bewerber gestalten.

Reine Kommunikations- und Werbemaßnahmen können eine Employer Brand nicht verändern.

Ist es gelungen, den Mitarbeitern ein guter Arbeitgeber zu sein, so kann gute Kommunikation die positive Vorstellung verstärken, indem die vorhandenen positiven Assoziationen in der internen und externen Kommunikation aufgegriffen werden. Intern bleibt dadurch die Employer Brand bewusst. Extern steigt die Bekanntheit als guter Arbeitgeber.

Employer Branding bedeutet daher: *Guter Arbeitgeber sein und darüber reden.*

Wie erwähnt, wird die Employer Brand als „fest", „dauerhaft", „stabil" und als „Identität als Arbeitgeber" beschrieben. Es geht nicht darum, was ein Mitarbeiter in einem Augenblick denkt (z. B. „Schön, dass ich früher gehen darf, um mein Kind aus der Schule abzuholen."). Es geht eher darum, welche Wertvorstellungen vom Arbeitgeber bei einem großen Teil der Arbeitnehmer vorherrschen (z. B. „Mein Arbeitgeber ist familienfreundlich"). So eine Vorstellung verfestigt sich, wenn Mitarbeiter mit unterschiedlichen Kollegen und Vorgesetzten immer wieder konsistente Erfahrungen machen. Das ist nur möglich, wenn Organisationsstruktur, Prozesse, Entscheidungsgeschwindigkeit, Kleidungsstil, Höflichkeit, und viele Verhaltensweisen in dieselbe Richtung weisen. Die Erlebnisse, die die Summe aller Vorstellungsbilder prägen, also die Employer Brand, sind systematische und tief in der Organisation verankerte Systeme und Verhaltenstendenzen.

Die Employer Brand entsteht also durch Erlebnisse von Mitarbeitern und Bewerbern mit dem Unternehmen, und diese Erlebnisse entstehen durch etablierte Systeme und Verhaltenstendenzen. Wie die Persönlichkeit eines Menschen, so kann eine eingeführte Employer Brand nur mit großem Aufwand und längerfristig verändert werden.

Die Employer Brand ist die Persönlichkeit einer Organisation als Arbeitgeber.

1.4 Was ist Employer Reputation, und gibt es einen Unterschied zwischen Employer Brand und Employer Reputation?

Wenn in der englischsprachigen Managementliteratur mit dem Begriffspaar *brand* und *reputation* gearbeitet wird, dann steht *brand* für die Produktmarke, die sich an Kunden richtet und *reputation* für den Ruf des Unternehmens in der Gesellschaft. Analog zu dieser Verwendung der Begriffe ergibt sich folgende Abgrenzung:

Die *Employer Brand* ist die Summe aller Vorstellungen, die ein Unternehmensname oder Markenzeichen bei tatsächlichen und potenziellen Arbeitnehmern hervorruft.

Die *Employer Reputation* ist die Summe aller Vorstellungen, die ein Unternehmensname oder Markenzeichen bei potenziellen (aber nicht bei tatsächlichen) Arbeitnehmern hervorruft. Sie ist der Ruf des Arbeitgebers auf dem externen Arbeitsmarkt und somit ein Teil der Employer Brand.

2 Von einem, der auszog, die Fachkraft zu finden. Warum die Employer Brand und die Employer Reputation wichtig sind

2.1 Fachkräftemangel

Die Employer Brand ist ein Instrument, um im Wettbewerb um Arbeitskräfte die richtigen Mitarbeiter zu gewinnen. Durch den Fachkräftemangel wird dieser Wettbewerb immer schärfer, das Employer Branding gewinnt dadurch an Bedeutung.

Da die Existenz des Fachkräftemangels immer wieder bestritten wird, hier die wichtigsten Fakten: Die Arbeitslosenquote sinkt, die Zahl der gemeldeten offenen Stellen steigt

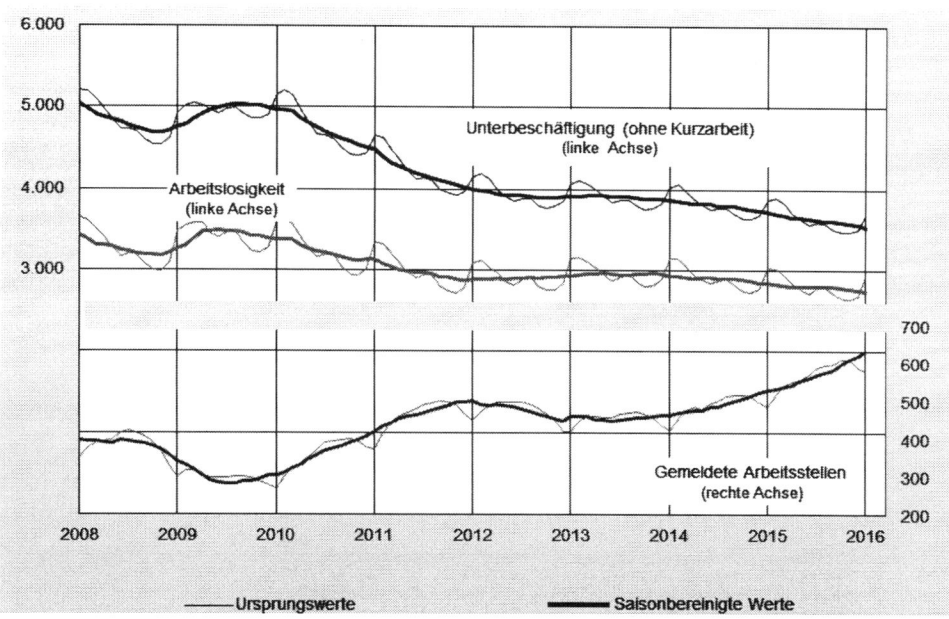

Abb. 1 Arbeitslose und gemeldetes Stellenangebot. Statistik der Bundesagentur für Arbeit. (http://statistik.arbeitsagentur.de/Navigation/Statistik/Statistik-nach-Themen/Arbeitslose-und-gemeldetes-Stellenangebot/Arbeislose-und-gemeldetes-Stellenangebot-Nav.html. Zugegriffen: 11. Februar 2016)

(vgl. Abb. 1). Sinkt die Arbeitslosenquote, so wird das verfügbare Reservoir an Arbeitskräften kleiner. Anders ausgedrückt: Je weniger Menschen eine Arbeit suchen, umso schwerer ist es, neue Mitarbeiter zu finden.

Die Anzahl gemeldeter Stellen kann aus verschiedenen Gründen steigen, beispielsweise weil mehr Stellen geschaffen werden, oder weil es länger dauert, offene Stellen zu besetzen. Auf jeden Fall belegt die steigende Zahl gemeldeter Stellen, dass es einen immer größeren ungedeckten Arbeitskräftebedarf gibt.

Natürlich gibt es noch keinen flächendeckenden und berufsgruppenübergreifenden Arbeitskräftemangel. Doch laut Fachkräfte-Engpassanalyse der Arbeitsagentur (2015) sind so unterschiedliche Berufsgruppen wie Ingenieure für Metallbau und Schweißtechnik, Fachkräfte für Energietechnik, Fahrzeugführer im Eisenbahnverkehr, examinierte Fachkräfte und Spezialisten in der Gesundheits- und Krankenpflege, Humanmediziner oder Fachkräfte für Orthopädie, Rehatechnik und Hörgeräteakustik betroffen.

Für Unternehmen und andere Organisationen wird es immer schwerer, offene Stellen zu besetzen. Sie konkurrieren immer härter am Arbeitsmarkt, insbesondere um Fachkräfte in Mangelberufen. In diesem Wettbewerb um passende Mitarbeiter haben diejenigen Unternehmen einen Vorteil, die als guter Arbeitgeber in ihrer Zielgruppe bekannt sind. Eine gute Employer Brand ist also zentral für den Recruiting- und somit auch für den Unternehmenserfolg.

2.2 Transparenz durch Social Media (Kununu und mehr)

Im Internet gibt es eine Vielzahl von Arbeitgeberbewertungsportalen, in Deutschland ist Kununu am bekanntesten. Dort können Mitarbeiter und Bewerber über Unternehmen urteilen und Noten vergeben. Die Employer Brand, die Summe der Vorstellungen der (potenziellen) Mitarbeiter, wird also auch dann sichtbar, wenn ein Arbeitgeber keine aktive Employer-Branding-Kommunikation betreibt. Das lässt sich u. a. am Beispiel der NORMA Lebensmittelfilialbetrieb Stiftung & Co. KG zeigen:

Der „Kununu-Score" des Unternehmens (der Durchschnittswert aller Beurteilungen, die Mitarbeiter abgegeben haben) liegt bei 1,97, wobei 5 die bestmögliche Note und 3,02 der Branchendurchschnitt ist (Kununu 2015). Die Einzelbewertungen und Kommentare sprechen ebenfalls eine deutliche Sprache (siehe Abb. 2).

Wer sich über das Unternehmen als Arbeitgeber informieren möchte, stößt schnell auf diese Bewertungen, denn die Kununu-Unternehmensprofile sind suchmaschinenoptimiert (Beispiel s. Abb. 3).

Neben den Arbeitgeberbewertungsportalen, die von Jobsuchenden als Informationsquelle genutzt werden, können Beiträge von Mitarbeitern in anderen sozialen Medien die Employer Reputation beeinflussen. Ein „schon wieder Montag!" oder ein begeisterter Bericht über die Innovation, an der man arbeitet, in sozialen Netzwerken beeinflusst die Vorstellung der Leser und entfaltet eventuell zu einem späteren Zeitpunkt Wirkung.

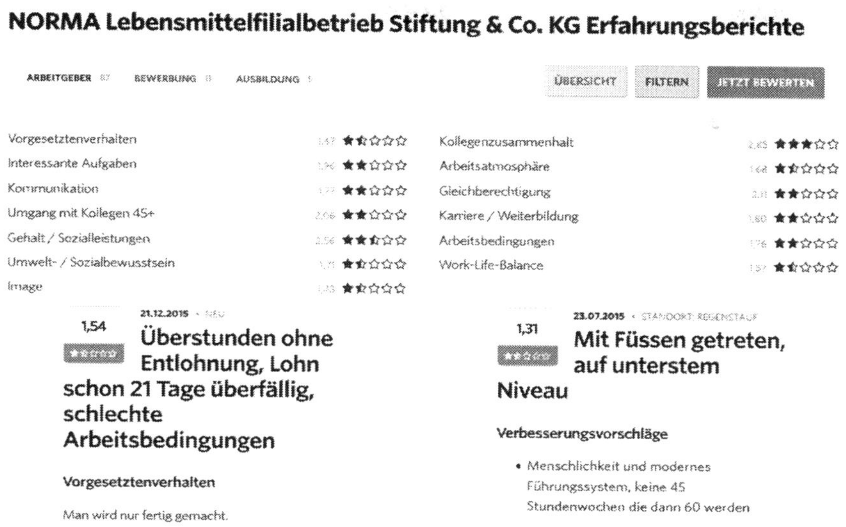

Employer Branding in Zeiten von Nachhaltigkeit und Digitalisierung

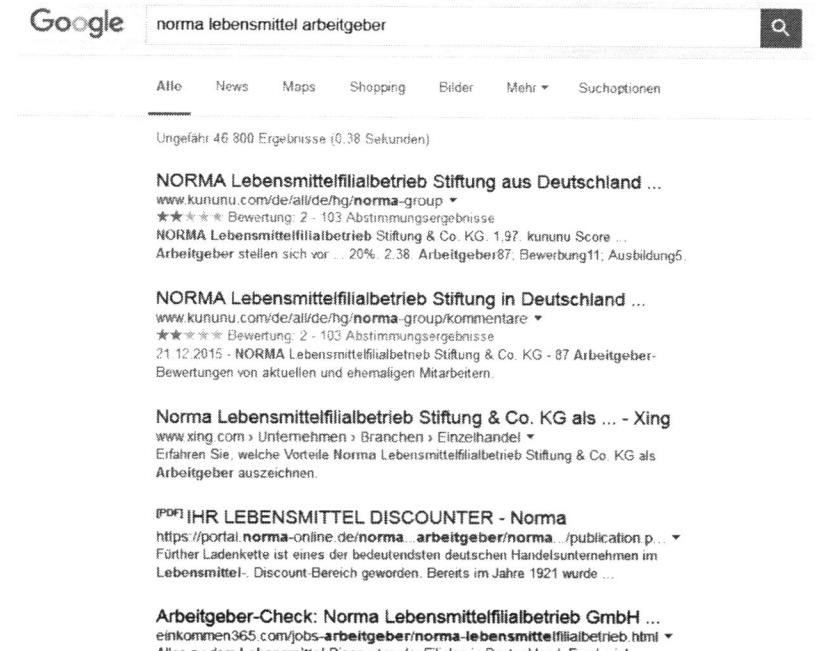

Abb. 2 Norma Lebensmittelfilialbetrieb Stiftung & Co. KG Erfahrungsberichte. (http://www.kununu.com/de/all/de/hg/norma-group/kommentare#/. Zugegriffen: 11. Februar 2016)

Abb. 3 Google-Suchergebnis für Norma. (https://www.google.de/search?q=NORMA+Lebensmittelfilialbetrieb+Stiftung+%26+Co.+KG+Erfahrungsberichte&ie=utf-8&oe=utf-8&gws_rd=cr&ei=JWu8VsCOEILJsQHuxLqYAQ#q=norma+lebensmittel+arbeitgeber. Zugegriffen: 11. Februar 2016)

Während also der Fachkräftemangel dazu führt, dass die Employer Brand an Bedeutung gewinnt, führt die Transparenz durch soziale Medien dazu, dass Employer-Branding mehr sein muss als nur Kommunikation, nämlich glaubwürdiges und konsistentes Handeln, damit eine Arbeitgebermarke ihre volle Wirkung entfalten kann.

3 Employer Branding wirkt.

Was leistet eine gute Employer Brand?

Die Employer Brand wirkt auf das Recruiting, auf die Retention und auf die Mitarbeiter- sowie die Unternehmensführung.

3.1 Recruiting

Ein professionelles Employer Branding bewirkt, dass das Unternehmen in der Zielgruppe als guter Arbeitgeber wahrgenommen wird. Menschen aus der Zielgruppe entwickeln eine Präferenz für diesen Arbeitgeber und bevorzugen Angebote dieser Firma, sobald sie einen Arbeitsplatzwechsel in Betracht ziehen.

3.2 Retention

Mitarbeiter, die ihre Firma als guten Arbeitgeber sehen, entwickeln seltener Wechselwünsche und bleiben dem Unternehmen länger erhalten.

4 Guter Arbeitgeber sein und darüber reden

Was macht eine gute Employer Brand aus? Wie lässt sich eine gute Employer Reputation bewirken?

4.1 Was beeinflusst eine Employer Brand? Wodurch zeichnet sich eine gute Employer Brand aus?

Folgende Bereiche beeinflussen die Employer Brand:
Zunächst hat der Aufgabenbereich der Mitarbeiter einen wesentlichen Einfluss – ist er abwechslungsreich, anstrengend, kreativ, etc.? Auch die Karriere-, Weiterbildungs- und Entwicklungsmöglichkeiten wirken sich natürlich auf die Arbeitgebermarke aus, ebenso wie das Gehalt und die Sachleistungen für Arbeitnehmer; insbesondere das Lohnniveau,

aber auch zum Beispiel ein Betriebskindergarten, die gesponserte Mitgliedschaft im Fitnessclub und dergleichen mehr.

Weiterhin wird die Unternehmenskultur als maßgeblich für die Arbeitnehmermarke wahrgenommen, z. B. die Flexibilität von Arbeitszeit und -ort (fest geregelte Arbeitszeiten, Home Office, Teilzeit, ...). Dabei spielen die Beziehungen zu Kollegen und Vorgesetzten natürlich eine Rolle sowie das Arbeitsklima (distanziertes Klima, getrenntes Berufs- und Privatleben, familiärer Umgang, kompetente und engagierte Kollegen, legere oder formelle Umgangsformen, ...). Schließlich haben auch Mythen und Rituale einen Einfluss wie z. B. die Gründungslegende eines Unternehmens, die dazugehörigen Glaubenssätze und Werte, das Menschenbild und die Führungskultur. Aber auch Rituale wie etwa Betriebs-Ausflüge oder eine Dragqueen-Wahl beim Weihnachtsfest ...

Für Bewerber eines Unternehmens ist zuallererst die *Candidate Experience* ausschlaggebend, also die positiven oder negativen Erfahrungen potenzieller Mitarbeiter mit dem Arbeitgeber im Rekrutierungsprozess. Schlussendlich haben auch der Standort und die Reputation/das Image des Unternehmens einen Einfluss auf die Arbeitgebermarke, ebenso die Unternehmensgröße, der finanzielle Erfolg sowie die Zukunftsaussichten und die Attraktivität der Branche. Nicht zu vergessen: Auch die Produkt- und Unternehmensmarken wirken im sog. Spillover-Effekt auf die Employer Brand (Latzel et al. 2015, S. 17).

*So muss eine **gute** Employer Brand sein*:

- *Ehrlich und authentisch*: Vorstellungen der Mitarbeiter und Botschaften, die sie über Mundpropaganda und soziale Medien verbreiten, stimmen mit den Botschaften überein, die Personalmarketing, Unternehmenskommunikation, Recruiter und Hiring Manager senden. Erwartungen, die geweckt werden, werden auch erfüllt. Botschaft und Realität stimmen überein.
- *Zielgruppengerecht*: Eine gute Employer Brand ist an die Zielgruppe angepasst: Auslandspraktika sind für jüngere Zielgruppen interessant, Pflegeteilzeit eher nicht. Ständig wechselnde Tätigkeiten werden von manchen als Entwicklungschance, von anderen als Belastung empfunden. Innovative Technologien sind für MINT-Absolventen relevant, für Eltern der Betriebskindergarten usw. Eine Employer Brand ist gut, wenn das geboten wird, was die Zielgruppe sucht, und ihr dies auch bekannt ist.
- *Einmalig*: Eine gute Employer Brand unterscheidet sich, sie ist die Persönlichkeit des Unternehmens als Arbeitgeber, und zwar mit Ecken und Kanten. „Zukunft gestalten", „faire Vergütung" und ein „dynamisches Team" sind hingegen Worthülsen, die von vielen Unternehmen zu lesen sind. Sie bieten kein Unterscheidungsmerkmal und können Kandidaten nicht für ein Unternehmen einnehmen.

Eine gute Employer Brand differenziert sich, etwa mit innovativen Managementmethoden. Bei Haufe Umantis wird z. B. der CEO von den Mitarbeitern gewählt. Aber auch Gründungslegenden, die Persönlichkeit des Eigentümers oder Geschäftsführers oder auch ein extravagant möblierter Standort können Alleinstellungsmerkmale sein. Wo die Einmaligkeit der Employer Brand konkret in der Zielgruppe kommuniziert wird, entsteht eine wirkungsvolle Employer Reputation.

4.2 Best-Practice-Beispiele

Wenn es um Best-Practice-Beispiele im Employer Branding geht, denken viele an Konzerne wie BMW, Google, Microsoft – Unternehmen mit einer etablierten Corporate Brand, einer professionell geführten Employer Brand und einem großen Personalmarketingbudget. Branchen-Experten nehmen darüber hinaus vielleicht noch einzelne Vorreiter wahr, wie z. B. die Haufe-Umantis AG. Das Unternehmen gehört zur Haufe Gruppe und lässt seit 2014 den CEO und das Management von allen Mitarbeitern wählen. Haufe-Umantis kommuniziert diese Innovation erfolgreich, auch im Arbeitsmarkt gut sichtbar. Doch nicht alle Erfolgsgeschichten leben von großen Gesten oder Konzernmarken.

4.2.1 allsafe JUNGFALK GmbH & Co. KG: Vertrauen ersetzt Macht

Die allsafe JUNGFALK GmbH & Co. KG entwickelt, produziert und vertreibt Systeme zur Ladegut-Sicherung (z. B. Gurte, um Ladung auf LKW zu sichern). Gegründet wurde die Firma 1964. Detlef Lohmann hat das Unternehmen 1999 mit einem institutionellen Investor übernommen. Er hält 25 % der Anteile und ist alleiniger Geschäftsführer. Aktuell hat die Firma 180 Mitarbeiter.

Guter Arbeitgeber sein ...
Herr Lohmann baut auf sinnorientierte Führung. Er setzt auf Vertrauen und Eigenverantwortung. Und er geht davon aus, dass Menschen, die Verantwortung für ihre Arbeitsergebnisse und ausreichend Freiraum dafür haben, aus eigenem Antrieb und ohne Kontrollen oder Belohnungen ihre Bestleistung bringen. Deswegen hat er die Organisation umgekrempelt:

allsafe JUNGFALK hat alle Abteilungen abgeschafft. Stattdessen gibt es autonome Teams, die so zusammengesetzt sind, dass sie ihre Aufgaben selbstständig erledigen können. Zu jedem Team gehören alle Spezialisten, die für ein gutes Ergebnis notwendig sind. Das allein ist noch nicht revolutionär, denn seit den 80er-Jahren wird in der Automobilindustrie mit (teil-)autonomen Arbeitsgruppen experimentiert. Doch der Ansatz der allsafe JUNGFALK GmbH & Co. KG ist radikaler:

Eigenverantwortung statt Kontrollen
Auf Kontrollen wird im Unternehmen verzichtet, es gibt keine Freigaben. Den Urlaub organisieren die Mitarbeiter selbstständig und suchen sich eine Stellvertretung. Auch Reisekostenabrechnungen erstellen Mitarbeiter eigenverantwortlich. „Radikales" Vertrauen bedeutet, dass es kein Controlling für Spesen gibt. Was eingereicht wird, das wird auch ausgezahlt. Selbst Investitionen und Einkäufe müssen nicht freigegeben werden. Mitarbeiter können sich bei individuellen oder Teamentscheidungen an Prognosen und Simulationen ausrichten und Budgets, die von Umsätzen gedeckt sind, frei verplanen.

Um solches Vertrauen und diese Eigenverantwortung zu praktizieren, ist die Rolle der Führungskräfte anders definiert. Sie treffen keine Entscheidungen, sondern sie inspirieren. Sie räumen Hürden aus dem Weg. Sie schlichten Konflikte. Sie helfen Mitarbeitern, sich zu entwickeln. Sie beteiligen sich wie alle anderen Teammitglieder an der Entscheidungsfindung. Doch die Entscheidungen bleiben bei den Menschen und Teams, die ihre Aufgaben selbst verantworten. „Warum machst Du Dein Problem zu meinem?" fragt Herr Lohmann jeden, der ihm ein Problem zur Entscheidung vorlegt, und zwar auch bei einer Millionen-Investition.

Transparenz und Kompetenz
Diese Verantwortung können Menschen und Teams nur tragen, weil bei allsafe JUNGFALK alle Unternehmenszahlen offengelegt werden. Mitarbeiter können jederzeit Umsatz und Ausgaben des Unternehmens einsehen, ebenso alle Kennzahlen, die ihren Aufgabenbereich betreffen. Ihnen liegen alle Informationen vor, die sie für gute Entscheidungen benötigen.

Neben der Transparenz ist auch Prozesskompetenz (KVP, Six Sigma, Lean-Management) Grundlage dieser Zusammenarbeit auf Augenhöhe. Die Teams sind nicht nur so zusammengesetzt, dass alle notwendigen Kompetenzen vertreten sind. Auch die Prozessorganisation ist derart zugeschnitten, dass sie von den Teams und Mitarbeitern eigenständig und vollständig erfüllt werden kann. Zum Beispiel auch bei der Teilzeitarbeit: Prozesse werden so gestaltet, dass Teilzeitmitarbeiter alle Vorgänge so schnell abschließen können, dass Übergaben an Kollegen nicht notwendig sind. So können auch Teilzeitkräfte ihren Beitrag leisten und einen Mehrwert für das Unternehmen schaffen.

Erfolgsbeteiligung für alle Mitarbeiter
Vertrauen und ein positives Menschenbild – dazu passen Leistungsboni nicht. Wer glaubt, dass Mitarbeiter aus eigenem Antrieb einen wichtigen Beitrag leisten, hängt ihnen keine „Möhre vor die Nase". Deswegen wurden alle individuellen Boni abgeschafft. Stattdessen werden Mitarbeiter am Unternehmenserfolg beteiligt. Ab einer Eigenkapitalrendite von 5 % werden 10 % der EBT (Gewinne vor Steuern) an die Mitarbeiter ausgeschüttet. Diese Ausschüttung wird „pro Kopf" verteilt, also unabhängig vom Gehalt der Mitarbeiter. Die gehaltsunabhängige Erfolgsbeteiligung kommentiert Detlef Lohmann so: „Alle sind gleichwertig", und „für den Erfolg haben wir alle gleich viel getan".

Vertrauensarbeitszeit, Dynamogramm (statt Organigramm), Home Office flexibel und nach Bedarf – so werden die Werte „Vertrauen" und „Eigenverantwortung" konsequent gelebt. Gleichzeitig erfahren Mitarbeiter viel Beistand und Wertschätzung, um eine Überforderung zu vermeiden, z. B. durch Unterstützung bei Krankheit und Krisen in der Familie.

Das alles ist nicht nur erfreulich für die Mitarbeiter, es ist gleichzeitig der Kern der Unternehmensstrategie und resultiert in einem Wettbewerbsvorteil:

Die Unternehmenskultur und die Prozesskompetenz erlauben es allsafe JUNGFALK, besonders schnell zu liefern und auch kleine Chargen nach individuellen Kundenwünschen zu fertigen. Überdies erlauben sie einen besonderen Kundenservice (24-Stunden-Service, individualisierte Produkte, ...).

Die allsafe JUNGFALK GmbH & Co. KG hat als einziges Unternehmen in einem zersplitterten Markt mit austauschbaren Produkten und transparenten Preisen ein Alleinstellungsmerkmal. Die Kunden sind loyal und in vielen Fällen bereit, Made-in-Germany-Preise zu zahlen.

Gleichzeitig entsteht durch die Abschaffung der Kontroll- und Freigabeprozesse ein Kostenvorteil. Es gibt kaum Verwaltung, also fast keine Overhead-Kosten. Daher wächst allsafe JUNGFALK seit Jahren profitabel und schneller als der Markt.

… und darüber reden
Die allsafe JUNGFALK GmbH & Co. KG arbeitet mit langfristiger PR an ihrer Corporate Brand und an ihrer Bekanntheit als guter Arbeitgeber. Detlef Lohmann hat ein Buch verfasst, das zum Bestseller wurde: „… und mittags geh ich heim: Die völlig andere Art, ein Unternehmen zum Erfolg zu führen". Darauf folgten mehrere Interviews, und das Unternehmen wurde in dem Dokumentarfilm „Augenhöhe" (2015) porträtiert. Zuletzt ist das Buch ins Englische übersetzt worden, was erneut die Sichtbarkeit der Firma steigert.

Zudem hat das Unternehmen viermal den TOP JOB Award des Instituts für Führung und Personalmanagement der Universität St. Gallen als einer der besten Arbeitgeber im deutschen Mittelstand gewonnen. Darauf wird auf der Karriereseite, in Stellenanzeigen und in jeder Unternehmensbroschüre verwiesen. Es gibt ein Unternehmensvideo und mehrere Themenvideos (z. B. „… wenn Mitarbeiter krank werden"), sympathische Fotos von Mitarbeitern und dem Standort auf der Website, die auch für Recruiting-Kampagnen verwendet werden.

4.2.2 Bernd Münstermann GmbH & Co. KG: Ehrliche Werte wirken

Guter Arbeitgeber sein …
Die Bernd Münstermann GmbH & Co. KG ist ein Familienunternehmen mit 240 Mitarbeitern. Gegründet wurde es im 19. Jahrhundert als Handwerksbetrieb. Seit der Übernahme durch Bernd Münstermann im Jahre 1978 (in 5. Generation) hat sich die Firma zu einem führenden Unternehmen im Sonderanlagenbau entwickelt.

„Guter Arbeitgeber" sein: Magdalena Münstermann, Prokuristin und Sprecherin für alle HR-Themen sagt z. B. „Wenn die Kinder nicht versorgt sind, können die Eltern nicht in Ruhe arbeiten" oder „Wir haben die Pflicht, Kindern und Jugendlichen Entwicklungschancen zu bieten".

Daher wird Mitarbeitern mit Kindern die notwendige Flexibilität und Unterstützung geboten. Außerdem unterstützt das Unternehmen Schüler in der Region bei ihrer Berufsorientierung und bildet sie mit besonderer Wertschätzung und Qualität aus.

Ausbildung
Der Anspruch, Entwicklungschancen zu bieten, wird in der Ausbildung sichtbar. Alle Auszubildenden gehen für ein mindestens vierwöchiges Praktikum ins Ausland, vom Abiturient bis zum Förderschüler, und zwar unabhängig von der Leistung in der Ausbildung.

Diese Praktika können in metallverarbeitenden Unternehmen stattfinden, aber es gab auch branchenfremde Gastbetriebe, vom Fensterbauer in Nordirland bis zur Kunstschmiede in Frankreich, die Stararchitekten beliefert.

Für die Bernd Münstermann GmbH & Co. KG ist dieser Aufwand überschaubar, denn sie nutzt Angebote von Handwerkskammern und Stiftungen, die Praktikumsplätze vermitteln und die Reisekosten übernehmen. Wo das nicht reicht, greift Magdalena Münstermann persönlich ein und hilft bei den Bewerbungen oder organisiert ein Visum. Die Firma zahlt in der Praktikumszeit die Ausbildungsvergütung weiter und erstattet Kosten des Auslandsaufenthalts. Außerdem müssen die Jugendlichen für die Praktikumszeit keinen Urlaub nehmen. „Die Auszubildenden dürfen das Auslandspraktikum nicht als Belastung empfinden. Sonst ist die Motivation und Freude hin, und dann verpufft das Programm."

Sie müssen sich natürlich vier Wochen eigenständig im Ausland zurechtfinden, in einer Fremdsprache und in einem fremden Betrieb. Genau darum geht es. Die Jugendlichen wachsen an ihren Erlebnissen und profitieren ein Leben lang von dieser Erfahrung.

Es gibt viele weitere Maßnahmen, um die Fachkompetenz und persönliche Entwicklung der Jugendlichen zu unterstützen: Azubis tragen zum Familientag bei, bauen gemeinsam ein Off-Road-Kart, bauen im Rahmen eines Schulprojektes einen Grill mit Schülern, u. v. m.

Die Bernd Münstermann GmbH & Co. KG hat eine Ausbildungsquote von 10 %. Alle Auszubildenden werden übernommen, manche erst später, nach einem Hochschulstudium. So trägt wertebasierte Führung zum Unternehmenserfolg bei, denn das Unternehmen gewinnt qualifizierte, sozialkompetente und loyale Mitarbeiter aus der Region.

Berufsorientierung

2008 hat die Bernd Münstermann GmbH & Co. KG das „Telgter Modell" mitinitiiert. Diese Partnerschaft von Schulen und mittlerweile fast 100 Arbeitgebern vor Ort bietet Schülern Einblicke in verschiedene Berufe. Von der Bernd Münstermann GmbH & Co. KG gibt es im Rahmen dieses Projekts Angebote für Schulklassen wie z. B. „Nutzen einer Fremdsprache erkennen". Dabei berichten Auszubildende von ihren Auslandsaufenthalten. Diese besonderen Erlebnisse von Azubis, die kaum älter sind als die Schüler, entfalten eine besonders motivierende Wirkung.

Auch findet alle drei Jahre ein Familientag statt, auf dem über ein fröhliches Fest mit Kinderanimation und wechselndem Unterhaltungsangebot hinaus alle Mitarbeiter ein Programm an ihren Arbeitsplätzen vorbereiten: Besucher können 3D-Modelle am Rechner sehen, in der Werkstatt einen 10-Tonnen-Kran bedienen oder mit Azubis in der Schweißecke experimentieren. Kinder und jüngere Geschwister erleben konkrete Aufgaben am Arbeitsplatz, was für spätere berufliche Entscheidungen wichtig ist. Alle Mitarbeiter leisten ihren Beitrag, können dabei auf sich und die eigenen Fähigkeiten stolz sein. Wenn Familienangehörige diesen Stolz und die Verantwortung spüren, werden sie zu Unterstützern. „Da wird dann der einwöchige Auslandsaufenthalt der Mutter nicht mehr nur als Belastung, sondern auch als wertvoll wahrgenommen und ganz anders unterstützt," erzählt Magdalena Münstermann. Diese Transparenz ist ein authentischer und pragmatischer Beitrag zur Vereinbarkeit von Familie und Beruf und zur Berufsorientierung von Kindern und Jugendlichen in der Region.

Flexibilität für Familien
Bei Bedarf können Mitarbeiter die Arbeitszeit so reduzieren, dass sie zur Situation in der Familie passt, manchmal sogar auf einen halben Tag pro Woche. Die Teams sind darauf eingestellt, Eltern oder Kollegen, die Angehörige pflegen oder Kinder betreuen, entsprechende Freiräume zu geben. Betreuungsengpässe, Krankheit eines Kindes, Elternsprechtag in der Schule oder Karnevalsumzug im Kindergarten – solche familiären Anlässe gelten als bedeutsam, und in den Teams wird der Arbeitsplan angepasst oder eine Vertretung organisiert, um ein gutes Familien- und Berufsleben zu ermöglichen.

... und darüber reden
Die Kommunikation der Firma Münstermann sorgt dafür, dass Medienvertreter zu den Familientagen und anderen Aktivitäten des Unternehmens eingeladen werden und dessen Werte und Kernbotschaften wahrnehmen. So verbreitet sich der gute Ruf des Unternehmens in der Region. Besonders das Engagement von Magdalena Münstermann hat weite Kreise gezogen und ist mit dem Bundesverdienstkreuz ausgezeichnet worden.

5 Fazit

„Guter Arbeitgeber sein und darüber reden." In einer transparenten Arbeitswelt mit hohen Erwartungen der Arbeitnehmer an eine sinnstiftende Arbeit und nachhaltiges Unternehmertum ist das beste Employer Branding eine Kombination aus Corporate Social Responsibility und ehrlichen Geschichten. Die Employer Brand ist nichts anderes als die Persönlichkeit eines Unternehmens als Arbeitgeber. Sie muss auch jenseits von Employer-Branding-Kommunikation im beruflichen Alltag wahrnehmbar sein.

Zu diesem Persönlichkeitsprofil passen bestimmte Mitarbeiter (*cultural fit*). Wenn man für diese Menschen ein guter Arbeitgeber ist und darüber so redet, dass die Zielgruppe dies auch wahrnimmt, dann ist Employer Branding erfolgreich und trägt zum Unternehmenserfolg bei.

Literatur

Ambler, T and Barrow, S. (1996): The employer brand, Journal of Brand Management, Vol. 4, S 185-206

AUGENHÖHE - Film und Dialog. Daniel Trebien, Philipp Hansen, Silke Luinstra, Sven Franke, Ulf Brandes. D: trebien & partner consulting 2015. Fassung: Internet. http://augenhoehe-film.de/de/film/augenhoehefilm/ (15.01.2016). 53,20 Min.

Barrow, S. (1990): Turning recruitment advertising into a competitive weapon. Paper delivered at the CIPD Annual Conference, Harrogate, UK.

Burmann et al. (2013) Springer Gabler Verlag (Hrsg) Gabler Wirtschaftslexikon, Stichwort: Marke, online im Internet: http://wirtschaftslexikon.gabler.de/Archiv/57328/marke-v13.html. Zugegriffen 07. März 2016

DEBA (2007): http://www.employerbranding.org/employerbranding.php Zugegriffen 07. März 2016

Immerschitt, W. und Stumpf, M. (2014): Employer Branding für KMU : der Mittelstand als attraktiver Arbeitgeber. Springer Gabler, Wiesbaden

Kununu (2015) Zum Start des Weihnachtsgeschäfts: kununu rankt die Arbeitgeber der Branche Handel & Konsum http://www.kununu.com/presse/arbeitgeber-ranking-handel-konsum-deutschland#_ftn2. Zugegriffen: 11. Februar 2016

Latzel, J. et al (2015): Marke und Branding. In: Hesse, G. und Mattmüller, R. (Hrsg) Perspektivwechsel im Employer Branding: Neue Ansätze für die Generationen Y und Z. Springer Gabler, Wiesbaden S 17.

Queb (2016): Employer Branding Definition, unter: http://www.queb.org/activity-lounge/definitionen-employer-branding/. Zugegriffen 07. März 2016

Statistik der Bundesagentur für Arbeit (2015) Der Arbeitsmarkt in Deutschland – Fachkräfteengpassanalyse https://www.statistik.arbeitsagentur.de/Statischer-Content/Arbeitsmarktberichte/Fachkraeftebedarf-Stellen/Fachkraefte/BA-FK-Engpassanalyse-2015-12.pdf. Zugegriffen: 11. Februar 2016

Ina Ferber ist Diplompsychologin mit Harvard MBA. Im Jahr 2013 gründete sie die Ferber Personalberatung, eine Agentur für Employer Branding und Personalberatung für den Mittelstand. Seither berät sie mittelständische Unternehmen in den Bereichen Candidate Experience Management, Arbeitgeberimagekommunikation und Recruiting. Zuvor war sie 9 Jahre als Personalleiterin und HR-Managerin in Brüssel, Gütersloh und Duisburg tätig, von 2005 bis 2009 als selbstständige Interimsmanagerin für den HR-Bereich (Personalleitung auf Zeit). Anschließend leitete sie über 3 Jahre die Personalberatung und Employer-Branding-Agentur von Monster Worldwide und unterrichtete parallel an der Fachhochschule Frankfurt am Main. Ina Ferber veröffentlicht regelmäßig Beiträge in der Fachpresse und betreibt das Blog EMPLOYERREPUTATION.

Teil VII
Erfolgsfaktor – Werteorientierte Unternehmens- und Führungskultur

Erfolgsfaktoren für neue Arbeitswelten – Unternehmenskultur und Führung

S. A. Sackmann

1 Skizzierung der neuen Arbeitswelten

Generell lassen sich fünf Faktoren identifizieren, die Einfluss auf die Ausprägung unserer Arbeitswelt nehmen und weiterhin nehmen werden (vgl. Sackmann 2012) und daher die neuen Arbeitswelten maßgeblich beeinflussen. Dies sind die Politik sowie ökologische, technologische, wirtschaftliche und vor allem gesellschaftliche Entwicklungen. Diese fünf Faktoren bedingen sich z. T. gegenseitig in ihrem Einfluss auf die Arbeitswelt, wie Abb. 1 zeigt.

Die weltweite politische Situation wird weiterhin zu Herausforderungen und Unsicherheiten in unserer Arbeitswelt beitragen. Extremereignisse können Spontanreaktionen hervorrufen, wie z. B. den Ausstieg aus der Atomenergie nach der Nuklearkatastrophe in Fukushima. Der Brexit kam für viele überraschend mit noch unklaren Auswirkungen. Extremistische Entwicklungen, wie z. B. der Islamische Staat, werden schwer beherrschbar sein und auch bei uns Auswirkungen zeigen – sei es durch die Einschränkungen der Mobilität bei Geschäftsreisen, erhöhte Sicherheitsanforderungen und -kontrollen oder unvorhersehbare Terroranschläge. Reaktionen auf EU- und Landesebene werden einerseits weitere Regulierungen und Gesetze sein. Andererseits wird aus Gründen der Wettbewerbsfähigkeit im globalen Kontext mehr Flexibilität bei Arbeitsverträgen, Arbeitszeit und Arbeitsgestaltung notwendig sein – auch im Hinblick auf die Integration der großen Anzahl an Flüchtlingen aus Krisengebieten.

Auch **ökologische Entwicklungen** werden sowohl zu erhöhter Unsicherheit als auch zu einem weiter zunehmenden ökologischen Bewusstsein führen. Naturkatastrophen wer-

---

S. A. Sackmann (✉)
Institut für Entwicklung zukunftsfähiger Institutionen, Forschungszentrum für Strategie, Führung, Unternehmenskultur und Personalmanagement, Fakultät für Wirtschafts- und Organisationswissenschaften, Universität der Bundeswehr München
Neubiberg, Deutschland
E-Mail: sonja.sackmann@unibw.de

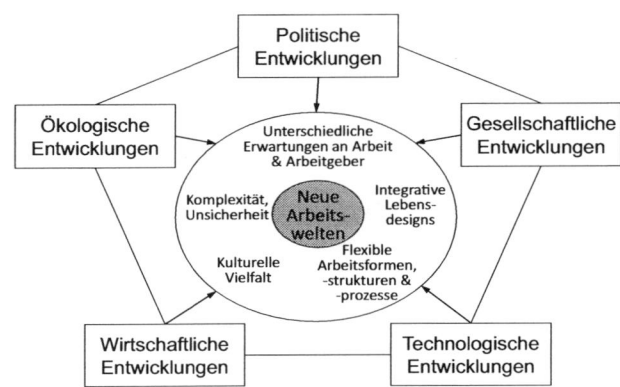

Abb. 1 Relevante Entwicklungen und ihre Auswirkungen auf den Arbeitskontext

den sich noch häufiger ereignen und ungewollte Überraschungen und Herausforderungen mit sich bringen, obwohl das Auftreten jährlich wiederkehrender Taifune, Orkane und Überflutungen mit den dadurch bedingten Erdrutschen und Verwüstungen schon bekannte Muster aufweist. Umweltverschmutzungen als Folge der Industrialisierung werden die breite Bevölkerung wie auch Politiker für die Notwendigkeit eines nachhaltigeren Wirtschaftens sensibilisieren. Beispiele hierfür sind die Nuklearkatastrophe von Fukushima, der immense Smog im November/Dezember 2015 in Peking oder der Dammbruch eines Eisenerzbergwerkes in Brasilien. Das verschmutzte Wasser und der Klärschlamm begruben ein ganzes Dorf unter sich und kontaminierten einen Fluss auf 800 km sowie eine riesige Landfläche.

Einerseits werden ökologische Aspekte über die Erwartungen der Gesellschaft an Politik und Arbeitswelt wirken, andererseits auch direkt über verschiedene Medien, wie z. B. die Plakataktion in Paris während des Umweltgipfeltreffens Ende November 2015. Rohstoffe werden sich wieder verteuern, was sich sowohl auf die Produktions- als auch auf die Transportkosten und damit die Wettbewerbsfähigkeit von Unternehmen auswirken wird.

Entwicklungen im **technologischen Bereich** haben zu einer umfassenden globalen Vernetzung und Virtualisierung von Organisationen aller Art geführt. Dadurch können Arbeitsort und Arbeitszeit weitgehend entkoppelt sein, was eine 7 × 24-Stunden-Arbeitswoche für global agierende Unternehmen zum Normalfall macht. Eine Reihe von Arbeitstätigkeiten braucht kaum noch designierte Arbeitsräume in Firmengebäuden, da sie vermehrt in virtuellen Arbeitsarrangements wie auch vor Ort beim Kunden stattfinden. Ausnahmen sind vorwiegend die Herstellung physischer Produkte und die Erbringung von spezifischen Dienstleistungen, wie z. B. in Restaurants. „Servicearbeiten wie Buchhaltung, Marketing, Personaladministration, aber auch Entwicklungstätigkeiten werden vorwiegend von Mitarbeitern an selbstgewählten Orten erbracht. Die hierfür benötigte technische Infrastruktur – seien es Daten-/Display- oder Videobrille, PC, Online-Verbindung und die entsprechenden Computerprogramme auch für Online-Konferenzen mit Sichtkontakt – stellt das Unternehmen zur Verfügung und erlaubt den Mitarbeitern, diese auch für den privaten Gebrauch zu benutzen" (Sackmann 2012, S. 153). „Dies bedeutet aber auch, dass bezahlte Arbeit zu selbstgewählten Zeiten erbracht werden kann, solange das vereinbarte Ziel im vereinbarten Zeitrahmen eingehalten wird. Ausnahmen hiervon sind zeitlich terminierte Kundenkontakte, eine Sitzung oder Besprechung mit Kollegen, Mitarbeitern oder den Vorgesetzten, die häufig im virtuellen 3D-Raum erfolgen" (Sackmann 2012, S. 153–154).

All diese Entwicklungen ermöglichen flexible Arbeitsformen, Arbeitsstrukturen und Arbeitsprozesse. Es bedeutet aber auch, dass weitere Investitionen für die Digitalisierung von Unternehmen wie auch für ihre IT-Sicherheit notwendig werden (PwC 2015).

Die **wirtschaftliche Situation** mit ihrer Relevanz für die Arbeitswelten in Deutschland führt wegen vorhandener globaler Lohngefälle zur weiteren Verlagerung von Arbeitsplätzen in lohngünstige und wirtschaftlich aktive Regionen. (Potenzielle) Kunden sind aufgrund digitaler Technik, die sofortige Vergleiche und Meinungsabfragen ermöglicht, informiert und kritisch. Die Erhaltung der Wettbewerbsfähigkeit wie auch die Kundenbindung sind daher für Unternehmen aller Art zwei wesentliche Herausforderungen (vgl. PwC 2015). Um agil zu sein und flexibel reagieren zu können, werden unbefristete Arbeitsverträge verstärkt durch flexible, befristete Arbeitsverträge sowie Leiharbeit ergänzt werden. Die Bindung qualifizierter Mitarbeiter wird daher zu einer großen Herausforderung werden.

Bei den **gesellschaftlichen Entwicklungen** sind vor allem die zunehmende Akademisierung, die Demografie und der Wertewandel beeinflussend. Die Akademisierung der Ausbildung und auch die aktuelle Demografie in Deutschland lassen Lehrstellen weiterhin unbesetzt und führen schon heute zu einem Fachkräftemangel. So wird einerseits das gesetzliche Rentenalter wieder erhöht werden und anderseits werden rüstige Ältere auch nach ihrem offiziellen Pensionierungsalter noch weiter einer bezahlten Tätigkeit nachgehen wollen. Dennoch werden Unternehmen auch qualifizierte Mitarbeiter der Generationen Y und Z gewinnen wollen, die sich in ihren Wertevorstellungen z. T. erheblich von den Generationen X und den Baby-Boomern unterscheiden, vor allem was den Wunsch nach einem integrativen Lebensdesign betrifft. So sind speziell jüngere Menschen nicht mehr bereit, Karriere um jeden Preis zu machen, sondern wollen genügend Zeit für ihre Freizeit und Familie (Sackmann 2011).

Durch die politisch und wirtschaftlich bedingte Migration könnte allerdings ein Mitarbeiterpotenzial zur Verfügung stehen, das bisherige demografische Prognosen für Deutschland (vgl. Hartmann 2011) verändern könnte. All dies führt künftig zu einer „bunteren", weil diverseren Belegschaft in Deutschland.

Die in den Medien breit behandelten Wirtschaftsskandale, das unmoralische Handeln von Managern (LAB and Company 2015) und Unternehmen (Beschorner und Kolmar 2015) und die damit verbundene Unehrlichkeit gegenüber Kunden und Gesellschaft macht diese gegenüber Unternehmen misstrauischer und kritischer. Beispiele solcher Skandale sind Bilanzfälschungen bei Enron, „Gammelfleisch", unechter Käse, unerlaubte Absprachen bei Preisen und Wechselkursen oder die bei VW durch Software erzeugte niedrigere Emissionen nur bei relevanten Tests. Bei einem zunehmenden ökologischen und ethischen Bewusstsein in der Gesellschaft werden künftig verstärkt solche Unternehmen attraktiv sein, deren ökologischer Fußabdruck und ethisches Verhalten (potenzielle) Kunden als akzeptabel, gesellschaftspolitisch verantwortlich oder gar vorbildlich ansehen. Damit kann eine in der Unternehmenskultur verankerte CSR zu einem Wettbewerbsfaktor werden, den sich manche Unternehmen schon heute zunutze machen.

Aufgrund all dieser Entwicklungen sollten sich Unternehmen bezüglich ihrer Haltung gegenüber der Gesellschaft allgemein wie auch gegenüber ihren (potenziellen) Mitarbeitern positionieren. Wofür steht das Unternehmen? Wie positioniert es sich im Markt gegenüber seinen Wettbewerbern und Kunden? Wie sieht es seine gesellschaftliche Rolle und Verantwortung? Welche Rolle spielen die Mitarbeiter? Was erwartet das Unternehmen von ihnen und wie verhält es sich seinen Mitarbeitern gegenüber? Wie erfolgen die Prozesse der Arbeitserbringung und wie laufen die Arbeitsprozesse ab? All dies sind Fragen, welche die Kultur eines Unternehmens und ihre Führung in den Mittelpunkt des Interesses stellen.

2 Implikationen der neuen Arbeitswelten für die Unternehmenskultur

Unternehmenskultur war vor einigen Jahrzehnten kaum Thema für Unternehmenslenker. In einer homogenen Gesellschaft ist die Wahrscheinlichkeit hoch, dass ihre lokalen Organisationen und deren Mitarbeitende im Hinblick auf ihre Werte ein Abbild dieser Gesellschaft sind. Je heterogener eine Gesellschaft ist, desto größer ist jedoch auch die vorhandene Wertevielfalt. Dies bedeutet für Unternehmen in einem solchen Umfeld einerseits, dass sie definieren sollten, für welche Werte sie stehen und von welchen grundlegenden Überzeugungen ihre Geschäftstätigkeit geleitet wird. Andererseits bedeutet es auch, dass potenzielle Bewerber nicht automatisch im Bezug auf ihre Werte zum Unternehmen passen, sondern auch dies einer Überprüfung bedarf. Doch was kennzeichnet eine Kultur, die den nachhaltigen Erfolg eines Unternehmens in den oben skizzierten neuen Arbeitswelten unterstützt?

Eine Reihe von Forschungsergebnissen weist darauf hin, dass die spezielle Ausprägung einer Unternehmenskultur einen wichtigen Beitrag zum Unternehmenserfolg leisten kann. So konnten z. B. die beiden Harvard-Professoren Kotter und Heskett (1993) in ihren Studien von US-amerikanischen Firmen über einen Zeitraum von elf Jahren signifikante Unterschiede beobachten. Firmen, deren Kultur Kunden, Anteilseigner, Mitarbeiter und Führung fokussierte, steigerten ihre Einnahmen durchschnittlich um 683 %, ihre Belegschaft um 282 %, ihre Aktienkurse um 901 % und ihren Reinerlös um 756 %. Firmen, deren Kultur nicht diese inhaltliche Ausprägung aufwies, hatten wesentlich niedrigere Steigerungsraten im gleichen Zeitraum: Bei den Einnahmen 166 %, der Belegschaft 36 %, bei Aktienkursen 74 % und beim Reinerlös 1 %. Doch was bedeuten diese eher generischen Ausprägungen konkret für Unternehmen, die in dem oben skizzierten Kontext neuer Arbeitswelten erfolgreich bestehen wollen? Wie sieht eine entsprechend unterstützende bzw. erfolgsförderliche Unternehmenskultur aus?

2.1 Charakteristika von erfolgsunterstützenden Unternehmenskulturen

Um die Frage nach der inhaltlichen Ausprägung einer erfolgsförderlichen Unternehmenskultur zu beantworten, muss zunächst geklärt werden, was Unternehmenserfolg bedeutet. Finanzfachleute werden schnell entsprechende Kennzahlen nennen, wie z. B. EBIT (Earnings before Interest and Taxes), EBITDA (Earnings Before Interest, Taxes, Depreciation and Amortization), ROI (Return on Investment) oder ROCE (Return on Capital Employed). Allein schon diese Aufzählung an finanziellen Kennzahlen legt nahe, dass Unternehmenserfolg multidimensional ist und nicht an einer einzigen Kennzahl festgemacht werden kann. Eine wesentlich breitere Auffassung von Unternehmenserfolg bezieht sich auf die Überlebensfähigkeit des Unternehmens. Hierfür braucht es neben dem notwendigen Kapital auch die Fähigkeit, dieses sinnvoll für die Zukunft zu investieren, sprich zu innovieren. Innovationen erfordern entsprechend qualifizierte Mitarbeiter, die nicht nur die ihnen übertragenen Aufgaben abarbeiten, sondern neue Ideen entwickeln und diese im Sinne des Unternehmens auch so umsetzen können, dass die Wettbewerbsfähigkeit erhalten bleibt und das Unternehmen sich weiterentwickelt.

Somit sollte eine erfolgsunterstützende Unternehmenskultur im Kontext der oben geschilderten neuen Arbeitswelten folgende Charakteristika aufweisen:

- Finanziellen Erfolg gewährleisten.
- Innovationen bei klarer Zielorientierung ermöglichen.
- Notwendige Veränderungen rechtzeitig erkennen und unterstützen.
- Qualifizierte, unternehmenskulturell „passende" Mitarbeiter für das Unternehmen gewinnen und binden.

2.1.1 Finanziellen Erfolg gewährleisten

Um einen nachhaltigen finanziellen Erfolg verbuchen zu können, braucht es sowohl eine Kosten- wie auch eine Leistungsorientierung, die beide unternehmenskulturell verankert sind. Brillante Finanzgenies können zwar für die Verbuchung eines finanziellen Erfolgs hilfreich sein, wie das unrühmliche Beispiel der Firma Enron zeigt, doch nachhaltig ist dieser Erfolg nur, wenn alle Mitarbeiter und Führungskräfte ihre Kosten im Griff haben und im Rahmen ihres Verantwortungsbereichs durch ihren Arbeitseinsatz und ihre Leistungsbereitschaft einen positiven Beitrag für das Unternehmen leisten.

Beispiele hierfür sind die Firma Hilti (vgl. Sackmann 2004), Gore (vgl. Flik 1990) oder Toyota (vgl. Sackmann 2005). In allen drei Firmen achten Mitarbeiter wie auch Führungskräfte auf einen achtsamen Umgang mit den ihnen anvertrauten Ressourcen – seien dies Arbeits- bzw. Verbrauchsmaterial, Ausgaben für Maschinen, Reisen oder die Zeit ihrer Mitarbeiter. Bei Toyota ist Verschwendung sogar verpönt. In allen drei Firmen ist zudem Leistungsbereitschaft und erbrachte Leistung wichtig, die entsprechend wertgeschätzt wird. So wird auf Leistungsorientierung schon bei der Einstellung geachtet, die dann durch entsprechende Wertschätzungs- und Belohnungsmechanismen weiter verstärkt und in der Unternehmenskultur verankert werden. Die Bedeutung eines kostenbewussten Arbeitens bei gleichzeitiger Leistungsorientierung wird in der Einarbeitungsphase über entsprechende Sozialisationsprozesse vermittelt (vgl. Sackmann 2006). Durch diese unternehmenskulturelle Verankerung eines Kostenbewusstseins werden sporadische Kosteneinsparungsprojekte eigentlich überflüssig.

2.1.2 Innovationen bei klarer Zielorientierung ermöglichen

Bei aller Kostenorientierung ist es jedoch auch wichtig, in die Zukunft zu investieren. Hierfür braucht es zunächst eine klare Identität und strategische Positionierung, aus der sich die Ziele für das Unternehmen, für seine einzelnen Sparten bzw. Bereiche wie auch für die Führungskräfte und Mitarbeiter ableiten. Eine den Führungskräften und Mitarbeitern bekannte Zielorientierung ermöglicht eine Fokussierung der vorhandenen finanziellen, materiellen wie auch menschlichen Ressourcen – sowohl für das Tagesgeschäft wie auch für innovative Tätigkeiten. So wird von den Mitarbeitern bei der Firma Gore z. B. erwartet, sich im Rahmen der Zielvereinbarung im folgenden Jahr für ein selbstgewähltes Ziel zu verpflichten. Dies soll ihnen ermöglichen, an etwas zu arbeiten, das sie wirklich interessiert und von dem sie glauben, dass es die Organisation im Rahmen ihrer strategischen Orientierung weiterentwickelt. Die meisten Innovationen von Gore resultieren aus dieser von den Mitarbeitern selbst gewählten Zielsetzung. Auch die Firma Google gewährt ihren Mitarbeitern einen bestimmten Prozentsatz an Zeit, um an selbstgewählten Themen zu arbeiten und daraus Innovationen für die Zukunft zu generieren.

Dies bedeutet aber auch, dass Mitarbeiter für die Entwicklung von Innovationen einen Freiraum benötigen, der unternehmenskulturell verankert ist – sei dies in Form einer selbstgewählten Zielvorgabe, eines Zeitbudgets oder auch des aktiven Entgegentretens von Bürokratisierungsprozessen. So berichtet z. B. Ulrich Loth, dass letzteres eine wichtige Aufgabe in seiner Funktion als Mitglied des „European Executive Board" der Firma Gore war. Denn es gab immer wieder Tendenzen, aus einem einzelnen Problemfall eine Regel für das gesamte Unternehmen abzuleiten, die letztendlich den Handlungsspielraum aller Mitarbeiter einengen und nur Bürokratie aufbauen würde (vgl. Loth 2008).

Doch auch wenn die junge Generation von Mitarbeitern Gestaltungsfreiräume will, kann nicht jeder Mitarbeiter mit solch einem gewährten Freiraum umgehen. Hierfür braucht es neben der entsprechend fachlichen Qualifikation vor allem die Fähigkeit zur Selbstorganisation und zum unternehmerischen Denken und Handeln. Unternehmen, die bewusst mit ihrer Kultur umgehen, achten auch hierauf schon bei der Mitarbeiterselektion.

2.1.3 Notwendige Veränderungen rechtzeitig erkennen und unterstützen

Für die Überlebensfähigkeit eines Unternehmens ist es wichtig, relevante Entwicklungen in seiner externen Umwelt rechtzeitig zu erkennen und entsprechend sinnvolle Veränderungsprozesse einzuleiten. Wie eine Reihe von Studien nahelegen, ist dies gar nicht so einfach, da die Entscheidungsträger die Bedeutung des Neuen als solches nicht erkennen und (zu) schnell als irrelevant verwerfen (vgl. Sackmann 1991). Um diesen Tendenzen des Nicht-Erkennens oder auch des Verkennens der Bedeutung einer Entwicklung für das Unternehmen entgegenzutreten, bedarf es Entscheidungsträgern, die sich und auch vorhandene Informationen regelmäßig hinterfragen. So führen Entscheidungsträger in der Firma Hilti z. B. regelmäßige Konferenzgespräche mit Kollegen und Mitarbeitern der verschiedenen Firmenstandorte. Sie lassen sich berichten, welche Entwicklungen diese vor Ort beobachten und wie sie diese im Hinblick auf das eigene Geschäft beurteilen. Entwickelt sich daraus die Erkenntnis, dass Veränderungsprozesse notwendig sind, werden diese eingeleitet und in den Zielvereinbarungen der Personen verankert, die für die Umsetzung der Veränderungen verantwortlich sind. Bei der Durchführung solcher Veränderungsprozesse werden diese dann nicht sich selbst überlassen, sondern erfahren die für eine Umsetzung notwendige Unterstützung (vgl. Sackmann 2004).

2.1.4 Qualifizierte und unternehmenskulturell „passende" Mitarbeiter für das Unternehmen gewinnen und binden

Trotz oder gerade auch wegen der zunehmenden Automatisierung braucht es für die Überlebensfähigkeit in den neuen Arbeitswelten entsprechend qualifizierte Mitarbeiter. Schon heute ist es in Deutschland schwer, die offenen Lehrstellen zu besetzen, und aufgrund der prognostizierten demografischen Entwicklung wird auch ein noch stärkerer Fachkräftemangel vorhergesagt. Um daher qualifizierte Mitarbeiter für ein Unternehmen gewinnen und auch halten zu können, braucht es eine Unternehmenskultur, die deren Erwartungen entspricht. Wie oben ausgeführt, werden diese qualifizierten Mitarbeiter aus verschiedenen Generationen und Lebensphasen kommen und daher unterschiedliche Erwartungen an ihren Arbeitgeber haben. Während z. B. jüngeren Mitarbeitern vor allem ein offenes und anregendes Betriebsklima, Vertrauen, Fehlerfreundlichkeit und Weiterbildungsmöglichkeiten wichtig sind, wünschen sich ältere Mitarbeiter vor allem abwechslungsreiche und herausfordernde Arbeit, kooperative Führung sowie etwas dazu lernen zu können (vgl. Jasper et al. 2001).

Unsere Befragung von 359 Studierenden zeigt auf, dass künftige Mitarbeiter insgesamt hohe Erwartungen an ihren künftigen Arbeitgeber haben. Neben einem sicheren Arbeitsplatz wollen sie Entwicklungsmöglichkeiten, die Möglichkeit, eigene Ideen einzubringen, Spaß bei der Arbeit haben, Möglichkeiten für Wissens- und Erfahrungsaustausch, eine bedeutsame, intellektuell anspruchsvolle und abwechslungsreiche Arbeit, die Möglichkeit zur Selbstverwirklichung gibt, dazu Gestaltungsmöglichkeiten und Freiraum bei der Arbeit. Sie wollen Verantwortung, mit Menschen im Team arbeiten und einen Beitrag zum Wohlergehen der Gesellschaft leisten (Sackmann 2011). Ganz zentral ist, wie schon oben erwähnt, die Balance von Berufs- und Arbeitsleben. Waren viele Mitarbeiter früher bereit, ihr Familienleben dem Berufsleben unterzuordnen, so ist dies heute – vor allem bei den jüngeren Mitarbeitern – nicht mehr der Fall. Auch hat der Wunsch nach hierarchischem Aufstieg abgenommen (vgl. Manager Monitor 2012).

Für die Unternehmenskultur bedeutet dies zunächst einmal die Verankerung einer differenziellen Personalarbeit (vgl. Morick 2002), mit der auf die unterschiedlichen Erwartungen der Mitarbeiter eingegangen werden kann. Der stark gestiegene Wunsch nach einer besseren Balance von Arbeits- und Privatleben erfordert eine entsprechende Berücksichtigung familiärer Belange – sei dies der Wunsch nach flexibler Arbeitszeit oder Teilzeit, der Wunsch von Vätern, auch Erziehungsurlaub zu nehmen oder eine spontan notwendige Kinderbetreuung zu ermöglichen.

Ein wesentliches Charakteristikum ist Freiraum bei der Arbeit, der eigene Ideen und Gestaltungsmöglichkeiten zulässt, wofür letztendlich gegenseitiges Vertrauen bei klaren Zielen und entsprechenden Rahmenbedingungen vorhanden sein sollte. Auch hier können die gleichen Firmenbeispiele von oben genannt werden. So ist bei der Firma Gore *Freiheit* neben *Commitment* bzw. *Selbstverpflichtung, Fairness* und *Waterline* ein in der Unternehmenskultur fest verankerter Wert, wobei *Waterline* die Grenzen für den gewährten Freiraum setzt. *Waterline* bedeutet, dass kein Vorhaben so risikoreich sein sollte, dass es ein Loch unterhalb der Wasseroberfläche des „Firmenboots" bohrt, was das Unternehmen zum „Sinken" bringen würde.

Eine inhaltlich so ausgeprägte Unternehmenskultur hilft, qualifizierte Mitarbeiter ans Unternehmen zu binden, wobei diese hierfür eine Reihe von Maßnahmen unterstützend einsetzen. So werden Aus- und Weiterbildungsmaßnahmen, gemeinsame Feiern, Sportevents, Gesundheitschecks, flexible Arbeitszeitgestaltung wie auch räumliche Angebote von Kaffeeecken, gemütliche Sitzgelegenheiten bis zu Spiel- und Sportmöglichkeiten genutzt, um u. a. Möglichkeiten für firmeninternen Netzwerkaufbau und -pflege zu bieten, die sich positiv auf die emotionale Bindung ans Unternehmen auswirken.

Da Führung ein zentraler Aspekt der Unternehmenskultur für die neuen Arbeitswelten ist, ist ihr ein eigenes Kapitel gewidmet.

2.2 Implikationen für die Führung

Führung personifiziert die ansonsten schwer „greifbare" Unternehmenskultur und ist damit untrennbar mit ihr verbunden. Daher ist für die neuen Arbeitswelten eine Führung von zentraler Bedeutung, die sich durch partnerschaftlichen Umgang und die Gewährung der oben erwähnten Freiräume bei gegenseitigem Vertrauen kennzeichnet und die gewollte Unternehmenskultur auch täglich vorlebt (vgl. Sackmann 2004).

Der Wertewandel hat seit den 1960er-Jahren in unserer Gesellschaft für einen Demokratisierungsprozess gesorgt, der alle Lebensbereiche umfasst: Familie, Aus- und Weiterbildungsinstitutionen wie auch Arbeitsorganisationen. Daher sind Mitarbeiter zunehmend gewohnt, ihre Meinung zu äußern, mitzusprechen und mitzugestalten – und wollen dies auch bei ihrer Arbeit. Hierfür ist eine offene, direkte Kommunikation sowie ein vertrauensvoller und letztendlich partnerschaftlicher Umgang notwendig – auch zwischen den Hierarchieebenen. Solch eine partnerschaftliche Führung verbessert nicht nur die Qualität von Entscheidungsprozessen speziell in unsicheren, komplexen Situationen (Bearingpoint 2015; Sackmann 1991), sie fördert auch die Identifikation der Mitarbeiter mit ihrer Arbeit und mit dem Unternehmen und wirkt sich positiv auf die Unternehmensleistung aus. So konnte bei der Bertelsmann AG ein signifikanter Unterschied in der finanziellen Leistung von konzerninternen Unternehmen zwischen solchen mit einer hohen Ausprägung an partnerschaftlicher Führung und solchen mit niedriger Ausprägung festgestellt werden (Netta 2009).

Damit die gewünschte Unternehmenskultur jedoch nicht nur auf Papier bleibt, sondern auch gelebt wird, ist es wichtig, dass sich die Führungskräfte entsprechend verhalten und die gewünschte Kultur in ihrem Verhalten sichtbar und spürbar für ihre Mitarbeiter vorleben (Sackmann und Klaus 2014). Dies bedarf einer vorsichtigen Führungskräfteselektion, einer gezielten Sozialisation im Sinne der Unternehmenskultur und einer regelmäßigen Überprüfung des Führungskräfteverhaltens mit entsprechenden Konsequenzen. So nutzen eine Reihe von Firmen, denen der bewusste Umgang mit Unternehmenskultur wichtig ist, ein Vorgesetzten- oder 360°-Feedback, um mögliche unerwünschte Abdriftungen frühzeitig zu erkennen. Sie scheuen sich dann auch nicht, entsprechende Konsequenzen zu ziehen und Führungskräfte von ihrer Führungsfunktion zu entbinden, wenn sich ihr Verhalten nicht entsprechend ändert (vgl. Sackmann 2004). Bei der Firma Gore bekommen Mitarbeiter die Möglichkeit, ihre „Führungstauglichkeit" zunächst in einer Reihe verschiedener Funktionen auszuprobieren, weiterzuentwickeln und zu verfeinern – oder aber in eine Fachfunktion ohne jegliche Stigmatisierung zu wechseln. Zusätzlich gibt es Mentoren, die durch die Mitarbeiter selbst ausgewählt werden, was sich auch positiv für den Gewählten auswirkt.

3 Resümee

Die Ausführungen zeigen, dass Führung und Unternehmenskultur untrennbar miteinander verbunden sind und inhaltlich ganz spezifisch ausgeprägt sein müssen, um zu Erfolgsfaktoren für die neuen Arbeitswelten zu werden. Da Organisationen dynamisch sind und sich weiterentwickeln, ist die zu einem bestimmten Zeitpunkt vorhandene inhaltliche Ausprägung der Unternehmenskultur keine Gewähr dafür, dass diese auch weiterhin ein Erfolgsfaktor bleibt, wie negative Beispiele aufzeigen (vgl. Sackmann und Horstmann 2009). Aufgabe speziell der oberen Führungskräfte ist es daher, die gewünschte Unternehmenskultur durch ihr Verhalten erlebbar zu machen und zu verstärken. Zusätzlich brauchen sie Sensoren und regelmäßige Checks, um eine ungewollte Abdriftung der Unternehmenskultur frühzeitig zu erkennen und entsprechend gegenzusteuern bzw. auch rechtzeitig zu erkennen, wenn inhaltliche Veränderungen in Teilaspekten der Unternehmenskultur notwendig werden. So überprüfen Firmen, die Unternehmenskultur als einen wichtigen Erfolgsfaktor betrachten, regelmäßig ihre vorhandene Kultur wie auch deren Passung mit den Entwicklungen in der relevanten Unternehmensumwelt. Sie scheuen sich dann auch nicht, notwendige Veränderungen mit ihren Führungskräften und Mitarbeitern zu diskutieren, diese einzuleiten und gemeinsam mit ihnen im Sinne eines partnerschaftlichen Miteinanders umzusetzen. Ein zentraler Erfolgsfaktor für die Arbeitswelten von morgen ist daher eine Offenheit gegenüber Neuem gekoppelt mit einer Lern- und Veränderungsfähigkeit, die in der Unternehmenskultur verankert sind.

Literatur

Bearingpoint (2015). Digital leaders built for fast decisions. www.dashoefer.de/Online-Angebote/Newsletter/ManagerGate/?cid=70502&uid=3188566&from=ONL-MANAG&wa=MAN15N-51 (v 14.12.2015).

Beschorner, T., Kolmar, M. (2015). Moral – ein Kostenfaktor. Welches Kalkül veranlasst ein Unternehmen, vorsätzlich zu betrügen? www.nzz.ch/meinung/kommentare/moral--ein-kostenfaktor-1.18627545 (v 12.10.2015).

Flik, H. (1990) The Ameba Concept. Organizing around Opportunity within the GORE Culture. In Simon, H (Hrsg) Herausforderung Unternehmenskultur. Stuttgart, Schäffer Verlag, S 91-129.

Hartmann, J. (2011). Wette auf die Megacity. Welt am Sonntag, Nr 39, 25.9.2011, S 2.

Jasper, G., Rohwedder, A., Schletz, A. (2001) Innovieren mit alternden Belegschaften. In Moser, J (Hrsg) Vom alten Eisen und anderem Balast. München, Rainer Hampp Verlag, S. 60-86.

Kotter, J. P., Heskett, J. L. (1993) Die ungeschriebenen Gesetze der Sieger. Erfolgsfaktor Firmenkultur. Düsseldorf, Econ

LAB & Company (2015). *Deutsche Manager handeln immer unmoralischer.* www.dashoefer.de/Online-Angebote/Newsletter/ManagerGate/?cid=70500&uid=3188566&from=ONL-MANAG&wa=MAN15N-51 (v 15.12.2015).

Loth, U. (2008) Leistungsträger Mensch: Reflexionen über eine menschorientierte Hochleistungsorganisation. Interview mit Ulrich Loth. In Sackmann S. A. (Hrsg) *Mensch und Ökonomie: Wie sich Unternehmen das Innovationspotenzial dieses Wertespagats erschließen.* Wiesbaden, Gabler, S 317-335.

Manager Monitor (2012) Gang runterschalten. Befragung von ca. 300 Führungskräften im Juni 2012. Deutscher Führungskräfteverband (ULA).

Morick, H (2002) Differenzielle Personalwirtschaft. München, edition gfw

Netta, F. (2009). Gezielte Schwachstellenanalyse bis auf die untersten Führungsebenen. *HR Today* 5, 25-28.

PwC (2015). Wünsch dir was! Wünsche und Trendeinschätzungen deutscher Familienunternehmer. www.dashoefer.de/Online-Angebote/Newsletter/ManagerGate/?cid=70497&uid=3188566&from=ONL-MANAG&wa=MAN15N-51 (v 15.12.2015).

Sackmann, S. A. (1991) Wie gehen Spitzenführungskräfte mit Komplexität um? In Fisch, R, Boos, M (Hrsg) *Vom Umgang mit Komplexität in Organisationen. Konzepte, Fallbeispiele, Strategien.* Konstanz, UVK Universitätsverlag Konstanz, S 299-315.

Sackmann, S. A. (2005) *Toyota Motor Corporation. Eine Fallstudie aus unternehmenskultureller Perspektive.* Bertelsmann Stiftung (Hrsg), Gütersloh, Bertelsmann Stiftung

Sackmann, S. A. (2006) *Unternehmenskultur. Erkennen, entwickeln, verändern.* München, Eigenverlag (1. Aufl 2002, Neuwied/Kriftel, Luchterhand)

Sackmann, S. A. (2011). Erwartungen an künftige Arbeitgeber und Vorgesetzte. Vortrag am Münchner Leadership*Dialog,* Zukunft der Führung – in die Zukunft führen. München: 11. November.

Sackmann, S. A. (2012) Der Mensch in einer veränderten Arbeitswelt. In Meister, U. (Hrsg) *Vision 2030. So leben, arbeiten und kommunizieren wir im Jahr 2030.* Offenbach, Gabal, S 148-173.

Sackmann, S. A., Bertelsmann Stiftung (2004) *Erfolgsfaktor Unternehmenskultur. Mit kulturbewusstem Management Unternehmensziele erreichen und Identifikation schaffen. Sechs Best Practice-Beispiele.* Wiesbaden, Gabler

Sackmann, S. A., Horstmann, B. (2009) The role of corporate culture in developing and preventing corruption. In Stachowicz-Stanusch, A. (Hrsg) *Organizational Immunity to Corruption: Building Theoretical and Research Foundations.* Katovice, PAN, S 261-277.

Sackmann, S. A., Klaus, N. (2014). Wie gute Führung entsteht und was sie bewirken kann. *Personalführung* 9, 20-25.

Prof. Sonja Sackmann hat den Lehrstuhl für Arbeits- und Organisationspsychologie an der Fakultät für Wirtschafts- und Organisationswissenschaften der Universität der Bundeswehr München. Sie ist im Vorstand des Instituts *Entwicklung zukunftsfähiger Organisationen* sowie des Forschungszentrums für Strategie, Führung, Unternehmenskultur und Personalmanagement und ist Gastprofessorin in St. Gallen.

Außerdem lehrte sie an der LIMAK/Linz, der Wirtschaftsuniversität Wien, der Jiao-Tong Universität Shanghai, der EBS European Business School, der RWTH Aachen mit Gastprofessuren an der Graduate School of Management UCLA, USA und der Universität Konstanz im Bereich Management.

Sie erhielt ihren Ph.D. in Management von der Graduate School of Management, UCLA, an der sie mehrere Jahre lehrte und forschte, und ihr Diplom in Psychologie von der Universität Heidelberg nach zusätzlichen Studien in Marburg, Los Angeles und New York (u. a. im Bereich Umweltpsychologie).

Frau Prof. Sackmann war Entwicklungs- und Projektleiterin sowie Managing Partner am MZSG Managementzentrum St. Gallen (heute Malik MZSG) und Dekanin ihrer Fakultät in München. Ihre Arbeitsschwerpunkte in Forschung, Lehre, Management/Executive Development und Beratung liegen in den Bereichen Führung, Unternehmenskultur, Change Management, Organisationsentwicklung und interkulturelles Management. So hat sie u. a. Managment- und Executive Developmentprogramme für die BayWa, BMW, DaimlerChrysler, Gate Gourmet, Linde, Knürr, Sick, VW Group und Vorwerk konzipiert und durchgeführt, Führungskräfte gecoacht und Culture Change- sowie Organisationsentwicklungsprojekte mit einer Reihe von inter- und multinationalen Firmen wie auch der Schweizerischen Bundesverwaltung durchgeführt.

Sie hat mehrere Bücher und zahlreiche Artikel zu diesen Themen veröffentlicht, war und ist wissenschaftliches Mitglied mehrerer Beiräte, wie dem Executive Board der Organization Development & Change Division der Academy of Management/USA und dem Wissenschaftsbeirat des BIBB Bundesinstitut für Berufsbildung.

Gute Führung in Deutschland – Neue Muster für eine vernetzte Welt

Andreas Greve und Peter Kruse

1 Einleitung

Ziel der Befragung von insgesamt 400 Führungskräften war es, ein Verständnis von der in Deutschland herrschenden Führungskultur zu gewinnen und die Wahrnehmung der Situation heute mit den Anforderungen der Zukunft abzugleichen. Zu diesem Zweck wurden die größtenteils unbewussten „Kulturmuster" erhoben, die das Führungshandeln der Manager beeinflussen. Diese kulturellen Muster sind so etwas wie „Tiefenstrukturen", die aus den Wertepräferenzen der Menschen und ihrem kollektiven Handeln ein sozio-kulturelles Kraftfeld ausformen, das wiederum unbewusst das Handeln eines jeden Einzelnen lenkt. Über die Analyse des kulturellen Kraftfeldes lassen sich sehr frühzeitig Veränderungen in den Präferenzen von Menschen sichtbar machen und entsprechende Entwicklungstendenzen ableiten. Denn was unterschwellig an Attraktivität gewinnt, wird zunehmend präferiert – was präferiert wird, löst Handlungen aus und verändert darüber die Wirklichkeit. Um herauszufinden, welche kulturellen Muster im Sinne von Wertvorstellungen die Führungskultur in Deutschland bestimmen, wie bisherige Entwicklungen bewertet und zukünftige Herausforderungen eingeschätzt werden, hat nextpractice in der vorliegenden Studie das speziell für die Erfassung von Kulturmustern entwickelte Interviewverfahren „nextexpertizer" angewendet.

A. Greve (✉)
Geschäftsführer, nextpractice GmbH
Bremen, Deutschland
E-Mail: a.greve@nextpractice.de

© Springer-Verlag Berlin Heidelberg 2017
B. Spieß und N. Fabisch (Hrsg.), *CSR und neue Arbeitswelten*,
Management-Reihe Corporate Social Responsibility, DOI 10.1007/978-3-662-50531-1_21

2 Methodik: Exploration in der Tiefe

Die Studie „Gute Führung" analysiert die Situation von Führung in Deutschland nicht wie sonst üblich auf der Basis vorgegebener und aus theoretischen Annahmen abgeleiteter Antwortkategorien, sondern über ungestützte Beschreibungen. Das Verfahren verbindet die qualitative Aussagekraft frei geführter Interviews mit der quantitativen Auswertbarkeit standardisierter Fragebögen.

Die insgesamt 400 befragten Führungskräfte waren aufgefordert, ihre Situation und die Anforderungen an „gute Führung" frei und in eigenen Worten zu beschreiben. Darüber wurde sichergestellt, dass die Befragten die für sie als relevant erachteten inhaltlichen Dimensionen benannten. Auf Basis der selbst gewählten begrifflichen Unterscheidungen ordneten die Manager ihre Einschätzung der realen Führungspraxis heute und die künftigen Anforderungen an Führung in Deutschland ein und bewerteten zusätzlich eine Auswahl relevanter Führungsstile, Organisationsformen und Managementinstrumente. Die in den Interviews entstandenen individuellen Bewertungs- und Bedeutungsräume wurden in einem nächsten Schritt mathematisch zu einem Gesamtbild verdichtet, das die übergreifenden Kulturmuster für „Führung in Deutschland" sichtbar werden lässt (siehe Abb. 2). Jedes Einzelinterview fungierte somit sozusagen als ein Messpunkt zur Bestimmung der „kulturellen Großwetterlage".

Die rund 4600 frei formulierten Originalaussagen wurden ihrer mathematischen Positionierung entsprechend im Raum zu Themenclustern verdichtet. Diese beschreiben die kulturellen Felder, die sich aus Verrechnung der einzelnen Interviews ergeben. Unterscheiden lassen sich 37 positiv bewertete (grün) und 37 negativ bewertete Cluster (rot). Je größer die Benennung eines Clusters dargestellt ist, desto mehr Originalaussagen der Befragten wurden darunter zusammengefasst.

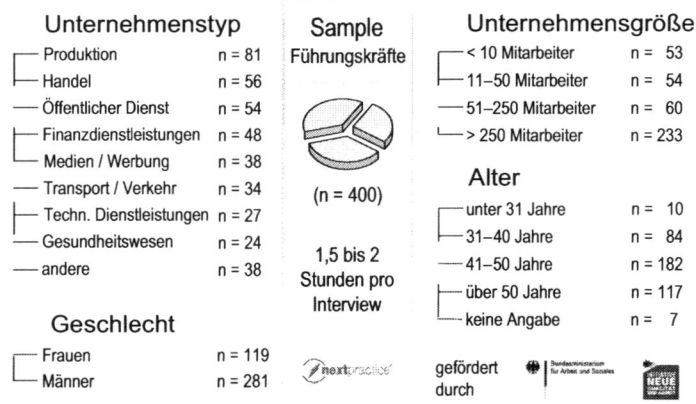

Abb. 1 Die Verteilung der interviewten Führungskräfte

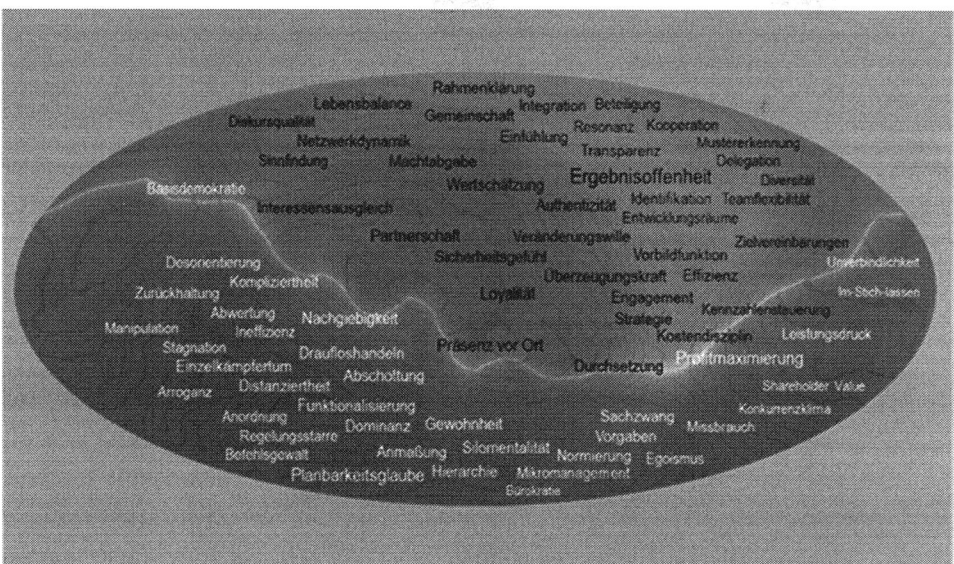

Abb. 2 Das kulturelle Kraftfeld „Gute Führung" mit semantischer Verdichtung

Ein Beispiel: In dem negativ bewerteten Cluster „Mikromanagement" sind rund 90 Originalaussagen zusammengefasst. 21 % der interviewten Führungskräfte haben dazu Kritiken und Beschreibungen formuliert wie „viel zu engmaschige Vorgaben machen", „über detaillierte Aufgabenlisten steuern" oder „nur Einzelaktionen ausführen dürfen". Alle 74 Cluster sind auf diesem Weg entstanden und erlauben jederzeit einen Zugriff auf ihre zugehörigen Originalaussagen. Der so verdichtete semantische Werteraum dient als vereinfachtes inhaltliches Bezugssystem für die Gesamtheit aller Bewertungen und Entwicklungsprognosen.

Insofern werden die Ergebnisse der Studie nicht aus einer inhaltsanalytischen Verdichtung von Einzelinterviews hergeleitet. Vielmehr werden die Ergebnisse aus den aggregierten Bewertungsmustern und deren Relationen zu den nach Raumrichtung gebildeten Themenclustern abgeleitet. Da jeder im Interview genannte Begriff über die Verrechnung der Bewertungsmuster der Einzelinterviews eine mathematische Position im entstehenden Werteraum hat, sind die Begriffe und gebildeten Cluster mathematischen Analysen zuführbar. Dadurch werden die überindividuellen Kulturmuster mathematisch sichtbar gemacht und lassen sich über die räumlich nahe beieinander liegenden Themencluster inhaltlich verstehen. Diese Kulturmuster wirken größtenteils implizit auf das Führungshandeln und sind meist noch nicht Teil der bewussten Reflexion der einzelnen Führungskräfte. Vor diesem Hintergrund sind auch die nachfolgenden Ergebnisse zu lesen, die die befragten Führungskräfte aus der Summe ihrer Beschreibungen und zahlreichen intuitiven Bewertungen während der Interviews zum Ausdruck bringen, ohne diese in der Komplexität und in den Wirkungszusammenhängen so formulieren zu können.

3 Führungspraxis wird Anforderungen nicht mehr gerecht

Ein wesentliches Ergebnis der Untersuchung: Die Mehrheit der 400 interviewten Führungskräfte erkennt intuitiv ein deutliches Gap zwischen der Führungspraxis in Deutschland und den Anforderungen, die sich durch den Wandel der Arbeitswelt ergeben. Die Führungskräfte sehen die Kriterien, die ihnen im Kontext „guter Führung" wichtig sind, heute nicht einmal zur Hälfte verwirklicht (mittlerer Erfüllungsgrad 49,3 %). Sie kritisieren damit eine seit Jahren anhaltende Fehlentwicklung der Führungskultur. Schrittweise Verbesserungen reichen ihrer Ansicht nach nicht mehr aus, um den eigenen Anspruch an gute Führung umzusetzen: 78 % der Befragten sagen, dass Führung in Deutschland einen Paradigmenwechsel braucht.

Gelingt das nicht, nimmt die Gefahr, den Anschluss zu verpassen, in ihren Augen kontinuierlich zu. Ein Blick auf die Langfristentwicklung verschärft diese Einschätzung noch: Betrachtet man die Entwicklung der Führungspraxis in Relation zu der Entwicklung der Führungsanforderungen seit 1950, öffnet sich die Schere zwischen Führungspraxis und Führungsanforderungen seit Jahren immer stärker. Doch was ist zu tun? Steuerung und Regelung als Prinzipien guter Führung, so sind sich die Befragten mehrheitlich einig, sind angesichts der Komplexität und Dynamik der zukünftigen Arbeitswelt keine valide Strategie mehr. Da die Volatilität in vielen Geschäftsfeldern und Märkten zunimmt und die Planbarkeit entsprechend sinkt, sind traditionelle Managementwerkzeuge wie Zielvereinbarungen und Controlling keine adäquate Lösung mehr für die heutigen Herausforderungen. Das gilt auch für Organisationsstrukturen wie die klassische Linienhierarchie: Sie wird klar abgelehnt.

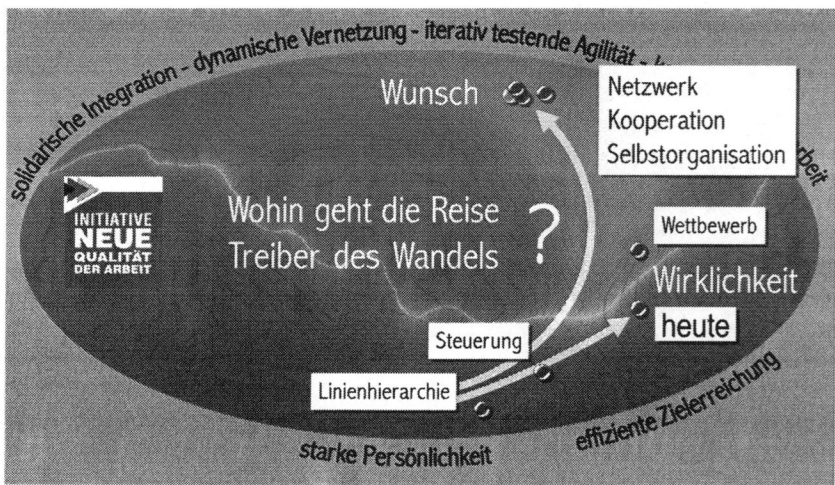

Abb. 3 Führung in Deutschland zwischen Wunsch und Wirklichkeit

4 Segeln auf Sicht: Ergebnisoffene Prozesse anlegen

Doch was ist die Alternative? Die befragten Führungskräfte assoziieren mit guter Führung etwas, das man als „professionelles Segeln auf Sicht" bezeichnen kann. Kreative Anpassung an sich schnell verändernde Marktbedingungen ist dabei ein Kernelement. Orientierung in der Instabilität wird also zu einer wichtigen Schlüsselkompetenz (Kruse 2004). Was das konkret beinhalten kann und in welche Richtung die gemeinsamen Suchprozesse laufen müssen, zeigen die folgenden Kernaussagen aus der Studie (Kruse und Greve 2014, S. 6 ff.):

- **Prozesskompetenz ist für alle das aktuell wichtigste Entwicklungsziel.**
  Alle interviewten Führungskräfte halten die Fähigkeit zur professionellen Gestaltung ergebnisoffener Prozesse für eine Schlüsselkompetenz. Angesichts instabiler Marktdynamik, abnehmender Vorhersagbarkeit und überraschender Hypes erscheint ein schrittweises Vortasten erfolgversprechender als die Ausrichtung an Langfristplanungen, deren Verfallsdatum ungewiss ist.
- **Selbstorganisierende Netzwerke sind das favorisierte Zukunftsmodell.**
  Die befragten Führungskräfte sind sich mehrheitlich sicher, dass die Organisation in Netzwerken am besten geeignet ist, um die Herausforderungen der modernen Arbeitswelt zu bewältigen. Mit der kollektiven Intelligenz selbstorganisierender Netzwerke verbinden sie die Hoffnung auf mehr kreative Impulse, höhere Innovationskraft, Beschleunigung der Prozesse und Verringerung von Komplexität.
- **Flexibilität und Diversität sind weitgehend akzeptierte Erfolgsfaktoren.**
  Das Arbeiten in beweglichen Führungsstrukturen, mit individueller Zeiteinteilung und in wechselnden Teamkonstellationen ist aus Sicht der Führungskräfte bereits auf einem guten Weg. Die Idee, Unterschiedlichkeit zu fördern, sei in den Unternehmen angekommen und werde bereits umgesetzt. Der Beitrag eines „typisch weiblichen Führungsstils" zur Führungskultur wird äußerst positiv bewertet.
- **Kooperationsfähigkeit hat Vorrang vor alleiniger Renditefixierung.**
  Mehr als die Hälfte der interviewten Führungskräfte geht davon aus, dass traditionelle Wettbewerbsstrategien die Grenzen ihrer Leistungsfähigkeit erreicht haben und das Prinzip Kooperation weiter an Bedeutung gewinnt. Nur noch 29,25 % der Führungskräfte präferieren ein effizienzorientiertes und auf die Maximierung von Profiten ausgerichtetes Management als ihr persönliches Idealmodell von Führung.
- **Persönliches Coaching ist ein unverzichtbares Werkzeug für Führung.**
  Mit dem Übergang zur Netzwerkorganisation schwindet nach Meinung der Führungskräfte der bislang selbstverständliche Schonraum hierarchischer Strukturen. Eigene Vorstellungen über Anweisungen durchzusetzen sei nicht mehr möglich. Macht entfalten werde nur das, was bei anderen auch auf Resonanz trifft. Daher seien aufseiten der Führung Einfühlungsvermögen und Einsichtsfähigkeit gefordert. Alle Akteure im Unternehmen bräuchten mehr Reflexion und intensive Entwicklungsbegleitung.

- **Motivation wird an Selbstbestimmung und Wertschätzung gekoppelt.**
Die Befragten gehen davon aus, dass die motivierende Wirkung von Gehalt und anderen materiellen Anreizen tendenziell abnimmt. Persönliches Engagement wird von ihnen mehr mit Wertschätzung, Entscheidungsfreiräumen und Eigenverantwortung assoziiert. Autonomie werde wichtiger als Statussymbole, und der wahrgenommene Sinnzusammenhang einer Tätigkeit sei immer bestimmender für den Grad der Einsatzbereitschaft der Menschen.
- **Gesellschaftliche Themen rücken in den Fokus der Aufmerksamkeit.**
Für die befragten Führungskräfte wird die Stakeholder-Perspektive eines Ausgleichs der Ansprüche und Interessen verschiedener gesellschaftlicher Gruppen wichtiger. Bereits über 15 % der frei genannten Beschreibungen zu guter Führung beziehen sich auf Fragen nach gesellschaftlicher Solidarität und sozialer Verantwortung von Unternehmen.

5   Fünf Führungstypen – fünf Idealbilder von Führung

Während einige Aussagen mit großer Mehrheit getroffen werden, zeichnet sich bei anderen, wie zum Beispiel beim Thema „Stakeholder-Perspektive", eine klar sichtbare Entwicklung ab, die jedoch noch nicht von allen Befragten geteilt wird. Um einen Eindruck davon zu gewinnen, wie verbreitet einzelne Wertemuster in Bezug auf „gute Führung" sind, wurden in der Studie fünf mathematisch eindeutig zu trennende Werte-Cluster bzw. Präferenztypen bestimmt. Diese Präferenztypen setzen klare inhaltliche Schwerpunkte. Daher kann die quantitative Verteilung auch ohne statistische Repräsentativität durchaus als eine erste grobe Schätzung der prozentualen Verteilung bei den Führungskräften in Deutschland insgesamt dienen. Jeder der fünf Typen trifft auf Basis seiner Wertemuster typische Aussagen (Kruse und Greve 2014, S. 12 f.):

Typ 1 „Traditionell absichernde Fürsorge" (13,50 %)
Eine gute Führungskraft hat die Fähigkeit, Menschen im direkten Kontakt Sicherheit zu geben und ihnen persönlich den Rücken zu stärken. Gute Führung ist authentisch, kompetent und besitzt natürliche Autorität. Loyalität und Zufriedenheit der Mitarbeiter sind Ergebnis persönlicher Vorbildfunktion und Verantwortungsübernahme. Zentrales Ziel ist, langfristig die Arbeitsplätze der Menschen im Unternehmen zu sichern.

Typ 2 „Steuern nach Zahlen" (29,25 %)
Eine gute Führungskraft ist in der Lage, Menschen so zu organisieren, dass sie auf der Basis eines bestehenden Geschäftsmodells maximalen Profit erwirtschaften. Gute Führung erhöht die Wettbewerbsfähigkeit des Unternehmens über Strategie, Zielvereinbarungen und ein professionelles, auf Kennzahlen gestütztes Controlling. Zentrales Ziel ist, eine attraktive Rendite für die Kapitaleigner zu gewährleisten.

Typ 3 „Coaching kooperativer Teamarbeit" (17,75 %)
Eine gute Führungskraft unterstützt und begleitet die Zusammenarbeit in dezentral organisierten, sich flexibel verschiedenen Aufgabenstellungen anpassenden Teams. Gute Führung fördert die Erhöhung der internen Diversität, sorgt für maximale Transparenz von Information und eine gemeinsame Reflexion von Zusammenhängen. Zentrales Ziel ist, Synergiepotenziale im Unternehmen und in der Kooperation mit externen Partnern zu heben.

Typ 4 „Stimulation von Netzwerkdynamik" (24,00 %)
Eine gute Führungskraft lässt viel Raum für Eigeninitiative und begünstigt die ungehinderte, hierarchiefreie Vernetzung zwischen allen Akteuren im Unternehmen. Gute Führung vereint Menschen mit unterschiedlichen Lebensentwürfen unter einer attraktiven Vision und vertraut auf deren Fähigkeit zur Selbstorganisation. Zentrales Ziel ist, die Komplexität vernetzter Märkte durch eigene Netzwerkbildungen zu bewältigen.

Typ 5 „Solidarisches Stakeholder-Handeln" (15,50 %)
Eine gute Führungskraft motiviert hauptsächlich über persönliche Wertschätzung, Selbstbestimmung und die Sinnhaftigkeit gemeinsamer Arbeitszusammenhänge. Gute Führung ist offen für basisdemokratische Teilhabe und fördert solidarisches Handeln. Über die Aushandlung gemeinsamer Werte wird die Dynamik in den Netzwerken im Zaum gehalten. Zentrales Ziel ist, die Interessen aller relevanten Stakeholder optimal zu balancieren.

Während die ersten beiden Präferenztypen („traditionell absichernde Fürsorge" und „Steuern nach Zahlen") bekannte und in der Vergangenheit gut erprobte sowie für den damaligen Kontext angemessene Wertemuster sind, machen die drei „neueren Präferenztypen" („Coaching kooperativer Teamarbeit", „Stimulation von Netzwerkdynamik" und „solidarisches Stakeholder-Handeln") mit ihrer Betonung von Dezentralität und dem Netzwerkaspekt heute bereits mehr als die Hälfte aller individuellen Wertemuster aus. Um zu testen, inwieweit diese Muster angemessene Antworten auf die heutigen Herausforderungen sein können, ist es im Anschluss an die Studie sinnvoll, diese Wertemuster in der Praxis aufzuspüren. Anhand von realen Führungspraktiken und Organisationsstrukturen gilt es zu illustrieren, wie diese Wertemuster sich ausdrücken, um gemeinsam in weitere Suchprozesse in Bezug auf „gute Führung" in der Zukunft zu kommen. Einen ersten Eindruck von neuen Ansätzen dazu sollen an dieser Stelle die zwei Fallbeispiele Premium (Getränkeindustrie) und Lindig (Fördertechnik) liefern.

6 Premium: Als Kollektiv zum Erfolg

Uwe Lübbermann ist seit 14 Jahren Geschäftsführer von PREMIUM, einem Unternehmen für „Premium-Getränke", darunter Cola und Bier. Er vertritt eine bislang noch ungewöhnliche Philosophie: „Ich will eine Gleichwertigkeit von Menschen erreichen", sagt er. „Daraus ergibt sich, dass ich nicht geschäftsführe, indem ich über andere Menschen bestimme, sondern mit ihnen gemeinsame Lösungen entwickle. Egal in welchem formalen Bezug wir miteinander stehen." Seine über 1700 Mitarbeiter und Partner sind deshalb als großes Kollektiv organisiert. Sich selbst versteht er in seinem Unternehmen als zentralen Moderator. Zu seinen Aufgaben zählt er, seine Mitarbeiter, oder auch „Kollektivisten/-innen" wie er sie nennt, dorthin zu führen, wo sie gut und gerne arbeiten. Denn dass Zufriedenheit und Produktivität miteinander einhergehen, davon ist er überzeugt. Einen autoritären Führungsstil lehnt er deshalb ab. Stattdessen hat er vor einigen Jahren eine Entscheidungsmethode in Konsensdemokratie entwickelt, die in einem „Online-Board" funktioniert – ein Intranet mit Forum-Funktionen. Dort werden alle wichtigen Entscheidungen, die der Chef für das Unternehmen trifft, vorgestellt und zur Diskussion gestellt. Bereits ein einziges Veto der 150 angemeldeten Mitglieder reicht aus, um einen Beschluss zu verhindern.

Lübbermann hält es für sinnvoll, wenn er als Chef Vorschläge zur Ausrichtung des Unternehmens macht; über das „Wie" wird bei Konsens dann gemeinsam entschieden. Ergebnisoffenheit und demokratische Entscheidungen sind ihm wichtig – nicht zuletzt, weil sie Flexibilität fördern. Gleichzeitig weiß er aber, dass der Moderator in Krisenzeiten manchmal auch das „Wie" gestalten muss. Doch auch darin sieht er eine Chance. Nämlich die, die Vertrauensbasis zwischen Moderator und den Kollektivisten/-innen zu vertiefen.

7 Lindig: Vernetzt arbeiten und Sinn stiften

Auch Sven Lindig experimentiert bereits mit neuen Formen von Führung. Er arbeitet als Geschäftsführer bei LINDIG Fördertechnik GmbH, einem Dienstleister für Gabelstapler, Lagertechnik und Arbeitsbühnen mit knapp 300 Mitarbeitern. Sein Anspruch: Andere Menschen konsequent in den Mittelpunkt stellen. „Ich als gute Führungskraft will Sinn stiften und Menschen berücksichtigen, sie nicht von oben herab behandeln oder ihnen starre Hierarchien aufdrücken. Eine schroffe, autoritäre Führungsart halte ich nicht für gut", sagt Lindig. Damit das gelingen kann, kommt man in der Firma immer mehr vom klassischen Organigramm ab und setzt stattdessen auf vernetzte Strukturen, manchmal auch quer zu gewohnten Hierarchien. In Zukunft sollen zum Beispiel mehr Projekte von Azubis und Abteilungsleitern gemeinsam betreut werden. Damit mehr Freiraum für die einzelnen Bereiche entsteht und projektorientiertes Arbeiten besser gelingt, will Lindig darüber hinaus 2016 quer durch das Unternehmen eine ganze Reihe Mitarbeiter-Workshops veranstalten.

Seine Einstellung dahinter formuliert er so: „Ich versuche, so gut wie möglich meinen Mitarbeitern viel Raum und Eigeninitiative zu lassen sowie sie nicht zu kontrollieren – das wäre mir sowieso zu anstrengend. Und ich denke, dass Vertrauen dafür eine wichtige Rolle spielt: Vertrauen darauf, dass die Menschen den Weg selbst bestimmen können. Arbeit bei uns wird daher zukünftig immer stärker abseits der klassischen Hierarchiestrukturen stattfinden." Das bedeutet auch: Ergebnisoffene Führung ist für ihn ein sinnvoller Ansatz. Zwar müssen die einzelnen Bereiche zielorientiert organisiert sein und klare Vertriebsziele haben, doch über das „Wie" entscheiden im Allgemeinen die Mitarbeiter. Seinen Abteilungsleitern hat er in diesem Sinne für 2016 eine „Must-to-do-Liste" mit bestimmten Projekten vorgelegt sowie eine „Nice-to-have-Liste". „Ich bin davon überzeugt, dass meine Mitarbeiter ein gutes Gespür haben, was sich umsetzen lässt und was nicht", sagt er. Eine klare Entwicklung hin zu mehr Arbeit auf Augenhöhe, getragen von Respekt, sieht er als langfristigen Trend nicht nur im eigenen Unternehmen an. Dort allerdings war er schon früh dabei: Im Rahmen der Nachfolge hat er mit seinem Führungskreis schon 2010 Unternehmens- und Führungswerte als Grundlage für die gemeinsame Arbeit definiert.

Dass es in seinem Umfeld allerdings auch noch genügend Firmen gibt, die sich mit solchen Themen überhaupt nicht beschäftigen, spielt ihm nach eigener Einschätzung in die Karten. Das treibe der eigenen Firma Mitarbeiter in die Arme, die etwas anderes suchen. Als selbstbewusst, fordernd und sinnsuchend charakterisiert er zum Beispiel die neuen jungen Mitarbeiter der Generation Y. „Heute fragen sich die jungen Leute, was sie mit ihrem Job bewirken können. Das ist eine sehr gute Entwicklung", sagt Lindig. Umgekehrt erwartet er von ihnen, sich selbst gut einzubringen und den Prozess durch das eigene Engagement mit voranzutreiben. Das ermöglicht ein gemeinsames Explorieren der Zukunft.

8 Fazit: Gemeinschaftlich nach neuen Modellen suchen

Führung braucht einen Paradigmenwechsel, sagen Deutschlands Manager. Alte Konzepte greifen angesichts des Wandels der Arbeitswelt nicht mehr. „Gute Führung" muss und wird sich daher verändern. In welche Richtung das geht, zeigen die Wertemuster der befragten Führungskräfte: Mehr Kompetenz für ergebnisoffene Prozesse, mehr Netzwerkdynamik und mehr Eigenverantwortung der Mitarbeiter sind gefragt. Damit sich diese Wertemuster in konkretes Führungshandeln übersetzen lassen, gilt es jetzt gemeinschaftlich nach neuen Modellen zu suchen, zu experimentieren und sich über neue Führungsansätze auszutauschen. Erste Ansätze zeigen die zuvor genannten Fallbeispiele. Mehr Best Practices für die Zukunft werden im Rahmen des Projekts „Forum Gute Führung" diskutiert (www.forum-gute-fuehrung.de). Sie geben Impulse für den dringend benötigten Turnaround und könnten so zur Ausgangsbasis für eine Führungskultur werden, die es mit den Herausforderungen der Zukunft aufnimmt.

Das Projekt „Forum Gute Führung"

Was ist „Gute Führung" heute – und was muss sie künftig leisten? In dem vom Bundesministerium für Arbeit und Soziales im Rahmen der Initiative „Neue Qualität der Arbeit (INQA)" geförderten Projekt „Forum Gute Führung" entwickeln Praktiker, Wissenschaftler und Weiterbildungsprofis gemeinsam Ideen für die Zukunft. Führungsverantwortliche aller Branchen und Unternehmensgrößen können sich online unter www.forum-gute-fuehrung.de miteinander vernetzen, diskutieren und gemeinsam an Zukunftsprojekten arbeiten. Auf der Plattform stehen neben neuen Impulsen aus der Studie vielfältige Informationen und Erfolgsgeschichten zum Thema „Gute Führung" zur Verfügung. Die Ergebnisse der darin enthaltenen Studie bilden auch den Ausgangspunkt eines bundesweiten Diskursprozesses zum Thema „Gute Führung", der im September 2015 begonnen hat.

nextpractice GmbH

Vor dem Hintergrund der gravierenden Veränderungen in Wirtschaft und Gesellschaft hat das Methoden- und Beratungsunternehmen nextpractice einen eigenständigen Beratungsansatz und softwaregestützte Methoden entwickelt. Sie sollen Unternehmen und Institutionen dabei unterstützen, komplexe Zusammenhänge zu verstehen und kollektive Intelligenz zu nutzen. Die Tätigkeitsfelder von nextpractice reichen von der methodengestützten, strategischen Unternehmensberatung über die Gestaltung von kulturellen Entwicklungsprozessen bis hin zu Analysen im Bereich der Markt-, Trend- und Gesellschaftsforschung. Zentrale Bedeutung in den Dienstleistungsangeboten von nextpractice haben das qualitativ-quantitative Analyseverfahren nextexpertizer sowie das Moderationstool nextmoderator.

Kontakt: www.nextpractice.de, office@nextpractice.de.

nextexpertizer – das Analyseverfahren zum Erfassen von Kulturen

Mit nextexpertizer äußern sich die Befragten in eigenen Worten und vollkommen frei über den Gegenstand der Untersuchung. Zur Erhebung der Aussagen, die vom Interviewer direkt in einen Computer eingegeben werden, verwendet nextexpertizer das psychologisch robuste Prinzip des assoziativen Paarvergleiches. Obwohl es sich bei nextexpertizer um eine qualitative Methode handelt, bietet das Tool alle Möglichkeiten eines quantitativen Verfahrens: Mit nextexpertizer können beliebig viele Interviews mathematisch miteinander in Beziehung gesetzt, ausgewertet und in dreidimensionalen Grafiken anschaulich dargestellt werden.

Je nach Zielrichtung einer Befragung werden bis zu 60 Vergleichselemente wie z. B. eine Auswahl relevanter Führungsstile, Organisationsformen und Managementinstrumente vorgegeben. Diese individuell entwickelten Elemente werden paarweise miteinander verglichen, assoziativ beschrieben und anschließend bewertet.

Dieser Vorgang wird mit immer neuen Paarbildungen so lange wiederholt, bis der Befragte aus seiner Sicht alle wesentlichen Aspekte geäußert hat. So entsteht eine Matrix aus vorgegebenen Vergleichselementen und frei genannten Beschreibungsdimensionen, die das individuelle Bewertungsmuster des Befragten widerspiegelt. Aus der erzeugten Matrix lässt sich unmittelbar nach Abschluss eines Interviews ein mehrdimensionaler Bedeutungsraum berechnen (Single ESA), der die persönliche Sichtweise des Befragten anschaulich und vergleichbar macht. In der Gruppenauswertung wird über speziell entwickelte Algorithmen ein Gesamtbedeutungsraum (Multi-ESA) berechnet, der einen Zugang zu dem intuitiven Bewertungsmuster der befragten Gruppe ermöglicht und vielfältige Detailanalysen zulässt. Die Originalbeschreibungen und gebildeten Themencluster bleiben in der Auswertung und Ergebnisdarstellung erhalten.

Die Interviews mit Uwe Lübbermann und Sven Lindig wurden von der Journalistin Laura Waßermann durchgeführt.

Literatur

Kruse, Peter (2004): Erfolgreiches Management von Instabilität. Offenbach: GABAL.

Kruse, Peter und Greve, Andreas (2014): Monitor – Führungskultur im Wandel (Initiative Neue Qualität der Arbeit). http://www.forum-gute-fuehrung.de/ergebnisse. Zugegriffen: 8. Januar 2016.

Andreas Greve ist Mitbegründer und Geschäftsführer der nextpractice GmbH. Der studierte Psychologe und gelernte Kaufmann entwickelte gemeinsam mit dem verstorbenen Prof. Dr. Kruse und Frank Schomburg die Basiskonzepte für die nextpractice-Werkzeuge. Aktuell beschäftigt sich Andreas Greve neben konkreten Beratungsprojekten mit dem Wandel der Arbeitswelt und dessen Auswirkungen auf Organisationen und Führung.

Prof. Dr. Peter Kruse († 2015) war Gründer und Ideengeber der nextpractice GmbH sowie Honorarprofessor für Allgemeine und Organisationspsychologie an der Universität Bremen. Nach 15 Jahren als Wissenschaftler gründete er Anfang der 1990er-Jahre eine Unternehmensberatung mit Schwerpunkt auf eine praxisnahe Übertragung. Die letzten Jahre setzte sich Peter Kruse in erster Linie mit der Analyse von Veränderungen in Markt und Gesellschaft sowie deren Umsetzung in nachhaltig erfolgreiches unternehmerisches Handeln auseinander.

Emotionales Analphabetentum im digitalen Zeitalter – Reich an Wissen, arm an Emotionen

Louis Lewitan

1 Prolog

Als Psychologe und Coach ist es meine Aufgabe, Führungskräften darin zu unterstützen, wie sie mittels geeigneter Methoden und Strategien erfolgreich Stress abbauen, Veränderungsprozesse gestalten und Mitarbeiter souverän führen können (vgl. Lewitan 2011, S. 8). Fasse ich meine dreißigjährigen Erfahrungen als Verhaltenstherapeut zusammen, drängen sich mir folgende Beobachtungen bzw. Schlussfolgerungen auf:

1. Stress ist nicht Folge individuellen Versagens, es ist auch ein Führungsproblem.
2. Die Zunahme an negativem Stress im Laufe von Veränderungsprozessen korreliert eng mit der Anzahl emotionaler Analphabeten mit Personalverantwortung. Je höher ihre Anzahl, umso gravierender und kostenintensiver die negativen Auswirkungen auf die Unternehmenskultur und die Gesundheit der Mitarbeiter.
3. Eine radikale Transformation wie Industrie 4.0 kann nur dann gelingen, wenn sie mit einem mentalen Turnaround einhergeht. Emotionale Analphabeten sind nur bedingt hierzu in der Lage.
4. Im Zeitalter des verschärften globalen Wettbewerbs und des schnellen Wandels der Arbeitswelt zählen die systematische Reduzierung kostenintensiver psychischer Belastungsfaktoren einerseits sowie die Stärkung von Führungskompetenz zu den Kernaufgaben eines erfolgreichen Personalmanagements.

Arbeitsbedingte psychische Erkrankungen nehmen stetig zu, wie aus dem amtlichen „Stressreport Deutschland 2012" der Bundesanstalt für Arbeitsschutz und Arbeitsmedizin hervorgeht. Sowohl die Untersuchung der Europäischen Agentur für Sicherheit und

L. Lewitan (✉)
Psychologe, Coach, ZEITmagazin Kolumnist, Buchautor, Lewitan Coaching & Consulting
München, Deutschland
E-Mail: louis@lewitan.com

Gesundheitsschutz am Arbeitsplatz aus dem Jahr 2014, der Gesundheitsmonitor der Bertelsmann-Stiftung als auch die repräsentativen Studien großer Versicherer wie der DAK-Gesundheitsreport und der Studienband zur Stresslage der Nation der Techniker Krankenkasse untermauern einstimmig und mit harten Daten, dass es sich um eine unheilvolle Entwicklung handelt (vgl. EU-OSHA 2014; DAK 2015; Techniker Krankenkasse 2013). Meine Erfahrungen zeigen, dass arbeitsbedingter Disstress nicht als vereinzeltes, isoliertes Phänomen oder als individuelles Versagen fragiler Arbeitnehmer fehlgedeutet werden darf. Eine solche Fehlinterpretation findet dann statt, wenn es a) dem Management an Selbstreflexion mangelt, b) die Unternehmensführung zulässt, dass gestresste Mitarbeiter als „Minderleister" stigmatisiert werden und c) emotionale Analphabeten mit Personalverantwortung Mitarbeiter lediglich als Produktionsfaktor bzw. als kostenintensive Ressource wahrnehmen und nicht als autonome Subjekte, welche das Recht haben, Wertschätzung, Respekt und Fairness einzufordern. Bei dem Versuch, die eigenen Führungsdefizite zu leugnen, handelt es sich meiner Deutung nach um einen psychologischen Abwehrmechanismus. So gelingt es Personen in Führungsverantwortung, die eigene Mitverantwortung an dem Disstress von Mitarbeitern auszuschließen und die Interdependenz zwischen Führungskraft und Untergebenen zu leugnen.

Wenn arbeitsbedingte Stressoren wie „zu hohes Arbeitspensum, starker Termin- und Leistungsdruck, Multitasking, Arbeitsunterbrechungen, mangelnde soziale Unterstützung und geringe Handlungsspielräume" (Chevalier und Kaluza 2015) hinzukommen, kann es zu signifikanten Motivations- und Produktivitätseinbußen kommen, die Innovationskraft und Veränderungsbereitschaft zum Erlahmen bringen und die Identifikation mit dem Unternehmen in den Keller stürzen lassen. Schlechtes Führungsverhalten führt nicht nur zu einem Anstieg psychisch bedingter Erkrankungen, sondern auch zu einer Zunahme an Arbeitsunfähigkeitstagen und Frühverrentungen. Juristisch betrachtet handelt es sich hierbei um eine Verletzung des Arbeitsrechts, weil der Arbeitgeber im Rahmen der Arbeitsschutzbestimmungen zum Schutz der Gesundheit der Arbeitnehmer verpflichtet ist. Die Tatsache, dass arbeitsbedingter Stress Jahr für Jahr Milliarden kostet, Tendenz steigend, offenbart, dass es sich nicht um eine betriebsinterne Angelegenheit handelt, sondern um ein gesamtgesellschaftliches, soziokulturelles und volkswirtschaftliches Problem. Hierbei kommt Führungskräften eine herausragende Verantwortung zu (vgl. Ashkenas 2013).

2 Emotionales Analphabetentum

Bei der Begrifflichkeit „Emotionales Analphabetentum" handelt es sich zweifelsohne um eine griffige, wenn auch undifferenzierte Formulierung. Sie nivelliert die Vielschichtigkeit von Persönlichkeitsstrukturen, vereinfacht die dynamische Wechselwirkung von Interaktion und Kommunikation und negiert die Komplexität der Ziele und Beweggründe der Beteiligten. Die Tatsache, dass ich diesen Begriff gezielt verwende, ist nicht Ausdruck eines Schubladendenkens oder billiger Klischees. Mein Verstehenshorizont als Psychologe mag eindimensional sein, doch meine Beobachtungen zu dem Thema sind das Ergebnis eines jahrzehntelangen dialogischen Prozesses zwischen Klienten, die Rat suchen, und meiner Person als Manager-Berater.

Die Bezeichnung „emotionales Analphabetentum" beschreibt ein weitverbreitetes Phänomen: Das Unvermögen von Führungskräften, Mitarbeiter nachhaltig zu führen, sie zur Bestleistung zu motivieren, ohne sie krank zu machen. Meine Coaching-Erfahrungen haben gezeigt, dass emotional verarmte Führungskräfte nach dem „Entsafter-Prinzip" vorgehen: Um ein Maximum aus den Untergebenen herauszuholen, muss man nur hart genug pressen. Ein solches Führungsverhalten ist weder motivierend noch zielführend. Übertragen auf den Führungsalltag müsste die Folge sein, dass Führungskräfte sich ihres Verhaltens bewusst werden und bereit sind, ihre Führungsdefizite zu ändern. Nur so ließe sich vermeiden, dass beim Pressen die vitalen Mineralstoffe verloren gehen.

Personalführung geht über Organisationsgeschick, strukturiertes Arbeiten, analytisches Denkvermögen und termingerechtes Projektmanagement hinaus. Mit Sorge beobachte ich nicht nur auf allen Managementebenen, sondern auch in zentralen Fachbereichen, wie beispielsweise F&A (Finance & Accounting), IT und R&D (Research & Development), ein besorgniserregendes Phänomen: Die Unternehmens- und Führungskultur in Konzernen und Familienunternehmen wird entscheidend durch das emotionale Analphabetentum geprägt.

3 Emotionale Analphabeten

Emotionale Analphabeten verstehen wenig von mitarbeiterorientierter Führung, geschweige denn haben sie ein tiefes Bedürfnis, kritisch über die ethisch-moralischen Fundamente ihrer Führungsethik oder über das eigene Führungsverhalten als Teil einer Unternehmenskultur zu reflektieren. Sie sind zwar reich an Fachwissen, aber arm an psychologischem Gespür und Geschick. Sie können mühelos Bilanzen und Excel-Tabellen lesen, Menschen hingegen nicht. Unternehmen mit dysfunktionaler Organisationskultur leisten sich den Luxus, immense Kosten zu verursachen, ohne hierfür haftbar gemacht zu werden. Dabei tragen sie aktiv dazu bei, die Gesundheit der Belegschaft langfristig zu beinträchtigen, ihre Leistungsbereitschaft zu reduzieren und letztlich ihre Produktivität zu dezimieren.

Emotionalen Analphabeten begegnet man auf allen Management-Ebenen, besonders häufig kommen sie in den MINT-Berufen (Mathematik, Informatik, Natur- und Ingenieurwissenschaften) und in den Berufssparten der Wirtschaft vor, in denen die sozialemotionale Kompetenz in den entsprechenden Führungsfunktionen keine fundamentale Gewichtung einnimmt.

4 Die Persönlichkeitsstruktur und das Führungsverhalten emotionaler Analphabeten

Auch wenn es sie in Reinkultur nicht gibt, so weisen emotionale Analphabeten, differenzialdiagnostisch betrachtet, eine schizoide Grundorientierung auf mit ängstlichen Anteilen und stark kontrollierenden Zügen. Die Grundorientierung ist gekennzeichnet durch eine distanziert-formale Interaktion und eine emotionsflache Kommunikation. Beides rührt von einem Bedürfnis nach Berechenbarkeit und Kontrolle her. Als Vorgesetzte sind sie daher schwer einzuschätzen. Ihre Neugierde, Neues über sich selbst zu erfahren, ist schwach ausgeprägt, der Widerstand gegenüber Coaching und die damit einhergehenden, nicht planbaren Entwicklungsprozesse hingegen groß.

Der Begriff emotionaler Analphabet umfasst eine deutliche Einbuße an sozialer sowie emotionaler Differenziertheit, die in ihrer Summe zu gravierenden Führungsstörungen führt. Die sogenannten Soft Skills, also die weichen Faktoren wie Einfühlungsvermögen, Mitarbeiterorientierung oder Teamfähigkeit, spielen eine untergeordnete Rolle (vgl. Lewitan 2011, S. 20). Das, was sich nicht objektiv in Zahlen und Tabellen abbilden lässt, bleibt außen vor. Mitarbeiter werden demzufolge als kostenintensive Ressourcen mit Halbwertszeit bilanziert, deren ökonomischer Wert sich daran misst, wie sehr sie zu den nützlichen und verwertbaren „High-Potentials", „Know-How-Trägern", „Erfolgsgaranten" und „Wachstumstreibern" zählen. In einer durch Technologie und Profit erkalteten Welt, verkommt der Mensch zu einer Ressource, die es voll auszuschöpfen gilt. Dass nicht erneuerbare Ressourcen aber zu versiegen drohen, wenn sie nicht nachhaltig gewirtschaftet werden, ist ein blinder Fleck im Führungsalltag emotionaler Analphabeten, den sie bereitwillig übersehen.

Bei emotionalen Analphabeten steht das Ich-Gefühl im Vordergrund. Am liebsten betrachten sie sich als innovative Ich-AG und ihre Untergebenen als Humanfaktoren. Aufgrund ihrer reduzierten Introspektionsfähigkeit sind sich emotionale Analphabeten kaum ihrer Wirkung auf andere bewusst. Viel zu spät erkennen sie, wenn die Motivation der Belegschaft rapide nachlässt, nehmen nicht wahr, dass die Krankheitstage in die Höhe schießen und das Stimmungsbarometer in den Keller sinkt.

Sie sehen sich in der Rolle des Machers, der Dinge bewegt und für Erfolg sorgt. Als Vorgesetzte fällt es ihnen schwer, bereichsübergreifend mit heterogen zusammengesetzten Teams interdisziplinär zu arbeiten. Da das Führen von Teams immer konfliktbeladen ist, neigen sie zu einem direktiven Führungsstil. Strukturiertes, methodisches und standardisiertes Vorgehen entspricht einem tiefsitzenden Bedürfnis nach Sicherheit. Kontroverse Diskussionen werden hingegen als zeitintensiv, nervenraubend und unproduktiv erachtet. Unter dem Vorwand der Effizienz werden Teammitglieder nicht von Anfang an in die Entscheidungsprozesse einbezogen und kritische Mitarbeiter als Bedenkenträger abgestempelt. In Gruppen, in denen sich jedoch keine Solidarität und kein tragfähiges Vertrauen entwickeln können, kann weder eine Gruppenidentität, ein Wir-Gefühl noch eine kollektive Freude über erbrachte Leistungen entstehen. So wird jegliches Vertrauenskapital letztlich zerstört und eine loyale und engagierte Belegschaft demotiviert und frustriert.

Emotionales Analphabetentum im digitalen Zeitalter – Reich an Wissen, arm an Emotionen   403

cartoon beck, www.schneeschnee.de

Emotionale Analphabeten wirken emotional unbeteiligt. Persönliche Gespräche finden gar nicht oder nur selten statt und dienen allenfalls dazu, die fehlende Anteilnahme geschickt zu kaschieren. Die scheinbare Freundlichkeit wird taktisch eingesetzt, um Ziele schneller zu erreichen. In manchen Fällen ist ihr Auftreten so überkorrekt und emotional flach, dass sie an Gefühlsblindheit und -taubheit zu leiden scheinen. Wenn sie dann doch versuchen, sich aus dem emotionalen Korsett zu befreien, ist es mehr Kraftakt als inneres Bedürfnis. Derart gestrickte Manager haben für Mitarbeiter in Lebenskrisen nur bedingt ein Ohr. Etwaige Familien- oder gesundheitliche Probleme werden im Hinblick auf die eigenen ehrgeizigen Zielvorgaben als bedrohliche, kontraproduktive Störfaktoren empfunden.

Nonverbale Signale richtig zu deuten oder negative Entwicklungen in der eigenen Abteilung rechtzeitig zu erkennen, fällt ihnen schwer. So bauen sich von ihnen unbemerkt Konfliktherde auf, doch je intensiver die Konflikte eskalieren, umso stärker wird das Bedürfnis, sie auszusitzen, zu ignorieren, anstatt sie aufzugreifen. Das Unvermögen, klar, rechtzeitig und umfassend zu kommunizieren, ist in Krisenzeiten besonders ausgeprägt.

Ausgerechnet wenn Angst und Frustration auf Kontrollverlust treffen, wenn die Belegschaft Anspruch auf eine zeitnahe und umfassende Aufklärung hätte, mangelt es an klarer, empathischer und transparenter Kommunikation.

Emotionale Analphabeten mögen in Stress-Situationen zwar den Eindruck vermitteln, belastbar zu sein, doch ihre Resilienz resultiert aus einem Mangel an Empfindsamkeit. Wenn jedoch Emotionen drohen, ihre über Jahre sorgsam aufgebaute emotionale Fortifikation zu überfluten, reagieren sie zunächst mit innerem, dann mit sozialem Rückzug.

Um ihr grundlegendes Bedürfnis nach Kontrolle zu festigen, stellen emotionale Analphabeten rigide Verhaltensregeln mit der Begründung auf, man wolle sich Komplikationen ersparen. Eigenständiges, autonomes Denken weicht bürokratischem Denken. Die Vorschriften und Handlungsanleitungen dienen nicht der Effizienz, sie stehen vielmehr im Dienste der Angstabwehr. Kreativität nach Vorschrift ist erwünscht, nicht jedoch sprudelnde Ideen oder gar ungezähmte Spontaneität. Unkonventionelles Vorgehen, welches nicht Vorschriften befolgt und Routineprozesse umgeht, wird ausgebremst. Mitarbeiter, die sich den Regeln nicht anpassen, werden entsprechend sanktioniert, als Quertreiber stigmatisiert.

Manager, die alles richtig machen wollen, machen vieles falsch. Der Hang zum Perfektionismus und die ausgeprägte Leistungsbezogenheit in Verbindung mit einem starken Sicherheitsverlangen sollten allerdings nicht über geschickt verborgene Insuffizienzgefühle hinwegtäuschen. Emotionale Analphabeten entwerfen lieber Strategien auf dem Reißbrett und mithilfe ihres Notebooks, als sich konkret mit den aufreibenden sozialen und emotionalen Auswirkungen strategischer Neuorientierung auf der individuellen und Teamebene eingehend zu befassen. Dieselbe Vermeidungsstrategie kommt zum Tragen, wenn es darum geht, „Betriebsteile auszulagern". Führungskräfte mit emotionaler Taubheit, die ganze Managementebenen „einebnen" und erfahrenes, älteres Personal als unproduktive Kostenstellen „wegrationalisieren", sind eher damit beschäftigt, den Imageschaden abzuwenden, als sich die Mühe zu machen, die Notwendigkeit eines solchen Vorgehens auf nachvollziehbare Weise transparent und überzeugend zu kommunizieren, sprich die wahren Ursachen und Ziele offen zu legen. Möglichst viele Entlassungsgespräche von Angesicht zu Angesicht, ohne Pause an einem einzigen Tag knallhart und unbewegt durchzuziehen, zeugt keineswegs von Führungs- und Charakterstärke. Es entspricht vielmehr dem Bedürfnis, einer persönlichen Betroffenheit aus dem Weg zu gehen und einer betrieblichen Unruhe zuvorzukommen. Keine starken Emotionen an sich heranlassen, wenn Mitarbeiter entlassen werden oder ausbrennen, deuten emotional dysfunktionale Führungskräfte als Zeichen von Führungskompetenz. Grundsätzlich gilt es, die sogenannten Kollateralschäden und die damit einhergehenden negativen Emotionen tunlichst in Schach zu halten. Besonders in der Männerriege der Manager hat sich der Irrglaube fest etabliert, Emotionen hätten in der Welt der Wirtschaft und Finanzen nichts zu suchen. Angst, Ärger oder Frustration stören den Betriebsfrieden, den geordneten Betriebsablauf und die Produktivität. Sie gefährden den persönlichen und unternehmerischen Erfolg. Dieses rigide Schablonendenken klammert psychologische Prozesse und belastende Gefühle schlicht aus (vgl. Lewitan 2011, S. 19).

Eine solche Haltung und Vorgehensweise bezeichnen emotionale Analphabeten als rational, strategisch und zielführend. Der Grundgedanke basiert auf dem Prinzip der Nutzenmaximierung. Aus psychologischer Sicht handelt es sich vielmehr um eine irrationale Verhaltensanomalie, da sie Kollegialität unterbindet, Kreativität einengt, Produktivität untergräbt und eine Kundenorientierung unmöglich macht. Würde man an den Börsen Unternehmen nicht nur nach der ökonomischen Erfolgsbilanz bewerten, sondern auch die soziale, ethische und ökologische Bilanz einbeziehen, dann müssten viele Unternehmen Konkurs anmelden.

5 Die Folgen des emotionalen Analphabetentums im Zusammenhang mit „Industrie 4.0"

Das weitverbreitete Phänomen des emotionalen Analphabetentums ist insofern besorgniserregend, als das digitale Industriezeitalter deutsche Unternehmen im Zuge der Automation und Robotisierung vor eine harte Bewährungsprobe stellt. Wenn zwischen 60 und 70 Prozent aller Change-Projekte scheitern (vgl. Ashkenas 2013), dann liegt die Vermutung nahe, dass eine radikale Transformation wie „Industrie 4.0" mit großen Risiken behaftet ist (vgl. Moldaschl 2009, S. 301 ff.). Emotionale Analphabeten, die Abteilungen und Bereiche hauptsächlich mittels Kennzahlen, Algorithmen und Big Data vorantreiben, geben vor, strategisch klug und fundiert vorzugehen. Doch Strategien von Führungskräften, die die Wirkmächtigkeit von Gefühlen auf den Verlauf von Veränderungsprozessen verkennen, sind zum Scheitern verurteilt.

Diese Führungskräfte können Veränderungsprozesse nicht mitarbeiterorientiert gestalten, geschweige denn mit Widerständen souverän umgehen oder gar sklerotische Unternehmensstrukturen in agile überführen. Wer Partizipation, Transparenz und Teamwork anstrebt, darf nicht direktiv führen, intransparent kommunizieren oder Mitarbeiter als Humankapital „verheizen". Hochdynamische, zukunftsfähige Unternehmen mit fluiden Organisationsstrukturen erfordern eine mentale Flexibilität. Mit Erfolgsformeln aus der Vergangenheit lässt sich aber die Zukunft nicht erfolgreich gestalten.

Um ihre Pole-Position im internationalen Wettbewerb zu behaupten oder gar auszubauen, sind deutsche Unternehmen dazu aufgerufen, Rigidität im Denken und Handeln sowie emotionale und mentale Überforderung beim Management und in der Belegschaft konsequent anzupacken. Außerdem müssen Unternehmen den Bereich Human Resources als strategisch operierende, autonome Personalabteilungen und Partner anerkennen. Erfahrene Personalleiter wissen, dass die Zukunfts- und Wettbewerbsfähigkeit eines jeden Unternehmens eng mit einer erfolgreichen Personalpolitik verknüpft ist. Dabei geht es primär darum, dass Führungskräfte ihre Menschenkenntnisse vertiefen, ihre sozialen Fähigkeiten erweitern und somit ihre Führungskompetenz entscheidend ausbauen.

6 Industrie 4.0

Die weitreichenden Konsequenzen von „Industrie 4.0" für Mensch, Gesellschaft und Wirtschaft lassen sich noch nicht im Einzelnen klar erkennen, dennoch zeichnet sich in der Arbeitswelt schon heute ein Trend deutlich ab: Die zunehmend enge Verzahnung von Mensch und Maschine. Aus psychologischer Sicht wird eine schnelle, erfolgreiche Umsetzung der Vision „Industrie 4.0" nur dann gelingen, wenn die organisatorische Umstrukturierung, jede strategische Neuausrichtung, mit einem mentalen Turnaround einhergeht. Das gilt sowohl für die Unternehmer, die Manager als auch für die Belegschaft. Wie gut die Gesellschaft als Ganzes, die Unternehmen und Menschen diesen Stresstest meistern werden, ist gegenwärtig noch nicht absehbar.

Bei aller Begeisterung über die Chancen und Vorzüge von „Industrie 4.0" darf nicht übersehen werden, dass Führungsstärke sich weder digitalisieren noch automatisieren lässt. Nur hochmotivierte, stressresistente Führungspersönlichkeiten, ausgestattet mit den erforderlichen Soft Skills, die offen sind für notwendige Veränderungen, werden imstande sein, die Mitarbeiter auf die lange, schwierige Reise in die neue Arbeitswelt mitzunehmen. Bei der Umsetzung der Vision bedarf es einer kollektiven Anstrengung von Stakeholdern, Management, Belegschaft und Betriebsrat. Unternehmen, die die wirtschaftlichen Interessen über die sozialen stellen, folgen der irrigen Maxime, wonach wirtschaftlicher Erfolg und soziale Verträglichkeit sich gegenseitig ausschließen. Nicht in jedem Unternehmen hat die desaströse Renditejagd zur Erkenntnis geführt, dass Wirtschaftlichkeit und soziale Verantwortung einander bedingen. „Industrie 4.0" ist mit „Führung 0.0" nicht kompatibel.

Die emotionalen Analphabeten unter den Managern, die sich allein auf ihre Fachexpertise und Kennzahlen verlassen, tun sich schwer, den komplexen Anforderungen zukunftsweisender Führung annähernd zu genügen: Komplexe Strategien überzeugend zu kommunizieren, interdisziplinäre und interkulturelle Teams zusammenzuschweißen, Mitarbeiter-Feedback und Zielvereinbarungsgespräche erfolgreich zu implementieren, und so die besten Köpfe an das Unternehmen zu binden.

7 Technologischer Fortschritt als persönlicher Rückschritt

In der gegenwärtigen öffentlichen Diskussion über die Chancen und Risiken der digitalen Revolution richtet sich der Fokus nahezu ausschließlich auf die Schaffung neuer Arbeitsplätze und auf die Stärkung der Wettbewerbsfähigkeit. Zu glauben, die vollautomatisierte vierte Revolution bringe in Deutschland ausschließlich ungeahnte Wertschöpfungspotenziale und signifikante Produktivitätssprünge mit sich, ist eine irreführende Vereinfachung. So auch die naive Vorstellung, die Belegschaft stünde hochmotiviert bereit, endlich die technologischen Herausforderungen der Zukunft umsetzen zu dürfen.

Der Grund für diese naive Sichtweise liegt darin, dass diejenigen, die den technologischen Wandel vorantreiben, vornehmlich die ökonomischen und technologischen Potenziale vor Augen haben. Vor lauter Technologieverliebtheit hebeln sie schlichtweg den

Grundsatz aus, wonach jeder technologische Wandel auch zu einem soziokulturellen Wandel führt. Emotionale Analphabeten überhören allzu gerne kritische Stimmen, die vor den Risiken des technologischen Wandels warnen, wie der Kulturphilosoph Egon Friedell dies bereits in den Zwanzigerjahren tat, als er scharfsinnig analysierte: „Der Fortschritt der Menschheit besteht in der Zunahme ihres problematischen Charakters" (Friedell 1912, S. 17). So werden komplexe Fragestellungen an die Philosophen und Soziologen delegiert, um sich nicht selbst mit den gesellschaftspolitischen Konsequenzen ihrer Innovationskraft auseinandersetzen zu müssen.

8 Jeder technologischer Wandel ist ein emotionaler Kraftakt

Im Wettlauf um die Märkte, Kunden und Produkte von morgen wird der Stress sowohl für das Management, welches die Veränderungsprozesse initiiert und steuert, als auch für die Belegschaft, die die Veränderungen erfolgreich umsetzen soll, signifikant zunehmen.

Wenn nämlich im Zuge des Paradigmenwechsels von „Industrie 4.0" alle bisher etablierten Arbeits- und Produktionsprozesse auf den Kopf gestellt werden, dann ist damit zu rechnen, dass der Disstress insgesamt steigen wird. Gefühle von Anspannung, Überforderung, Versagensangst, Gereiztheit oder Ungeduld entstehen immer dann, wenn radikal Neues entsteht, wie beispielsweise bei der Einführung strukturverändernder Prozessinnovationen. Ob es um die Etablierung von auf „Cyber-physischen Systemen (CPS)" basierenden Produktionssystemen geht oder um die Schaffung von Schwarmorganisationen oder die Gestaltung neuer Wertschöpfungsketten, alle diese Veränderungsprozesse erfordern seitens der Führungskräfte und Mitarbeiter stets eine hohe Anpassungsfähigkeit und -willigkeit. Negativer Stress entsteht darüber hinaus dann, wenn lieb gewonnene Privilegien und bequeme Gewohnheiten aufgegeben werden müssen. Wenn Angestellte die von oben bestimmte und nach unten schlecht kommunizierte Unternehmensstrategie umsetzen sollen, die sie weder begreifen noch für richtig halten, taucht unausweichlich die Sinnfrage auf: Wofür soll ich mich einsetzen oder gar eine Extra-Meile gehen, wenn das, was ich tue, weder Sinn noch Spaß macht und hierfür weder Anerkennung noch Respekt zu erwarten ist?

Es zeugt von psychologischer Ignoranz, wenn Entscheidungsträger mit hoher analytischer Intelligenz nicht zur Kenntnis nehmen, dass Veränderungen immer emotionale Prozesse auslösen. Die Einführung zeitgemäßer Führungsprinzipien, die Etablierung neuer Organisations- und Kommunikationsstrukturen, das Formen von Projektteams mit heterogenen Teammitgliedern ist immer ein emotionaler Kraftakt. Schließlich erfordert es ein hohes Maß an Beharrlichkeit, Geduld und Konfliktfreudigkeit, um die vielfachen Quellen an Widerständen, Hürden und Stolpersteinen trockenzulegen. Es ist geradezu unverantwortlich, wenn Manager ernsthaft erwarten, dass Veränderungen bei den Betroffenen helle Begeisterung hervorrufen.

So sieht sich die Belegschaft oftmals mit unüberbrückbaren Erwartungen konfrontiert. Während also die Macher und Entscheider Veränderungsprozesse fortlaufend initiieren und laut in den Abteilungen nach „mehr, schneller und besser" rufen, zeigen meine Befragungen und Beobachtungen, dass die Belegschaft sich nach Verschnaufpausen und größerer Stabilität und Sicherheit sehnt. „Industrie 4.0" bedeutet für alle Beteiligten, Management und Belegschaft, eine starke kognitive, emotionale und soziale Beanspruchung. Kluge Führungskräfte mit hohem Empathievermögen wissen, dass es darauf ankommt, auf allen diesen intensiven Ebenen die Problemfelder zeitnah anzupacken.

9 Smart Factories erfordern Smart People

Hohe Intelligenz ist bekanntlich kein Garant für eine gute Personalführung. Ebenso wenig ist ein scharfes analytisch-logisches Denken eine hinreichende Voraussetzung, um Menschen souverän und überzeugend zu führen. Mitarbeiter in das digitale Zeitalter mitzunehmen, erfordert von Führungskräften sowohl intrapersonelle Stärken wie Selbstvertrauen, Selbstwirksamkeit und Introspektionsfähigkeit als auch interpersonelle Stärken wie Team-, Konflikt- und kommunikative Fähigkeiten. Bei emotionalen Analphabeten ist diese Kombination nur begrenzt gegeben. Manager mit geringen Soft Skills sind nicht smart, sondern schlicht ungeeignet, Menschen zu führen.

Doch gerade in Zeiten des Wandels kommt es auf diese weichen Faktoren an. Manager sollten sich für die Ursachen von Widerständen, Stolpersteinen und Fallstricken interessieren. Nur wer zugleich klar, zeitnah und verständlich kommunizieren kann, wird sich stark genug fühlen, Mitarbeiter zu konfrontieren, die intrigieren oder notwendige Veränderungen passiv blockieren. Emotional verarmten Führungskräften fällt es oft leichter, Kalkulationen zur Angebotserstellung zu überprüfen oder Arbeitsprozesse schriftlich zu fixieren, als eine demotivierte Mannschaft bei der Stange zu halten.

10 Starke Personalabteilungen stärken Unternehmen

Nur Unternehmen mit starken Personalabteilungen, welche in die strategische Unternehmensplanung eingebunden sind und von der Geschäftsführung als Business Partner ernst genommen werden, können ihre Wettbewerbs- und Überlebensfähigkeit ausbauen. In der Unternehmensrealität jedoch wird der Beitrag der Personalabteilung in vielen Unternehmen kleingeredet und unterbewertet.

Dies, obwohl laut Basel II bei der Bonitätsbeurteilung von Unternehmen Fehlentwicklungen und Missmanagement im Bereich Human Capital als unternehmensinterne Risiken gesehen werden (vgl. Paul 2005).

Zweifelsohne sind die Forderungen des Top-Managements nach Wirksamkeit, Qualität und Wirtschaftlichkeit an die Personalarbeit berechtigt. Dennoch handelt es sich bei dem vornehmlich auf betriebswirtschaftliche Kosteneffizienz gerichteten Tunnelblick um eine Eintrübung der Sicht. Die Folgen wirken sich auf das gesamte Unternehmen aus. Nur starke Personalabteilungen, die im Top-Management verankert sind, bringen das nötige

cartoon beck, www.schneeschnee.de

Gewicht auf, um in enger Abstimmung die Personalarbeit mit der Unternehmensstrategie zu verzahnen und im Hinblick auf die unternehmerische Zukunftsfähigkeit geeignete Personalauslese- und Entwicklungsstrategien zu entwickeln und umzusetzen. Es wird daher zukünftig notwendig sein, mehr Psychologen einzustellen und ihren Stellenwert zu stärken. Juristen und Betriebswirte ohne solide Grundkenntnisse in Psychologie werden sich schwertun, Fragen zu beantworten wie: Welche komplexen Veränderungsprozesse müssen in enger Abstimmung mit der Personalabteilung unterstützt werden? Wie soll das Personal für welche zukünftigen Herausforderungen am besten qualifiziert werden? Was zeichnet ein professionelles Employer Branding, ein aussagekräftiges Performance Management und ein integriertes Talent Management aus? Welche konkreten Maßnahmen sind für die Gewinnung von Nachwuchskräften oder die Erhöhung des Frauenanteils notwendig? Wie wirken sich die Personalentwicklungsprogramme auf der individuellen, auf der Gruppen- und auf der organisatorischen Ebene aus? Wie kann man die Leistungsminimalisten, die lernunwilligen Betonköpfe identifizieren und sich sozialverträglich von ihnen trennen? Welchen Einfluss hat die Einführung neuer Technologien auf die Motivation, Identifikation und das Engagement der Belegschaft?

Neue Organisationsstrukturen, neue Vertriebswege, neue Kommunikationskanäle können umso schneller erfolgreich umgesetzt werden, wenn diese Erneuerungen mit einer entsprechend zeitgemäßen Führungskultur einhergehen.

Aus psychologischer Sicht werden nur Unternehmen, die den Bereich HR als einen strategisch gleichberechtigten Partner behandeln, letztlich imstande sein, die erforderliche unternehmerische, soziale und emotionale Intelligenz aufzubringen, um die komplexen Herausforderungen der Zukunft erfolgreich zu stemmen. Solange jedoch Emotionen im Management weiterhin als eine Art Terra incognita umschifft werden und die Bedeutung von Emotionen für den Unternehmenserfolg verkannt bleibt, solange werden Strategieumsetzungen und Veränderungsprozesse immer wieder scheitern und der technologische Fortschritt systemrelevanten Stress verursachen.

Der Grund, weshalb die gesellschaftspolitischen Auswirkungen des technologischen Fortschritts nicht thematisiert werden, hängt damit zusammen, dass die emotionalen Analphabeten oftmals die strategisch-technologische Marschrichtung in Unternehmen vorgeben. Nerds und Geeks galten lange als schrullig und eigenbrötlerisch. Die Randbegabten von einst sind inzwischen in der Mitte der digitalen Gesellschaft angekommen und bestimmen aus ihr heraus in entscheidendem Maße die Branchen mit den höchsten Zuwachsraten. Sie entscheiden, bei welchen Firmen ein olympisches Kursfeuer am Börsenparkett zu erwarten ist, wer dank fachlicher Qualifikation beruflich nach oben hochgespült und wer wegen digitaler Inkompetenz ins berufliche und gesellschaftliche Abseits verbannt wird.

Es scheint so, als ob im Kosmos der digitalen Macher die sozial Schwachen und Benachteiligten, die den Anschluss an das digitale Zeitalter verpasst haben, nur eine Nebenrolle spielen. In den Zukunftsszenarien der High-Tech-Unternehmen haben nur diejenigen eine hoffnungsfrohe Zukunft, die auf der digitalen Überholspur leben. Nerds, Geeks und Hackers bestimmen kommunikationstechnisch längst den gesellschaftlichen Diskurs, sie dominieren die Kommunikationsräume, setzen die Kommunikationsstandards und definieren die Kommunikationsfrequenzen. Die einstigen digitalen Revolutionäre liefern die Kommunikationsplattformen und Kanäle, erfinden Viren und liefern die Antiviren-Programme gleich mit. Die Technologietreiber haben ihren eigenen Kosmos längst gegründet, spinnen ihr digitales Netz global und bauen ihre digitale Hegemonialmacht systematisch aus.

11 Die Aufspaltung der digitalen Gesellschaft

Wissend, dass Kategorien die Vielschichtigkeit unserer Realität nicht abbilden können und eine Kategorisierung ein anderer Begriff für Schubladendenken sein kann, beobachte ich mit Sorge, wie infolge der hohen Digitalisierung und Rationalisierung der Arbeitswelt das soziale Geflecht unserer sogenannten Netzgesellschaft auseinanderzureißen droht. Die Aufspaltung der Gesellschaft in eine „Offline-" und in eine „Online-"Population führt zu Parallelwelten, die sich voneinander abkoppeln. Die gesellschaftliche Kluft verläuft entlang der digitalen Bruchlinie und führt zu einer gegenseitigen Entfremdung. In dem Maße, in dem die digitale Revolution sich „breitmacht" und alle gesellschaftlichen Bereiche von Bildung über Verwaltung zu Handel und Produktion durchdringt, in dem Maße koppelt sich spiegelbildlich die „Offline"-Population von der digitalen Realität ab und droht in ein real-existierendes Prekariatsloch zu verschwinden.

Die Netzgesellschaft, die um sich selbst kreist, hat die Generation der „Offliner" längst hinter sich gelassen, ohne sich genug Gedanken über die gesellschaftlichen, ethischen, sozialen und wirtschaftlichen Folgeneffekte der Digitalisierung im Alltag zu machen. Von der eigenen Innovationskraft euphorisiert, wird die Zukunft als ein optimistisches digitales Tableau gemalt. Man fiebert dem neuesten technologischen Quantensprung entgegen und feiert sich selbst als zukunftsweisend. Zeitzonen, Kontinente, kulturelle und sprachliche Barrieren werden mühelos überwunden.

12 Die virtuelle Realität zwischen Aufbruch- und Endzeitstimmung

In der Diskussion über die Mensch-Maschine-Arbeitswelten der Zukunft kommen die psychologischen Folgen des digitalen Traums für Gesellschaft und Unternehmen nur marginal vor. Fragen nach den sozialen und individuellen Folgekosten von „Industrie 4.0" in Form von Werkschließungen und Entlassungen, Angst, Stress und arbeitsbedingten psychischen Erkrankungen finden unter den Technologie-Experten zu wenig Beachtung. Dies ist insofern verwunderlich, als es sich bei dem digitalen Aufbruch zu den auf intelligenter Informations- und Kommunikationstechnologie basierenden vernetzten und flexiblen Produktionsprozessen keineswegs nur um einen Akt schöpferischer Zerstörung handelt, wie es in der Fachpresse beschönigend heißt (vgl. Buhr 2015).

Bei allem berechtigten Optimismus hinsichtlich des technologischen Fortschritts „Made in Germany" und der beträchtlichen Markt- und Wachstumschancen für deutsche Unternehmen – die nachteiligen Folgen des radikalen Veränderungsprozesses dürfen weder verkannt noch kleingeredet werden. Diejenigen, die am meisten vom technologischen Fortschritt profitieren, sind diejenigen, die an seiner Entwicklung arbeiten, die IT-Experten, die Techies und Nerds, und langfristig betrachtet, die Investoren. Ihre Begeisterung über die rasanten technologischen Quantensprünge, die Vorfreude der Unternehmer über den enormen Produktivitätsschub und die der Investoren über neue Profitquellen und Marktpotenziale wird von Angestellten und Arbeitern nicht ebenso einhellig geteilt. Arbeitnehmer, die einfachen oder körperlich anstrengenden Tätigkeiten nachgehen, misstrauen den sogenannten intelligenten Fabriken und fürchten sich vor dem Jobverlust, dem sozialen Abstieg und der drohenden Arbeitslosigkeit. Ihre Sorgen und Bedenken sind nachvollziehbar. Sie dürfen nicht als fortschrittshemmend und rückwärtsgewandt marginalisiert werden.

Die zunehmende Polarisierung der Gesellschaft spiegelt sich auf dem Arbeitsmarkt wider, wo bestens ausgebildete Leistungsträger in den MINT-Berufen sich die passenden Jobs aussuchen können, während sogenannte inkompetente, zu teure, nicht vielseitig einsatzfähige Mitarbeiter wegrationalisiert werden. Wer mithalten kann, zählt zu den Leistungsträgern. Wer hierzu nicht willens oder nicht in der Lage ist, gilt als „outdated" und muss sich auf sein Outsourcing einstellen bzw. als Ballast fühlen. Je schneller alles geht, umso größer wächst die Ungeduld mit den digital Zurückgebliebenen, die sich im Arbeitsmarkt nur schwer platzieren lassen. Infolgedessen wird die Einkommensschere zwischen hochbezahlten IT-Spezialisten und Fachkräften einerseits und Nicht- sowie Geringqualifizierten und Arbeitslosen andererseits immer weiter und schneller auseinanderdriften.

13 Die Potenzierung der sozial-emotionalen Defizite im digitalen Zeitalter

Als Psychologe fällt mir auf, dass die technisch Versierten in den Ingenieursberufen, die Zahlenaffinen im Rechnungswesen und Controlling sowie die Nerds in Wissenschaft und IT den technologischen Wandel derart schnell vorantreiben, dass sie einen stetig steigenden Personalbedarf an Fachkräften mit ähnlicher Persönlichkeitsstruktur kreieren. Aus psychologischer Sicht birgt diese einseitige Entwicklung in den technologischen Innovationsfeldern der Informations- und Kommunikationstechnologie sowie in der Nano-, Bio- und Solartechnologie das Risiko einer selbstverstärkenden Spirale an sozialen und emotionalen Defiziten, die den Nährboden für eine emotionale Analphabeten-Kultur bildet.

Im digitalen Zeitalter und nicht zuletzt im Hinblick auf die Vision „Industrie 4.0" droht demzufolge ein riskantes Führungskompetenzgefälle zu entstehen. Während in IT-basierten Branchen die Fach- und Methodenkompetenz im Vordergrund steht, fristet die sozial-emotionale Kompetenz ein eher marginales Dasein. Fundierte Kenntnisse in ERP-Systemen und Server-Architekturen können Führungsdefizite jedoch nicht kompensieren. Besonders in den MINT-Berufen gelangen viele Fachkräfte in Führungsverantwortung (weil die Berufsperspektiven hervorragend oder die notwendigen attraktiven Gehälter hoch sind), ohne hierfür geeignet zu sein. Wer am Anfang seiner Karriere steht, wird in der Regel wegen seines Fachwissens, seiner Branchenkompetenz befördert. Im Vergleich zu den sozialen Berufen, in denen der Mensch im Mittelpunkt steht, geht es in den MINT-Berufen am Anfang der Karriere zuvorderst um die fachliche Qualifikation in Verbindung mit analytischem, logischem und strukturiertem Denken. Ob in der Planung, Steuerung, Konstruktion, Produktion oder Logistik, es kommt stets darauf an, Problemstellungen in ihrer Komplexität zu erfassen, Kausalitäten zu erkennen, Gesetzmäßigkeiten zu entschlüsseln, Kompliziertes zu vereinfachen, praktikable Vorgehensweisen zu definieren und innovative Lösungsansätze zu entwickeln. Mit zunehmendem beruflichem Erfolg kommt die Personalverantwortung hinzu, ohne dass die sozialen Fähigkeiten und Fertigkeiten sich entsprechend zu den fachlichen Kompetenzen weiterentwickelt hätten.

In dem Maße, in dem miteinander konkurrierende MINT-Unternehmen händeringend qualifiziertes Führungspersonal suchen, in dem Maße erhöht sich das Risiko, hochspezialisierte Fachexperten einzustellen, ohne dass deren Defizite im Bereich von Personalführung, Kommunikation, Teamwork und Change-Management genau unter die Lupe genommen werden. So entsteht zwar eine Akkumulation an Fachwissen, aber zugleich erhöht sich aufgrund des hohen Spezialisierungsgrades die Gefahr einer Unternehmenskultur, die von emotionalen Analphabeten geprägt wird.

Es besteht die Gefahr, dass das gierige Streben nach Profit und Renditen in Verbindung mit einer sich apolitisch gebärdenden naiven Technologieversessenheit dazu führt, sozial-ethische Bedenken über Bord zu werfen und Errungenschaften der sozialen Marktwirtschaft peu à peu auszuhebeln. Schon heute sind die sozialen Kontraktionen deutlich zu vernehmen, eine gesellschaftliche Malaise greift um sich. Im Zeitalter der digitalen Revolution sind daher Politiker, Unternehmer, Ökonomen und Gewerkschafter dazu aufgerufen, alles zu tun, damit die Würde des Menschen unantastbar bleibt, damit der Mensch nicht zu einer ersetzbaren „quantité négligeable" verkommt und seine Arbeitskraft lediglich auf seinen ökonomischen Nutzwert reduziert wird.

Literatur

Ashkenas, R. (2013): Change-Management : Was sich ändern muss. Havard Business Manager, Hamburg, 10. Mai 2013.http://www.harvardbusinessmanager.de/blogs/a-898305.html

Buhr, D. (2015): Soziale Innovationspolitik für die Industrie 4.0. Expertise im Auftrag der Abteilung Wirtschafts-und Sozialpolitik der Friedrich-Ebert Stiftung. (Hrsg.) Friedrich-Ebert-Stiftung, Bonn April 2015. http://library.fes.de/pdf-files/wiso/11302.pdf

Chevalier, A.; Kaluza, G. (2015): Psychosozialer Stress am Arbeitsplatz. Indirekte Unternehmenssteuerung, selbstgefährendes Verhalten und die Folgen für die Gesundheit. Newsletter Gesundheitsmonitor 1.2015, Bertelsmann Stiftung, Gütersloh / Barmer GEK, Wuppertal. https://www.bertelsmann-stiftung.de/fileadmin/files/Projekte/17_Gesundheitsmonitor/Newsletter_Gesundheitsmonitor_selbstgefaehrdendes_Verhalten_20150316.pdf

DAK (2015): DAK Forschung, Kordt, Martin: DAK-Gesundheitsreport, März 2015, IGES Institut GmbH, Berlin. http://www.dak.de/dak/download/Vollstaendiger_bundesweiter_Gesundheitsreport_2015-1585948.pdf

EU-OSHA (2014): Europäische Agentur für Sicherheit und Gesundheitsschutz am Arbeitsplatz: Zusammenfassung Jahresbericht 2014: Amt für Veröffentlichungen, Luxemburg 2015. https://osha.europa.eu/sites/default/files/publications/documents/summary-annual-report-2014-de.pdf

Friedell, E. (1912): Ecce Poeta, S. Fischer Verlag, Berlin 1912.

Lewitan, L. (2011): Die Kunst, gelassen zu bleiben, Ludwig Verlag, München 3. Aufl.

Moldaschl, M. (2009): Erkenntnisbarrieren und Erkenntnisverhütungsmittel – Warum siebzig Prozent der Changeprojekte scheitern. Aus: Falko von Ameln / Josef Kramer / Heike Stark, Organisationsberatung beobachtet - VS Verlag für Sozialwissenschaften, Wiesbaden, 1. Auflage 2009 S. 301-312.

Paul, C. (2005): Personalrisikomanagement, Arbeitspapier 112. (Hrsg.) Hans-Böckler-Stiftung, Düsseldorf 2005. http://www.boeckler.de/pdf/p_arbp_112.pdf

Techniker Krankenkasse (2013): Bleib locker Deutschland – TK Studie zur Stresslage der Nation. (Hrsg.) Techniker Krankenkasse, Hamburg 2013. https://www.tk.de/centaurus/servlet/contentblob/590188/Datei/115474/TK_Studienband_zur_Stressumfrage.pdf

Louis Lewitan, Inhaber von LCC Lewitan Coaching & Consulting, Manager-Berater und Stress-Experte. Seine psychologische Kompetenz und internationalen Erfahrungen (USA, China und Israel) sind bei Unternehmern und Führungskräften in Sachen Leadership, Stress-, Change- und Krisenmanagement gefragt. Louis Lewitan berät national und international mittelständische Unternehmen, Konzerne, Verlage, Kultureinrichtungen sowie politische Entscheidungsträger.

Louis Lewitan ist Autor des Buches „Die Kunst, gelassen zu bleiben" und Co-Autor von „Die Stress-Bibel für großartige Manager". Er interviewt u. a. Persönlichkeiten aus Wirtschaft, Politik und Kultur für die Kolumne „Das war meine Rettung" im ZEIT-Magazin.

Von 2005 bis 2011 war Louis Lewitan als Ombudsmann für das Europäische Patentamt tätig.

Gesundheit als Führungsaufgabe – Gesundes Führen am Beispiel eines Großkonzerns

Christian Feldhaus

1 Anforderungen an Führungskräfte

Die Anforderungen an Führungskräfte in großen Unternehmen haben in den vergangenen Jahren einen drastischen Wandel erlebt. Das Thema *verantwortungsvolle Personalführung* auf dem Boden von CSR-Grundsätzen ist mehr und mehr in den Fokus gerückt. Insbesondere die Verantwortung für das Thema *Gesundheit* in der Belegschaft wird zunehmend auf die Führungskräfte übertragen. Die enge Verbindung von Führung und Gesundheit ist unstrittig: So ist es unumstrittene Lehrmeinung, dass es einen direkten Zusammenhang von Führungskompetenz mit glaubhaft emphatischem Führungsverhalten einerseits und niedrigen Arbeitsunfähigkeitsquoten in Belegschaften andererseits gibt. Zur Erläuterung dieses Zusammenhangs muss man zurückschauen: Das Verständnis des Einzelnen im Umgang mit dem Begriff *Arbeit* hat in den letzten Jahrzehnten einen rapiden Wandel erlebt. Während früher – beispielsweise im calvinistischen Weltbild – der Mensch das Verständnis hatte, *er lebe, um zu arbeiten*, so hat die Generation 4.0 über die letzten Jahre die Haltung entwickelt, *zu arbeiten, um leben zu können*. Die Änderung dieses Bewusstseins fußt auf gesellschaftlich geänderten Rahmenbedingungen. Der Strukturwandel in der Wirtschaft gibt dem sogenannten *Humankapital* zunehmende Bedeutung gegenüber klassischen physischen Produktionsfaktoren. Die soziale Verantwortung zu diversen Themen wird im Sinne eines CSR-Verständnisses zunehmend auf Arbeitgeber übertragen. Betriebliche Gesundheitsmanagement-Instrumente gewinnen mit ihrer Innen- und Außenwirkung für Unternehmen wachsende Bedeutung. Zugleich sind die Anforderungen an den meisten Arbeitsplätzen in den vergangenen Jahren komplexer und verantwortungsreicher geworden. Der Zeitdruck nimmt vielerorts zu. Weiter fordern Restrukturierungen

---

C. Feldhaus (✉)
Leitender Werksarzt, Vice President Arbeitsmedizin, RWE AG/RWE Generation SE
Essen, Deutschland
E-Mail: christian.feldhaus@rwe.com

in Unternehmen in immer kürzeren Abständen eine hohe Veränderungsdynamik, und das sowohl für die Aufgabenfelder des einzelnen Beschäftigten als auch für seine individuellen Berufs- und Karriereplanungen. All das wird für Arbeitgeber zusätzlich flankiert von neuen Rechtsnormen in der Gesundheitspolitik sowie im Arbeitsschutz. Die *Luxemburger Deklaration*, die sich die europaweite Verbesserung der Arbeitsorganisation und der Arbeitsbedingungen, die Förderung einer aktiven Mitarbeiterbeteiligung sowie die Stärkung persönlicher Kompetenzen in der Arbeitswelt zum Ziel gesetzt hat, ist hier nur *ein* Beispiel.

Insbesondere im Rahmen von Rekrutierungs- und Personalauswahlprozessen von akademischem Nachwuchs als Führungskräfte von morgen machen Arbeitgeber heute völlig neue Erfahrungen: Nicht mehr Gehälter, Dienstwagenregelungen und zügige Aufstiegsmöglichkeiten stehen im Fokus von Bewerbungsgesprächen, sondern Themen wie Vereinbarkeit von Beruf und Familie, flexible Arbeitszeitmodelle und Entkopplung von Arbeitsplatz und Tätigkeit. Viele Arbeitgeber sind überrascht und oft sogar überfordert, wenn von Bewerbern gar Dinge nachgefragt werden wie Werte, Missionen oder Visionen eines Unternehmens im Zusammenhang mit dessen sozialer Verantwortung. Das Anspruchsgefüge der Menschen an ihr Arbeitsverhältnis hat sich also in den letzten Jahren und Jahrzehnten drastisch verändert. Die vom Einzelnen kaum zu beeinflussenden Rahmenbedingungen bekommen bei der Arbeitgeberauswahl zunehmend Gewicht. Spätestens an dieser Stelle rückt der Begriff Gesundheit in den Blickpunkt: Der „*Produktionsfaktor Gesundheit*" im Wechselspiel von hoher Leistungs*bereitschaft* auf der einen Seite und hoher Leistungs*fähigkeit* durch zunehmende (Aus-)Bildungsniveaus auf der anderen Seite hat sowohl für die Arbeitgeber- als auch für die Arbeitnehmerseite mehr Gewicht denn je. Und zeitgleich haben die einzelnen Mitarbeiter den Anspruch an eine zunehmende Partizipation bei der Arbeit. Die Schaffung von Freiräumen und die Abgrenzung von Freizeit und Arbeit im Sinne einer Balance (neudeutsch: Work-Life-Balance) werden nicht zuletzt seitens der Gewerkschaften vehement eingefordert. Die Haltung „*zu arbeiten, um zu leben*" spiegelt sich also in der Anforderung an eine entsprechende Balance von Arbeit und Freizeit wider. Freizeit assoziiert alles Positive, der Begriff Arbeit wird auf eben diese Weise negativ besetzt. Auf der anderen Seite jedoch hat beispielsweise Altbundespräsident Roman Herzog stellvertretend formuliert, dass „*Arbeit heute eine Quelle von Selbstwertgefühl, von Sozialprestige und innerer Zufriedenheit ist*" (Herzog 2008). Demnach ist eine sinnstiftende Tätigkeit zweifelsohne sehr viel mehr als nur Mittel zum Zweck. Die beruflichen Rahmenbedingungen sind damit wesentlicher Teil einer seelischen und sozialen Gesundheit, dürfen dabei jedoch die körperliche Gesundheit niemals negativ beeinflussen.

Der Begriff Arbeit darf folglich nicht im Sinne einer geforderten Abgrenzung (Balance von zwei Gegengewichten) zwischen Leben und Arbeit gesehen werden, sondern sollte vielmehr integraler Bestandteil eines Lebenszyklus sein. Die bessere Bezeichnung wäre somit *Work-Life-Integration*.

In diesem Kontext sind Arbeitgeber gut beraten, ein zeitgemäßes Arbeitsumfeld zu schaffen und insbesondere ein entsprechendes Führungsbild in ihren Unternehmen zu entwickeln.

Gesundheit als Führungsaufgabe – Gesundes Führen am Beispiel eines Großkonzerns   417

2   Zusammenhang von Führung und Motivation

Fragt man Top-Manager und Führungskräfte nach ihrem höchsten Gut im Unternehmen, ist die Antwort meist eindeutig: Die Mitarbeiter! Fragt man wiederum die Mitarbeiter nach ihrem höchsten Gut im Leben, ist die Antwort ebenfalls nahezu einstimmig: Die Gesundheit!

Was also liegt näher, als einen Zusammenhang zwischen Führungsverhalten und Gesundheit zu postulieren. Ein überzeugender und glaubhaft empathischer Führungsstil mit echtem Interesse an der Belegschaft und ihrer Gesundheit zahlt nicht nur auf eine niedrige Krankheitsquote ein, sondern gleichsam auf eine hohe Motivation der Belegschaft. So gewinnen beide Seiten. Die Leistungsbereitschaft des Einzelnen und der Erfolg eines Bereiches stehen nachweislich in direktem Zusammenhang.

Dieser Zusammenhang konnte in eigenen Untersuchungen eindrucksvoll belegt werden. Abb. 1 zeigt die Ergebnisse der Mitarbeiterbefragung von einem ca. 17.000 Mitarbeiter umfassenden Unternehmensteil eines Energiekonzerns mit Sitz in Deutschland. Diese im Turnus von 24 Monaten durchgeführten Befragungen umfassen 92 Fragen (Items). Mehr als 10.000 Mitarbeiter haben – selbstverständlich freiwillig und streng anonym – teilgenommen. So fließen fast 100.000 Rückmeldungen in die abgebildete Grafik ein.

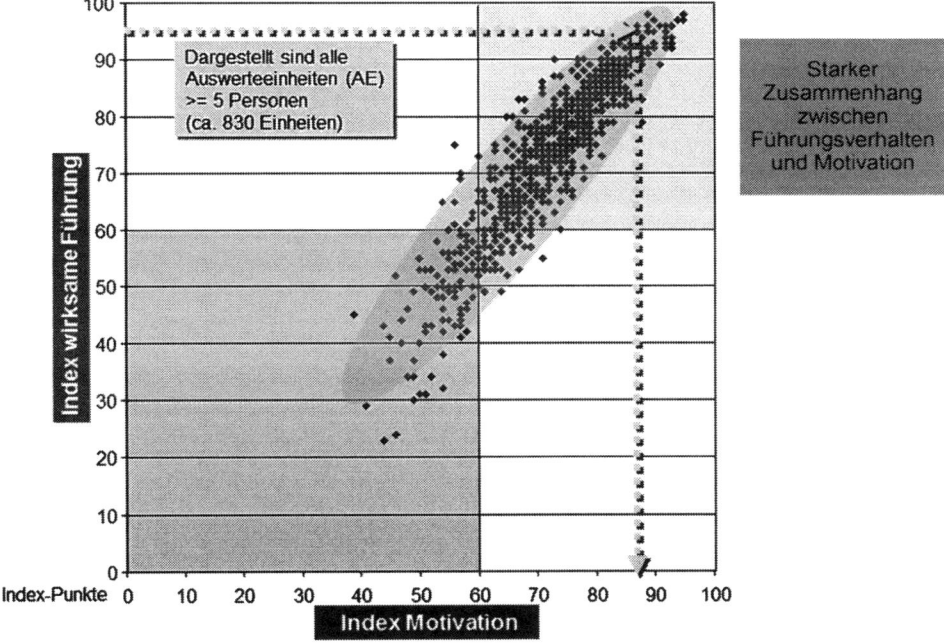

Abb. 1 Zusammenhang von Führung und Motivation. (Mitarbeiterbefragung RWE AG 2007)

Einzelne Items werden aggregiert zu Indizes. So sind die Fragen bezüglich der Akzeptanz und des Verhaltens der direkten Vorgesetzten zum sogenannten „Index wirksame Führung" zusammengefasst.

Dieser Führungsindex setzt sich aus den acht folgenden Einzelitems zusammen:

1. Mein direkter Vorgesetzter spricht mit mir ab, was er von mir erwartet.
2. Mein direkter Vorgesetzter gibt mir Chancen, mein Fachwissen und meine Fähigkeiten einzubringen.
3. Mein direkter Vorgesetzter unterstützt mich darin, meine Kenntnisse und Fähigkeiten gezielt auszubauen.
4. Mein direkter Vorgesetzter stellt sich vor mich, wenn ich einen Fehler gemacht habe.
5. Mein direkter Vorgesetzter bespricht mit mir ausreichend oft, wie er meine Leistung einschätzt.
6. Mein direkter Vorgesetzter hat mit mir im vergangenen Jahr ein Mitarbeitergespräch geführt, in dem wir über meine Leistung, unsere Zusammenarbeit und die gegenseitigen Erwartungen für das kommende Jahr gesprochen haben.
7. Mein direkter Vorgesetzter behandelt mich mit Respekt.
8. Mein direkter Vorgesetzter zeigt glaubwürdig Chancen und Perspektiven von Veränderungen in unserer Gruppe/unserem Team auf.

Die Gewichtung erfolgt im Rahmen der Aufteilung *stimme voll zu, stimme überwiegend zu, teils-teils, stimme überwiegend nicht zu* und *stimme absolut nicht zu*. Die Gesamtergebnisse zu jedem einzelnen Item und jedem einzelnen Index werden in Prozentangaben gewichtet.

Bei dem zweiten Index handelt es sich um einen sogenannten *Index Motivation*. Hier werden einzelne Items, die Aussagen über motivationale Komponenten und die Identifikation mit dem Unternehmen sowie dem Arbeitsplatz zulassen, zum Index *Motivation* zusammengefasst.

Dabei handelt es sich um die 13 folgenden einzelnen Items. Diese Items setzen sich zusammen aus Fragen zu den Themen *Arbeit, Entwicklung, Beziehungen* und ebenfalls *Führung*:

1. Meine Arbeitsaufgaben spornen mich an (Arbeit).
2. Ich komme leicht an die Informationen, die ich brauche, um gute Arbeit zu leisten (Arbeit).
3. Für die Erledigung meiner Aufgaben kann ich meine Kenntnisse und Fähigkeiten einsetzen (Arbeit).
4. Bei meiner Arbeit habe ich ausreichend Handlungsmöglichkeiten, um ein gutes Arbeitsergebnis zu erzielen (Arbeit).
5. Ich bin zufrieden mit den Möglichkeiten, mich im Unternehmen fachlich und persönlich weiterzuentwickeln (Entwicklung).
6. Ich bin zufrieden mit meinen Aufstiegsmöglichkeiten im Unternehmen (Entwicklung).

7. Das Arbeitsklima in unserer Gruppe/unserem Team ist gut (Beziehungen).
8. In unserer Gruppe/unserem Team sind Aufgaben und Verantwortlichkeiten klar geregelt (Beziehungen).
9. In unserer Gruppe/unserem Team arbeiten wir gut zusammen, um unsere Ziele zu erreichen (Beziehungen).
10. Mein direkter Vorgesetzter spricht mit mir ab, was er von mir erwartet (Führung).
11. Wenn Fehler erkannt werden, bestärkt mich mein direkter Vorgesetzter darin, Lösungsmöglichkeiten zu finden (Führung).
12. Mein direkter Vorgesetzter bespricht mit mir ausreichend oft, wie er meine Leistung einschätzt (Führung).
13. Mein direkter Vorgesetzter informiert mich ausreichend und zeitnah über Unternehmensbelange, die mich betreffen (Führung).

Fügt man nun die so entstehenden Indexergebnisse mit ihren Prozentwerten in ein Koordinatensystem, entsteht keinesfalls eine Punktwolke, sondern ein nahezu linearer Zusammenhang des Index *Wirksame Führung* zum Index *Motivation* (siehe Abb. 1). Ist also der Führungsindex niedrig, so ist analog der Motivationsindex niedrig, hohe Führungsqualitäten führen entsprechend zu korrelierend hohen Motivationsgraden in der Mannschaft. Dass ein motivierter Mitarbeiter und ein motiviertes Team zu einem größeren Erfolg einer Abteilung und eines Unternehmens führen, bedarf kaum weiterführender Erläuterung.

3 Zusammenhang von Führung und Gesundheit

Der im oben dargestellten Beispiel nahezu lineare Zusammenhang von Führung und Motivation mag wenig überraschen. Der Zusammenhang ist sicher auf andere Bereiche übertragbar. Wie aber verhält es sich mit einem Zusammenhang von Führung und *Gesundheit*? Führen hohe Motivationsgrade zu „ausbrennenden" Mitarbeitern mit resultierend hohen Fehlzeiten? Oder aber sind motivierte und leistungsbereite Mitarbeiter, die ihren Vorgesetzten (wert-)schätzen, weniger krank? Um dieser Frage nachzugehen, werden im Rahmen des o. g. Beispiels die einzelnen Items als auch die Indizes den entsprechenden krankheitsbedingten Fehlzeiten der einzelnen Bereiche gegenübergestellt. Die Abb. 2 zeigt das Ergebnis in der Abbildungsform einer multidimensionalen Skalierung.

Zentral als blauer Punkt sind die Gesundheitsstände der einzelnen Bereiche abgebildet. Es handelt sich dabei um SAP-gestützte Daten des internen Personalcontrollings. Stellt man Korrelationen der einzelnen Items bzw. Indizes zu den Gesundheitsständen (reziprok: Krankheitsbedingte Fehlzeiten) auf, bildet sich ein direkter Zusammenhang ab. Ein geringer Abstand zum Zentrum bedeutet also einen hohen Einfluss des Items/Indizes auf die Gesundheitsquote. Im Ergebnis lässt sich an diesem Beispiel ablesen, dass der Index *Wirksame Führung* derjenige ist, der mit einem hohen Gesundheitsstand im direktesten Zusammenhang steht. Kein Item oder Index korreliert deutlicher. Items wie *Zufriedenheit mit der Bezahlung*, *Aufstiegsmöglichkeiten* oder *Zufriedenheit mit der Tätigkeit* sind

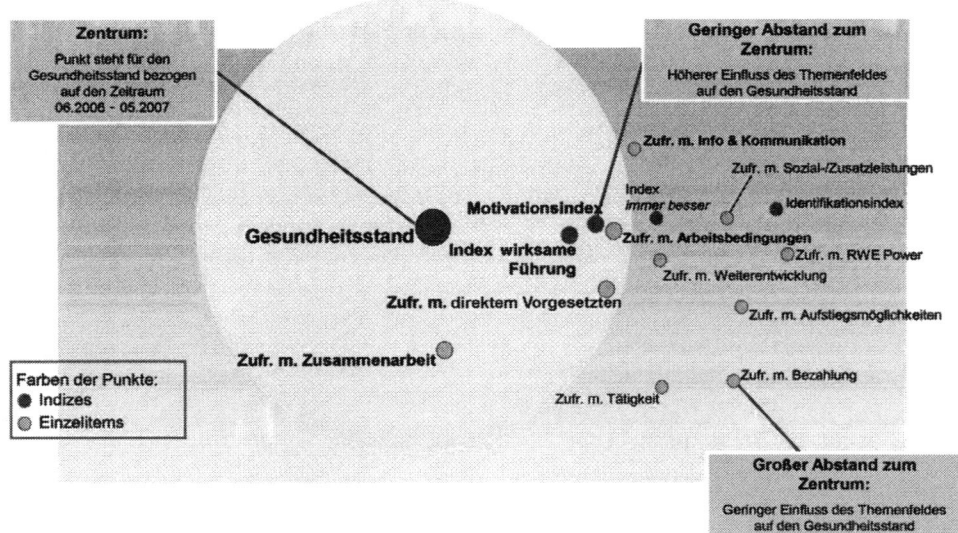

Abb. 2 Zusammenhang von Gesundheit und Führung. (Mitarbeiterbefragung RWE AG 2007)

eher von untergeordneter Bedeutung. Dass auch der Index *Motivation* eine sehr direkte Korrelation zum Gesundheitsstand hat, erklärt sich aus der fast linearen Korrelation von Führung und Motivation (Abb. 1).

So belegt auch dieses Beispiel einer im 24-monatigen Turnus wiederkehrenden konzernweiten Mitarbeiterbefragung eindrucksvoll, wie eng der Zusammenhang nicht nur von Führung und Motivation, sondern auch der Zusammenhang von Führung und Gesundheit in großen Kohorten ist. Wenn Führung, Gesundheit und Motivation so eng zusammenhängen, dann haben sich Arbeitgeber nicht nur im Sinne des CSR-Ansatzes diesem Dreieck zu stellen. Sie sind auch vor dem Hintergrund des wirtschaftlichen Erfolges ihrer Bereiche gut beraten, ihre Führungskräfte mit einem entsprechenden Handwerkszeug zur Entwicklung eines gesundheitsförderlichen und gleichsam motivierenden Führungsstils weiterzuentwickeln.

4 Handlungsfelder zur Entwicklung eines gesundheitsgerechten Führungsstils

Dass seelisches und soziales Unwohlsein auf Dauer zu somatischen Erkrankungen führt, stellt niemand mehr ernsthaft in Abrede. Auch die oben dargestellten Ergebnisse einer Mitarbeiterbefragung lassen an dem direkten Zusammenhang von Führung und Gesundheit keinen Zweifel. Gleichwohl greift es viel zu kurz, wenn man das Thema allein auf den direkten Vorgesetzten oder darüber hinaus auf den Arbeitgeber als Ganzes überträgt. Vielmehr ist der Einzelne eigenverantwortlich gefordert, für seine seelische, soziale und körperliche Gesundheit – ganz im Sinne der WHO-Definition des Begriffes Gesundheit – Sorge zu tragen und diese stetig weiterzuentwickeln. Spätestens an dieser Stelle kommt der Begriff des „betrieblichen Gesundheitsmanagements" (BGM) ins Spiel. Bis heute werden selbst in vielen großen Organisationen gesundheitsfördernde Angebote wie Ernährungskurse, Nichtraucherkurse und zahllose Sportangebote wie Wirbelsäulengymnastik und Ausdauersport mit dem Begriff BGM verbunden und oft gleichgesetzt. Wenn es der Arbeitgeber besonders gut meint, flankiert er diese Angebote vielleicht sogar noch mit Früherkennungskampagnen von Volkskrankheiten oder Krebserkrankungen. Bei all diesen Themen handelt es sich jedoch nicht um betriebliches Gesundheitsmanagement im eigentlichen Sinne, sondern bestenfalls um betriebliche Gesundheits*förderung* (BGF). Arbeitgeberseitiges Engagement in diesen Themenbereichen ist wichtig und kann über den Arbeitsplatz eine Vielzahl von Menschen im Hinblick auf eine Umstellung ihrer Lebensgewohnheiten erreichen. Viele Erkrankungen können hierdurch vermieden oder zumindest früh erkannt und so entsprechenden Therapien zugeführt werden. Dennoch stellt BGF heute nur *eine* Säule eines betrieblichen Gesundheitsmanagements dar. Der zentrale Baustein muss eine zielgerichtete Führungskräfteentwicklung und eine gesundheitsgerechte Organisationsentwicklung sein. An letzterer haben Führungskräfte auf der nicht-persönlichen Ebene ebenfalls maßgeblichen Anteil, was den Zusammenhang von Führung und Motivation einmal mehr unterstreicht.

Das Grundlagenprogramm eines betrieblichen Gesundheitsmanagements großer Organisationen muss vier Handlungsfelder umfassen: *Führungskräfteentwicklung, Entwicklung von Stresskompetenz, gesundheitsgerechtes Arbeiten* und *betriebliche Gesundheitsförderung*. Alle vier Handlungsfelder müssen aufeinander aufbauen und sollten miteinander verzahnt sein. So sind in den letzten Jahren auch im hier beschriebenen Unternehmens-Beispiel auf dem Boden der Mitarbeiterbefragungs-Ergebnisse entsprechende Maßnahmen in allen vier Bereichen abgeleitet, systematisch geplant und standardisiert (weiter-)entwickelt worden. In allen vier Bereichen findet sich eine Vielzahl von sogenannten *Basismaßnahmen-BGM* wieder. Während sich das Handlungsfeld *betriebliche Gesundheitsförderung* mit direkten und an den einzelnen Mitarbeiter adressierten Gesundheitsförderungsangeboten der *Verhaltens*prävention beschäftigt, handelt es sich bei den ersten drei Bereichen um Angebote zur *Verhältnis*prävention. Hier findet sich all das wieder, worauf der einzelne Mitarbeiter keinen direkten Einfluss hat und was er organisationsbedingt – mehr oder weniger zwangsläufig – am Arbeitsplatz antrifft.

4.1 Führungskräfteentwicklung

So individuell wie der Mensch ist, so individuell ist die einzelne Führungskraft. Darüber hinaus verlangen unterschiedliche Führungsaufgaben und -situationen ein unterschiedliches Führungsverhalten. Es würde an dieser Stelle den Rahmen sprengen, auf die Vielfalt der unterschiedlichen Führungsanforderungen, Führungsstile und Führungswerkzeuge einzugehen. Gleichwohl gibt es unverzichtbare und stereotype Muster, mit denen Führungskräfte ihren Mannschaften gegenübertreten müssen. Maßgebliche Anforderungen an ein gesundheitsgerechtes Führungsverhalten von Vorgesetzten sind Empathie, Authentizität und der viel zitierte und ebenso oft gescholtene Vorbildcharakter der Führungskräfte. Und hiermit ist keinesfalls die Führungskraft gemeint, die glaubt, ihrer Verantwortung zum Thema Gesundheit gerecht zu werden, indem sie sich in der Kantine mit Vorbildcharakter für das Salatbuffet entscheidet oder am Montagmorgen mit ihren gejoggten Kilometern des Wochenendes prahlt. Vielmehr geht es um die Entwicklung eines authentischen und wertschätzenden Führungsverhaltens, das neben vielen anderen Facetten auch die Gesundheit – und das im Sinne der oben erwähnten WHO-Definition – in den Mittelpunkt stellt. Um es an einem Beispiel ganz deutlich zu machen und um es ganz einfach auszudrücken: Vorgesetzte, die morgens als erste im Büro erscheinen, abends als letzte gehen und in diesen Zeitfenstern von zwölf und mehr Stunden bewusst oder auch unbewusst voraussetzen, dass die ganze Mannschaft begleitend zur Verfügung steht, treten ein gesundheitsgerechtes Führungsverhalten mit Füßen. Oder anders: Das Versenden von E-Mails gehört nicht in Freizeiten, Wochenenden und Urlaube. Wenn ein Vorgesetzter in der Nacht dennoch E-Mails versendet, so mag das zu dem Zeitpunkt in seinen Arbeitsrhythmus oder in seine Zeitzone passen und bei einem entsprechenden Vertrauensverhältnis auch vertretbar sein. Vorher hat er jedoch die Pflicht, mit Nachdruck deutlich zu machen, keinerlei Reaktion außerhalb der Arbeitszeit zu erwarten. Hier gilt es, klare Spielregeln aufzustellen und diese auch einzuhalten. So ist im dargestellten Unternehmens-Beispiel eine eigene Leitlinie „*Gegenseitiger Umgang mit Kommunikationsmitteln*" festgeschrieben worden.

Unternehmen können je nach Größe und ihrer Struktur die Führungskräfte unterschiedlich entwickeln. Das Spektrum kann nahezu sämtliche klassischen Angebote und Maßnahmen der Personalentwicklung umfassen. Gezielt platzierte und entsprechend gestaltete Seminare können die Kompetenz zu Gesundheitsthemen stärken und konkrete Ansätze zur Umsetzung eines gesundheitsorientierten Führungsverhaltens bieten. Auch können standardisierte Werkzeuge zur Anwendung kommen. Hierbei kann es sich sowohl um gesundheitsorientierte Begehungen am Arbeitsplatz als auch um themen- oder situationsbezogene *Gesundheitskurzgespräche* handeln. Diese sollten beispielsweise nach jeder Abwesenheit stattfinden und nicht wie die oft zu Recht verurteilten „Krankenrückkehrgespräche" dokumentiert werden. Solche Kontakte können von einer „Na, alles klar?-Minute" am Arbeitsplatz bis zu einem längeren und terminierten Gespräch in geschützter Atmosphäre reichen. Das Befinden des Mitarbeiters, aktuelle Informationen und Entwicklungen des Bereiches gehören hier ebenso hin wie (ggf. arbeitsplatzbedingte) Ursachen der Abwesenheit und eventuelle arbeitgeberseitige gegensteuernde Hilfestellungen. Die Integration des Themas Gesundheit in jährlich stattfindenden anlasslosen *Mitarbeitergesprächen* ist ebenfalls unverzichtbar. Hierhin gehört beispielsweise auch die Frage nach der Vereinbarkeit von Beruf und Familie. Selbstverständlich sein müssen bei allen Gesprächsformen das kollegiale Miteinander und die Vermittlung von Wertschätzung seitens der Vorgesetzten. Im Idealfall werden Identifikation mit dem Unternehmen und das Wir-Gefühl des Teams gestärkt.

Ziel dieser Führungskräfte-Entwicklung ist mittel- bis langfristig die Schaffung einer Führungskultur, die den Begriff Gesundheit integrativ in das Führungsverhalten einbaut. Eine solche Alltags-Kultur kann jedoch nicht einseitig sein und verlangt natürlich auch ein gesteigertes Maß an Offenheit und Vertrauen seitens des Mitarbeiters.

Gleichzeitig müssen auf der Seite der Führungskräfte eigene Gesundheitskompetenzen entwickelt und gestärkt werden. Hier kommt der Vorbildcharakter zum Tragen. Klassische ärztliche Check-up-Untersuchungen können dabei eine wertvolle Hilfe leisten und das Bewusstsein für das Thema über die eigene Gesundheit hinaus weiterentwickeln. Im hier vorgestellten Unternehmensbeispiel ist darüber hinaus für die Top-300-Führungskräfte ein eigenes internationales Entwicklungsprogramm zusammengestellt worden. Es beinhaltet viele verschiedene Facetten von Führung und Eigenreflexion und nimmt im Verlauf eines Jahres mit Vor- und Nachbereitung über drei Module ca. drei Wochen in Anspruch. Haupttenor dieses Programmes ist der Oberbegriff *Achtsamkeit (Mindfulness)*, und das sowohl gegenüber der eigenen Person und den eigenen Bedürfnissen als auch gegenüber der Mannschaft, für die die einzelne Führungskraft verantwortlich ist.

4.2 Entwicklung von Stresskompetenz

Wie eingangs erwähnt, werden zunehmend elektronische Medien und die Digitalisierung neben Arbeitsverdichtung und ansteigenden Komplexitätsgraden von Arbeits- und Produktionsvorgängen für eine wachsende psychische Belastung von Beschäftigten verantwortlich gemacht. Zweifelsohne sind in nahezu allen Tätigkeitsfeldern und auch bei allen Qualifizierungsgraden die Anforderungen deutlich gestiegen. Der sozial gesellschaftliche Wandel, auch geprägt durch die ständige Erreichbarkeit eines jeden Einzelnen, zahlt hierauf maßgeblich mit ein. Gleichzeitig wird „zunehmender" Stress einerseits verteufelt, ein gesunder Anspannungsgrad jedoch ist andererseits als unverzichtbar für das Erzielen von Leistung und das Erreichen von Jahreszielen akzeptiert. So darf es für große Arbeitgeber nicht das Ziel sein, den Begriff Stress im Sinne von psychischer Belastung negativ zu besetzen und vermeiden zu wollen. Vielmehr muss es Aufgabe von Unternehmen sein, sich als *stresskompetenter* Arbeitgeber zu entwickeln.

Abb. 3 zeigt die drei Säulen hin zur Entwicklung eines stresskompetenten Unternehmens. Diese drei Säulen sind auf alle großen Organisationen übertragbar. Die *personelle* Stresskompetenz jedes Einzelnen ist hierbei ebenso von Bedeutung wie eine *interpersonelle* Kompetenz auf Führungs- und Teamebene. Auf dem Boden einer dritten *strukturellen* Kompetenz gilt es, bereits bei der Schaffung von Organisationsstrukturen und Leistungskulturen stresskompetent und schon damit gesundheitsorientiert zu handeln. Insbesondere auf der interpersonellen als auch auf der strukturellen Kompetenzebene kommt den Führungskräften im Sinne der unter 2. geschilderten Verantwortung eine maßgebliche Aufgabe zu. In diesem Verständnis ist der Begriff Stresskompetenz in dem beschriebenen Unternehmensbeispiel integriert.

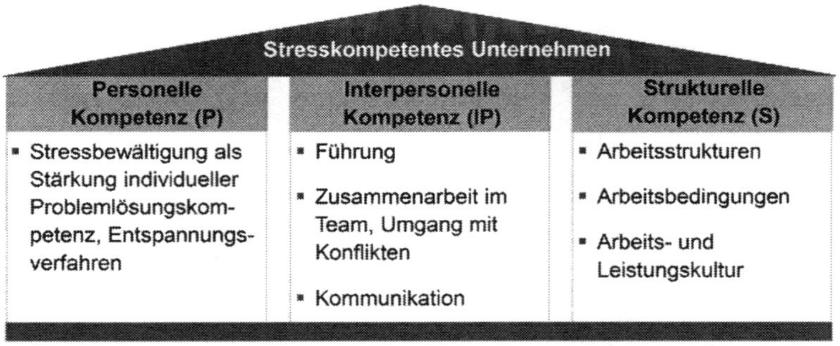

Stresskompetentes Unternehmen		
Personelle Kompetenz (P)	**Interpersonelle Kompetenz (IP)**	**Strukturelle Kompetenz (S)**
• Stressbewältigung als Stärkung individueller Problemlösungskompetenz, Entspannungsverfahren	• Führung • Zusammenarbeit im Team, Umgang mit Konflikten • Kommunikation	• Arbeitsstrukturen • Arbeitsbedingungen • Arbeits- und Leistungskultur

Abb. 3 Drei Säulen der Stresskompetenz in großen Unternehmen

Im Sinne einer solchen Herangehensweise wird deutlich, dass der Umgang mit psychischen Belastungen und Herausforderungen in der Arbeitswelt eine gemeinsame Herausforderung für Mitarbeiter, Führungskraft und Arbeitgeber in Gänze ist. Entsprechende Entwicklungsmaßnahmen zur Schaffung eines stresskompetenten Unternehmens müssen als *Basismaßnahmen-BGM* angeboten werden und bedürfen erfahrungsgemäß ständiger Weiterentwicklung. Lokal oder regional können zusätzlich spezielle *Fokusmaßnahmen* zur Anwendung kommen. Wie oben beschrieben und aus Abb. 1 ableitbar, werden im genannten Beispiel die Ergebnisse der Mitarbeiterbefragungen nicht nur aggregiert, sondern auf jede Einheit ab fünf Mitarbeitern heruntergebrochen. So können sich die Fokusmaßnahmen für einzelne Bereiche neben den standardisierten und konzernweiten Basismaßnahmen-BGM regional deutlich unterscheiden.

4.3 Gesundheitsgerechtes Arbeiten

Für die Schaffung eines gesundheitsgerechten Arbeitsumfeldes spielen für Vorgesetzte bis heute die zum Teil jahrzehntealten arbeitswissenschaftlichen Kriterien eine maßgebliche Rolle. Hierbei sind ergonomische Standards genauso zu berücksichtigen wie Erkenntnisse aus der Arbeitsphysiologie. Insbesondere die Gestaltung von gesundheitsgerechten Schichtsystemen muss hierauf einzahlen. Führungskräfte sind an dieser Stelle erneut gefordert. In enger Zusammenarbeit mit den betrieblichen Partnern der Arbeitsmedizin und der Arbeitssicherheit sind Führungskräfte auch hier im täglichen Handeln gefordert, gesundheitsgerechte Rahmenbedingungen zu schaffen. So müssen auch selbstverständlich anmutende arbeitsphysiologische Erkenntnisse bis heute in die Schaffung des entsprechenden Arbeitsumfeldes einfließen. Im genannten Beispiel werden diese Themen im Rahmen von obligatorischen *verhaltensorientierten Begehungen (VOB)* thematisiert. Bei diesen eher nüchtern anmutenden technischen Arbeitsplatzgestaltungs-Fragen lässt sich ohne großen Aufwand ein sehr direkter Bezug zum Thema Gesundheit herstellen. Entsprechende Angebote finden als Standards des Unternehmens ebenfalls als Basismaßnahmen-BGM Berücksichtigung.

4.4 Führung und betriebliche Gesundheitsförderung (BGF)

Der Lebensstil des Menschen beeinflusst maßgeblich seine Gesundheit. Die großen Volkskrankheiten unserer Zeit wie Herzinfarkt, Schlaganfall und Diabetes mellitus sind zweifelsohne an vielen Stellen durch den Lebensstil des Einzelnen bedingt. Genussmittelkonsum, Ernährungs- und Bewegungsverhalten sind als Ursache bekannt. Große Arbeitgeber mit Zehntausenden von Beschäftigten haben über ihre betriebsärztlichen Dienste im Regelfall einen direkten Zugang zu den Mitarbeitern als hausärztliche Versorgungsnetzwerke. Lebensstilbedingte Fehlzeiten machen den überragenden Teil der Krankschreibungen aus. So sind Unternehmen auch weiterhin gut beraten, gesundheitsförderliche Angebote an die Belegschaft zu adressieren. Ernährungs- und Bewegungsverhalten stehen hier bis heute im Vordergrund. Entsprechende Angebote müssen sich unter den Basismaßnahmen-BGM wiederfinden. Schon vor Jahrzehnten sind Betriebssportgruppen mit genau diesem Ziel gegründet und kontinuierlich ausgedehnt und weiterentwickelt worden.

5 Evaluierung von gesundheitsgerechtem Führungsverhalten

Auch noch so gut gemeinte, im Regelfall stets freiwillige Gesundheits-Angebote seitens des Arbeitgebers in Form der Basismaßnahmen-BGM reichen allein nicht aus, um die Gesundheitskultur in einem Unternehmen nachhaltig positiv zu verändern. Daher sind Personal- und Führungskräfteentwicklung gefordert, angebotene Maßnahmen in ihrer Umsetzung zu verfolgen und gleichzeitig das Führungsverhalten zu evaluieren. Abb. 4. zeigt die Handlungsstränge und die erforderlichen Zusammenhänge im Rahmen eines BGM-Grundlagenprogramms, wie sie im beschriebenen Unternehmens-Beispiel zur Anwendung kommen.

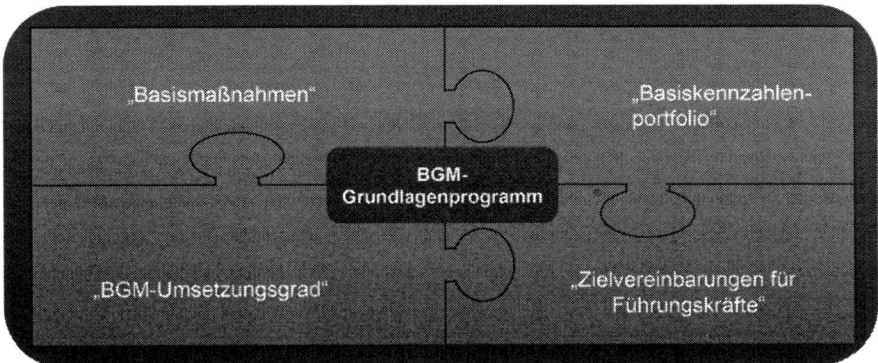

Abb. 4 Grundbausteine eines funktionierenden betrieblichen Gesundheitsmanagements

Im ersten Puzzlestück findet sich die Gesamtheit der angebotenen Basismaßnahmen-BGM im Einzelnen. Diese können unternehmensspezifisch variieren, sind jedoch im Regelfall integrierbar in die unter 4.1 bis 4.4 genannten übergeordneten Handlungsfelder. Seminar- und Personalentwicklungsangebote gehören hier ebenso hin wie Maßnahmen zur betrieblichen Gesundheitsförderung im Sinne einer gesundheitsorientierten Lebensweise.

Ein zweites wesentliches Puzzlestück ist ein unternehmensadaptiertes Basiskennzahlenportfolio. Hier werden alle gesundheitsrelevanten Kennzahlen integriert. SAP-basierte Daten und deren Entwicklungen wie Mitarbeiterzahlen, Durchschnittsalter und Mehrleistungsquoten der Mannschaften sind hier unverzichtbar. Interne Zahlen der Arbeitsunfähigkeit sind ebenso relevant wie – falls verfügbar – externe Fehlzeitenprofile der Krankenkassen. Im optimalen Fall sind diese datenschutzkonform auf Diagnosegruppen heruntergebrochen.

Viel wichtiger für ein Basiskennzahlenportfolio zur Gesundheit in der Belegschaft sind jedoch die in Abschn. 1 erwähnten Führungs- und Motivationsindizes. Der lineare Zusammenhang dieser beiden Kennzahlen in der Mannschaft ist oben dargestellt. Auch in veränderungsbereiten Unternehmen ist die Darstellung von Führungs- und Motivationsindizes in Kennzahlenportfolios zum Thema *Führung und Gesundheit* nicht selbstverständlich und verlangt ein enormes Maß an Abstimmung mit allen Beteiligten. Jedoch lässt sich der Reifegrad der Gesundheitskultur in einem Unternehmen gerade an solchen weichen Indikatoren ablesen. Dies gelingt im genannten Beispiel über den beschriebenen Weg.

Als dritter Teil ist mit dem „BGM-Umsetzungsgrad" für Führungskräfte ein weiteres hilfreiches Instrument entwickelt worden, um die Auseinandersetzung mit dem Thema *Gesundheit* weiter voranzutreiben. Sind alle vorhandenen Basismaßnahmen-BGM als Werkzeuge beschrieben, evaluiert und im Unternehmen kommuniziert, können die Führungskräfte in regelmäßigen Zeitabständen über den Umsetzungsgrad der Maßnahmen informiert werden. Eine jede Basismaßnahme-BGM kann standardisiert und abteilungsbezogen quantifiziert werden, wenn entsprechende Definitionen zum Maß der Umsetzung formuliert sind. So werden Führungskräfte über einen Zeitraum von mehreren Jahren in die Lage versetzt, Umsetzungen von angebotenen Maßnahmen in ihren Bereichen zu überblicken und nachzuverfolgen.

Zentrale Personalbereiche sind gut beraten, die operativen Bereiche mit den entsprechenden Kennzahlenblättern auszustatten. Das schon erwähnte dritte Puzzlestück, der Umsetzungsgrad der Basismaßnahmen-BGM, gehört ebenfalls zu den Basiskennzahlen-Portfolios und erscheint auf den zweiseitigen Darstellungen der sogenannten Ursachen- und Wirkungskennzahlen. So verwundert es bei der Interpretation solcher Kennzahlen beispielsweise nicht, dass bei in den Kennzahlenportfolios abgebildeten niedrigen Führungsindizes in der Mitarbeiterbefragung die ebenfalls abgebildeten Umsetzungsgrade der Basismaßnahmen-BGM im Handlungsfeld *Führung* ebenfalls im roten – also defizitären – Bereich liegen. Besser lassen sich Defizite nicht erkennen und gegensteuernde Maßnahmen einleiten.

In großen Unternehmen werden die Führungskräfte im Regelfall über jährliche Zielvereinbarungssysteme gesteuert (viertes Puzzlestück). Das Zielvereinbarungsmodell im genannten Unternehmensbeispiel ist gehaltsrelevant. Im geschilderten Idealfall schließt das Unternehmen/der Vorgesetzte mit seinen untergeordneten und ebenfalls personalverantwortlichen Führungskräften jährlich vier bis sechs Zielvereinbarungen ab, eine davon zum Thema *Gesundheit*. Vor dem Hintergrund des beschriebenen Basiskennzahlenportfolios mit differenzierten Arbeitsunfähigkeitszahlen und Arbeitsunfähigkeitsdiagnosen läge der Rückschluss nahe, eine Zielvereinbarung auf eine sinkende Arbeitsunfähigkeitsquote für das Folgejahr zu vereinbaren. Doch genau dieser Weg ist falsch. Eine wertschätzende, offene und gesundheitsbezogene Führungskultur wird über diesen Weg häufig mit Füßen getreten und das Gegenteil wird erreicht. Der Begriff der *Misstrauens*kultur bei Fehlzeiten macht schnell die Runde. Zwar mag man im Einzelfall über einen solchen Weg sinkende Arbeitsunfähigkeitszahlen erzielen, wenig erstaunlich jedoch ist in solchen Fällen der parallel sinkende Motivationsindex der betroffenen Belegschaft. Vielmehr also sollten *handlungsorientierte* Jahresziele, beispielsweise aus dem Katalog der Basismaßnahmen-BGM, vereinbart werden. Auch hier ist das Spektrum der Möglichkeiten so vielfältig wie die Kausalität der Arbeitsunfähigkeitszeiten. Auf dem Boden von funktionierenden Basiskennzahlenprofilen werden die Führungskräfte begleitet, zielgerichtete, individuelle und handlungsorientierte Jahresziele zum Thema *Gesundheit* abzuschließen. Nur über einen solchen Weg ändert sich langfristig der Umgang mit dem Thema *Gesundheit* in einzelnen Abteilungen und im ganzen Unternehmen. Zeitgleich – und fast zwangsläufig – verändert sich die gesamte Führungskultur in einem Unternehmen. Im dargestellten Beispiel entwickeln sich die gegenseitig bedingenden Motivations- und Führungsindizes über die Jahre nachweislich positiv.

6 Fazit

Die Antwort auf die Frage des Zusammenhangs von Gesundheit und Führung ist eindeutig: Gesundheit ist Führungsaufgabe! Eine Monokausalität gibt es jedoch nicht. Selbstverständlich können schlechte Führungskräfte mit einem desolaten Führungsverhalten Mitarbeiter auf Dauer krank machen. Dass seelisches und soziales Unwohlsein auf Dauer zu somatischen Erkrankungen führt, stellt niemand mehr in Abrede. Gleichwohl greift es viel zu kurz, wenn man das Thema allein auf den direkten Vorgesetzten oder darüber hinaus auf den Arbeitgeber als Ganzes überträgt. Die Verantwortung für seine eigene körperliche, seelische und soziale Gesundheit trägt jeder Mensch alleine, und kein Arbeitnehmer kann diese Verantwortung am Werkstor abgeben oder gar übertragen.

Dennoch unterliegt die Gesundheit eines Beschäftigten maßgeblich den Bedingungen am Arbeitsplatz. Hier spielen heute weniger arbeitsphysiologische und technische Faktoren eine Rolle als vielmehr Organisationsformen, Wertegefüge, Unternehmenskulturen und Führungsverhalten. Und genau hier setzen maßgebliche Aufgaben der Personal- und der Führungskräfteentwicklung im Sinne einer optimalen Verhältnisprävention an. Eine achtsame Art der Mitarbeiterführung ist für Führungskräfte somit unabdingbar – und zwar gegenüber sich selbst als auch gegenüber der Mannschaft, für die ein Vorgesetzter verantwortlich ist. In genau diesem Kontext sind große Arbeitgeber gefordert, ihre Führungskräfte auszuwählen und weiterzuentwickeln.

Den einzelnen Mitarbeiter darüber hinaus über betriebliche Gesundheitsförderungsprogramme im Sinne des neudeutschen Begriffes *Lifestyle-Changing* zu unterstützen (Verhaltensprävention), ist gleichsam für Großunternehmen bis heute unverzichtbar.

Im Sinne der Abb. 5 sollte in großen Organisationen der Gesundheitsbegriff, ggf. gepaart mit dem Handlungsfeld Arbeitssicherheit, in einen Zielrahmen gegossen werden und auf einer Leitlinie aufbauen. Auf dem Boden einer fundamentalen Gesundheits- und Sicherheitsleitlinie gilt es, ein gemeinsames Verständnis aller Verantwortlichen im Unternehmen zum Thema zu entwickeln. Die Übernahme von Verantwortung gilt für Führungskräfte als auch für jeden einzelnen Mitarbeiter. Gegenseitige Offenheit und gegenseitiges Vertrauen sind hier elementar. Auf diesem Weg entwickelt sich eine Gesundheits- und Sicherheitskultur im Unternehmen, die fast zwangsläufig eine positive Entwicklung von relevanten Indikatoren zum Thema Gesundheit nach sich zieht. Hierbei darf der Fokus weniger auf Fehlzeiten gerichtet sein als vielmehr auf weiche Kennzahlen. Denn genau diese weichen Kennzahlen lassen Rückschlüsse zur Gesundheitskultur in Organisationen zu. Auf dem Boden dieser Analysen lässt sich über Jahre für beide Seiten eine positive Kultur zum Thema Gesundheit – auch vor dem Hintergrund der CSR-Aufgabe von Unternehmen – nachhaltig entwickeln.

So entstehen gesunde Unternehmen – mit gesunden Mitarbeitern.

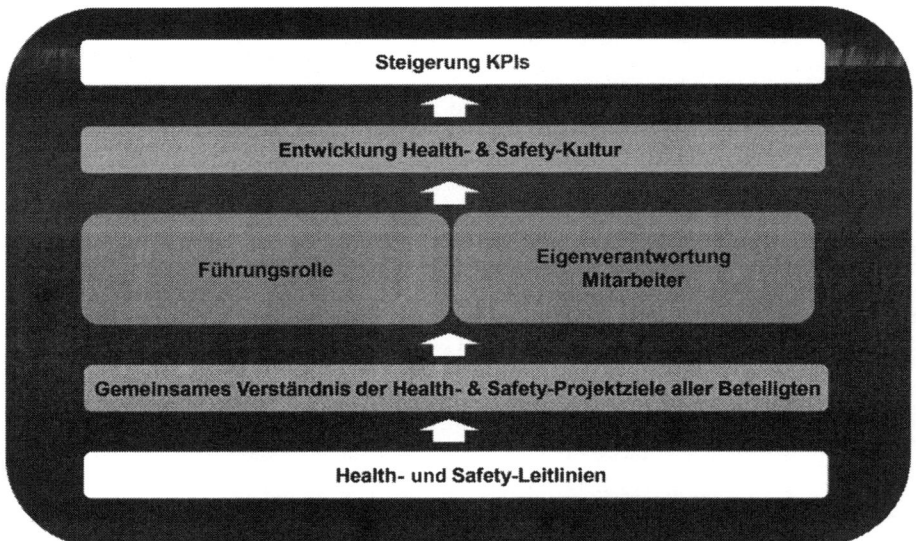

Abb. 5 Zielrahmen Gesundheit

Literatur

Herzog, R. (2008) DIE ZUKUNFT DER ARBEIT, Jahressymposium 2008 des Roman-Herzog-Instituts.

Christian Feldhaus ist als *Chief Medical Officer* mit Sitz in Essen weltweit verantwortlich für die Arbeitsmedizin und das Betriebliche Gesundheitsmanagement im RWE Konzern. Sein Tätigkeitsspektrum reicht von der klassischen, gesetzlich geforderten Arbeitsmedizin über alle Facetten einer zeitgemäßen Gesundheitsentwicklung in großen Organisationen. Er ist Mitglied in zahlreichen Gremien und Verbänden sowie Vorsitzender der Sektion der EVU-Ärzte im VDBW. Darüber hinaus ist er verantwortlich für die studentische Ausbildung in den Fächern Arbeits- und Sozialmedizin an der Medizinischen Fakultät der Universität Duisburg-Essen. Herr Prof. Feldhaus ist verheiratet und Vater von drei Kindern.

Sachverzeichnis

3D-Drucker, 16
360°-Feedback, 383
1000-cups-of-coffee, 135

A
Ablehnung, 203
Abteilungsübergreifend, 191
Abundance, 76, 82
Achtsamkeit, 38, 147, 182, 304, 423
Achtsamkeitskurs, 304
Achtsamkeitsprogramm, 305
Achtsamkeitstraining, 306–308
Achtsamkeitsübungen, 312
Akademisierung, 377
Aktive Beteiligung, 44
Akzeptanzprobleme, 66
Algorithmen, 36
Alleinstellungsmerkmal, 368
Alter, 33
Ältere Arbeitnehmer, 210
Altersarmut, 20
Altersgemischte Teamarbeit, 98
Altersgemischte Teams, 34
Altersgemischte Teamstrukturen, 98
Altersgerechte Didaktik, 34
Alterspyramide, 204
Altersrücklagen, 19
Amerikanisches Modell, 210
Anpassungsfähigkeit, 46
Anreizstrukturen, 44
Anreizsystem, 282
Anreizsysteme, 156
Ansprüche, 255
anticipation, 237
Apple, 37
Arbeit, 73, 77–79, 83, 84, 86–88

Arbeit 4.0, 4
Arbeitgeber, 116, 119–121, 125
Arbeitgeberbewertungsportal, 362
Arbeitgebermarke, 357
Arbeitnehmer, 116, 117, 119, 121, 125
Arbeitsbedingungen, 57
Arbeitsformen, 218
Arbeitskraft, 82
Arbeitskräfte, 80
Arbeitskultur, 178
Arbeitskulturen, 36
Arbeitslosenquote, 362
Arbeitsmodelle, 117
Arbeitsorganisation, 64
Arbeitsort, 61
Arbeitsplatz, 81
Arbeitsplatzabbau, 64
Arbeitsprozesse, 322
Arbeitsstrukturen, 181
Arbeits- und Sozialstandards, 8
Arbeitswelten 4.0, 214
Arbeitszeiten, 272
Aristotle's causes/questions, 239
Asiatische Länder, 195
Assistenzsysteme, 60
Assoziationen, 359
Audit- und Compliance-Komitees, 157
Aufmerksamkeit, 306
Ausbildung, 59, 145, 273, 278
Ausbildungssysteme, 197
Ausländischer Produktionsort, 197
Ausschlusskriterien, 164
Aus- und Weiterbildungsmaßnahmen, 382
Automatisierung, 35, 57, 73, 76, 79, 197, 213
Autopiloten-Modus, 28
autopoiesis, 237

Autopoiesis & complex, 237

B
Balance, 381
Balanced Scorecard, 165
Basiskennzahlenportfolio, 426
Bedingungsloses Grundeinkommen, 88, 200
Bergsport-Unternehmen Vaude, 148
Berufsfelder, 203
Beschaffungspolitik, 168
Best Ager, 34
Betriebliche Gesundheitsförderung, 421
Betriebliches Gesundheitsmanagement, 421
BGM-Umsetzungsgrad, 426
Big Data Analytics, 76, 86
Bildungsabschlüsse, 80
Bildungslandschaft, 121
Bildungssystem, 116, 145
Bonus-/Anreizsysteme, 155
Bonuszahlungen, 165
Börsenhandel, 78
Brasilien, 198
Bundesarbeitgeberverband Glas und Solar, 211
Bürgerschaftliches Engagement, 4
Business Model Development, 142

C
Center of Expertise, 173
Chaotischer Übergang, 194
Check-up-Untersuchungen, 423
China, 191, 198
Classical innovation techniques, 244
Cloud, 67
Cloud worker, 19, 215
Coaching, 99, 391
Collaborative Consumption), 38
Comics, 198
Commitment, 124
Complex systems, 241
complex systems, 237
Complexity, 237
Compliance, 9
Consumer Brands, 359
Coping, 310
Corperate Culture Development Prozess, 142
Corporate Brand, 366
Corporate Governance, 157, 159
Corporate Social Responsibility (CSR), 3, 4, 148, 256
Corporate-Culture-Development, 140

Co-creating, 240
Co-creation, 244
Co-dependence, 245
Co-development/co, 245
Cradle-to-Cradle-Prinzip, 163
Cross-funktional, 138
Cross-hierarchisch, 138
Cross-Mentoring, 139
Cross-Mentoring-Programm, 139, 146
CSR, 37
CSR 4.0, 16
Cultural fit, 179, 370
Cyber-Physical-Systems, 54
Cynefin-Modell, 290

D
Datenschutz, 18
Datensicherheit, 55, 67
Dave-Ulrich-Modell, 173
David Lewis, 187
Demografische Entwicklung, 185, 197, 210
Demografischer Wandel, 32, 61, 93, 203
Demokratie, 87
Design Thinking, 29, 142
Designer, 240
De-Industrialisierung, 195
Development Goals, 7
Dienend Führen, 41
Dienstleistungsbranche, 259
Differenzielle Personalarbeit, 381
Differenzierungsmerkmal, 276
Digitale Elite, 35
Digitale Vernetzung, 264
Digitaler Wandel, 262
Digitalisierung, 16, 29, 35, 73–77, 79–88, 143, 179, 199, 200, 213, 226, 377, 410
DIN ISO Norm 26000, 5
Direct-Reports, 208
Disstress, 400, 407
Disziplinen, 58
Diversität, 138, 142, 163
Diversity, 39
Diversity & Inclusion, 186
DOCK, Hamburg, 37
Doppelbelastung, 258
Doppelspitze, 280
Duplizieren, 202

E
Edutainment, 185

Effizienzsteigerung, 163
Ehrbarer Kaufmann, 209
Eigeninitiative, 394
Eigensteuerungsfähigkeit, 39
Eigenverantwortung, 196, 200, 203, 222, 272, 366
Einfühlungsvermögen, 145
Einsatzzeiten, 61
Einsichtsfähigkeit, 145
Elternzeit, 280
Emergence, 242
Emergent, 241
Emergent Innovation, 237, 244
Emotionale Analphabeten, 399, 401
Emotionale Intelligenz, 42, 309, 313
Emotionen, 30, 46, 404, 410
Empathie, 314
Employer, 362
Employer Brand, 357
Employer Branding, 11, 358
Employer Reputation, 361
Enabling Space, 235, 242
Energie, 196, 197
Engagement, 166, 175, 279, 282
Entlöhnungspolitik, 163
Entwicklung der Persönlichkeit, 207
Entwicklungschancen, 368
Epistemic skills, 238
Erfahrungswissen, 103
Erfolg, 293
Erfolgsbeteiligung, 367
Erfolgsfaktor, 39, 224
Erfolgskriterien, 40, 298
Erfolgskritisches Wissen, 94, 95
Erfolgsmessung, 10
Erfolgsreflexion, 298
Ergebnisoffene Führung, 394
Ergebnisoffene Prozesse, 36
ESG-Kriterien, 160
Ethikrichtlinien, 165
Ethische Haltung, 42, 141, 208
Ethisches und ökologisches Bewusstsein, 29
Ethisches Verhalten, 36
Ethos, 209
EU-Strategie, 5
Eventagentur, 264
Expats, 197
Experimentelle Strategien, 291
Experimentierfreude, 42

Expertennetzwerk, 215
Explizite Lernorte, 98
Externale Kosten, 156

F

Facebook, Amazon oder Google, 17
Fachkräfte, 264
Fachkräftemangel, 62, 210, 361, 381
Fairtrade, 14
Familie, 177, 279
Familienfreundliche Arbeitsmodelle, 259
Familienfreundliche Maßnahmen, 259, 261
Familienfreundlichkeit, 258
Familienleben, 255
Familienunternehmen, 149, 209, 275
Familienverfassung, 270
Feedback, 148
Feedback-Kultur, 44
Feedbackzyklen, 201
Fehler-Strategie, 199
Finanzielle Performance, 169
Finanzprodukten, 195
Finanzsystem, 159
Flache Hierarchien, 272
Flexibilität, 58, 257, 262, 263, 266
Flexible Arbeitsformen, 377
Flexible Arbeitsmodelle, 261, 263
Flexible Arbeitszeit, 43, 208
Flexible Verträge, 260
Flüchtlinge, 278
Flüchtlingsthema, 279
Fluide Teamkonstellationen, 144
Fluktuation, 290
Forma Futura Invest AG, 37
Free-Focus-Meetings (FFM), 296
Freiheitlich-demokratische Gesellschaft, 84
Freiraum, 174, 203, 222, 380
Frei-Raum-Konzepte, 291
Fremde Kulturen, 31, 191
Frühwarnsystem, 191
Führung, 41, 119, 204, 375, 382
Führung und Kind, 279
Führungskompetenz, 207
Führungskompetenzgefälle, 412
Führungskräfte, 120, 205, 230, 266, 289, 379, 390, 415
Führungskräfte der Zukunft, 147
Führungskräfteentwicklung, 148
Führungskräfteselektion, 383

Führungskultur, 31, 365, 387, 410
Führungsmodelle, 204
Führungspersönlichkeiten, 144
Führungspraxis, 390
Führungsqualitäten, 162, 174, 295
Führungsstil, 207, 271, 388
Führungsstruktur, 204, 205
Führungs-Konstrukte, 123
Führungsvakuum, 205
Führungsverantwortung, 269, 280
Führungsverhalten, 271, 400
Fußabdruck, 36
Future-orientation, 238
Future-oriented, 235
Future-oriented approach, 234
Future-oriented organization, 245

G

Gamification, 185
Ganzheitliche Modelle, 30
Gefühlsblindheit und -taubheit, 403
Gelassenheit, 31, 190
Gemeinwesen, 12
Gemeinwohl, 46
Gemeinwohlökonomie, 21
Gemischte Teams, 191
General cognitive ability (GCA), 183
Generalversammlungen, 161
Generation, 203
Generation 4.0, 415
Generation Maybe, 118
Generation Ressource, 32
Generation Ressource Management, 62, 109
Generationen übergreifend, 274
Generationen X, 377
Generationen Y, Z, 11
Generationenübergreifende Zusammenarbeit, 18, 203
Generationenübergreifendes Lernen, 34
Generation Y, 18, 37, 115, 117, 125, 150, 201, 254, 395
Generationswechsel, 270
Gerresheimer AG, 196
Gesellschaftliche Entwicklungen, 377
Gesellschaftlicher Wandel, 116
Gesellschaftlicher Wertewandel, 36
Gesellschaftliches Engagement, 277
Gestaltungsfreiraum, 258
Gestaltungsmöglichkeiten, 381

Gesundheit, 38
Gesundheitsförderung, 18
Gesundheitskurzgespräche, 422
Gesundheitsquote, 419
Gesundheitsvorsorge, 38
Gewahrsein von sich selbst, 147
Gewinnmaximierung, 154
Gleitzeit, 256
Globale Arbeitswelt, 192
Globale Personalentwicklung, 198
Globalisierung, 31, 143, 195
Goodwill-Bildung, 165
Google, 37, 83
Google Art Project, 175
Google Cultural Institute, 176
Google, Facebook, Amazon & Co, 79
Googler to Googler, 176
Googliness, 183
Green IT, 168
Grenzen, 132
Grenzüberschreitende Zusammenarbeit, 39
Großunternehmen, 259
Gründerszene, 201
Grundversorgungsfunktion, 159
Gute Führung, 392, 393, 395
G-Pause, 180

H

Hamburg, 135
Hamburgs bester Arbeitgeber, 282
Henkel, 195
Hero-Modus, 30
Hierarchie, 203
High Potentials, 100
High-speed economy, 234
Hilti AG, 149
Hoher Krankenstand, 290
Homeoffice, 19
Home-Office-Tage, 254
HR Business Partner, 173
Human Capital, 408
Human Resources, 256
Hypercomplex world, 234

I

Ich-AG, 402
Identität, 39, 380
Imageschaden, 13
Impact, 37
Impact DOCK, 135

Sachverzeichnis

Impact Hubs, 135
Improvisieren, 191
Incremental innovations, 241
Individualisierte Arbeitswelten, 43
Individualisierte, flexible Führung, 204
Individualisierung, 203
Individualität, 222
Individuelle Arbeitsmodelle, 266
Industrie 4.0, 54, 74, 405
Industrielle Revolution, 56
Ingram Micro, 194
Innovation, 140, 233–235, 238, 240, 242–246, 293
Innovation Bootcamps, 142
Innovation Journeys, 142
Innovation processes, 244
Innovationen, 202, 339, 379
Innovationsgrad, 163
Innovationskraft, 201, 228
Innovationsprozesse, 353
Innovationsquelle, 136
Innovations- und Kreativitätsdefizite, 28
Innovations-, Lern- und Entwicklungsorientierung, 41
Innovative Prototypen, 144
Instrumente, 208
Instrumente des intergenerativen Wissenstransfers, 96
Integrale Führungskraft, 145
Integrierte Berichterstattung, 165, 167
Intelligenz, 33, 76, 79
Interdisziplinarität, 215
Interessierte Selbstgefährdung, 118, 125
Intergenerativ, 32
Intergenerativer Wissenstransfer, 96, 108, 109
Interkulturell, 192
Interkulturelle Erfahrung, 147
Interkulturelle Handlungskompetenz, 147
Interkulturelle Kompetenz, 191
Interkulturelle Sensibilität, 190
Interkulturelle Teams, 31, 186, 406
Interkulturelle Zusammenarbeit, 30
Internalisierung, 155
Internationale Personalführung, 189
Interne soziale Dimension des CSR-Managements, 53
Internet der Dienste, 54
Internet der Dinge, 74
Internet of things, 234

Intrapreneurship, 216
Intuition, 46
Involvement, 138
Iran, 195
IT-Unternehmen, 29, 45

J
Job Enlargement, 96
Job Enrichment, 96
Job Rotation, 96
Jobsharing-Modelle, 280
Jour-fixe-Meeting, 265

K
Kennzahlen, 277
Key Performance Indikatoren (KPI), 7
Kinderbetreuung, 382
Klassische Unternehmensorganisationen, 45
Klimawandel, 153
Knowledge creation, 243
Know-how-Transfer, 99
Kochen ohne Grenzen, 142
Kollaborationssysteme, 262, 263
Kollektive Intelligenz, 30
Kommunikation, 339
Kommunikationsbranche, 253, 264
Kommunikationsstandards, 410
Kompetenzdatenbank, 228
Kompetenzen, 65, 226, 289
Kompetenzprofile, 226
Komplexe Situationen, 382
Komplexität, 224, 287, 288, 332
Konkurrenzdenken, 122
Konnektivität, 43
Konsensdemokratie, 394
Kontinuität, 208
Kontrolle, 203
Konzentration, 312
Konzentrationsfähigkeit, 196
Kooperation, 30, 43, 339, 341, 391
Kooperationsfähigkeit, 39
Kooperative Teamarbeit, 201
Kopieren, 202
Korruption, 9
Kreativität, 201, 293, 296, 320
Kreativitäts- und Innovationskraft, 29
Kreativitäts- und Innovationsmanagement, 343
Kreditvergabe, 159
Kreislaufdenken, 159
Kristallin, 33

Kultur, 83, 85
Kultur des Erlaubens, 204
Kulturelle Kraftfelder, 39
Kulturelle Vielfalt, 188
Kulturentwicklung, 138
Kulturgeschichte, 84, 85
Kulturmuster, 389
Kundenbedürfnisse, 225
Künstliche Intelligenz, 35, 76, 79, 80, 83
Kununu, 362
Kybernetik, 74

L
Längere Lebensarbeitszeit, 210
Langfristig leistungsfähig, 197
Latent, 244
Latent potentials, 244
Leadership, 183
Leadership-Development, 140
Learn to unlearn, 184
Lebensarbeitszeitgestaltung, 32, 34
Lebensentwürfe, 18, 150
Lebenslange Fort- und Weiterbildung, 145
Lebenslanges Lernen, 32
Lebensmodell, 34, 177
Lebensphasen, 211, 381
Lebensqualität, 38, 154, 160, 163
Lehre, 122, 125
Leiharbeit, 377
Leitbild, 40
Leitlinie zum, 208
Lernarchitekturen, 294
Lernende Maschinen, 79
Lernfähigkeit, 46
Lernkultur, 29
Lernprozesse, 95
Lernschleifen, 46
Lern- und Erfahrungswelten, 344
Licence to operate, 4
Lieferkettenmanagement, 164
Lifelong Learning, 345
Lifestyle-Changing, 428
Limitierungen, 204
Logistikindustrie, 78
Luxemburger Deklaration, 416

M
Machbarkeit, 257
Making sense, 240
Management, 33

Managementinstrumente, 388
Manager, 199
Markenzeichen, 361
MAYA principle, 241
MBSR, 305–307
Mechanistic, 242
Meditation, 304, 308
Meditationsprogramm, 305
Megatrends, 194
Mehr-Generationen-Tandems, 34
Menschenbild, 30
Menschenrechte, 7
Menschenwürde, 75, 87
Mensch-Maschine, 411
Mensch-Maschine-Schnittstelle, 216
Mensch-Maschine-Verhältnis, 84
Mentales Training, 42
Mentor, 139, 191
Mentorenmodelle, 110
Mentorenprogramme, 105
Mentoring, 103, 124
Mentoring-Partnerschaften, 136
Mentoring-Prozess, 139
Messkennzahlen, 10
Metaebene, 208
Migrationshintergrund, 137
Millenials, 83, 87
Mindfulness-Based Stress Reduction, 305
Mission, 40, 154, 175
Mitarbeiter
    qualifiziert-passend, 381
Mitarbeiterbefragung, 417
Mitarbeiterengagement, 168
Mitarbeitergespräche, 422
Mitarbeiterrekrutierung, 281
Mittelständische Betriebe, 259
Mobile Arbeitsoptionen, 19
Mobile Arbeitsplätze, 43
Mobile Roboter, 35
Mobilität, 213
Moderator, 394
Moderner Lebensentwurf, 134
Modernes Arbeiten, 208
Moral, 81
Motivation, 208, 314
Multi-Jobbing, 83

N
Nachfolge, 270

Sachverzeichnis

Nachhaltig leistungsfähig, 196
Nachhaltige Lösungen, 319
Nachhaltiges Unternehmertum, 370
Nachhaltiges Wachstum, 39
Nachhaltigkeit, 5, 6, 36, 148, 159, 167, 169, 275
Nachhaltigkeitsbericht, 161
Nachhaltigkeitsziele, 155
Nachwuchsgeneration, 33
Nachwuchskräfte, 143
Nachwuchsprogramm, 207
Naturkatastrophen, 375
Nerds, 410
Netflix, 150
Netzgesellschaft, 410
Netzwerk, 136, 137, 139, 143, 262, 343, 391
Netzwerkstrukturen, 43
Neue Arbeitskulturen, 202
Neue Arbeitsstrukturen, 43
Neue Arbeitswelten, 134, 319, 378
Neue Entlohnungssysteme, 44
New meaning, 234
New ways of getting older, 136
Niches, 244
Novelty, 241, 243

O

Object of innovation (OOI), 244
Offenlegung nichtfinanzieller Informationen, 3
Ökologische Entwicklungen, 375
Ökonomische Neuorientierung, 27, 209
Ökonomische Rationalität, 46
Ökonomische Verantwortung, 7
Ökonomische Vernunft, 41
Opennes, 239
Organisation, 205, 218, 223, 328
Organisationskultur, 288, 401
Organisationsmodelle, 287
Organisationsstruktur, 28, 179, 205, 206, 296
Organisationstheorien, 291
Organization, 237, 243
organization, 237
Organizational culture, 243
Organizations, 235, 238
Orientierungslosigkeit, 201
Otto Group, 149
Outsourcing, 199

P

Paradigmenwechsel, 254, 395

Paten- und Mentorensysteme, 103
Peer bonus, 179
Peer-Learning, 346
Pensionskassen, 159
Perception, 239
Performance-Denken, 160
Performance-Prozess, 182
Personal transformation, 246
Personalbeschaffung, 282
Personalentwicklung, 191, 192
Personalführung, 408
Personalgespräche, 256
Personalkonzept der Zukunft, 210
Personalpolitik, 163
Persönlichkeit, 360
Persönlichkeitsentwicklung, 27, 141, 145, 190, 192, 206
Persönlichkeitsstrukturen, 400
Perspektivwechsel, 21, 44, 198
Plattform, 78, 80, 83
Plattformen für Feedback, 193
Pluralismus, 87
Polarisierung, 411
Positionierung, 11, 380
Potenzialentfaltungskultur, 43, 186
Potenzialerhebung, 136, 140
Präventiv, 38
Präventive Gesundheitsvorsorge, 32
Privatsphäre, 17, 86
Produktion, 195, 199
Produktionsprozess, 211
Produktmarken, 359
Produktobsoleszenz, 8
Produktpiraterie, 63
Profound understanding, 239
Projektgebundene Angebote, 257
Prokrastination, 118, 121
Prototypen, 138
Prozess, 195
Prozesskompetenz, 367, 391
Psychische Belastungen, 65
Psychische und physische Krankheiten, 28
Public Benefit Corporation, 157

Q

Qualifikation, 59
Qualifikationsanforderungen, 56
Qualitäten, 145
Qualitätschecks, 204

R
Rationalisierung, 77
Recareering, 20
Rechenschaft, 156
Recruiting, 14, 364
Recruitment, 183
Reflexion, 192, 295
Reflexive Frei-Räume, 299
Regelmäßigkeit, 208
Regeln, 193
Regeln und Prinzipien, 40
Regeneration, 134
Rekrutierungs- und Personalauswahlprozessen, 416
Reporting, 161
Reputation, 165, 362
Reputationsmessung, 10, 14
Resilienz, 293, 404
Resource Management, 203
Ressourcen, 163
Ressourcennutzung, 163
Ressourcennutzungskultur, 43
Retention, 364
Revenue-Stream, 139
Reverse-Mentoring, 104
Reverse-Mentoring-Projektes, 104
RFID-Chip, 54
Rheinisches FührungsColleg (RFC), 207
Risikomanagement, 168
Roboter, 76, 77
Rollenanforderungen, 134
Rückgriffsklausel, 165
Rückmeldungen, 207
Ruhezustandsnetzwerk, 294
Russland, 191

S
Sanktionen, 40
Schablonendenken, 404
Scheitern, 125
Schlüsselkompetenz, 42
Schulsystem, 206
Scrum, 29
Search Inside Yourself Programm (SIY), 182
Second Price Sealed Bid, 81
Sektorenübergreifend, 341
Selbstbestimmt, 204
Selbstbestimmtheit, 132, 141
Selbstbestimmung, 75, 87

Selbstbestimmungsgrad, 218
Selbstdisziplin, 196
Selbstentwicklungspotenziale, 298
Selbsterkenntnis, 31
Selbstführung, 42, 193, 204
Selbstführungsfähigkeit, 205
Selbstgesteuerte Lernformen, 34
Selbstkenntnis, 196
Selbstorganisation, 380
Selbstreflektion, 180
Selbstreflexion, 28, 124, 206, 305, 309
Selbstreflexionsfähigkeit, 147, 207, 291
Selbstregulation, 305
Selbstständige, 266
Selbstüberforderung, 207
Selbstverantwortung, 182, 192
Selbstverwirklichung, 381
Selbstwahrnehmung, 306
Selbstwirksamkeitserwartung, 291, 299
Selektorenlisten, 76
Self-Assessment-Tools, 227
Sensibilisierung, 157, 191
Sensibilität, 190, 194, 204
Shaping, 245
Shared Service Center, 173
Sharing Economy, 38
Sicherheitsbedürfnis, 205
Siemens Nixdorf, 190
Siemens-Konzern, 193
Signaling, 125
Silicon Valley, 29
Silos, 136
Simulationssituationen, 146
Sinn stiften, 394
Sinnstiftende Arbeit, 370
Skandale, 377
Smart Factory, 55, 408
Smartphone, 75
Social Media, 123, 362
Sockelarbeitslosigkeit, 200
Sorgfaltspflicht, 157
Sorgfaltsprüfung, 157
Sowjetunion, 190
Sowohl als auch-Denken, 180
Sowohl-als-auch-Lösungen, 39
Sozial verträgliche Lösungen, 19
Soziale Marktwirtschaft, 87
Soziale Teilhabe, 17
Soziale Ungleichheiten, 153

Soziale Verantwortung, 392
Soziales Lobbying, 12
Sozialpartnern, 228
Soziotechnische Gestaltungsperspektive, 68
Sozio-technisches System, 333
Stadt Hamburg, 133
Stakeholder, 31, 148
Stakeholder-Perspektive, 41
Stanford-Speech von Steve Jobs, 140
Startups, 201
Startup-Szene, 202
Start-ups, 45
Steuereinnahmen, 202
Steuern, 195
Stiftungen, 160
Story Telling, 108
Stress, 38, 201, 288, 303, 307, 399, 407, 423
Stresskompetenz, 423
Stressreduktion, 293, 306
Strukturelle Rahmenbedingungen, 207
Studiengänge, 65
Studium, 273
Südamerika, 198
Sustainability, 6
Sustainable, 7
Sustainable Balanced Scorecard, 10
Symbole, 333
Synthese, 140
System, 237
Szenariotechnik, 217

T
Talententwicklung, 193
Talent-Reviews, 182
Tandem, 98–102
Tandembildung, 99
Tandemlernen, 103
Tandems, 94, 99–102
Tandemzusammenarbeit, 101
Teamentwicklungsprozesses, 334
Teamführung, 204
Teamkonstellationen, 146
Teamwork-Modell, 265
Technologische Entwicklungen, 376
Technologisierung, 58
Teilzeit, 381
Temporäre Arbeitsverhältnisse, 260
Theory-U approach, 244
Thinktanks, 98

Tittytainment, 17
Top-Down-Ansatz, 143
Top-Talente, 206
To-Do-Listen-Mentalität, 119, 123
Transformationsprozess, 353
Transitionsworkshop, 107
Transparente Berichterstattung, 163
Transparenz, 194

U
Überwachung, 73, 74, 79, 86, 204
Umwelterfolgsrechnung, 166
Umweltmanagementsystem, 166
Umweltstrategie, 168
Umwelt- und Klimaschutz, 9
Unternehmensbewertung, 155
Unternehmenserfolg, 369, 378
Unternehmensführung, 260
Unternehmenskultur, 14, 18, 37, 95, 116, 135, 203, 208, 293, 314, 365, 375, 378, 379, 382, 383, 399
  Abdriftungen, 383
  erfolgsunterstützend, 379
  finanziell erfolgreich, 379
  Freiraum, 382
  gelebt, 383
  Gestaltungsfreiräume, 380
  Innovationsorientierung, 380
  Passung, 383
  Überlebensfähigkeit, 380
  Zielorientierung, 380
Unternehmenskulturen, 93
Unternehmensleistung, 382
Unternehmensmarke, 358
Unternehmensphilosophie, 175
Unternehmensstrategie, 155, 168
Unternehmensstruktur, 328
Unternehmens- und Mitarbeiterführung, 291
Unternehmenszweck, 155
Unternehmerin, 266

V
Veränderungsprozess, 321, 328, 381, 405
Verantwortung, 124, 206, 342, 367
Verantwortung des Arbeitgebers, 261
Verantwortungsbewusstes Handeln, 46, 148
Verantwortungsbewusstes Wirtschaften, 158
Verantwortungsbewusstsein, 277
Verantwortungsvolle Geldanlage, 161
Verantwortungsvolle Personalführung, 415

Verhaltensanomalie, 405
Verhaltensorientierte Begehungen, 424
Verhaltensprävention, 421
Verhältnisprävention, 421
Verlässlichkeit, 149
Vernetztes Denken, 29
Vertrauen, 125, 149, 156, 191, 366, 394
Vertrauensarbeitszeit, 265
Vertrauensbeziehung, 200
Vertrauenskultur, 222, 299
Verweigerung, 203
Vickrey Auction, 81
Vielfalt, 30, 39, 137, 186, 187
Virtualisierung von Organisationen, 376
Virtualität, 200
Virtuelle Arbeitsarrangements, 376
Virtuelle Teams, 178
Voice, 175
Volkswirtschaft, 202
Vorstandsvergütungen, 168
VUCA, 287

W
Wachstum, 82, 153
Wachstumsfrage, 154
Wahrnehmung, 322
Wandel, 408
Wandel der Arbeitswelt, 390
Wearables, 76
Wechselnde Teamkonstellationen, 202
Weibliche Führungskräfte, 167
Weisheit, 46
Weiterbildung, 122, 168
Weiterbildungsangebote, 125
Weiterbildungsmöglichkeiten, 282
Wellness, 150
Werte, 40, 149, 153, 208, 209, 270, 353, 378
Wertebasis, 42
Wertewandel, 117, 377, 382

Wertschätzung, 196, 222, 258, 392
Wertschätzungs- und Anerkennungskultur, 44, 201
Wertschöpfungskette, 160
Wertvorstellungen, 160, 387
Wettbewerbsvorteile, 13
Wirkungszusammenhänge, 167
Wirtschaftbosse, 143
Wirtschaftliche Situation, 377
Wissensaustausch, 32
Wissenslandkarten, 108
Wissensmanagement, 163
Wissensstafette, 105–107
Wissenstransfer, 94, 98
Wissensvermittlung, 185
Wohlbefinden, 38
Work-Life-Balance, 18, 116, 121, 195, 196, 266, 416
Work-Life-Blend, 37
Work-Life-Integration, 416
Würdigungen, 40

Y
Yoga, 150

Z
Zeitknappheit, 292
Zeit-ist-Geld-Unternehmensführung, 292
Zentral- und Osteuropa, 190, 193
Zertifikatslehrgänge, 66
Zielvereinbarungssysteme, 427
Zugehörigkeitsgefühl, 67
Zukunftsbild, 154
Zukunftsfähiges Wirtschaftssystem, 159
Zukunftsszenarien, 220
Zuliefererbeziehungen, 164
Zusammenarbeit, 353
Zuwanderung, 136, 210